E-Book inside.

Mit folgendem persönlichen Code
können Sie die E-Book-Ausgabe
dieses Buches downloaden.

9r65p-6xno0-
01804-841b9

Registrieren Sie sich unter
www.hanser-fachbuch.de/ebookinside
und nutzen Sie das E-Book
auf Ihrem Rechner*, Tablet-PC
und E-Book-Reader.

Gloger

Scrum

Boris Gloger

Scrum

Produkte zuverlässig und schnell entwickeln

5., überarbeitete Auflage

HANSER

Boris Gloger, Geschäftsführer borisgloger consulting GmbH und borisgloger professionals gmbh, Wien - Baden-Baden
Kontakt: boris.gloger@borisgloger.com

FSC www.fsc.org MIX Papier aus verantwortungsvollen Quellen FSC® C013736

Bibliografische Information der Deutschen Nationalbibliothek:

Die Deutsche Nationalbibliothek verzeichnet diese Publikation in der Deutschen Nationalbibliografie; detaillierte bibliografische Daten sind im Internet über http://dnb.d-nb.de abrufbar.

Lektorat: Brigitte Bauer-Schiewek
Copy editing: Dolores Omann, Wien
Herstellung: Irene Weilhart
Layout: Manuela Treindl, Fürth
Umschlagdesign: Marc Müller-Bremer, www.rebranding.de, München
Umschlagrealisation: Stephan Rönigk
Druck und Bindung: Kösel, Krugzell
Ausstattung patentrechtlich geschützt. Kösel FD 351, Patent-Nr. 0748702
Printed in Germany

Print-ISBN: 978-3-446-44723-3
E-Book-ISBN: 978-3-446-44836-0

Inhalt

Vorwort zur 1. Auflage

Warum nutze ich Scrum, bin Scrum-Trainer, habe eine Consulting-Firma, die Kunden hilft, Scrum zu nutzen, und wieso versuche ich selbst, die Prinzipien, die hinter Scrum stecken, zu verwirklichen? Vielleicht ist es der gleiche Grund, der Sie bewegt, dieses Buch in die Hand zu nehmen: Ich bin unzufrieden.

Ich sehe jeden Tag, wie intelligente und gut ausgebildete Menschen zur Arbeit gehen und an ihrer Arbeit keine Freude mehr empfinden. Menschen wechseln den Job und hoffen, dass dieser Job die erhoffte Befriedigung bringt. Und am Ende sind sie wieder gelangweilt, schalten ab und wollen am liebsten zu Hause bleiben.

Ich habe gesehen, dass Software-Entwicklungsprojekte scheiterten, weil sich niemand verantwortlich gefühlt hatte. Es ist absurd: Projekte, an denen Dutzende Menschen hart und lange gearbeitet hatten, scheiterten, weil am Ende alle allen die Schuld gegeben hatten und nur noch jeder daran interessiert war, seinen eigenen Bereich zu verteidigen. Obwohl jeder Beteiligte früh sah, dass sich das Projekt auf dem Holzweg befand, wurde es fortgeführt, man ging mit offenen Augen auf den Abgrund zu.

Ich sehe Menschen, die ihr Leben im privaten Alltag meistern. Aber wenn sie morgens in ihre Firma gehen, werden sie dort zu ängstlichen Wesen. Menschen, die genau wissen, was sie können, trauen sich nicht, ihren Chefs zu sagen, dass die Anweisungen, die sie erhalten, sinnlos und unproduktiv sind. Sie bekommen in Besprechungen Schweißausbrüche, wenn sie etwas sagen sollen, oder sie sind froh, wenn sie den ganzen Tag nicht von ihrem Chef wahrgenommen werden.

Ich sehe Chefs von Software-Entwicklungsabteilungen resignieren, weil ihre Mitarbeiter nicht motiviert sind, nicht tun, was getan werden müsste, und abends lieber fluchtartig nach Hause gehen, als fünf Minuten länger in der Firma zu sitzen. Das Resultat sind Chefs, die in ihrer Verzweiflung beginnen, Kontrollmechanismen aufzubauen, die die begonnene Abwärtsspirale verstärken.

Das machte mich unzufrieden, und ich wollte das ändern. Ich dachte am Anfang, es läge an der falschen Art und Weise, Software-Entwicklung zu betreiben, an den falschen Methoden und Tools. Ich dachte, es läge an den falschen Managementmethoden oder daran, dass an den entscheidenden Stellen die falschen Leute sitzen. In der Rolle des Business-Analysten eines Entwicklungsteams vermutete ich zuerst, dass es am unterschiedlichen Sprachgebrauch von Software-Entwicklern und Fachabteilungen liegen musste und dass es doch einen Weg geben müsste, das babylonische Sprachgewirr aufzulösen. Kurz: Ich war auf der Suche nach der Methode, mit der man es richtig machen kann.

Dann, Jahre später, fand ich die Methode: Scrum. Auf den ersten Blick schien es so, als wäre Scrum die Antwort auf all die Fragen, die ich so hatte. Schnell stellte sich heraus, dass Scrum diese Antworten nicht liefern konnte. Scrum zeigte mir aber einen Weg, wie man die Antworten finden konnte, und machte klar, wohin man schauen musste, wenn man Probleme in der Software-Entwicklung lösen wollte. Scrum zeigte nicht, wie ich es richtig machen sollte. Scrum zeigte mir nur ständig, wo ich noch etwas tun musste. Ich musste meine Management-Skills verbessern, Mitarbeiter kündigen, neue Entwicklungsmethoden einführen, mich mit meinen Chefs anlegen - einmal zog ich die Konsequenzen selbst. Also alles in allem Dinge, die unbequem sind, die man nicht unbedingt gerne tut und die viel harte Arbeit erfordern. Scrum machte es mir und vielen meiner Mitarbeiter also nicht leichter, sondern es schien, als würde es sogar schwerer werden. Aber uns fiel auf, dass sich diese Schwierigkeiten mit dem Erlernen und Trainieren einer neuen Sportart vergleichen ließ. Es machte Spaß und war befriedigend. Zwar ging es nicht ohne Aufwand und Mühe, ohne hartes Training, ständiges Wiederholen von bestimmten Übungen und ständiges Überprüfen und Evaluieren unseres Fortschrittes. Aber wir wurden belohnt. Unsere Produktivität stieg, wir hatten mehr Freude an der Arbeit, und unsere Chefs wurden mit jeder Woche zufriedener mit uns.

In diesem Buch möchte ich Ihnen zeigen, wie auch Sie diese Erfolge erzielen können. Scrum wird Ihnen einfach erscheinen und doch werden Sie ständig die Frage im Kopf haben: „Und wie funktioniert das bei mir?" Sie werden sich fragen, ob Scrum für Sie anwendbar ist und ob es funktioniert.

Ich kann Ihnen diese Frage beantworten. Scrum und seine Praktiken sind erfolgreich. Hunderte von Firmen und Tausende von Projektteams nutzen Scrum und sind im Entwickeln von Software erfolgreicher geworden. Haben diese Teams noch Probleme? Ja, viele! Sie finden sogar ständig neue Probleme. Aber sie haben sich auf den Weg gemacht. Daher wissen sie, wie viel noch zu tun ist. Denn erst wenn man auf dem Weg ist, bemerkt man, wie viel Wegstrecke vor einem liegt. Wenn Sie für einen Marathon trainieren, bemerken Sie auch erst nach dem Beginn des Trainings, wie hart der Weg wirklich ist.

Dieses Buch enthält die Ideen von unzähligen Personen, denen ich zutiefst dankbar bin. An erster Stelle Ken Schwaber und Jeff Sutherland, die uns allen gezeigt haben, wie einfach es ist, das Chaos zu kontrollieren. Norman Kerth, der mir das Wesen der Projekt-Retrospektive gezeigt hat. Jean Tabaka, Stacia Broderick, Hubert Smith, Jens Østergard und vielen anderen aus der Scrum Community, die einerseits den Weg mit mir gemeinsam gegangen sind und mir andererseits durch viele Gespräche geholfen haben, Scrum besser zu verstehen.

Ich möchte meinem ersten Scrum-Team danken: Gillian, Sven, Graig, Jakob, Niki und Marc sind mit mir damals auf die Reise gegangen. Und ich danke meinem damaligen Chef Michael Schindelar, der uns einfach ausprobieren ließ, wie Scrum funktioniert.

Mein besonderer Dank gilt meinen Freunden und Mitarbeitern, die heute mit mir Scrum in der Form leben, wie ich es verstehe und wie es in diesem Buch beschrieben ist. Nicht zu vergessen die Teilnehmer der Trainings aus vier Jahren, die alle ihren Beitrag dazu geleistet haben, dass dieses Buch, so wie es vor Ihnen liegt, geschrieben werden konnte.

Scrum ist eine Reise mit dem Ziel, seine Fähigkeiten zu erkennen, Erfahrungen zu sammeln, dabei Teamgeist entstehen zu lassen und zu erfahren, Höhen und Tiefen zu erleben, um am Ende ein Produkt zu liefern, das uns selbst und unsere Kunden begeistert, auf das wir stolz sind, weil wir uns einbringen konnten, und das als Ergebnis ein Teil von uns ist.

Viel Spaß beim Lesen!

Vorwort zur 5. Auflage

Acht Jahre sind vergangen, seit ich die ersten Zeilen für dieses Buch geschrieben habe. Acht Jahre Scrum, agile Softwareentwicklung, agiles Projektmanagement, agile Organisationsentwicklung – die Welt hat sich für viele Unternehmen verändert, denn die Ideen von Jeff Sutherland und Ken Schwaber sind durchgedrungen. Heute diskutieren wir mit unseren Kunden nicht mehr darüber, ob Scrum erfolgreich ist oder überhaupt funktionieren kann, sondern nur noch über das Wie im jeweiligen Kontext. Mit Hilfe von Scrum wird heute in den Vorstandsetagen über Unternehmensstrategien nachgedacht, es wird als Methode des Change Managements genutzt und selbst Hardware wird heute von Scrum-Teams entwickelt. Ikujiro Nonaka selbst antwortete 2012 bei einem Vortrag an der Wirtschaftsuniversität Wien auf die Frage, wie Unternehmen in Zukunft agieren sollten: „Macht Scrum!" Und mittlerweile hat sich im Topmanagement herumgesprochen, dass Scrum dabei helfen kann, neue Antworten auf die immer gleichen Fragen zu finden: Wie wird das Unternehmen in Zeiten des globalen Wettbewerbs noch leistungsfähiger? Wie lassen sich die Mitarbeiter halten? Wie wird das Unternehmen im War for Talents zu einem attraktiven Arbeitgeber?

Acht Jahre nach der ersten Ausgabe dieses Buchs lag mir die mittlerweile fünfte Überarbeitung wie ein Stein im Magen. Sollte ich wieder nur ein paar Sätze austauschen, da und dort etwas deutlicher werden oder zumindest an einigen Stellen großzügig neue Erkenntnisse einfließen lassen? Ich habe mich dazu entschieden, ganze Passagen neu zu schreiben, überflüssige Metaphern rauszuwerfen und in manchen Kapiteln massiv einzugreifen – etwa in Kapitel 7 zur Skalierung oder Kapitel 8 zur Führung. Vielleicht empfinden Sie meine Grafiken als Kritzeleien. Aber mir geht es um die Veranschaulichung, nie um das schöne Bild.

Alles in allem ist es mir wichtig, Ihnen ein modernes Scrum zu präsentieren: Mit neuen Ideen, weniger Pathos als bei der ersten Auflage, als oft meine eigene Begeisterung für das Thema mit mir durchgegangen ist, aber dafür mit noch mehr Beispielen, gelebten Ideen und Beiträgen meiner Kollegen Christoph Schmiedinger und Anton Jessner. Die beiden arbeiten jeden Tag mit Teams und räumen für sie Impediments weg, engagieren sich für sie beim Management und zeigen ihnen, wie das neue Arbeiten mit Scrum gelingt.

Dieses Buch lebt in der fünften Auflage von der Leistung meines Teams bei borisgloger consulting. Meine Kolleginnen und Kollegen zeigen Tag für Tag, dass unsere Ideen funktionieren, und ihre Kritik ist mir wichtig. Anders als bei der ersten Auflage bin ich heute in meinem eigenen Unternehmen von Experten umgeben, die beurteilen können, ob das, was zwischen den Buchdeckeln steht, gelebte Praxis ist oder beliebige Fantasien sind. Sie haben es für gut befunden und nutzen dieses Buch bei der Ausbildung unserer neuen Kollegen. Es steht also wirklich das drin, was uns in unserer Arbeit weiterbringt. Danke euch allen für euer Engagement!

Ein dickes Dankeschön geht an Dolores Omann, die wie bei jedem meiner Bücher schonungslos offenlegt, wenn ich nicht mehr einfach und klar schreibe, die jeden Satz fünfmal umdreht und dafür sorgt, dass meine Ideen lesbar werden.

Ein Dankeschön an meine persönliche Assistentin Janine Frensemeyer. Sie hat mir Zeit freigeschaufelt, damit ich mich wirklich ans Umschreiben machen konnte. Ich wäre nie weitergekommen, wenn sie nicht immer wieder gesagt hätte: „Nein, da machen wir keinen Termin, da wolltest du schreiben!"

Vielen Dank an Christoph Schmiedinger und Anton Jessner, die beide ein Kapitel für diese Auflage beigesteuert haben. Herzlichen Dank an EWE und Holtzbrinck für die Erlaubnis, die in diesem Buch enthaltenen Fallstudien veröffentlichen zu dürfen. Das macht ein solches Buch extrem wertvoll für die Praxis, denn es zeigt: Die neue Welt des Arbeitens existiert.

Schließlich gilt mein Dank meiner Frau Kathrin und meiner Familie. Vielen Dank, dass ihr mich so unterstützt.

Aber diese 5. Auflage könnte gar nicht erscheinen, wenn es nicht Sie, die Leser meiner Bücher und unseres Blogs blog.borisgloger.com gäbe. Danke, dass Sie die Ideen verbreiten und vor allem selbst umsetzen! Hätten Sie, hättet ihr nicht an die Ideen aus diesem Buch geglaubt und hättet ihr sie nicht ausprobiert, wäre Scrum in Deutschland, Österreich und der Schweiz nicht zu dem geworden, was es heute ist: Ein Weg für gelingende Wissensarbeit im 21. Jahrhundert. Macht weiter so und habt viel Spaß beim Lesen!

Laxenburg im April 2016

Boris Gloger

Die Scrum-Checkliste

Für die Scrum-Checkliste besuchen Sie bitte

www.borisgloger.com

Dort gibt es die Checkliste auf Deutsch beziehungsweise Englisch und alle Informationen über die Checklist-App.

Über den Autor

Boris Gloger führte 2002 sein erstes Scrum-Team beim österreichischen Mobilfunker ONE zum Erfolg. Als weltweit erster, von Ken Schwaber ausgebildeter Certified Scrum Trainer hat er wesentlich dazu beigetragen, dass sich Scrum in Europa, Südafrika und Brasilien als Standard der agilen Softwareentwicklung durchgesetzt hat. Bevor er 2008 die Managementberatung borisgloger consulting GmbH mit Sitz in Baden-Baden gründete, war der Unternehmer als Business Analyst, Teamleader, Projektmanager und Scrum Consultant für globale Unternehmen (z. B. EDS, Nokia, BenQ) tätig. borisgloger consulting bietet Training und Consulting zur agilen Produkt- und Organisationsentwicklung mit Scrum sowie zum agilen Management für Fach- und Führungskräfte an. Boris Gloger gilt inzwischen als einer der progressivsten Denker im Bereich Management und Organisation und ist ein gefragter Vortragender auf Managementkonferenzen.

Folgende Bücher von Boris Gloger sind im Hanser Verlag erschienen:

- Selbstorganisation braucht Führung. Die einfachen Geheimnisse agilen Managements. Hanser, 2014.
- Wie schätzt man in agilen Projekten – oder wieso Scrum-Projekte erfolgreicher sind. Hanser, 2014.
- Der agile Festpreis. Leitfaden für wirklich erfolgreiche IT-Projekt-Verträge. 2. Aufl. Hanser, 2014.
- Erfolgreich mit Scrum: Einflussfaktor Personalmanagement. Finden und Binden von Mitarbeitern in agilen Unternehmen. Hanser, 2011.

Kontakt: boris.gloger@borisgloger.com

1 Prinzipien, Geschichte(n), Hintergründe

Haben Sie den Mut, Nein zu sagen.
Haben Sie den Mut, der Wahrheit ins Gesicht zu blicken.
Tun Sie das Richtige, weil es richtig ist.
Das sind die magischen Worte, mit denen Sie Ihr Leben mit Rechtschaffenheit leben.

W. Clement Stone

In „Snow Crash" entwirft Neal Stephenson das Bild einer Zukunft, in der die US-Regierung zum weltgrößten und gleichzeitig ineffizientesten Produzenten von Software geworden ist. Die besten Software-Engineering-Techniken werden eingesetzt. Diese sind grausam, aber extrem ausgeklügelt: Tausende Programmierer wissen zwar nicht mehr, warum sie ein Stück Software schreiben, aber sie entwickeln unglaublich viel davon. Architekten und Projektmanager entwerfen die Komponenten, zerteilen sie in immer kleinere Stücke und geben sie dann mit überbordender Dokumentation an die Programmierer, die nur diesen einen Job zu erledigen haben. Oft genug wird die Arbeit von Wochen durch neue Anweisungen zunichtegemacht. Mehr als die Hälfte ihres Arbeitstages verbringen die Programmierer dami t, zu lesen, was von ihnen erwartet wird. Alles, was sie tun, wird exakt vermessen und beobachtet. Aus Hackern sind Fließbandarbeiter geworden [Stephenson 1992]. Von den Übertreibungen abgesehen hat Stephenson bereits 1992 eine Entwicklung vorausgesehen, die in vielen Unternehmen Realität geworden ist: Softwareentwicklung soll nach definierten Prozessen ablaufen und nach ingenieurwissenschaftlichen Methoden funktionieren.[1]

Aber manchmal kommt es anders. Die Veränderung der Arbeit hat bereits begonnen. Erfolgreiche Unternehmen wie Google, Gore, 3M, Semco und Toyota machen vor, wie man das Potenzial seiner Mitarbeiter nutzt und sie nicht nur als Ressourcen sieht. Diese Unternehmen sind erfolgreich, weil sie Wege gefunden haben, um die Innovationskraft ihrer Mitarbeiter zu wecken, zu erhalten und zu nutzen. Sie setzen ebenso auf das Individuum wie auf das Team, dezentralisieren Entscheidungen und schaffen es, dass die Menschen gerne für sie arbeiten. Sie erreichen nicht nur den Verstand der Mitarbeiter, sondern auch ihr Herz und ihre Leidenschaft.[2]

Führungskräfte auf der ganzen Welt suchen nach einer Methode, wie sie den Anforderungen der Globalisierung und der Beschleunigung begegnen können. Dabei reicht es nicht, einfach nur zu kopieren, was Google vormacht. Jedes Unternehmen, jede Führungskraft muss ihren eigenen

[1] http://www.stevemcconnell.com/psd/04-senotcs.htm (29.12.2015)

[2] Bei [Hamel 2007] findet sich dazu eine interessante Aufschlüsselung: „If we were to measure the relative contribution that each of these human capabilities [Anm.: passion, creativity, initiative, intellect, diligence, obedience] makes to value creation, recognizing we now live in a world where efficiency and discipline are table stakes, the scale would look something like this: Passion 35%, Creativity 25%, Initiative 20%, Intellect 15%, Diligence 5%, Obedience 0%."

Weg finden. Es gibt jedoch ein Bündel von Regeln, das weltweit, in allen Kulturkreisen dazu führt, dass Unternehmen ihre Antwort auf die Anforderungen der heutigen Zeit finden: **Scrum.**

Scrum ist vor allem ein Change-Management-Ansatz und ein Weg für das Team-, Abteilungs- und Organisationsmanagement. Die Regeln und Elemente von Scrum kann man nutzen, um Projekte zu steuern und Abteilungen und Unternehmen zum Erfolg zu führen. Das macht aus Scrum aber keine Methode und kein Prozessmodell. Scrum ist eine Einstellung zum Umgang mit Menschen und Mitarbeitern, Kunden und Managern. Scrum ist eine innere Haltung, die sich durch Disziplin und Verantwortungsbewusstsein auszeichnet.

Jeff Sutherland und Ken Schwaber sind einst angetreten, um eine neue Professionalisierung in der Softwareentwicklung zu beginnen. Sie wollten Entwicklungsmannschaften weltweit dazu befähigen, innerhalb weniger Wochen Software zu liefern. Mit ihrem Managementframework Scrum brachen sie mit dem Paradigma, dass man Projekte nur durch definierte Prozesse managen könne. Basierend auf vielen Ideen, die ich in diesem Buch vorstellen will, schufen sie ein empirisches Prozessmodell. In dessen Zentrum setzten sie eine Managementrolle, den **ScrumMaster**. Er (oder sie) hat die Aufgabe, Scrum zu implementieren, das Scrum-Team zur Produktivität zu befähigen und Probleme jeder Art aus dem Weg zu räumen. Damit wird der ScrumMaster zum Organisationsentwickler. Demgegenüber steht der **Manager**, der mit dem ScrumMaster gemeinsam die Organisation so umgestalten muss, dass Produkte schneller erzeugt werden können. Eine Voraussetzung muss der Manager dazu schaffen: Gemeinsam mit dem ScrumMaster muss er Rollen kreieren, die legitimiert sind, ihre Aufgaben möglichst autark, also eigenverantwortlich und selbstbewusst zu erfüllen. Bei diesen Rollen handelt es sich um das **Entwicklungsteam** und um den **Product Owner**, der den Produktentwicklungsprozess anführt.

Der ScrumMaster – ein machtloser Organisationsentwickler

Bevor wir tiefer darin eintauchen, was Scrum ist und wie es funktioniert, möchte ich die Rolle des ScrumMasters besonders beleuchten. Er hat im wahrsten Sinne des Wortes in all diesen Zusammenhängen eine Schlüsselrolle. Durch die Art und Weise, wie er seine Aufgabe versteht und lebt, kann er mehr bewirken, als ihm am Anfang vielleicht bewusst ist. ScrumMaster sind per definitionem Change Agents. Ihre Aufgabe ist es, den Status quo zu ändern. Wer den Status quo ändern will, steht außerhalb des Gesetzes. In der westlichen Geschichte gibt es einige berühmte Veränderer. Sokrates zum Beispiel war mit seinen Ideen eine Gefahr für die herrschende Kaste Athens. Wegen dieser Ideen musste er den Schierlingsbecher leeren. Er tat es freiwillig, weil er das Recht des Staates zur Bestrafung anerkannte. Nelson Mandela wirkte 24 Jahre lang aus dem Gefängnis für seine Ideen. Dabei rief er nie zum bewaffneten Widerstand auf. Gandhi war etliche Male im Gefängnis, wurde verfolgt und bestraft und nutzte die Regeln und die Moralvorstellungen der Engländer gegen sie selbst. Martin Luther King wurde wegen seines Kampfes für die Rechte der Schwarzen am 4. April 1968, fünf Jahre nach seiner berühmten Rede „I have a dream“, erschossen.

Sie alle hatten den inneren Drang, gegebene Verhältnisse zu ändern. Sie zeichneten sich durch die Fähigkeit, andere Menschen von ihren Ideen zu überzeugen, als Führungspersönlichkeiten und Veränderer aus. Sie erreichten ihre Ziele, indem sie Menschen dazu brachten, mit ihnen gemeinsam diesen Weg zu gehen, obwohl keine Autorität sie dazu eingesetzt hatte. Sie waren nicht von Organisationen oder Chefs darum gebeten worden, diese Ideen durchzusetzen. Norman Kerth bezeichnet diese Art der Führung in seinem Buch „Project Retrospectives“ als „Leading from the Position of No-Power“ [Kerth 2001]. Diese Persönlichkeiten bezogen die

Rechtfertigung für ihr Handeln aus den Gesetzen, an die ihre Gegner selbst glaubten. Daher wurde ihnen von den Menschen, die ihnen folgten, die Macht gegeben, sie zu führen. Am Beispiel von Martin Luther King kann man das sehr gut sehen. Er verankerte seinen Traum im „American Dream". In seiner berühmten Rede am 28. August 1963 in Washington sagte er[3]:

„I say to you today, my friends, so even though we face the difficulties of today and tomorrow, I still have a dream. It is a dream deeply rooted in the American dream. I have a dream that one day this nation will rise up and live out the true meaning of its creed: ‚We hold these truths to be self-evident: that all men are created equal.'"

„I have a dream" – mit diesen Worten drückte ein Mann seine Überzeugung in einer Form aus, die Millionen von Menschen berührte und bewegte. Nicht weil er einen Traum hatte, der mit dem Traum der übrigen, weißen Amerikaner nichts zu tun hatte. Nein, weil er die Emotionen ansprach, die jeder Amerikaner mit diesem Traum verbindet. Seine Überzeugung, verwurzelt im Traum aller US-Amerikaner, trug ihn und die Menschen, die an ihn glaubten, zu neuen Ufern und änderte den Status quo.

Natürlich vergleiche ich den ScrumMaster, der ein Team oder eine Abteilung anführt, nicht mit Martin Luther King oder Nelson Mandela. Ich will aber an dieser Stelle ein Bild zeichnen, das eindringlich zeigt, was ein ScrumMaster ist:

Er ist eine Führungspersönlichkeit, die verändern will. Er ist ein Change Agent, der die Macht, die Gegebenheiten zu ändern, nicht aus seiner Position bezieht, sondern aus seiner Überzeugung und aus dem Rückhalt, den er von den Menschen bekommt, für die er sich einsetzt.

Dazu muss er an die Richtigkeit seiner Handlungen glauben. Der ScrumMaster wird sich so oft gegen den Status quo seines Unternehmens auflehnen, dass er bald als Querulant und Unruhestifter gelten wird. Gleichzeitig kann er auf diese Weise Verbesserungen erreichen, die viele andere vor ihm nicht erreicht haben und vielleicht nie erreichen werden. Jeder ScrumMaster muss aber ständig damit rechnen, dass er die Konsequenzen seines Handelns zu tragen hat.

Das Ziel vor Augen

Ein Scrum-Team bekam vom Management die Anweisung, es solle testgetrieben mit einem bestimmten Tool entwickeln. Im Scrum Team selbst hatte aber niemand den entsprechenden Zugang. Auch von den Kollegen bekam das Team diesen Zugang nicht. Daraufhin beschloss das Scrum-Team, ein anderes Tool einzusetzen. Die Entscheidung des ScrumMasters, diesen Weg an der Management-Direktive vorbei zu unterstützen, war völlig korrekt. Oberstes Ziel war, nach der Iteration getesteten und fehlerfreien Code bereitzustellen. Die Vorgabe, dafür ein Tool aus der Organisation zu nutzen, war zu diesem Zeitpunkt nicht zu erfüllen. Das Team eskalierte sein Problem und blieb bis zur Lösung des Problems nicht stehen, sondern implementierte parallel dazu die notwendigen Tests im alternativen Tool. Das erzeugte einerseits den nötigen Druck auf die Organisation, andererseits wurde auf diese Weise das Sprint-Ziel erreicht. Der ScrumMaster wählte diese „Schlacht", weil er sie nur gewinnen konnte. Er demonstrierte die Performance und den Willen seines Teams, die Vorgabe zu erfüllen, testgetrieben zu implementieren, und zeigte, dass die Organisation nicht in der Lage war, das Team entsprechend zu unterstützen. Er hatte das Richtige gegen die Regeln der Organisation getan. ■

[3] Siehe: www.usconstitution.net/dream.html (29.12.2015)

Eines muss der ScrumMaster also bedenken: Er steht immer mit einem Bein auf der Straße! Indem er den Status quo ändert, riskiert er ständig seinen Auftrag oder seinen Job. Ken Schwaber sagt seit 2003 in seinen Trainings:

„A dead ScrumMaster is a useless ScrumMaster!"

Er unterstreicht damit, dass ein ScrumMaster einerseits die Organisation ändern muss, wenn er sein Team produktiver machen will. Andererseits muss er aber seine Schlachten sehr bewusst und überlegt führen. Muss er dennoch gehen, dann beglückwünschen wir in der Scrum Community diesen ScrumMaster, der in Ausübung seiner Pflicht „fällt". Doch es gibt auch Hoffnung: Sind ScrumMaster erfolgreich, werden sie von den Organisationen belohnt. ScrumMaster, die funktionierende Scrum-Teams kreieren, haben in der Regel gute Chancen, befördert zu werden.

Bessere Produktentwicklung. Akzeptieren wir die Vorstellung, dass ein ScrumMaster ein Change Agent ohne Machtbefugnis ist, wird klar, was Scrum auch ist: eine *Change-Management-Methode*. Scrum einzuführen, heißt immer auch, die Organisation im Hinblick auf eine produktivere Produktentwicklung zu ändern. Scrum ist das Managementframework, mit dem diese Veränderung vorangetrieben werden kann, denn es legt wie ein Detektor die in der Organisation verborgenen Hindernisse offen, die bis dato die Produktentwicklung verlangsamt haben – zum Beispiel unklare Anforderungen, Unwissen des Teams, ständige Änderungen während der Implementierung, langes Warten auf Testsysteme etc. Der ScrumMaster benutzt sein Hauptwerkzeug, das Impediment Backlog, um notwendige Änderungen systematisch einzubringen und zu verfolgen. Scrum als Change-Management-Methode zeigt den Weg zur Veränderung auf, gehen müssen ihn aber alle Beteiligten – ScrumMaster, Manager und viele andere – gemeinsam.

Scrum verändert die Organisation entlang ihres Produkts „on-the-fly": Es liefert nicht die Antworten darauf, wie spezielle Elemente einer Organisation mit Scrum umgesetzt werden sollen, sondern hinterfragt, ob diese Elemente sinnvoll und produktiv sind. Aus dem Anspruch, nach jedem Sprint an die Organisation ein fertiges Stück Produkt zu liefern, resultiert das moralische Recht auf die Veränderung. Es werden alle Arbeitsprozesse eines Teams und eines Projekts hinterfragt und die Elemente des Prozesses identifiziert, die *nicht wertschöpfend* sind. Es gilt, diese abzuschaffen und den Arbeitsprozess zu verbessern.

Von vielen Seminarteilnehmern, denen ich erklärt habe, was Scrum wirklich ist, höre ich: „Aha, dann kann man Scrum nur machen, wenn die Organisation entsprechend aufgestellt ist." Dahinter stecken die Erkenntnis, dass die Organisation verändert wird, und ein Ohnmachtsgefühl. Das Gegenteil ist der Fall. Scrum stößt nebenbei die Veränderung an, während das Produkt geliefert wird. Scrum verfolgt nicht das Ziel, Organisationen zu verändern. Scrum verändert Organisationen durch das permanente Liefern von Produktteilen, durch einen anderen Umgang mit Menschen und durch das Einführen von Disziplin und klaren Rollenverteilungen.

Ein Mensch, der die Rolle des ScrumMasters wählt, weiß das und erkennt seine Rolle als Change Manager. Er erkennt, dass es sich bei den meisten Problemen, die er mit Scrum aufdeckt, um Probleme handelt, die bereits vorher bekannt waren, nun aber offensichtlich und transparent werden. Das gibt ihm die Chance, die Probleme offen anzugehen.

1.1 Was ist Scrum?

Ein großer, hell erleuchteter Besprechungsraum. Niko tritt ein. Seine Gedanken kreisen um die neu eingeführte Spiegelreflexkamera. Das Flagschiffprodukt hat in den letzten Monaten wichtige Marktanteile verloren, da der Hauptkonkurrent eine neue DSLR herausgebracht hat. Sein Managementteam hatte ihm, dem CEO, versichert, dass die Menschen, die er jetzt in diesem Raum antreffen würde, die besten Spezialisten des Unternehmens seien. Er betritt den Meetingraum, stellt sich in die Mitte, seine Assistentin startet den Beamer, im Hintergrund ist ein Bild der Konkurrenzkamera zu sehen.

„Guten Morgen, meine Damen und Herren." Niko schaut in die angespannten Gesichter der fünf Männer und drei Frauen. Sie kommen aus allen Fachbereichen: Softwareentwicklung, Produktion, Gehäusebau und Hardware, Linsenspezialisten sind dabei und natürlich ein Profifotograf. „Ihre Anspannung ist verständlich", denkt Niko, denn die Anwesenden wissen nicht, wieso sie eingeladen wurden. Sie haben erst vor 30 Minuten die Aufforderung erhalten, sofort in diesen Besprechungsraum zu kommen.

„Sie fragen sich wahrscheinlich, warum Sie hier sind. Die Antwort ist: Wir brauchen genau Sie für unser neues Projekt." Er deutet auf die Präsentation: „Hier sehen Sie die neue Kamera unseres Mitbewerbers. Wir verlieren Marktanteile. Alle Prognosen zeigen, dass wir hohe Verluste einfahren werden, wenn wir den Profifotografen keine Alternative bieten."

Niko macht eine Pause. Er beobachtet die Frauen und Männer. Ihre Augen sind weit geöffnet, einige beugen sich nach vorne, andere richten sich leicht auf. Niko schaut wieder in die Runde und sagt dann: „Sie alle wissen, wie man eine bessere, schnellere und attraktivere Kamera bauen kann, als wir sie hier sehen. Ihre Aufgabe ist es, eine neue, bessere Kamera als diese zu bauen. Innerhalb von neun Monaten, und sie darf im Laden nicht mehr kosten als das Produkt der Konkurrenz."

Die Frauen und Männer sehen sich an. Niko fährt fort: „Draußen wartet ein Bus, der Sie in Ihr neues Büro und Ihre neuen Laboratorien bringen wird. Damit Sie niemand stören kann, haben wir entschieden, dass Sie Arbeitsplätze bekommen, an denen Sie gemeinsam arbeiten können."

Wieder macht er eine Pause und setzt dann fort: „Wir zählen auf Sie und wir erwarten von Ihnen in neun Monaten ein Produkt. Kein Positionspapier, keine Studie und keinen Prototyp. Wir wollen in neun Monaten eine neue Kamera vorstellen, die einen Tag später an die Händler ausgeliefert wird."

Die hier dargestellte Szene beschreibt die Ausgangslage von Scrum. Ein Team (wir nennen es das Scrum-Team) zieht aus, um eine Mission zu erfüllen. Ein Team aus Spezialisten, von einer Vision geleitet, arbeitet sich diszipliniert und hoch professionell von einem Teilprodukt zum nächsten. Woche für Woche werden Teilergebnisse an den Nutzer des Produkts geliefert, bis schließlich das gesamte Produkt zur Verfügung steht.

Scrum ist auf der Metaebene eine *Überzeugung*, eine *Philosophie*, und auf der Prozessebene eine *Arbeitsweise* mit klar definierten Rollen und einem sehr einfachen Prozessmodell mit einem klaren und einfachen Regelwerk.

Sie werden in diesem ersten Kapitel aber verstehen lernen, warum Scrum weit mehr als das Prozessmodell ist. Sie werden erfahren, dass Scrum ein *Managementframework* für das Erstellen von Produkten ist, das - weit über die Produktentwicklungsteams hinaus - die Struktur und die Arbeitsweise einer ganzen Organisation beeinflusst. Ich werde Ihnen auch schildern, dass Scrum die Architektur der Produkte beeinflusst, dass Scrum dafür sorgt, dass sich Teams entwickeln und dass Scrum dabei hilft, in Organisationen ein neues Managementverständnis zu etablieren.

Woher stammt der Begriff?

Der Begriff Scrum ist dem Rugby entlehnt. Auf Deutsch bedeutet Scrum „Gedränge“. Zwei Mannschaften stehen sich in einer kreisförmigen Aufstellung, dem Gedränge, gegenüber und versuchen gemeinschaftlich, den Gegner daran zu hindern, Raum zu gewinnen (Bild 1.1). Auf Scrum übertragen, steht dieses Bild für den Zusammenhalt, den ein Scrum-Team entwickeln kann, und für das Einhalten weniger Regeln. Rugby ist ein sehr diszipliniertes Spiel. Es geht zwar rau zu, aber die Regeln werden rigide befolgt. Die beiden Organisationstheoretiker Ikujiro Nonaka und Hirotaka Takeuchi greifen in ihrem 1986 erschienenen Artikel „The New New Product Development Game“ den Begriff Scrum auf, um einen neuartigen Produktentwicklungsprozess zu beschreiben [Nonaka, Takeuchi 1986].

Basierend auf der Idee von Nonaka und Takeuchi beschrieben die Autoren Peter DeGrace und Leslie Hulet Stahl 1991 in ihrem Buch „Wicked Problems, Righteous Solutions“, wie man für die Entwicklung von Software statt eines wasserfallartigen Produktentwicklungsprozesses

Bild 1.1 Scrum - Stormers gegen Bulls, Cape Town 16.2.2008. Foto: Boris Gloger

einen „All in one"-Ansatz wählen könnte. Sie erwähnen einen „team approach", den sie dem Artikel von Nonaka und Takeuchi entlehnen [DeGrace, Hulet Stahl 1990]. Sie schreiben:

> „If Scrum were applied to software development, it would go something like this: Suppose you have a software development project to do. For each traditional phase, you can draw from a pool of experienced people. Rather than have several designers to do the design phase and have several coders to do the construction phase, etc., you form a team by carefully selecting one person from each pool.
>
> During a team meeting, you will tell them that they have been carefully chosen to do a project that is very important to the company, country, organization, or whatever. This unsettles them somewhat. You then give them a description of the problem to be solved, the figures for how much it costs in time and money to do similar projects and what the performance figures for similar systems are. Then, after you have gotten them used to the idea that they are special, having been specially chosen and challenged to do an important job, you further unsettle the team by saying that their job is to produce the system in, say, half the time and money and it must have twice the performance of other systems. Next, you say that how they do it is their business. Your business is to support them in getting resources. Then you leave them alone. You stand by to give them advice if you are asked. You get their reports, which come regularly but not as often nor as voluminously as with the Waterfall model."
>
> Die beiden haben sogar in diesem ersten Versuch, Scrum zu erklären, deutlich gemacht: „The Scrum approach works by reducing the need for lengthy, passive, third-person communication, reporting, and authorization ceremonies. And, it substitutes short active, first- and second-person communication and fewer contacts with ‚external' entities. Its basic premise is that if you are committed to the team and the project, and if your boss really trusts you, then you can spend time being productive – not justifying your work."
>
> [DeGrace, Hulet Stahl 1990]

Faszinierend finde ich an diesem kurzen Ausschnitt aus dem Buch von DeGrace und Hulet Stahl, dass die beiden bereits erkennen, dass Scrum in zwei Umfeldern möglicherweise nicht funktionieren könnte: dem Maintenance-Umfeld und in großen Projekten. Sie haben aber den Grundstein für eine Diskussion gelegt, an deren Ende heute klar ist, dass man Scrum skalieren kann und dass sich mit einer Visualisierungstechnik aus dem Lean Manufacturing auch im Maintenance-Umfeld, durch einen Blend aus Scrum mit Kanban, die Arbeit bestens steuern lässt. Die beiden haben ebenfalls erkannt, wo bei einer Implementierung von Scrum die Probleme liegen:

1. *„As you might imagine, using the Scrum approach would take some courage on the part of management even with the success of the Japanese economy to use as support." (...)*
2. *„(...) it would be difficult, and sometimes even impossible, give up the control that it takes to support the Scrum method. In the first place, the government, as a customer, would object since they have a historical need to ‚oversee' the spending of tax dollars. In the second place, most companies have stockholders with a need for dividends. The Scrum approach is risky.*

Finally there is no guarantee that the team will not run up against real (rather than institutional) limits which could mean failure of the project.“

Diese Argumente werden auch heute noch gegen Scrum bemüht. Über die Jahre hat sich aber gezeigt, dass sie nicht ins Gewicht fallen. Durch die theoretische Fundierung von Scrum mit mathematischen und logistischen Theorien, wie wir sie durch die Arbeiten von Don Reinertsen kennen (siehe Abschnitte 1.4.2 und 1.4.4), wissen wir auch, wieso sich Scrum gegen diese vermeintlichen Probleme erfolgreich behaupten konnte. Aber sehen wir uns zunächst an, wie das Prozessmodell von Scrum funktioniert. Danach machen wir eine kurze Zeitreise in die Entstehungsgeschichte von Scrum und wir werden uns genauer damit beschäftigen, wie sich die Bedeutung von Scrum in den letzten Jahren verändert hat.

1.1.1 Eine kurze Einführung in die Funktionsweise

Das Prozessmodell von Scrum besteht aus Rollen, Meetings und Artefakten und steckt den Rahmen ab, in dem alle Aktivitäten der Produktentwicklung ablaufen.

Am Anfang der *Discovery-Phase* steht die Person mit einer Produktidee. Häufig ist das ein Kunde oder eine andere Person, die einen Auftrag für eine Produktentwicklung geben kann. Diese Person bespricht ihre Idee mit dem Product Owner, der die Idee – oft auch direkt mit dem Entwicklungsteam – so lange bearbeitet, bis eine *Produktvision* entstanden ist. Die Produktvision enthält die grundlegende Idee für das Produkt. Der Product Owner erarbeitet – entweder alleine oder mithilfe der Teammitglieder – die Produktfunktionalitäten, Product Backlog Items oder auch User Storys genannt. Alle Product Backlog Items werden in eine Liste eingetragen, das *Product Backlog*. Der Product Owner bringt die Product Backlog Items in dieser Liste in eine Reihenfolge, die sich aus dem zu erwartenden finanziellen Gewinn der jeweiligen Funktionalität ergibt. Der gesamte Prozess wird vom ScrumMaster gemanagt. Die drei Rollen Product Owner, ScrumMaster und Entwicklungsteam agieren gemeinsam als das *Scrum-Team*.

Strategische Planung

Jedes Product Backlog Item muss auf seine Größe geschätzt werden. Die *Schätzung* wird von den Teammitgliedern des Entwicklungsteams durchgeführt. Ein Entwicklungsteam besteht aus allen Personen, die notwendig sind, um die Backlog Items in Software zu verwandeln, die ausgeliefert werden kann. Die Teammitglieder schätzen also den Umfang jedes zu liefernden Product Backlog Items und teilen das Ergebnis dem Product Owner mit. Diese initiale Schätzung und das initiale Erarbeiten des Product Backlogs geschieht in der strategischen Planungsphase, d. h. bevor das Team die Arbeit an der Produktentwicklung aufnimmt (Bild 1.2).

Das Product Backlog ist nun geschätzt. Alle Teammitglieder haben eine Vorstellung davon, wie das gewünschte Produkt aussehen soll, und der Product Owner gewinnt einen ersten Eindruck, welche Kosten auf ihn zukommen. Nun nimmt das Entwicklungsteam die Arbeit auf. In Scrum wird in klar abgegrenzten zeitlichen Intervallen, den *Sprints*, gearbeitet. Am Ende eines Sprints muss das Team *Produktinkremente* liefern, die potenziell ausgeliefert werden könnten. In der Scrum-Terminologie gibt es für dieses entstandene Produktinkrement mehrere Bezeichnungen: Potential Shippable Business Functionality, Potential Shippable Code.

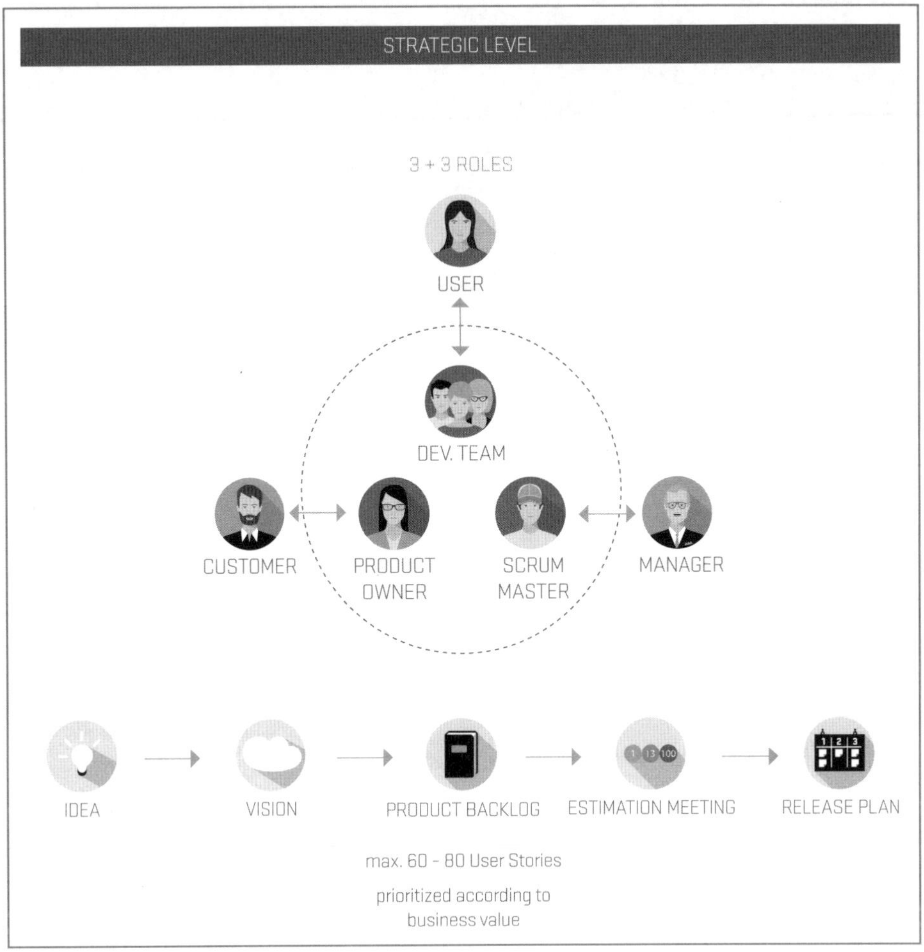

Bild 1.2 Der Scrum Flow auf strategischer Ebene

Taktische Planung

Jeder Sprint beginnt mit der taktischen Planung, die in zwei Phasen unterteilt wird (Bild 1.3). Das erste Planungsmeeting ist das *Sprint Planning Meeting 1*. Hier besprechen der Product Owner, das Entwicklungsteam, das Management und die Anwender des Produkts die Ziele des Sprints, das Sprint Goal. Sie legen gemeinsam fest, wie viele und welche Product Backlog Items (User Storys) das Team in diesem Sprint liefern will. Dieses Meeting ist mit einem Briefing oder einem Anforderungsworkshop vergleichbar. Alle Beteiligten haben nach diesem Workshop eine klare Vorstellung davon, was in diesem Sprint geschehen und geliefert werden soll.

Die Summe der vereinbarten Product Backlog Items (User Storys), die das Entwicklungsteam liefern will, wird als Selected Product Backlog bezeichnet. Wenn allen Beteiligten klar ist, was das Selected Product Backlog umfasst, und sich das Team und der Product Owner darauf geeinigt haben, wird die Summe der User Storys gemeinsam mit dem Sprint Goal als gemeinsames Commitment (Versprechen) des Product Owners und des Entwicklungsteams festgehalten.

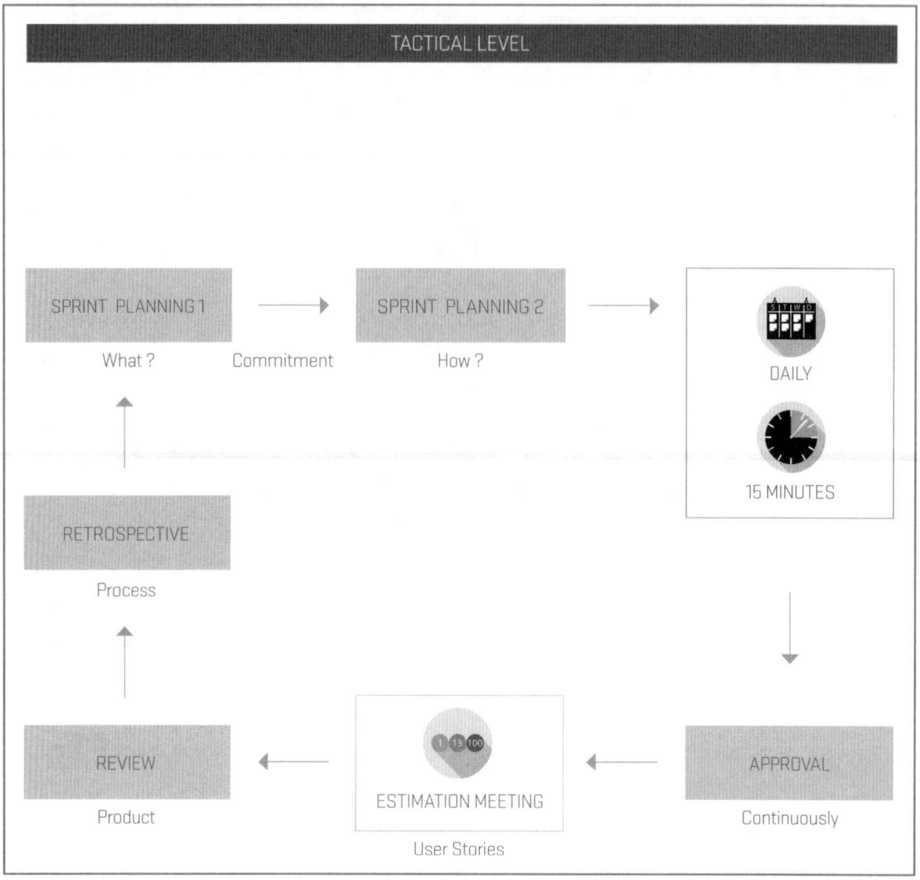

Bild 1.3 Der Scrum Flow auf taktischer Ebene

Der darauf folgende Workshop, das *Sprint Planning Meeting 2*, gibt dem Team die Gelegenheit, darüber zu diskutieren, wie es die Anforderungen an die Backlog Items aus dem Sprint Planning Meeting 1 umsetzen will. Dieser Workshop ist mit einem Design-Workshop vergleichbar. Das Team entwickelt erste Vorstellungen davon, wie es die Anforderungen umsetzen will. Dazu erstellen die Teammitglieder erste Designskizzen und legen die Architektur fest. Häufig überprüfen die Mitglieder des Entwicklungsteams, was schon vorhanden ist, zum Beispiel wie die Codebasis aussieht. Da in diesem Prozess für alle Teammitglieder deutlich wird, was zu tun ist, entsteht auf diese Weise eine Liste aus Aufgaben, das Sprint Backlog. Das Sprint Backlog ist eine Liste aller Aufgaben, die das Team ausführen muss, um die geforderten Product Backlog Items umzusetzen.

Nun beginnt die Umsetzung, also das Entwickeln des Produkts. Die Teammitglieder stimmen im sogenannten *Daily Scrum* ihre Aufgaben täglich untereinander ab. Das Daily Scrum ist das Meeting, in dem alle Teammitglieder bekannt geben:

- Was habe ich seit dem letzten Daily Scrum erreicht?
- Was will ich bis zum nächsten Daily Scrum erreichen?

- Welche Impediments (Hindernisse) stehen mir dabei im Weg?
- Wie kann ich einem Kollegen helfen, damit er möglicherweise schneller fertig wird?

In diesem Meeting bestimmen die Teammitglieder selbst, welche Aufgaben aus dem Sprint Backlog sie abarbeiten wollen. Während dieses Meetings wird auch festgehalten, ob neue Aufgaben hinzugekommen sind oder ob Aufgaben aufgeteilt werden, um sie besser handhabbar zu machen.

Während des Sprints bereiten die Teammitglieder gemeinsam mit dem Product Owner die nächsten Sprints vor. Das Product Backlog wird aktualisiert, für neue Backlog Items werden Schätzungen erstellt und frühere Schätzungen gegebenenfalls aktualisiert. Formal finden diese Arbeiten im *Estimation Meeting* statt, das den Input für den Releaseplan des Projekts liefert. Am Ende des Sprints präsentiert das Team die fertiggestellte Funktionalität in einem weiteren Workshop, dem *Sprint Review*. Hier wird der Fortschritt des Projekts anhand des „Potential Shippable Product Increment" demonstriert. Diese Demonstration zeigt deutlich, wo die Produktentwicklung steht, und führt in der Regel zu neuen Ideen. Sollte genug Funktionalität für die Freigabe des Produkts an die Produktion vorhanden sein, werden im Anschluss die entsprechenden Maßnahmen gesetzt, damit der Release stattfinden kann. Nach dem Sprint Review führen die Teammitglieder gemeinsam die *Sprint Retrospektive* durch. In diesem Meeting optimiert das Team die eigenen Arbeitsprozesse, indem es sie konsequent hinterfragt.

Dieser Scrum-Prozess wird durch den ScrumMaster initiiert und am Leben erhalten. Der ScrumMaster steht sozusagen außerhalb des Prozesses, aber dazu später mehr.

1.1.2 Rollen, Meetings, Artefakte

Wir unterscheiden in Scrum sechs Rollen, sechs Meetings und acht Artefakte. Durch ihr Zusammenspiel können sich hochproduktive Projektteams formieren. Hier zunächst die Rollen, Meetings und Artefakte im Überblick, damit wir in weiterer Folge ein gemeinsames Bild davon haben.

Der Product Owner – der Visionär
Der Product Owner plant und lenkt die Produktentwicklung. Er steuert das Team, indem er eine deutliche Vision vorgibt, klare und eindeutige Rahmenbedingungen definiert und festhält. Er ist verantwortlich dafür, dass das Produkt den gewünschten Return on Investment bringt, indem er vorgibt, in welcher Reihenfolge das Entwicklungsteam die gewünschten Funktionalitäten liefern soll. Er sorgt dafür, dass die Projektergebnisse den finanziellen Aufwand für das Projekt rechtfertigen. Dazu arbeitet er täglich mit dem Entwicklungsteam, trifft zeitnah die notwendigen Entscheidungen und arbeitet kontinuierlich am Product Backlog und dem Releaseplan.

Das Entwicklungsteam – die Lieferanten
Das Entwicklungsteam arbeitet so dicht wie möglich am User und designt und entwickelt das Produkt. Ein Entwicklungsteam besteht aus den Personen, die für die Lieferung des Produkts erforderlich sind. Diese sogenannten crossfunktionalen und multidisziplinären Teams sind so zusammengestellt, dass sie ohne den Einfluss der Organisation das Produkt liefern können. Ein Entwicklungsteam managt seine Angelegenheiten selbst. Es ist autorisiert, alles

Zielführende zu tun, um das angestrebte Ergebnis zu erreichen. Gleichzeitig sollte es die Standards und Prozesse der Organisation einhalten. Das Entwicklungsteam steuert selbst die Arbeitsmenge, die es bewältigen kann. Dafür trägt es die Verantwortung für die Qualität der Lieferung und arbeitet so professionell wie möglich. Es ist immer am neuesten Stand der jeweiligen Technologie und liefert State of the Art.

Der ScrumMaster – der Change Agent
Der ScrumMaster führt das Scrum-Team. Er ist dafür verantwortlich, dass die Produktivität des Scrum-Teams kontinuierlich steigt und arbeitet daran, dass alle Schwierigkeiten, Blockaden und Probleme, die das Team aufhalten, gelöst werden. Zwar ist der ScrumMaster nicht weisungsbefugt, er sorgt aber dafür, dass der Scrum-Prozess eingehalten wird. Seine Hauptaufgabe besteht darin, alle am Projekt beteiligten Personen so zu schulen, dass sie ihre Rolle verstehen und ausüben können.

Der Kunde – der Finanzierer
Der Kunde ist Anforderer des Projekts, er kauft es oder hat es in Auftrag gegeben. Typischerweise sind das die Executive Manager in Organisationen, die Softwareentwicklung bei externen Unternehmen einkaufen. In einem internen Projektentwicklungsteam ist der Budgetverantwortliche in der Rolle des Kunden.

Der Anwender – der Nutzer
Der Anwender des Produkts ist eine wesentliche Informationsquelle für das Scrum-Team. Er ist es, der später die „Usable Software" benutzen wird. Daher bezieht das Scrum-Team den Anwender in die Produktentwicklung mit ein, so gut es geht. Beim Sprint Planning definiert er gemeinsam mit dem Product Owner die Anforderungen. Später wird er als Anwender mit dem Team daran arbeiten, die Anwendung nutzbar zu machen.

Der Manager – der Bereitsteller
Das Management stellt die Ressourcen und die Richtlinien innerhalb einer Organisation bereit. Es schafft den Rahmen, in dem sich das Entwicklungsteam, der Product Owner und der ScrumMaster bewegen. Oft löst es die vom ScrumMaster identifizierten Probleme.

Die Meetings

Sprint Planning Meeting 1 – Anforderungen klären
In diesem ersten Meeting eines Sprints sind der Product Owner, das Entwicklungsteam, das Management, der Anwender und der ScrumMaster anwesend. Der Product Owner erläutert die Product Backlog Items und definiert gemeinsam mit den Teammitgliedern und dem Management das Ziel für den anstehenden Sprint. Dann werden die Backlog Items ausgewählt, die zu diesem Ziel passen und die das Team schaffen kann. So entsteht das Selected Product Backlog. Wichtig: Das Entwicklungsteam alleine bestimmt, wie viele Backlog Items es auswählt.

Sprint Planning Meeting 2 – Design und Planung
Im Sprint Planning Meeting 2 plant das Entwicklungsteam, wie es das im Sprint Planning Meeting 1 vereinbarte Ziel erreichen will. Dazu beraten die Teammitglieder, wie die Applikation aufgebaut sein soll, welche Architektur gewählt werden muss, welche Interfaces geschrieben werden sollen, ob bereits Test Cases erstellt und geschrieben werden sollen, kurz: Sie besprechen detailliert, was getan werden muss. Am Ende dieses Meetings liegt eine Liste aller notwendigen Aufgaben vor: das Sprint Backlog.

Daily Scrum – Koordination und Feedback
Jeden Tag treffen sich die Mitglieder des Entwicklungsteams zur gleichen Zeit am selben Ort für 15 Minuten zu einem vom ScrumMaster moderierten Meeting. In diesem Meeting sprechen sie ab, wer an diesem Tag welche Aufgabe übernimmt. Dabei wählen die Teammitglieder selbst die Aufgabe aus, die sie als Nächstes übernehmen wollen. Sie informieren den ScrumMaster über Blockaden und Probleme, damit dieser sie so schnell wie möglich zur Lösung bringen kann.

Estimation Meeting – planen und schätzen
Der Product Owner und die Mitglieder des Entwicklungsteams aktualisieren mindestens einmal im Sprint das Product Backlog. Dabei werden Backlog Items mit neuen Schätzungen versehen und neue Backlog Items in das Product Backlog aufgenommen. Gleichzeitig wird die Reihenfolge der Backlog Items unter Berücksichtigung der neuen Informationen angepasst. Dieses Meeting dient auch dazu, den Releaseplan des Projekts zu aktualisieren und zu vervollständigen.

Sprint Review – Resultate präsentieren
Am Ende des Sprints präsentiert das Entwicklungsteam die erarbeiteten Funktionalitäten. Das Team zeigt nur die Funktionalitäten, die so weit sind, dass sie sofort produktiv gesetzt werden könnten. Nicht getestete oder instabile Funktionalitäten werden nicht gezeigt und gelten als nicht geliefert.

Sprint Retrospektive – sich ständig verbessern
Die Sprint Retrospektive ermöglicht dem Team das systematische Lernen. Hier wird analysiert, welche Arbeitsprozesse verbessert werden müssen, damit das Team effektiver arbeiten kann. Die Resultate aus der Retrospektive werden im Impediment Backlog festgehalten und lassen sich so als Verbesserungsvorschläge in das Sprint Planning einbringen.

Die Artefakte – Resultate des Scrum-Prozesses

Die Produktvision
Eine Vision ist ein klares, deutliches, attraktives und emotionalisierendes Bild des angestrebten Produkts.

Das Product Backlog Item (User Story)
In Scrum werden die zu liefernden Funktionalitäten, die in einem Product Backlog aufgelistet sind, als Product Backlog Items bezeichnet. Diese werden meist in Form von sogenannten User Storys notiert.

Das Product Backlog
Das Product Backlog ist eine Liste von Product Backlog Items (Storys). Die Storys sind in diesem Backlog nach ihrer Wichtigkeit sortiert.

Das Sprint Goal
Der Product Owner legt gemeinsam mit dem Entwicklungsteam das Sprint Goal, das Ziel des Sprints fest.

Die Aufgaben
Mit Aufgaben bezeichnen wir alles, was getan werden muss, um das Ziel des Sprints zu erreichen und die geforderten Funktionalitäten zu entwickeln.

Der Releaseplan
Der Releaseplan zeigt an, in welchem Sprint welche Backlog Items vom Entwicklungsteam geliefert werden können. Er ist kein Instrument, um einem Team zu sagen, was es wann zu liefern hat, sondern er zeigt nur an, wann das entsprechende Backlog Item vom Team zu erwarten ist. Er ist also ein Informationsinstrument und kein Planungsinstrument im klassischen Sinn.

Das Impediment Backlog
Das Impediment Backlog ist die Liste aller Hindernisse, die einem Team aus dem Weg geräumt werden müssen, damit es produktiver werden kann.

Das Produktinkrement – Usable Software
Das Entwicklungsteam strebt an, am Ende eines Sprints etwas zu liefern, das man präsentieren kann. Die Funktionalitäten, die am Ende des Sprints präsentiert werden, müssen tatsächlich in einem Zustand sein, in dem sie ausgeliefert und verwendet werden können.

1.2 Ein Begriff – viele Einsatzmöglichkeiten

Ist Scrum die bessere Projektmanagementmethode? Wofür lässt sich Scrum einsetzen? Behalten wir im Hinterkopf, dass Scrum in erster Linie ein Managementframework ist, das teamzentriert dazu führt, dass Organisationen kundenorientiert und iterativ Werte (also in der Regel Produkte) schaffen können.[4]

Durch seine Eigenschaft als Managementframework und Geisteshaltung kann Scrum auf verschiedenen Ebenen zum Erfolg führen und die Anwendungsgeschichte von Scrum zeigt es ganz deutlich: Kleine Teams können damit genauso gemanagt werden wie große Projekte mit Hunderten Mitgliedern und sogar ganze Unternehmen.

Vor allem wegen seines Ursprungs wurde Scrum lange Zeit lediglich als Methode gesehen, um Softwareentwicklungsteams produktiver zu machen. Ken Schwaber, einer der Begründer von Scrum, war selbst Softwareentwickler und hat anschließend Unternehmen dabei beraten, professionelle Softwareentwicklungsprozesse zu etablieren. Im Laufe der Entstehung agiler Ansätze wurde Scrum auch in diese Ecke gerückt und nach wie vor wird es oft als eine Software*entwicklungs*methode gesehen. Allerdings ist diese Sichtweise nicht korrekt, denn Scrum erklärt einem Entwicklungsteam nicht, wie es Software entwickeln soll. Es zeigt einem Team nur, wie es sich organisieren soll.

Scrum als Projektmanagementverfahren

Der allgemeingültige Aspekt der Teamorganisation führte schnell dazu, dass Scrum erfolgreich bei Softwareentwicklungsprojekten als Projektmanagementverfahren eingesetzt wurde. Mit Scrum wurden diese Projekte deutlich effektiver umgesetzt als mit herkömmlichen Methoden. Zunächst wurde Scrum für kleinere Projektteams eingesetzt, später wurden

---

[4] Stephen Denning, der ja nicht aus der Scrum Community, sondern aus dem klassischen Management kommt, hebt vor allem diesen Aspekt hervor [Denning 2010].

Verfahren entwickelt, um auch größere Projektteams auf diese Art und Weise zu steuern. In seinem Buch „Agile Project Management with Scrum“ beschreibt Ken Schwaber bereits 2005, wie man Scrum beim Führen von Projekten einbringt. In ihrem Buch „Software in 30 Days“ beschreiben Ken Schwaber und Jeff Sutherland am Beispiel des Projekts „Sentinel“ des FBI, wie mithilfe von Scrum die entscheidende Phase des Projekts bewerkstelligt werden konnte [Schwaber, Sutherland 2012].

Scrum wird gerne als Projektmanagementmethode eingesetzt, weil es Projektteams dabei hilft, konzentriert und fokussiert zu arbeiten. Mit einem Product Owner als „Projektleiter“ und einem Scrum-Master als „Teamleiter“ haben es Unternehmen anscheinend auch sehr einfach, die alten Rollen unter einem neuen Namen wieder zu besetzen. Allerdings haben Menschen, die in traditionellen Denkweisen verhaftet sind, Schwierigkeiten zu verstehen, dass ein Backlog kein Projektplan ist und sich ein Releaseplan in Scrum kontinuierlich ändert. Die in Scrum konsequent durchgeführte rollierende Planung (Rolling Wave Approach) ist für viele Projektmanager nicht so einfach umzusetzen, wie es den Anschein hat. Die Überlegungen aus dem klassischen Denken, dass man zu Beginn des Projekts wissen soll, wann es fertig ist, widerstreben der Vorstellung, dass man erst während der Laufzeit des Projekts das konkrete Ziel gemeinsam (er-)findet.

Ich schlage Ihnen daher folgenden Gedanken vor: Stellen Sie sich einfach vor, Sie führen in Ihrem traditionell geplanten Projekt mehrere Phasen durch. Sie schneiden das Gesamtprojekt in Abschnitte und überlegen, welcher Abschnitt zwar nicht vollständig, aber grundsätzlich lieferbar wäre. Dafür nehmen Sie sich etwas Zeit - sagen wir drei bis sechs Monate. In dieser Zeit führen Sie mithilfe von Scrum mehrere kleine Iterationen durch, erzeugen nach außen für die Organisation aber ein ganz normales Projekt mit der ersten Phase und liefern diese ersten Teile des Projekts. Dann stoppen Sie die übrigen Phasen, gehen übergangslos in den Wartungsmodus Ihres Projekts über und liefern so oft Sie können (in kurzen Sprints) kleinteilig neue Funktionalitäten.

Scrum als Produktentwicklungsmethode

Die Sichtweise auf Scrum verändert sich vollkommen, wenn man die Problematik vom Ende her zu denken beginnt. Im Grunde geht es doch darum, ein Produkt oder einen Service aus Kundensicht iterativ zu entwickeln. In Wahrheit handelt es sich bei Scrum also um eine Produktentwicklungsmethode und nicht um eine Projektmanagementmethode. Sicher könnte man nun argumentieren, dass mithilfe eines Projekts ein Produkt entwickelt wird. Aber versuchen Sie doch mal, den Gedanken des Projekts aufzugeben, und versetzen Sie sich in die Lage, dass Sie einen kontinuierlichen Strom an Produktteilen liefern müssen. Diese Produktteile sind die Ideen für weitere Produktteile, die Sie in eine Liste schreiben, und nun arbeiten Sie diese Liste Teil für Teil ab. Spinnen Sie den Gedanken konsequent weiter, dann hört das Projekt nicht auf, die Entwicklung des Produkts geht also bis in alle Ewigkeit weiter. In diesem Fall hat es gar keinen Sinn, darüber nachzudenken, wann man fertig ist. Denn das Produkt lebt. Es muss sich immer weiterentwickeln. Mit Scrum wird ein Produkt von der Idee bis zu seiner Eliminierung aus dem Sortiment betreut und daher wird mit Scrum ein gesamter Produktlebenszyklus gemanagt.

Scrum für das sehr kleine Team

In vielen Unternehmen findet man sehr kleine Teams, in denen maximal zwei Personen über Monate, manchmal sogar über Jahre an denselben Projekten und Produkten arbeiten. Natürlich ist es sinnlos, für diese Teams einen Product Owner und einen ScrumMaster abzustellen. Das heißt aber nicht, dass man Scrum deshalb nicht einsetzen kann. Der Begriff des Projekts muss in diesem Fall aber tatsächlich aufgelöst werden und sollte durch „Entwicklungsabteilung" oder „Entwicklungsteam" ersetzt werden. Alle Miniprojektteams werden vereint und es entsteht ein einziges großes Scrum-Team (Bild 1.4). Dieses wird von einem Product Owner (z. B. Abteilungsleiter ohne disziplinarische Verantwortung) mit Arbeit versorgt. Wie wir später noch sehen werden, schafft dieses Verfahren sogar eine höhere Produktivität.

Bild 1.4
Zusammenfassung kleiner Teams in ein großes Scrum-Team

Scrum für das große Produkt – Skalierung

Die Selbstorganisation von Teams kann theoretisch auch in einem Unternehmen mit Tausenden Mitarbeitern stattfinden. Es gibt heute sichere Verfahren, um mit Scrum und Visualisierungstechniken auf diese Größenordnungen zu skalieren. Gepaart mit einer möglichst entkoppelnden Architektur eignet sich Scrum durchaus dafür, ein großes Produkt zu entwickeln. In diesem Fall werden die einfachen Regeln von Scrum dazu genutzt, größere Zusammenhänge auszusteuern. Problematisch ist dabei meistens die Tatsache, dass es erst wenige Leute gibt, die damit Erfahrung haben. Im Grunde ist das Wissen aber bereits seit einigen Jahrzehnten vorhanden: Man kann den Vergleich zu Industriezweigen ziehen, in denen Hunderte, manchmal sogar Tausende Menschen gemeinsam an einem Produkt arbeiten, etwa im Schiffsbau.

Die Wissensprodukte großer Softwareentwicklungsprojekte haben dabei ein Problem, das greifbare Produkte nicht haben. Nehmen wir den Frankfurter Flughafen als Beispiel: Diesen Flughafen hätte man in seiner heutigen Form in den 1970er-Jahren nie und nimmer im Rahmen eines einzigen großen Projekts erbauen können. Ich bin in dieser Region aufgewachsen und seit ich ihn als Kind zum ersten Mal bewusst zur Kenntnis genommen habe, wird an diesem Flughafen gebaut. Heute, als erwachsener Vielflieger, lande ich fast jede Woche in Frankfurt – und der Flughafen wird noch immer umgebaut und umgebaut und umgebaut.

Sogar neue Start- und Landebahnen kommen dazu und das alles bei Vollbetrieb. Würde man einen Flughafen dieser Dimension sofort aus dem Boden stampfen wollen, weil man sich das langsame Wachstum ersparen will, würde man nicht fertig werden. Softwareentwicklungsprojekte sind mit dem Umbau des Frankfurter Flughafens vergleichbar. Wer heute Facebook, Google, MS-Word oder Adobe Photoshop nachbauen will, braucht dazu Jahre. Diese Applikationen enthalten so viel Arbeit, dass das Nachprogrammieren so gut wie unmöglich ist.

Scrum für die Steuerung des Produktmanagements

Scrum ist hervorragend dazu geeignet, im Produktmanagement eingesetzt zu werden. Beispielsweise kann eine Produktmanagementabteilung mithilfe von Scrum organisiert werden. Allerdings reicht Scrum allein dafür nicht aus. In diesem Fall baut Scrum eine neue Struktur des Linienmanagements in der Produktmanagementorganisation auf. Das wirkt sich sogar so weit aus, dass Teams zur Gänze dem Produktmanagement zugeordnet werden und die Produktmanager (Product Owner) selbstverständlich einen obersten Produktmanager haben, der die strategische Richtung vorgibt. Eine Mischung aus den Ideen von Scrum und den Ansätzen, die sich bei Marty Cagan finden, führt hier zur Lösung: „It is the primary job of every manager to build and develop the capabilities of his or her team, but this is especially true for the role of the Director of Product Management because of the high impact nature of the Product Manager position." [Cagan 2008] Weiter schreibt er: „Nobody is more responsible or more accountable for the suite of products a company offers than the head of the product management organisation. This person decides what products to pursue, and then closely reviews the strategy and the progress for each product." Mithilfe von Scrum lassen sich die Produktmanager als Team von Product Ownern führen und es ist möglich, den Fortschritt jedes Produkts auf „Sprint by Sprint"-Basis zu reviewen.

Scrum für Business Intelligence

Immer mehr Unternehmen - zum Beispiel Cundus, Woodmark, aber auch SAP - setzen bei der Einführung von Business-Intelligence-Systemen für ihre Kunden auf Scrum. Auch bei diesen Projektarten zeigt sich, dass die überbordende Komplexität in den Organisationen dazu zwingt, in kleineren Paketen vorzugehen. Für Berater wird Scrum in diesen Umgebungen entweder zur Chance oder zur Bedrohung. Die klassischen Methoden der Einführung von Data-Warehouse-Lösungen waren geradezu prädestiniert für den Wasserfallansatz. Oft überfordert es das Denken der Projektmanager, einen Report nach dem anderen zu erzeugen und eine gesuchte Information nach der anderen anzugehen.

Scrum als Methode der Organisationsentwicklung

In „The Enterprise and Scrum" zeigt Ken Schwaber, wie man mit Scrum sogar eine Organisation verändern kann [Schwaber 2007]. Scrum als Methode der Organisationsentwicklung hat sich seitdem weiterentwickelt und immer mehr Elemente aus den klassischen Organisationsentwicklungsschulen wurden in einen Scrum-Rahmen gegossen. Das Paradigma der Organisationsentwicklung mit Scrum besteht darin, eine Organisation entlang ihrer Produkte zu entwickeln. Die Organisation wird in ihren Strukturen gezielt auf das ausgerichtet, was sie ausmacht: ihr ganz eigenes, unverwechselbares Produkt.

Scrum als Managementansatz

Was ist eigentlich Management? Ist es „ein Beruf, eine Praxis, eine Disziplin?“, wie Fredmund Malik sagt, „ist [es] die bewegende Kraft, überall wo es darum geht, durch ein arbeitsteiliges Zusammenwirken vieler Menschen gemeinsam etwas zu erreichen“? [Malik 2007] Oder ist es viel mehr? Peter Druckers Standardwerk zum Management ist rund 840 Seiten dick. Seine Auffassungen fußten auf den Theorien von Max Weber und er war der Meinung, dass Management eine Profession oder ein Handwerk sei, das inhaltlich nicht zwangsläufig etwas mit der Arbeit zu tun haben müsse, die in einem Unternehmen verrichtet wird [Drucker 1985]. Die meiner Meinung nach derzeit modernste Auffassung ist jene von Thomas J. DeLong. Sie ist möglicherweise die erste, die sich auch mit den Ideen zum Management 2.0 von Gary Hamel vereinen lässt: Nach Meinung von DeLong ist es die Aufgabe der Führung in einem Unternehmen, die Richtung vorzugeben, die Mitarbeiter dazu zu bringen, sich freiwillig in diese Richtung zu bewegen, dafür zu sorgen, dass die Ausführung der Arbeiten auch wirklich geschieht, und als Manager selbst ein Beispiel dafür zu sein, wie diese Aufgaben erfüllt werden können [DeLong et al. 2007].

Scrum stellt Managern genau diesen Rahmen zur Verfügung, mit dem sie ihre Führungsaufgaben umsetzen können. Scrum bietet einen Weg, Mitarbeitern eine Richtung vorzugeben, sie eigenständig arbeiten zu lassen und ihnen dabei die finanzielle Verantwortung zu überlassen. Es geht also nicht nur darum, Menschen zu etwas zu befähigen, sondern – so wie es Tom Peters fordert – ihre Jobs in ein eigenständiges Business zu verändern [Peters 1994]. Insofern lässt sich Scrum als Managementansatz für ganze Organisationen verstehen, der mithilfe von Pull-Prinzipien, Lean-Management-Ideen und den systemischen Prinzipien der Selbstorganisation Menschen dabei hilft, in immer komplexeren Umfeldern miteinander zu interagieren.

Scrum in der Organisation und die Rahmenbedingungen

Noch immer gilt: Nicht die ganze Organisation muss Scrum machen, damit man als Einzelner beginnen kann, Scrum für sein Team einzusetzen. Je größer allerdings eine Organisation ist, desto wichtiger wird es für diese Organisation, dass möglichst viele Abteilungen wissen, was Scrum ist, und sich auch entsprechend ausrichten – egal, ob es die HR-Abteilung, der Einkauf, der Verkauf, das Projektmanagement-Office, der Betrieb oder das Marketing ist. Sie alle werden früher oder später davon betroffen sein, wenn die Produktentwicklungsorganisation beginnt, sich mit Scrum zu organisieren. Diese Abteilungen haben natürlich die Möglichkeit, mit Ablehnung und Widerstand zu reagieren. Sie können aber auch versuchen zu verstehen, wie mit Scrum die eigene Arbeit leichter und bedeutungsvoller werden kann.

1.3 Scrum - eine Bewegung entsteht

Juli 2003, Salt Lake City. Es war Sonntagabend, ich ging einen langen Flur hinunter. Musik war zu hören. Erwartungsvoll betrat ich den Saal, in dem die Ice-Breaker-Party stattfand. Etwa 100 Menschen waren bereits da und schauten sich suchend um. Alle waren gekommen, um die erste „Agile Development Conference" zu besuchen - Alistair Cockburn, Gründer der Agile Alliance, hatte eingeladen. Aus Japan, Brasilien, den USA, England, Deutschland, Österreich, Frankreich und vielen anderen Ländern waren wir angereist, um mehr über agile Softwareentwicklung zu erfahren.

Ich stand ein wenig verloren da, als mich eine junge Frau ansprach. Sie trug ein T-Shirt mit der Aufschrift „Agile Development Conference" und erzählte, sie sei eine der vielen Studentinnen, die Alistair engagiert hatte, um die Besucher der Party in Gespräche zu bringen. Ich war auf der besten Ice-Breaker-Party gelandet, die ich jemals besucht hatte. Die Idee, Verbindungen und Beziehungen innerhalb der agilen Gemeinschaft aufzubauen, ist das, was mir von dieser Konferenz am deutlichsten in Erinnerung geblieben ist. Jeder unterhielt sich mit jedem, weil jeder jeden miteinander bekannt machte. Alle Teilnehmer dieser Konferenz kannten sich am Ende. Jeder hatte einmal mit Ken Schwaber, Alistair Cockburn, Ron Jeffries oder Tim Lister geredet. Diese Konferenz zeigte eindrücklich, worum es bei agiler Softwareentwicklung geht: um das gemeinsame Arbeiten, um innovative Resultate zu erzielen. Wir alle gehörten damals zu einer Gruppe von Menschen, die gerade dabei waren, einen leisen Aufstand zu planen und durchzuführen.

Dabei war diese Bewegung erst zwei Jahre zuvor sichtbar geworden. Alistair Cockburn hatte damals die Begründer der agilen Softwareentwicklungsmethoden nach Snowbird, Utah, eingeladen. Dort war 2001 das Agile Manifesto entstanden.

Mehr als zehn Jahre später, Europa. Die Gruppe hat ihr Vorhaben erfolgreich umgesetzt. Immer mehr Unternehmen setzen Scrum und andere agile Entwicklungspraktiken ein. In Europa sind die Ideen der agilen Bewegung in den Softwareentwicklungsabteilungen angekommen. Die Menschen, die damals auf dieser Konferenz waren - Ken Schwaber, Alistair Cockburn, Jim Highsmith, Robert C. Martin, Ron Jeffries, Luke Hohmann, Diana Larsen, Esther Derby, Rachel Davis, Mary Lyn Mans und viele andere - sind heute bekannte Gesichter in der Agile Community.

Das Agile Manifest ist für viele Menschen, die agile Softwareentwicklung betreiben, zum Gradmesser ihrer Aktivitäten geworden. Die zwölf darauf aufbauenden Prinzipien waren nur der vorläufige Endpunkt einer Entwicklung, die etwa zehn Jahre zuvor begonnen hatte und im Falle von Scrum durch Jeff Sutherland und Ken Schwaber geprägt wurde.

Manifest für agile Softwareentwicklung – Agile Manifesto

Wir zeigen bessere Wege auf, um Software zu entwickeln, indem wir genau das tun und anderen dabei helfen, es auch zu tun. Durch unsere Arbeit haben wir folgende Werte für uns entdeckt:

- **Individuen und Interaktionen** stehen über Prozessen und Werkzeugen.
- **Funktionierende Software** steht über umfangreicher Dokumentation.
- **Die Zusammenarbeit mit dem Kunden** steht über der Verhandlung von Verträgen.
- **Das Reagieren auf Veränderungen** steht über dem Befolgen eines Plans.

Das bedeutet: Obwohl die Dinge auf der rechten Seite ihren Wert haben, messen wir den Dingen auf der linken Seite größeren Wert bei.

[Übersetzung des Verfassers. Original unter http://agilemanifesto.org]

Die Geschichte Scrums ist die Geschichte des Scheiterns traditioneller Softwareentwicklungsmodelle. Die Industrialisierung der Softwareentwicklung, der Versuch, den Taylorismus auch in Disziplinen einzuführen, die vollkommen andere Arbeitsbedingungen benötigen, ist gescheitert. Das Festhalten an einem Softwareentwicklungskonzept, das uns Winston W. Royce durch seinen Artikel „Managing the Development of Large Software Systems: Concepts and Techniques" beschert hat und das von ihm so nie gemeint war, ist zu kostspielig geworden [Royce 1970]. Die Wasserfallmethode hat im Laufe der Jahrzehnte zur Entwicklung von Fachdisziplinen innerhalb der Softwareentwicklung geführt, unter denen sich fatalerweise eine Rangordnung herausgebildet hat. Am unteren Ende stehen die Tester, darüber die Entwickler, darüber wiederum die Softwarearchitekten, dann die Softwaresystemarchitekten usw. Diese Rangordnung wird durch das starre Festhalten an Softwareentwicklungs- und Produktentwicklungsmodellen, die aus der Automobilindustrie stammen, verfestigt. In der Wirtschaft wird das gerade erkannt. Viele renommierte Business-Denker fordern ein neues Management.

Die Geschichte von Scrum ist eine Erfolgsgeschichte, weil die Ideen, die in der Wirtschaft allmählich als zukunftsfähiges Konzept erkannt werden, durch Scrum bereits umgesetzt werden. Stephen Denning schreibt in „The Leader's Guide to Radical Management", dass die Ideen zur Veränderung in Organisationen immer dort an Boden gewannen, wo die Basis, also die Projektteams, ein wenig Freiraum hatten, um etwas Neues auszuprobieren [Denning 2010]. Auch bei Scrum ist es nicht anders: Scrum-Einführungen haben meist dann Erfolg, wenn der Druck auf ein Projektteam groß ist und man dem Team gestattet, die Regeln zu brechen, die ihnen die Organisation normalerweise vorgibt. Diese Erfahrungen machten Unternehmen wie Yahoo, die BBC, eBay, Google und Web.de. Teams begannen dort zu scrummen, weil die Lage beinahe aussichtslos war. Das laufende Projekt war von Anfang an zu riskant und zu wichtig, um es mit den traditionellen Methoden erfolgreich durchführen zu können. Dennoch lieferten die Teams mithilfe von Scrum die richtigen Ergebnisse.

Heute spricht man im Silicon Valley von keiner anderen Entwicklungsmethode mehr. Microsoft und Google nutzen sie ganz selbstverständlich und auch in den Managementetagen deutscher Konzerne hat zumindest bei den IT-Chefs ein Umdenkprozess begonnen. Glauben wir Stephen Denning, wird das auch in den anderen Managementdisziplinen geschehen.

Einige Daten zur Geschichte von Scrum

1990 erkennt Jeff Sutherland in einem Projekt für die Guinness Peat Aviation, dass Gantt-Charts in diesem Projekt nicht funktionieren.[5] Daher lässt er diese Form der Projektkontrolle beiseite und schafft eine neue Rolle für die damaligen Projektleiter: Er macht sie zu Teammitgliedern und gibt ihnen eine mehr moderierende als managende Rolle. Das erste Scrum-Team entsteht, als Jeff McKenna und John Scumniotales von Jeff Sutherland als ScrumMaster engagiert werden. **1994** wird der erste Release des Easel Object Studios nach sechs Sprints und der zweite Release nach weiteren sechs Sprints geliefert.

Die Ideen von Jeff Sutherland fließen **1995** in eXtreme Programming von Kent Beck ein. Ken Schwaber veröffentlicht auf der OOPSLA '96 den ersten Konferenzbeitrag über Scrum. Die Grundthese dieses Beitrags: „Scrum akzeptiert, dass der Entwicklungsprozess nicht vorherzusehen ist. Das Produkt ist die bestmögliche Software, die Kosten, die Funktionalität, die Zeit und die Qualität einbeziehend." [Schwaber 1996] Zu diesen Ergebnissen waren Sutherland und Schwaber gekommen, nachdem ihnen Wissenschaftler der DuPont Chemical's Advanced Research Facility erklärt hatten, dass Chemiker zwei Prozessarten unterscheiden: definierte Prozesse und empirische Prozesse. Sind chemische Prozesse vollständig erforscht, kann man einen Produktionsprozess ausbauen, der vollständig definiert ist. Solange das aber nicht der Fall ist, muss man mit dem empirischen Kontrollprozess arbeiten.

Bei IDX erproben Sutherland und Schwaber, wie man Scrum für die Steuerung eines gesamten Unternehmens einsetzt, das mehr als 4.000 Kunden hat und in dem mehrere Hundert Entwickler arbeiten. Ihr Hauptproblem war, die Qualität des Scrum-Prozesses bei vielen Teams, die Scrum erst erlernen mussten, zu gewährleisten [Schwaber et al. 2001].

Sutherland wechselt als Chief Technology Officer zu PatientKeeper. Dort startet er in den fünf darauffolgenden Jahren das wohl ehrgeizigste Projekt. Nach einigen Jahren arbeiten zehn Scrum-Teams in sich überlappenden Sprints. Die Backlogs verändern sich wöchentlich und es werden mehr und mehr Ideen aus dem Toyota Production System übernommen.

Jeff Sutherland, Ken Schwaber und Mike Beedle präsentieren Scrum auf dem Treffen in **Snowbird 2001** und formulieren das **Agile Manifesto** mit. Bei diesem Treffen wird per Abstimmung entschieden, dass diese Softwareentwicklungsmethoden „agil" genannt werden, und die ersten Schritte zur Gründung der Agile Alliance werden gesetzt. Zu den Gründungsmitgliedern gehören u. a. Ken Schwaber und Alistair Cockburn, der mir 2006 erzählt, dass das Wort „agil" nur mit einer Stimme Vorsprung vor „adaptiv" gewonnen hat.

Kurze Zeit später erscheint das Buch „Agile Software Development mit Scrum", in dem Schwaber, Sutherland und Beedle Scrum in allen Einzelheiten beschreiben [Schwaber et al. 2001]. Dieses Buch wird zur Grundlage für den Erfolg von Scrum. Nun war Scrum eine Methode, zu der es auch ein Buch gab, das man seinem Chef auf den Schreibtisch legen konnte. Scrum wurde beachtet.

Im Frühling des Jahres **2003** beginnt Ken Schwaber mit den Trainings für den „Certified ScrumMaster". Das Training wird schnell erfolgreich, weil es von den Agile User Groups weltweit vermarktet wird. Schon nach einem Jahr haben etwa 1.000 Teilnehmer das Training absolviert. 2008 sind es bereits ca. 40.000. Heute zählt die Scrum Alliance weltweit mehr als 100.000 Certified ScrumMaster, nicht eingerechnet die ausgebildeten Product Owner und Teammitglieder.

---

[5] http://en.wikipedia.org/wiki/Guinness_Peat_Aviation (29.12.2015)

2003 erscheint auch das nächste Buch von Ken Schwaber: „Agile Project Management with Scrum" [Schwaber 2003]. War das erste Buch noch von dem Versuch geprägt, die Frage zu beantworten, *wieso* Scrum funktioniert, hatten nun bereits etliche Unternehmen und Entwicklungsteams Scrum erfolgreich eingeführt. In der Scrum Community wurde immer wieder von den „Wunderimplementierungen" bei Unternehmen wie eCards oder Bentley erzählt. Schwaber konnte jetzt zeigen, *wie* Scrum funktioniert.

Durch die ersten beiden Scrum Gatherings im Frühjahr **2004** in Wien und im Herbst 2004 in Boston entsteht langsam die Scrum Alliance als Organisation. Es war faszinierend: Wir fühlten uns wie eine verschworene Gemeinschaft und waren sicher, dass wir etwas verändern würden. Die Scrum Alliance wurde auf dem Gathering in Boston gegründet und Ken Schwaber, Mike Cohn und Esther Derby wurden Mitglieder des Boards der damals als Unternehmen gegründeten Scrum Alliance.

Ende **2004** markiert auch den Beginn des Rennens um das beste elektronische Scrum-Tool. Für die Geschichte von Scrum sind diese Tools wichtig, denn sie halfen, Scrum zu verbreiten. Erst die Scrum-Tools überzeugten viele Manager davon, dass sie mit Scrum erfolgreich arbeiten konnten.

2007 erscheint das lang erwartete dritte Buch Ken Schwabers über Scrum: „The Enterprise and Scrum" [Schwaber 2007]. Hier beschreibt er, wie man Scrum unternehmensweit einführt. Zunächst ermahnt er seine Leser, sich unbedingt an die Grundregeln von Scrum zu halten. Jede Veränderung der Regeln sei schädlich für den Prozess. Dann führt er aus, dass man zur Implementierung von Scrum als Organisationssteuerung Scrum selbst benutzen muss.

Anfang 2007 wird die Scrum Alliance aus einer For-Profit-Organisation zu einer Non-Profit-Organisation. **2009** entstehen starke Konflikte in der Führung der Scrum Alliance. Als Folge davon entsteht eine neue Organisation, geführt von Ken Schwaber: **Scrum.org**. Schnell entwickelt sich eine neue, erfolgreich weltweit agierende Scrum-Ausbildungsorganisation.

Scrum – der Bedeutungswandel

Die Geschichte von Scrum lässt sich abseits der prägenden Events aber auch anders erzählen. Denn in den letzten Jahren haben Scrum und die agile Community einen tiefgreifenden Wandel vollzogen.

1986: Der Artikel von Ikujiro Nonaka und Hirotaka Takeuchi – „The New New Product Development Game" – wird in der Harvard Business Review veröffentlicht. Die beiden Autoren schildern, dass erfolgreiche Produktentwicklung nicht dem Wasserfallgedanken folgt. Vielmehr ist sie das Ergebnis eines integrierten, ganzheitlichen, multidisziplinären Taskforce-Ansatzes.

1996: Scrum wird auf der OOPSLA '96 als Methode vorgestellt. Ken Schwaber und Jeff Sutherland machen deutlich, dass es sich dabei um ein empirisches Prozessmodell handelt.

2001: Das Agile Manifesto entsteht – die Vertreter der agilen Softwareentwicklung definieren den Terminus „agil".

2001: Das erste Buch von Schwaber, Sutherland und Beedle heißt „Agile Software Development with Scrum" und hält fest, dass es darum geht, die Softwareentwicklung zu verbessern [Schwaber et al. 2001]. Spannend ist, dass nicht erklärt wird, wie Softwareentwicklung durchgeführt werden soll. Mike Beedle führt daraufhin Balanced Agility ein, eine Zusammensetzung aus

Scrum und drei Entwicklungspraktiken: Continuous Integration, Test Driven Development und Configuration Management. Andere Praktiker sagen, Scrum brauche unbedingt XP, um erfolgreich zu sein.

2003: In seinem zweiten Buch „Agile Project Management with Scrum" zeigt Ken Schwaber, dass Scrum eine Projektmanagementmethode ist [Schwaber 2003]. Auch dieses Mal sind nicht alle sofort begeistert. Denn Scrum erklärt nicht, wie man die Aspekte in den Griff bekommt, die schon DeGrace und Hulet Stahl erwähnt haben (siehe Abschnitt 1.1). Wie macht man einen Projektplan?

Scrum kann wirklich als Projektmanagementmethode genutzt werden, wenn man Scrum auf nur einem Product Owner (= Projektmanager) mit einem Entwicklungsteam aufbaut (Bild 1.5). Dann ist es in etwa so wie bei einem Projekt. Ein Backlog entsteht, man macht den ersten Releaseplan und versucht, so schnell wie möglich damit durch zu sein. Anschließend kommt man in den Maintenance-Modus. Der Product Owner arbeitet mit einem Projektteam an genau einem Produkt und es kommt am Ende ein Produkt heraus. Spannend wird dieses Modell, wenn man sich klar macht, dass Teams in Unternehmen eben nicht so aufgestellt sind, wie es Nonaka und Takeuchi beschrieben hatten. In den meisten Unternehmen ist es äußerst unwahrscheinlich, dass ein Teammitglied 100 Prozent seiner Kapazität für nur ein Projekt verwendet. Das wiederum wird Scrum als Nachteil ausgelegt, denn dort drängt man darauf, dass jeder Mitarbeiter an nur einer Sache arbeitet. Fragt man Menschen in Projektteams aber, wieso sie nicht erfolgreich arbeiten können, kommt häufig die Aussage, dass sie sich nicht auf eine Sache konzentrieren können, weil es noch andere Dinge zu tun gibt.

Bild 1.5
Scrum als Projektteammethode

2005: Mike Cohn veröffentlicht sein bahnbrechendes Buch „Agile Estimation and Planning" [Cohn 2005]. Darin hat er alles Notwendige zusammengetragen, um Releasepläne erstellen zu können, die auch klassische Projektmanagementfragen beantworten. Er machte es damit möglich, ein Projekt auf Basis der oben beschriebenen Restriktion – ein Team, ein Produkt – zu managen.

2005: Bei einem Bier während der Agile 2005 in Denver erklärt mir Bas Voode eine seiner Ideen: „Was, wenn wir nicht mehr in Projekten, sondern in Lieferungen denken? Wenn wir also den Gedanken des Projekts aufgeben?" Diese Frage war aus der Beobachtung entstanden, dass seine Teams sehr große Applikationen und Produkte betreuten. In diesem Umfeld war es mit dem Projektbegriff nicht getan, denn die Applikationen wurden ständig weiterentwickelt. Kurz darauf entsteht immer wieder die Diskussion, ob dafür nicht einige Elemente (Batches, Cycle Time, Work in Progress Limits, Kadenzen) aus dem **Lean Manufacturing** geeigneter als Scrum seien, um zu verstehen, was in großen Entwicklungsteams passiert und wie man den Flow von Produktteilen mithilfe des Pull-Verfahrens (Toyota Production System) managen könne. Dieser Denkansatz wird von der Tatsache gestützt, dass der Anteil der tatsächlichen

Softwareentwicklung, die in die Konstruktion neuer Produkte fließt, im Verhältnis zum Anteil der Softwarewartung (Anpassung an die Umwelt, Fehlerbehebung und Hinzufügen von Funktionalitäten) sehr gering ist. Die meisten Teams sind nicht mit neuen Entwicklungen konfrontiert, sondern damit, etwas Bestehendes ständig zu adaptieren.

Auf diese Frage: „Wie können wir mit den Kleinständerungen umgehen, die im Tagestakt auf uns einprasseln?“ hatte Scrum nicht die beste Antwort. Oft lautete sie: „Das machen wir dann im nächsten Sprint.“ Und genau diese Antwort war für viele nicht akzeptabel, weil aus ihrer Sicht Konfigurationen und Miniaufgaben nicht umfangreich geplant werden sollten.

Die Lösung dieser Fragestellung war im Grunde ganz einfach und wurde aus zwei Richtungen entwickelt (Tabelle 1.1):

Tabelle 1.1 Umgang mit Störungen - die Ansätze von Scrum und Kanban

Scrum	Lean Development (Kanban)
▪ Scrum basiert auf der Idee, dass ein Team immer nur an einer Story arbeiten sollte. ▪ Mit dem Taskboard wird deutlich gemacht, dass Störungen - also Ergänzungen zum Sprint - entweder in eine eigene Zeile eingebaut werden oder dieses Zusatz-Item mit einer neuen Kartenfarbe in die gerade bearbeitete Story gehängt wird. ▪ Bei großen Projekten mit vielen Teams werden auf den Boards Spalten aufgezeichnet, um die gegenseitigen Abhängigkeiten der Teams untereinander darzustellen. Dort werden dann Aufgaben eingehängt, die von anderen Teams erledigt werden sollten.	▪ Basierend auf der Idee eines Kanban-Boards wie es das Toyota Production System kennt, werden die Prozessschritte visualisiert, die ein Maintenance-Team immer wieder durchführt. ▪ Dann wird das Konzept der Planung aufgegeben und jedes Feature, jeder Bug und jede Erweiterung durch diesen Prozess geführt.

Diese beiden Wege teilen die agile Community heute in zwei Lager: Scrum und Kanban. Wie wir später sehen werden, sind die Wege in Wahrheit aber identisch, weil sie deutlich machen, dass es nicht um das Abwickeln von Projekten, sondern um das Liefern von Produkten in Teilen geht.

2011 veröffentlichen Nonaka und Takeuchi den Artikel „Der weise Manager“. Darin schreiben sie: „Eine Organisation, in der jedes Mitglied weise handelt, ist in der Lage, auf jede Situation flexibel und kreativ zu reagieren. Ein struktureller Ansatz dafür, agil zu bleiben, ist die aus dem Rugby entlehnte ‚Scrum‘-Methode. Diese fand als Erstes in der Fertigungsindustrie ihren Niederschlag und ist heute die offizielle Bezeichnung für den Prozess der ‚agilen‘ Softwareentwicklung: Einzelne Teams sind normalerweise auf sieben Mitglieder beschränkt, aber mit dem Umfang des Projekts erhöht sich auch die Zahl der Teams.“ [Nonaka, Takeuchi 2011]

Stephen Denning nimmt diesen Gedankengang 2011 in „The Leader's Guide to Radical Management“ auf und transferiert ihn in die Welt abseits der Softwareentwicklung. Denning verdichtet Scrum auf sieben Prinzipien [Denning 2011]:

1. Focus on customer delight
2. Work through self-organizing teams
3. Do work in client driven iterations
4. Deliver value to clients in every iteration
5. Be totally open about impediments and issues
6. Create context for continuous self-improvement by the teams
7. Communicate: stories, questions, issues

Nach Denning ist Scrum die folgerichtige Antwort auf die Herausforderungen der modernen Produktentwicklung. Damit hat sich der Kreis geschlossen! Nonaka und Takeuchi hatten Scrum 1986 durch die Beobachtung funktionierender Produktentwicklung entdeckt. Ausgehend vom Prototyp des modernen Wissensarbeiters, dem Softwareentwickler, wurde es zu einer Managementmethode ausgebaut und verfeinert, die für Teams aus Wissensarbeitern in großen Organisationen genauso funktioniert. Und nun ist es so weit, dass Scrum als Management-Framework und Management-Mindset in unserer Ära der Wissensarbeit auch für Organisationen abseits der Softwareentwicklung eingesetzt und verstanden wird.

1.4 Warum Scrum funktioniert

Wie ist es möglich, dass so viele Unternehmen mit Scrum erfolgreich sind? In diesem Abschnitt werde ich zeigen, dass es finanzielle, produktionstechnische und motivierende Faktoren sind, mit denen die Softwareentwicklung zum Vorreiter für die Neugestaltung von Produktionsentwicklungsprozessen geworden ist. Scrum wäre nicht erfolgreich gewesen, wenn die betreffenden Unternehmen keine Gewinne damit eingefahren hätten.

Jeff Sutherland hat einmal in einer E-Mail den **Return on Investment** für eine Scrum-Implementierung folgendermaßen beziffert:

„Insert Scrum companywide and get real data on incremental function points per developer per months for a few years. Then you have some real data to base an ROI on. This was done at IDX for a team that grew to 567 developers during the period 1996-2000. Not all of them had fully implemented Scrum as we had a bunch of COBOL programmers on a multi-million line clinical system that were somewhat impervious to change (but they saw the handwriting on the wall). (...)

I'm laying out the stats as follows:

- Industry baseline is 3 function points per month for typical commercial software. That is actually what it was when I got to IDX.
- 10 % of teams got to 20 function points per month.
- 5 % of teams failed (actually I don't think it was this high). Industry standard team failure stats are 31 % and they fail a lot later.

- 80 % of teams got to 6 function points with Scrum.
- Assume 30 % of the teams move to Scrum level the first year.

I leave the math as an exercise for the reader. The net gain in productivity is 173 % the first year. Let's say you have a 60 person development team and you pay an average of $100K per month per developer fully burdened. You probably are already doing outsourcing to meet this number.

So the 60 person team used to deliver $6M of industry standard software. At the end of the first year they have delivered $10.4M work of industry standard software for a gain of $4.4M.

(...) Take 10 % of $4.4M or $440,000 and spend that on implementing Scrum the first year for a 60 person team. That ought to be enough to get it going."

Jeff Sutherland CTO, PatientKeeper Inc.

Wir müssen Jeff Sutherland nicht glauben, aber die praktischen Beweise häufen sich. Oliver Zeiler hat 2011 in einem Interview mit dem CIO Magazin über seine Erfahrungen und die Ergebnisse mit Scrum als CTO bei ImmobilienScout24 in Berlin berichtet:

> *Deshalb lässt Zeiler seit 2009 den Output pro Release mit der Methode Function Point Analysis messen. Sie zielt darauf, direkt den Anwendernutzen zu erheben. Function Points drücken die Zahl der Funktionen einer Software aus, die für den Nutzer relevant sind. Nach Art und Komplexität erhält jede Funktion einen Zahlenwert aus einem standardisierten Katalog. Grundlage ist die Norm ISO/IEC 20926:2003. „Das Schönste daran finde ich, dass jetzt wirklich die kundengefühlte Funktionalität gemessen wird", sagt Oliver Zeiler. Zurzeit stellt seine IT-Mannschaft aus 135 zu Immobilien Scout 24 [sic!] gehörenden Entwicklern und fünf externen Teams mit zusammen 30 Mitarbeitern jeden Monat um die 250 Function Points live. Vieles davon sind laut dem CTO kleine Veränderungen in Aufbau oder Bedienung des Portals, die Wohnungssuchenden nicht sofort auffallen. Dass die Entwicklungsgeschwindigkeit steigt, hat ihm das Beratungsunternehmen Aestimat errechnet, zu dessen Schwerpunkten es gehört, die Leistung von IT-Abteilungen zu messen. Im Oktober 2010 feierte Zeiler mit seinen Entwicklern, dass sie seit Jahresbeginn bereits die Zahl an Function Points erreicht hatten, für die sie ein Jahr zuvor noch zwölf Monate gebraucht hatten. Und im Vergleich zu 2008 schafften die Entwickler 2010 mit rund 5000 Function Points fast doppelt so viel. Weil die neue Messmethode 2008 noch nicht angewandt wurde, wurde die Zahl der Function Points für das Jahr hochgerechnet* [Zeitler 2011].

Diese Zahlen sind kaum zu glauben, aber vollkommen korrekt und sie werden immer wieder von anderen Unternehmen bestätigt. Wie geht das? Was machen Scrum und Kanban richtig? Werfen wir einen Blick auf die theoretischen Hintergründe für diese phänomenale Produktivitätssteigerung. Die These lautet: Software wird weltweit nach dem Prinzip der Massenfertigung Henry Fords entwickelt. Daher sind Scrum und Kanban für die Softwareentwicklung, was das Toyota Production System für die Automobilindustrie war: *ein radikales Umgestalten aller Entwicklungsprozesse, hin zu Teamorientierung, multidisziplinärem Arbeiten und Just-in-time-Fertigung mit hohen Qualitätsansprüchen.*

1.4.1 Ford und Sloan – die Ursprünge der Massenfertigung

Henry Ford und Alfred P. Sloan hatten den größten Einfluss auf die westliche Industrie des 20. Jahrhunderts. Sie änderten nicht nur die Produktions- und Managementmethoden radikal, sondern entwickelten mit ihren Methoden eine vollkommen neue Betrachtungsweise auf die Zusammenarbeit. Sie erschufen die industrielle Arbeitsteilung und fanden die Lösung dafür, wie man große, weltweit verteilte Organisationen steuert: mithilfe des mittleren Managements. Sie erfanden Berufe, deren Aufgabe es nicht war, etwas zu produzieren, sondern dafür zu sorgen, dass andere produzieren. Schon damals wussten die Manager von Sloan teilweise gar nicht mehr, wie die eigentliche Arbeit ablief.

Eine wichtige Säule des Systems von Henry Ford war, Arbeitsschritte so stark zu vereinfachen, dass sie jeder Arbeiter nach kurzer Zeit beherrschen konnte. Aus den verfügbaren ehemaligen Knechten und Mägden, Dienstmädchen und Dienern mussten Arbeitskräfte werden, die ohne Ingenieurskenntnisse Autos bauen konnten – tagein, tagaus. Fords Produktionssystem war erfolgreich: Jede Minute lief ein Ford-T-Modell vom Band. Jeder Automobilbauer, ob in Europa oder Asien, übernahm dieses System. Diese Fabrikbetriebe schufen so die moderne Arbeiterschicht: Menschen ohne Ausbildung, die am Band standen. Diese Menschen verrichteten eine langweilige und sinnentleerte Arbeit, die keine Erfüllung brachte. Das System funktionierte nur, weil gleichzeitig der Beruf des Ingenieurs entstand. Jemand musste die Arbeitsschritte planen, sich also überlegen, wie die Fabrik als Ganzes am Ende ein Auto ausliefern konnte. Ingenieure bauten das Auto nicht mehr selbst, sondern lieferten die Grundlagen dafür, dass andere das Auto nur noch zusammenstecken mussten.

Die zweite revolutionäre Idee des beginnenden 20. Jahrhunderts nahm wiederum in der Automobilindustrie ihren Anfang. General Motors hatte die Massenproduktion von Ford übernommen. Bei GM wollte man aber, im Gegensatz zu Ford, mehr als ein einziges Fahrzeugmodell bauen. Die Idee war, für jeden Geldbeutel und für jedes Lebensalter des Kunden das richtige Fahrzeug anbieten zu können. GM hatte viele Werke, in denen unterschiedliche Modelle gefertigt wurden, und wollte dennoch als Gesamtkonzern erscheinen.

Alfred P. Sloan, von 1923 bis 1946 CEO von General Motors, hatte bereits 1919 die entscheidende Idee: das Führen von Unternehmensbereichen durch Kennzahlen. Mit dem kennzahlenbasierten Berichtswesen schuf er das moderne Management, das Unternehmen durch das Erfüllen von Zielvorgaben steuert. Diese Entwicklung rief die Managementspezialisten für Finanzen, Marketing, Forschung und für alle anderen Unternehmensbereiche auf den Plan, also wieder Spezialdisziplinen. Sloan erfand so das mittlere Management. Er kreierte ein bürokratisches System, das wir heute als traditionelle Managementpyramide kennen (Bild 1.6). An der Spitze werden die Entscheidungen getroffen, obwohl dort das Wissen über die eigentliche Arbeit nicht mehr vorhanden ist.

Diese beiden Erfindungen waren eine großartige Leistung! Ohne diese Erfolge, ohne die Erfindung des Managements, wie es Ford und Sloan eingeführt haben, ohne das Scientific Management, wäre es nicht möglich gewesen, die Produktivitätssteigerungen in der Fertigung zu erzielen.

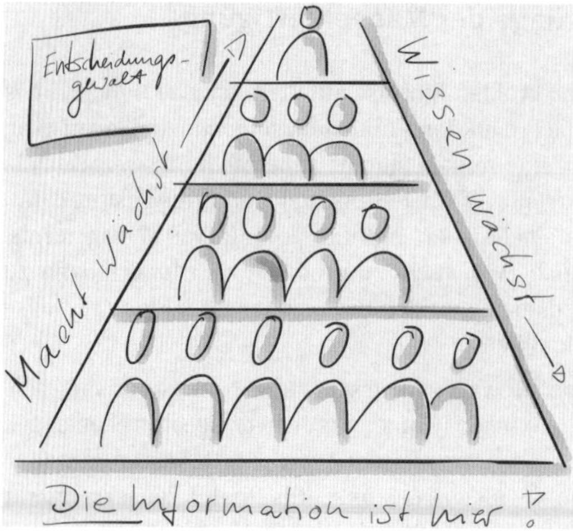

Bild 1.6
Managementpyramide

1.4.2 Lean Manufacturing

Ford hatte erkannt, dass er die Variabilität, das Veränderliche, aus der Produktion entfernen musste. Seine Fahrzeuge wurden aus vorproduzierten, passgenauen Teilen hergestellt. In Kombination mit der Fokussierung Sloans auf Berichte und Zahlen förderte Fords Scientific Management ein Denken in Effizienz. Es funktionierte so lange, bis Toyota in den 1970er-Jahren anderen Massenproduzenten zeigte, dass das traditionelle Management von Fabriken elegant mithilfe eines simplen, aber hoch effektiven Verfahrens übertrumpft werden konnte. Das Toyota Production System, heute der Inbegriff des Lean Manufacturing, hat die Materialflusssteuerung um die Just-In-Time-Fertigung und das Kanban-Prinzip ergänzt. Beim Toyota Production System werden erfolgreiche Elemente aus der traditionellen Fertigung durch Lean-Prinzipien ersetzt (Tabelle 1.2).

Tabelle 1.2 Traditionelle Fertigung vs. Lean Manufacturing. Quelle: [Reinertsen 2009]

Traditionelle Fertigung	Lean Manufacturing
▪ Inventory is an asset	▪ Inventory is waste
▪ Focus on cost efficiency	▪ Focus on smooth flow
▪ Use large batch sizes	▪ Use small batch sizes
▪ Use specialized resources	▪ Make set-ups cheap
▪ Control of detailed time lines	▪ Control of queues
▪ Emphasize forecasting MRP*	▪ React to WIP changes
▪ Long cycle time	▪ Short cycle time
▪ Heavy status reporting	▪ Little status reporting

* MRP steht für Manufacturing Resources Planning
http://de.wikipedia.org/wiki/Manufacturing_Resources_Planning (29.12.2015)

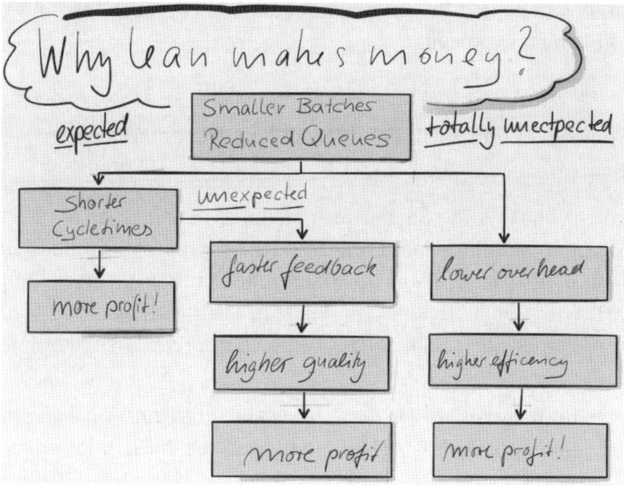

Bild 1.7
Warum Unternehmen mit Lean-Methoden mehr Profit machen.
Quelle: [Reinertsen 2009]

Die Grundidee des Lean Manufacturing basiert zum einen auf dem kontinuierlich angewendeten Deming Cycle (siehe Abschnitt 1.5.2) und der neuen Steuerung des Materialflusses. Für diese Vereinfachung würde mich der Autor des weltweit wohl erfolgreichsten Buchs über das Toyota Production System – „The Toyota Way" [Liker 2003] – sicher steinigen, aber für unsere Zwecke reicht es aus. Wir müssen nur verstehen, warum Lean Manufacturing dem traditionellen Management überlegen ist. Bei Don Reinertsen findet man dazu eine wunderbare Grafik (Bild 1.7).

Der wesentliche Grund liegt in der **Reduzierung der Batch-Sizes** und damit in der Verkleinerung der Warteschlangen. Im Toyota Production System wird das durch die grandiose Idee der Flusssteuerung im Pull-Verfahren erreicht.

Wie man in Bild 1.7 sieht, ist ein wesentlicher Vorteil die kürzere Durchlaufzeit im Produktionsprozess. Genau das kann man in allen Lean-Production-Prozessen beobachten. Just-in-Time-Produktion ist darauf ausgelegt, einen geringeren Lagerbestand zu haben und das durch ständiges Liefern von Teilen zu kompensieren. Was aber interessant ist: Das führt unweigerlich zu schnellerem **Feedback**, und das wiederum hat den Effekt, dass die Qualität der Produktion steigt. Was sich dabei vollkommen unerwartet gezeigt hat: Diese Art der Flusssteuerung führt gleichzeitig zu geringerem Overhead [Reinertsen 2009].

Aber das Toyota Production System besteht nicht nur aus den oben angeführten Elementen, obwohl diese Elemente die wesentliche Ursache für die Vorteile gegenüber anderen Produktionsverfahren sind. Das Toyota Production System, der Ursprung der Lean-Production-Bewegung, entstand aus Beobachtungen, die Sakichi Toyoda und sein Chef-Ingenieur Taiichi Ōno[6] machten. Sie reisten in den 1940er- und 1950er-Jahren in die USA, um dort zu lernen, wie Fahrzeuge produziert werden. Toyoda und Ōno sahen, dass die Massenproduktion Fords nur deshalb funktionierte, weil sehr viele einzelne Teile produziert wurden und daher jede Maschine, jede Presse ausgelastet werden konnte. Sie sahen auch, dass hohe Lagerbestände aufliefen, denn eine Presse war nur dann produktiv, wenn sie ununterbrochen Teile presste.

[6] http://de.wikipedia.org/wiki/Taiichi_%C5%8Cno (29.12.2015)

Ōno hatte fünf bahnbrechende Ideen, um den Produktionsprozess nicht von der Maschine, die ausgelastet werden sollte, abhängig zu machen:

1. **Pull-Prinzip**

   „The more inventory a company has, ... the less likely they will have what they need.“[7]

   Taiichi Ōno

   Die erste Idee übernahm Taiichi Ōno aus den Supermärkten, die er in den USA sah. Dort wurden Lager immer nur dann aufgefüllt, wenn die Regale vorne entleert wurden. Das Steuerungsmittel war der Einkaufswagen, denn die Hausfrauen füllten in ihren Einkaufswagen nur so viel Ware, wie sie benötigten. Die Idee zum Lean Management, dem Kanban-System, war geboren: immer nur genau so viel zu produzieren, wie angefordert wird. Das ist das Pull-Prinzip.

   In Scrum kontrolliert das Team die Menge an Arbeit, die es in seinen Sprint aufnehmen kann (Bild 1.8). Wir werden später sehen, dass das bereits eine Form der Work-in-Progress-Limits (WIP-Limits) ist.

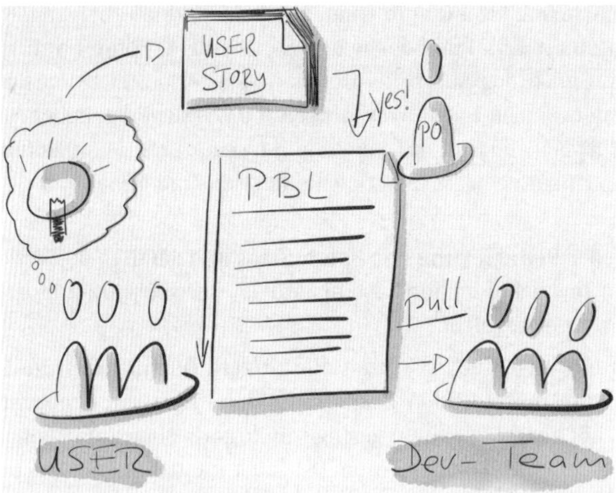

Bild 1.8
Das Pull-Prinzip in Scrum

2. **Just-in-Time-Produktion**

   Das kostspieligste Problem für Produktionsbetriebe ist der Zeitraum, in dem an der Maschine ein Werkzeugwechsel vorgenommen wird – dann steht die Maschine still und ist unproduktiv. Das sind die sogenannten **Transaktionskosten**. Hohe Transaktionskosten führen wiederum zu großen Lagerbeständen, daher sollte es vermieden werden, Maschinen ständig durch Umrüsten ausfallen zu lassen. Ōno entwickelte Wege, um den Werkzeugwechsel zu beschleunigen, und erreichte, dass man Änderungen an der Produktionsstraße innerhalb weniger Minuten durchführen konnte. Ōno hat das Toyota Production System über 20 Jahre hinweg schließlich so weit perfektioniert, dass durch eine Produktionsstraße gleichzeitig völlig verschiedene Fahrzeugarten laufen und gebaut werden können. Gleichzeitig wurden die Transaktionskosten trotzdem extrem reduziert.

[7] http://matthrivnak.com/2008/05/05/taiichi-ohno-quotes/ (29.12.2015)

Ein unerwarteter Nebeneffekt (wie oben bei Reinertsen erwähnt) entstand: Es war kostengünstiger, kleine Mengen eines Teils herzustellen als große. Wieso? Einerseits verursachten kleine Stückzahlen geringere Lagerkosten und andererseits fielen beim Einbau der frisch produzierten Teile Produktionsfehler sofort auf. Das schnellere Feedback aus dem Einbau der Teile zwang das Team, das die Teile herstellte, sorgfältiger zu arbeiten. Wenn es nicht exakt arbeitete, kam die Antwort postwendend. Auf diese Art und Weise entstand ein sich selbst regulierendes, ein sich selbst beobachtendes System. Qualität wurde zum Thema jedes einzelnen Mitarbeiters im Team.

3. **Verantwortung übertragen**
   Wer, wenn nicht der unmittelbar betroffene Mitarbeiter, bemerkt, dass etwas nicht optimal funktioniert? Also sollte er auch an der Fehleridentifikation, -behebung und am Fehlervermeiden beteiligt werden.
4. **Autonome Teams**
   Ōno gruppierte die Arbeiter zu Teams und gab ihnen einen Teamleiter. Dieser hatte nicht die Aufgabe, die Arbeit des Teams zu managen, sondern dafür zu sorgen, dass sich das Team koordinieren konnte. Er hatte also erkannt, dass es mindestens eine Person im Team geben muss, die dem Team dabei hilft, sich kontinuierlich zu verbessern.
5. **Kontinuierliche Verbesserung**
   Ōno ließ die Produktionsteams miteinander und gemeinsam mit den Fertigungsingenieuren über Verbesserungen im Arbeits- und Produktionsprozess nachdenken. Nicht irgendwann, sondern periodisch, immer wieder. Dieser *kontinuierliche Verbesserungsprozess*, wie man es später nannte, wurde zum Herzstück des Toyota Production Systems. Auch diese Retrospektiven wurden iterativ, also immer wieder durchgeführt.

1.4.3 Lean Product Development

Ken Schwaber betont gerne, dass Scrum seinen Ursprung nicht in der Lean Production hat. So richtig das ist (der Ursprung liegt im Wissensmanagement), kann jedoch nicht übersehen werden, dass man Scrum besser versteht, wenn man die Prozesse der Lean Production untersucht und versteht, dass sie effektiver als traditionelle Arbeitsprozesse sind. Aber Moment – Toyota baut Autos. Beim Lean Manufacturing geht es um die Produktion des immer Gleichen. Wenn alle Fehler gefunden sind und sogar das Werkzeug optimal platziert ist, dann gibt es kaum noch bis gar keine Variabilität. Genau hier liegt der Unterschied zu dem, was Nonaka und Takeuchi beschreiben: Wir wollen doch völlig neue Produkte schaffen, die sich auch ständig verändern.

Also kann man auch nicht aus Ideen des Lean Manufacturing einen Softwareentwicklungsprozess (z. B. Lean Software Development und Kanban) ableiten, oder? Doch, es geht. Aber dazu muss man die Ebene des Manufacturing verlassen und neue Elemente hinzufügen. Denn Manufacturing und Development unterscheiden sich voneinander (Tabelle 1.3).

Im Wesentlichen muss man Ideen aus der Queueing Theory, der Traffic Flow Theory, dem Computer Operation System Design, des deutschen Bewegungskriegs und die Designprinzipien des Internets einbauen. Tut man das, dann entsteht eine neue Variante des Lean Product Development – das Second Generation Lean Product Development, wie es Don Reinertsen nennt. Sieht man sich die Funktionsweisen dann genau an, landet man bei Scrum und Kanban, die exakt diese Elemente implizit (Scrum) und explizit (Kanban) nutzen.

Tabelle 1.3 Unterschiede zwischen Lean Manufacturing und Lean Product Development

	Lean Manufacturing	Lean Product Development
Aufgaben sind	wiederholbar	nicht wiederholbar
Aufgaben sind	vorhersagbar	nicht vorhersagbar
Anforderungen sind	eine feste und nicht veränderliche Rahmenbedingung	ein Freiheitsgrad
Anforderungen sind	fixiert	sich ständig verändernd
Die Kosten für Verzögerungen sind	gleichförmig	nicht gleichförmig
Aufgaben haben	feste Abarbeitungszeiten	keine festen Abarbeitungszeiten
Variabilität ist	immer schädlich	manchmal notwendig und oft sogar gefordert
Die Lagerbestände sind	sichtbar	nicht sichtbar
Lagerbestände bestehen	aus Objekten	aus Informationen (Ideen, Geschichten, Anforderungen)

1.4.4 Second Generation Lean Product Development

Es ist an dieser Stelle nicht möglich, alle Ideen und Prinzipien aufzuzeigen, die dazu führen, dass Scrum und Kanban tatsächlich die beobachtbaren Vorteile bringen. Zwei besonders wichtige Aspekte möchte ich an dieser Stelle hervorheben.

Irrglaube 1: 100 Prozent Auslastung sind ideal

Würde man eine Führungskraft fragen, ob sie bereit wäre zu akzeptieren, dass ein Team nur zu 80 Prozent ausgelastet ist: Wie würde wohl die Antwort lauten? „Auf keinen Fall! Jeder soll vollkommen, am besten zu 100 Prozent ausgelastet sein." Tom DeMarco hat ein ganzes Buch geschrieben, um diesen Irrtum zu enttarnen. In „Slack" (Deutsch: Spielräume) betont er, dass es notwendig ist, Spielräume einzubauen und Menschen nicht komplett auszulasten [DeMarco 2001]. Sogar aus produktionstechnischer Sicht sind seine Ideen absolut zutreffend, wie Bild 1.9 zeigt.

Bis zu einer Auslastung von 80 Prozent liegt die durchschnittliche Anzahl an Aktivitäten, die warten müssen, unter fünf. Bei einer Auslastung über 90 Prozent steigt die Anzahl der wartenden Aktivitäten sprunghaft an. Nähern wir uns einer Auslastung von beinahe 100 Prozent, wird die Anzahl der Dinge, die warten müssen, riesig.

Eine Teamauslastung von über 80 Prozent führt also zu einer sehr langen Aufgabenliste, die zu bearbeiten ist. Lange Aufgabenlisten verursachen wiederum längere Durchlaufzeiten für jede Aufgabe und erhöhen damit das Risiko, dass man an etwas arbeitet, das bereits obsolet ist. Sie erzeugen höheren Veränderungsdruck, mehr Overhead, geringere Qualität und geringere Motivation. Wir alle kennen das doch: Haben wir eine lange To-do-Liste vor uns liegen, wollen wir gar nicht wirklich anfangen. Schaut man sich diese Kurve noch einmal anders an, dann bedeutet eine 90-prozentige Auslastung eines Teams: Das Team ist für eine neue

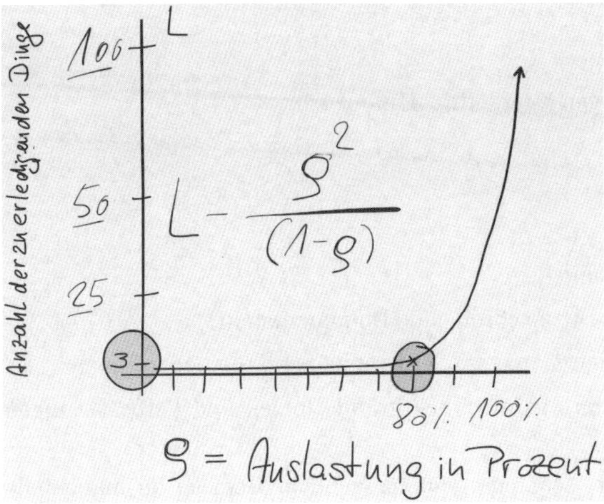

Bild 1.9
Hundertprozentige Auslastung verlängert die Wartezeit

Aufgabe nur in zehn Prozent der Zeit, in der wir diese Aufgabe erledigt haben wollen, sofort verfügbar. Im Schnitt gibt es neun Aufgaben, Jobs oder Storys zu erledigen, die gerade im Gesamtprozess stecken. Anders gesagt: Etwa acht Storys oder Aufgaben sind noch vor der jetzt gerade wichtigen Aufgabe abzuarbeiten, bevor sie an die Reihe kommen kann. 90 Prozent der Durchlaufzeit durch das Gesamtsystem bestehen aus Wartezeit, nur 10 Prozent der Gesamtdurchlaufzeit des Systems bestehen aus produktiver, wertgenerierender Arbeit.

Eine weitere Schlussfolgerung lässt sich aus der Grafik ablesen. Um herauszufinden, ob ein Team gerade seine Peak-Performance erreicht hat, kann man entweder die Auslastung messen oder die Größe (gleich Länge L) des Backlogs – die Warteschlange. Wächst diese Liste sprunghaft an, ist die Auslastung offensichtlich zu hoch und damit wird sich auch die Durchlaufzeit erhöhen. Also ist auch zu erwarten, dass die Produktivität sinken wird.

Der Vorschlag lautet daher, die Länge [L] des Backlogs genau zu überwachen. Wächst es im Trend an, wird also das Backlog zum Beispiel von Sprint zu Sprint größer, dann ist das ein Signal, sofort zu handeln. Es ist wie im Supermarkt: Wächst dort die Schlange, wird eine weitere Kasse aufgemacht. Passiert das nicht, wird die Schlange noch länger und die Kunden werden immer unzufriedener.

Dramatisch an dieser Betrachtung ist, dass es nur zwei Wege gibt, die Schlange zu beseitigen:

1. Die Auslastung wird heruntergefahren, mehr Ressourcen werden eingesetzt (ohne die Schlange bewusst vollzuladen) oder
2. man sortiert Dinge aus der Schlange aus.

Letzteres ist der bessere, weil schnellere Weg, aber es ist für viele kontraintuitiv. Allerdings ist es tatsächlich so: Tummelt sich weniger in der Schlange, gibt es schnelleres Feedback wegen der schnelleren Durchlaufzeiten. So kann auch schneller reagiert werden, was zu einer höheren Produktivität führt.

Das mag für die Produktion stimmen – in Fabriken wie jenen von Toyota, in denen es einfach darum geht, Elemente durch die Fabrik zu schleusen und daraus Autos zu bauen. Wo sind die Schlangen in der Produktentwicklung? Es gibt sie und es gibt sogar viel zu viele davon. Hier sind meine Top Ten der Warteschlangen in der Produktentwicklung:

1. Die unzähligen Ideen der Manager
2. Die Ausarbeitung dieser Ideen
3. Anforderungen der Fachabteilungen (Marketing, Finanz, ...)
4. Kundenwünsche
5. Ideen des Entwicklungsteams
6. Defekte und Wartungsarbeiten
7. Testfälle, die noch abzuarbeiten sind
8. Dokumentation und vor allem noch zu schreibende Dokumentation
9. Reviews - meistens jene, bei denen Manager oder Gremien entscheiden müssen
10. Noch nicht durchgeführte Refactorings, Architekturänderungen und Verbesserungen am Tooling

In der Produktentwicklung sind Warteschlangen die maßgebliche Ursache für mangelnde ökonomische Produktivität [Reinertsen 2009]. Was ist also zu tun, um diese Warteschlangen abzubauen? Die einzige Lösung ist herauszufinden, was *ökonomisch* sinnvoller ist: entweder mehr Ressourcen einzusetzen oder die Warteschlange einfach zu kappen? Der Entscheidungsträger benötigt also klare ökonomische Entscheidungsgrundlagen darüber, welchen Trade-off er eingehen kann und sollte.[8]

Irrglaube 2: Es darf keine Variabilität geben

„Ich will wissen, was es genau kostet. Was bekomme ich für mein Geld?“ - diese Frage beschreibt das Kernproblem in der Produktentwicklung. Manager, Kunden und die Mitglieder des Projektteams wollen wissen, was am Ende des Projekts tatsächlich entstanden sein wird und was sie dafür investieren müssen. Auf den ersten Blick ist das eine berechtigte Frage. Sie wird gestellt, weil man Sicherheit erlangen will. Diese Frage hat aber in vielen Bereichen der Softwareentwicklung zu Fehlentwicklungen geführt, denn in der Regel fehlen die Grundlagen, um sie zu beantworten.

Es ist immer das Gleiche und Trainingsteilnehmer und Menschen in den Unternehmen, die meine Kollegen und ich beraten, bestätigen dieses Szenario: Meistens sind nicht alle Anforderungen bekannt und oft ist noch nicht klar, wer an einem Projekt mitarbeiten wird. Dennoch macht man sich sofort daran zu planen, was zu tun ist, um die Frage nach den Kosten und den Aufwänden zu beantworten. Dann ist der erste Projektplan da und das Budget wird freigegeben. Nach der Hälfte der Projektlaufzeit, wenn von dem neuen Produkt noch nichts zu sehen ist, fragen die Entwicklungsabteilungen an, ob sie mehr Zeit oder mehr Ressourcen bekommen können. Auch die Begründung ist immer gleich: Es hätte so viele Änderungen gegeben und man sei sich sicher, nur mit größeren Anstrengungen die Ziele zu erreichen. Kurz vor Ende der veranschlagten Projektlaufzeit wird dann klar: Alle Termine platzen und es wird noch einmal teurer. Dieser Ablauf ist in (fast) allen Projekten auf der ganzen Welt anzutreffen.

Der Grund dafür ist ebenfalls bekannt: Es gibt zu viele Variablen und Abhängigkeiten, um im Voraus genau sagen zu können, wie das Projekt verlaufen wird. Dennoch wird jede

---

[8] Im Buch „Der agile Festpreis“ wird aufgezeigt, wie man diesen ökonomischen Trade-off in einem Lieferverhältnis im Rahmen eines Projekts umsetzt [Opelt et al. 2012].

Projektmanagementmethode daran gemessen, ob sie die Frage „Wie garantiert die Methode die Übereinstimmung mit dem Plan?“ beantwortet. Immer wieder keimt die Hoffnung auf, endlich ein Projekt richtig planen zu können. Alle Projektmanagementsysteme, ob sie nun auf den Ideen der Internationalen Gesellschaft für Projektmanagement (IPMA) oder des Project Management Institute (PMI) basieren, versuchen immer wieder den Spagat und gaukeln vor, sie könnten eine Antwort auf diese Frage geben.

Doch die Realität zeigt ein ums andere Mal: Es ist nicht möglich. Sehen Sie mal bei Amazon nach, wie viele Bücher es zum Thema Projektmanagement gibt. Unfassbar. Da wird Geld mit einem nicht funktionierenden Modell verdient, weil Managern immer wieder eingeredet wird: „Das ist eine Wissenschaft!“ Sie müssten nur lernen, Projekte richtig zu führen. Am Ende – und das ist die Erfahrung von allen Seminarteilnehmern, die ich in den letzten zehn Jahren befragt habe – geht es im Dasein des Projektmanagers um zwei Sätze: „Diese neue Anforderung ist not in scope“ und „Das ist ein Change Request“. Immer geht es um den Versuch, im Projekt keine Änderung zuzulassen.

Die Geschichte der Wissenschaft zeigt aber deutlich und immer wieder, dass immer dann, wenn ein Erklärungsmodell aufwendiger und aufwendiger wird, es mehr und mehr Versuche gibt, das alte Denkgebäude zu stützen, bis am Ende erkannt werden muss: Es war falsch oder zumindest sehr unvollständig [Kuhn 1996].

So ähnlich ist es auch hier. Die Produktentwicklung hat einen meiner Meinung nach alles entscheidenden inhärenten Aspekt, der das traditionelle Planen obsolet macht: die Variabilität. Die Variabilität bezeichnet im Grunde die Tatsache, dass in der Produktentwicklung das Unbekannte, die Ungewissheit genau jene Größe ist, durch die Innovation entsteht. „We can add variability without adding value, but we cannot add value, without adding variability.“ Das führt zu der Forderung: *„We must design processes that function in the presence of variability.“* [Reinertsen 2009]

Anders ausgedrückt: Die Unplanbarkeit ist die logische Folge der Tatsache, dass man etwas Neues machen will. Denn wäre das Neue planbar, dann wäre es ja auch bekannt. Damit wäre es nichts Neues mehr und hätte damit keinen Wert. Ein gutes, wenn auch sicher extremes Beispiel ist die Forschung. Ein Patent kann man anstreben, aber es ist ziemlich unmöglich zu planen, wie und wann man dieses Patent bekommen wird.

Genau das ist es aber, was Produktentwicklung ausmacht: das Neue ins Leben bringen. Wir müssen also einen Weg finden, Produkte zu erzeugen und Projekte durchzuführen, die von diesem neuen Paradigma ausgehen. Das Unbekannte ist nun mal unbekannt und kann nicht traditionell geplant werden. Die Variabilität ist die einzige echte Konstante im Projekt. Akzeptieren wir diese Tatsache, dann gibt es nur einen Weg: Wir müssen uns Stück für Stück dem Ziel nähern und erst beim Erreichen dieses Ziels ergibt sich der Weg.

Bild 1.10 zeigt, dass man bei diesem Ansatz die *Variabilität des Scope* annimmt und den Umfang eines Projekts nicht mehr – so wie zum Beispiel bei der Wasserfallmethode – schon im Vorhinein im Detail fixiert. Man lässt die Kosten (also das Budget) konstant und auch der Termin wird festgehalten. Das ist dann sinnvoll, wenn man auf diese Weise einen ökonomischen Vorteil erlangt. Dieser Vorteil ist gegeben, wenn zum Beispiel teilweise fertige Dinge geliefert werden können. Vorteile des früheren Lieferns sind in der Regel:

1. Man findet heraus, ob das Produkt, so wie es gestaltet ist, den Wünschen entspricht.
2. Man erfährt frühzeitig, ob es noch Änderungswünsche gibt.

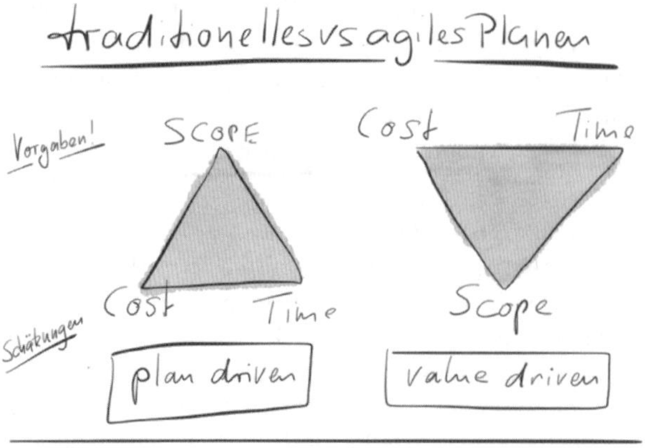

Bild 1.10
Variabilität des Scope als Basis der Überlegungen

3. Die Grundannahmen des Produkts werden überprüft.
4. Es entsteht frühzeitiges Feedback, an dem man spätere Handlungen ausrichten kann.

Es gibt einen weiteren Faktor, den man bei der Produktentwicklung berücksichtigen muss, und der im Lean Manufacturing nicht anzutreffen ist: *Man weiß nicht, wann eine neue Idee, ein Change Request, ein Feedback durch einen Kunden, ein fehlerhafter Testfall auftritt.* Das bedeutet, dass beim Start des Projekts niemand weiß, welche Route man weitergehen soll, weil die Realität eine Änderung im Verfahren erzwingt. Diese Variabilität im Verlauf des Projekts ist nicht planbar.

1.5 Durch teamzentriertes Arbeiten zur modernen Wissensorganisation

Die industrielle Revolution am Ende des 19. Jahrhunderts war von der Notwendigkeit geprägt, Arbeit maschinengleich auszuüben. Ford und Taylor legten mit dem Scientific Management den Grundstein dafür, dass aus komplexen Arbeitsabläufen, wie sie die Handwerker in Manufakturen ausführten, Arbeitsabläufe wurden, die angelernte Arbeiter bewältigen konnten [Womack et al. 1991]. Die logische Konsequenz war, dass die Arbeitsschritte so klein werden mussten, dass sie auf einfachste Art und Weise auszuführen waren. Damit diese Prozessketten funktionierten, wurden Positionen für Manager und Ingenieure geschaffen, die all das kontrollieren konnten. Kurz: Arbeit wurde zerlegt und musste dann gemanagt werden. Darin ist eine ganze Industrie sehr erfolgreich. Heute können Menschen in einigen Produktionsabläufen sogar zur Gänze ersetzt werden, weil Roboter ihre Arbeit erledigen.

Peter Drucker hatte jedoch in den frühen 1950er-Jahren bereits erkannt, dass postmoderne Organisationen andere, nicht an der Arbeitsteilung ausgerichtete Modelle des Zusammenarbeitens kreieren müssen, wenn sie das Wissen ihrer Mitarbeiter und ihrer Spezialisten nutzbar machen wollen. Peter Drucker schrieb jahrelang über dieses Thema. 1988 führte er weiter dazu aus: „Jetzt betreten wir die dritte Phase der Veränderung: Der Wechsel von der Befehls- und Kontroll-Organisation, der Organisation von Abteilungen und Geschäftsbereichen, bis hin zur informationsbasierten Organisation, die Organisation der Wissensspezialisten."[9] [Drucker 1988]

Drucker schrieb über einen Organisationstyp, der es Spezialisten erlauben werde, ihre Kreativität zu entfalten und der diese Spezialisten in einen organisationalen Rahmen einbindet, der für Qualität, Standards und Weiterbildung sorgt. Er erkannte, dass es nicht möglich ist, das Wissen aus den Köpfen der Spezialisten zu extrahieren und an der Spitze der Organisation zu sammeln. Drucker weiter: „Organisationen werden in 20 Jahren, von jetzt an gerechnet, eher einem Krankenhaus oder einem Symphonieorchester ähneln als einem typischen Produktionsbetrieb." Er kommt zu diesem Schluss, weil diese Organisationsformen in der Lage sind, hochspezialisierte Menschen effektiv in flachen Hierarchien zusammenarbeiten zu lassen. In einem Krankenhaus weiß jeder, basierend auf der Diagnose, was sein Beitrag ist, und jeder Beteiligte tut hier sein Bestes. Drucker erkannte, dass diese hochspezialisierten, gut ausgebildeten Menschen ihren Beruf verantwortlich, engagiert und autonom ausüben, ohne jemanden zu benötigen, der vorgibt, was sie zu tun haben. Er sah voraus, wie die informationsbasierten Organisationen strukturiert sein müssen: Sie müssen ermöglichen, dass Entscheidungen von jenen Menschen getroffen werden können, die Probleme vor Ort sofort lösen müssen. „In der informationsbasierten Organisation wird das Wissen hauptsächlich an der Basis, in der Einschätzung der Spezialisten, die ihre unterschiedlichen Arbeiten zu tun haben und die sich selbst steuern, liegen."

Vorbilder für Peter Druckers neue Organisation waren Krankenhäuser und Orchester. Also Organisationen, die aus gut ausgebildeten Menschen bestehen. Im Zuge des Umdenkens im Management wissensbasierter Prozesse entwickelten dann Nonaka und Takeuchi die Grundlagen zur wissensbasierten Organisation. Bemerkenswert ist, dass dieses Wissen dort entsteht, wo neue Produkte entwickelt werden. In „The New New Product Development Game" beschreiben Nonaka und Takeuchi zum ersten Mal, wie die Arbeit von Produktentwicklungsteams tatsächlich aussieht [Nonaka, Takeuchi 1986]. In einem weiteren Artikel erzählt Nonaka, wie Honda ein neues Fahrzeug für Japan bauen ließ [Nonaka 1998]. Die einzige Vorgabe des Managements war erstens, mit einem Produktkonzept aufzuwarten, das fundamental anders war als das, was das Unternehmen bisher gemacht hatte; und zweitens, ein Fahrzeug zu bauen, das nicht teuer, aber keineswegs billig sein durfte. Dieses Denken, dass die Teams selbst die Entscheidungen treffen sollen, dass man den Mitarbeitern zutraut, das Wissen für die neuen Produkte und die funktionierenden Prozesse zu haben, entwickelte sich aus den Ideen des Toyota Production Systems. Toyota hat es in einzigartiger Weise geschafft, die Weisheit jedes einzelnen Mitarbeiters einzufangen. Das Glaubenssystem des Unternehmens ist darauf ausgerichtet anzunehmen, dass jeder einzelne Mitarbeiter in der Lage ist, komplexe Probleme zu lösen [Hamel 2007]. Aus diesem Denken heraus entsteht der Ansatz, den wir heute in Unternehmen wie Google wiederfinden: Die Teams müssen so autark wie möglich arbeiten können. Das bedeutet aber, dass man ihnen auch die Verantwortung dafür gibt, die Aufgaben bewältigen zu können. Das heißt im Umkehrschluss jedoch nicht, dass man die Mitarbeiter und damit die Teams nicht herausfordert, wirklich alles zu geben. Schon bei Nonaka und Takeuchi liest man, dass diese Teams mit klaren und sehr anstrengenden Problemen konfrontiert wurden.

[9] Die Zitate von Drucker, Nonaka und Takeuchi in diesem Kapitel wurden, wenn nicht anders angegeben, vom Verfasser aus dem Englischen übersetzt.

Manager und Helden

Das neue Konzept der teambasierten Organisation wird sich laut Drucker durch alle Bereiche der Organisation ziehen. „Die informationsbasierte Organisation wird weit mehr Spezialisten benötigen als die Befehls- und Kontroll-Organisation, an die wir uns gewöhnt haben." [Drucker 1985] Der Spezialist (nicht nur in der Softwareentwicklung) ist Teil eines Teams. Seine Arbeit ist so hochgradig spezialisiert und erfordert so viel Detailwissen, dass ein außenstehender Manager keine reale Chance mehr hat, sich produktiv einzubringen. Die von Drucker beschriebene Umgebung, die informationsbasierte Organisation, ist gerade in Softwareentwicklungsunternehmen die inhaltliche, aber leider oft nicht die organisatorische Realität. In den meisten Softwareentwicklungsteams sind die Teammitglieder Spezialisten, beherrschen ihre Entwicklungsumgebung, ihre Tools und müssen ständig Entscheidungen treffen, die gravierende Auswirkungen auf eine Applikation haben können. Aus diesem Grund nennt James Bach die Entwickler auch „Heroes". Er bedient sich der Definition Joseph Campbells, der unter einem Helden eine Person versteht, die Initiative zeigt, um ein nicht eindeutiges Problem zu lösen [Campbell 1993]. Nach diesem Verständnis sei jeder Entwickler ein „Held", weil er jeden Tag mit jeder Zeile Code Entscheidungen treffen müsse [Bach 1996].

Wie wird aus den einzelnen Spezialisten aber nun ein Team? Wieder finden wir einen profunden Hinweis bei Nonaka und Takeuchi: „Das Team im eigenen Saft schmoren zu lassen, gibt dem Prozess seine eigene Dynamik. Das Projektteam beginnt, sich wie ein Start-up-Unternehmen zu verhalten – es übernimmt Risiken und es entwickelt eine eigene, unabhängige Agenda. An einem gewissen Punkt fängt das Team an, sein eigenes Konzept zu entwickeln." [Nonaka, Takeuchi 1986]

Es ist doch immer das Projekt- oder Entwicklungsteam, das tatsächlich beurteilen kann, was das Beste für das Projekt und das Produkt ist. Nur die Teammitglieder haben die nötigen Informationen, um das zu beurteilen. Produktive Teams schaffen sich am Ende sogar eigene Ziele, die oft die Vorgaben übertreffen. Diesen Wunsch nach mehr, als eigentlich verlangt wird, nennt Nonaka „Self-transcendence": Das Projektteam geht in einer nicht endenden Suche nach dem Limit auf. Angefangen mit den Richtlinien, die das Topmanagement ausgibt, beginnt das Team, seine eigenen Ziele zu etablieren, und es evaluiert die Erreichung seiner Ziele während des Entwicklungsprozesses. Was dort entsteht, kann wesentlich innovativer sein als das, was sich das Topmanagement anfangs überlegt hat [Nonaka 1998].

Scrum will genau diesen Zustand herstellen, indem immer wieder betont wird, dass das Team die volle Autorität darüber hat, was im Sprint geschieht. Im Rahmen seiner Möglichkeiten und innerhalb der Richtlinien des Topmanagements soll das Team den Projekterfolg erreichen. Dabei werden die Ziele des Scrum-Teams mit dem Product Owner erarbeitet, die so vorher nicht vorstellbar waren.

Warum Crossfunktionalität sinnvoll ist

Scrum spricht u. a. davon, dass Teams „crossfunktional" sein und die Teammitglieder ungeachtet ihrer Spezialisierung gemeinsam arbeiten sollen: Ein Entwickler testet, ein Tester entwickelt, ein Business Analyst schreibt Testfälle und vielleicht sogar einige Zeilen Code, und der technische Redakteur schreibt nicht nur das Handbuch, sondern auch an der Spezifikation mit. Auch hier folgt Scrum den Beobachtungen von Nonaka und Takeuchi, die diese Idee als *cross-fertilization* bezeichneten. Wir werden noch sehen, dass genau dieser Aspekt von Scrum am meisten diskutiert wird. Er bricht die Arbeitsteilung in der Softwareindustrie auf und erzeugt ganzheitlich arbeitende Projektteams.

Entscheidend aber ist, dass die von Nonaka und Takeuchi beobachteten Teams keineswegs chaotisch oder ad hoc gearbeitet haben. Obwohl alle Teammitglieder unterschiedliche Profile und Wissensstände haben, arbeiten sie in einem Rahmen, der durch Prozesse und Verhaltensanweisungen vorgegeben ist.

Das ist der erste Hinweis darauf, dass auch Scrum-Teams keineswegs machen dürfen, was sie wollen, sondern sich an Rahmen und Richtlinien zu halten haben. ■

Diese Form der teambasierten Produktentwicklung bedeutet vor allem Lernen. Lernen auf allen Gebieten, in alle Richtungen und auf allen Organisationsebenen. Schauen wir uns die von den beiden Forschern unterschiedenen organisationalen Lernebenen an:

1. Die Teammitglieder teilen und entwickeln ihre unterschiedlichen Fähigkeiten.
2. Die Teammitglieder tragen ihr Wissen auch nach außen zu anderen Teams.
3. Die Teammitglieder lernen durch äußere Einflüsse.
4. Die Teammitglieder und die Organisation lernen fachübergreifend.

Das Lernen durch äußere Einflüsse geschieht durch den simplen, aber sowohl in der Wissenschaft als auch in der Produktentwicklung gut funktionierenden Ansatz von Versuch und Irrtum. Ideen müssen ausprobiert werden und benötigen das Feedback des Markts. Ein Scrum-Team erfüllt diese Forderung durch das Sprint Review, indem dem User die Ergebnisse des Sprints gezeigt werden und direkt mit ihm gearbeitet wird. Das Feedback ist unmittelbar und kann für weitere neue Produktteile frühzeitig genutzt werden. Teammitglieder in crossfunktionalen Teams sind durch ihre unterschiedlichen Disziplinen gezwungen, *fachübergreifend* zu lernen. Nonaka nennt das *„multifunctional learning“*. Das fachübergreifende Arbeiten in traditionell aufgestellte Organisationen zurückzubringen, ist eine der Hauptschwierigkeiten beim Einführen von Scrum. Für viele Entwickler, Tester und Architekten ist es oft schwierig, dass sie nun Aufgaben einer anderen Rolle übernehmen sollen. Entwickler halten es nicht für nötig zu testen oder Testern wird nicht gestattet zu entwickeln. Spezialistentum verhindert oft, dass miteinander gearbeitet wird.

Ist es sinnvoll, Nichtexperten einzusetzen?

Viele sind der Meinung, dass es doch unproduktiv ist, wenn Nichtexperten die Arbeit von Experten durchführen. Bei diesem Denkansatz werden die Fähigkeiten von Menschen mit den Ressourcen in Fabriken, den Maschinen, gleichgesetzt. Menschen sind aber keine Maschinen. Menschen empfinden es als langweilig, wenn sie immer das Gleiche tun müssen [Semler 1995]. Tom DeMarco hat gezeigt, dass der Begriff der Auslastung für kreative Entwicklungsteams nicht sinnvoll ist [DeMarco 2001]. Gleichzeitig verhindert die Vorstellung, Mitarbeiter auslasten zu müssen, dass das Team als Einheit gesehen wird. Dabei geht es darum, die Gesamtleistung des Teams zu würdigen und das einzelne Teammitglied als Teil eines Organismus zu verstehen, der nur als Gesamtheit aller Organe funktionieren kann. ■

Das neue Paradigma, nicht den Einzelnen als atomare Einheit, sondern das Team als „Denkeinheit" zu begreifen, führt zu neuen Ideen und höherer Produktivität. Nonaka schreibt in „The Knowledge-Creating Company": „Unter dem neuen Ansatz (*dem Rugby-Ansatz, Anm. des Verfassers*) unternehmen Nichtexperten die Produktentwicklung. Sie sind aufgefordert, das notwendige Wissen und die notwendigen Fähigkeiten zu erwerben. Im Gegensatz zu Experten, die Fehler sehr schlecht tolerieren, sind Nichtexperten bereit, den Status quo herauszufordern. Aber um das tun zu können, müssen sie Wissen aus allen Gebieten des Managements, über unterschiedliche Ebenen der Organisationen, über fachliche Spezialisierungen und sogar über organisationale Grenzen hinweg erwerben. Diese Art des Lernens in die Breite dient als notwendige Voraussetzung, um die geteilte Arbeit im Fachbereich effektiv werden zu lassen." [Nonaka 1998] Diese Erkenntnis sollten wir unbedingt im Hinterkopf behalten, wenn wir hyperproduktive Teams schaffen wollen.

Das Weitergeben von Wissen aus den Teams in die Organisation ist dabei völlig unproblematisch. Nonaka hat beobachtet, dass multidisziplinäre Teams ihr Wissen fast von selbst zu den Kollegen tragen. Spätestens wenn sich neue Projektteams formen, wird das Wissen des Teams an die anderen Teammitglieder weitergegeben und beeinflusst so weitere Teile der Organisation. *Cross-Team-Lernen* muss also nicht gemanagt oder von außen geführt werden, sondern geschieht von selbst.

Nonaka propagiert, dass sich auch der Managementstil verändern muss, wenn man eine lernende, informationsbasierte Organisation schaffen will. Er schreibt: „Unternehmen müssen einen Managementstil annehmen, der den Wissensmanagementprozess unterstützt. Unternehmensvorstände müssen erkennen, dass Produktentwicklung äußerst selten in einer linearen Weise geschieht. Vielmehr durchläuft sie einen Prozess von Versuch und Irrtum. Um diesen Prozess zu managen, müssen Unternehmen einen hoch adaptiven Managementstil (adaptive style) pflegen." [Nonaka 1998]

Adaptive ist ein anderes Wort für „agile" - nicht identisch, aber doch sehr nahe verwandt. Nonaka und Takeuchi nutzen diesen Ausdruck, um zu beschreiben, was für agile Softwareentwicklung vollkommen klar ist: Der Prozess der Softwareentwicklung ist hochdynamisch und sollte iterativ erfolgen. Sie beschreiben den Entwicklungsprozess, der für die Produktentwicklung in einer wissensbasierten Organisation erforderlich ist, so: Der Prozess soll eine eingebaute Instabilität haben. Das ist vergleichbar mit der gewollten Instabilität von Kampfflugzeugen, die ihre Wendigkeit der Tatsache verdanken, dass sie ohne ständiges Korrigieren nicht stabil fliegen können. Instabilität vermittelt Wendigkeit oder Agilität [Abzug, Larrabee 2002]. Instabilität fordert aber auch ständige Aufmerksamkeit und die ständige Anstrengung, den Kurs zu bestimmen, ihn zu halten und nötigenfalls zu korrigieren. Agilität und Selbstorganisation sind daher anfällig für strukturelle Änderungen, die zu Machtzentren führen. Es bedarf hoher Achtsamkeit und dem ständigen Bemühen, diesen Zustand zu erhalten, wie man wieder bei Gary Hamel in „First, Let's Fire All The Managers" nachlesen kann [Hamel 2011].

Die Entwicklung eines Produkts wird nicht durch detaillierte Zielvorgaben oder noch detailliertere Prozessvorgaben vorangetrieben, sondern wird quasi initiiert und dann sich selbst überlassen. Es wird ein umfassendes Ziel oder eine generelle Strategie durch das Topmanagement ausgerufen, so Nonaka. Einem Projektteam sollten alle Möglichkeiten eingeräumt werden, um das Ziel innerhalb klarer Rahmenbedingungen zu erreichen. Das Topmanagement habe die Aufgabe, durch klare, „sehr herausfordernde" Anforderungen bei gleichzeitiger Übergabe der Handlungsfreiheit an das Projektteam Spannung zu erzeugen.

Herausfordernde Anforderungen seien der Schlüssel zu erfolgreichen Projekten. Auf eine einfache Formel gebracht, bedeutet dies: **Projektteams brauchen Budgetvorgaben, Visionen und einen definierten Liefertermin. Innerhalb dieses Rahmens haben die Projektteams volle Handlungskompetenz.**

Mit Handlungsfreiheit durchs Ziel

Eines der erfolgreichsten Projekte, das Elemente eines Scrum-Prozesses nutzte und bei dem ich ein Teilprojekt managen durfte, funktionierte genau nach diesem Prinzip. Das Management des Unternehmens hatte eine sehr deutliche Deadline gesetzt: Es sollte eine völlig neuartige Applikation für ein Mobile Device entwickelt werden. Das Projektteam hatte sechs Monate Zeit und musste nicht nur die Applikation schreiben, sondern sich auch um das Marketing und die Website des Unternehmens kümmern. Alle Projektteilnehmer sagten zu Beginn: „Irrsinn, nicht zu schaffen." Wir haben es geschafft! Die Hauptprojektteams bekamen fast völlige Handlungsfreiheit. Sicher, es gab auch in diesem Projekt Prozesse, die eingehalten werden mussten, zum Beispiel das Vertragsmanagement. Die Verträge mit externen Dienstleistern mussten einen Reviewprozess durchlaufen. Der Einkauf beschleunigte diesen aber so sehr, dass die Verträge nach zwei Tagen statt erst nach sechs Wochen genehmigt werden konnten. Das ganze Unternehmen war an diesem Projekt in Teilen beteiligt und die einzelnen Teams lieferten. ■

In diesem Projekt geschah, was Nonaka und Takeuchi mit dem Phänomen der *„Self-organizing Project Teams"* bezeichnen: Projektteams, die sich selbst finden, ihre Arbeit selbst managen und die Herausforderungen eigenständig lösen. Das Projektteam benötigt für das Erreichen der Selbstorganisation einige Zeit. Nonaka und Takeuchi beschreiben, was in einem solchen Projekt geschieht: „Ein Projektteam nimmt einen selbst-organisierenden Charakter an, wenn es in den Zustand der ‚Null-Information' getrieben wird, dort wo vorher erworbenes Wissen nicht mehr angewendet werden kann." [Nonaka, Takeuchi 1986] Dieser Zustand fühlt sich wie großes Chaos an. Im obigen Projekt war dieser Zustand unbequem. Zum Glück glaubte das Management an das Team und gab ihm die Zeit und den Raum, um sich zu formieren. Eines der Hilfsmittel war die Einrichtung eines Projektraums, in dem alle, die an diesem Projekt arbeiteten, sitzen mussten.

Wie kommt man nun vom grundlegenden Ansatz der teambasierten Organisation zu einem ganzheitlichen, unternehmensweiten Vorgehen? Wie löst man das Problem, dass eine Organisation Menschen benötigt, die einerseits ihre Pflicht tun, Anweisungen und Prozessen folgen und gleichzeitig zu kreativen, innovativen Impulsen und Aktionen bereit sind, an die vorher niemand gedacht hat?

Mit der Instabilität Stabilität schaffen

Einen ersten Hinweis dazu findet man beim Vater aller Dinge, dem Krieg. Am 18. Juni 1757 fand das österreichische Militär die ebenso einfache Lösung: Es erschuf eine Auszeichnung, die ein Offizier nur erhalten konnte, wenn er erfolgreich gegen die Regeln verstoßen hatte – den Militär-Maria Theresien Orden. Diese Auszeichnung wurde verliehen „für aus eigener Initiative unternommene, erfolgreiche und einen Feldzug wesentlich beeinflussende Waffentaten, die ein Offizier von Ehre hätte ohne Tadel auch unterlassen können."[10] Im Klartext: Dieser Offizier hatte seine Befehle verweigert, wurde dabei nicht erwischt und war gleichzeitig erfolgreich – er hatte also einen Vorteil erkämpft. Diesen Offizier konnte man nicht mehr für seine Befehlsverweigerung bestrafen.

Das Management einer Organisation in der Informationsgesellschaft, also in einer Organisation, die sich adaptiv verhalten muss, hat das gleiche Problem. Einerseits müssen die Mitarbeiter die Regeln einhalten, andererseits verändern sich die Umweltfaktoren rasend schnell. Es geht sogar noch tiefer: Diese Mitarbeiter sind ja nicht mehr wie in der Fabrik der Moderne bloße Handlanger, die möglichst kleinteilige Arbeitsschritte erledigen sollen, sondern gut ausgebildete, ganzheitlich denkende und intelligente Menschen. Man muss also einen Weg finden, um diese Persönlichkeiten in einen Rahmen zu fassen, der sie dennoch an den Zielen des Unternehmens und des Projekts ausrichtet.

Damit ist das *Dilemma des Managers* in einer Organisation aber schon beschrieben. Er muss den ständigen Wandel managen, ohne die Strukturen der Organisation zu gefährden und ins Chaos zu stürzen. Er muss die Individualität – also Instabilität – zulassen und dennoch Stabilität in die Organisation tragen. Das ist die Challenge des Managements in der Postmoderne: „We must learn how to coordinate the efforts of thousands of individuals without creating a burdensome hierarchy of overseers; to keep a tight rein on costs without strangling human imagination; and to build organizations where discipline and freedom are mutually exclusive." [Hamel 2007]

Laut Nonaka und Takeuchi ist die Lösung möglicherweise einfacher, als wir es vermuten: Jedes Team hat auch die Aufgabe, in einer neuen Art und Weise vorzugehen und damit die Organisation ein Stück mehr an die Realität anzupassen. **Das Topmanagement kann das Dilemma dadurch lösen, dass es den Wandel, also die Suche nach neuen Wegen, zum Missionsziel erklärt.**

Die Scrum inhärente Veränderungsbereitschaft, das ständige Arbeiten am Abbau von Hindernissen, zeigt, wie diese Mission erfüllt werden kann: Der ScrumMaster betrachtet ein Impediment (Blockade) als Anzeichen einer Störung im System. Mit dieser Information tritt er an das Management heran. Anders ausgedrückt: Das System bekommt den Impuls, sich zu verändern und etwas zu lernen (Bild 1.11).

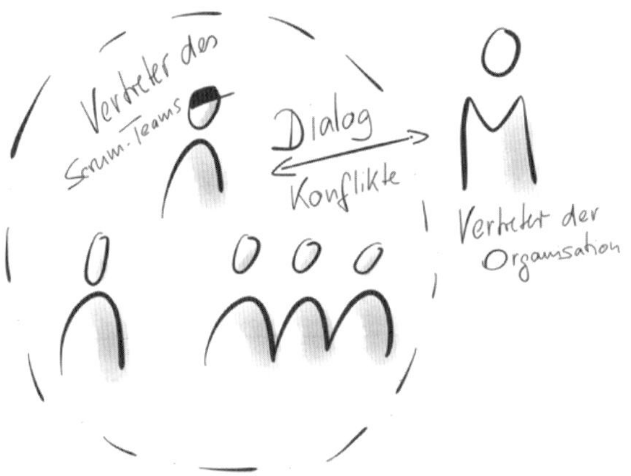

Bild 1.11
Der ScrumMaster als Sensor der Veränderung

[10] http://de.wikipedia.org/wiki/Militär-Maria-Theresien-Orden (29.12.2015)

Nonaka sagt dazu: „Ist das Projektteam einmal geformt, beginnt es, an Stärke zu gewinnen, weil es (das Team) sichtbar ist (wir sind handverlesen), wegen seiner legitimierten Autorität (wir haben ungewöhnliche Unterstützung von oben, um etwas Neues zu erschaffen) und wegen seines Bewusstseins, auf einer Mission zu sein (wir arbeiten, um eine Krise zu bewältigen). All dies dient als Motor für unternehmensweite Veränderungen, weil Projektmitglieder aus verschiedenen fachlichen Gebieten anfangen, strategische Initiative zu zeigen, die manchmal sogar über den angestammten Wirkungsbereich des Unternehmens hinausreicht.“ [Nonaka 1998]

Ein gut funktionierendes Team besteht aus handverlesenen Mitarbeitern, die von der Organisation die nötige Aufmerksamkeit bekommen und die Macht erhalten, ihre Ideen umzusetzen. Die Teammitglieder und die Organisation um das Team herum müssen sich autopoietisch, durch Lernen, mit dieser Störung auseinandersetzen und ihre Arbeitsweisen verändern oder anpassen. Das ist Lernen auf organisationaler Ebene. Nicht jede Organisation ist dazu in der Lage, weil nicht jede Managementriege dazu bereit ist.

Ein Scrum-Team ist jedoch die Verkörperung dieses Ideals. Die Aufgabe, die Zielrichtung der Aktivitäten der *sich selbst organisierenden* Projektteams festzulegen, übernimmt auf der Projektebene der Product Owner, indem er die Projektvision vorgibt. Auf der Ebene der Organisation muss die Unternehmensführung eine klare Unternehmensvision formulieren. Diese Vision bettet die Teams in einen Kontext, der ihnen die Anhaltspunkte dafür liefert, welche Ausrichtung sie in ihrem Projekt anstreben sollten. Sie benötigen diesen Rahmen für die Entscheidungen auf Teamebene.

Die neue Rolle des mittleren Managements

In Scrum gibt es keine klare Rolle für das mittlere Management. Die Rolle des Topmanagements ist unproblematisch: „(...) das Beste, was das Topmanagement machen kann, ist, dem Team alle Hindernisse aus dem Weg zu räumen und gleichzeitig die Grundlage für das Selbstorganisieren des Teams zu legen.“ [Nonaka 1998] Es ist also *nicht* Aufgabe des Managements, Anweisungen zu geben und dafür zu sorgen, dass diese Anweisungen getreu umgesetzt werden, sondern es muss dem Topmanagement darum gehen, die Visionen und Missionen vorzugeben und es den *task-focused teams* (Drucker) zu überlassen, wie die Aufgaben zu erfüllen sind.

> **!** Das mittlere Management hingegen ist das Verbindungsglied zwischen dem Topmanagement und dem Team. Diese Rolle muss vollkommen neu definiert werden, erste Ansätze dazu gibt es bereits. Dahinter steckt die These, dass sich der Manager inhaltlich nicht mehr heraushalten kann. Er muss wieder in der Lage sein mitzureden, ohne aber das Team durch seine Autorität zu beeinflussen. ■

Das erreicht der mittlere Manager durch das Schaffen eines *Rahmens*. Er kann das leisten, weil er weiß, was seine Teams benötigen und was die Ausrichtung des Individuums im Einklang mit den Zielen der Organisation bewerkstelligen kann. Dieses Wissen hat er sich u. a. durch die intensive Beschäftigung mit der Domäne seiner Mitarbeiter aufgebaut. Er weiß es, weil er selbst einmal ein Spezialist auf seinem Gebiet war.

Insofern sind die Aufgaben eines Managers in der wissensbasierten Organisation vergleichbar mit jenen von Senior Managern in den Prototypen der wissensbasierten Organisationen:

den Professional Service Firms. Dazu zählen Anwaltskanzleien, Wirtschaftsprüfer, Werbeagenturen, Krankenhäuser oder Orchester. Die Arbeiten von Jay Lorsch, zum Beispiel „Aligning the Stars" [Lorsch 2002], zeigen, dass der Manager in einer Professional Service Firm zwischen drei Aufgaben zerrissen ist[11]: Er muss die Rolle des Unternehmers einnehmen, die des Managers und die des Produzenten (Bild 1.12).

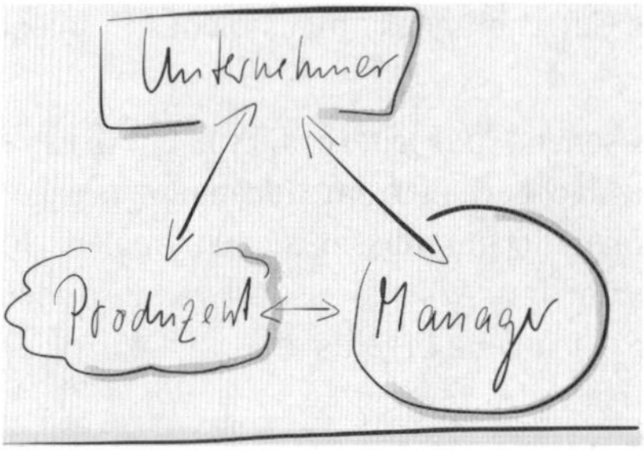

Bild 1.12
Die konkurrierenden Rollen des Managers

Diese drei Rollen zu vereinen, nennt er den „Producing Manager". Damit sind die Aufgaben, die das Management in einer wissens- oder informationsbasierten Organisation hat, klar umrissen. Als *Unternehmer* hat er die Aufgabe, für das finanzielle Überleben des Unternehmens zu sorgen. Er kümmert sich darum, dass die Aktivitäten des Unternehmens zur Gänze am finanziellen Überleben ausgerichtet sind. Als *Produzent* arbeitet er inhaltlich an den Produkten mit. Er muss also einen Weg finden, mit dem Product Owner die Produkte zu konzipieren, die Kunden wollen und benötigen (hier wird deutlich, dass der Chief Product Owner eine Managementfunktion ist). Als *Manager* kümmert er sich um die Führung und die Prozesse. Unter Führung verstehe ich grundlegend die Aufgabe des Managers, Mitarbeiter zu fördern und zum selbstorganisierten Arbeiten zu bringen. Die Managementfunktion sehe ich als die Aufgabe, die Rahmenprozesse zu etablieren. So verstanden besteht die Aufgabe des mittleren Managements darin, Teams zu coachen und Rahmenbedingungen zu schaffen. Management wird zum Coaching, zum *Dienen am Team* [Blanchard, Miller 2004].

Angst vor dem Machtverlust

Die Softwareentwicklungsabteilung eines Unternehmens (900 Mitarbeiter, davon 500 Entwickler) hatte uns damit beauftragt, in einigen Teams Scrum einzuführen. Alle Teamleiter beteuerten, wie toll Scrum sei und wie schön es wäre, wenn diese Ideen hier funktionieren würden. Als wir anfangen wollten, hielt uns der Teamleiter eines der zentralen Entwicklungsteams auf: Er meinte, in seinem Team sei es nicht möglich, Scrum einzuführen, weil die Situation - auch mit Scrum - völlig aus dem Ruder geraten sei. In vielen langen Diskussionen stellte sich heraus, dass seine vermeintlichen Probleme nur vorgeschobene Argumente waren. Obwohl er verstanden hatte, dass sein Team einen Fokus und einen klaren Handlungsspielraum brauchte, war seine Befürchtung, dass er dadurch die Macht über dieses Team verlieren würde. Er sagte, er wolle den Fokus vorgeben und weiterhin zu Meetings

[11] Jay W. Lorsch ist Louis Kirstein Professor of Human Relations an der Harvard Business School. Er ist Autor von über einem Dutzend Büchern und hat in allen Lehrprogrammen der Harvard Business School unterrichtet. Neben seiner universitären Karriere hat er als Berater auch eine beeindruckende Liste an Klienten vorzuweisen.

gehen, um die Entscheidungen für sein Team zu treffen, und er wolle weiterhin die Richtung der Entwicklung durch Architekturvorgaben bestimmen. Wir brachen die Arbeit mit diesem Teamleiter ab. Diese Situation zeigte sehr schön, dass sich viele Manager mit der Idee, das Team autark werden zu lassen, nicht anfreunden können. ■

1.5.1 Kontrollierbarkeit des Unkontrollierbaren

Wie aus vorhersagbar nicht vorhersagbar wird

Physikunterricht, 5. Klasse. Frau Schmidt, unsere Physiklehrerin, hatte ein Experiment aufgebaut: An einem Gestell, das am Labortisch befestigt war, war eine Schnur angebunden. Am unteren Ende der Schnur war ein kugelförmiges Gebilde befestigt. Frau Schmidt erklärte uns, dass dies ein Pendel sei, und fragte, ob wir wüssten, was passieren würde, wenn sie es anstieße. Einige meldeten sich und Klaus antwortete, dass es hin und her schwingen würde. Frau Schmidt stieß das Pendel an und es schwang hin und her. Am Ende der Stunde hatten wir erfahren, dass man exakt berechnen kann, wo dieses Pendel zu welchem Zeitpunkt sein würde. Dieses Experiment aus der Mechanik zeigte uns, dass die Welt beherrschbar war. Es war plötzlich möglich, die Welt ein wenig vorherzusagen, oder?

Technische Universität Darmstadt, zwölf Jahre später. Unser Professor stand beim Labortisch und zeigte eine einfache Variante des Versuchs aus der Schule. Er hängte an ein Pendel unten ein zweites Pendel an. Plötzlich war das simple Ein-Körper-Problem des Pendels, das alles so berechenbar erscheinen ließ, keineswegs mehr so simpel. Dieses Doppelpendel verhielt sich nun auf den ersten Blick völlig unkontrollierbar. ■

Es war sogar so kompliziert, dass Physiker einen neuen Namen dafür finden mussten: *chaotische Systeme*. Dieses so einfach aussehende System aus zwei Pendeln verhält sich chaotisch. Die Konsequenz: Es gibt zwar auch hier eine mathematische Möglichkeit vorherzusagen, wie sich das Pendel verhalten wird, doch es ist wesentlich schwieriger.

Offenbar ist die Natur doch nicht berechenbar. Die Quantenmechanik ist zu der Erkenntnis gelangt, dass die Beobachtung eines Experiments das Resultat des Experiments beeinflusst. Das berühmte Doppelspalt-Experiment zeigte den Welle-Teilchen-Dualismus des Lichts und veranschaulichte gleichzeitig, dass es auf das Experiment und damit auf das Interesse des Experimentators ankommt. Die Art und Weise der Durchführung des Experiments lässt den Experimentator unterschiedliche Eigenschaften des Lichts beobachten. Will der Experimentator wissen, wo das Lichtteilchen ist, so weiß er nicht mehr, wohin es fliegt; will er wissen, in welche Richtung es fliegt, weiß er nicht mehr, wo es sich befindet. Die Beobachtung selbst verändert also das Resultat des Experiments.

Die philosophischen Implikationen dieses Experiments gehen noch weiter. Die Annahmen eines Menschen resultieren aus der Art und Weise, wie er die Welt sieht – und dementsprechend konstruiert er seine Wirklichkeit. Sein Wissen beeinflusst, was er erkennen und akzeptieren kann. Thomas Kuhn hat das wunderbar in „The Structure of Scientific Revolutions“ erklärt:

„[A] paradigm is a criterion for choosing problems that ... can be assumed to have solutions. To a great extent these are the only problems that the community will (...) encourage its members to undertake. Other problems (...) are rejected as metaphysical (...) or sometimes as just too problematic to be worth the time. A paradigm can, for that matter, even insulate the community from those socially important problems that are not reducible to the [familiar] puzzle form because they cannot be stated in terms of the conceptual and instrumental tools which the paradigm provides.“ [Kuhn 1996] Wir versuchen also, Probleme mit dem Begriffsapparat zu lösen, den wir gerade zur Verfügung haben.

> **!** Das ist übrigens der Grund dafür, dass Laien zu neuen Erkenntnissen in einem Spezialgebiet gelangen können. Sie sind nicht durch das eingeschränkt, was sie zu wissen glauben, sondern für neue Erkenntnisse aufnahmebereit. ■

Die Konsequenzen für das Zusammenarbeiten von Menschen sind dramatisch und werden immer wieder übersehen. Zwei Menschen interpretieren die gleichen Fakten unterschiedlich und konstruieren ihre gemeinsame Welt für sich unterschiedlich. Das heißt auch, dass ein Mensch zunächst nicht erkennen kann, was neu ist. Oder anders gesagt: Die Beschäftigung mit einem Gegenstand wird zu neuen, zunächst unbekannten Erkenntnissen über den Gegenstand führen. Allerdings nur, wenn diese neuen Erfahrungen als valider Einfluss auf das eigene Erkenntnisvermögen gesehen werden.

Das ist für viele Geschäftsprozesse nicht akzeptabel. Wir wollen wissen, was wir bekommen, wenn wir etwas kaufen. Wenn wir einen Vertrag mit jemandem schließen, sollte klar sein, was am Ende des Projekts geliefert wird. Dieser Wunsch widerspricht aber der Erkenntnis, dass wir zu Beginn eines Projekts nicht wissen können, wie es laufen wird. Wir wissen nicht einmal mit Sicherheit, was wir erzeugen können, denn wir haben es noch nie vorher gemacht. Sind dies noch eher theoretische Überlegungen, so wird es bei näherem Hinschauen sogar komplizierter statt einfacher:

- Meistens arbeiten Teammitglieder zum ersten Mal zusammen. Oft kennen sie sich noch nicht, vertrauen sich noch nicht und kennen die Fähigkeiten der anderen nicht.
- Oft soll bei einem Softwareentwicklungsprojekt etwas erzeugt werden, das man vorher so noch nie versucht hat. Die Kenntnisse dessen, was man da erschaffen soll, sind nur vage. Schätzungen können bei diesen Voraussetzungen nur auf reinen Vermutungen basieren.
- Oft wird dem Team bereits die Technologie vorgeschrieben. Diese ist häufig völlig unbekannt.

Für Projektteams noch entscheidender: Die Beschäftigung mit der Aufgabe selbst führt dazu, dass man zu neuen, vorher nicht sichtbaren Erkenntnissen, Ideen und Wünschen zum Projekt oder Produkt kommt. Die Beschäftigung mit der Sache selbst erzeugt neue Aspekte und verstärkt gewissermaßen die Projektanforderungen, was mit dem chaotischen Pendel vergleichbar ist. Die Projektsituation verstärkt sich selbst, wird komplex und somit unvorhersagbar.

An erster Stelle steht also die Akzeptanz, dass man es mit einem komplexen und wahrscheinlich auch vernetzten Problem zu tun hat, wenn man ein neues Projektteam auf die Reise bringen will. Was ist nötig, um einem Team die Arbeit in einem komplexen Umfeld zu erleichtern?

1.5.1.1 Systemische Grundlagen

Heinz von Foerster, Ernst von Glasersfeld, Humberto R. Maturana und Francisco J. Varela erforschten, wie sich ein komplexes System selbst managt. Ihre Frage lautete: „Wie kann sich ein System strukturiert verhalten, wenn es doch offensichtlich komplex ist?" Maturana, ein Neurobiologe, hatte die entscheidende Idee: In jedem System gibt es eine Kraft, die sich selbst an die äußeren Umstände anpasst. Diesen Mechanismus nannte er „Autopoiesis" oder Selbsterschaffung [Maturana, Varela 1991].

Niklas Luhmann übernahm das Konzept der Autopoiesis für seine Theorie der Sozialen Systeme und daher steht heute ein Begriffsapparat zur Verfügung, mit dem sich das Entstehen von Strukturen in sozialen Systemen verstehen lässt. Strukturen in sozialen Systemen entstehen nach Luhmann durch die Verbindung aus Regeln oder Grenzen und der Kraft eines Systems, sich selbst durch Versuch und Irrtum an die äußeren Umstände anzupassen. Das ist im Wesentlichen die Bedeutung des Begriffs Autopoiesis: Ein System passt sich den äußeren Umständen an und versucht, ein optimales Gleichgewicht herzustellen [Luhmann 2006]. Unternehmen, die in der üblichen Managementstruktur hierarchisch verhaftet sind, in denen Entscheidungen nach oben delegiert werden, sind für komplexe Systeme nicht geeignet (Bild 1.13).

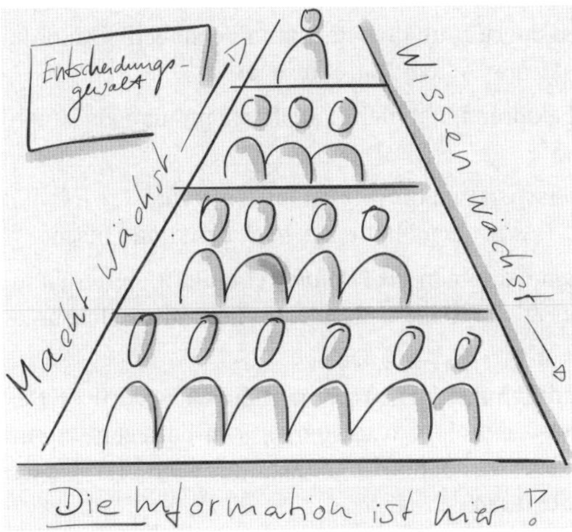

Bild 1.13
Die Managementpyramide – nicht geeignet für komplexe Systeme

Gerade in modernen Wissensmanagementprozessen, allen voran in der Softwareentwicklung, spielen in Projekten sehr viele Faktoren zusammen. Die Problemstellungen sind komplex und somit nicht vorhersagbar. Vorhersagbar werden sie dann, wenn sie eine Struktur bilden, Aussagen über ihr Verhalten und somit über die von ihnen erzeugten Resultate treffen. Entscheidend ist, dass komplexe Systeme ihre Strukturen durch Selbstorganisation (also autopoietisch) erzeugen und dass die Strukturen einzigartig für das System sind. Die Gestalt der Struktur ist nicht vorhersagbar. Vorhersagbar ist, dass, solange das System sich in einem komplexen Umfeld befindet, Strukturen entstehen werden. Die Unterscheidung zwischen den unterschiedlichen Umfeldern, in denen sich Systeme und damit Projekte (also auch Scrum-Teams) befinden, lässt sich wunderbar mit der Stacey-Matrix visualisieren (Bild 1.14).[12] [Stacey 2001]

[12] Die Ehre gebührt Ken Schwaber. Er hat diese Idee schon 2003 in seinem Certified ScrumMaster Training eingebracht.

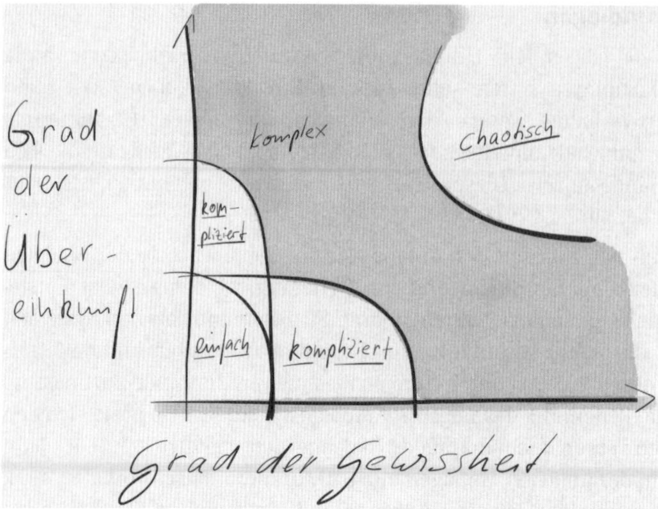

Bild 1.14
Die Stacey-Matrix

Stacey zeigt vier unterschiedliche Managementrealitäten auf:

1. Ein System, das nahe an der Gewissheit operiert und bei dem zum Beispiel die Anforderungen klar sind, kann man als ein *einfaches* System charakterisieren.
2. Ein System, bei dem einer der obigen Faktoren nicht mehr zutrifft, kann man als zunehmend *kompliziert* bezeichnen.
3. In einem Umfeld, das sehr weit von Gewissheit und Einverständnis entfernt ist, wird man feststellen, dass sich nichts einpendelt. Das System bleibt *chaotisch* bzw. anarchisch.
4. Im Zwischenraum befinden sich Systeme, die man als *komplex* charakterisieren kann. Diese Systeme werden sich im Laufe der Zeit systematisch selbst regeln, also selbst organisieren.

Selbstorganisation ist auf klare Rahmenbedingungen angewiesen. Anders ausgedrückt: Das System benötigt einen Kontext, der Grenzen definiert, in denen es sich bewegen und an denen es sich ausrichten kann. Wenn es diese Rahmenbedingungen gibt, kann das System sich darin einrichten und Ergebnisse produzieren.

Wie man in der modifizierten Abbildung der Stacey-Matrix sieht (Bild 1.15), können sich Systeme in einem komplexen Umfeld organisieren, weil es hier gelingt, den Rahmen zu fixieren. Das geschieht u. a. am einfachsten dadurch, dass man Systemen (Teams, Elementen) eine zeitliche Beschränkung auferlegt. „Creativity is a messy process – it would go forever if you do not constrain it by deadlines“, sagt ein Manager in einer Reportage über IDEO. Genau hier sehen wir dieses Prinzip angewendet. **Ein System braucht Rahmenbedingungen, in denen es sich strukturieren kann.**

Ändern sich die Rahmenbedingungen eines Systems chaotisch, gewissermaßen ad hoc, ist das System nicht in der Lage, sich einzuschwingen. Es erkennt nicht mehr, woran es sich orientieren soll, kann keine Struktur bilden. Für Projektteams bedeutet das, dass keine verinnerlichten Arbeitsabläufe entstehen. Ob sich Ihr Team gerade in diesem Zustand befindet, erkennen Sie daran, wenn der Ruf laut wird, jemand solle doch endlich sagen, was zu tun sei. Das ist ein Anzeichen für den Wunsch der Teammitglieder nach Orientierungspunkten.

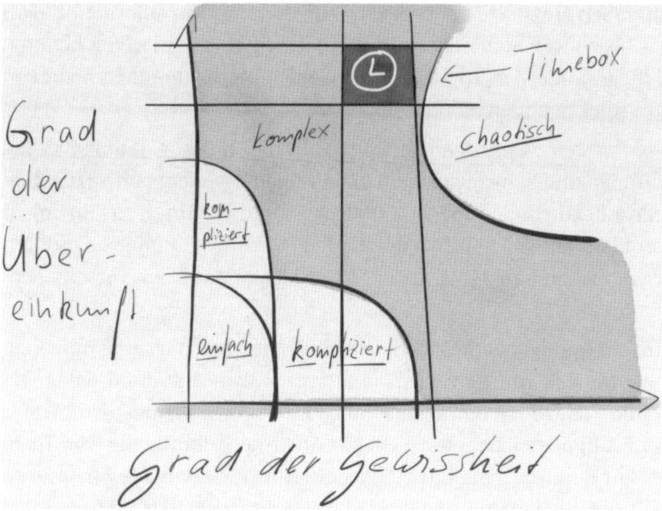

Bild 1.15
Selbstorganisation im komplexen Umfeld

> **!** Die Orientierung, das Zulassen der Selbstorganisation, kann der Manager durch klare Führung und der Product Owner durch Verdeutlichen der Vision und der Regeln vermitteln. Geschieht das nicht, sind die Mitarbeiter verunsichert und nicht in der Lage, Leistung zu erbringen. ■

1.5.1.2 Das Scrum-Team und Selbstorganisation

Wir haben gesehen, dass Projektteams einen Rahmen benötigen, in dem sie sich selbstorganisierend verhalten können. Scrum schafft diesen Rahmen durch klare Regeln und Prinzipien sowie durch das Einführen der *Timebox*, die unter allen Umständen einzuhalten ist. Die Timebox ist die stärkste Rahmenbedingung in Scrum, doch auch sie muss strikt durchgesetzt werden. Jedes Team wird immer wieder versuchen, seine Grenzen auszudehnen und nicht regelkonform zu arbeiten. Grenzen sind lästig und behindern auf den ersten Blick. Schnell hört man: „Sind denn die Grenzen von Scrum nicht zu hart und zu bürokratisch? Was ist schon dabei, wenn wir den Sprint um einen Tag verlängern?“

Wer sich zum ersten Mal mit Scrum beschäftigt, kann leicht dem Missverständnis erliegen, Scrum sei ein Prozess mit festen Strukturen. Doch Scrum kreiert keine Struktur. Das Prozessmodell von Scrum, seine Struktur, ist ein Resultat von Regeln und Prinzipien. Scrum erzeugt keine Ablauforganisation und zeigt auch nicht, wie Softwareentwicklung durchzuführen ist, indem es Strukturen bestimmt, die Menschen einzuhalten haben. Der geniale Zugang besteht darin, dass nur ein Rahmen, ein Satz von Regeln vorgegeben wird, in dem Teams selbst passende Strukturen ausbilden können. Strukturen, die in dieser Situation und zu diesem Zeitpunkt für dieses Team richtig und effektiv sind und die später, wenn sich die Situation ändert, wieder angepasst werden können.

Hat ein System, also ein Projektteam, herausgefunden, wie es arbeiten will, welche Regeln herrschen sollen und wie die internen Abläufe sein sollen, wird dieses Team performant sein und beständig Software ausliefern. Das Team wird in der Lage sein, basierend auf den ersten

Erfahrungen zukünftige Aufgaben einzuschätzen. Es wird zunehmend sinnvollere Aussagen darüber treffen können, was bis zu welchem Zeitpunkt geliefert wird. Es wird sagen können, was zu verbessern ist, und vieles andere mehr. All das jedoch benötigt Zeit und ist nicht von heute auf morgen in einem Projektteam erreichbar.

Kurz: *Systeme brauchen Zeit, um sich organisieren zu können.* Daher müssen Teams Zeit bekommen, um sich selbst zu finden und Schwierigkeiten und Probleme gemeinsam anzugehen und zu lösen. Sie werden ihre Erfahrungen machen und basierend auf ihren Erfahrungen lernen. Sie werden herausfinden, an welchen Stellen sie noch dazulernen müssen. Sollten Teams offensichtliche Wissenslücken haben, kann der ScrumMaster natürlich vorschlagen, das eine oder andere zu bedenken.

Fähigkeiten. Was aber, wenn ein Team nicht die richtigen Fähigkeiten hat, um seine Aufgaben zu meistern? Und vor allem, wie erkennt man das? Zunächst: Warum hat denn das Team nicht die richtigen Fähigkeiten? Wieso hat denn das Management ein Team beauftragt oder zusammengestellt, das seiner Aufgabe nicht gewachsen ist? An dieser Schnittstelle von Team und Organisation kommt es zur Reibung. Oft sind Manager daran gebunden, die Strukturen der Organisation weiterzuführen. Sie haben also beispielsweise ein Team, das nicht optimal einsetzbar ist, müssen es aber dennoch einsetzen. Hier ist es die Aufgabe des mittleren Managements, die Standards und Strukturen gegebenenfalls einzuhalten und sie gegenüber dem Team zu vertreten, aber auch das Team dann nicht für ein Versagen zu tadeln, wenn es falsch zusammengesetzt wurde. Gerade an dieser Stelle wird deutlich, dass eine Organisation die Teams häufig nicht korrekt aufstellt, weil die Kommunikationsstruktur (oftmals auch die Machtstruktur) nicht zum Projektziel passt.

Wie passt das zu Scrum, bei dem wir auf die Selbstorganisation des Teams vertrauen? Peter Drucker hat den Konflikt erkannt, der zwischen der Organisation und Teams entstehen muss, und er hat eine Antwort darauf gegeben. Die Teams sollen versuchen, ihren Weg zu gehen und die Entscheidungen möglichst autark treffen. Gleichzeitig muss die Organisation dafür sorgen, dass die Teams das Rad nicht immer wieder neu erfinden. Das Management einer Organisation muss folglich einen Weg finden, autarken, selbstverantwortlichen Teams zu zeigen, wie gute, bereits erfolgreiche Lösungen aussehen. Die Lösung, die Drucker beschreibt, ist sehr einfach und einleuchtend. „Traditionelle Abteilungen werden als Wächter der Standards dienen, als Zentren für Training und für das Zuteilen der Spezialisten; sie werden nicht die Orte sein, an denen die Arbeit getan wird.“ [Drucker 1988]

Organisationen sollen die Teams also nicht durch Anweisungen leiten, sondern indem sie den Teammitgliedern, den Profis, als Serviceeinheiten zur Verfügung stehen. Diesen Serviceeinheiten, in denen die Teammitglieder erlernen, warum es bestimmte Standards gibt, entstammen die Teammitglieder für die „task-focused“-Teams. Drucker löst mit seinem Modell elegant die Frage, wie man die Einhaltung der Standards in den Teams sicherstellt: Durch Teammitglieder, die sich an Standards und Richtlinien halten, weil sie diese durch Training und Einsicht als wertvoll und nützlich erachten. Die Organisationseinheiten schaffen auf diese Weise institutionalisierte Regeln, die es einem Scrum-Team ermöglichen, sinnvolle Strukturen auszubilden und nicht alles neu erfinden zu müssen [Drucker 1988]. Gelingt es dann noch, dass alle Teammitglieder versuchen, möglichst viele Arbeitsschritte im Team zu übernehmen, hat man es mit den sogenannten T-Shaped Professionals zu tun (Bild 1.16).

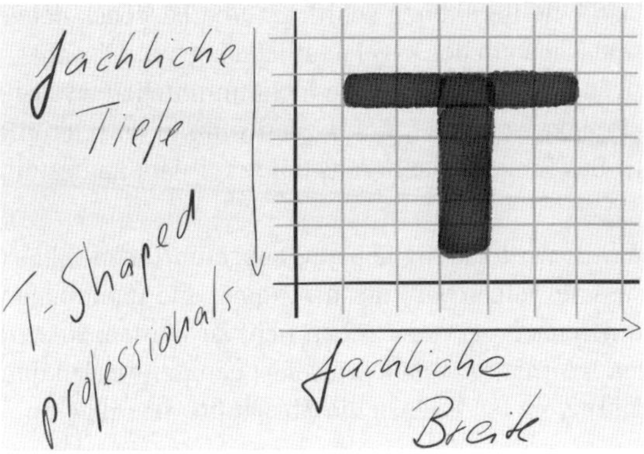

Bild 1.16
T-Shaped Professionals

„The concept of T-shaped skills, or T-shaped persons is a metaphor used in job recruitment to describe the abilities of persons in the workforce. The vertical bar on the T represents the depth of related skills and expertise in a single field, whereas the horizontal bar is the ability to collaborate across disciplines with experts in other areas and to apply knowledge in areas of expertise other than one's own. The earliest reference is by David Guest in 1991. Tim Brown, CEO of the IDEO design consultancy defended this approach to résumé assessment as a method to build interdisciplinary work teams for creative processes."*

* http://en.wikipedia.org/wiki/T-shaped_skills (29.12.2015)

1.5.2 Kontinuierliche Verbesserung – Fast Feedback

Das Monster dieses Levels ist übermächtig. Meine Waffen scheinen nichts auszurichten. Ich renne darauf zu, ducke mich, schlage drei Saltos und weiche seinen Schüssen aus. Das Monster feuert aus allen Rohren und trifft mich ständig, trotz meiner akrobatischen Kunststücke. Da, ein Vorsprung im Fels! Ich gehe in Deckung, zu spät, geschlagen. Das Videospiel gibt mir die Chance, beim Kontrollpunkt erneut zu beginnen. Ich starte noch einmal, diesmal laufe ich gerade, ohne Zickzack, auf das Monster zu ... von rechts kommt ein anderes Monster ... wieder geschlagen. Der Kontrollpunkt wird wieder geladen. In der Ecke des Käfigs liegt eine besondere Waffe, eine Kanone, ich renne darauf zu. Etliche Versuche später habe ich den letzten Gegner auf diesem Level besiegt.

So ist es immer, beim ersten Mal verliere ich und werde geschlagen. Ich versuche es immer wieder, bis ich alle Tricks dieses Levels kenne und weiß, wie ich die Situation meistere. Dieses Beispiel aus der Videospielwelt veranschaulicht sehr schön, wie das Prinzip „Hinschauen und Verbessern" funktioniert. In einem Videospiel kommt man nur durch ständiges Planen, Ausführen, Kontrollieren und Verbessern weiter. Da es sich immer um wenige Sekunden bis

Minuten handelt, die gespielt werden, sind die Iterationen sehr kurz und Feedback daher sehr unmittelbar. Im wirklichen Leben muss man in der Regel deutlich länger auf Feedback warten, was dazu führt, dass wir die Folgen unserer Handlungen nicht unmittelbar erleben. Die Resultate unserer Handlungen im Projekt werden oft erst irgendwann in der Zukunft sichtbar, häufig sogar gar nicht, weil wir das Projektteam bereits lange vor dem Endtermin verlassen haben.

Scrum produziert ständiges Feedback. Es wird ständig geplant, ausgeführt, kontrolliert und verbessert. Scrum ermöglicht es, dass die Folgen der Entscheidungen und Handlungen innerhalb und außerhalb des Sprints binnen maximal vier Wochen sichtbar werden. So wird das Feedback wieder zu einer relevanten Information und kann sofort genutzt werden, um die weitere Produktentwicklung zu beeinflussen (siehe dazu die Abschnitte 4.5 und 4.6).

Scrum nutzt hier die Struktur des sogenannten Deming Cycle, den William Edwards Deming in den Kreisen des Qualitätsmanagements populär gemacht hat (Bild 1.17).

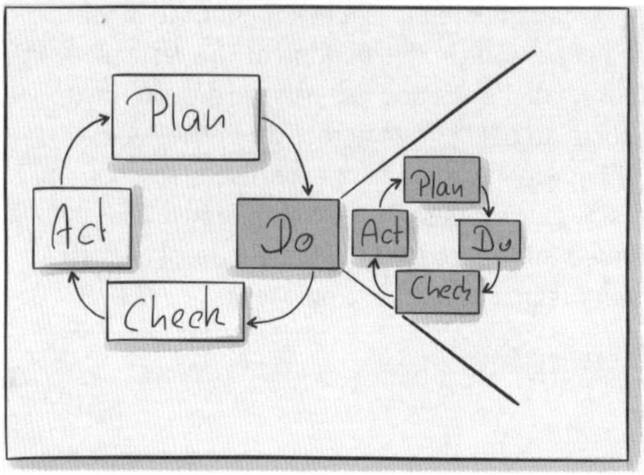

Bild 1.17
Der Deming Cycle

Der Scrum-Flow bildet die vier Schritte des Deming Cycle ab:

- **Plan (Planen):** In Sprint Planning Meetings wird geplant, man legt die Ziele fest.
- **Do (Ausführen):** Der Sprint dient allen dazu, die gesteckten Ziele zu erreichen.
- **Check (Kontrollieren):** Im Sprint Review überprüft man anhand der Ergebnisse, ob die Ziele erreicht wurden.
- **Act (Verbessern):** In der Sprint Retrospektive werden Verbesserungsnotwendigkeiten identifiziert, damit sie im nächsten Planning berücksichtigt werden können.

So einfach der Deming Cycle auf den ersten Blick scheint, so schwer ist es, ihn konsequent umzusetzen. Das ständige Wiederholen dieser vier Phasen, das Gewinnen von harten Daten durch die Datenerhebung der Phase „Check“ und die darauf folgende Verbesserung (Act) des Prozesses sind nur möglich, wenn man diszipliniert immer wieder diese Phasen durchführt. Vor allem das Management glaubt oft, diese Phase sei verlorene Zeit. Auch Scrum-Teams erliegen in der Hektik des Alltags häufig der Versuchung, die Retrospektiven wegzulassen. Allerdings führt diese Form der Undiszipliniertheit sofort dazu, dass die Produktivität eines Teams sichtbar schlechter wird.

Demings ursprünglicher Cycle hatte keine festen Iterationen. Vielmehr war Deming davon ausgegangen, dass dieser Kreislauf am Anfang länger dauert und dann immer kürzer wird.

Seine Überlegung war auch richtig. Er war davon ausgegangen, dass zu Beginn das Planen und Abarbeiten länger dauern und das Tempo sich beschleunigen würde, je öfter der Kreis durchlaufen wird. Hinter dem Deming Cycle steckt wie auch hinter Scrum die Idee, dass man durch ständiges „Hinschauen und Verbessern“ seinen Prozess und somit seine Arbeit verbessern kann. Diese Grundlage haben beide Prozesse gemeinsam, deshalb ist der Scrum-Flow nichts anderes als eine Implementierung des Deming Cycle.

Die Bedeutung des Prinzips „Hinschauen und Verbessern“ *(inspect and adapt)* kann nicht genügend betont werden. Es ist die Grundlage für den Erfolg von Scrum. Das Grundprinzip lautet: „Wir müssen lernen, Daten sammeln und herausfinden, was funktioniert und was nicht.“ Wenn neue Projekte mit neuen Technologien durchgeführt werden, dann haben die meisten Beteiligten nicht genügend Erfahrung, um genau zu sagen, wie das Ergebnis aussehen wird. Das macht ein Projekt aus. Es betritt immer Neuland.

In Scrum beginnt man mit der Arbeit und dem Erstellen des Produkts in dem Moment, in dem man genügend Informationen hat, um den ersten Schritt zu tun. Diese ersten Schritte, die ersten Sprint-Ziele und damit der erste Sprint mögen falsch sein. Das erfährt man schon am Ende des Sprints. Hier liegt die Stärke von Scrum: Man wartet nicht, bis man zu wissen meint, wie es funktionieren wird, sondern startet sofort. Wir wollen sofort harte Fakten erhalten. Nur was tatsächlich vorhanden ist, gibt uns die notwendigen Informationen.

Fakten statt Vermutungen

Das Projektteam hatte mit klaren Vorgaben begonnen. Projektumfang und Abgabetermin standen fest, die Ziele waren klar vorgegeben. Dieses Team war frisch zusammengestellt worden und konnte auf die ursprünglichen Schätzungen, die Spezialisten des Auftraggebers erstellt hatten, keinen Einfluss nehmen. Deshalb erstellten wir mit diesem neuen Team gemeinsam ein erstes Product Backlog aus den vorgegebenen Anforderungen. Diese hatten sich inzwischen gegenüber den ursprünglichen Anforderungen stark geändert. Wir konnten das Product Backlog in einigen Stunden neu schätzen und gaben den Managern in der Organisation die Information, wie viele Funktionalitäten bis zum angestrebten Termin geliefert werden könnten.

Es war weniger, als nach den ursprünglichen Schätzungen erwartet worden war. Das gefiel den Managern ganz und gar nicht. Wir fingen mit dem ersten Sprint an. Wir nahmen in den Sprint viel hinein, vielleicht sogar zu viel, aber das Team nahm an, dass es zu schaffen sei. Am Ende des ersten Sprints hatte das Team etwas geliefert, es kannte nun seine Kapazität, hatte Erfahrung mit der neuen Umgebung und konnte das erste Mal sinnvolle Aussagen über das Projekt und seinen Umfang machen. Wir hatten harte Fakten, über die wir sprechen konnten. Auf Basis dieser Fakten und der Erfahrungen konnte das Team herausarbeiten, was verbessert werden musste, wenn wir noch mehr Fahrt aufnehmen wollten. Diese Überlegungen basierten zu diesem Zeitpunkt auf konkreten Erfahrungen und Erlebnissen und nicht auf Meinungen oder Befindlichkeiten der Teammitglieder. Das schuf wiederum die Basis für eine offene Kommunikation mit dem Management, das so erlebte, was tatsächlich in diesem Projekt möglich war und wo unrealistische Forderungen nur kontraproduktiv gewesen wären. ■

1.5.3 Höhere Produktivität

James Coplien beschreibt in „Borland Software Craftmanship: A New Look at Process, Quality and Productivity" wie ein Softwareentwicklungsteam, zu dem nie mehr als acht Personen zählten, 1.000.000 Zeilen in C++-Code in 31 Monaten lauffähig lieferte [Coplien 1994]. Die Leistung dieses Teams entspricht einer Codegenerierung von 1.000 Zeilen pro Woche pro Person. Dabei lieferte das Team 70 Function Points pro Monat und Person. Das entspricht einer Produktivität, die 37 Mal höher ist als üblich. Dieses Team entwickelte aber nicht irgendein Produkt, sondern lieferte ein Konkurrenzprodukt zu Microsoft Excel und war damit erfolgreich. Die Fachpresse und die Anwender zeigten sich von diesem Produkt, das offensichtlich leistungsfähiger als sein Rivale war, beeindruckt.

Wie war das möglich? Wie konnten acht Softwareentwickler dieses kleine Wunder zustande bringen? James Coplien befragte das Team. Er analysierte die Kommunikationsbeziehungen innerhalb des Teams und die Kommunikationsbeziehungen des Teams zur Organisation. Er schreibt: „Der QPW-Entwicklungsprozess hat eine höhere Kommunikationssättigung als 89 Prozent der Entwicklungsprozesse, die wir angeschaut haben. Das Adjacency Diagram zeigt, dass alle Team-Rollen mindestens zwei starke Kommunikationsbeziehungen zur Gesamt-Organisation haben. Das Interaktionsmuster des Projektes ist dicht. (...) Dieses Team ist eine kleine, intensiv interaktive Organisation." [Coplien 1994] Dieses Team hatte also sowohl eine intakte Kommunikationskultur nach innen als auch nach außen. Die Teammitglieder führten ständig Meetings durch, die oft mehrere Stunden dauerten, in denen alle notwendigen Entscheidungen getroffen wurden, um anschließend wieder an die Arbeit gehen zu können.

Ich habe James Coplien im September 2006 getroffen und ihn nach diesem Team gefragt. Er erzählte, dass das Team jeden Morgen etwa zwei Stunden zusammensaß und die aktuelle Situation besprach. Es wurde besprochen, was am Tag zuvor entwickelt worden war, und es wurde über Fehler und Probleme gesprochen. Maßnahmen, die notwendig waren, um voranzukommen, wurden beschlossen und es wurde wieder programmiert. Am Abend checkten alle Entwickler ihren Code ein, es liefen ein Nightly Build und eine Nightly Integration. Am nächsten Tag wurde der gleiche Prozess wieder durchgeführt.

Jeff Sutherland fand sich durch diesen Artikel in seiner Vision bestärkt, hyperproduktive Teams zu schaffen, die mehr als zehnmal so effektiv sind als das durchschnittliche Softwareentwicklungsteam. Er selbst sagte 2006 auf der Konferenz „Øresund Agile" in Schweden, dass es für Scrum-Teams unproblematisch sei, die Produktivität um das Zwei- bis Vierfache zu steigern. Die zehnfache Produktivitätssteigerung sei das eigentliche Ziel. Als CTO von PatientKeeper gelang ihm, was er sich vorgenommen hatte. Dort arbeiten ca. 60 Entwickler und sie sind so extrem produktiv, dass der Umsatz des Unternehmens mittlerweile alle Erwartungen übersteigt und PatientKeeper den Umsatzanstieg bremsen muss. Sutherland, der sich immer über die Zahlen Gedanken macht, berichtete 2006 auch von einem Multi-Level-Scrum-Team des Unternehmens Ping, das alle Rekorde beim Schreiben von Code gebrochen hatte – und das, obwohl es sich um ein Offshore-Entwicklungsteam handelte. Die Product Owner und ScrumMaster saßen in den USA und das Team selbst in Russland [Leffingwell 2007, Sutherland 2005].

Meine eigenen Erfahrungen bestätigen diese Zahlen. Nicht so plakativ und nicht so gut abgesichert wie die Werte von Sutherland, aber jedes Team, das mit Scrum anfängt und sich durch die Schwierigkeiten hindurchkämpft, wird mit höherer Produktivität belohnt.

Christian Schmidtkonz von SAP berichtete 2006 auf den XP Days in Hamburg, dass jedes Team, das mit Scrum angefangen hatte, wesentlich schneller beim Produzieren von Software wurde. Ein Teilnehmer eines Trainings in Portland berichtete 2006, dass sein Team ein Projekt beginnen wollte, das in den letzten fünf Jahren bereits zweimal gescheitert war. Ein Jahr später berichtete er beim Scrum Gathering in Portland, dass dieses Projekt mittlerweile erfolgreich abgeschlossen worden war.

Diese Berichte dokumentieren, was das Ziel von Scrum ist: eine hochproduktive Arbeitsumgebung. Bevor Teams mit Scrum arbeiten, berichten sie häufig, dass trotz aller Arbeit nichts fertig wird, weil sie immer wieder gestört werden. Oder sie erzählen, dass sie Code abliefern, der noch nicht getestet ist. Darauf antwortet Scrum mit der Aufforderung: „Liefere am Ende einer Iteration Code, der funktioniert." Das ist bereits der erste Schlüssel zu höherer Produktivität. Dabei sprechen wir noch gar nicht von hyperproduktiven Teams, sondern nur von Teams, die wieder beginnen, systematisch Software zu entwickeln und am Ende einer bestimmten Zeitspanne auszuliefern. Sie erreichen die Steigerung der Produktivität durch:

- Fokussierung
- Ständiges Abarbeiten von Problemen
- Ständiges Aufbauen von Deadlines
- Selbstorganisation der Teams
- Multidisziplinäres und fachübergreifendes Arbeiten
- Diszipliniertes Arbeiten an einer Sache
- Ständiges Integrieren und Liefern von Produktteilen

Und nicht zuletzt durch Freude an der Sache.

1.5.4 Freude an der Arbeit macht leistungsfähig

Montagmorgen, U4, zwischen Karlsplatz und Wien Mitte. Müde, gelangweilte Gesichter um mich herum, ausdruckslos schauen die meisten Menschen aus dem Fenster der U-Bahn. Am Arbeitsplatz angekommen werden die meisten erst einmal in der Kaffeeküche verschwinden, dort ihren Plausch halten und dann, so langsam wie möglich, ihre Arbeit aufnehmen. Um 11:00 Uhr werden die ersten schon wieder in die Kantine strömen. Wieder wird der Arbeitsablauf unterbrochen. Von Energie, Freude am Arbeiten oder gar Motivation keine Spur.

Montagmorgen, mein Scrum-Team, Daily Scrum - den Kaffeebecher in der Hand, schaue ich in lachende, vergnügte Gesichter. Sven erzählt gerade einen Witz. Wir legen los. Das gesamte Team ist fokussiert, in zehn Tagen ist Rollout und wir haben eine Menge zu tun. ■

Fragt man die Mitarbeiter eines Scrum-Teams, was an Scrum anders ist, hört man die Antwort: „Es fühlt sich anders an!" In diesem „Sich-anders-Anfühlen" liegt der Grund, weshalb Scrum-Teams motivierter sind als die meisten anderen Entwicklungsmannschaften. Freude, Spaß, Motivation, der unbändige Drang, die Aufgabe zu erledigen, die Fokussierung auf eine Aufgabe, das Gefühl, gebraucht zu werden, einen Platz in diesem Team zu haben, das Glücksgefühl, den Job zu erledigen. Peter Senge schreibt in „Die fünfte Disziplin", dass Menschen, die ein solches Team einmal erlebt haben, immer wieder auf der Suche nach derartigen Teams sind [Senge 1998].

Schwaber nannte in seinen Trainings als einen der Gründe für seinen Elan, Scrum zu verbreiten: Er wolle erreichen, dass wir es nicht abwarten können, morgens zur Arbeit zu *rennen*. Er wolle erreichen, dass Unternehmen, die solche Mitarbeiter haben, dadurch über alle Maßen produktiv sind und sich die Konkurrenten vor diesen Unternehmen fürchten. Ein Spruch lautet: „Wähle einen Beruf, den du liebst und du brauchst keinen einzigen Tag in deinem Leben zu arbeiten!"

Meine Motivation für Scrum folgt der Erkenntnis, dass Scrum das Gefühl, sich auf einer Mission zu befinden, sowie das Gefühl, etwas erfolgreich erledigt zu haben, bestärkt. Meine Teams kamen gerne zur Arbeit. Schon vor Scrum arbeitete ich mit Teams, doch nur manchmal gelang es, Teamgeist und unbedingten Erfolgswillen herzustellen. Erst als ich Scrum ausprobierte, wusste ich, wie ein Team zu führen ist, damit das von Csikszentmihályi beschriebene Glücksgefühl des *Flow* entsteht [Csikszentmihályi 2005]. So, dass wir am Arbeitsplatz wieder wie kleine Jungs und Mädchen vollkommen davon erfüllt sind, einen Turm zu bauen. Fokussiert und mit dem Gefühl, sich im Fluss zu befinden, im genau richtigen Rhythmus, in der genau richtigen Anspannung und mit der genau richtigen Anstrengung.

Die Methode, den Arbeitsfluss mithilfe von Scrum- und Kanban-Boards zu visualisieren, hilft dabei, dass diese Motivation entsteht. Die Visualisierung weckt in den Teammitgliedern nämlich das Gefühl, Fortschritte zu machen. Das ist laut der Psychologin Teresa Amabile die Grundlage für die Zufriedenheit der Mitarbeiter in wissensbasierten Organisationen. Ihrer Ansicht nach gilt: „The power of progress is fundamental to human nature." [Amabile 2011] Sie nennt es das „Progress-Principle" und es ist meiner Meinung nach evident, dass Scrum-Teams deshalb gerne arbeiten, weil sie Fortschritte sichtbar machen (Bild 1.18).

Tom Peters fügt einen wichtigen Aspekt hinzu, der auch in „Creativity Under the Gun" beschrieben wird [Amabile et al. 2002]: Die Projekte, die wir durchführen, müssen für uns einen Sinn ergeben. Der Flow-Effekt wird sich nur einstellen, wenn wir in unserem Handeln einen Sinn entdecken. Peters nennt sie „WOW-Projekte" [Peters 2005]. WOW-Projekte sind:

- Projekte, die sich von anderen unterscheiden
- Projekte, die einem den Atem rauben
- Projekte, die den Wert, den der Einzelne beisteuert, hervorheben

Nur diese WOW-Projekte wollen wir mit ganzem Einsatz durchführen, nur in diese Projekte wollen wir investieren. Diese Freude am Tun ist es, die zu ungeahnter Produktivitätssteigerung und, was viel wichtiger ist, zu höherer Lebensqualität führt.

Simon Sinek nennt es das Wissen um das Warum. Seiner Meinung nach folgen wir dem, woran wir selbst glauben. Wenn Menschen an das glauben, was sie tun, dann finden sie auch eine Bedeutung in dem, was sie tun.[13] [Sinek 2011]

[13] Eine wunderbare Einführung in diesen Gedanken findet man in einem Video dazu: „How great leaders inspire action" (http://www.youtube.com/watch?v=qp0HIF3SfI4) oder auch in Sineks Buch „Start With Why: How Great Leaders Inspire Everyone to Take Action" [Sinek 2011].

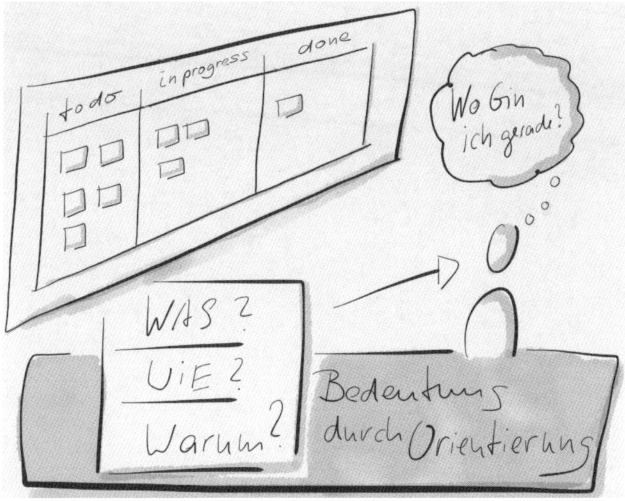

Bild 1.18
Visualisierung –
Sinn durch Orientierung

Fazit

Scrum erfüllt also zwei wichtige Aspekte, die Wissensarbeitern in Teams Freude am Tun bringen:

- Ein Bewusstsein für Fortschritt
- Bedeutung

2 Die Rollen – klare Verantwortlichkeiten

Die Stärke von Scrum liegt in der klaren Zuordnung und Trennung von Verantwortung für verschiedene Aspekte des Produktentwicklungsprozesses in drei zentrale Rollen: ScrumMaster, Product Owner, (Entwicklungs-)Team. Ich selbst füge für ein besseres Verständnis von Scrum in Organisationen noch den Kunden, den Anwender und den Manager hinzu.

BAR – ABENDS

LOUNGE MUSIC, die Bar wirkt ein wenig futuristisch. Drei Männer sitzen an einem Tisch. Der Product Owner trägt einen feinen Anzug und Krawatte, er hält einen Block in der Hand, auf dem er etwas notiert. Ein jüngerer Mann sitzt im Freizeitlook am Tisch. Er sieht dynamisch aus und trägt ein T-Shirt mit dem Aufdruck DAS TEAM. Komplettiert wird die Runde durch den ScrumMaster – er trägt Outdoor-Kleidung, als käme er gerade von einer Expedition.

SCRUMMASTER: Wir sollten noch mal herausstellen, welche Rollen und Verantwortungen wir in diesem Projekt haben. Herr Product Owner, könnten Sie bitte anfangen?

Der Product Owner richtet sich auf, kratzt sich am Kopf, schaut in seine Unterlagen.

PRODUCT OWNER: Ich weiß gar nicht, wo ich anfangen soll. Nun gut, also ...

Er schaut noch einmal in die Runde.

PRODUCT OWNER: Ich bin der Product Owner. Meine Aufgabe in diesem Projekt ist es, die Vision zu haben und sie an alle plastisch und präzise zu vermitteln. Das ist nicht immer einfach. Der ScrumMaster hilft mir in der Regel dabei, die Vision zu finden.

Das Team verdreht die Augen. Der ScrumMaster schaut das Team an, runzelt die Stirn. Das Team wendet sich wieder dem Product Owner zu.

PRODUCT OWNER: Wenn klar ist, wohin das Projekt gehen soll, kommuniziere ich die Vision an alle und dann rede ich mit dem Team über die Funktionalitäten, die das Produkt später einmal haben soll. Im Anschluss daran entsteht das Product Backlog, die Liste der Funktionalitäten. Diese Liste wird von mir nach ihrem Business Value priorisiert. Ich muss mir also überlegen, welchen Wert jede einzelne Funktionalität für unser Produkt hat.

Das Team wackelt unruhig auf dem Stuhl hin und her. Der ScrumMaster schaut es an.

SCRUMMASTER: Ja?

TEAM: Jetzt sollte ich etwas hinzufügen. Ich bin nämlich, nachdem der Product Owner das Backlog priorisiert hat, dafür verantwortlich, jedes Backlog Item zu schätzen. Nicht immer einfach, kann ich euch sagen.

PRODUCT OWNER: Stimmt genau. In der Regel macht das Team das aber wirklich sehr gut. Im Sprint Planning gebe ich noch das Ziel vor, damit wir darüber verhandeln können. Am Ende der Iteration komme ich zum Sprint Review und schaue mir an, was das Team produziert hat. Ich kenne das Ergebnis zwar meistens schon vorher, aber diese formale Prüfung ist wirklich gut und, wie ich finde, sehr wichtig.

TEAM: Okay - lass mich mal. Ich bin das Team. Ich liefere das Produkt. Ich bin dafür verantwortlich, meine Absprachen mit dem Product Owner einzuhalten. Wenn ich sage, ich liefere, dann liefere ich auch. Meine Verantwortung ist, jedes Backlog Item zu schätzen. Ich bin für die Umsetzung vollständig verantwortlich, deshalb habe ich auch die Autorität, die Dinge - im Rahmen des Möglichen - so zu tun, wie sie meiner Meinung nach getan werden müssen. Ich organisiere mich selbst, niemand sagt mir, wie etwas getan werden soll. Wenn ich ein Impediment erkenne, gehe ich damit zum ScrumMaster.

Der ScrumMaster schaut auf das Schweizer Messer in seiner Hand, dreht es und legt es auf den Tisch.

SCRUMMASTER: Das war wohl mein Stichwort. Das ist tatsächlich zunächst meine Hauptaufgabe. Ich helfe dabei, dass das Entwicklungsteam so schnell wie möglich vorankommt. Ich bin so etwas wie ein Expeditionsleiter, der seinem Expeditionsteam hilft, die täglichen Probleme zu lösen. Ich helfe, wo ich kann, bin aber nicht derjenige, der das Produkt entwickelt.

Das Team nickt.

TEAM: Darin ist er richtig gut. Er kann manchmal wahre Wunder vollbringen.

SCRUMMASTER, lächelnd: Danke, aber das funktioniert nur so gut, weil ich einen guten Draht zum Management habe. Du machst die Arbeit. Ich sorge nur dafür, dass du dabei so effektiv wie möglich vorgehst. Ich habe aber noch den Product Owner. Mit ihm arbeite ich daran, das Backlog zu optimieren, die Backlog Items geschickt aufzuschreiben und ich helfe auch ihm bei seinen Problemen.

PRODUCT OWNER, nickt: Ja, er ist zu meinen Kollegen gegangen und hat innerhalb der Abteilung Werbung für Scrum gemacht.

Im Hintergrund öffnet sich die Tür der Bar, zwei Frauen und ein Mann kommen herein. Sie gehen zum Tisch und unterhalten sich dabei sehr angeregt.

MANAGEMENT, zur KUNDIN gewandt: Sie sehen, unsere Organisation ist exzellent aufgestellt, um dieses Projekt zu stemmen. Wir haben viel Mühe und Zeit in die Ausbildung der Mitarbeiter investiert.

KUNDIN: Das stimmt, offensichtlich hat die Veränderung in der Softwareentwicklung in Ihrer Abteilung einiges bewirkt. Wir sind sehr zufrieden. Es ist phänomenal, wie gut die Arbeit mit Ihrem Product Owner funktioniert. Noch nie waren unsere Projekte aus finanzieller Sicht so erfolgreich.

KUNDIN zur ANWENDERIN: Du meinst also wirklich, dass diese Funktionalität deine Arbeit erleichtern wird. Würde dich dann unser Produkt mehr interessieren?

ANWENDERIN: Ja klar. Ich habe mit meinen Freunden darüber gesprochen, dass es da etwas gibt, was wir unbedingt benötigen.

Sie kommen zum Tisch der drei Männer.

KUNDIN: Hallo Jungs, wie geht's?

PRODUCT OWNER: Danke, gut, wie geht es unserer Kundin heute?

KUNDIN: Oh – prima. Wir haben neue Funktionalitäten identifiziert, die wir in einem nächsten Produkt-Release unbedingt benötigen.

TEAM: Hallo Anwenderin, habt ihr euch das Produkt angesehen? Wie ist euer Feedback, was möchtet ihr anders haben?

ANWENDERIN: Wir haben uns das Produkt angesehen und würden an der einen oder anderen Funktionalität noch ein wenig feilen. Aber wir brauchen auf jeden Fall eine andere Menüführung, um das Arbeiten angenehmer zu gestalten.

DAS TEAM, nickt: Haben wir uns gedacht. Das ist kein Problem, bauen wir noch in dieser Iteration um. Dann wird die Story „Menü“ fertig. Klasse.

SCRUMMASTER, winkt das MANAGEMENT kurz heran: Ich wollte mich vergewissern, dass dieser Abend von Ihnen finanziell unterstützt wird. Wird er doch?

MANAGEMENT: Sicher, keine Sorge.

SCRUMMASTER, an alle gewandt: Na, das sieht ja so aus, als würden wir einen angenehmen Abend zusammen verbringen.

■

Eine Rolle in einem Prozess ist nicht gleichzusetzen mit der Position in einem Unternehmen oder einer Organisation. Viele beschäftigen am Anfang Fragen wie: Wer sollte in einer Organisation der ScrumMaster sein? Wo finden wir die vielen ScrumMaster, wenn jedes Team einen eigenen benötigt? Wer wird der Product Owner? Welche Leute brauchen wir im Entwicklungsteam?

Stellen Sie sich einen kleinen Sandeimer vor. Statt Sand füllen Sie Verantwortlichkeiten in diesen Eimer. Eine mächtige Schaufel „Schutz“, dann eine weitere Kelle „Impediments wegräumen“ und zu guter Letzt eine ordentliche Portion „Scrum-Prozess“. Diesen nun sehr schweren Eimer nehmen Sie in die Hand, wenn Sie die Rolle des ScrumMasters tragen wollen. Genauso machen Sie es mit allen anderen Rollen. Jeder Mitarbeiter, der eine Rolle im Scrum-Prozess übernehmen soll, nimmt einen Eimer und füllt zuvor die Verantwortlichkeiten der jeweiligen Rolle in den Eimer. **Nun trägt jeder im Scrum-Team die Verantwortung für das Gelingen der Produktentwicklung. Diese Verantwortung übernimmt man freiwillig.**

Hier liegt der Unterschied zur Position: Positionen kann man übergeben und mit ihnen auch die Macht, die durch die Position verliehen wird. Ob dieser Mensch dann auch die mit der Position verbundene Verantwortung übernimmt, ist eine andere Frage. Das Übernehmen von Verantwortung kann man nicht erzwingen. Gary Hamel schreibt dazu über Bill Gore, der zunächst in der Forschungsabteilung von DuPont arbeitete, bevor er mit seinen Grundsätzen von Fairness und Selbstverpflichtung ein eigenes, erfolgreiches Unternehmen aufbaute (die Technologien von Gore stecken zum Beispiel in wasserabweisender Funktionskleidung):

„During his years at DuPont, Bill Gore developed a keen appreciation for the difference between commitment and compliance. As he often put it, „Authoritarians cannot impose commitments, only commands." Gore believed deeply that willing commitment is many times more valuable to an organization than resigned compliance. This belief lies at the heart of another Gore tenet: „All commitments are self-commitments." In practice, this means that associates negotiate job assignments and responsibilities with their peers. At Gore, tasks can't be assigned, they can only be accepted." [Hamel 2007]

Exakt diese Haltung vertreten Ken Schwaber und Jeff Sutherland mit ihrer Idee des Commitments.

Ver | ant | wor | tung*:

a) [mit einer bestimmten Aufgabe, einer bestimmten Stellung verbundene] Verpflichtung, dafür zu sorgen, dass (innerhalb eines bestimmten Rahmens) alles einen möglichst guten Verlauf nimmt, das jeweils Notwendige und Richtige getan wird und möglichst kein Schaden entsteht

b) Verpflichtung, für etwas Geschehenes einzustehen [und sich zu verantworten]

Das Englische hält für diese beiden Bedeutungen von „Verantwortung" zwei Begriffe bereit: a) kann mit „being responsible", übersetzt werden, was aber den Hauch der bloßen „Zuständigkeit" hat. Zuständig kann man auch ohne großartige innere Haltung zu einer Aufgabe sein. Bedeutung b) hingegen lässt sich mit „accountable" übersetzen. Vielleicht klingt es drastisch, aber hier schwingt mit, dass man für die eigene Leistung auch Rechenschaft ablegen muss. Wenn im weiteren Text von Verantwortung gesprochen wird, meine ich „accountable". Denn selbstverständlich ist jeder im Produktentwicklungsteam „verantwortlich" für den Gesamterfolg.

* http://www.duden.de/rechtschreibung/Verantwortung (30.12.2015)

Mit der Bedeutung von Verantwortung im Hinterkopf muss man die Rolle des ScrumMasters etwas gesondert betrachten. Die Erlaubnis, Scrum machen zu dürfen, kann man sich nicht von seinem Chef abholen.

Die meisten Menschen, die meine Kollegen und ich in unseren Trainings treffen, wollen eben diese Erlaubnis, Scrum machen zu dürfen. Sie empfinden ihren bisherigen Weg, Produkte zu entwickeln, als mangelhaft. Sie wollen eine Veränderung, sind dazu aber nur bereit, wenn die Organisation ihre Zustimmung gibt. Anders ausgedrückt: Sie wollen erst die „Position" ScrumMaster auf ihrer Visitenkarte sehen, bevor sie sich bewegen. Sie suchen über den Titel nach der Autorität. Mit dieser Einstellung geben sie allerdings ihre Verantwortung als ScrumMaster ab und delegieren sie an denjenigen zurück, der sie in das Master-Amt eingesetzt hat. Wer den bisherigen Weg der Produktentwicklung in seinem Unternehmen als mangelhaft empfindet, findet mit Scrum möglicherweise eine Hilfestellung, die Arbeitsprozesse neu zu gestalten. Aber Achtung: Scrum gibt dabei jedem Einzelnen die Verantwortung für das eigene Handeln zurück! Also auch die Verantwortung dafür, die Prozesse zu gestalten.

Die folgende Geschichte illustriert, was geschieht, wenn ein ScrumMaster denkt, dass er seine Macht aus der Position bezieht: Der ScrumMaster, den die Organisation ausgewählt hatte (er hatte zuvor mein Training besucht), war Feuer und Flamme für Scrum. Doch zurück im Büro jammerte er wochenlang, dass das Team seinen Anweisungen nicht folge. Er sei doch der ScrumMaster und jetzt müssten die Leute doch tun, was er befehle. Trotz intensiven Coachings wurde die Situation immer schwieriger, da er ständig die Autorität seines Chefs ins Spiel brachte. Der Konflikt zwischen ScrumMaster und Team verschärfte sich zusehends und in einer Retrospektive explodierte dann die Bombe. In einem langen Gespräch mit mir stellte sich heraus, dass er das Team für unfähig hielt und der Meinung war, dass der Chef des Unternehmens nun endlich ein Machtwort sprechen müsse. Hier war nichts zu retten. Dieser ScrumMaster hatte seine erste Pflicht nicht verstanden und akzeptiert: das Team zu schützen. Er war zum Feind des Teams geworden. Die einzige Maßnahme war in diesem Fall, den ScrumMaster sofort seines Amtes zu entheben. Wir taten also etwas, das es eigentlich gar nicht gibt, weil der ScrumMaster keine Position ist. In dieser Organisation war er jedoch als ScrumMaster eingesetzt worden und, noch schlimmer, er bezog seine Identität aus dieser Position. In Wahrheit vollzogen wir daher nur, was die Teammitglieder bereits lange zuvor getan hatten: Wir entzogen ihm die Autorität.

So wie die Rolle des ScrumMasters keine Position ist, ist auch die Rolle des Product Owners keine solche. Mögliche Positionen, die die Rolle des Product Owners ausüben können, sind: ein Abteilungsleiter, der Vorstand, der Produktmanager oder ein Projektmanager. Aber Vorsicht: In diesem Fall sollte der Vorgesetzte keinesfalls auf seinem Amt als Vorgesetzter bestehen, sondern die disziplinarische Führungsrolle abgeben.

Auch die Rolle des Entwicklungsteams ist nur eine Rolle mit einem klar definierten Verantwortungsbereich. Wichtig ist an dieser Stelle zu erwähnen: Nicht das Entwicklungsteam übernimmt Verantwortung, sondern jedes einzelne Teammitglied übernimmt sie, weil jeder Einzelne die Rolle ausüben will. Nicht das Team erarbeitet Lösungen und schreibt Funktionalität oder verhandelt mit Produktmanagern, sondern die Teammitglieder. Der Begriff „Team" steht nur für die Verantwortung, die der Einzelne innerhalb seines Teams hat.

2.1 Das Entwicklungsteam – die Spezialisten

Die Rolle des Entwicklungsteams im Überblick

Das Entwicklungsteam liefert das Produkt. Es ist verantwortlich für die Qualität des Produkts und erarbeitet im Idealfall mit den Anforderern – Kunden und Anwendern – die Storys. Es hält die Anforderungen fest, analysiert sie, entwickelt das Design, implementiert und testet die Anforderungen und liefert das Produkt wie vereinbart aus. Das Team verpflichtet sich freiwillig auf die Sprint-Ziele und nimmt so viel in einen Sprint auf, wie es bearbeiten will. Es hat die Autorität, zu tun, was notwendig ist, um das Ziel zu erreichen, muss sich dabei aber an die Rahmenbedingungen der Organisation und des Projekts halten. Jedes Teammitglied hat die Verantwortung, die sich in der Rolle Entwicklungsteam ausdrückt, und jedes Teammitglied ist für das Gesamtteam verantwortlich. Das Entwicklungsteam arbeitet während des Sprints an dem Ziel des Sprints und es arbeitet parallel dazu mit dem Product Owner und dem Kunden auf der Produktebene, um die Richtung des Projekts durch das Schätzen und Qualifizieren von Product Backlog Items mitzugestalten.

Das Ziel von Scrum sind hochproduktive Teams. Doch wie sieht ein hochproduktives Team aus? Wie wird es zusammengestellt und wie organisiert es sich selbst? Welche Verantwortlichkeiten hat es und woran erkennt man ein erfolgreiches Entwicklungsteam? Und ist Scrum möglicherweise der Anfang vom Ende der Arbeitsteilung in Softwareentwicklungsteams?

Im Laufe der letzten Jahre hat sich immer genauer herauskristallisiert, worin genau die Verantwortung jedes einzelnen Mitglieds in einem Entwicklungsteam liegt. Zunächst sind wir mit dieser Liste gestartet:

- Lieferung
- Commitment
- Qualität
- Schätzungen
- Selbstorganisation

Heute wissen wir, dass diese Liste so nicht korrekt ist. Die Verantwortung für die Lieferung liegt auch, aber nicht nur beim Entwicklungsteam, denn das Entwicklungsteam ist Teil des Scrum-Teams und dieses hat die Verantwortung zu liefern.

2011 haben Ken Schwaber und Jeff Sutherland den Versuch gestartet, diese Punkte noch einmal anders zu fassen und zu konkretisieren [Schwaber, Sutherland 2011]:

„The Development Team consists of professionals who do the work of delivering a potentially releasable Increment of ‚Done‘ *(Qualität)* product at the end of each Sprint *(Lieferung)*. Only members of the Development Team create the Increment.

Development Teams are structured and empowered by the organization to organize and manage their own work. The resulting synergy optimizes the Development Team's overall efficiency and effectiveness. Development Teams have the following characteristics:

- They are self-organizing *(Selbstorganisation)*. No one (not even the ScrumMaster) tells the Development Team how to turn Product Backlog into Increments of potentially releasable functionality;
- Development Teams are cross-functional, with all of the skills as a team necessary to create a product Increment *(Selbstorganisation)*;
- Scrum recognizes no titles for Development Team members other than Developer, regardless of the work being performed by the person; there are no exceptions to this rule;
- Individual Development Team members may have specialized skills and areas of focus, but accountability *(Lieferung, Commitment)* belongs to the Development Team as a whole; and,
- Development Teams do not contain sub-teams dedicated to particular domains like testing or business analysis."

Liefern – wie vereinbart

Man kann also nicht oft genug wiederholen: Entwicklungsteams haben die Verpflichtung zu liefern, was sie sich selbst im Sprint zu liefern vornehmen. Das nennt man in Scrum „Commitment" und es ist eine Selbstverpflichtung aller Personen, die Teil des Entwicklungsteams sind.

> **!** **Commitment** – das wohl umstrittenste Wort im Kontext von Scrum. Was bedeutet Commitment denn eigentlich? Nun, es ist die freiwillige Verpflichtung, ein ausgehandeltes Ziel zu erreichen. Es ist gewissermaßen die vertragliche Vereinbarung, dass ein Team alles in seiner Macht Stehende tun wird, um das gewählte Ziel zu erreichen. Weil dieses Wort dermaßen angstbesetzt ist und weil Ken Schwaber und Jeff Sutherland dieses Problem aus der Welt schaffen wollten, haben sie es im Release 2011 ihres Scrum Guides gestrichen und durch „Forecast" ersetzt [Schwaber, Sutherland 2011].
>
> Ich verwende ganz bewusst weiterhin den Begriff „Commitment", weil ein Forecast immer einen unverbindlichen Beigeschmack hat. Es ist schon klar, dass in einem Sprint immer etwas passieren kann, das ein Commitment zu Fall bringt. Aber Commitment – einer der grundlegenden Werte agiler Methoden und von Scrum – bedeutet, dass ich mein Bestes gebe und mit all meiner Kraft daran arbeite, gemeinsam mit den anderen ein Ziel zu erreichen. Commitment bedeutet nicht, an den Pranger gestellt zu werden, wenn es doch nicht gelingt. Commitment ist Ausdruck des Wollens und der Freiwilligkeit, es ist die Basis von Scrum, es ist die Basis der ständigen Weiterentwicklung. Ich werde versuchen, Hindernisse zu beseitigen, ich hole die Verantwortung zu mir und wenn etwas nicht klappt, werde ich nach den Ursachen suchen und daraus lernen. Sehen wir uns den Weather „Forecast" oder das Weather „Commitment" an? Kein Meteorologe der Welt kann etwas dazu beitragen, dass das Wetter schön wird, und er wird klarerweise nie die Verantwortung dafür übernehmen. Allein mit der Begrifflichkeit des „Forecast" öffnen sich Tür und Tor dafür, die Verantwortung auf alle möglichen Umstände abzuwälzen, wenn mal etwas nicht so klappt, wie foregecastet. Daher bleibe ich beim Commitment. ■

Auch heute noch haben viele Organisationen damit zu kämpfen, dass Scrum-Entwicklungsteams am Ende eines Sprints das gleiche Verhalten an den Tag legen, wie sie es in traditionellen Entwicklungsumgebungen gelernt haben. Zwar liefern sie am Ende des Sprints etwas, allerdings fehlerhaft oder nicht fertig.

In dieser Situation muss dann wieder das Commitment eingefordert werden. Es ist keine Selbstverständlichkeit, dass ein Teammitglied seine Zusagen einhält. Jeder im Scrum-Team verpflichtet sich dazu, sein Bestes zu geben, und entscheidet frei, wie viel er liefern will. Scrum befähigt und stärkt das Entwicklungsteam in dieser Hinsicht. Es bekommt die Rechte, die es braucht: Es soll sich selbst verwalten und darf alles tun, um die gesetzten Ziele zu erreichen.

Dass das gesamte Entwicklungsteam die Verantwortung trägt, heißt aber nicht, dass niemand verantwortlich ist. Es bedeutet vielmehr: Jedes einzelne Teammitglied ist für seine Leistung im Entwicklungsteam verantwortlich und gemeinsam sind alle dafür verantwortlich, das Versprechen, das sie als Team gegeben haben, zu halten (so wie es Ken im Englischen ausdrückt: Sie sind „accountable").

Liefern in Scrum ist immer so zu verstehen, dass am Ende eines Sprints ein Potential Shippable Product Increment geliefert werden kann. Dieses Ziel ist am Anfang möglicherweise schwer zu erreichen, aber es ist nach einigen Sprints von jedem Team erreichbar, wenn der Scrum-Master mit seinem Entwicklungsteam und seiner Organisation konsequent daran arbeitet.

Wie bekommt man ein Commitment?

Die erforderlichen Zutaten, um zu erreichen, dass das Team die Verantwortung wirklich übernimmt, sind *Freiwilligkeit* und *Selbstbestimmung*. Teammitglieder übernehmen die Verantwortung nur, wenn sie sich freiwillig dazu entschlossen haben und wenn jedes Teammitglied für sich selbst entschieden hat: „Ich will dieses Ziel erreichen."

Mir als Scrum-Coach war der Zusammenhang zwischen Commitment und Freiwilligkeit lange nicht klar. Immer wieder musste ich erfahren, wie unglaublich schwer es ist, Commitments von Teammitgliedern zu bekommen. Schließlich ist mir beim Beobachten von Kindern etwas aufgefallen: Es ist unmöglich, einen Jungen von fünf Jahren zu zwingen, einen Turm zu bauen, und dann noch zu verlangen, er solle daran Freude haben und die Verantwortung dafür übernehmen, dass der Turm nicht umfällt. Sie können ihn zwingen, den Turm zu bauen. Er wird es vielleicht auch tun, aber ohne innere Bereitschaft. Genauso verhält es sich mit erwachsenen Produktentwicklern. Sie können eine Softwareentwicklungsmannschaft zwingen, einen Termin zu halten. Die Mannschaft wird auch alles dafür tun. Aber erwarten Sie dann bitte keine innere Bereitschaft oder ehrliches Engagement, kurz: den Willen zum Erfolg.

Im Grunde ist es gar nicht so schwer, ein ehrliches und realistisches Commitment zu bekommen, wenn Sie fragen, ob die Teammitglieder in diesem Projekt mitarbeiten wollen, und gemeinsam mit den Teammitgliedern realistische Ziele setzen. Manager befürchten häufig zu Unrecht, dass ihre Mitarbeiter sich Ziele setzen, die nicht hoch genug sind. Menschen wollen sich verbessern, sich in der Regel auch herausfordernde Ziele setzen, etwas leisten und Anerkennung dafür bekommen. Teammitglieder wollen einen guten Job machen. Menschen sind nach David C. McClelland aus folgenden Gründen motiviert [McClelland 1967]:

- Sie wollen andere übertreffen.
- Sie wollen sich selbst übertreffen.
- Sie wollen an einer besonderen Sache beteiligt sein.

- Sie wollen etwas tun, das die eigene Karriere fördert.
- Sie wollen etwas zum ersten Mal tun.

Für die Motivation sind also realistische, bedeutungsvolle und überschaubare Anforderungen wichtig, doch ist es gerade in der Phase, in der Scrum eingeführt wird, für Teams schwierig zu ermessen, was sie, realistisch betrachtet, leisten können. Das ist ganz normal, denn sie arbeiten unter neuen Bedingungen und mit erhöhter Transparenz darüber, was tatsächlich geleistet wird.

Das Ziel von Scrum ist eine Produktivitätssteigerung und es dauert eine Weile, bis sich das Team auf diese höhere Produktivität einschwingen kann. Daraus entsteht die Gefahr, dass die anfänglichen Erwartungen an die Scrum-Teams zu hoch sind. Ein ScrumMaster muss daher gerade am Beginn der Umstellung auf Scrum ein extrem gutes Erwartungsmanagement betreiben und jedem Betroffenen klarmachen, dass die Leistung des Teams am Anfang augenscheinlich absinken wird.

Die laut McClelland motivierenden, leistungsbezogenen Aspekte werden in Scrum durch

- das Feedback am Ende des Sprints,
- die messbare Steigerung der Leistung durch die Burn-Down-Charts und
- die gegenseitige Anerkennung der Teammitglieder erreicht.

Wir wissen dank der Arbeiten von Elizabeth Withworth, dass die Arbeit in agilen Teams die Motivation der Mitarbeiter in der Regel aus den oben genannten Gründen steigert [Withworth, Biddle 2007]. Die Verbesserung, die Leistungssteigerung, wird zur Normalität, weil Scrum die genannten Motivationsfaktoren verstärkt. Genau wie es Nonaka beschrieben hat: (Scrum-) Teams wollen immer mehr erreichen. Sie wollen sich ständig steigern [Nonaka 1998].

Exakt die gleichen Ergebnisse beschreibt Daniel Pink in seinem Buch „Drive“: Tatsächlich ist es so, dass man Menschen mit Anreizen (Incentives) – also zum Beispiel finanziellen Boni – zu höheren Leistungen anspornen kann, wenn sie einfache manuelle Arbeiten verrichten. Finanzielle Anreize zerstören ihre Produktivität aber genau dann, wenn sie kognitiv schwierigere Arbeiten durchführen sollen [Pink 2009].

Will man Menschen zu höheren Leistungen anspornen, muss man ein Umfeld schaffen, in dem sie sich autonom fühlen. Pink definiert „Autonomy“ als unser Bedürfnis, selbstgesteuert agieren zu können. Laut Pink ist es für Menschen dann das nächste wichtige Ziel, in etwas besser zu werden (Meisterschaft). Wir alle können das in jeder Freizeitbeschäftigung sehen, die wir uns aussuchen: Skaten, Segeln, Kuchen backen, Kochen, Schwimmen, Joggen, Puzzeln, Gärtnern – immer wollen wir besser in dem werden, was wir gerade tun. Das ist ein menschliches Bedürfnis. Das von Pink erwähnte letzte entscheidende Motiv für Performance ist „Purpose“, also „Bedeutung“. Menschen ist es wichtig zu wissen, warum sie etwas tun, wozu sie beitragen können. In diesem Sinne werden die Forschungen und Ideen von McClelland durch neuere Forschungen wie jene von Daniel Pink bestätigt.

Commitment ist nicht Commitment

Von Christoph Schmiedinger

Aus eigener Erfahrung weiß ich, wie schwierig das Thema Commitment für Teams ist, die gerade mit Scrum anfangen. Da ist die Verunsicherung, den Vorgesetzten wider Willen ein Commitment geben zu müssen, um anschließend doch wieder schlecht dazustehen. Vor allem in der Einführungsphase von Scrum ist es daher besonders wichtig, das Verständnis des freiwilligen Commitments zu schärfen bzw. überhaupt aufzubauen. Auch wenn das bedeutet, dass der Product Owner und andere Vorgesetzte für das Commitment den Raum verlassen müssen.

Ich sehe das aber nicht als endgültige Lösung. Vielmehr sollte sich im Laufe der Zeit zwischen allen Beteiligten eine Vertrauensbasis entwickeln, damit das freiwillige Commitment auch gegeben werden kann, wenn die Vorgesetzten anwesend sind. Diesen Idealzustand erreicht man, wenn alle Involvierten davon überzeugt sind, dass für die Erreichung des Sprintziels jeder sein Bestes gibt.

Das Sprint Planning Meeting 1 kann dadurch ganz dem Begriff der taktischen Planung gerecht werden. Zuerst stellt der Product Owner die User Storys vor und bespricht sie mit dem Entwicklungsteam in einem Anforderungsworkshop – jetzt kann der bevorstehende Sprint mit dem gesamten Team geplant werden. In diesem Teil des Sprint Planning Meetings 1 sollte es einmal mehr einen intensiven Dialog zwischen dem Product Owner und dem Entwicklungsteam geben. Entlang der priorisierten User Storys im Product Backlog wird entschieden, wie eine optimale Zusammenstellung für den kommenden Sprint aussehen kann. So entsteht in der Zusammenarbeit allmählich das Selected Product Backlog. Ist dem Team nun zum Beispiel die nächst höher priorisierte User Story etwas zu groß für ein Commitment, kann es dem Product Owner im Gegenzug zwei kleinere, niedriger priorisierte User Storys für das Commitment vorschlagen. Ob er dieses Angebot annimmt, entscheidet schlussendlich der Product Owner. Ich habe aber oft erlebt, dass solche Vorschläge dankend angenommen werden. Am Ende dieses Sprint Plannings steht das Selected Product Backlog – als maximales Commitment dessen, was das Team bewusst und freiwillig erreichen will.

Durch dieses Vorgehen kann ein gemeinsames Commitment aller Beteiligten erarbeitet werden, das den Rahmen für den aktuellen Sprint festlegt. Hilfreich ist, nicht nur den Klärungsaspekt des Sprint Planning Meetings 1, sondern auch dessen Managementfacetten stärker in den Fokus rücken zu lassen. Einer der fünf Werte von Scrum kommt dabei besonders zum Tragen: Vertrauen. Ohne Vertrauen kann kein offenes, freiwilliges und vor allem gemeinsam akzeptiertes Commitment des Scrum-Teams zustande kommen.

Lassen Sie sich nicht entmutigen: Ich habe Scrum-Teams erlebt, die mit einer Selbstverständlichkeit mit ihrem Product Owner und den Vorgesetzten zusammengearbeitet haben, dass es eine Freude war, sie im Sprint Planning Meeting 1 und während des Sprints zu begleiten.

Christoph Schmiedinger ist Berater bei borisgloger consulting. Einer seiner Schwerpunkte ist Scrum im ERP-Umfeld. Davor hat er als System Engineer und Development Project Manager in der Entwicklung sicherheitskritischer Kommunikations- und Informationslösungen gearbeitet.

Qualität – professionell liefern

Wenn die Sprache auf die Qualität gelieferter Software kommt, erhalte ich von Entwicklungsmannschaften oft folgende Antworten:

- Es ist unmöglich, fehlerfreie Software zu liefern.
- Dokumentation ist nicht so wichtig.
- Bei uns ist testgetriebene Entwicklung gar nicht machbar.
- Testing ist etwas für Tester.
- Wir haben ja keine Zeit, richtig zu arbeiten.
- Das stand da so gar nicht.

In den letzten Jahren wurde viel daran gearbeitet, dass Entwicklungsteams wieder ihre Verantwortung erkennen und verstehen, vollständig fertige Produktteile zu liefern. So sollte die „Definition of Done" einem Team die klare Information liefern, was zum Ende eines Sprints fertig sein soll – wie also die Qualität der Arbeit beschaffen sein muss, damit sie akzeptiert werden kann.

Diese Anstrengungen prasselten von außen auf die Entwicklungsteams ein, meist von Managern, die in Scrum die Chance sahen, von ihren Entwicklern Software zu bekommen, die funktioniert und fehlerfrei ist. Eigentlich eine verkehrte Welt, denn laut Scrum ist derjenige für das professionelle Ausführen zuständig, der eine Rolle innehat. Genau deshalb schreibt man Entwicklungsteams die klare Verantwortung zu, selbstständig fertige Funktionalität liefern zu müssen. In jedem Sprint muss das Team dazu die nötigen Arbeitsschritte ausführen: Analyse, Design, Implementation, Testing und vieles mehr. Ohne Ausrede.

(Ein-)Schätzungen

Das Entwicklungsteam muss dem Product Owner sagen können, wie viel Funktionalität in einer Story steckt. Wie wir noch sehen werden, schätzt ein Entwicklungsteam den Umfang (= Anzahl der Funktionalitäten) pro Story ein. Dieses Schätzen wird vom Entwicklungsteam durchgeführt, weil es auf diese Weise ein profundes Gefühl für die Storys bekommt und es so am strategischen Planungsprozess mit der notwendigen Gewichtung beteiligt ist.

Selbstorganisation

Das Entwicklungsteam organisiert sich selbst! Das bedeutet: Niemand schreibt einem Teammitglied vor, was es zu tun hat. Aufgaben werden nicht zugewiesen, sondern jedes Teammitglied nimmt sich genau jene Aufgabe vor, für die es am besten geeignet ist. „They are self-organizing. No one (not even the Scrum Master) tells the Development Team how to turn Product Backlog into Increments of potentially releasable functionality." [Schwaber, Sutherland 2011] Es gibt keinen Teamleiter, der das Team koordiniert. Das bedeutet aber nicht, dass es führungslos ist. Während des Sprints wird jedes Teammitglied einmal die Führung übernehmen. Weiß ein Teammitglied genau, wie eine Aufgabe zu erledigen ist, und wissen es die anderen möglicherweise nicht, wird dieses Teammitglied den anderen kurzfristig mitteilen, wie die Aufgaben zu lösen sind. Die anderen Teammitglieder folgen dann dieser Person, weil sie gemeinsam ihr Ziel erreichen wollen. Geht das Team zu einer anderen Aufgabe über, die andere Fähigkeiten erfordert, wird für kurze Zeit ein anderes Teammitglied die Führung übernehmen, das weiß, wie die Aufgabe zu lösen ist.

2.1.1 Wie baut man ein Scrum-Team?

- Scrum recognizes no titles for Development Team members other than Developer, regardless of the work being performed by the person; there are no exceptions to this rule; Individual Development Team members may have specialized skills and areas of focus, but accountability *(Lieferung, Commitment)* belongs to the Development Team as a whole; and,
- Development Teams do not contain sub-teams dedicated to particular domains like testing or business analysis. [...] Optimal Development Team size is small enough to remain nimble and large enough to complete significant work. Fewer than three Development Team members decreases interaction and results in smaller productivity gains. Smaller Development Teams may encounter skill constraints during the Sprint, causing the Development Team to be unable to deliver a potentially releasable Increment. Having more than nine members requires too much coordination. Large Development Teams generate too much complexity for an empirical process to manage. The Product Owner and Scrum Master roles are not included in this count unless they are also executing the work of the Sprint Backlog [Schwaber, Sutherland 2011].

Ein Scrum-Team ist kein klassisches Softwareentwicklungsteam[1], das nur aus Softwareentwicklern besteht. Ein Scrum-Team ist ein Produktentwicklungsteam, bestehend aus Entwicklungsteam, Product Owner und ScrumMaster. Gemeinsam hat dieses Scrum-Team die Aufgabe, ein Produkt zu liefern, nicht nur Code. Natürlich liefert das Scrum-Team auch die Software. In den meisten Fällen benötigt man aber weit mehr für die Erstellung eines Produkts als nur die Software. Die Teammitglieder des Scrum-Teams sind in Scrum im Rahmen ihrer Möglichkeiten für alles, was für die Produkterstellung zu tun ist, selbst verantwortlich. Ein Entwicklungsteam besteht also aus den Personen, die die Kenntnisse haben, um das Produkt in seiner Gesamtheit zu liefern.

Die Schwierigkeit ist, dass Softwareentwicklungsteams meistens anders aufgestellt sind. In vielen Organisationen sind die Softwareentwickler unter sich und die Business Analysten ebenfalls. Statt gemeinsam zu arbeiten, schreiben die Analysten die Spezifikationen und reichen sie an die Entwickler weiter. In den meisten Unternehmen werden Teams entweder nach den Applikationen, für die sie arbeiten, oder nach ihren speziellen Fähigkeiten gruppiert.

Wenn die Verantwortung des Teams darin liegt, am Ende des Sprints potenziell auslieferbare, anwendbare Produktteile zu liefern, braucht man dafür eine Mannschaft, die mehr kann, als nur Software zu entwickeln. Sehen wir uns doch mal Beispiele für hoch-produktive Teams außerhalb der Softwareentwicklung an:

- **Das Chirurgenteam in einem Krankenhaus**
  Ein Operationsteam in einem Krankenhaus besteht nie nur aus Chirurgen. Es gibt dort ca. sieben bis zehn Personen, die gemeinsam an einem Patienten „arbeiten". Es sind immer zwei bis drei OP-Schwestern anwesend. Ihre Aufgabe ist es, die Geräte im Auge zu behalten,

[1] Wäre dies nicht die 5. Auflage, sondern ein neues Buch, würde ich gar nicht mehr von Softwareentwicklungsteams sprechen. Scrum-Teams sind mittlerweile auch in der Hardware, in Verwaltungen und sogar unter Juristen anzutreffen.

die Instrumente zu reichen, im Notfall eine Hand frei zu haben, Dinge zu besorgen, und sie bereiten die Operation vor und nach. Dann gibt es den Anästhesisten. Er muss den Patienten während der Operation einerseits in Narkose halten, andererseits ist er für das Überleben des Patienten verantwortlich. Er kontrolliert ständig Herzrhythmus, Atmung und Blutwerte. Nun kommen, je nach Operation zwei bis drei, manchmal vier Chirurgen hinzu, immer mindestens zwei, die als Team arbeiten. Oft gibt es einen Spezialisten, der für diese bestimmte Operation die nötigen Kenntnisse mitbringt und mit dem Patienten vorher gesprochen hat. Es ist immer noch ein Assistenzarzt dabei, der ein Training-on-the-job absolviert. Das heißt: In einem OP-Saal sind mindestens fünf, wenn nicht sieben Personen anwesend. Jeder kennt seine spezielle Aufgabe, die vor der OP noch einmal besprochen wurde, um dann konzentriert und fokussiert an diesem einen Patienten zu arbeiten. Erst wenn er sicher aus der Operation entlassen ist, löst sich dieses Team für einige Stunden auf und kommt dann wieder zusammen.

- **Das Feuerwehrteam**
  Ein Feuerwehrzug besteht aus mehreren Feuerwehrwagen, mindestens drei. Jeder Feuerwehrwagen ist mit zwei Personen besetzt. Die Mannschaft hat in ihrem Feuerwehrwagen alles, was sie benötigt. Ein Team, dessen Spezialität darin besteht, mit der großen Leiter in das Haus im obersten Stock zu gelangen, kennt sich mit der Funktionsweise des Leiterwagens aus. Das Team mit dem Wagen der Flughafenfeuerwehr weiß, wie man einen Flugzeugbrand effektiv bekämpft. Jeder und jede dieser Männer und Frauen hat eine Spezialisierung und andere Ausbildungen und doch sind sie ein Team und ergänzen sich im Einsatz. Jeder Feuerwehreinsatz wird von einem Einsatzleiter begleitet. Dieser gibt die Richtung an und übernimmt die grobe Koordination. Er entscheidet, von welcher Seite aus ein Hausbrand bekämpft wird, welches Team welche Aufgabe bekommt. Er wird den Männern aber nicht erklären, wie sie während des Einsatzes ihren Job zu erledigen haben. Umgekehrt ist jeder am Einsatzort vollkommen bei der Sache. Niemand würde den Brand verlassen, bevor er gelöscht ist.

- **Die Fußballmannschaft**
  Jürgen Klinsmann hat gezeigt, wie man ein Team aus Spezialisten schafft und formt. Fußballer sind Spezialisten. Sie sind gut auf ganz klar definierten Positionen. Ist es beim Torwart noch offensichtlich, so ist es bei Stürmern und Mittelfeldspielern nicht mehr eindeutig. Ein Fußballteam besteht aus Spezialisten, doch spielen sie in einem Spiel gemeinsam. Sie gewinnen oder verlieren gemeinsam. Natürlich gibt es nach einem verlorenen Spiel Schuldzuweisungen. Jeder, der nach einem Spiel einmal in einer Kabine war, kennt das. Ein gutes Team weiß aber damit umzugehen und kann die Anfeindungen von innen und außen parieren. Niemand steigt während des Spiels aus diesem Team aus. Das Team spielt, bis das Spiel vorbei ist. Keiner verlässt den Platz, niemand gibt auf.

Dann gibt es die „echten" Teams, die seit Langem zusammen sind und so zu einer Einheit zusammengewachsen sind. Sie trainieren das gemeinsame Arbeiten in unterschiedlichen Situationen stets aufs Neue oder arbeiten so lange zusammen, bis ein Trainingseffekt entsteht. Das trifft auf Fußballmannschaften, aber auch auf Spezialeinheiten beim Militär oder bei der Polizei zu. Teams außerhalb der Softwareentwicklungswelt sind in der Regel so zusammengesetzt, dass sie gemeinsam ihre Aufgaben bewältigen können. Mit diesen Beispielen vor Augen: Nach welchen Kriterien baut man ein Scrum-Team auf, damit es seine Aufgaben erledigen kann?

Scrum-Teams sollten immer nach Funktionalitäten oder Produktteilen aufgestellt werden. Sie sollten Produkte oder Applikationen liefern, nicht nur sogenannte Basiskomponenten, also technisch notwendige Aspekte des Systems, die nur für andere Entwickler bedeutsam sind.

Wer stellt das Team zusammen? Am besten ein Product Owner, der genau weiß, was er haben will und was er benötigt. Diese Situation ist mit Theater- oder Filmproduktionen vergleichbar, bei denen der Produzent zunächst den Regisseur sucht und dann gemeinsam mit ihm nach einem Casting die Besetzung vornimmt. An dieses Ideal kann man nahe herankommen, wenn das Management dem Product Owner einen ScrumMaster zur Seite stellt und diese beiden gemeinsam und unter Beachtung der Rahmenbedingungen das Team zusammenstellen.

> An dieser Stelle sei noch etwas angemerkt: Ein Theaterregisseur wählt aus einer Reihe von Schauspielern, die ihr Handwerk verstehen. Er stellt sein Team nicht aus Menschen zusammen, die keine Ahnung von dem haben, was zu tun ist. Genauso ein Dirigent: Er weiß, dass er es mit fähigen Musikern zu tun hat. Was hier also ausgewählt wird, ist meist eine Präferenz, ein Teammitglied, das gut passt.
>
> In der Produktentwicklung ist das nicht immer der Fall. Hier werden oft Teams zusammengestellt, deren Mitglieder ihr Handwerk nicht immer optimal beherrschen und nicht oder noch nicht professionell sind. ■

In der Regel sieht es in Organisationen allerdings ganz anders aus. Dort sind Teams - aus welchen Gründen auch immer - schon lange zusammen und „sollen nun Scrum machen". In einer solchen Umgebung muss der Product Owner mit dem Team vorliebnehmen, das er hat. Oft existiert das Projektteam bereits und beginnt nun zu scrummen. Hier wird sich das Team vielleicht nach einiger Zeit mithilfe des ScrumMasters verändern und sich so den Erfordernissen besser anpassen.

Wie lange bleibt ein Scrum-Team zusammen? Die Antwort ist einfach: so lange, wie es in dieser Form sinnvoll ist. Wenn es sich verändern muss, weil zum Beispiel neue Anforderungen dazukommen, dann wird es sich verändern. Sei es, weil das Team selbst beschließt, Teammitglieder mit anderen Ressourcen aufzunehmen, sei es, weil ein Manager oder ScrumMaster einen Bedarf sieht und dem Team einen weiteren Mitarbeiter bewilligt. Ken Schwaber verwendet dafür den Begriff „Bench". Die Teammitglieder gehen wieder zurück auf die Bank, wenn sie nicht gebraucht werden, und wenn ihr Einsatz kommt, kommen sie wieder zu einem Team dazu [Schwaber 2007].

Wenn das Team erst einmal angefangen hat zu arbeiten, wird es Ressourcen fordern. Es wird mehr oder weniger Teammitglieder benötigen. Die Teammitglieder sind dafür verantwortlich, in den nächsten Sprints ebenfalls erfolgreich zu liefern. Wenn sie sehen, dass ihnen bestimmte Kenntnisse fehlen, oder wenn sie bemerken, dass sie mehr Mitarbeiter benötigen, werden sie das dem ScrumMaster sagen. Die Idee dahinter: Als Gesamtteam tragen die Teammitglieder auch die Verantwortung, gemeinsam zu liefern. Folglich liegt es in ihrer Verantwortung, über die richtigen Ressourcen und Kenntnisse zu verfügen oder sie zu besorgen. Die Vorteile dieser Art, ein Team zusammenzustellen, sind offensichtlich. Es entsteht das notwendige Vertrauen für produktives Arbeiten. Man weiß, was der andere kann.

Man versteht sich nach einiger Zeit blind. Fällt ein Teammitglied kurzzeitig wegen Krankheit aus, kann man sich aushelfen. Diese Teams sind auf ein Ziel ausgerichtet, sie wollen ihre Aufgabe gemeinsam bewältigen. Bei „echten" Teams gibt es oft ebenfalls Spezialisierungen, doch sind alle Teammitglieder grundsätzlich in der Lage, jede Position innerhalb des Teams zu spielen. Menschen mit der Fähigkeit, auf allen Positionen spielen zu können, bezeichnet man in der Fachliteratur als T-Shaped Professionals. Sie haben eine breite Wissensbasis, können deshalb in vielen fachlichen Gebieten eingesetzt werden und mit Kollegen aus den unterschiedlichsten Disziplinen zusammenarbeiten. Gleichzeitig sind sie in der Regel aber auch Spezialisten auf einem bestimmten Wissensgebiet.

Schutz vor Störungen

Wenn Sie einen Teamleiter bei der Arbeit mit einem Scrum-Team sagen hören: „Aber ich weiß doch, dass Hans der Entwickler ist, der das Problem verursacht hat und nun lösen soll. Deswegen gehe ich zu ihm", dann stimmt etwas nicht. Das wäre genau das falsche Vorgehen, auch wenn es nachvollziehbar klingt. Es ist nicht mit der Idee zu vereinbaren, dass sich das Team innerhalb eines Sprints ungestört selbst organisieren soll. Außerdem ist es nicht sinnvoll, dass der Teamleiter parallel zu den Aufgaben, die sich das Team für diesen Sprint vorgenommen hat, weitere Aufgaben verteilt. Außerdem: Warum muss dieser superwichtige Fehler überhaupt behoben werden – vor allem während des Sprints?

In einem Scrum-Projekt sollte der Teamleiter ausschließlich auf den ScrumMaster zugehen. Der ScrumMaster fragt das Team, ob der Fehler während des Sprints behoben werden kann. Natürlich tritt dadurch die Situation ein, die niemand haben will: Das Team muss sich damit auseinandersetzen, etwas zu tun, das im Sprint Planning nicht eingeplant war, und muss sich daher die Frage stellen, ob es den Sprint noch erfolgreich abschließen kann. Wenn die Fehlerbehebung sehr viel Aufwand bedeutet, kann dies dazu führen, dass ein Backlog Item, das niedrig priorisiert war, aus dem Sprint herausfällt. Es kann aber auch sein, dass der Fehler so schnell behoben ist, dass das Team nur sagt: „Kein Problem!" Wichtig ist: Das Team muss selbst entscheiden können, wer die notwendigen Korrekturen vornimmt. Wenn der Product Owner oder der Teamleiter im gleichen Atemzug fordern: „Aber das Sprint-Ziel darf natürlich nicht gefährdet werden. Ihr haltet den Termin, oder?", dann ist es aus mit der Selbstorganisation und dem Commitment des Teams. Dann sind wir wieder bei der alten Art und Weise, mit Teams umzugehen.

Das klingt in der theoretischen Überlegung sehr einsichtig, aber in der konkreten Situation ist es weitaus schwieriger. Die Aufgabe des ScrumMasters besteht darin, solche Vorkommnisse aus der Welt zu schaffen. Nur wenn sie spürbar seltener werden, wird ein Scrum-Team beginnen, an Scrum zu glauben. Wenn Scrum nur dem Schein nach implementiert wird und die alten Probleme trotzdem an der Tagesordnung bleiben, läuft sich die Scrum-Implementierung tot, da sie ihr Versprechen, die Zustände zu bessern, nicht hält. Wie wir es in der Lean Production des Toyota Production Systems gesehen haben: Fehler werden auftreten, das Band wird stillstehen und das wird niemandem gefallen.

2.1.2 Die Phasen der Teambildung

Scrum unterstützt Teams dabei, hochproduktiv zu werden. Dazu ist es notwendig, dass sich die Teammitglieder blind verstehen, dass es wenige Konflikte gibt und viele Möglichkeiten der Zusammenarbeit geschaffen werden. Es bedeutet auch, dass es in einem Team Diskussionen geben muss und widersprüchliche Meinungen ausgesprochen werden. Nur so ist es möglich, eine gemeinsame Sicht der Dinge zu entwickeln. Scrum mit seinem klaren Regelwerk und der klaren Rollenverantwortlichkeit unterstützt den Teamfindungsprozess. Schauen wir uns den Teamfindungsprozess einmal genauer an. Folgt man dem Modell von Bruce W. Tuckman, durchlaufen alle Teams vier Phasen [Tuckman 1965]:

- **Forming**
  Das Team kommt zusammen. Ähnlich wie bei einem Kick-off-Meeting besteht noch viel Unklarheit. Die Teammitglieder kennen sich noch nicht, man weiß noch nicht, was man voneinander zu halten hat. Es gibt noch keine Regeln darüber, wie man miteinander arbeiten will. Sehr oft brauchen Teams in dieser Phase jemanden, eine Führungspersönlichkeit, die Sicherheit vermittelt und die Richtung vorgibt.
- **Storming**
  Die ersten Ideen für die Zusammenarbeit kommen auf. Viele Dinge werden ausprobiert und viele Sackgassen abgeschritten. Die Mitglieder lernen sich immer besser kennen, wobei Toleranz und Geduld angebracht sind.
- **Norming**
  Formelle oder informelle Regeln und Strukturen entstehen. Die Kreativität nimmt ab und es bildet sich eine Art Gruppendenken. In dieser Phase sollten Regeln offen angesprochen und miteinander vereinbart werden. Die Führung des Teams kann nun dem Team noch mehr übertragen. Das Team beginnt, Verantwortung zu übernehmen.
- **Performing**
  Erst in dieser Phase beginnt das Team, auf einem fast intuitiven Level miteinander zu arbeiten. Abstimmungen der Teammitglieder untereinander geschehen fast wortlos. Jeder kennt die Fähigkeiten des anderen und stellt sich darauf ein.

Tuckmans Modell (Bild 2.1) ist nicht das einzige, das erklärt, wie sich Teams von den Anfängen ihres Zusammenseins bis hin zur Hochproduktivität entwickeln. Es war aber eines der ersten Modelle. Es erklärt nicht alles, aber zumindest, dass Teams diese unterschiedlichen Stationen durchlaufen müssen. In den meisten Fällen erreichen sie die letzte Phase nicht,

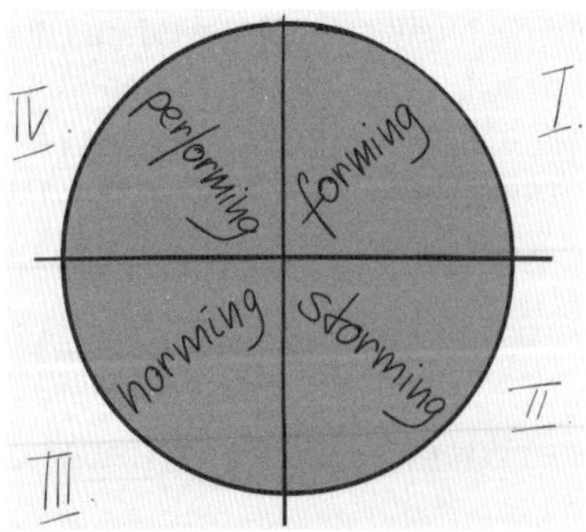

Bild 2.1
Die vier Phasen der Teambildung

da es immer wieder zu Konflikten kommt oder die Führung des Teams die Performing-Phase nicht zulässt, sei es durch ständige Einflussnahme oder durch kontinuierliches Zerstören der bereits entstandenen Teamstruktur.

Scrum unterstützt den Teamentwicklungsprozess und das Durchlaufen der oben genannten Phasen, indem es Regeln über die Arbeitsorganisation aufstellt, die äußerst einfach sind und gleichzeitig Sicherheit schaffen. Durch die vorgegebenen Rahmenbedingungen wird es möglich, dass die Teammitglieder innerhalb ihres Rahmens autonom arbeiten und Lösungen ausarbeiten. Mithilfe von Scrum gelangen Teams schneller in die Performing-Phase, als sie das normalerweise tun würden. Das eigenverantwortliche Entwickeln von Teamregeln und die klare Ergebnisorientierung am Ende des Sprints erzeugen den nötigen Druck, der das Team diesen Prozess schneller durchlaufen lässt. Der ScrumMaster wird, wie oben beschrieben, am Beginn klare Handlungsanweisungen ausgeben müssen. Er wird zum Beispiel sagen, dass man mit Taskboards zu arbeiten hat, oder wird herausarbeiten, wie die Stunden zu verbuchen sind. Je länger er aber mit dem Team arbeitet, umso mehr kann er sich im Hintergrund halten.

2.1.3 Probleme des Teams bei der Implementierung

Insbesondere dann, wenn die Geschäfts- oder Abteilungsleitung Scrum einführt, treten wesentliche Probleme auf, von denen Scrum-Coaches und ScrumMaster berichten:

1. Die Teams haben Schwierigkeiten zu verstehen, dass sie crossfunktional arbeiten sollen. Entwickler wollen entwickeln und nicht testen. Oder man fragt sich, was ein Business Analyst noch bewirken kann, wenn er keine Analyse erstellt.
2. In großen Organisationen sind Teams in Disziplinen aufgeteilt, die sich häufig nach dem traditionellen Entwicklungsmodell richten. In diesem Umfeld ein Scrum-Projekt durchzuführen, scheitert oft am Widerstand der Team- oder Abteilungsleiter, die unter einem Manager etwas anderes verstehen. Oft wissen sie einfach nicht mehr, wie sie weiterhin ihre Aufgaben als Manager wahrnehmen sollen, wenn ihre Mitarbeiter in Scrum-Teams eingesetzt werden.

In einer Organisation, die eines ihrer wichtigsten Projekte auf Scrum umstellen wollte, hatten wir monatelang mit dem Problem zu kämpfen, dass die Test-Automatisierer nicht in die Räume der Entwicklungsteams umziehen durften. Es gab aus organisatorischer Sicht gute Gründe dafür, bewirkte jedoch, dass die Entwicklungsmannschaft wochenlang auf funktionierende automatisierte Test-Cases warten musste.

Solche Probleme entstehen unter anderem dann, wenn in Scrum die Aufgabe des Managements nicht genau umrissen ist. Wir werden später sehen, dass Team- und Abteilungsleiter großen Einfluss auf das Entstehen guter Teams haben. Führungskräfte können dazu beitragen, dass Scrum-Teams schnell produktiv werden - oder sie können es verhindern. Die Aufgaben der Linienorganisation und die Aufgaben der crossfunktional aufgestellten Scrum-Teams widersprechen sich oft auf den ersten Blick. Das Linienmanagement hat in der Regel den Anspruch, für die Auslastung der einzelnen Mitarbeiter zu sorgen. Hier regiert das Ideal der Effizienz. Alle müssen möglichst gut ausgelastet sein. Produktivität bemisst sich in geleisteten Arbeitsstunden und Anwesenheit. Oft sind innerhalb einer Organisation auch die verschiedenen Ebenen und Abteilungen unterschiedlicher Meinung darüber, was als Nächstes getan werden sollte. All dies führt dazu, dass Scrum-Teams unklare Zielvorgaben erhalten.

Häufig wird die Frage, wie ein Team zusammengestellt werden soll, zu einem organisatorischen Problem. Wenn ein Product Owner weiß, welche Talente er in seinem Team haben möchte, und sie vom Linienmanagement anfordert, dann bekommt er in der Regel die Antwort, dass er dazu nicht die Befugnis habe. Die Softwareentwicklung würde jene Mitarbeiter auswählen, die bei seinem Projekt mitarbeiten. Aus Sicht der Softwareentwicklungsabteilungen ist dies nachvollziehbar. Aber wieso soll der Product Owner ein Team beauftragen, dem er die anstehende Aufgabe vielleicht gar nicht zutraut? Diesen Konflikt können viele Organisationen nicht korrekt auflösen. Ein Scrum-Team hat sofort damit zu kämpfen und muss diesen Konflikt oft genug mithilfe des Seniormanagements lösen.[2]

Zusammenfassung

- **Multidisziplinarität**
  Das Entwicklungsteam setzt sich im Idealfall aus Experten unterschiedlicher Disziplinen zusammen. Sie haben gemeinsam die Kompetenz, die anstehenden Aufgaben zu erledigen. Alle Teammitglieder sind bereit, neue Kenntnisse gegebenenfalls von einem dieser Experten zu erwerben.
- **Verantwortlichkeit**
  Das Entwicklungsteam ist verantwortlich für die Lieferung. Es führt alle notwendigen Schritte für die Erreichung des Sprint Goals durch und verfügt auch über die Autorität, alle notwendigen Maßnahmen zu setzen.
- **Teamzusammenstellung**
  Ein Entwicklungsteam setzt sich nicht nur aus unterschiedlichen Disziplinen zusammen, sondern auch aus Mitarbeitern mit unterschiedlichen Erfahrungen.
- **Selbstorganisation**
  Das Entwicklungsteam ist für alle Aktionen innerhalb des Teams verantwortlich. Die Teammitglieder müssen ihre Aufgaben selbst verwalten und deren Durchführung untereinander absprechen. Selbstorganisation bedeutet nicht, dass jeder macht, was er will, sondern was zuvor vereinbart wurde.
- **Die Phasen der Teambildung**
  Jedes Team durchläuft mehrere Phasen der Teambildung. Ein bekanntes und sehr eingängiges Modell ist das Vier-Phasen-Modell von Tuckman.

[2] Zum Begriff des Talents siehe [Peters 2005]

2.2 Der Product Owner

Die Rolle des Product Owners im Überblick

Der Product Owner treibt das Projekt aus Sicht des Business voran. Er verkörpert die Produktidee mit seinem Wesen und kommuniziert und lebt seine klare Vision des Produkts. Er legt die Rahmenbedingungen für das Produkt fest, kommentiert als Teil des Scrum-Teams während des Sprints die Ergebnisse und bewertet so, ob das Team seine Vision erfüllt hat. Der Product Owner ist dafür verantwortlich, dass das Entwicklungsteam immer an den für die Organisation wertvollsten Aspekten des Produkts arbeitet. Durch das kontinuierliche Priorisieren des Product Backlogs steigert er die Profitabilität des Projekts. Der Product Owner ist nicht Teil des Entwicklungsteams, sondern bildet gemeinsam mit dem Entwicklungsteam und dem ScrumMaster das übergreifende Scrum-Team. Er verfolgt die gleichen Ziele und ist ihnen genauso verpflichtet („committet") wie das Entwicklungsteam. Er trägt also genauso wie das Entwicklungsteam die Verantwortung für das, was das Entwicklungsteam liefert. In einem skalierten Umfeld ist der Product Owner der Vertreter des Scrum-Teams bei Entscheidungen darüber, was als Nächstes geliefert werden kann. Der Product Owner geht nie ohne Product Backlog in ein Sprint Planning und setzt sich während eines Sprints für das Team ein.

Der Product Owner vermittelt die Bedeutung und die Dringlichkeit des Projekts. Er macht deutlich, wie wichtig dieses Projekt für die Organisation ist und erklärt auch möglichst plastisch die Vision des Produkts. Diese beiden Aspekte „Klärung der Vision" und „Vermitteln der Bedeutung des Einzelnen" sind essenziell für einen Projektstart.

Wir wurden zu einem Projekt gerufen, bei dem wir Scrum einführen sollten. Die Besonderheit dabei war, dass es sich um ein riesiges Teilprojekt handelte. Zu diesem Zeitpunkt waren bereits 50 Entwickler in sechs Teams damit beschäftigt, dieses Teilstück der Applikation zu erstellen. Das Erste, was wir für die nächsten Sprints machen mussten, war, jedem seine Bedeutung und seine Rolle zu verdeutlichen. Also baten wir den Product Owner, Markus, sich ein klares, motivierendes Ziel für den ersten Sprint auszudenken. Jeder sollte ein Bild davon haben, worum es wirklich ging. Markus, der genau wusste, was er wollte, fand innerhalb weniger Minuten ein konkretes Ziel: Er wollte mit dem Produkt zum Vorstand gehen können und zeigen, wie toll diese Funktionalität im neuen Handy aussah. Das war so deutlich, so klar und so wichtig, dass alle sofort wussten, was zu tun war und was jeder Einzelne tun konnte, um dieses Ziel zu erreichen. Die sechs Teams arbeiteten anschließend vier Wochen lang gemeinsam hart daran, um diese kleine Vision zu verwirklichen. Es gab Schwierigkeiten, sogar so schwerwiegende Probleme, dass der Sprint vier Tage vor Sprint-Ende fast abgebrochen worden wäre. Dennoch: Das Team fand seinen Weg, lieferte die leicht abgeänderte Funktionalität und erreichte das Ziel.

In „Creativity Under the Gun" zeigen die Autoren Amabile, Hadley und Kramer, dass Kreativität und Bereitschaft zum harten Arbeiten in einer Projektsituation dann entstehen, wenn die Teammitglieder das Gefühl haben, sich auf einer Mission zu befinden [Amabile et al. 2002].

Dieses Gefühl tritt auf, wenn sich jedes Teammitglied über den Tag hinweg auf einige wenige Dinge konzentrieren kann. Ein Entwickler muss die Möglichkeit haben, an einer Aufgabe kontinuierlich zu arbeiten, ohne ständig herausgerissen zu werden.

Die zweite Voraussetzung, um dieses Gefühl zu erreichen, besteht darin, dass die Aufgabe eine Herausforderung darstellt. Sie darf nicht zu leicht und keine Routineaufgabe sein. Merkmale solcher Aufgaben sind, dass sie zum ersten Mal durchgeführt werden, dass sie eine neuartige Problemstellung beinhalten oder mit einer interessanten Technologie durchgeführt werden müssen. Sie darf aber auch nicht zu schwierig oder zu neuartig sein, da sonst aus der Herausforderung eine Überforderung wird, die nicht produktivitätssteigernd, sondern produktivitätsmindernd wirkt.

Empfinden die Teammitglieder, dass sie an etwas Bedeutendem arbeiten, dann steigert dies ebenfalls das Gefühl, sich auf einer Mission zu befinden. Leider ist das in den meisten Teams nicht der Fall. Dort kommt eher das Gefühl auf, man stecke in einer Tretmühle. Oft ist die Ursache dafür, dass den Teammitgliedern nicht klar genug ist, was ihr Beitrag zu einem Produkt oder Projekt ist. Den ganzen Tag über sind sie damit beschäftigt, etwas auf Zuruf zu erledigen. Oder sie sind seit Wochen damit beschäftigt, Fehler aus der Applikation herauszutesten. In solchen Situationen sieht der Einzelne im Team keinen Sinn mehr in dem, was er tut.

Zu solchen Situationen kommt es, weil zu Beginn der meisten Projekte das Ziel und die Vision nicht klar genug kommuniziert wurden. **Die wesentliche Verantwortung des Product Owners liegt darin, dem Team die Produktvision ständig neu zu erklären.** Die beste Form dafür ist das Erzählen einer Geschichte. Product Owner sind Führungskräfte. Daher müssen sie dem Team erzählen, wie sie sich die Zukunft mit diesem Produkt vorstellen. Sie müssen die Fragen beantworten: Was wird durch dieses Produkt besser? Warum brauchen es die Menschen? Wieso soll es genau diese Funktionalitäten haben? Der Product Owner erzeugt durch die Geschichten eine Bedeutung, die dazu führt, dass die Teammitglieder in ihrer Vorstellung das Produkt bereits erschaffen. Dadurch entsteht eine emotionale Verbindung mit dem imaginierten Produkt. Die Konsequenz: Die Teammitglieder wollen dieses Ziel erreichen.

Nehmen wir unser Beispiel des Mobiltelefons. Es zeugt von großen Emotionen, wenn ein Product Owner sagt: „Ich will damit zum Vorstand gehen und ihm zeigen, was wir geleistet haben." Das ist etwas völlig anderes, als das Team einfach mit einem Musikplayer für MP3-Files zu beauftragen. **Die Produktvision ist die Grundlage für die Motivation des Teams, auf ein Ziel hinzuarbeiten.** Visionen sind so wichtig, weil sie durch ihre Sinnstiftung in der Lage sind, Sicherheit zu vermitteln. Eine gut kommunizierte Vision löst eines der großen Probleme von Softwareentwicklungsmannschaften: die Unsicherheit darüber, ob man noch in die richtige Richtung entwickelt. In den meisten Entwicklungsprojekten werden die Anforderungen ständig geändert, wobei langsam, aber sicher das eigentliche Ziel der Aufgabe aus dem Blickfeld gerät. Damit verliert auch die Vision zunehmend an Kraft. Die Teammitglieder fühlen sich überfordert und versuchen, diese Überforderung durch die Ablehnung der Änderung zu minimieren. Gute Product Owner erkennen dieses Phänomen und sorgen daher ständig für die Klarheit der Vision.

Visionäre Product Owner können allerdings auch eine Gefahr sein, weil sie oft sehr ungeduldig sind. Ihr hohes Engagement, die unablässige Beschäftigung mit ihrer Vision führt oft dazu, dass sie zu schnell sind und viel zu ungeduldig mit einem Team umgehen. „Das muss doch schneller gehen!" ist oft kein Ausdruck der Enttäuschung über das Team, sondern das

Unverständnis des Visionärs, dass seine Ideen nicht sofort umsetzbar sind. Die Menschen, die daran arbeiten, die Vision umzusetzen, wissen in der Regel, wie aufwendig das Erreichen der Vision ist. Sie haben sich mit den Ideen des Product Owners auseinandergesetzt und tiefere Kenntnis darüber erlangt, wie der Kontext aussieht. Das bedeutet: Das Team benötigt zumindest am Anfang mehr Zeit, als es der Visionär gerne hätte.

Meine Kollegen und ich erleben in unserer Praxis als Coaches oft zu ungeduldige Product Owner. Wenn solche Product Owner dann auch noch die Gewalt über die Entwicklungsabteilungen haben, wird es schwierig. Da ihnen die Dinge nicht schnell genug gehen, beginnen sie, die Abteilungen und Teams, die gerade anfangen, selbstorganisiert zu arbeiten, immer wieder zu beeinflussen. Sie ändern die Teams und stecken Leute dazu oder ziehen Leute ab. Gleichzeitig sind sie von den Leistungen der Teams enttäuscht. Sie verstehen nicht, dass das Entwickeln von Produkten nicht so schnell geht wie das Ausdenken. In einem gut funktionierenden Scrum-Umfeld ist das unproblematisch. Der ScrumMaster kann beim Product Owner um Verständnis für das Team werben. In einem Umfeld, in dem Scrum gerade erst eingeführt wird, führt die augenscheinliche Verlangsamung oft dazu, dass Scrum die Frustration beim Product Owner erhöht. Dann besteht die Gefahr, dass er Scrum als Behinderung sieht. Nur wenn sich Product Owner und ScrumMaster darüber klar sind, was gerade passiert, können sie gemeinsam einen Weg finden, um die Wünsche des Product Owners und die realistischen Möglichkeiten des Teams miteinander in Einklang zu bringen.

2.2.1 Das Product Backlog

Wenn der Product Owner die Vision kommuniziert hat, besteht der nächste entscheidende Schritt darin, die Vision zu konkretisieren. Jedes Produkt definiert sich über seine Eigenschaften und Funktionalitäten. Der Product Owner hat die Aufgabe, die Eigenschaften des Produkts darzustellen und sie in einem Backlog priorisiert nach Bedeutung für den Produkterfolg zusammenzustellen.

Für Softwareentwickler ist es an dieser Stelle oft nicht leicht zu verstehen, dass man bei Product Backlog Items nicht von Anforderungen spricht. Das klassische Anforderungsmanagement verlangt viele Details, die man im Backlog nicht benötigt. Diese Details sind selbstverständlich für die Umsetzung notwendig, die allerdings den Backlog Items erst viel später hinzugefügt werden, nämlich innerhalb des Sprints beim Sprint Planning Meeting 1 und 2 und während des Sprints in dazu anberaumten Meetings.

Backlog Items dürfen noch keine Designanweisung enthalten, weil dadurch unter Umständen zu viele Dinge vorgegeben werden. In einem Backlog Item würde nur stehen: „Der Anwender der Applikation muss eindeutig identifiziert sein" – nicht aber, dass es für die Identifizierung unbedingt ein Login mit einer Eingabemaske für Username und Passwort geben muss.

Der Product Owner ist dafür verantwortlich, dass das Product Backlog erstellt wird. Er hat aber nicht zwingend die Aufgabe, die Product Backlog Items selbst zu schreiben. Er kann und muss das Team damit beauftragen, das Product Backlog zu erstellen. Er sollte, wie es Nonaka und Takeuchi beschreiben, bei der Vision haltmachen und einfach eine Visionsgeschichte erzählen. Der Product Owner verkörpert die Vision. Das Team muss diese Vision dann weiter ausarbeiten. Befragt man Menschen anderer Berufsgruppen, zum Beispiel Architekten, wie sie aus Visionen Produkte machen, erfährt man etwas sehr Interessantes:

Der Senior-Architekt, der mit den Kunden über das Projekt verhandelt hat, erstellt zu Beginn eine Skizze dessen, was er sich vorstellt. Dann beauftragt er sein Architektenteam, diese ersten Ideen zu konkretisieren und die Skizze zu verfeinern und baubar zu machen.

Das Product Backlog priorisieren

Der Product Owner hat dann die Aufgabe, nach einer gewissen Zeit das Ergebnis (zunächst vielleicht wirklich nur eine deutlichere Skizze) anzuschauen, neue Ideen daraus zu generieren und den nächsten Schritt festzulegen. Das heißt, er muss das entstandene Backlog priorisieren. Durch die Priorisierung entsteht der Fahrplan des Projekts, denn das Team wird immer an dem arbeiten, was zum gegebenen Zeitpunkt am wichtigsten ist. Dabei definiert ausschließlich die Perspektive des Business die Wichtigkeit.

Der Product Owner – wer immer das in einem Unternehmen sein mag – ist in dieser Rolle völlig autonom. Er entscheidet, welche Eigenschaften für das Produkt wichtig und wertvoll sind und welche nicht. Er kann sich Rat beim Team holen, eine externe Agentur beauftragen oder würfeln. Am Ende ist es aber seine Entscheidung, wohin sich das Produkt entwickelt. So wie Product Owner schwer akzeptieren können, dass Teams die alleinige Autorität über das Schätzen haben, so schwer fällt es Teams, die Verantwortung für die richtige Reihenfolge beim Product Owner zu belassen. Sie haben immer auch Ideen dazu, was wichtiger ist, und immer auch technische Überlegungen, was wichtiger sein sollte. Trotzdem bleibt es die Aufgabe und die Verantwortlichkeit des Product Owners. Ich habe noch keinen Product Owner in großen Organisationen getroffen, der diese Verantwortung gerne übernimmt.

> Ein ScrumMaster versuchte, mit seinem Team den Termin zu halten. Es war nicht möglich, trotz Scrum und einer extremen Produktivitätssteigerung. Der Grund war, dass der Scope ständig erweitert wurde und dem Produkt dauernd neue Funktionalitäten hinzugefügt wurden. Der ScrumMaster konnte das aufzeigen. Er hatte sogar ein sehr schönes kleines Tool dafür entwickelt, um diesen Umstand klar zu demonstrieren, doch es war nutzlos. Die Product Owner nahmen sich das Recht, den Scope zu erweitern. Das Entwicklungsteam musste das akzeptieren und konnte nicht anders reagieren, als die neu hinzugekommenen Funktionalitäten erst später zu liefern. Es war daher nicht mehr die Verantwortung des Teams, den Lieferzeitpunkt einzuhalten. ■

Die Transparenz, die Scrum an dieser Stelle liefert, erzeugt auf der Seite des Product Owners natürlich Druck. Es fällt auf, was er tut und was nicht. Wenn Scrum ins Laufen gekommen ist, wird klar, dass der Product Owner die Produkte an die Organisation liefert. Er ist es, der ständig darüber Auskunft geben muss, wo sein Team steht. Er ist dafür verantwortlich, ob das Projekt erfolgreich ist oder nicht. Diese Verantwortung wurde bis dato immer auf die Softwareentwicklung abgewälzt.

2.2.2 Das Produkt annehmen, verbessern oder ablehnen

Der Product Owner muss sich am Ende eines Sprints ansehen, was das Team geliefert hat. Im Sprint Review hat der Product Owner das Recht und die Pflicht, seine neuen Ideen einzubringen. Sollte es Dinge geben, die nicht wie gewünscht implementiert wurden, wird dies im Product Backlog eingetragen.

Viele Product Owner nehmen die Aufgabe, zum Sprint Review zu erscheinen, nicht korrekt wahr. Das Entwicklungsteam hat am Ende eines Sprints die Pflicht, fertige Software zu liefern, der Product Owner im Gegenzug die Verantwortung, diesen Beitrag erstens wertzuschätzen und zweitens durch sein Feedback zu kommentieren. Viel zu oft findet dieses Feedback nicht statt. Es gibt immer wieder Teams, die Sprint für Sprint liefern und halten, was sie zugesagt haben. Und der Product Owner erscheint nicht zum Review, weil alles andere wichtiger ist. Dieses Phänomen ist viel zu häufig anzutreffen und ich kann es mir nur so erklären, dass diese Product Owner die Leistungen des Teams oder sogar das Projekt für nicht bedeutend genug erachten. Erscheint der Product Owner aber nicht, fragt sich jeder: „Wieso schickt man uns auf diese Mission, wenn die Ergebnisse nicht wichtig sind?" Nehmen Sie es bitte als Warnung: Dieses Verhalten zerstört die Motivation eines Teams auf der Stelle.

Ein ScrumMaster darf ein solches Verhalten daher nicht zulassen. Er muss sicherstellen, dass der Product Owner beim Sprint Review anwesend ist oder zumindest eine Vertretung schickt. Im Notfall sollte der Chef des Product Owners kommen. Die Entscheidungen, die dieser dann im Meeting trifft, sind wiederum bindend für die nächste Phase des Sprints.

2.2.3 Den Releaseplan bestimmen und managen

Scrum gibt dem Product Owner durch die Reviews und die transparente Aufbereitung des Product Backlogs die Möglichkeit, die Produktentwicklung eindeutig zu steuern. Es ist Aufgabe des Product Owners, den Releaseplan zu bestimmen. Durch die Priorisierung der Backlog Items legt er die Reihenfolge der Lieferungen fest.

Nur der Product Owner kann festlegen, wann sich das Projekt in einem Stadium befindet, das eine Auslieferung an den Kunden rechtfertigt. Hört sich nach verkehrter Welt an. Ist es nicht das Team, das mitteilt, was es bis wann liefern kann? Nein! Das Team erklärt in der Schätzung, wie groß ein Backlog Item ist. Es erklärt nie, bis wann etwas fertig sein wird. Der Product Owner, der vom Team über dessen Geschwindigkeit (die Durchlaufzeit eines Standard-Backlog-Items) informiert wird, bestimmt durch die Reihung des Backlog Items im Product Backlog den Liefertermin. Das Steuerrad des Projekts ist der Releaseplan. Der Product Owner aktualisiert den Releaseplan ständig und kommuniziert ihn an den Rest der Organisation. So informiert er die Kunden oder die Vorgesetzten über den Fortschritt des Projekts. Dabei steht er genauso für die Lieferungen des Teams ein wie dieses selbst.

2.2.4 Die Verbindung zwischen Product Owner und Entwicklungsteam

Der Product Owner verfolgt die gleichen Ziele wie das Entwicklungsteam. Er gibt seinem Entwicklungsteam einen klaren Auftrag und unterstützt es, so gut er kann. Er sucht gemeinsam mit dem Team nach Lösungen, führt seine Aufgaben so effektiv wie möglich durch und gibt dem Entwicklungsteam Ziele und Aufgaben, die es durchführen kann. Sollte sich herausstellen, dass er Wünsche und Zielvorstellungen hat, die dieses Entwicklungsteam nicht erfüllen kann, sollte er offen darüber reden. Dann kann sich das Entwicklungsteam überlegen, wie es darauf reagiert. Manchmal stellt sich auch heraus, dass ein Team nicht die erforderlichen Kenntnisse hat, um das Produkt zu liefern. In diesem Fall wäre der Product Owner gezwungen, sein Team auszuwechseln.

Aber zurück zur Verantwortung des Product Owners. Er hat die Aufgabe, alle seine Kräfte, fokussiert auf die Zielerreichung, für sein Entwicklungsteam zu verwenden. Für ihn sollte es nichts Wichtigeres als sein Produkt geben, aber er ist nicht nur dafür verantwortlich, die Vision zu erarbeiten: Er ist auch seinem Team gegenüber „committet". Er steht zu diesem Team – das bedeutet, dass er es auch vor der Organisation in Schutz nimmt, wenn es mal einen Fehler gemacht hat. Er wird gemeinsam mit dem Team und für das Team argumentieren. Er sitzt mit dem Entwicklungsteam in einem Boot. Sie erreichen gemeinsam das rettende Ufer oder sinken gemeinsam. Das Entwicklungsteam und der Product Owner brauchen sich gegenseitig, denn beide wollen das Produkt erzeugen. Beide geben aus ihren unterschiedlichen Positionen heraus alles, um das Produkt erfolgreich werden zu lassen.

Das Commitment des Product Owners für das Produkt und für das Team ist etwas, das in Scrum lange sehr stiefmütterlich behandelt wurde. Es wurde viel zu oft vom Commitment des Entwicklungsteams gesprochen und viel zu selten davon, wie wichtig es ist, auch in der Person des Product Owners jemanden zu haben, der diese Verantwortung professionell übernehmen kann und will. Einzig Jeff Sutherland betont ohne Unterlass, dass ein kompetenter Product Owner gebraucht wird. Er hat recht: **Es ist extrem wichtig, dass der Product Owner eines Scrum-Teams tatsächlich versteht, dass auch er sich im Projekt, vor allem in den Sprint Planning Meetings, den jeweiligen Zielen verpflichten muss.** Wir machen das den Product Ownern klar, indem wir ihnen zeigen, dass sie das Produkt an die Organisation liefern.

2.2.5 Den Return on Investment bestimmen und sichern

Die Profitabilität eines Projekts ist letztendlich entscheidend für den Erfolg eines Unternehmens. Der Product Owner sichert den Return on Investment (ROI), den finanziellen Erfolg des Unternehmens, indem er das Entwicklungsteam durch die Auswahl der richtigen Funktionalitäten in der profitabelsten Reihenfolge steuert. Der Product Owner muss sich bewusst sein, welche Funktionalitäten für das Produkt sinnvoll sind und welche Funktionalitäten das Produkt voranbringen werden. Es ist seine Verantwortung, das Product Backlog ständig so zu aktualisieren, dass die Reihenfolge der Backlog Items den maximalen ROI garantiert. Spätestens zum Sprint Planning muss das Backlog reflektieren, was aus Businesssicht für das Produkt sinnvoll ist.

Das lässt sich nicht immer so einfach nebenbei klären. Einige Projekte werden aufwendige ROI-Berechnungen verlangen. Bei anderen Backlog Items ist es völlig klar, wie sie priorisiert werden müssen. Es gibt einige sinnvolle und einfache Methoden, mit deren Hilfe der Product Owner bestimmen kann, welche Backlog Items in welcher Reihenfolge erarbeitet werden sollten (siehe dazu Abschnitt 3.8.2).

Viele Product Owner wollen sich diese Arbeit nicht machen. Sie legen Termine fest, zu denen alle Backlog Items fertig sein sollen, und wollen sich nicht die Mühe machen, eine klare Reihenfolge festzulegen, weil es für sie viel einfacher ist, das Team zu befragen, wann alle Features fertig sind. Dann kann man dies als Termin festlegen und ist fein raus. Scrum verlangt, dass das Backlog priorisiert ist. Wird das Backlog nicht priorisiert, so wird dennoch von oben nach unten gearbeitet. Das erzeugt bei allen Beteiligten den entsprechenden Druck.

2.2.6 Wer sollte die Rolle des Product Owners übernehmen?

Die Rolle des Product Owners ist entscheidend für das Gelingen eines Projekts, denn diese Rolle ist in Scrum für den ROI des Projekts verantwortlich. Der Product Owner muss also die Autorisierung haben, Entscheidungen treffen zu dürfen, und daher sollte in einer Organisation derjenige die Rolle des Product Owners übernehmen, der diese Entscheidungen fällen darf. Darf er keine Entscheidungen treffen, werden die Planungs- und Review-Meetings sehr umständlich.

Ein Product Owner muss das Entwicklungsteam auch führen und sollte daher in einer ähnlichen Position sein wie ein Projektmanager. Es kann aber auch sein, dass der Product Owner ein Produktmanager ist, der sich von einem Entwicklungsteam sein Produkt entwickeln lässt. In einem technisch motivierten Projekt, zum Beispiel einem Upgrade einer Standard-Softwarelösung, kann der Product Owner auch ein Verantwortlicher aus der IT-Abteilung sein, zum Beispiel der Chef der IT oder ein Abteilungsleiter.

Allgemein gilt: Wer die Anforderungen an ein Entwicklungsteam stellt und die Verantwortung für den finanziellen Projekterfolg trägt, ist der Product Owner. Seine Position innerhalb des Unternehmens ist nicht wichtig. Einzig entscheidend für den Scrum-Prozess ist, dass der Product Owner das Recht hat, Entscheidungen zu treffen oder sie zumindest vertreten zu können.

2.2.7 Der Product Owner im skalierten Umfeld

Bei der Implementierung von Scrum fällt auf, dass sich in vielen Organisationen im Zusammenhang mit dem Product Owner und den Entwicklungsteams oft zwei Probleme ergeben, die zuerst gelöst werden müssen, wenn die Teams effektiv arbeiten sollen. Der erste Fall betrifft die Tatsache, dass es viele Anforderer gibt, die auf ein Entwicklungsteam oder ein Projekt treffen. Im zweiten Fall gibt es einen Product Owner, der mit einem großen Team (mit mehr als 30 oder 40 Personen) arbeiten muss (siehe hierzu Kapitel 7).

Mehrere Product Owner für ein Team oder ein Projekt (Organisationsebene)

In den meisten Organisationen werden Anforderungen an Applikationen nicht nur von einer Fachabteilung gestellt, sondern von vielen Anforderern aus vielen unterschiedlichen Abteilungen. In der Regel haben diese Anforderer unterschiedlichste Interessen. Eine Funktionalität, die für die Sales-Abteilung notwendig ist, wird in ähnlicher Art, aber doch etwas anders von einer anderen Fachabteilung ebenfalls benötigt. Oder es gibt den Fall, dass ein Team, das aus vielen Spezialisten besteht, die eine Applikationsumgebung betreuen, viele kleine Projekte abzuarbeiten hat und für jedes kleine Projekt ein anderer Product Owner zuständig ist (Bild 2.2).

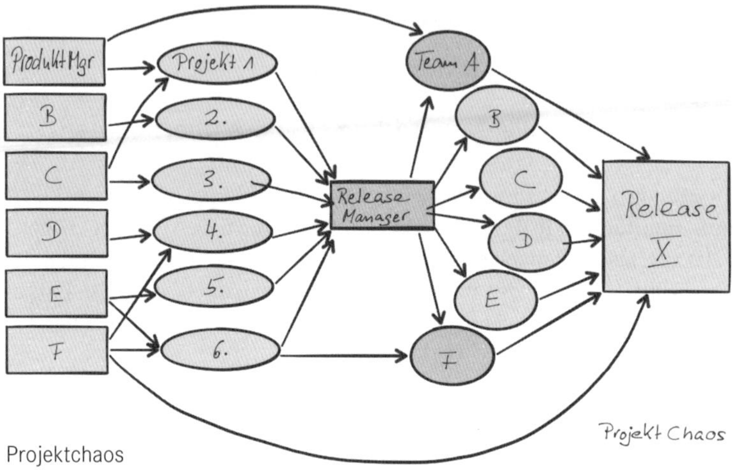

Bild 2.2 Projektchaos

Führt man Scrum in diesem Umfeld ein, spricht man nicht mehr von Scrum auf Projektebene. In diesem Fall müssen wir uns mit Anforderungen an Scrum als Software-Managementmethode auf Organisationsebene befassen. Die Antwort von Scrum auf diese Problemstellung ist immer die gleiche:

> **Es ist notwendig, die Anforderungen der verschiedenen Abteilungen und Interessengruppen zu priorisieren. Dabei sollte ein für diese Applikation oder dieses Team allgemeingültiges Product Backlog entstehen.**

Im Grunde läuft es darauf hinaus, dass ein Product Owner bestimmt werden muss, der dem Team sagen kann, welches Projekt und welche Funktionalität für die Organisation gerade am wichtigsten ist. Dieser Product Owner ist also dafür verantwortlich, dass die Lieferungen in der benötigten Reihenfolge passieren.

Die Abstimmung der Product Owner – meist sind es Produktmanager – findet also nicht mehr auf der Ebene des Teams statt, sondern eine Stufe höher. Die Produktmanager müssen klar entscheiden, welchen Fokus das Team im nächsten Sprint haben soll, bevor das Team selbst damit konfrontiert wird. Das Team hat in seinem Backlog also nicht nur die Sicht auf ein Produkt, sondern möglicherweise auf eine Vielzahl von Projekten. Prioritätskonflikte zwischen den Projekten dürfen nicht auf der Ebene des Teams, sondern müssen bereits auf der Ebene des Product Owners geklärt werden. Im Sprint Planning Meeting 1 wird dann der Product Owner, der alle anderen Product Owner vertritt, die Richtung des Sprints festlegen. Mehr zur Skalierung lesen Sie in Kapitel 7.

Zusammenfassung

- Der Product Owner treibt das Projekt aus der Sicht des Business voran.
- Der ScrumMaster hilft dem Product Owner dabei, eine einheitliche Vision für das Produkt zu finden.
- Der Product Owner legt die Eigenschaften des Produkts fest. Der ScrumMaster zeigt dem Product Owner, wie man ein Backlog Item schreibt, wie man ihm einen Business Value zuordnet und wie man das so entstandene Product Backlog priorisiert.
- Der Product Owner führt das Sprint Planning Meeting 1 durch. Der ScrumMaster sorgt dafür, dass der Product Owner die Sprint-Planung vorbereitet hat. Er stellt sicher, dass der Product Owner ein Sprint Goal für den Sprint hat.
- Der Product Owner erstellt einen Releaseplan und eine Roadmap. Er führt das Entwicklungsteam mit diesen beiden Mitteln ans Ziel.
- Der Product Owner sorgt für die Profitabilität der Produktentwicklung. Der ScrumMaster zeigt dem Product Owner, wie man ein Backlog priorisiert, wie man den Return on Investment bestimmt und die erforderlichen Analysen durchführt.
- Der Product Owner verpflichtet sich wie das Entwicklungsteam, das Sprint Goal zu erreichen. Es sollte beispielsweise im Interesse des Product Owners liegen, dass sein Team von außen nicht gestört wird.
- Wenn es mehrere Product Owner gibt, sorgt der ScrumMaster dafür, dass es nur einen verantwortlichen Product Owner pro Team gibt. Dieser erstellt das Master Product Backlog für das Team.

2.3 Der ScrumMaster – ein Change Agent

Die Rolle des ScrumMasters im Überblick

Der ScrumMaster treibt den Prozess. Er schützt das Scrum-Team vor äußeren Störungen und versucht, Blockaden, die das Team am produktiven Arbeiten hindern, sofort aus dem Weg zu räumen. Der ScrumMaster ist der beste Freund des Teams. Seine Hauptaufgabe besteht darin, sowohl den Mitgliedern des Entwicklungsteams als auch dem Product Owner zu vermitteln, was Scrum ist und wie man mit Scrum den Arbeitsprozess managt. Er tut alles, damit die Kommunikation zwischen Product Owner und Entwicklungsteam optimal abläuft. Er ändert die Art und Weise, wie die Teammitglieder innerhalb einer Organisation arbeiten, indem er die Ideen hinter Scrum lebt und sie Wirklichkeit werden lässt.

Die Aufgaben des ScrumMasters umfassen sechs Teilbereiche:

- Scrum implementieren
- Abarbeiten von Impediments und Entscheidungen treffen
- Arbeit mit dem Entwicklungsteam
- Arbeit mit dem Product Owner
- Scrum in die Organisation hineintragen und die Organisation ändern
- Die Produktivität des gesamten Scrum-Teams steigern

Jeder Teilbereich ist gleich wichtig. Die Reihenfolge, in der der ScrumMaster die einzelnen Teilgebiete bearbeiten sollte, lässt sich ebenfalls leicht bestimmen: Er arbeitet vom Team aus in Richtung Organisation („First things first!“).

Die Schwierigkeiten, mit denen ein ScrumMaster zu kämpfen hat, sind gigantisch. Er ist in den meisten Fällen angetreten, um etwas zu ändern, obwohl er dazu keinerlei Befugnis hat. Selbst in einem Unternehmen, das ScrumMaster einstellt, sie also in die Position eines ScrumMasters erhebt und anscheinend seine Organisation ändern will, sind die Widerstände sehr groß, die ein ScrumMaster erfährt. Der ScrumMaster erreicht die Veränderungen innerhalb des Teams durch das Vertrauen, das er während seiner Arbeit aufbaut. Sein Status hilft ihm dabei nicht.

2.3.1 Scrum implementieren

Die Rolle des ScrumMasters ist einfach definiert: Er will Scrum einführen. Jeder, der sich innerhalb einer Organisation dieses Ziel setzt und bei der Implementierung von Scrum „scrummt“, ist ein ScrumMaster. So wie ein Schriftsteller ein Schriftsteller ist, weil er schreibt, und ein Fußballer ein Fußballer ist, weil er Fußball spielt, so ist ein ScrumMaster ein ScrumMaster, weil er scrummt.

Die erste Verantwortlichkeit des ScrumMasters besteht also darin, Scrum zu verwirklichen, die Regeln von Scrum einzuführen, den Scrum-Prozess anzustoßen und ihn am Leben zu halten. Jede Abweichung vom Scrum-Prozess, so wie er vorgestellt wurde, ist dabei zu vermeiden. ScrumMaster, die sagen, sie hätten in ihrer Organisation nicht Scrum, sondern etwas Ähnliches eingeführt, haben nicht verstanden, dass sie aufgehört haben zu scrummen.

Sich nach der Decke strecken?

Eine große Softwareentwicklungsorganisation in England. Bryan erzählte mir, wie toll sie dort seit 14 Monaten Scrum praktizierten. Sie hatten bereits 28 Sprints hinter sich. Die zehn Cubicles, die das Team bewohnte, sahen auch sehr gut aus. Überall hingen Backlogs und Burn-Down-Charts. Merkwürdig fand ich nur, dass ich ständig gefragt wurde, wie man die Planung verbessern könnte. Sie hätten Deadlines und müssten Ressourcen abgeben und erhofften sich von einem besseren Planning, mit dem Business besser umgehen zu können. Auf die Frage, wo denn die Probleme lagen, stellte sich heraus, dass das Team keinen Product Owner hatte. Der ScrumMaster hatte diese Rolle übernommen. Auf die Frage, wieso er denn nichts unternommen habe, um einen Product Owner zu bekommen, lautete die Antwort: „Man muss mit den Gegebenheiten der Organisation leben!" Diese Antwort war das Ende der Scrum-Implementation in diesem Team. Scrum bleibt nicht stehen. Wenn ich ein Team habe, das die Grundtätigkeiten von Scrum ausführt, beginne ich mich um den Product Owner zu kümmern. Wenn ich Teammitglieder habe, die nicht pünktlich zum Daily Scrum erscheinen, muss ich mich darum kümmern usw. ■

Jede Abweichung vom Soll-Zustand ist ein Impediment und muss vom ScrumMaster so schnell wie möglich angegangen werden. Das klingt sehr dogmatisch, bedeutet aber nicht, dass man als ScrumMaster alle Nicht-Übereinstimmungen mit dem Scrum-Prozess sofort beheben kann. Es heißt nur, dass der ScrumMaster alles tun muss, um den Scrum-Prozess zum Leben zu erwecken und ihn dann am Leben zu erhalten. Dazu wird er Schritt für Schritt vorgehen und eine Maßnahme nach der anderen umsetzen. Geschickt ist es immer, wenn er sich die Hilfe seines Teams holt. Scrum gegen das Team einzuführen, ist unmöglich.

2.3.2 Das Abarbeiten von Impediments

Der ScrumMaster löst die Blockaden, die Impediments. Dazu schreibt er zunächst alle Impediments in eine Liste – das Impediment Backlog. Es wird nur vom ScrumMaster gefüllt und ist sein Arbeitsmittel, um die Probleme, die er selbst beobachtet und die ihm das Team nennt, systematisch anzugehen. Dabei ist das Impediment Backlog tatsächlich nichts anderes als eine Liste, für die er verantwortlich ist. Nur der ScrumMaster darf Prioritäten verändern. Das heißt aber nicht, dass das Team ihm nicht sagen darf, was aus seiner Sicht gerade besonders wichtig ist.

Der ScrumMaster ist verantwortlich für das Lösen von Impediments. Doch was bedeutet das genau? Zunächst noch einmal zur Erinnerung: Ein Impediment ist alles, was das Team und die Organisation daran hindert, effektiv zu sein. Jede Form unnötigen Ballasts ist zu vermeiden. Im Lean Management nennt man diese Dinge nicht Impediments, sondern „Waste" oder „Muda". Die Idee dahinter ist, alles Überflüssige zu vermeiden und flexibel zu sein, um optimiert arbeiten zu können.

Sobald ein ScrumMaster das verstanden hat, wird er beginnen, systematisch alles hervorzukramen, was das Team verlangsamt. Impediments sind dabei überall anzutreffen, das größte Problem bei der Suche nach Impediments ist aber der eigene blinde Fleck. Oft sieht man selbst schon nicht mehr, was alles verbessert werden könnte, damit ein Team effektiver und produktiver arbeiten kann. Ein ScrumMaster wird daher kontinuierlich darüber nachdenken, ob in einem der folgenden Bereiche Optimierungen möglich sind:

- Im Softwareentwicklungsprozess des Teams
- In der Kommunikation und Abstimmung im Team
- Im Scrum-Prozess selbst
- In der organisationalen Einbettung des Teams
- In der Zusammenarbeit mit dem Business

- In der Konfliktkultur
- In den Priorisierungen
- Bei Störungen von außen während des Sprints
- ...

Meine Erfahrung ist, dass Impediments in der täglichen Arbeit am ehesten vom Team angesprochen werden: unklare Anforderungen, das Nicht-Priorisieren des Backlogs, Zugänge zu Applikationen, fehlendes Equipment und vieles mehr behindern das Team und machen es unproduktiv. Diese offensichtlichen Impediments sind allerdings meist sehr vage formuliert. Zum Beispiel das Impediment, dass die Anforderungen zu unklar sind. Hier muss der ScrumMaster genau nachfragen, wie das Impediment konkret aussieht. Kann ein Teammitglied das Problem genauer beschreiben, so ist es für den ScrumMaster wesentlich einfacher, das Problem zu adressieren oder selbst zu lösen. Findet der ScrumMaster, dass es bei dem Impediment um diffuse Probleme geht, kann es sein, dass es sich dabei nur um Befindlichkeiten handelt. Dann ist die Tatsache, dass es diese Befindlichkeiten gibt, das Impediment, an dem der ScrumMaster arbeiten muss.

2.3.3 Die Arbeit mit dem Entwicklungsteam

Der ScrumMaster arbeitet zunächst mit dem Entwicklungsteam. Scrum ist und war eine Bewegung, die an der Basis, also beim Team, begonnen hat. Der ScrumMaster nutzt Scrum, um das Team zu ermächtigen, die Entwicklung des Produkts in die Hand zu nehmen. Die Arbeit mit dem Team ist der Aspekt der Implementierung, der sehr schwer, aber auch sehr lohnend ist, denn hier finden die Veränderungen statt. Veränderungen fallen den meisten Menschen im Allgemeinen sehr schwer.

Ein ScrumMaster muss sich darauf einstellen, dass er es mit unterschiedlichen Problemen zu tun haben wird, die von Scrum nicht verursacht, aber durch Scrum offen gelegt wurden. Es gab sie schon vorher in einer Organisation, nur wurden sie in der Regel verschwiegen oder niemand hatte sich um sie gekümmert. In Scrum soll das Team aber hochproduktiv werden. Also muss auch bei den Problemen angesetzt werden, die Teams unproduktiv werden lassen, die aber niemand sehen will.

Alles beginnt mit dem Team

Ein ScrumMaster führt Scrum erfolgreich ein, wenn er sich bei der Arbeit mit dem Team auf einige wenige Aspekte konzentriert. Wir wissen aus der Organisationsentwicklung, dass derjenige, der eine Veränderung durchführen will, einen ersten schnellen Erfolg erzielen sollte. Das verschafft die notwendige Luft und Motivation, um die tiefer sitzenden Probleme in Angriff zu nehmen. Daher sollten Sie als ScrumMaster bei einer Scrum-Implementierung auf jeden Fall dafür sorgen, dass der erste Sprint ein Erfolg wird. Gerade dann, wenn der ScrumMaster von seinem Vorgesetzten den Auftrag erhalten hat, Scrum neu einzuführen, ist dieser erste Sieg entscheidend. **Der erste Sprint sollte für alle ein Quick-Win sein.** Die Teammitglieder müssen das Gefühl haben, auf dem richtigen Weg zu sein, das Business muss die Gewissheit erhalten, dass es sich auf das Scrum-Team verlassen kann, und auch das Management muss sicher sein, dass seine Entscheidung für Scrum richtig war.

Ein wichtiger erster Schritt ist daher die Einführung von diagnostischen Metriken. Damit kann überprüft werden, ob der erste Sprint objektivierbar und erfolgreich war [Hartmann, Dymond 2006]. Entscheidend dabei ist, dass diese Metrik vom Team selbst kommen muss. Dafür kann man es fragen, wie es messen will, ob der Sprint erfolgreich war. Eine andere Methode ist, dass der ScrumMaster eine überprüfbare Metrik formuliert, wie zum Beispiel: „Wir liefern eine Funktionalität bugfrei aus". Auf diese Weise wissen alle Beteiligten nach dem Sprint, ob der Sprint erfolgreich war. Eine dritte Möglichkeit besteht darin, das Ziel des Sprints selbst so zu formulieren, dass es überprüfbar ist.

Fachübergreifendes Arbeiten – Aufbrechen des Standesdenkens

In meiner Arbeit mit Teams stellt sich immer wieder heraus, dass das Verändern der Art, wie miteinander gearbeitet wird, das Kernproblem ist. Das Team zum fachübergreifenden Arbeiten sowohl untereinander als auch mit anderen Teams und Abteilungen zu bringen, ist unserer Erfahrung nach die schwierigste Aufgabe des ScrumMasters.

Es bedeutet zum Beispiel in der Regel schon einen Kraftakt, ein „reines" Softwareentwicklungsteam mit Testern auszustatten. Das kommt in einigen Unternehmen bereits einer Revolution gleich. Will man dann einige Wochen später auch Designer in dieses Team integrieren, hört bei vielen Managern das Verständnis auf. Dabei ist das Prinzip vollkommen klar und lässt sich an einem Beispiel sehr schön demonstrieren.

> Mein Team sollte das Portal eines Telekommunikationsunternehmens entwickeln. Als man mich fragte, ob wir diese Aufgabe innerhalb von drei Monaten schaffen würden, antwortete ich: „Unmöglich." Ich sollte es dennoch versuchen. Ich sagte zu, den Versuch zu wagen, wenn die Marketingmitarbeiter, die dieses Projekt aus der Businesssicht betreuten, mit uns im selben Projektraum sitzen würden. Offenbar war ich überzeugend genug und die Kollegen vom Marketing setzten sich zu uns. Gab es Konflikte? Oh ja – sogar sehr viele. Es war nicht einfach und dennoch war es eines der produktivsten Projektteams, das ich je erlebt habe. Es gab eine lange Phase, in der wir uns kennenlernen mussten. Anschließend hatten wir aber alle trotz unterschiedlicher Auffassungen viel Spaß an der Arbeit. ■

Bei einem ähnlich heiklen Projekt in einem anderen Unternehmen wollte ich diesen Erfolg wiederholen. Keine Chance. Es war beinahe unmöglich, Tester für das Projektteam zu gewinnen. Dabei lagen die Schwierigkeiten an anderer Stelle. Die Führungskräfte waren leicht davon zu überzeugen, dass es sinnvoll wäre, die Tester mit den Entwicklern in einen Raum zu setzen. Kurze Zeit später kam als Rückmeldung aus den Teams, dass die Tester nur herumsitzen würden und nicht wüssten, was sie tun sollten. Die Tester hatten noch nicht verstanden, dass sie ihren eigenen Entwicklungs- und Testprozess ändern mussten. Es dauerte lange, bis sie verstanden, dass man nicht nur einmal am Ende des Projekts testet, sondern gemeinsam mit dem Entwickler an der jeweils aktuellen Funktionalität arbeitet. Es dauerte einige Tage (bei einem Team sogar zwei Sprints), bis die Tester begriffen, dass sie auch andere Aufgaben im Team übernehmen können.

Auch die Fachabteilungen haben bei der Umstellung auf Scrum die gleichen Probleme mit dem fachübergreifenden Arbeiten.

> Ein Projektteam, das unter Hochdruck ein neues Produkt entwickeln sollte, bemerkte erst gegen Ende des dritten Sprints, dass es noch ein wesentliches Impediment gab: Die Fachabteilung traf Entscheidungen zu langsam. Obwohl die Fachabteilung einen Product Owner benannt hatte, war dieser a) nicht ständig im Team und hatte b) nicht die nötige Entscheidungskompetenz. ■

ScrumMaster müssen solche Impediments unbedingt so schnell wie möglich aus dem Weg räumen. Eine erste Maßnahme kann sein, dass der ScrumMaster die notwendigen Entscheidungen im Daily Scrum trifft. Das wird spätestens am Ende des Sprints zu Konflikten führen, aber nur so wird sichtbar, dass das Team aufgehalten wird.

Fachübergreifendes Arbeiten meint also sowohl das miteinander Arbeiten verschiedener Disziplinen innerhalb der eigenen Berufsgruppe (Softwareentwickler, Softwaretester, Softwarearchitekten) als auch die Zusammenarbeit mit anderen Disziplinen wie Marketing, Sales oder IT. Fachübergreifendes Arbeiten meint aber auch, dass jeder im Team, so gut er kann, alle anstehenden Aufgaben übernimmt. Wir kommen bei der Darstellung der Zusammenarbeit im Rahmen des Daily Scrum noch einmal auf diesen Aspekt zurück.

Machtkonflikte und Rollenkonflikte

Ein weiteres Phänomen bei der Umstellung auf Scrum sind Machtkonflikte innerhalb des Teams. In der Forming- und Norming-Phase der Teamentwicklung gibt es am häufigsten Machtkonflikte. Die Teammitglieder wollen sich positionieren, und gerade dann, wenn es sich um ein Team handelt, das auf Scrum umstellt, kommt es zu Konflikten. ScrumMaster müssen mit ihrem Team daran arbeiten, dass es im Team selbst keine Hierarchien gibt.

Nach meiner Beobachtung resultieren diese Konflikte nicht aus der Arbeit selbst, denn in der Regel erkennen die Teammitglieder die Kompetenzen des anderen an. Die Konflikte entstehen aus dem Karrierepfad und der Karrierestufe, die ein Mitarbeiter bereits erreicht hat. Das Umfeld des Teams beeinflusst also die internen Abläufe und die Ziele, die sich der Einzelne in einem Team setzt. Viele Unternehmen bezahlen ihre Mitarbeiter nach Gehaltsstufen. Ein Tester verdient beispielsweise weniger als ein Entwickler und dieser wiederum weniger als ein Architekt. Innerhalb dieser Karrierepfade gibt es zusätzliche Abstufungen nach der Seniorität der Mitarbeiter. In einem Team müssen womöglich ein Senior und ein Junior Developer gemeinsam arbeiten. Wer hat dann das Sagen?

Scrum verhält sich hier eindeutig und nimmt keinerlei Rücksicht auf den Rang eines Mitarbeiters. Entweder kann er einen wertvollen Beitrag leisten oder nicht. Das Team akzeptiert seine Vorschläge oder nicht. Das sieht auf den ersten Blick wie Gleichmacherei aus, in Wirklichkeit ist es aber die Wiedereinführung des Leistungsprinzips. Wer etwas beitragen kann, wird die Anerkennung des Teams bekommen, egal, wie lange er im Unternehmen ist oder welche Karrierestufe er erreicht hat.

Für viele Teammitglieder ist diese Denkweise zunächst erschreckend. Sie sorgen sich um den Bestand ihrer Gehälter und fürchten, die Wertschätzung zu verlieren, die ihnen ihr Rang innerhalb der Organisation automatisch verliehen hat. Wie wird die erarbeitete Stellung nun in einem Scrum-Team sichtbar? Für diese Frage gibt es keine allgemeingültigen Antworten. ScrumMaster müssen sich aber bewusst sein, dass solche Ängste großen Einfluss auf die Teamdynamik und die Funktionalität eines Teams haben.

Das Teammitglied, das zu wenig Leistung bringt

Eine der schwierigsten Fragen, mit denen sich ein ScrumMaster auseinandersetzen muss, ist: „Was macht man mit einem Teammitglied, das nicht die erforderliche Leistung bringt?" Was ist zu tun, wenn von außen oder von den Teammitgliedern selbst die Information kommt, dass ein Teammitglied zu schlecht ist, Scrum nicht versteht oder aus einem anderen Grund aus dem Team zu entfernen ist? Scrum-Trainer haben darauf keine eindeutige Antwort. Der beste Ansatz ist sicherlich, dass das Team diesen Konflikt mit dem Teammitglied selbst austragen muss. Die übrigen Teammitglieder müssen sehen, wie sie dieses Teammitglied so trainieren, dass es seinen notwendigen Beitrag leisten kann. Lassen Sie mich Ihnen dazu zwei Geschichten erzählen.

Ich hatte gerade eine Junior Developerin eingestellt. Sie kam frisch von der Uni und hatte keine Erfahrung, war aber sehr intelligent und besaß eine schnelle Auffassungsgabe. Trotzdem war sie langsamer als alle anderen. Unseren Lead Developer hielt sie ständig auf und traute sich nach einiger Zeit nicht mehr, ihm Fragen zu stellen – was sie noch langsamer machte. Als ich das bemerkte, sprach ich es offen im Team an. Ich bat die Junior Developerin, weiterhin zu fragen. Die übrigen Teammitglieder begannen dadurch, ein Gespür für ihre Probleme zu entwickeln. Schnell wurde sie von den übrigen Teammitgliedern „adoptiert". Besonders eine Entwicklerin kümmerte sich sehr darum, der Junior Developerin viele Dinge zu erklären.

Im gleichen Team gab es einen sehr erfahrenen Consultant aus England. Er setzte alle immer wieder davon in Kenntnis, wie toll er sei und was er alles könne. Dem ersten Anschein nach war er tatsächlich sehr fähig und wir glaubten ihm. Ein paar Monate später wurde aber immer offensichtlicher, dass seine Kenntnisse doch nicht so gut waren. Teammitglieder, die seinen Code debuggen mussten, stöhnten und wiesen ihn darauf hin, dass er doch bitte klarer kommentieren solle. Die Situation verschärfte sich von Woche zu Woche. Der zusehends verärgerte Lead Developer sprach einige Male mit mir. Ich wollte an diesem Consultant ursprünglich jedoch festhalten, da ich noch immer großes Potenzial in ihm sah. Deshalb versuchte ich ihn dazu zu bringen, mit dem restlichen Team besser zusammenzuarbeiten. Trotzdem wurde die Stimmung im Team immer schlechter und die Leistung des gesamten Teams nahm ab. Die Konsequenz, die ich damals in Absprache mit meinem Chef zog, war die Kündigung. Das Klima innerhalb des Teams wurde binnen weniger Tage wieder besser und die Leistung des Teams verdoppelte sich, trotz eines Mannes weniger. ■

ScrumMaster dürfen solche Entscheidungen nur sehr vorsichtig treffen. Die Fakten müssen eindeutig für diesen Schritt sprechen. Aber wenn es sich korrekt anfühlt, sollten Sie sofort handeln. Denn es gibt nichts Schlimmeres, als nicht zu entscheiden. Entscheidungen treffen ist schwierig, aber notwendig, denn der ScrumMaster ist für die Produktivität des Teams verantwortlich. Wenn das Team nicht liefert, hat auch er seinen Job nicht korrekt erledigt.

2.3.4 Die Arbeit mit dem Product Owner

„Der ScrumMaster lässt niemals zu, dass der Product Owner ohne ein Sprint Backlog ins Sprint Planning geht.“ [Schwaber et al. 2001] Das ist einer der wenigen Sätze von Ken Schwaber über das Verhältnis des ScrumMasters zum Product Owner. Er ist aber so einfach wie eindeutig: Der ScrumMaster ist dafür verantwortlich, dass nicht nur das Entwicklungsteam versteht, wie Scrum funktioniert und gearbeitet wird, sondern er ist genauso dafür verantwortlich, dem Product Owner zu helfen, seinen Job zu machen. Der Product Owner ist in den meisten Scrum-Teams das größte Hindernis. Der Grund: Er fehlt oder nimmt die meisten seiner Verantwortlichkeiten nicht wahr.

> Nach einem „Agile Planning and Estimation“-Training fragten mich einige Teilnehmer des Seminars: „Wie wichtig ist denn der Product Owner?“ Ich sagte: „Er ist essenziell. Es ist sehr wichtig, mit ihm zusammenzuarbeiten.“ Während des Trainings hatte sich schon herausgestellt, dass die Teilnehmer zwar bereits vier Monate an dem Projekt arbeiteten, aber immer noch keine Anforderungen an ihr Produkt hatten. Ich bat sie, das Training zu nutzen, um ihr Backlog zu starten. Das taten sie auch und hatten innerhalb von nur 30 Minuten mehr als genug Arbeit für drei Monate. Auf die Frage, wieso sie denn kein Product Backlog hätten, lautete die Antwort, sie hätten keinen Product Owner.
>
> Als ich eine Woche später zum Coaching in dieses Unternehmen zurückkam und mit dem Team die nächsten Schritte besprechen wollte, erfuhr ich, dass das Projekt abgebrochen worden war. Das Team hatte verschiedene Personen gefragt, ob sie die Verantwortung für das Produkt übernehmen würden, und sechs Mal hatte es die Antwort „Nein!“ erhalten. Noch ein Zuckerl: Das Projekt beschäftigte bereits vier Mitarbeiter in Europa und sieben in Indien, die Kosten betrugen bereits einige Hunderttausend Euro. Es war auf zehn Millionen und mehr Euro geschätzt worden und dümpelte vor sich hin. ■

Schauen wir genau hin: Die meisten Projekte haben keine klare Vision und den meisten Projekten fehlt eine Persönlichkeit, die klar den Sinn des Projekts transportiert. Die wenigsten Projektleiter, die die Rolle des Product Owners übernehmen können, sind in der Lage, das Product Backlog zu priorisieren. Andere Projektleiter glauben, sie müssten als ständige Begleiter des Teams dessen technische Probleme lösen. Meine Erfahrung aus mehr als zehn Jahren Scrum: Oft genug will niemand das Projekt wirklich haben.

Daher ist es eine wesentliche Aufgabe des ScrumMasters, den Product Owner des Entwicklungsteams zu identifizieren und ihm dabei zu helfen, seine Rolle korrekt zu erfüllen. Der ScrumMaster erklärt ihm unermüdlich, wie man ein Product Backlog priorisiert und dass er zum Sprint Review erscheinen muss. Er erklärt dem Product Owner die Idee der strategischen Projektplanung. In der Regel muss der ScrumMaster dem Product Owner das, was wir in Scrum vom Product Owner verlangen, in mühevoller Kleinarbeit abringen.

Die Produktentwicklung in Scrum erfolgt ausschließlich aus der Geschäftssicht, d. h., jemand aus dem Business muss in der Lage sein, sich mit dem Scrum-Team ständig über das entstehende Produkt auszutauschen. Bisher hat ein Produktanforderer eine Spezifikation geschrieben und anschließend wurde das Produkt von einer Fachabteilung entwickelt.

In der Zeit bis zur Lieferung des Produkts konnte der Anforderer etwas anderes tun, zum Beispiel das nächste Projekt beginnen oder auf Messen fahren. In Scrum hat ein Product Owner keine Zeit, etwas anderes zu tun, als sich um dieses eine Produkt zu kümmern. Es ist viel zu wichtig. Die Produktentwicklung dieses einen Projekts benötigt zu viele tägliche Entscheidungen, als dass der Product Owner sich um etwas anderes kümmern könnte. Dieses neue Arbeiten - mit dem Team, zeitnah und verantwortlich - muss erlernt und eingeübt werden.

2.3.5 Die Steigerung der Produktivität

Der ScrumMaster steht außerhalb des Gesetzes. Er ist nur seinem Team und dessen Produktivität verpflichtet. Er verändert, indem er mit Scrum eine neue Art und Weise einführt, wie in einem Projekt gearbeitet wird, und hält sich dabei nicht immer an die geschriebenen oder ungeschriebenen Regeln seiner Organisation. Woher nimmt er die Berechtigung für dieses Handeln?

Der ScrumMaster leitet die Berechtigung für seine Handlungen aus dem höheren, von allen anerkannten Zweck ab: der Produktivitätssteigerung des Teams und der besseren Qualität der Lieferung. Der ScrumMaster bringt sein Team nicht dazu, Scrum zu nutzen, nur weil er Scrum toll findet, sondern weil er die Produktivität seines Teams (also den Durchsatz von Software) und die Qualität der Produkte erhöhen will. Daraus leitet er die Berechtigung ab, unbequeme Maßnahmen einzuleiten, Regeln zu verletzen und Konflikte mit anderen Organisationseinheiten heraufzubeschwören. Natürlich gilt nicht „der Zweck heiligt die Mittel", doch wird er sich über die Regeln der Organisation stellen, um seinem Team helfen zu können.

Nehmen wir das Beispiel der Organisation, in der es eine ganz klare Regelung dazu gab, wie Configuration Management zu machen sei. Die Spezialisten, die die entsprechenden Tools einrichten konnten, saßen an einem anderen Standort. Das Projektteam hatte vor der Einführung von Scrum versucht, mit den zuständigen Herren am anderen Standort darüber zu sprechen, dass das Configuration Management Tool der Organisation nicht korrekt funktionierte und angepasst werden musste. Dann begann der Sprint. Der zuständige Teamleiter hatte zwar seine Hilfe angeboten, aber sie traf auch in diesem Sprint nicht ein. Einige Tage konnte das Entwicklungsteam nicht qualitativ entwickeln, weil ihm das Configuration Management Tool fehlte. Weil das Team aber verteilt entwickelte und mit 20 Teammitgliedern unbedingt ein funktionierendes Configuration Management Tool benötigte, setzte es kurzerhand ein eigenes Tool auf. Der ScrumMaster eskalierte dieses Problem und am Ende des Sprints waren die politischen Probleme zwischen den beiden Standorten von den Managern gelöst. Man erwartete vom Team, den Code vom einen Tool in das andere zu übertragen. Jetzt aber weigerte sich das Team mit Unterstützung des ScrumMasters, den Quellcode umzuziehen. Das Sprint Review stand vor der Tür und das Sprint-Ziel wäre riskiert worden, wenn man jetzt, anstatt zu entwickeln, auf eine neue Configuration-Management-Umgebung umgestiegen wäre. Dieses Argument wurde akzeptiert. Damit war einmal mehr eine Regel erfolgreich gebrochen worden. ■

Produktivitätssteigerung darf nicht auf Kosten des Teams, nicht durch ständige Mehrarbeit, Druck oder gar Anweisungen von oben erzielt werden. Die Steigerung der Produktivität wird ein natürliches Resultat sein, wenn die Prozesse innerhalb des Teams klarer und effektiver werden.

Nach etwa drei bis fünf Sprints gibt es immer eine Phase, in der der ScrumMaster nicht mehr durch ständige Feuerwehreinsätze und dringende Impediments gefordert wird. Dann beginnt die eigentliche Arbeit: die Arbeit mit der Organisation. Jetzt heißt es, die Erfolge des Teams nach außen zu tragen und nach außen sichtbar zu machen, wieso die Dinge mit Scrum besser funktionieren.

Er wird anderen von den Erfolgen des Projektteams erzählen und versuchen, seine Chefs von Scrum zu überzeugen. Möglicherweise erreicht er auch die übrigen Teams und stellt Scrum dort vor. Andere ScrumMaster beginnen, systematisch mit der Businessseite der Organisation zu arbeiten. Hatte er sich zunächst auf sein Team konzentriert, arbeitet er jetzt daran, dass auch die Anforderer verstehen, welche Vorteile sie haben, wenn sie ein Backlog erstellen und es priorisieren.

Die Arbeit mit der Organisation und das Hineintragen der Erfolge in andere Bereiche ist ein langer und steiniger Weg.

2.3.6 Hat der ScrumMaster einen Fulltime-Job?

Wie viele Teams kann ein ScrumMaster gleichzeitig betreuen? Mehr als eines? Ich persönlich denke, dass es eine 1:1-Relation sein muss. Ein ScrumMaster ist für ein Team zuständig. Toyota hat für jedes Team einen Teamleader. Sicher, diese Teams bestehen nicht nur aus zwei Mann, sondern aus sieben bis neun Personen. Bei Toyota arbeitet das Team autonom und der Teamleiter hat die Aufgabe, die täglich auftretenden Probleme so schnell wie möglich zu lösen. Manchmal stellt sich der Teamleiter auch selbst ans Band. Das macht aber nur etwa 20 Prozent seiner Arbeit aus und kommt nur vor, wenn etwas Unvorhergesehenes geschieht. So ähnlich sieht auch die Rolle des ScrumMasters aus. Er arbeitet nicht am Produkt mit, sondern ist nur für die Prozesse zuständig. Wird er von seinem Team gefragt, wie er etwas lösen würde oder ob er mal einen Testfall durchtesten kann, wird er dem Team dabei helfen. Das sollte aber die absolute Ausnahme bleiben.

Ein Scrum-Team benötigt aus vielerlei Gründen einen dedizierten ScrumMaster. Der wichtigste: Ein Scrum-Team darf nicht aufhören, sich zu verbessern, das heißt, es benötigt einen Coach, der sich ständig um dieses Team kümmert und versucht, es permanent erfolgreicher werden zu lassen. Das kostet viel Zeit. Der ScrumMaster muss lernen, Dinge zu sehen, die andere nicht sehen. Er muss sich überlegen, wie er sein Team zum nächsten Erfolg führt und welche Impediments als Nächstes zu lösen sind. Vielleicht muss er sich einen Weg überlegen, wie die Bezahlung im Team gelöst werden soll, weil man weg von der Performance des Einzelnen hin zur Bewertung des Teams kommen will.

Ein ScrumMaster ist kein Teamleiter im klassischen Sinne. Dennoch führt er das Team. In der Managementliteratur ist immer davon die Rede, dass ein Teamleiter nicht mehr als sieben Personen führen sollte. Das gilt auch für einen ScrumMaster. Oft stelle ich in meinen Trainings die provokante Frage, ob die anwesenden Teamleiter noch Zeit hätten, etwas anderes zu tun, als sich um ihre Teams zu kümmern. Oft wird dann deutlich, was die Teamleiter den ganzen Tag tun: Sie gehen zu Besprechungen mit den Fachabteilungen und klären Anforderungen oder treffen Entscheidungen, die sie, ohne das Team zu fragen, eigentlich nicht treffen könnten. Anstatt sich also um ihr Team zu kümmern, bevormunden sie es. Anstatt die inhaltliche Arbeit vom Team erledigen zu lassen und sich ausschließlich auf das richtige Umfeld zu konzentrieren, arbeiten sie aktiv mit. Das ist meiner Ansicht nach ein Grund dafür, dass Teamleiter sich nicht vorstellen können, was ein ScrumMaster den ganzen Tag tut.

Weil sich viele nicht vorstellen können, dass der Arbeitstag eines ScrumMasters ausgefüllt ist, wird häufig vorgeschlagen, dass er entweder auch Entwickler sein oder zusätzlich die Rolle des Product Owners übernehmen sollte. Schauen wir uns an, was dann passiert:

- **Fall 1: Der ScrumMaster ist gleichzeitig auch Product Owner.**
  Wenn Scrum eingeführt wird, fehlt in der Regel der Product Owner. Das versteht sich von selbst, weil der Product Owner erst gesucht werden muss. Ein ScrumMaster muss also häufig zu Beginn das Backlog selbst erstellen. Damit ist er nicht nur der ScrumMaster, sondern auch der Product Owner des Teams. Das ist insofern kein Problem, weil derjenige, der Scrum beginnt, meist ein Teamleiter oder Projektmanager ist und ohnehin teilweise die Aufgaben eines ScrumMasters übernimmt. Dieser Teamleiter muss seinem Team allerdings klarmachen, dass er nur in die Rolle des Anforderers schlüpft, um die Prioritäten klar darzustellen. Dabei muss er sehr vorsichtig sein. Nutzt er seine Macht als Teamleiter dazu, das Team stark unter Druck zu setzen, hat er eines der wesentlichen Prinzipien von Scrum verletzt: Das Team entscheidet, wie viel es abarbeiten kann. Das bedeutet aber nicht, dass er in dieser Doppelrolle nicht hart verhandeln kann. Er muss nur aufpassen, fair zu bleiben.

  Man kann mit diesem Problem auch offen umgehen, indem man sich selbst zum Impediment erklärt. ScrumMaster und Product Owner in einer Person zu sein, stellt nach den Regeln ein Impediment dar und ist deshalb ins Impediment Backlog aufzunehmen. Er wird also so schnell wie möglich daran arbeiten, nicht mehr der Product Owner zu sein. Aber Vorsicht, man kann es als ScrumMaster auch übertreiben und die falsche Schlacht wählen! Wenn es wichtigere Probleme gibt, zum Beispiel, dass die Teams nicht schnell genug liefern, dann sollte das Product-Owner-Problem hintanstehen.

- **Fall 2: Der ScrumMaster ist auch Teammitglied.**
  Oft arbeitet der ScrumMaster als Teammitglied, Teamleiter und/oder Lead Developer. Dann wird es schwierig. Manchmal ist es vielleicht sogar hilfreich, wenn der ScrumMaster dem Team mitteilt, wie etwas zu tun ist. Andererseits: Wie sollen die Teammitglieder lernen, selbstbestimmt zu arbeiten, wenn sie sich auf den ScrumMaster verlassen können? Regelrecht destruktiv wird es, wenn der ScrumMaster/Lead Developer seinem Team nicht vertraut und den Code abends kontrolliert oder die Kompetenz seiner Mitarbeiter anzweifelt. Wieso sollten dann die Teammitglieder Verantwortung übernehmen? Dieses Problem existiert, wenn man in der Kaffeeküche Gespräche hört wie: „Das war ja klar. Er weiß es sowieso mal wieder besser. Wieso habe ich denn damit erst zwei Tage zugebracht, wenn er es in fünf Minuten besser macht? Soll er es doch selbst machen.“ Hier befinden sich alle Beteiligten in einer Spirale des gegenseitigen Misstrauens. Ist dieses Misstrauen erst einmal entstanden, kann nur sehr schwer gegengesteuert werden. Dieses Phänomen lässt sich am einfachsten vermeiden, wenn der ScrumMaster möglichst nicht Teil des Teams wird.

Ist der ScrumMaster nicht nur ScrumMaster, wird es für ihn unnötig schwer, die Tätigkeit des ScrumMasters sinnvoll auszufüllen. Er ist ständig damit beschäftigt, die Rollen zu wechseln.

Was soll er zuerst tun, wie soll er die Hüte ständig tauschen, wie das Vertrauen der Teammitglieder gewinnen und sicherstellen, dass er es auch behält?

INNEN. TEAMRAUM – MORGEN

Das Team sitzt um den ScrumMaster herum. Die Tische sind für das Daily Scrum wie in einem Schulsaal angeordnet. Der ScrumMaster sitzt hinter seinem Schreibtisch. Brigitte ist an der Reihe.

BRIGITTE: Ich habe ein Verständnisproblem. Ich kapiere einfach das Datenmodell nicht, das du erstellt hast. Kannst du es mir nach dem Daily Scrum erklären?

SCRUMMASTER: Nein – tut mir leid. Ich muss diesen Bericht für den Chef fertig machen und das wird den ganzen Tag dauern.

BRIGITTE: Aber das ist ein Riesen-Impediment für mich – du musst mir helfen.

SCRUMMASTER: Nein – wie gesagt, ich muss das erst fertig machen.

BRIGITTE: Aber wir haben doch gestern erst gelernt, dass es dein Job ist, mir zu helfen. Ich teile dir jetzt mein Problem mit und du willst es nicht lösen?

SCRUMMASTER: Nein – du musst halt warten. ■

Diese Probleme treten nicht auf, wenn ein ScrumMaster nur ScrumMaster ist und so seine Verantwortung korrekt übernehmen kann. Dann ist jedem Teammitglied klar, welche Verantwortung er hat. Das Vertrauen in ihn wächst und er kann gut arbeiten.

Der ScrumMaster trifft Entscheidungen

Der ScrumMaster sorgt in erster Linie dafür, dass sein Team die gesteckten Ziele erreicht. Das bedeutet auch, dass er in dringenden Fällen entscheidet, wenn das Entwicklungsteam oder der Product Owner diese Entscheidungen nicht treffen. Fragt ihn beispielsweise das Team, welches Backlog Item jetzt weiterbearbeitet werden soll, und der Product Owner ist nicht erreichbar, dann wird er kurzerhand entscheiden, wie weiter zu verfahren ist. Selbstverständlich trägt er dafür die Verantwortung. Es kann auch sein, dass die Entscheidung ansteht, wie sich das Team zusammensetzen soll. Auch hier wird es den einen oder anderen Fall geben, in dem der ScrumMaster die Situation klären muss. Häufig gibt es auch Entscheidungen, die aus Zeitdruck gefällt werden müssen. Ein Dilemma, das nicht einfach und schon gar nicht allgemeingültig zu lösen ist. Hier benötigt der ScrumMaster das notwendige Gespür für das korrekte Verhalten in dieser Situation.

Der ScrumMaster sollte im Zusammenhang mit Entscheidungen jedoch vorsichtig sein, damit es nicht zur Regel wird, dass er Entscheidungen für das Team trifft. Zeigt sich, dass das Team noch nicht autonom entscheiden kann, so ist das ein Signal für den ScrumMaster, dass er mit dem Team daran arbeiten muss, einen höheren Grad an Selbstbestimmtheit zu erreichen.

Wenn der ScrumMaster ständig entscheidet, wird man das auch seitens des Business feststellen. Manager werden sich dann zunehmend darauf verlassen, dass er schon alles richten wird, und werden die eigene Verantwortung auf den ScrumMaster abwälzen. So hat man zwar ein erstes Problem gelöst, damit es überhaupt vorangeht. Doch daraus kann schnell ein neues Problem entstehen: Das Business entscheidet überhaupt nichts mehr. Dann tritt exakt die Situation ein, die man eigentlich vermeiden wollte.

2.3.7 Wer wird ScrumMaster?

Woher bezieht eine Organisation ihren ScrumMaster? Wer ist dafür geeignet? Darf man den ScrumMaster aus der Organisation heraus besetzen? Sollte er aus dem Team kommen, das er als ScrumMaster begleiten soll, oder besser aus einem anderen?

Schauen wir uns einzelne Möglichkeiten im Detail an:

- **Fall 1: Der Teamleiter wird zum ScrumMaster.**
  Der ScrumMaster hat eine Funktion, die man mit der eines Teamleiters gleichsetzen kann, wenn der Teamleiter seine Funktion in einer anderen Form ausübt. Beginnt er, dem Team zu helfen, seine Arbeit selbst zu organisieren und Probleme aus dem Weg zu räumen, deckt er Probleme auf und arbeitet mit dem Team an deren Lösung, arbeitet er mit der Organisation, damit sein Team die Anforderungen der Organisation besser erfüllt – dann ist er ein ScrumMaster. Wenn er die Verantwortlichkeiten erfüllt, die Scrum an einen ScrumMaster stellt, ist nichts dagegen einzuwenden, wenn dieser ScrumMaster sein Team in Abteilungsmeetings als Sprecher vertritt.

  Nicht jeder Teamleiter ist in der Lage, diese Art der Führung von Menschen für sich zu nutzen, und manche bleiben beim alten Command-and-Control-Stil. Sie spezifizieren weiterhin mit anderen Abteilungen die Anforderungen und treffen über die Köpfe ihrer Teams hinweg Entscheidungen, wollen die Fäden weiterhin in der Hand behalten und betrachten die Offenheit und den positiven Umgang mit Fehlern und Problemen als Bedrohung ihrer eigenen Position. Solche Teamleiter sind definitiv nicht dafür geeignet, als ScrumMaster ihres Teams zu arbeiten.
- **Fall 2: Der Projektmanager wird zum ScrumMaster**
  Ein Projektmanager hat viele Aufgaben. Eine seiner Aufgaben ist es, die Arbeitsfähigkeit eines Teams herzustellen. Er sorgt für Ressourcen, stellt einige Regeln auf, ist Ansprechpartner für alle außerhalb des Teams und vieles mehr. Viele Aufgaben des Projektmanagers oder Projektleiters sind also identisch mit den Aufgaben eines ScrumMasters. Ein Projektmanager steuert allerdings auch das Projekt. Er trifft die Entscheidungen, welches Teammitglied welche Aufgabe übernimmt und welches Team wie mit welchem Team arbeitet. Der klassische Projektmanager nimmt also sowohl Aufgaben wahr, die das Team verantwortet, als auch solche, die in Scrum der Product Owner verantwortet. Hier liegt das Problem: Ein Projektmanager verantwortet gleichzeitig Bereiche, die auseinandergehalten werden sollten. Aus diesem Grund ist es wichtig, dass der Projektmanager sich entscheidet, ob er für den Bereich Prozessmanagement oder für den Bereich Anforderungsmanagement arbeiten will. Im ersten Fall wird der Projektmanager idealerweise ein ScrumMaster, im zweiten Fall übernimmt er die Rolle des Product Owners.
- **Fall 3: Der Softwareentwickler wird zum ScrumMaster**
  Einige Teams entscheiden sich dafür, dass der ScrumMaster aus dem Team kommen soll – nicht der ursprüngliche Teamleiter, sondern ein Mitglied des Teams. Das funktioniert, wenn die Teammitglieder diese Position rotierend wahrnehmen und jedes Teammitglied für zwei bis drei Sprints einmal ScrumMaster ist. Meine Beobachtung ist, dass in diesem Fall Scrum auf der Teamebene gut funktionieren kann, dass aber die Arbeit in die Organisation hinein ein wenig darunter leidet. Die Teammitglieder bleiben von ihrer Haltung her Entwickler.

In einigen Organisationen wird kein ScrumMaster eingesetzt, weil es an Ressourcen mangelt. Ein Umstand, der eigentlich unverständlich ist.

Zusammenfassung

- Der ScrumMaster führt den Scrum-Prozess ein und sorgt dafür, dass dieser diszipliniert eingehalten wird.
- Als ScrumMaster geeignet sind Personen mit Führungsqualitäten, die sich Problemen stellen und sie lösen wollen.
- Der ScrumMaster trifft Entscheidungen, wenn sich die Teammitglieder an ihn wenden. Diese Entscheidungen werden im Daily Scrum getroffen oder verkündet.
- Der ScrumMaster sollte nur ScrumMaster sein und nicht auch noch als Teammitglied arbeiten müssen. Er ist ein Schäferhund und kein Schaf.
- Der ScrumMaster sollte für nur ein Team verantwortlich sein, sonst wird die Belastung zu groß, und die Entscheidung, welchen Problemen und welchen Teams Priorität einzuräumen ist, fällt schwer.
- Die Steigerung der Teamproduktivität ist die vordringliche Aufgabe des ScrumMasters. Er kümmert sich ständig darum, dass die Teammitglieder bessere Wege finden oder ihre Leistung erhöhen.
- Der ScrumMaster trägt Scrum in die Organisation hinein. Er wirbt für Verständnis, klärt die Rollen von Scrum, erläutert die Prozesse und Abläufe des Teams.
- Der ScrumMaster identifiziert Impediments und arbeitet an deren Lösung.
- Er arbeitet mit dem Team, zeigt ihm neue Wege und hilft dem Team Schritt für Schritt in die Selbstverantwortlichkeit zurück.
- Der ScrumMaster arbeitet mit dem Product Owner, um ihm seine Rolle zu erklären und dafür zu sorgen, dass die notwendigen Arbeiten durchgeführt wurden.

2.4 Der Customer – der Finanzier

Die Rolle des Customers im Überblick

Der Kunde ist der Auftraggeber, er bezahlt die Produktentwicklung. Er ist es, der das Produkt am Ende des Projekts haben möchte, um seine internen oder externen Anwender zufriedenzustellen.

Im ursprünglichen Modell von Scrum gibt es die Rolle des Customers[3] nicht. Scrum beschränkte sich am Anfang darauf, einen Anforderer zu benennen, und das war der Product Owner. In der täglichen Arbeit stellte sich heraus, dass die Rolle des Product Owners oft vom Kunden

[3] Ich unterscheide den Customer vom Kunden. Mit Customer bezeichne ich die Rolle und mit Kunde den realen Kunden.

wahrgenommen werden konnte. Das funktionierte dann, wenn der Kunde genau wusste, was er wollte, und seine Wünsche selbst priorisieren konnte. Dieses Bild trifft oft zu, wenn eine Softwareapplikation intern für eine Fachabteilung geschrieben wird.

Dann kam die Frage auf, ob denn der Product Owner wissen könne, was der Anwender will. Sie stellt sich für jeden Product Owner, der ein neues Produkt für einen großen Anwenderkreis entwickeln will (z. B. der Product Owner, der für das nächste Mobiltelefonmodell zuständig ist). Er müsste also auch den Endanwender kennen, denn wie sollte er sonst dem Team sagen, was es entwickeln soll. Die Vorstellung war also, dass der Product Owner alle Schnittstellen nach außen abzudecken habe. Er musste den Markt vollständig kennen und in der Lage sein, die Bedürfnisse seiner Kunden abzuwägen. Das war aber ein falsches Verständnis der Rolle des Product Owners, denn dieser ist in erster Linie für die Gewinnmaximierung zuständig. Was hatten wir in den ersten Jahren von Scrum übersehen?

Wir hatten nicht alle Verantwortlichkeiten in einem Entwicklungsprojekt verstanden. Es gibt weitere Verantwortlichkeiten, die wir in Rollen kapseln können: die des Customers, des Users und des Managements. In meinen Gesprächen mit Kunden, Sutherland und Schwaber, Cohn und Tabaka, Broderick und Voode, Østergaard und Coplien wurde immer klarer, dass diese drei Rollen absolut unverzichtbar sind.

Damit wurde deutlich, dass die Verantwortung des Product Owners geklärt werden musste, und dabei zerfiel sie in die Rollen des Customers, des Users und des Product Owners:

- Der *Customer* ist der Auftraggeber und derjenige, der für das Gesamtprodukt zahlt. Er wünscht eine neue Anwendung, die seine Probleme in einem bestimmten Bereich lösen kann, und wir wollen sein Geld, um das Projekt durchführen zu können.
- Der *Product Owner* ist es, der seinen „Customer“ (Auftraggeber) mit dem für den Endanwender erzeugten Produkt begeistern will.

In manchen Organisationen gibt es beispielsweise ein Steering Committee oder einen höheren Vorgesetzten, der ein bestimmtes Projekt in Auftrag gibt. Dieser Vorgesetzte ist nicht zwingend auch der Product Owner, sondern derjenige, der die finanziellen Mittel bereitgestellt hat. Damit übernimmt dieser Vorgesetzte oder das Steering Committee die Rolle des Customers. Der Product Owner ist verpflichtet, nach den Vorgaben seines Kunden zu liefern. Er ist aber nicht notwendigerweise verpflichtet, jede Funktionalität erstellen zu lassen, nur weil sie dem Kunden gerade eingefallen ist.

Die Rolle des Product Owners und die Rolle des Customers können in einer Person vereint werden. Diese Person muss sich dann ihrer Doppelverantwortung bewusst sein.

Die Einführung der Rolle „Customer“ in Scrum löst einige Verständnisknoten. Jetzt wird viel deutlicher, dass der Product Owner Teil der Lösung ist und somit im selben Boot sitzt wie das Team. Er sorgt sich mit dem Team darum, dass der Kunde bekommt, was ihm versprochen wurde. Der Product Owner ist nun viel leichter vom Team als Partner akzeptierbar und es wird viel klarer, dass beide Parteien in die gleiche Richtung arbeiten.

Das Konzept des Customers in Scrum ist nicht nur sinnvoll, sondern sogar essenziell, wenn man sich als Consulting-Organisation aufstellen will. Dann ist der Product Owner Teil der eigenen Organisation und der externe Kunde übernimmt die Rolle des Customers. Für den Product Owner wird es dann auch einfacher, sich finanziell um das Projekt zu kümmern. Er weiß, was er vom Kunden für das Produkt bekommt, und so kann er den Return On Investment einfach bestimmen.

Wenn die Rolle des Customers von der Geschäftsführungsebene der Organisation übernommen wird, ist das Konzept der Customer-Product-Owner-Beziehung ebenfalls hilfreich. Nun wird klar, an wen sich der Vorstand oder der Geschäftsführer zu richten hat, wenn er wissen will, wie es um das Projekt bestellt ist: an den Product Owner und nicht an das Team. Umgekehrt wird deutlich, dass der Product Owner die Entscheidungen treffen muss, nicht der Customer. Dieser kennt den Return On Investment nicht.

2.5 Der User

Die Rolle des Users im Überblick

Der User benutzt das Produkt: Er wendet es an. Er ist nicht immer auch der Kunde, er bezahlt die Produktentwicklung also nicht. Der User ist als Rolle zuständig dafür, die Anforderungen zu kennen oder sie bewerten zu können. Er ist beim Sprint Planning Meeting 1 und beim Sprint Review unbedingt hinzuzuziehen.

Die Rolle Anwender oder User kommt in der ursprünglichen Formulierung von Scrum ebenfalls nicht vor. Sie ist jedoch als Konzept und Rolle ebenso wichtig wie der Customer. Die Rolle des Users hat keine Verantwortlichkeiten. Wir können ihn nicht für die Qualität des Produkts oder für die Lieferung verantwortlich machen. Der User trägt also keine Verantwortung in dem Sinne, wie es die übrigen Rollen tun. Aber das Team muss den User immer im Blick behalten. Es erzeugt das Produkt weder für den Product Owner noch für den Customer, sondern einzig für den User. Wer seinen User bei der Produktentwicklung nicht im Blick hat, wird nicht in der Lage sein, die Funktionalität so zu entwickeln, dass sie vom User angenommen wird.

Folglich sollte ein Scrum-Team mit dem User zusammenarbeiten. Es muss Wege finden, den User zu beteiligen. Dafür kann es die bekannten Wege des Marketings nutzen oder auch die eigenen Kenntnisse darüber, was für den User akzeptabel ist.

Ein Team erstellt eine neue Anwendung, die ein funktionierendes System ersetzen soll. Natürlich soll dieses System viele neue Funktionalitäten haben, zunächst muss es aber die aktuellen Funktionalitäten erfüllen. Bei einem Teammeeting wird darüber gesprochen, dass die momentane Performance des neuen Systems zu gering ist. Zunächst wird festgestellt, dass das neue System die Berechnung in 20 Minuten durchführt, während sie im alten System eine Sekunde gedauert hat. Daraufhin fragt jemand im Team, was an Berechnungszeit akzeptabel sei. Die Antwort lautet, dass man wohl unter sieben Minuten liegen müsste. Daraufhin meint einer der Entwickler: „Leute, jetzt macht mal einen Punkt. Wir wissen, diese Berechnung dauert im alten System eine Sekunde. Alles, was darüber liegt, wird nicht akzeptiert.“

Die Kenntnis der Domain des Endanwenders ist für die Produktentwicklung unerlässlich und kann nicht ersetzt werden. Der Versuch, dieses Wissen in Form von Spezifikationen aufzuschreiben, ist zu aufwendig und führt in die Irre. Der einzige Ausweg besteht darin, mit dem User so eng wie möglich zusammenzuarbeiten und dessen Feedback einzuholen. Die Verantwortung für diese Kommunikation trägt das Entwicklungsteam, nicht etwa der Product Owner oder der ScrumMaster. Das Entwicklungsteam muss die Applikation schaffen, die später ein Erfolg werden soll. Dazu müssen die einzelnen Funktionalitäten so entwickelt werden, dass sie der Anwender annimmt.

Oft haben Teams keinen direkten Zugang zu den Usern, im Internetbusiness ist das die Regel. Doch gerade hier ist es sehr einfach, neue Funktionalitäten so zu entwickeln, dass man schnell Feedback bekommt. Man kann kleine Applikationen bauen und sich vom User mithilfe der Reports zeigen lassen, ob ein bestimmtes Feature genutzt wird oder nicht. Man kann auch Bekannte bitten, etwas auszuprobieren, und deren Feedback einholen. Andere Projektteams beauftragen im Rahmen der Produktentwicklung die Marketingabteilung damit, eine Umfrage durchzuführen und auf diese Weise gewisse Funktionalitäten abzutesten. Das kann man mit Papierprototypen, mit Designentwürfen und vielen anderen Techniken sehr einfach und günstig durchführen. Auch hier gilt: All dies ist Aufgabe des Entwicklungsteams. Die Teammitglieder entwickeln das Produkt.

2.6 Das Management – die Stabilisatoren der Organisation

> **Die Rolle des Managements im Überblick**
>
> Das Management ist für die Erhaltung der Organisation notwendig. Es etabliert Prozesse und Richtlinien und stellt die Qualität der Mitarbeiter durch Personalentwicklung und Training sicher.

Welche Rolle spielt das Management in Scrum? Viele Leser des Buchs von Schwaber und Sutherland, die mit Scrum beginnen und vielleicht zu einem Scrum-Training kommen, fragen sich: Was tut das Management? Brauchen wir das Management noch? Die kurze und einfache Antwort lautet: Ja, unbedingt!

Die Rolle „Manager“ wird in Scrum dann sehr wichtig, wenn es um das Skalieren von Scrum-Projekten oder die organisationsweite Einführung von Scrum geht (siehe Kapitel 7). Sie treibt die Veränderung an. Dabei ändert sich die Rolle, also die Verantwortlichkeit des Managers, von einer anweisenden zu einer helfenden und unterstützenden Führungskraft.

Das offizielle Scrum von Ken Schwaber definiert keine Managerrolle. Daher ist nicht sofort klar, worin denn das Management besteht, wenn der Product Owner und das Entwicklungsteam alles erledigen. Hinter diesen Fragen steht ein großes Missverständnis. Obwohl Scrum immer von Selbstorganisation und von selbstbestimmten Teams ausgeht, braucht auch das Scrum-Team das Management.

Scrum schafft das Management nicht ab! Vielmehr fordert Scrum explizit, dass das Management seine Verantwortung wahrnimmt. Scrum zeigt deutlich, worin die Aufgabe des Managements besteht: Es muss dafür sorgen, dass ein Team seine Mission erledigen kann. Ein Team braucht einen Raum, ein Gebäude, einen Kunden, eine Aufgabe, das Ziel, Ressourcen, Arbeitsmittel, einen Kontext. Es startet nie im luftleeren Raum, in dem es alles selbst erzeugen muss. Das wäre unproduktiv und würde das Projekt nur behindern.

In einem Start-up-Unternehmen hätte das Management zunächst die Aufgabe, die Ressourcen bereitzustellen, die das Team für seine Arbeit benötigt. Etablierte Organisationen können auf bereits vorhandene Strukturen zurückgreifen. Der FC Bayern München muss ein Stadion unterhalten. Er braucht neben dem Fußballteam auch Ärzte, Betreuer, Gärtner für den Rasenplatz, Kassenpersonal, Reinigungspersonal, Fahrer für den Mannschaftsbus, Marketingspezialisten, Einkäufer, Trainer und viele andere, die dafür sorgen, dass der Verein am Samstag gegen den HSV spielen kann. Die Spieler können sich nicht um all diese Dinge kümmern. Sie sollen Fußball spielen, besser als jedes andere Team. Hier sieht man sehr schön die Aufgabe des Managements, die darin besteht, alles Nötige bereitzustellen, damit die Mannschaft optimal vorbereitet antritt.

Peter Kotter schrieb dazu: „Beim Management geht es darum, mit Komplexität umzugehen. Seine Praktiken und seine Prozeduren sind hauptsächlich eine Antwort auf die signifikanteste Entwicklung des zwanzigsten Jahrhunderts: die Entwicklung der großen Organisationen. (...) Gutes Management bringt einen Grad von Ordnung und Stabilität zu Schlüsseldimensionen wie Qualität und Profitabilität von Produkten.“ [Kotter 1996]

Genau diese Aufgabe hat auch das Management einer Softwareentwicklungsmannschaft. Oder sagen wir lieber: Diese Aufgabe sollte es haben. Es sollte seine Spieler in die Lage versetzen, so effektiv, so schnell, professionell und effizient wie nur möglich zu arbeiten.

Die Realität sieht aber in der Regel anders aus. Die Spieler der Softwareentwicklungsteams werden durch veraltete Regeln, nicht funktionierende Computer, falsch aufgesetzte Entwicklungsumgebungen, Sicherheitsbestimmungen anderer Fachabteilungen und viele andere Regeln gebremst und aufgehalten. Selbst bei Projekten mit höchster Priorität gelten häufig Standardvorschriften, die für den üblichen Büroangestellten gedacht sind, unhinterfragt auch für dieses Team. Dabei geht es manchmal nur darum, einen neuen Speicherbaustein für die Entwickler zu kaufen. Bei Projekten mit Budgets von mehreren Millionen Euro wird dann an den Workstations der Entwickler gespart und 1.000 Euro für einige Gigabyte RAM werden nicht genehmigt.

Oft macht das Management genau das Gegenteil davon, das Umfeld für die Teams optimal zu gestalten. Es werden Maßnahmen eingeleitet, die aus der Sicht von oben sinnvoll wirken, unten aber zu Druck und Unzulänglichkeiten führen. Organisationen arbeiten nicht von den Bedürfnissen ihrer Teammitglieder aus, sondern zwingen ihre gut ausgebildeten und motivierten Mitarbeiter in zu enge Korsetts. Das Management hätte hier die Aufgabe, sehr genau darauf zu achten, was in den Teams passiert, um dann die Rahmenbedingungen entsprechend zu gestalten. Das fängt beim Arbeitsspeicher der Workstation an und geht mit dem Verschieben von Bürowänden weiter.

Die Aufgabe des Managers in Scrum ist es, mit dem ScrumMaster gemeinsam an den Impediments zu arbeiten, auf seiner Ebene die richtigen Maßnahmen einzuleiten, die richtigen Gespräche zu führen, den Weg zu ebnen, Konflikte zu lösen und vieles mehr. Der Manager ist dabei entscheidend. Im Gegensatz zum ScrumMaster ist er ermächtigt, die Probleme zu lösen.

Der ScrumMaster kann sie nur aufzeigen und dafür sorgen, dass sie gelöst werden. Er findet im Manager seinen Ansprechpartner. Wenn der Manager seine Mitarbeiter nicht als Ausführer von Anweisungen sieht, sondern mit dem Team gemeinsam arbeitet und sich als Beschleuniger seines Teams sieht, wird er zu völlig neuen Erkenntnissen über sein Team und dessen Möglichkeiten kommen.

Lassen Sie mich mit einem Beispiel aus der Kindergartenarbeit illustrieren, wie unterschiedlich man ein und denselben Beruf ausüben kann. Wir alle kennen den üblichen Standardkindergarten. Es gibt kindgerechtes Spielzeug, geregelte Essenszeiten und die Kleinen halten immer zur gleichen Zeit ihren Mittagsschlaf. Oft ist das ein großes Theater, weil die Kinder nicht schlafen gehen wollen. Aber es gibt die Regel und sie wird eingehalten. In diesem Kindergarten wird gebastelt und gemalt. Es gibt schöne und toll ausgestattete Bauecken und die Kinder müssen nach dem Spielen alles wieder aufräumen. Die Aufgabe der Erzieherin besteht darin, diese Ordnung herzustellen, den Kindern das Basteln und im Laufe der Zeit die Regeln des Kindergartens zu vermitteln. Viele Kindererzieherinnen sind großartig und die Kinder gehen gerne in den Kindergarten. Ich werde Caroline, die Erzieherin, mit der ich als Zivildienstleistender damals eine Gruppe führte, nie vergessen. Sie hat ihren Beruf mit viel Liebe ausgeübt und die Kinder hatten viel Spaß mit uns.

Was wir damals nicht wussten: Es gibt auch ein anderes Kindergartenkonzept. Nein, nicht Montessori oder Waldorf, sondern ausgehend von Ideen, die in Kindergärten der Reggio Emilia zum Einsatz kommen und den Erkenntnissen von Piaget entsprechen. Diese Kindergärten arbeiten unter der Annahme, dass Kinder sehr genau wissen, was sie können, und dass alles, was ein Kind tut, in diesem Augenblick genau richtig und sinnvoll für dieses Kind ist. Die Arbeit der Kindergärtnerinnen ist hier etwas völlig anderes als die Arbeit von Erzieherinnen wie Caroline. Die Kindergartenpädagoginnen beobachten die Kinder und besprechen täglich, welche Lernerfahrungen die Kinder gerade machen oder machen wollen. Sie versuchen herauszufinden, was die Kinder sich selbst gerade beibringen wollen. Die Konsequenz ist, dass diese Pädagoginnen nichts verbieten, sondern innerhalb klarer Grenzen den Kindern helfen, ihre eigenen Lernerfahrungen zu machen.

Reggio Emilia approach

- Children must have some control over the direction of their learning;
- Children must be able to learn through experiences of touching, moving, listening, seeing, and hearing;
- Children have a relationship with other children and with material items in the world that children must be allowed to explore and
- Children must have endless ways and opportunities to express themselves.

In the Reggio approach, the teacher is considered a co-learner and collaborator with the child and not just an instructor. Teachers are encouraged to facilitate the child's learning by planning activities and lessons based on the child's interests, asking questions to further understanding, and actively engaging in the activities alongside the child, instead of sitting back and observing the child learning. „As partner to the child, the teacher is inside the learning situation."*

* Eine Beschreibung der Leitideen dieses Ansatzes finden Sie unter http://en.wikipedia.org/wiki/Reggio_Emilia_approach (30.12.2015). Weitere Informationen zu dieser Form der Pädagogik gibt es unter http://zerosei.comune.re.it/inter/reggiochildren.htm (30.12.2015)

Diese Arbeit ist schwierig, denn es erfordert ein Umdenken im Umgang mit Kindern: Diese Pädagoginnen bringen den Kindern nichts bei, sondern sie versuchen zu verstehen, was den Kindern gerade wichtig ist. Sie zeigen ihnen, wie mit einer echten Säge umzugehen ist, und dann sägen diese Kinder - unbeaufsichtigt, denn sie wissen, was sie tun. Diese Ideen damals in meiner Kindertagesstätte vorzubringen, wäre undenkbar gewesen.

Wären unsere Manager wie diese italienischen Kindergartenpädagoginnen, würden sie ihre Teams länger und aufmerksamer beobachten und sich Zeit für die Teams und die Organisation um die Teams herum nehmen. Sie müssten viele ihrer Meetings absagen und sich um das kümmern, was innerhalb ihres Teams vorgeht. Die japanische Managementphilosophie, die sich hinter dem Toyota Production System verbirgt, kennt dieses Prinzip als „Genbutsu". Dieses Wort bedeutet so viel wie: sich vor Ort ein Bild machen - „geh hin und schau nach". Ich kenne kein Team, das es nicht begrüßt, wenn sich der Abteilungsleiter (nicht der ScrumMaster) ein oder zwei Mal im Monat einige Stunden lang mit dem Team unterhält und den Teammitgliedern unvoreingenommen zuhört.

Der Manager wird auch mit Scrum die Richtung vorgeben. Er wird gemeinsam mit anderen Managern entscheiden, welche Projekte anstehen, welche Leute von der Organisation aufgenommen werden sollen und wie die strategische Ausrichtung des Unternehmens ist. Das mittlere Management wird nach wie vor als Vermittler zwischen der Geschäftsführung und den Teams agieren und so die Grundlage schaffen, auf der die Teams arbeiten können. In einem idealen Scrum-Umfeld braucht eine Organisation die ScrumMaster nicht mehr, sondern der Manager wird die Teams aus eigenem Antrieb optimal ausstatten und die Organisation wird die Teams optimal unterstützen. Beides Wunschvorstellungen, die der ScrumMaster zu erreichen versucht.

Die oben genannte Sichtweise finden wir auch bei Autoren wie Greenleaf oder Blanchard. In ihren Büchern über „Servant Leadership" werden Modelle für das Führen von Teams und Organisationen erläutert, die von einem partizipatorischen Führungsstil ausgehen. Ihre Kernaussage ist, dass die Führungskraft nicht besser weiß, was zu tun ist, sondern ihre Mitarbeiter befähigt, die richtigen Handlungen selbst durchzuführen [Blanchard, Miller 2004; Greenleaf 2003].

Der ScrumMaster findet im Manager seinen Hauptansprechpartner. Ohne den Manager einer Organisation, ohne seine Befugnisse und Möglichkeiten, sei es das Budget oder seine hierarchische Funktion innerhalb der Organisation, kann der ScrumMaster nicht viel ausrichten. Der ScrumMaster selbst hat keinerlei Autorität. Er kann zwar Teammitglieder aus den Teams entfernen, hat aber weder die Ressourcen noch die Verantwortlichkeit, für dessen weiteren Weg zu sorgen. Diese Art von Verantwortung hat nur der Manager und er soll sie auch behalten.

2.7 Die Rollen ausüben und klar trennen

Scrum führt klare Verantwortlichkeiten ein, die jeweils in den einzelnen Rollen festgeschrieben sind und von den Personen, die diese Rollen innehaben, ausgeübt werden sollen. Die Verantwortlichkeiten lassen sich nicht teilen. Jede Rolle hat einen klaren Verantwortungsbereich und diese Bereiche überlappen sich nicht. Wenn es im realen Projektgeschäft zu Überschneidungen von Verantwortlichkeiten kommt, dann kommt es zwischen den Personen, die die jeweiligen Rollen ausüben, unweigerlich zu Interessenkonflikten. Es geht um eine Entscheidung: Soll die eingesetzte Person als Product Owner das Team antreiben oder als ScrumMaster nur für den Prozess sorgen und das Team vor dem Product Owner schützen? Soll eine Person entwickeln und das Team voranbringen oder ist diese Person eher geeignet, die Impediments des Teams zu lösen?

Die Geschichte Deutschlands hat uns gezeigt, wie wichtig die Gewaltenteilung zwischen Exekutive, Judikative und Legislative ist, und diese sehr deutlich durch getrennte Institutionen manifestiert. Die Verantwortungsbereiche werden von jeweils klar voneinander getrennten Institutionen ausgeübt: Polizei, Bundesgerichtshof und Parlament. Keine Institution darf und kann der anderen etwas vorschreiben. Soll die Polizei anders arbeiten, dann kann das Parlament ein neues Gesetz verabschieden. Es kann aber nicht Strafen aussetzen oder der Polizei vorschreiben, wie sie ihre Ermittlungen durchführt.

So ähnlich muss man sich auch die Gewaltenteilung zwischen ScrumMaster, Product Owner und Entwicklungsteam vorstellen.

- Der ScrumMaster ist ausschließlich für den Prozess und das Abarbeiten von Impediments zuständig.
- Der Product Owner gibt vor, was er sich wünscht, und steuert das Projekt.
- Das Entwicklungsteam hat die Verantwortung für die Qualität des Produkts.

Das Entwicklungsteam ist gewissermaßen die Exekutive, der Product Owner die Legislative und der ScrumMaster stellt die Judikative dar. Alle drei müssen gemeinsam spielen und sich auf ein gemeinsames Vorgehen verständigen, wenn sie die Kunden und die Anwender zufriedenstellen wollen. Der Customer wird eher mit dem Product Owner kommunizieren und der User hauptsächlich mit dem Team in Kontakt treten.

Dem ScrumMaster kommt neben der Verantwortung im Prozess die Rolle des Change Managers zu. Er hat die Verantwortung, Scrum zum Leben zu erwecken und die beiden anderen Rollen in ihrem Wirken zu unterweisen. Er ist also nicht wirklich neutral und hat keine Ziele, sondern verfolgt die klare Vision, Teams produktiver zusammenarbeiten zu lassen. Er will erreichen, dass Teams ihre Kreativität entfalten, qualitativ hochwertige Software schreiben und so effektiv wie möglich mit dem Product Owner und dem Anwender zusammenarbeiten. In dieser Rolle übernimmt der ScrumMaster die Verantwortung für das Gelingen seiner Handlungen und wird hierbei von niemandem geschützt.

Der ScrumMaster steht ohne jede Deckung da. Wenn ihm ein Fehler unterläuft, wird er – und nur er – dafür bezahlen. Viele ScrumMaster haben ihre Ideen und Veränderungsanstrengungen mit dem Hinauswurf bezahlt. Selbst Organisationen, die im Nachhinein den Weg von Scrum gegangen sind, haben ihre ersten idealistischen ScrumMaster oft unsanft hinauskomplimentiert.

Spannend ist: Der ScrumMaster arbeitet in einer coachenden Rolle, von allen geliebt, wenn es funktioniert, und von allen gehasst, wenn es nicht funktioniert. Der Einsatz ist hoch, die Chance auf Erfolg oft gering. Aber der Gewinn ist gigantisch: produktive Teams, Spaß am gemeinsamen Arbeiten, ganzheitliches Arbeiten, eine bessere Kommunikation. Für viele Organisationen hat sich das im wahrsten Sinne des Wortes gerechnet.

Zusammenfassend kann man sagen, dass die Rollen in Scrum Managementaufgaben sind.

- Qualität und Lieferung werden vom Entwicklungsteam gemanagt.
- Die Produktivität wird vom ScrumMaster gemanagt.
- Der Wert des Produkts wird vom Product Owner gemanagt.
- Entscheidungen kommen als Governance vom Manager.

Zusammenfassung

Es gibt in Scrum drei Rollen, die in der Literatur nicht erwähnt werden: Customer, User und Management. Der Customer finanziert die Produktentwicklung und gibt sie in Auftrag. Der User nutzt das Produkt und ist für die Anforderungserhebung relevant. Und das Management stellt die Grundlagen bereit, damit das Team eine Organisation vorfindet, in der es arbeiten kann.

Die Rollen in ihrem Zusammenhang sind so zu verstehen: Der Product Owner übernimmt die Verantwortung für den Return On Investment und unterhält daher eine finanzielle Beziehung zum Kunden. Das Team liefert eine Applikation, die von den Usern genutzt werden soll. Daher entsteht hier die Paarung aus Team und Usern. Gemeinsam erschaffen sie eine Applikation, die nutzbar ist. Der ScrumMaster versucht, die Probleme seines Teams zu lösen, und sein Hauptansprechpartner bei der Lösung ist das Management (Bild 2.3). Eine der Hauptaufgaben des ScrumMasters besteht darin, die Beziehung der Rollen zueinander und ihre jeweilige Abgrenzung zu klären.

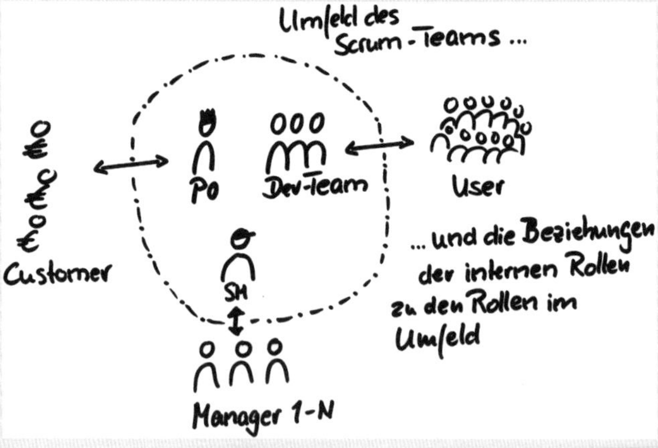

Bild 2.3 Korrespondierende Rollen – Organisation und Scrum

Fragen an den ScrumMaster

- Worauf muss der ScrumMaster zu Beginn der Transitionsphase bei seinem Team besonders achten?
- Was würden Sie als ScrumMaster in der nachfolgend beschriebenen Situation unternehmen? Wie würden Sie vorgehen?

In einem erfolgreichen Webunternehmen entstand folgende Situation: Ein Softwareentwicklungsteam war ursprünglich sehr produktiv und in der Lage, regelmäßig große neue Funktionalitäten für das Portal zu liefern. Das Portal war am Markt sehr erfolgreich. Nach einigen Monaten verringerte sich die Rate an neuer Funktionalität zusehends und der Druck auf die Softwareentwicklungsmannschaft wurde immer größer. Man führte Scrum ein und die Rate an gelieferter Funktionalität stieg wieder an. Nach weiteren neun Monaten trat das gleiche Phänomen wieder auf. Die Entwicklungsmannschaft wurde anscheinend wieder langsamer. Der CTO des Unternehmens bat uns nachzusehen, denn Scrum habe viel gebracht, aber jetzt funktioniere es nicht mehr. Zunächst konnten wir keinen eindeutigen Grund feststellen: Die Entwickler arbeiteten intensiv und konzentriert und es gab ein Sprint Backlog. Beim Daily Scrum lief auch alles normal. Alles in allem war zunächst kein Anzeichen erkennbar, wieso das Team nicht mehr lieferte.

Wir blieben eine Weile im Raum und beobachteten das Team, als nach etwa 30 Minuten ein Mann hereinkam und auf einen Entwickler zuging. Sie sprachen kurz miteinander und der Entwickler verließ daraufhin mit dem Mann kurz das Zimmer. Einige Minuten später kehrte unser Entwickler wieder zurück und begann, hektisch zu arbeiten. Am Abend fragten wir ihn, was denn geschehen sei, und erfuhren, dass der Mann einer von fünf Product Ownern war. Der CTO hatte sie eingesetzt, weil die Funktionalitäten des Portals so umfangreich geworden waren, dass es eine Person allein nicht mehr schaffen konnte. Jeder dieser Product Owner hatte das Ziel, so viel Funktionalität wie möglich in das Portal hineinzubekommen, denn die Bonuszahlungen waren von der Anzahl der Funktionalitäten abhängig. Es gab zwar ein Sprint Backlog, doch hatte es nichts mit dem zu tun, was implementiert wurde. Täglich verlangte ein anderer Product Owner etwas Neues.

- Welche Rollen kommen in Scrum vor? Welche Rollen korrespondieren dazu in der Organisation?
- Worin besteht der Unterschied zwischen einer Rolle und einer Position?
- Wen könnten Sie sich in Ihrer Organisation als ScrumMaster vorstellen?
- Ist ein ScrumMaster Teil des Teams? Warum?
- Warum ist die Gewaltenteilung in Scrum so essenziell?
- Was passiert, wenn ein Team mehrere Product Owner hat? Sie sind der ScrumMaster dieses Teams. Wie würde Ihre Lösung der Situation aussehen?
- Welche Rolle würden Sie in Ihrer Organisation gerne übernehmen?
- Was müssten Sie tun, um diese Rolle in Ihrer Organisation auszuführen?
- Welche Probleme stünden Ihnen dabei im Weg?

3 Strategisches Planen in Scrum

„Plans are worthless, but planning is everything."

Dwight D. Eisenhower

In Scrum werden strategisches und taktisches Planen unterschieden.

Strategische Planung

Was ist Strategie? Das Wort kommt aus dem Griechischen und bedeutet ursprünglich „Heerführung". Clausewitz definiert in seinem Werk „Vom Kriege" die Strategie so [Clausewitz 2005]:

> *„Die Strategie ist der Gebrauch des Gefechtes zum Zwecke des Krieges; sie muss also dem ganzen kriegerischen Akt ein Ziel setzen, welches dem Zweck desselben entspricht, d. h. sie entwirft den Kriegsplan, und an dieses Ziel knüpft sie eine Reihe von Handlungen an, welche zu demselben führen sollen, d. h. sie macht die Entwürfe zu den einzelnen Feldzügen und ordnet diese in die einzelnen Gefechte an."*

Lassen Sie mich dieses Zitat auf die Projektplanung übertragen:

> *Die Strategie ist der Gebrauch der Sprints zum Zwecke des Projekts; sie muss also dem Projektgeschehen ein Ziel setzen, d. h. sie entwirft den Projektplan, und an dieses Ziel knüpft sie eine Reihe von Handlungen an, die zum Ziel führen sollen, d. h. sie macht die Entwürfe zu den einzelnen Releases und ordnet diese in Sprints an.*

Ziel des strategischen Planens ist es also, die Zwischenschritte festzulegen, die zum endgültigen Ziel führen. Im Planungsprozess entwickeln die Beteiligten eine Vorstellung dessen, was vor ihnen liegt. Strategisches Planen unterstützt bei der Einschätzung, ob ein Vorhaben gelingen kann, und es dient der Entscheidung über das passende Vorgehen.

Taktische Planung

Demgegenüber steht die Taktik. Sie ist bei Clausewitz die „Lehre vom Gebrauch der Streitkräfte im Gefecht". Für uns bedeutet das:

> *Taktik ist die Lehre vom Gebrauch unserer Skills und Möglichkeiten im Sprint.*

Natürlich wird auch auf der taktischen Ebene geplant. Aber auf dieser Ebene wird der Sprint geplant und versucht, das Ziel des Sprints zu erreichen. Die Unterscheidung zwischen strategischer und taktischer Ebene ist wichtig, da nur so zu verstehen ist, wie Scrum und andere agile Entwicklungsmethoden planen. Auf den Punkt gebracht also:

- Auf der Ebene der Strategie werden die Ziele geplant, die erreicht werden sollen.
- Auf der Ebene der Taktik werden die Aktionen geplant, die für das Erreichen der Ziele notwendig sind.

In der strategischen Planungsphase muss das Team also gemeinsam mit dem Product Owner den Ausblick auf die gesamte Produktentwicklung erarbeiten.

Die Schritte des strategischen Planungsprozesses im Überblick

Der strategische Planungsprozess zerfällt in neun Schritte (Bild 3.1):

1. Erstellen einer Vision
2. Analysieren der Constraints und Festlegung der High-Level-Ziele
3. Analysieren der Personas
4. Erstellen der initialen Storys
5. Priorisieren der Backlog Items (Storys) basierend auf dem Geschäftswert und den Sprint-Zielen
6. Schätzen der Backlog Items in der Reihenfolge der Priorisierung mithilfe von Magic Estimation
7. Velocity-Schätzung
8. Erarbeiten des initialen Releaseplans
9. Auswahl der ersten Storys für den Sprint

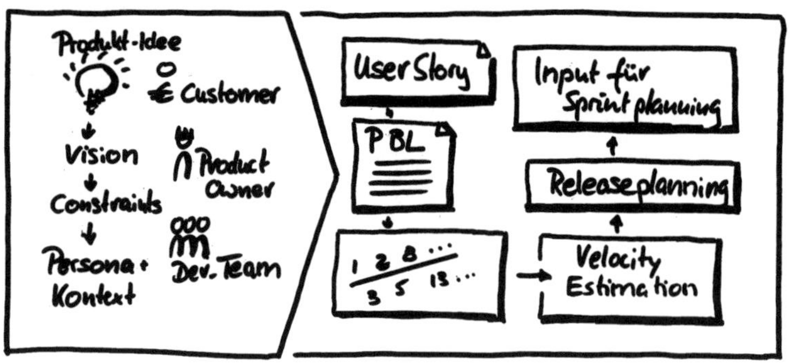

Bild 3.1 Der strategische Planungsprozess – ein kontinuierlicher Dialog

Der strategische Planungsprozess innerhalb eines Projekts darf nicht mit dem der Strategie verwechselt werden, die dem Projekt übergeordnet ist. Das Projekt mit seinem eigenen strategischen Planungsprozess ist nur ein Teilaspekt der Planung von Produktentwicklungszyklen. Der strategische Planungsprozess auf der Ebene der Produktlinie hat allerdings wiederum Einfluss auf die Projekte selbst. Daher sehen wir uns diesen, dem Projekt übergeordneten Prozess kurz an:

- **Strategische Produktlinie**
  Eine strategische Produktlinie kann man sich als eine Menge von Produkten zur Abdeckung eines gemeinsamen Anwendungsbereichs vorstellen. Innerhalb der Produktlinien durchlaufen die einzelnen Produkte wiederum eigene Produktlebenszyklen.

- **Roadmap**
  Die Roadmap beschreibt, in welchen Produktetappen ein Produkt weiterentwickelt werden soll. Dabei kann eine Produktetappe jeweils durch ein oder mehrere Projekte gekennzeichnet sein. Eine Roadmap ist weiter gefasst als ein Projektplan und geht über das einzelne Projekt hinaus.
- **Vision**
  Die Vision bezieht sich immer auf das Produkt. Sie kann auch Teilprodukte beinhalten, die in Form der einzelnen Projekte, die sich aneinander anschließen, gemeinsam das Gesamtprodukt erstellen.
- **Releaseplan**
  Am Ende dieser Planungsphase steht ein initialer Projektplan oder Releaseplan. Der Releaseplan beinhaltet das Verständnis aller Beteiligten darüber, welche Funktionalitäten zu welchem Zeitpunkt vom Team geliefert werden können. Der Releaseplan hängt von drei Faktoren ab: der Reihenfolge der Items im Product Backlog, der Größe der Product Backlog Items und der Kapazität oder Velocity des Scrum-Teams.

3.1 Was ist Planen?

Die oben genannten Schritte des strategischen Planungsprozesses werden in einem Scrum-Projekt tatsächlich streng der Reihenfolge nach abgearbeitet. Bevor ich auf jeden einzelnen Schritt eingehe, müssen wir uns jedoch noch einmal ausführlich damit beschäftigen, was Planen genau ist:

Planen ist ein Prozess, der zu Resultaten führt.

Aufgabe des Planungsprozesses ist es zu definieren, welches Team in welchem Zeitraum mit welcher Technologie welches Produkt erstellt. Agiles Planen ist ein aufwendiger Prozess mit zentraler Bedeutung für das Projekt. Ziel des agilen Planens ist es, bei allen Beteiligten ein gemeinsames Verständnis über ihre Rolle im Projekt zu schaffen. Der Planungsprozess ist in zwei Ebenen aufgeteilt, die strikt voneinander getrennt sind:

1. die strategische Ebene, auf der die Releaseplanung oder Langzeitplanung durchgeführt wird, und
2. die taktische Ebene, auf der die einzelnen Sprints geplant werden.

Der Planungsprozess wird immer als Dialog aller beteiligten Parteien organisiert: Die Teammitglieder führen die Planung gemeinsam mit dem Product Owner unter der Moderation des ScrumMasters durch.

In diesem Kapitel befassen wir uns hauptsächlich mit dem strategischen Planungsprozess: von der Vision über das Product Backlog und die Product Backlog Items, die im Product Backlog priorisiert und geschätzt sind, bis zum Erstellen des Releaseplans. Die taktische Planung des Projekts geschieht in den Sprint Planning Meetings 1 und 2.

MEETINGRAUM – NACHMITTAG. Niko, der Product Owner steht vor einem Tisch, im Hintergrund eine PowerPoint-Präsentation. Am Tisch sitzen zwei Männer und vier Frauen und hören aufmerksam zu.

NIKO: Sie haben gehört, wie ich mir unsere neue Profikamera vorstelle. Bei den nächsten Olympischen Spielen sollen möglichst alle Sportreporter unsere Kamera nutzen.

(an den ScrumMaster gewandt) Was kommt als Nächstes?

Der ScrumMaster steht auf, nimmt einige Marker und geht zu einem Flipchart. Er schreibt die Vision in einigen Sätzen hin.

SCRUMMASTER: Niko, wenn ich dich richtig verstanden habe, willst du eine Kamera für Sportreporter, die die Aufnahmegeschwindigkeit der besten Profi-SLR-Kameras übertrifft. Sie soll die Bildqualität aller bisherigen digitalen Spiegelreflexkameras in den Schatten stellen, dennoch leicht zu bedienen und handlich sein.

NIKO: Genau – ich weiß, keine leichte Aufgabe, aber wir haben zwei Jahre bis zu den Olympischen Spielen.

SCRUMMASTER: (zu den Leuten am Tisch gerichtet) Guten Tag, ihr kennt mich noch nicht. Ich bin Boris. Ich helfe Niko ein wenig, dieses Projekt zu leiten. Wir wollen diese Kamera mit einer neuen Produktentwicklungsmethode sehr schnell auf den Markt bringen. Wir haben euch aus gutem Grund zu diesem Meeting eingeladen. Niko und ich glauben, dass ihr die Einzigen im Unternehmen seid, die dieses Projekt erfolgreich stemmen könnten.

STACIA: (schaut in die Runde, holt tief Atem) Danke für das Vertrauen, aber wo ist der Projektplan, wie soll die Kamera aussehen? Welches Budget haben wir, wer soll was tun?

Boris blickt Niko aufmunternd an. Niko steht wieder auf.

NIKO: Also, dieses Projekt läuft ganz anders ab, als wir es bisher gewohnt waren. Boris hat mich überzeugt, dass wir eine andere Methode in der Entwicklung brauchen, wenn wir Erfolg haben wollen.

Einer der Männer, groß, ca. 50 Jahre, meldet sich zu Wort.

TOBIAS: Aha, welche? Schon wieder eine Methode. Ihr habt erst vor einem Jahr den Produktentwicklungszyklus sehr genau festgelegt.

SCRUMMASTER: Darf ich dazu etwas sagen?

TOBIAS: Bitte!

SCRUMMASTER: Ich möchte euch bitten, ein wenig Geduld zu haben und euch nicht um den neuen Prozess zu kümmern. Der ist nämlich völlig unwichtig.
Ich werde euch einfach helfen, die richtigen Dinge zu tun. Zunächst einmal: Wollt ihr alle bei diesem Projekt mitarbeiten? ■

So oder so ähnlich beginnt ein Scrum-Projekt. Der Product Owner erläutert seinem Team die Vision seines Projekts und gemeinsam wird dann geplant, was geliefert werden soll. Ein Scrum-Entwicklungsteam beginnt mit einem Projekt also viel früher, als es üblicherweise passiert. Die Teammitglieder sind bereits in der strategischen Planungsphase dabei. Sie legen gemeinsam mit dem Product Owner drei Dinge fest:

1. Das *Team*, also wer dieses Produkt erstellen wird.
2. Die *Technologie*, mit der das Produkt erstellt werden soll, und wie das Produkt beschaffen sein soll.
3. Den *Zeitplan* und die Schritte bis zum fertigen Produkt.

Das ist ein grundlegender Unterschied zum Vorgehen bei traditionellen Projekten. Nicht das Management entscheidet, wie das Team zusammengesetzt ist, wie der Projektplan auszusehen hat und welche Funktionalitäten erstellt werden sollen. Die Menschen, die am Produkt arbeiten, legen diese Dinge selbst fest. Natürlich muss man mit irgendetwas beginnen. Ein Projektteam materialisiert sich nicht aus dem Nichts, wenn ein Produktmanager eine Idee hat. Daher wird das Management mit dem ScrumMaster gemeinsam ein Kernteam auswählen und die Mitglieder fragen, ob sie an diesem Projekt mitarbeiten wollen. Dann beginnt dieses Team mit dem strategischen Planungsprozess.

Planung ist Kommunikation

Nicht der Plan, die Dokumente oder andere Hilfsmittel sind der Kern. Am Ende zählt nur das Bild in den Köpfen der Beteiligten. Aber wie entsteht dieses Bild? Um das zu verstehen, müssen wir uns wieder der Frage zuwenden: Was ist Planen? Wir gehen davon aus, dass Planen eine Aktivität ist, an der mehrere Personen beteiligt sind, und müssen daher eine Definition finden, die für eine Gruppe gilt. Dazu passt die folgende Definition, die zunächst einfach klingt, aber immense Implikationen hat: Planen ist Dialog.

Das Wort Dialog kommt aus dem Griechischen und setzt sich zusammen aus „dia“, das *durch* oder *hindurch* bedeutet, und „logos“, das *Wort* oder *Denken* bedeutet. Ein Dialog ist demnach ein Vorgang des „Durchdenkens mithilfe von Worten“. Genau das geschieht in einer Gruppe. Die Mitglieder besprechen und durchdenken, was getan werden muss. Einfacher formuliert:

Planen ist ein Kommunikationsprozess zwischen den beteiligten Personen.

Der Prozess selbst ist meiner Meinung nach wesentlich wichtiger als das offensichtliche Resultat, der Plan. Der Plan, möglicherweise aufgeschrieben in Form eines Gantt-Charts, zeigt nicht, welcher Denkprozess während der Planung zwischen den Teilnehmern stattgefunden hat. Man kennt ihre inneren Bilder und ihre emotionale Beteiligung nicht, wenn man den Plan in den Händen hält. Wenn das Planen aber als Kommunikationsprozess abläuft, können wir davon ausgehen, dass alle Aktivitäten, die von einem Planungsmeeting ausgelöst werden, auf dem gemeinsamen Verständnis gründen, das innerhalb des Meetings entstanden ist. Sie werden nicht vom Plan selbst bewirkt. Dieser dient zwar als Referenz, aber ohne die Besprechung ist der Plan wertlos.

Der Plan gelingt, wenn Kommunikation gelingt

Wenn der Planungsprozess so bedeutsam ist, müssen wir dann nicht ein verstärktes Augenmerk auf diesen Prozess legen? Müssen wir nicht besonderen Wert auf die Kommunikation zwischen den Beteiligten legen und uns fragen, wie man sie verbessern kann?

Die Teilnehmer meiner Trainings berichten immer, dass das Planen selbst keine Probleme bereitet. Das Problem sei, dass der Plan aber dann im Endeffekt nicht so umgesetzt werden kann. Nach unserer Definition des Planens müssen wir also danach suchen, welche Probleme beim Kommunizieren auftreten.

Jede Verständigung, sei es im Gespräch oder über E-Mails, ist nur über den Umweg der Interpretation möglich [vgl. Wittgenstein 2001]. Kommunikation kann dann als gelungen angesehen werden, wenn die Handlung, die erfolgt, der Absicht der Kommunikation entspricht. Der Planungsprozess scheitert so oft, weil die Kommunikation zwischen den Beteiligten nicht zu einem Ergebnis führt, das alle gleich interpretieren.

Der Plan als Mittel der Kommunikation

Wenn wir das Planen als Kommunikationsprozess sehen, besteht die Funktion von Planungs-Tools darin, diesen Kommunikationsprozess zu moderieren und ihn zielführend zu gestalten, damit alle Beteiligten im Nachgang die korrekten Handlungen setzen.

Wir kennen Baupläne und Skizzen, in denen die Architekten aufzeichnen, wie ein Haus gebaut werden soll. Spricht man mit Architekten darüber, warum sie ihre Pläne so exakt zeichnen, dann bekommt man unter anderem die Antwort, dass durch den Plan für alle Beteiligten klar wird, welche Tätigkeiten und Aufgaben sie durchzuführen haben. Der Plan selbst ersetzt aber auch hier nicht die Kommunikation, sondern ist das Ergebnis der Kommunikation und hat nur ein Ziel: Er soll seine Leser dazu bringen, die richtige Anschlusshandlung durchzuführen. Der Bauarbeiter soll an genau der richtigen Stelle eine Wand einziehen oder ein Fenster bauen.

Der Plan soll den Lesenden darüber hinaus zum Weiterdenken anregen. Der Empfänger soll nicht nur tun, was ihm gesagt wird, sondern überprüfen, was er bekommen hat, und sein eigenes Wissen dazu einsetzen, die im Plan enthaltene Idee umzusetzen oder gar zu verbessern. Der Plan hat also nicht nur die Aufgabe, die Realität abzubilden oder zu erzeugen, sondern dient Menschen dazu, sich über ihre Handlungen zu verständigen. Damit ist jeder Bauplan aber nichts weiter als ein Kommunikationsmittel. Er ersetzt nicht die Kommunikation zwischen den Beteiligten, sondern ergänzt sie und dokumentiert den Prozess des gemeinsamen Denkens. Er ist immer nur ein Resultat, nicht die Ursache.

Übertragen wir dieses Beispiel aus der Architektur auf die Softwareentwicklung, dann wird deutlich: Der Releaseplan eines Produkts beschreibt den Wissensstand dessen, was gemeinsam erarbeitet wurde. Er enthält die Reihenfolge der Auslieferung sowie die Einschätzung der Größe der einzelnen Backlog Items und sagt etwas darüber aus, wie schnell ein Team eine gegebene Funktionalität liefern zu können glaubt.

Was uns zu der Frage führt: Wie kann man den Kommunikationsprozess Planung sinnvoll unterstützen und damit das gemeinsame Verständnis fördern? Denn effektives Planen heißt in unserem Modell: effektives Kommunizieren. Um effektiv kommunizieren zu können, muss man wissen, auf welcher logischen Ebene man sich bewegt. Das bedeutet: Will ein Product Owner den Liefertermin seines Projekts bestimmen, muss er sich darüber im Klaren sein, dass er eine strategische Frage beantworten will. Wollen Teammitglieder wissen, wie sie sich innerhalb eines Sprints organisieren sollen, dann geht es um eine taktische Frage. Daher schauen wir uns nun die Ebenen des Plans an.

3.2 Planungsebenen: Strategie und Taktik

Jeder Projektmanager wird mir bei dem oben Gesagten zustimmen und sich fragen, wo der Unterschied zum traditionellen Projektmanagement liegt. Der Unterschied liegt darin, was als Basis für die Planung des Projekts verwendet wird.

Jeder Projektmanager lernt, dass der Projektstrukturplan die Grundlage der Planung ist. Dafür werden alle Aufgaben in Arbeitspakete eingeteilt. Der zugrunde liegende Gedanke ist einleuchtend: Wenn man weiß, was getan werden muss, braucht man es nur in die richtige Reihenfolge zu bringen und dann muss man noch überlegen, wer die jeweiligen Handlungen durchführen soll - fertig ist der Plan. Diese Denkweise ist in allen nichtagilen Projektmanagementmethoden identisch. Selbst die modernste Projektmanagementmethode, die Critical Chain von Goldratt, basiert auf dieser Grundlage [vgl. Goldratt 1997]. Auch ich habe auf diese Weise jahrelang Projektpläne erstellt. Ich habe immer die Phasen des jeweiligen Entwicklungszyklus als erste Arbeitspakete festgelegt. Schnell hatte ich so den Rahmenprojektplan: Anforderungsanalyse, Analyse, Design, technisches Design, Entwicklung, Testen und Optimierung. Dann begann ich, die Phasen in kleinere Einheiten zu zerlegen, und überlegte, was noch hinzukommen würde. Dank guter Projektmanagement-Tools konnte ich dann die Abhängigkeiten einpflegen und die Ressourcen zuweisen.

Jede Planung im traditionellen Projektmanagement basiert also auf der Arbeit, die geleistet werden soll. Der Projektplan, eigentlich der Arbeitsplan, gibt zunächst keine Information darüber, wann ich ein Resultat erhalte. Nachdem der Projektplan aber in irgendeiner Weise zeigen muss, wann welcher Teil der Applikation fertig ist, werden Meilensteine gesetzt. Ein Meilenstein gibt an, wann ein Projektergebnis erreicht wird.

Hier müssen wir genauer hinschauen: Der Projektplan ist ein Arbeitsplan und koordiniert Aktivitäten. Welche Antwort würde Clausewitz geben, wenn ich ihn fragen würde, auf welcher Ebene sich ein Plan bewegt, wenn er Aktivitäten enthält? Natürlich: auf der taktischen Ebene.

Sehen wir uns das noch einmal in einem anderen Kontext an: Clausewitz sagte, dass Strategie das Planen von Gefechten und Taktik das Planen innerhalb der Gefechte sei. Transferieren wir das in die Welt des Fußballs, dann ist das Gefecht das jeweilige Spiel. Mit traditionellen, auf Arbeitspaketen basierenden Projektplänen würde man das jeweilige Fußballspiel durchplanen. Ich weiß nicht, wie es Ihnen geht, aber ich bin der Meinung: Das geht nicht. Man kann auf dem Level der Strategie dafür sorgen, dass die Spieler alles haben, was sie benötigen: Mitspieler, Fußbälle, Tore, ein Spielfeld, einen Schiedsrichter, Zuschauer, Umkleidekabinen und vieles mehr. Aber das Spiel selbst (die taktische Ebene) kann man nicht planen.

Ein anderes Beispiel: Ich habe einen Offizier gefragt, welches Prinzip in der Armee für die Planung auf dem taktischen Level herrscht. Er erklärte mir, dass dem Offizier ein Auftragsbefehl erteilt wird, der ihn ermächtigt, nach eigenem Ermessen alles zu tun, was in seiner Macht steht, um diesen Befehl erfolgreich auszuführen.[1] Der Auftragsbefehl unterscheidet sich dadurch vom Kommando, dass das „Wie", also die Wahl der Mittel und die Durchführung, dem Ausführenden überlassen bleibt. Das Kommando schreibt dagegen genau vor, wie eine Tätigkeit durchzuführen ist.

---

1 http://de.wikipedia.org/wiki/Militärischer_Befehl (2.1.2016)

In der Softwareentwicklung herrscht häufig genau das umgekehrte Prinzip. Es wird ständig kommandiert. Der Projektplan schreibt die Aktivitäten vor, die das Team durchzuführen hat, und überlässt es nicht etwa den Teammitgliedern, ihre eigenen Entscheidungen zu treffen und ihre Handlungen selbst auszugestalten.

Wenn aber der Projektplan dem Team vorschreibt, wie es vorzugehen hat, also auf dem taktischen Level geplant wird, ist es dann nicht vollkommen klar, wieso traditionelle Projektpläne ständig umgearbeitet werden müssen? Das Team verändert im Sprint seinen Zustand derartig schnell, dass es unmöglich ist, die nächsten sinnvollen Schritte vorauszusagen. Langfristige taktische Planungen – sagen wir: länger als vier Wochen – werden undurchführbar. Der Unterschied zwischen einem traditionell gemanagten Projekt und einem agilen Projektplan sieht also folgendermaßen aus:

> *Ein traditionell durchgeführtes Projekt wird langfristig auf der Ebene der Taktik gemanagt, ein agiles Projekt auf der Ebene der Strategie.*

Dieser Unterschied führt zu einer völlig unterschiedlichen Vorgehensweise bei der Planung agiler Projekte – nämlich zu einer strategischen Planung und damit überhaupt erst zu einer Strategie mit klaren Zielen. Wenn der Projektleiter nicht wissen muss, was im Einzelnen zu tun ist, kann er sich vollkommen darauf konzentrieren, was erreicht werden soll, und die einzelnen Teillieferungen in eine sinnvolle Anordnung bringen. Diese Anordnung der Dinge nennt das agile Projektmanagement *Releaseplan*. Das Team kann sich dann, geführt durch die strategische Ausrichtung des Projekts, um die selbst erarbeiteten Tätigkeiten kümmern und sich darauf konzentrieren.

3.3 Die Vision

3.3.1 Der Product Owner formuliert die Vision

Da steht sie am 16. Juli 1969 um halb zehn morgens auf der Abschussrampe des Kennedy Space Centers in Florida. Die Saturn V. 110 Meter hoch, zehn Meter im Durchmesser und 3.000 Tonnen schwer. Sie soll Neil Armstrong, Edwin Aldrin und Michael Collins zum Mond bringen. Wernher von Braun und Tausende von Menschen haben die gewaltigste Rakete der Menschheit gebaut. Ihre Baukosten betrugen circa eine Milliarde Dollar. Die Saturn V zündet ihre Triebwerke um 09:32. Sie hebt ab, schon 12 Minuten später tritt sie in den Erdorbit ein und zündet nach eineinhalb Erdumrundungen die letzte Stufe. Damit schickt sie die Apollo-Kapsel auf die Reise zum Mond.

Acht Jahre zuvor, am 25. Mai 1961, hatte John F. Kennedy in einer Rede vor dem Kongress die ganze Nation dazu aufgefordert, ein Rennen gegen die Sowjetunion zu starten und es zu gewinnen. Seine Worte sind so berühmt wie das Resultat, das sie bewirkten:

> *„I believe that this nation should commit itself to achieving the goal, before this decade is out, of landing a man on the Moon and returning him safely to the earth."*[2]

---

[2] http://go.nasa.gov/1mvmjNc (2.1.2016)
Ich glaube, dass sich diese Nation zu dem Ziel verpflichten sollte, noch vor Ende dieses Jahrzehnts einen Menschen auf dem Mond landen zu lassen und ihn wieder sicher zur Erde zurückzubringen.

Damit hatte Kennedy eine Vision erschaffen, die Menschen beflügelte, ihre Kräfte für ein gigantisches Ziel zu bündeln. Er brachte den Kongress dazu, das Budget dafür freizugeben, insgesamt rund 6,5 Milliarden US-Dollar. So schuf er die Voraussetzungen, diesen Traum wahr werden zu lassen. Kennedy startete die eindrucksvollste Produktentwicklung in der Geschichte der Menschheit und fokussierte eine ganze Nation auf die NASA und deren Mitarbeiter.

Alles begann mit einer Vision, die inspirierte, adelte und herausforderte. Das war Kennedy bewusst. Am 12. September 1962 sagte er in einer Rede an der Rice University:

> *„We choose to go to the moon. We choose to go to the moon in this decade and do the other things, not because they are easy, but because they are hard, because that goal will serve to organize and measure the best of our energies and skills, because that challenge is one that we are willing to accept, one we are unwilling to postpone, and one which we intend to win, and the others, too."*[3]

Von Kennedy lernen wir, wie eine erfolgreiche Produktentwicklung beginnt: Der erste Schritt ist die Vision. Sie bewirkt, dass in den folgenden Monaten und möglicherweise Jahren eine Gruppe von Menschen ihre Energie für ein gemeinsames Ziel nutzt. Eine Vision motiviert und vermittelt gleichzeitig Stabilität. Entsprechend definiert Bob Schatz, Certified Scrum Trainer und früher Vice President of Development bei Primavera, eine Vision so:

> *„Eine Vision erzeugt eine emotionale Reaktion auf ein klares Bild unseres Zieles hin."*

Aufgabe jedes Product Owners in Scrum ist es, eine Vision zu entwickeln, sie so wie Kennedy klar und präzise zu formulieren und damit das Team zu inspirieren. Aufgabe des Product Owners ist es *nicht*, Spezifikationen zu schreiben oder jedes kleinste Detail seiner Idee zu durchdenken und die Designvorgaben zu erstellen. Kennedy hat das auch nicht getan, er hat nur das Ziel vorgegeben.

3.3.2 Wie erschafft man eine Vision?

Eine Vision wirkt durch die Kraft der Worte. Deshalb muss der Product Owner zunächst seine eigene Leidenschaft, seine eigenen Werte und Vorstellungen für das jeweilige Produkt finden und sie in Worte fassen. Vielleicht muss er dazu einige Tage in seinem Büro verbringen, schreiben, zeichnen oder mit Freunden diskutieren. Wenn seine Vorstellung Gestalt angenommen hat, wird er sie mit anderen teilen. Er wird sie präsentieren, der Kritik aussetzen und die Meinungen anderer hören. Mit diesem Feedback kann er an der Klarheit seiner Vision arbeiten. Der Prozess, ein Bild zu verdichten, zu überdenken und klarer werden zu lassen, kann manchmal Tage, manchmal Jahre dauern.

Als Product Owner müssen Sie sich Ihre Vision Stück für Stück erarbeiten. Freewriting und Elevator Pitch sind zwei Methoden, die Ihnen dabei helfen können.

---

[3] http://er.jsc.nasa.gov/seh/ricetalk.htm (2.1.2016), Übersetzung auf http://bit.ly/1YWJfBp (2.1.2016) Wir haben uns entschlossen, zum Mond zu fliegen. Wir haben uns entschlossen, in diesem Jahrzehnt zum Mond zu fliegen und noch andere Dinge zu unternehmen, nicht weil es leicht ist, sondern weil es schwer ist, weil das Ziel dazu dient, das Beste aus unseren Energien und Fähigkeiten zu organisieren und zu messen, weil die Herausforderung eine ist, der wir uns stellen wollen, die wir nicht verschieben wollen und die wir zu gewinnen beabsichtigen, genau wie die anderen auch.

Freewriting

1. Nehmen Sie sich zehn Minuten Zeit und stellen Sie alle Störquellen ab. Suchen Sie einen Ort, an dem Sie zehn Minuten konzentriert und ungestört arbeiten können, und nehmen Sie etwas zu schreiben mit. Benutzen Sie das Werkzeug, mit dem Sie am liebsten arbeiten. Papier und Bleistift oder einen Laptop. Ganz egal.
2. Ihre Aufgabe ist es, in den nächsten Minuten über Ihr Thema, also Ihre Produktidee zu schreiben - Sie sollen einfach nur schreiben, wobei es völlig gleichgültig ist, was Sie schreiben. Niemand wird es lesen. Das Besondere an dieser Übung ist, dass Sie in den nächsten zehn Minuten nicht aufhören dürfen zu schreiben. Wenn Sie einen Schreibfehler machen, der Satz merkwürdig klingt und Sie „das ist doch kompletter Blödsinn" denken - egal, schreiben Sie es auf. Denken Sie nicht, und vor allem: Kritisieren Sie nicht. Schreiben Sie - jetzt!
3. Gut! Sie haben zehn Minuten geschrieben. Ist Ihnen klarer geworden, welche Vision Sie zu Ihrem Produkt haben? Nein? Macht nichts. Lassen Sie Ihr Unterbewusstsein arbeiten und warten Sie einfach ab. In ein paar Tagen werden Sie es wissen.
4. Wenn Sie die erste Formulierung Ihrer Vision gefunden haben, drehen und wenden Sie sie. Schauen Sie sich den Satz von allen Seiten an. Ist er präzise? Entsteht in Ihnen ein Bild? Ist der Satz detailreich, ohne spezifisch zu sein? Erzeugt er eine Emotion in Ihnen - lieben Sie diese Vision? Wollen Sie diese Vision erreichen?
5. Prüfen Sie die Vision dann: Fragen Sie Ihren Partner oder Ihre Partnerin. Reden Sie darüber - verfeinern Sie die Vision, schreiben Sie die Vision noch einmal anders auf. Sie können auch Ihre Mitarbeiter involvieren und befragen oder vergleichen Sie Ihre Vision mit jener des Kunden.
6. Wenn Sie meinen, Ihre Vision gefunden zu haben, präsentieren Sie diese Ihrem Scrum-Team. Hören Sie beim Feedback genau hin. Es gibt mit Sicherheit viele Informationen, die Ihnen helfen, die Vision noch klarer zu fassen.

Elevator Pitch

Wenn Ken Schwaber im Aufzug den CTO eines Unternehmens trifft und gefragt wird, was er denn so tue, dann antwortet er: „Ich helfe Teams, Software in 30 Tagen herzustellen." Dieses Statement ist ein sogenannter Elevator Pitch. Der Versuch, in 30 Sekunden - also in der Zeit, die ein Fahrstuhl benötigt, um in den 20. Stock zu fahren - auszudrücken, was man Besonderes leistet.

Freewriting ist eine Möglichkeit, die eigene Vision zu finden, der Elevator Pitch eine zweite. Jim Highsmith hat basierend auf der Idee des Elevator Pitch eine Vorlage für eine Produktvision erstellt. Diese Vorlage ist gut geeignet, um eine erste Visionsidee zu erstellen, weil sie die Elemente enthält, die eine gute Produktvision benötigt:

> Für *(Kunden),*
> die *(Beschreibung des Bedarfs oder der Gelegenheit),*
> ist das *(Produktname) eine (Produktkategorie),*
> die *(Hauptvorteil, Grund dieses Produkt zu kaufen);*
> anders als *(Alternative des Wettbewerbs)*
> kann unser Produkt *(Beschreibung des Hauptunterschieds).*

Sehen wir uns den Elevator-Pitch für die digitale Spiegelreflexkamera unseres Product Owners Niko an:

> Für *professionelle Fotografen,*
> die *samstags im Fußballstadion schnelle, actionreiche Bilder machen wollen,*
> ist die *Scrum One* eine *digitale Spiegelreflexkamera,*
> die *es erlaubt, Bilderserien mit 35 Bildern pro Sekunde mit einer bis dahin unerreichten Qualität zu schießen;*
> anders *als bei der Kamera des Mitbewerbers*
> kann man bei unserem Produkt *die vorhandenen Objektive weiter nutzen.*

Auch hier gilt wieder: Je spezifischer und klarer die Worte sind, die Sie verwenden, desto aussagekräftiger wird die Vision. Der Elevator Pitch kann Sie auf dem Weg zu Ihrer eigenen Vision nur unterstützen, er kann Ihnen aber nicht die Mühe abnehmen, Ihre Vision zu finden.

Wenn es Ihnen mit keiner dieser Methoden gelingt, eine Vision zu formulieren, dann tun Sie das, was wir in Scrum immer sagen: Fangen Sie jetzt damit an! Bitten Sie Ihre Mitarbeiter um Hinweise, aber seien Sie aktiv und schreiben Sie etwas auf, das Ihrer Vision nahekommt.

Auch wenn Sie kein Produkt entwickeln, sondern ein vorhandenes Produkt umsetzen, können Sie eine Vision formulieren. In diesem Fall wird der Nutzen, der durch das Projekt entsteht, als Kern der Vision aufgeschrieben.

Viel zu oft höre ich von den Teilnehmern meiner Seminare, sie würden die Vision ihres Projekts nicht kennen. Wie aber sollen Teammitglieder oder der Produktmanager ein Produkt erstellen, wenn sie keinen Maßstab für die Bedeutung ihres Handelns haben? Die Vision schafft diese Bedeutung. Das heißt nicht, dass jeder seine eigene Vision entwickeln kann, wie es ihm beliebt. Der Scrum-Prozess fordert aber, dass es eine Vision gibt, und Scrum weist der Rolle des Product Owners die Verantwortung für die Vision zu.

Zur Erinnerung – wir erarbeiten die Vision aus zwei Gründen:

- Der Product Owner muss ein Projekt steuern und dazu benötigt er eine Vision.
- Die Vision ist ein Tool, um die Kommunikation zu steuern und alle Beteiligten in die gleiche Richtung arbeiten zu lassen.

Veränderung der Vision – Schärfe und Klarheit

Im Laufe des Projekts wird sich die Vision verändern. Sie wird immer klarer und das Produkt selbst wird die Vision beeinflussen. Wunderbar sieht man das anhand des iMac (Bild 3.2). Er ist im Grunde nicht anders als die ersten Apple Macintoshs, zum Beispiel der MacPlus 1986. Es ist immer noch die gleiche Idee, das gleiche Prinzip: ein Computer in einem Kasten mit einer Maus und einer Tastatur. Der Kasten sieht anders aus als damals, repräsentiert 30 Jahre später aber noch immer die gleiche Vision, die zu einem Produkt führte, das weiterhin viele Menschen begeistert.

Die Vision richtet also ein ganzes Projektteam aus und wird möglicherweise unterschiedliche Resultate erzeugen, bleibt im Kern aber stabil und kann, wie das Beispiel des Mac zeigt, Jahrzehnte überdauern, in deren Verlauf sie überarbeitet, deutlicher und schärfer wird.

Bild 3.2 Vom MacPlus 1986 zum iMac 2008. Fotos: © Mac Plus Gerhard Walter, versal.at; iMac, © 2008, Apple Inc.

3.4 Führungsaufgabe Visionsgenerierung

Der Product Owner ist eine Führungsfigur. Er führt sein Team mithilfe seiner Vision und mithilfe der Geschichte, die er dem Team erzählt. Seine Aufgabe besteht darin, Unsicherheiten der Teammitglieder durch die Formulierung der Vision auszuräumen und auf diese Weise Sicherheit zu erzeugen.

In der Softwareentwicklung gibt es eine Vielzahl von Projektteams, die vermeintlich keine Produktentwicklung betreiben oder an mehreren Produkten gleichzeitig arbeiten. Hier scheint die Frage nach der Vision aussichtslos. Die Applikation, die von ihnen gewartet wird, ist vielleicht schon zehn Jahre alt. Was dann? In solchen Situationen ist es Aufgabe des Product Owners, eine Vision zu finden, durch die sich die Teammitglieder mit dem, was sie tun, identifizieren können.

Ein Team arbeitet immer in einem Kontext, es gibt immer einen Zusammenhang. Viel zu oft geht dieser Kontext im Alltagsgeschäft verloren. Niemand fragt mehr danach, wieso man das tun sollte, was man tut. Teams sind möglicherweise damit beschäftigt, die Treiber für ein Mobiltelefon zu schreiben. Sie müssen sich mit viel altem Code herumschlagen und verlieren schnell die Identifikation mit dem Produkt, weil sie ständig kleine Details ändern müssen. In so einem Umfeld gelingt es der Führung oft nicht mehr herauszuarbeiten, wieso die Arbeit dieses Teams so entscheidend ist. Dies führt beim einzelnen Teammitglied über kurz oder lang zu Demotivation und Langeweile. Durch die Forschung von Teresa Amabile wissen wir, dass das bei den Teammitgliedern zu dem Eindruck führen kann, sich auf einem Todesmarsch zu befinden. Die Folge davon ist, dass man ohne zu denken einfach macht, was einem gesagt wird [Amabile et al. 2002].

3.5 Constraints festlegen

Ist die Vision definiert, sei es durch einen Visionsgenerierungsprozess oder auf eine andere Art, muss man sich mit der Realität, also in der Regel dem Kontext des Produkts auseinandersetzen. Stellen wir uns wieder vor, wir entwickeln im Unternehmen von Niko eine digitale Spiegelreflexkamera. Die **Rahmenbedingungen (Constraints)** des Produkts sind damit schon einmal sehr deutlich gegeben:

- Der Nutzerkreis: In der Regel wollen wir Kunden ansprechen, die entweder schon zuvor unsere Produkte gekauft haben oder aus anderen Gründen eine Affinität zu unseren Produkten besitzen.
  - Eine Konsequenz daraus könnte sein, dass wir an die Objektive gebunden sind, die wir in den vergangenen Jahren entwickelt haben.
  - Genauso ist das Design der Kamera eingeschränkt. Für den Kunden muss sofort klar sein, dass er eine Kamera unseres Unternehmens in der Hand hält. Das ist ähnlich wie bei einem Sportwagen: Ein Porsche ist unverwechselbar immer ein Porsche. Designer entwickeln das visuelle Branding, das auf den ersten Blick klarmacht, um welchen Hersteller es sich handelt.
- Wenn wir 2016 eine digitale Spiegelreflexkamera für Profifotografen entwickeln wollen, müssen wir uns mit den technologischen Möglichkeiten für Prozessoren und andere Komponenten im Jahre 2016 auseinandersetzen. Wir können also nur gewisse Dinge kostengünstig produzieren.
- Eine weitere Rahmenbedingung für unser Produkt könnte sein, dass wir nur ein begrenztes Budget haben. Profifotografen sind zum Beispiel bereit, für High-End-Kameras (DSLR) bis zu 5.000 Euro auszugeben. Wenn man die jährlichen Absatz- und Produktionszahlen kennt, weiß man, wie viel die Kamera in der Herstellung kosten darf. Auch das ist eine Rahmenbedingung für die Produktentwicklung.

Die drei oben genannten Beispiele für Constraints lassen sich beliebig erweitern. In der Regel sollte der Product Owner darauf achten, dass er mit seinem Entwicklungsteam folgende Felder, in denen Constraints zu finden sind, berücksichtigt hat:

- Das wichtigste *Feature:* Zum Beispiel ist bei der DSLR für Profis im Jahre 2016 das wichtigste Feature nicht mehr das Foto, sondern die Möglichkeit, Videos aufzunehmen.
- *Technologie* des Produkts: Wie muss der Body der Kamera sein? Welche Objektive soll es geben? Welche Software? Welches Betriebssystem?
- *Usability*-Aspekte (Kundengruppe): Was sind die Haupteinsatzfelder der Kamera? Sportfotografie oder Porträt? Wie schwer darf die Kamera sein?
- *Design*, Style, markentypische Eigenschaften: Wie soll sie aussehen?
- *Rechtliche Anforderungen*, Termine, Zertifizierungen, sicherheitsrelevante Aspekte
- *Standards* (CMMi, ISO, DIN-Normen)
- *Kosten*, Budget, Wareneinkauf
- *Lieferantenbeziehungen:* Es kann sein, dass man auf die technischen Möglichkeiten von Lieferanten zurückgreifen muss.

Bei Ihrem spezifischen Produkt gibt es eine Reihe anderer Constraints, die exakt auf Ihr, und nur auf Ihr Produkt zutreffen.

3.6 Die User-Rolle ist tot – es lebe die Persona!

Die XP-Community hatte vor Jahren die Idee, User Storys zu nutzen, um die Essenz einer Funktionalität aus der Sicht des Anwenders aufzuschreiben.

Als Anwender (User) *mit der Rolle*
benötige ich eine *Funktionalität*,
damit ich den *Nutzen* bekomme.

Eine tolle Idee, die von Mike Cohn aufgegriffen und durch sein Buch „User Stories Applied" populär gemacht wurde [Cohn 2004]. Die Idee war so einfach, dass sie die damals gängigen Use Cases als Analyse-Tool sofort überholte. Das Tool ist aber so einfach wie schwierig. Funktionalität aus Anwendersicht zu beschreiben, fällt vielen sehr schwer. Noch spannender ist zu beobachten, dass es Tausende User Storys gibt, die im folgenden Format formuliert werden:

Als User möchte ich XX.

Also wird zum einen einfach aus User-Rolle = User und die Frage nach dem „Wozu" wird oft weggelassen.

Echte Menschen für echte Rollen – die Persona

Es ist wichtig zu verstehen, dass die User-*Rolle* gemeint ist, *nicht* der User. Es geht darum, dass sich der Product Owner und das Team eine echte Anwenderrolle überlegen und mit dieser arbeiten. Das Konzept der User-Rolle ist aber offenbar nicht griffig genug. Daher schlage ich vor, das Konzept der User-Rolle aus den User Storys zu streichen und durch das Konzept der **Persona** zu ersetzen. Personas sind am echten Menschen orientierte, imaginierte Personen, die Applikationen, Anwendungen, Produkte benutzen.

Personas sind archetypische User, die die Bedürfnisse einer größeren Gruppe von Anwendern repräsentieren und deren Ziele, persönliche Eigenschaften, Erwartungen und Motivationen widerspiegeln.[4] Als plastischer Ersatz stehen sie für reale Anwender und helfen damit, bessere Entscheidungen zu Funktionalitäten und Design zu treffen.

Aus der Rolle „Administrator" wird also zum Beispiel: Hans Müller, 35 Jahre, IT-Fachmann, lebt in München, fährt morgens mit der U-Bahn zur Arbeit. Er hat zwei Kinder, ist Studienabbrecher und glühender Science-Fiction-Fan. Er liebt es, mit seinen Kinder Lego zu spielen.

Diese Person ist aber erforscht. Das heißt, das Team spricht mit einigen Admins, findet heraus, wie die echten Anwender leben, wie sie die Applikationen tatsächlich nutzen werden. Hat man mit seinem Team diese Personas identifiziert (und davon gibt es natürlich einige, man kann auch mehr als eine Persona pro User-Rolle definieren), dann kann man anschließend die User-Rolle durch die Persona ersetzen. Auf diese Weise entsteht eine wesentlich lebendigere Vorstellung davon, für wen man die Applikation entwickelt. Zumal dann per se klar wird, dass es nicht nur einen User gibt.

---

[4] siehe dazu auch folgende Website: http://www.steptwo.com.au/papers/kmc_personas/index.html (2.1.2016)

10 Tipps für das Erstellen einer Persona

1. Involvieren Sie das gesamte Team. Schließlich nehmen wir auch im richtigen Leben Menschen unterschiedlich wahr. Alle im Scrum-Team sollten dazu beitragen, die Personas zu kreieren. Jeder hat Ideen und durch die gemeinsame Vorstellungskraft werden Personas lebendiger und greifbarer.
2. Erstellen Sie die Personas gemeinsam auf Flipcharts, nutzen Sie dabei Fotos von realen Personen oder schneiden Sie Bilder aus Zeitschriften aus.
3. Gehen Sie bei der Erstellung der Personas am Anfang ruhig ins Detail. Informationen können später wieder reduziert werden.
4. Finden Sie heraus, welche Ziele diese Persona verfolgt.
5. Welche Usability-Bedürfnisse hat diese Persona?
6. In welchen Lebensumständen befindet sich dieser Mensch?
7. Wie sieht der Job der Persona aus?
8. In welchem Kontext nutzt diese Persona das Produkt?
9. Wenn das alles gemeinsam erarbeitet worden ist: Gehen Sie mit Ihrem Team raus und überprüfen Sie Ihre Ideen.
10. Dann verfeinern Sie die Persona.

Lassen Sie die Personas auch am Entwicklungsprozess teilhaben! Sie sollten bei Meetings – den Sprint Plannings 1 und 2, während der Reviews, aber auch bei allen Designentscheidungen – mit im Raum sein.

Fragen Sie sich mit Ihrem Team immer: Wie würde die Persona das Feature sehen, das gerade entwickelt wird?

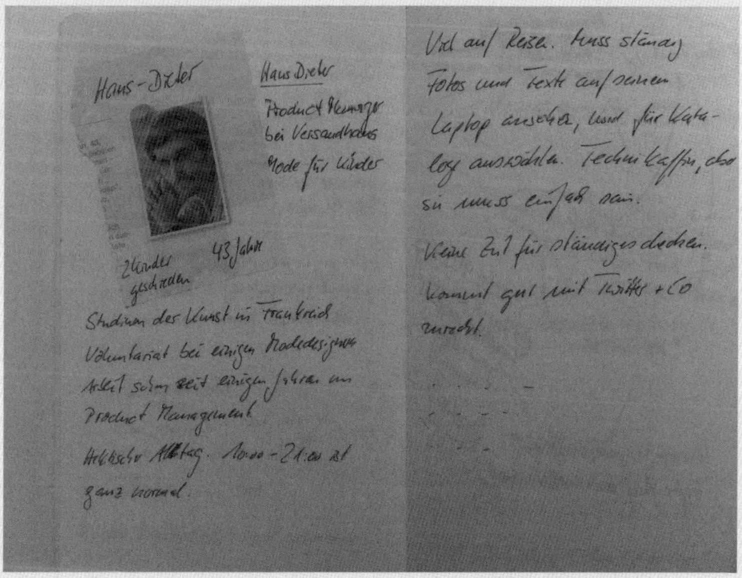

Bild 3.3 Beispiel für eine Persona

3.7 Das Product Backlog

Hat der Product Owner alleine oder gemeinsam mit seinem Projektteam seine Vision gefunden und ist allen klar, was erstellt werden soll, dann besteht der nächste Schritt der strategischen Planung darin, die Eigenschaften, d. h. die Funktionalitäten des Produkts festzulegen und in eine Reihenfolge zu bringen.

> Abends im Supermarkt kurz vor Ladenschluss. Petra hat mich gebeten, noch einige Dinge mitzubringen. Unsere Gäste kommen um acht und sie braucht dringend und rechtzeitig noch einige Zutaten. Sie hat mir sogar gesagt, wieso die Sachen auf meinem Einkaufszettel so wichtig sind. Im Büro habe ich ihn daher nach Wichtigkeit und nach Anordnung der Lebensmittel im Supermarkt sortiert. Ich stecke die Münze in den Schlitz des Einkaufswagens und los geht's. Da sind Broccoli, Tomaten, Thymian und Rosmarin. Gut, das war die Gemüsetheke. Oje, das hat zu lange gedauert - ich muss mich beeilen, sonst komme ich zu spät. Im Vorbeirasen die Nudeln eingepackt und dann zur Fleischtheke. Das Wichtigste: die Putenschnitzel. Die Verkäuferin gibt mir die sechs Schnitzel und es geht weiter in Richtung Käsetheke. Auf meiner Liste ist der Käse wegen der Anordnung im Supermarkt erst jetzt dran. Eine Schlange steht vor der Theke, der Blick auf die Uhr sagt mir: Das schaffe ich nicht mehr. Noch zehn Minuten hier stehen und ich komme viel zu spät. Also kein Käse. Ich schiebe den Wagen in Richtung Wein, nehme unseren Lieblingswein heraus und haste zur Kasse. Gut, es gibt nur Wein und keinen Käse.

Ein Backlog ist nichts anderes als eine Einkaufsliste des Product Owners für sein Team. Der Product Owner hat basierend auf seiner Vision mit dem Team darüber gesprochen, welche Eigenschaften und Funktionalitäten das Produkt haben soll. So ist eine Liste von Funktionalitäten entstanden. Der Product Owner priorisiert diese Liste und das Team legt fest, wie viele der Product Backlog Items abgearbeitet werden können. Wir werden später sehen, wie man die Einträge in dieser Liste sinnvoll aufschreiben kann, zunächst aber muss ich einige Missverständnisse über das Product Backlog ausräumen:

- **Das Product Backlog besteht nicht aus Anforderungen.**
  In einem Product Backlog werden keine Anforderungen im klassischen Sinne notiert. Es steht dort zum Beispiel nicht: „Auf der Produktkatalog-Hauptseite gibt es ein Displayfeld für den Preis." Beim Schreiben von Backlog Items muss klar sein, dass man es nicht mit Anforderungen, sondern mit Eigenschaften und Merkmalen von Produkten zu tun hat. Ein möglicher Eintrag wäre: „Als Buchkäufer kann ich den Preis eines Buches einfach erkennen, sodass ich entscheiden kann, ob ich das Buch kaufe."
- **Das Product Backlog ist keine Spezifikation eines Produkts.**
  Das Product Backlog spezifiziert das Produkt nicht vollständig. Die Einträge des Backlogs stellen zwar die Eigenschaften dar, die das Produkt haben sollte, allerdings auf einer so groben Ebene, dass sie als Spezifikationen ungeeignet sind.

- **Das Product Backlog ist nie vollständig.**
  Das Product Backlog wird immer weiter wachsen und sich ständig verändern. Diese fundamentale Eigenschaft zeigt deutlich, dass es keine Spezifikation eines Systems ist, sondern eine Liste von Dingen, die das Produkt ausmachen sollen, aber erst dann spezifiziert werden, wenn ein Product Backlog Item tatsächlich entwickelt werden soll.
- **Das Product Backlog wird nicht alleine vom Product Owner geschrieben.**
  Der Product Owner priorisiert das Product Backlog, er treibt das Projekt durch diese Priorisierung, aber er schreibt nicht alle Backlog Items selbst. In kleinen Projekten mag das der Fall sein, aber es ist nicht die Regel. Ein Product Owner hat entweder viele Kollegen, die ihm helfen, die Ideen zusammenzuschreiben, oder das Entwicklungsteam selbst schreibt die Backlog Items. Es ist jedoch seine Aufgabe, diese Ideen in eine Ordnung zu bringen, die aus Sicht des Anwenders sinnvoll ist.
- **Es gibt keine technischen Product Backlogs.**
  Ein Product Backlog wird aus den Funktionalitäten gebildet. Es können Fragen im Backlog stehen, die für Funktionalitäten stehen. Ein Product Backlog kann auch die noch offenen Fehler eines Systems enthalten. Es sollte jedoch keine technischen Zwischenprodukte enthalten. Es interessiert den Product Owner in der Regel nicht, ob das Team bestimmte Module refaktorieren oder eine Testumgebung etablieren muss. Allerdings ist dies keine harte Regel. Es gibt Product Owner, die wissen, dass diese Zwischenprodukte notwendig sind, und deshalb den Fortschritt hierbei kennen wollen. Dann kann es sehr wohl sinnvoll sein, diese Dinge separat im Product Backlog aufzuführen.

3.7.1 Hilfsmittel für das Verwalten des Product Backlogs

Für die Verwaltung des Backlogs kann man viele Tools benützen. Ich habe Backlogs in allen möglichen Varianten gesehen:

- **Mind Maps**
  Eine gute Möglichkeit, ein Product Backlog zu strukturieren, erlebte ich in folgendem Projekt: Der Kunde organisierte sich mithilfe von Mind Maps. Die einzelnen Arme der Mind Map stellten die verschiedenen Funktionseinheiten seines Unternehmens dar. Also lag es nahe, die Backlog Items in Form einer Mind Map zu ordnen. Durch das Markieren der entsprechenden Unterarme wurde eine Priorisierung über das gesamte Backlog möglich (Bild 3.4).

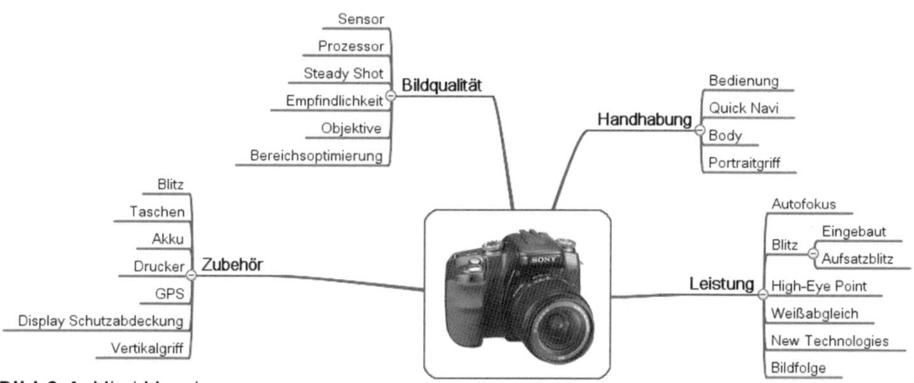

Bild 3.4 Mind Mapping

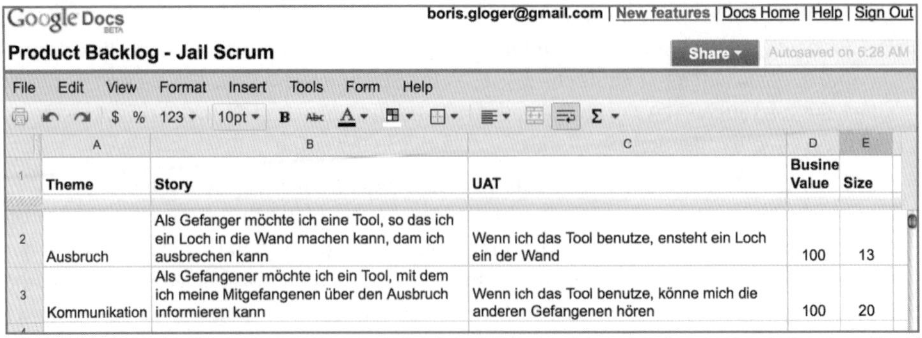

	A	B	C	D	E
1	Theme	Story	UAT	Busine Value	Size
2	Ausbruch	Als Gefanger möchte ich eine Tool, so das ich ein Loch in die Wand machen kann, dam ich ausbrechen kann	Wenn ich das Tool benutze, ensteht ein Loch ein der Wand	100	13
3	Kommunikation	Als Gefangener möchte ich ein Tool, mit dem ich meine Mitgefangenen über den Ausbruch informieren kann	Wenn ich das Tool benutze, könne mich die anderen Gefangenen hören	100	20

Bild 3.5 Google Spreadsheets

- **Spreadsheets**
  sind die offensichtlichste Lösung zur Verwaltung von Backlogs. Dazu eignen sich alle gängigen Spreadsheet-Programme. Ich persönlich habe mit Google Spreadsheets sehr gute Erfahrungen gemacht (Bild 3.5), denn damit ist es ganz einfach, Teams an unterschiedlichen Orten zu managen. Man legt ein Spreadsheet an und gibt es für alle berechtigten Personen frei.
- **Story Cards**
  Die effektivste Form eines Product Backlogs auf Teamebene ist die Story Card. Auf je eine Karteikarte im Format DIN C6 wird genau ein Backlog Item geschrieben. Die „Forderung der 3 C" wird bei dieser Technik vollständig erfüllt. 3 C steht für:
  - *Cards:* User Storys (Backlog Items) werden auf Karteikarten geschrieben (Cards). Diese Karte wird mit gerade so viel Text beschrieben, dass sich jeder merken kann, was die Story bedeutet. Auch Priorität und Schätzung werden auf der Karte notiert, ebenso wie Überlegungen zur Umsetzung oder zu Abhängigkeiten.
  - *Conversation:* Der Product Owner erklärt dem Team jedes einzelne Backlog Item. Das Backlog Item wird auf jeden Fall erläutert, wenn es geschätzt werden soll – meistens noch einmal im Sprint Planning und, wenn nötig, ein weiteres Mal während des Sprints.
  - *Confirmation:* Meist auf der Rückseite der Karte wird aufgeschrieben, was erfüllt sein muss, damit die Story als abgeschlossen gilt. Diese Bestätigung wird in Form von User Acceptance Tests geschrieben.
- Der Vorteil der Karte gegenüber allen anderen Formen des Aufschreibens ist die Haptik und die Möglichkeit zur schnellen Korrektur. Karteikarten kann man zerreißen und neu schreiben. Wenn man eine neue Idee hat, fügt man einfach eine neue Karte hinzu. Wenn man sie gruppieren will, kann man sie mit Farben markieren oder farbige Karten benutzen. Das macht sie handlich und zum idealen Arbeitsmittel für Teams. Es gibt unserer Erfahrung nach keine einfachere Möglichkeit, Backlog Items zu kreieren und in einem Team von bis zu 25 Personen zu verwalten – vorausgesetzt, alle befinden sich an einem Ort.
- **Enterprise Tools**
  Es gibt eine ganze Reihe von Scrum-Tools. Sie alle haben den gleichen Vorteil: Sie erlauben das einfache Reporting für das Management. Mit ihrer Hilfe ist es möglich, große Backlogs zu verwalten und die Backlog-Einträge auch über mehrere Standorte gemeinsam abzuarbeiten. Ihr Nachteil ist die mangelnde Flexibilität, außerdem lassen sie teamspezifische Erweiterungen nur schwer zu.

- **Textfiles**
  Ein Backlog kann auch aus einem einfachen Textfile bestehen, in dem die Einträge von oben nach unten priorisiert stehen. Wenn Sie dieses Textfile über ein Konfigurationsmanagement-Tool verwalten, haben Sie ein ideales und sehr schnelles Scrum-Tool.
- **Bugzilla und Co.**
  Viele Teams nutzen für die Verwaltung von Backlog Items ein Bugtracking-Tool. Solche Tools erfüllen fast jede Anforderung an die Verwaltung von Backlog-Items und der Vorteil besteht darin, dass sie von Teams oft schon eingesetzt werden. Jeff Sutherland beschreibt in einem seiner Artikel, wie ein Team das Bugtracking-Tool GNATS[5] ein wenig veränderte, um es zu einem Reportingsystem zu machen, das den Anforderungen der Entwickler gerecht wurde [Sutherland 2005].
- **Kombinationen**
  Viele Teams nutzen eine Kombination aus elektronischem Tool und Taskboard, an dem sie die Story Cards des jeweiligen Sprints anbringen. Das elektronische Tool dient dazu, die Releaseplanung und das Reporting zu vereinfachen. Durch die Arbeit mit den Karten kann sich das Team während des Daily Scrums einfacher synchronisieren. Auch das Sprint Planning wird dann mithilfe der Karten durchgeführt, da es sich erwiesen hat, dass die elektronischen Tools für die Arbeit im Planning selbst zu unhandlich und zu langsam sind.

Sie sehen, im Grunde ist es völlig egal, womit Sie Ihre Backlog-Einträge verwalten. Das System, das für Sie funktioniert, ist das richtige.

3.7.2 Product Backlog für große Teams und Multiteams

Grundsätzlich hat das Product Backlog für große Teams oder für Projekte, die mit Multiteams erarbeitet werden, keine andere Funktion als die eines Backlogs für nur ein Team: Es listet alle Product Backlog Items in der Reihenfolge des Business Values auf. Bei Projekten mit mehreren Teilteams weist das Backlog in der Regel nur eine Spalte mehr auf, in der festgehalten wird, welches Team sich mit diesem Backlog Item befassen wird. Diese Zuordnung wird bereits vor einem Sprint Planning Meeting durchgeführt, beispielsweise im Estimation Meeting. Es kann aber auch sein, dass die Teams das Product Backlog erst im Sprint Planning Meeting unter sich aufteilen. Auf diese Weise entstehen während des Sprints zwei, drei oder mehrere *Selected Team Backlogs*, die dann die einzelnen Items beinhalten.

Aus Sicht des Product Owners oder gar der Product Owner ist es notwendig, dass das Product Backlog reflektiert, welches Team welches Backlog Item liefert. Spreadsheets oder Backlog Tools wie Version One können diese Zuordnungen abbilden. Daher werden solche Tools in großen Organisationen häufig eingesetzt.

Tabelle 3.1 zeigt eine Variante der Aufteilung des Backlogs, die sich bewährt hat. Hier sieht man auf einen Blick, welches Team welches Backlog Item abarbeiten wird. Natürlich ist das ein Plan, der durch die iterative Planung ständig aktualisiert wird. Natürlich ist der Aufwand für die Verwaltung eines Umfelds mit vielen Teams, die gemeinsam an einem Produkt arbeiten, erheblich größer als bei nur einem Team.

[5] http://www.gnu.org/software/gnats/ (2.1.2016)

Tabelle 3.1 Ein Multiteam-Backlog

Team/Sprint	Januar	Februar	März	...
Sprint Goal	Bilder aufnehmen	Bilder verwalten	...	...
Team Body	Verschlusszeit kurz	Schnelle Bildfolgen	Viele Bilder speichern	...
Team Software	Bilder anzeigen	Bilderserien anzeigen	Bulklöschung von Bildern	...

Die Sprint Goals für die einzelnen Sprints müssen frühzeitig definiert werden. Nur wenn sie bekannt sind, kann erarbeitet werden, welche Teams welche Aufgaben haben. Die Sprint Goals sind immer für alle Teams gleich, weil nur so alle Teams in die gleiche Richtung laufen und das exakt gleiche Interesse haben. Im zweiten Beispiel in Tabelle 3.2 wurde das Backlog anders geordnet, aber auch hier ist das Prinzip gleich: Die Backlog Items werden wiederum nach ihrem Business Value gereiht. Diesmal wird in der Spalte *Area* deutlich, um welchen Applikationsbereich es sich handelt. Da nicht zwingend ein Applikationsbereich von einem „Area-Team" bearbeitet wird, sollte man hier „Area" statt „Team" schreiben. Das erlaubt es jedem Team, jede Area zu bearbeiten.

Tabelle 3.2 Das Backlog Item wird mit der Area-Information erweitert.

Beschreibung	Area	Geschäftswert	Testfall	...
Backlog Item A	E-Mail	10000	Test A	...
Backlog Item B	News	9000	Test B	...
Backlog Item C	Produkte	8500	Test C	...
Backlog Item D	Games	3000	Test D	...
...	...	...	...	...

3.7.3 Was ist ein Product Backlog Item?

Woraus besteht ein Webportal? Ein Film? Ein Roman? Ein Word-Prozessor? Aus Produktteilen. Der Word-Prozessor kann Text editieren, Texte speichern, Text in verschiedene Formate bringen und drucken. Das sind die Teile des Word-Prozessors. Ich benutze bewusst das Wort „Teile" und nicht „Funktionalitäten", wie es in der Softwareentwicklung üblich ist. Die Vorstellung von Teilen hilft besser dabei, ein Produkt zu zergliedern. Ziel ist es, das Produkt für das Product Backlog so zu zerlegen, dass jedes Product Backlog Item (oder kurz Backlog Item) einen Teil des Produkts repräsentiert. Denkt man in Teilen oder Liefereinheiten, wird klar, dass es um Einheiten geht, die man anfassen, begreifen oder beschreiben kann.

Ein Product Backlog Item ist Teil einer Applikation, die das Scrum-Entwicklungsteam liefern muss.

Diese Definition macht deutlich, dass ein Product Backlog Item immer ein Endprodukt oder ein Zwischenprodukt ist. **Ein Product Backlog Item liefert für den Kunden einen Wert.**

Zwischenschritte, die keinen Beitrag, keinen Business Value liefern, werden nicht als Backlog Item bezeichnet. Beispiele für Backlog Items:

- Als Anwender kann ich den Status meiner Flugbuchungen einsehen.
- Als Systemadministrator sehe ich die Anzahl der offenen Sessions.
- Kreditkartenabrechnung
- Druckvorschau
- Schnittstelle, die die Werte X und Y zurückgibt

Im Unterschied zu den oben genannten Teilen von Applikationen sind dies keine Backlog Items:

- Funktionales Anforderungsdokument
- Erstellen eines Projektplans
- Testumgebung, Integrationsumgebung ...
- HTML-Prototyp

Product Backlog Items müssen einen Wert für das Produkt darstellen. Wenn eine Forschungsabteilung ein neues Getriebe für ein Fahrzeug produzieren soll, dann muss diese Forschungsabteilung nach einer gewissen Zeit dieses Getriebe in einem nutzbaren Zustand liefern – und sei es auch nur im ersten Testfahrzeug. Genau das passiert in Scrum alle 30 Tage. Hinter jedem Product Backlog Item steht etwas, das funktional benutzbar ist.

Product Backlog Items sind keine Anforderungen

Product Backlog Items dürfen nicht mit Anforderungen oder Spezifikationen verwechselt werden. Sie sind nicht mehr (und nicht weniger) als Repräsentationen von Ideen des Teams oder anderer Projektbeteiligter, die dazu dienen, die Idee aufzuschreiben. Sie können nicht mehr sein, weil es zu diesem Zeitpunkt unmöglich ist, die Idee selbst vollständig zu beschreiben oder sie so aufzuschreiben, dass sie eindeutig ist. Der eine Satz, mit dem ein Backlog Item beschrieben wird, soll eine Diskussion bewirken. Der Product Owner soll mithilfe dieses Satzes ankündigen, was er haben will, und dann mit dem Team so lange diskutieren, bis die Teammitglieder glauben, verstanden zu haben, was sie liefern sollen. Alistair Cockburn bezeichnet eine Story (die häufigste Form, in der Backlog Items beschrieben werden) als „Versprechen für eine weitere Konversation über diesen Satz". Das zeigt sehr schön, dass in einem Scrum-Projekt niemand davon ausgehen sollte, dass das Backlog Item etwas aussagt, was unbesprochen geliefert werden kann.

Backlog Items werden im Sprint Planning Meeting 1 in ihre Anforderungen zerlegt. Die Details werden erst dort erarbeitet oder vorgestellt. Brauchen wir dann noch das Anforderungsmanagement oder gar das Entwickeln von Anforderungen? Diese Frage lässt sich nicht pauschal beantworten. Jedes Team muss für sich entscheiden, wie weit es die Überlegungen, die es zu einem Backlog Item gibt, aufschreiben muss, wie weit es dazu tendiert, die Dinge in Form von Dokumenten festzuhalten. Es gibt allerdings bei der Tiefe der Analyse während des Sprint Planning Meeting 1 eine klare Regel: Am Ende darf das Team keine offenen Fragen zu den Anforderungen mehr haben.

3.7.4 Product Backlog Items als User Storys formulieren

In der agilen Welt werden Backlog Items am häufigsten in der Form der User Story aufgeschrieben. Eine Story ist ein kurzer Satz, der einen Teil einer Funktionalität in einer besonderen Weise repräsentiert. Mike Cohn hat diese Struktur in seinem Buch „User Stories Applied" beschrieben [Cohn 2004].

Als Anwender *mit der Rolle*
benötige ich eine *Funktionalität*,
damit ich den *Nutzen* bekomme.

- Als *Bankkunde*
  benötige ich *die Möglichkeit, mich zu identifizieren,*
  damit ich *meine Kundendaten abrufen kann.*
- Als *Reisender*
  hätte ich gerne *eine Liste aller meiner gebuchten Reisen,*
  damit ich *nicht den Überblick verliere und weiß, wann ich abfliege.*
- Als *Buchhalterin*
  hätte ich gerne, *dass die Mehrwertsteuer automatisch basierend auf den Kundeninformationen auf der Rechnung ausgewiesen wird,*
  damit ich *nicht mehr jedes Mal nachschauen* muss.

Diese Formulierungen mögen nicht ausreichen, um einem Team klar zu sagen, was es liefern soll. Sie genügen aber sicherlich, um eine Diskussion über die verschiedenen Aspekte der Story auszulösen.

Eine Story enthält keinerlei Information über das Wie, sie liefert keine Informationen zu Design- oder Architekturfragen. Alle diese Überlegungen muss ein Team selbst anstellen und selbst erarbeiten, und zwar für jedes Backlog Item einzeln.

Jede Story wird durch mindestens einen User Acceptance Test verifiziert! Für jedes Backlog Item muss also sofort auch ein Anwendungstest geschrieben werden. Der Anwender oder ein Repräsentant sollten ihn testen. Das Aufschreiben von User Acceptance Tests zwingt alle Beteiligten sich vorzustellen, was man am Ende tatsächlich sehen will. Meist versteckt sich hinter dem User Acceptance Test auch bereits die erste Information, wie das Design der Applikation aussehen soll. Ein Backlog Item muss mindestens einen Testfall bekommen, aber natürlich kann im Laufe der Zeit für jedes Backlog Item mehr als ein Testfall auftreten. Beispiele für User Acceptance Tests:

- Der User kann seinen Namen eintragen. Nach dem Klick gelangt er automatisch zu seiner Profilseite.
- Auf der Reiseübersichtsseite sieht man alle gebuchten und offenen Reisen. Nachdem eine Reise angelegt worden ist, erscheint sie dort sofort.

Auch hier ist wieder entscheidend, dass alle gemeinsam an diesem Projekt arbeiten. Angenommen, der Product Owner kann keine User Acceptance Tests schreiben und gibt diese Verantwortung daher an das Team ab, dann haben die Teammitglieder die User Acceptance Tests zu erstellen, um die Qualität der Applikation zu gewährleisten.

3.8 Priorisierung des Backlogs

Meeting-Raum - Tag. Der ScrumMaster steht, die Teammitglieder trudeln gerade ein. Dann kommt Niko und betritt den Raum.

NIKO: Guten Morgen, ich habe nur wenig Zeit, ihr habt ja alle das Backlog per E-Mail bekommen. Bis später.

Niko dreht sich um und will den Raum schon wieder verlassen.

SCRUMMASTER: Halt!

Niko bleibt stehen und schaut den ScrumMaster fragend an.

NIKO: Ist noch was?

SCRUMMASTER: Sicher - du hast das Backlog nicht priorisiert.

NIKO: Wozu? Ich will eh alles haben. Sagt mir einfach, wann ich es bekomme.

SCRUMMASTER: Warte, so läuft das nicht! Wir brauchen bereits zum Schätzen eine priorisierte Liste von dir, erst dann legen wir los.

Jedes Entwicklungsteam kennt die geschilderte Situation. Die Product Owner sind zunächst nicht in der Lage, ein Product Backlog zu priorisieren. So merkwürdig sich das anhört, ist es doch verständlich. Bisher bestand das Planen eines Projekts darin, die Anforderungen zu kennen, zu schätzen, wie lange das Umsetzen aller Anforderungen dauern würde, einen entsprechenden Projektplan zu erstellen und zu prüfen, ob man nicht doch schneller liefern könnte. Dabei ging man immer davon aus, dass das Projekt alle Funktionalitäten, also den gesamten Business Value, am Ende liefert (Kurve 1 in Bild 3.6).

Mit dieser Vorstellung im Kopf kann der Product Owner nicht erkennen, wieso es sinnvoll ist zu entscheiden, was zuerst geliefert werden soll. Weil er keinen kontinuierlichen Fluss an Lieferungen von Produktteilen sieht und die gesamte Funktionalität am Ende erwartet, wird ihm die Bedeutung der Priorisierung der Projektteile nicht bewusst. Würde er von der kontinuierlichen Lieferung von Produktteilen ausgehen, dann würde er sogar selbst darauf drängen, dass das Team die von ihm gewählte Reihenfolge einhält (Kurve 3 in Bild 3.6).

Erst die Vorstellung der kontinuierlichen Lieferung macht dem Product Owner bewusst, dass er durch die Priorisierung der Backlog Items bestimmt, welche Richtung die Produktentwicklung nimmt. Erst dann kann er erkennen, dass er mit den drei Eckdaten

- Position des Backlog Items im Product Backlog,
- Größe des Backlog Items und
- Kapazität des Teams

genau bestimmt, wann ein Team welches Backlog Item liefert. Daher ist es für die Projektplanung und die Steuerung der Entwicklung essenziell, dass der Product Owner sehr genau weiß, an welcher Stelle ein Backlog Item steht. Auf diese Weise hat der Product Owner die vollständige Kontrolle darüber, was ein Team bearbeitet. Er hat es gewissermaßen in der Hand, ob ein Team die richtigen Dinge zum richtigen Zeitpunkt liefert, denn durch seine Priorisierung macht er die Vorgabe dafür.

3.8.1 Grundlage der Priorisierung: Business Value

Der Wert, den eine Produktentwicklung für ein Unternehmen hat, ist in Scrum anders definiert als in den meisten anderen Projekten. Stellen Sie sich vor, Sie wären die Leiterin oder der Leiter einer Fabrik, die Bonbons produziert. Wann erhalten Sie das Geld für Ihre Bonbons? In dem Moment, in dem Sie die Bonbons verkaufen. Keine Sekunde früher.

Für die Bonbonproduktion schaffen Sie große Maschinen an und wollen diese nun so gut wie möglich auslasten. Sie wollen alles so optimieren, dass Sie möglichst nur einmal in der Woche zum Laden fahren müssen. Die Folge ist: Sie erhalten nur einmal pro Woche Geld für die Bonbons. Was wäre, wenn Sie die Liefereinheiten kleiner machen und die Bonbons jeden Tag an den Laden ausliefern? Sie würden dann zwar kleinere Mengen anliefern, dafür bekämen Sie aber viel früher und regelmäßig Geld. Welche Strategie ist sinnvoller?

Diese Frage wird eindeutig durch die „Theory of Constraints" beantwortet [Goldratt, Cox 2004]. Der Aufbau von Lagern und das Optimieren der Lieferkapazität führen zu Kosten. Das Lager ist nur auf dem Papier etwas wert. Wirkliche Gewinne kann man mit den Bonbons nur machen, wenn sie verkauft sind. Die gleiche Situation finden wir auch in der Softwareentwicklung. Hier werden Produkte erst verkauft, wenn alles erledigt ist. Erst wenn die letzten Abschlusstests erfolgreich durchgeführt worden sind, erhält man für das Projekt Geld.

Warum sollte man also das Prinzip der kontinuierlichen Lieferung nicht auch in der Softwareentwicklung anwenden? Dann wäre das Ziel: „Wir liefern Produktteile so schnell wie möglich aus." Die Konsequenz ist, dass sich bereits während der Produktentwicklung Erlöse erzielen lassen, was finanzmathematisch zu einem verbesserten Gesamtergebnis führt.

Es gibt einen weiteren Aspekt, der vor allem für große Organisationen mit vielen Projekten immense Produktivitätssteigerungen bringen kann. Es ist allgemein bekannt und meine Erfahrung zeigt das auch, dass Projekte oft nicht abgebrochen werden, obwohl es aus finanzieller Sicht sinnvoll wäre. Das ist umso öfter der Fall, je mehr Budget ein Projekt hat. Warum? Schauen wir uns dazu einen üblichen Projektverlauf an: Meist wird bereits in der Mitte eines Projekts deutlich, dass das Produkt weder zu dem geforderten Zeitpunkt noch zu den Kosten geliefert werden kann, zu denen es zugesagt wurde. Dann verlangt die Entwicklungsorganisation nach weiteren Ressourcen für das Projekt, um den zwar unrealistischen, aber vielleicht noch darstellbaren Release-Termin zu halten. Im Klartext heißt das: Die Entwicklungsorganisation liefert das Projekt erst, wenn sie mehr Geld dafür bekommt. Noch drastischer formuliert: Da findet Erpressung statt. Die Business-Seite hat die Wahl, a) zu bezahlen oder b) nicht zu bezahlen. Im Fall a) hat es finanzielle Auswirkungen, und im Falle b) wird das Projekt „umgebracht". Die Kontrolle liegt einzig bei der Entwicklungsorganisation. Die Drohung ist dabei immer die gleiche: „Gib uns mehr Geld oder du bekommst gar nichts oder viel zu wenig" (Bild 3.6).

Hat man also auf der Business-Seite eine realistische Wahl? Das Projekt lebt doch schon und hat viele Millionen verschlungen, soll man da tatsächlich aufgeben? Je größer die Investition bisher gewesen ist, desto schwieriger wird die Entscheidung, aufzuhören. Dabei wäre es nur folgerichtig, das Projekt einzustellen. Aber der menschliche Verstand funktioniert nicht so. Aus den Arbeiten zum Behavior Trading wissen wir, dass Entscheidungsprozesse in Situationen, in denen Verlust droht, anders laufen. Menschen sehen nicht mehr die Verluste, die sie machen werden, sondern wollen unbedingt die Investitionen sichern, die sie bereits getätigt haben.

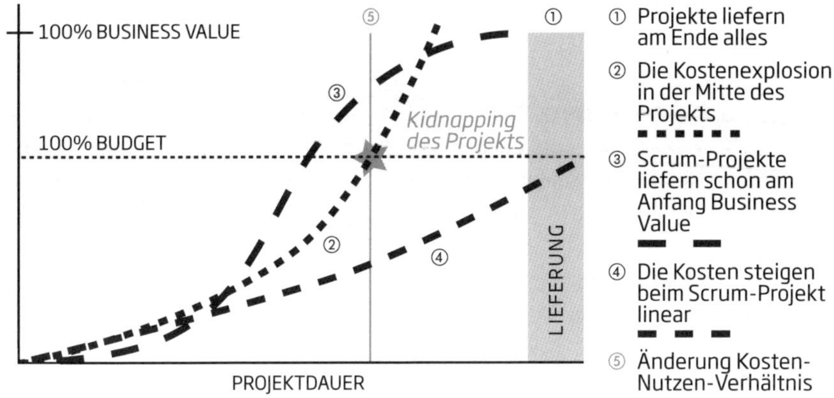

Bild 3.6 Business Value und Lieferung

Dabei wäre jeder Chief Information Officer (CIO) froh, wenn er Projekte so schnell wie möglich sterben lassen könnte. Auf seinem Projekt-Backlog stehen sowieso viel zu viele Projekte. Als Beispiel könnte uns hier die Pharmaindustrie dienen, die bewusst zig Produktentwicklungen parallel startet, um eine nach der anderen sterben zu lassen. Übrig bleibt das Produkt, das alle anderen aus dem Feld geschlagen hat und sich nun am Markt behaupten soll.

Aber wie kann man erreichen, dass fehlgeschlagene Projekte so schnell wie möglich eingestellt werden, und dabei sicher sein, dass man keine Investitionen aufgibt? Die Lösung ist das Scrum-geführte Projekt: Mit jedem Sprint wird ein Stück des Produkts entwickelt und die Produktteile mit dem größten Business Value werden zuerst erstellt. Das bedeutet, dass gegen Ende der Projektlaufzeit nur noch Produktteile entwickelt werden, die relativ zum Gesamtwert des Projekts den geringeren Wert haben. Dreht sich das Kosten-Nutzen-Verhältnis also gewissermaßen um, sollte das Projekt eingestellt werden (Kurve 5 in Bild 3.6).

Aber selbst wenn der Product Owner das Product Backlog priorisieren möchte und er verstanden hat, dass er den Gewinn durch das Priorisieren des Backlogs steigern kann: Wie geht man dabei vor? Welche Tools gibt es, um ein Product Backlog sinnvoll zu priorisieren?

3.8.2 Methoden der Priorisierung

Viele Product Owner wissen oft nicht, wie sie ein Product Backlog einfach und schnell priorisieren sollen. Dabei gibt es einfache Methoden, die – konsequent angewendet – den gewünschten Erfolg bringen können. Nachfolgend stelle ich vier Methoden vor, die Ihnen helfen werden, ein Product Backlog nach der Bedeutung zu ordnen.

MusCoW

Jedes Produkt hat eine bestimmte Anzahl von Eigenschaften, die es vorweisen muss, wenn man es auf den Markt bringen will. Ein Laptop ohne Tastatur oder eine andere Art von Eingabemöglichkeit wird kaum erfolgreich sein. Daneben hat jedes Produkt aber auch Eigenschaften, die nicht wirklich notwendig, aber doch nützlich sind. Der Grad der Notwendigkeit hat natürlich Einfluss auf den Business Value einer Produkteigenschaft.

Die Skala „MusCoW“ basiert auf solchen Überlegungen und kann für die Ersteinschätzung eines Product Backlogs sinnvoll sein:

- **Must**
  In diese Kategorie fallen die Elemente, ohne die das Produkt auf keinen Fall vorgestellt oder ausgeliefert werden kann. Meistens ist diese Liste kürzer, als man glaubt, aber sie ist auf keinen Fall leer. Die ersten Features, um die sich ein Team kümmern soll, gehören also sicherlich zu den „Must“-Features.
- **Could**
  Zu dieser Gruppe zählen alle Funktionalitäten, die man im Produkt haben möchte. Wenn es sie nicht gibt, schränken sie Funktionalitäten des Systems ein, die allerdings nicht zwingend notwendig sind. Gerade in dieser Liste wird man sehr viele Dinge finden, die anscheinend absolut wichtig, bei näherem Hinsehen aber vielleicht doch entbehrlich sind.
- **Wish**
  Hierher gehören die Funktionalitäten, die man gerne hätte, die aber tatsächlich nur noch auf der Wunschliste des Product Owners stehen. Das sind die Funktionalitäten, die für das Produkt keineswegs mehr ausschlaggebend sind.

Achtung! Eine Priorisierung nach diesen Kategorien darf nur als Ersteinschätzung dienen. Sie muss während des Projekts ständig überdacht werden und wird sich mit hoher Wahrscheinlichkeit im Laufe des Projekts verändern. Beispielsweise könnte die Bundesregierung ein Gesetz novellieren, wodurch eine bestimmte, aus eigener Geschäftssicht bislang nicht bedeutende Funktionalität plötzlich extrem wichtig wird. So war das zum Beispiel mit der gesetzlichen Forderung, dass der Kunde beim Wechsel des Mobilfunkanbieters seine Rufnummer mitnehmen können muss. Aus Sicht der Mobilfunkanbieter ist das völlig nebensächlich.

1.000 Pingpong-Bälle

Die einfachste Methode, den Business Value eines Backlog Items festzulegen, ist, jedem Backlog Item einen Wert zuzuweisen, der zunächst nur eine imaginäre Bedeutung hat. Ken Schwaber hat vorgeschlagen, dafür eine beliebige Einheit zu nehmen – Pingpong-Bälle, Gummibärchen oder Äpfel – und eine Basismenge anzusetzen. Also beispielsweise 1.000 Pingpong-Bälle. Diese Pingpong-Bälle werden auf die einzelnen Backlog Items verteilt, und zwar so, dass ein Backlog Item umso mehr Pingpong-Bälle erhält, je wertvoller es erscheint.

Auch diese Methode ist eher intuitiv, sie erzeugt aber einen ersten guten Wert, mit dem man für bestimmte Backlog Items weiterarbeiten kann. Hat man beispielsweise die ersten 20 Backlog Items seines Backlogs auf diese Weise identifiziert, kann man mit dem Kano-Modell herausarbeiten, welche dieser Funktionalitäten die für Kunden wichtigsten sind, und so überprüfen, ob die Intuition richtig lag.

Kano

Der japanische Ökonom Noriaki Kano hat in den 1980er-Jahren eine Methode entwickelt, mit der sich die Wünsche von Kunden klassifizieren lassen. Mit dieser Methode wollte er einen Maßstab zur Bewertung von Produktmerkmalen identifizieren. Sie sollte helfen vorherzusagen, ob der Kunde ein bestimmtes Produkt annehmen wird. Scott Sehlhorst und Mike Cohn haben den Ansatz Kanos zugänglich gemacht [Sehlhorst 2006, Cohn 2005]. Die Kano-Analyse ist im Wesentlichen ein Werkzeug, um die Anforderungen an ein Software-

Produkt als Funktion der Kundenzufriedenheit priorisieren zu können. Kano unterscheidet sechs Kategorien von Produktmerkmalen:

1. **Basisfunktionalitäten** (M)
   Oft auch unter der Bezeichnung „Must Haves" bekannt. Eine digitale Spiegelreflexkamera ohne Monitor auf der Rückwand können Sie nicht verkaufen.
2. **Excitors** (E)
   Merkmale, die man nicht erwartet, aber toll findet. Die automatische Sensorreinigung der Kamera oder das iPod Wheel sind solche Excitors.
3. **Lineare Merkmale** (L)
   Erwartete Merkmale. Je mehr davon vorhanden ist, umso besser. Die Akkulaufzeit von Smartphones ist ein solches Merkmal. Je länger, desto besser. Der Akku selbst ist ein Must Have, aber die Akkulaufzeit ist ein Performance-Indikator.
4. **Indifferent** (I)
   Diese Merkmale haben keine Auswirkung darauf, ob der Kunde das Produkt annimmt. Sie sind nicht wichtig für ihn. Ein Beispiel ist die Gehäusefarbe einer Telefonanlage, die im Keller an der Wand hängt.
5. **Questionable** (Q)
   Hierunter fallen Merkmale, bei denen nicht klar ist, ob sie gebraucht werden, zum Beispiel ob der Auspuff eines Wagens ein oder zwei Rohre haben muss.
6. **Reverse Attribute** (R)
   In diese Kategorie fallen Merkmale, die von den Kunden ausdrücklich nicht gewollt werden.

Wie findet man nun heraus, in welche Kategorie ein Produktmerkmal fällt? Das ist verhältnismäßig einfach, Sie müssen dafür nur eine relativ kleine Gruppe von ca. 20 bis 30 Personen befragen. Die Befragten bekommen einen Fragebogen, auf dem sie zu jedem Merkmal zwei Fälle beantworten müssen. Einmal den funktionalen Fall „das Merkmal ist vorhanden" und einmal den dysfunktionalen Fall „das Merkmal ist nicht vorhanden". In beiden Fällen können die Teilnehmer zwischen den folgenden Antworten wählen:

1. Ich mag das Merkmal in dieser Art.
2. Ich erwarte das Merkmal genau so.
3. Ich bin neutral gegenüber diesem Merkmal.
4. Ich kann mit dem Merkmal leben.
5. Ich mag das Merkmal in dieser Form nicht.

Lassen Sie uns ein Beispiel betrachten. Wir wollen wissen, ob ein Amateurfotograf bei einer Spiegelreflexkamera das Feature „Live View" braucht. Dazu fragen wir die Kontrollgruppe:

Fall 1: Das Merkmal ist vorhanden.		
Wenn Sie den Bildausschnitt auf dem Monitor der Spiegelreflexkamera sehen könnten, wie fänden Sie das?	Ich erwarte es so.	–
	Ich mag es in dieser Form.	X
	Ich bin neutral.	–
	Ich kann damit leben.	–
	Ich mag das nicht.	–

Fall 2: Das Merkmal ist nicht vorhanden.		
Wenn Sie den Bildausschnitt auf dem Monitor der Spiegelreflexkamera **nicht** sehen könnten, wie fänden Sie das?	Ich erwarte es so.	–
	Ich mag es in dieser Form.	–
	Ich bin neutral.	–
	Ich kann damit leben.	X
	Ich mag das nicht.	–

Wie erhalten wir daraus eine konsistente Antwort, ob die Amateurfotografen dieses Merkmal nutzen wollen? Dazu erstellt man eine Matrix aus der Antwort auf die funktionale und die dysfunktionale Frage (Tabelle 3.3):

Tabelle 3.3 Auswertungsmatrix

		Dysfunktionale Frage				
		Ich mag es	Erwarte es so	Neutral	Kann damit leben	Mag es nicht
Funktionale Frage	Mag es so	Q	E	E	E	L
	Erwarte es	R	I	I	I	M
	Neutral	R	I	I	I	M
	Kann damit leben	R	I	I	I	M
	Mag ich nicht	R	R	R	R	Q

Auf diese Art bekommen wir für jedes Merkmal pro befragter Person eine Antwort, in welche der oben beschriebenen Kategorien es fällt. Aggregieren wir die Antworten aller Befragten in einer Tabelle, dann erhalten wir eine klare Aussage pro Merkmal (Tabelle 3.4).

Tabelle 3.4 Bewertung – Verteilung der Antworten

Merkmal	Gesamt	E	L	M	I	R	Q	Resultierende Kategorie
Live View	30	10	8	3	5	2	2	Excitor
Blitz auf Gehäuse	30	5	5	7	5	3	3	Must Have
Sensorreinigung	30	6	4	10	4	0	6	Must Have

Die Stärke der Kano-Methode liegt darin, dass der Nutzer des Produkts befragt wird. Ich habe bei der Beschreibung der Rollen in einem Scrum-Projekt davon gesprochen, dass Teammitglieder mit den Anwendern reden müssen, um herauszufinden, wie das Produkt sein soll. Genau das passiert hier. Der Product Owner sollte von seinem Team die Antwort erhalten, welche Merkmale von welcher Kundengruppe hoch priorisiert werden. Dann kann er das in Beziehung zu den Aufwänden setzen und auf diese Weise die Funktionalitäten priorisieren. Selbstverständlich kann auch der Product Owner selbst die Funktionalitäten nach Kano priorisieren, doch ist hier Vorsicht geboten. Letztendlich entscheidet der Markt über die Akzeptanz eines Produkts, nicht der Produktmanager.

Relatives Gewicht

Die letzte Methode für das Priorisieren von Backlog Items, die ich vorstellen möchte, ist die Relative-Weight-Methode. Diese Methode geht auf Karl Wiegers zurück [Wiegers 1999]. Wiegers hat eine sehr einfache und intuitive Methode entwickelt, um ein Backlog zu priorisieren. Im Unterschied zu Kano arbeitet sie mit Expertenmeinungen, also nicht mit dem Anwender der Applikation direkt. Ich habe Wiegers' Methode in vielen Projekten angewendet. Sie wird, weil sie so einfach ist, von den Product Ownern und dem Team immer sofort angenommen. Die Methode führt Sie in acht Schritten zum priorisierten Backlog:

- **Schritt 1 – Liste aller Backlog Items**
  Zuerst werden alle Backlog Items in einer Liste zusammengetragen. Am besten überführt man diese Liste gleich in ein Spreadsheet (Tabelle 3.5).
- **Schritt 2 – Schätze den relativen Vorteil**
  Man schätzt nun den relativen Vorteil jedes Backlog Items anhand einer Skala von 1 bis 9. 1 steht dabei für den geringsten, 9 für den höchsten Vorteil aus Business-Sicht.
- **Schritt 3 – Schätze die relative Strafe**
  Die relative Strafe gibt an, wie hoch die Strafe wäre, wenn diese eine Funktionalität fehlt. Wenn man zum Beispiel eine bestimmte Berechnungsmethode nicht anwendet und dadurch seine Buchhaltung nicht mehr gesetzeskonform führt, kann dies zu einer sehr empfindlichen Strafe für den Geschäftsführer eines Unternehmens führen. Hier wird die gleiche Skala angewendet wie für den relativen Vorteil.
- **Schritt 4 – Berechne die Summe aus relativem Vorteil und relativer Strafe = Betrag**
  Wir gehen davon aus, dass Vorteil und Strafe gleichgewichtig sind. Aus diesem Grund werden nun einfach der relative Vorteil und die relative Strafe aufaddiert (siehe dazu die Spalte [Gesamtbetrag BV] im Spreadsheet)[6]. In der nächsten Spalte sieht man dann den Anteil dieses Gesamtbetrags (BV) am gesamten Business Value.
- **Schritt 5 – Schätzen der Backlog Items in Storypoints**
  Die Größe der Backlog Items wird erst in diesem Schritt geschätzt. Durch die Kenntnis des geschätzten Business Value kann man sich beim Schätzen der Backlog Items auf die wichtigen Backlog Items konzentrieren. Das spart beim Schätzen Zeit. An dieser Stelle weiche ich von Wiegers ab, der eine Schätzung auf den Werten von 1 bis 9 vornimmt. In der darauffolgenden Spalte des Spreadsheets wird wieder der relative Anteil der Größe des Backlog Items an der Größe des Gesamt-Backlogs berechnet.[7]
- **Schritt 6 – Risikobewertung**
  Wieder mithilfe der Skala von 1 bis 9 werden die Risiken bewertet. Risiken können technischer, organisatorischer oder auch ressourcentechnischer Natur sein. Auch hier wird der relative Anteil berechnet.
- **Schritt 7 – Berechnung der Prioritätszahl P**
  Das Spreadsheet hilft, die Prioritätszahl P mithilfe der folgenden Formel zu berechnen (3.1):

  $$P = \text{Business Value in Prozent} \div (\text{Kosten in Prozent} + \text{Risiko in Prozent}) \quad (3.1)$$
- **Schritt 8 – Sortierung des Spreadsheets**
  Das gesamte Product Backlog wird im Anschluss noch absteigend nach der Prioritätszahl P priorisiert. Fertig ist das priorisierte Backlog (Tabelle 3.5).

---

[6] Durch einfache Multiplikation des Faktors mit einem Wert – zum Beispiel 0,3 – kann man die Beträge gewichten.

[7] Das Schätzen in Storypoints wird in Abschnitt 3.9 erklärt.

Tabelle 3.5 Relatives Gewicht nach Wiegers

Merkmal	Relativer Vorteil	Relative Strafe	Gesamtbetrag BV	BV in Prozent	Kosten in Storypoints	Kosten in Prozent	Risiko	Risiko in Prozent	Prioritätszahl
Live View	5	3	8	32	8	15	1	6	1,52
Sensorreinigung	3	1	4	16	13	25	3	19	0,36
Blitz auf Gehäuse	6	2	8	32	20	38	4	25	0,51
Großer Monitor	2	1	3	12	8	15	6	38	0,23
Gesichtserkennung	1	1	2	8	3	6	2	13	0,42
Total	17	8	25	100	52	100	16	100	

Wiegers schreibt selbst, dass man diese Methode nur als Leitfaden betrachten sollte. Ist einem das aber klar und berücksichtigt man auch, dass es Funktionalitäten gibt, die für bestimmte Releases notwendig sind, also terminliche Abhängigkeiten aufweisen, dann ist diese Methode sicherlich geeignet, einem Product Owner die Entscheidung für seine Prioritäten zu erleichtern.

3.9 Schätzen in Scrum

Der Product Owner hat die Aufgabe, einen Releaseplan zu erstellen, der anzeigt, zu welchem Zeitpunkt welche Funktionalität fertig wird. Damit der Product Owner diesen Plan erstellen kann, benötigt er drei Angaben:

1. Die Größe des Backlog Items (Story)
2. Die Priorisierung, also die Stellung des Backlog Items in der Liste der Funktionalitäten
3. Die Kapazität des Scrum-Teams, also die Anzahl der Backlog Items, die dieses Scrum-Team in einem Sprint erarbeiten kann

Sind diese Faktoren bekannt, kann der Product Owner sehr einfach berechnen, zu welchem Zeitpunkt welche Funktionalität fertig sein wird. Problematisch ist nur, dass diese Angaben zu Beginn eines Projekts nicht bekannt sind. Wir müssen folglich einen Weg finden, um die Größe der Backlog Items und gleichzeitig auch die Kapazität des Teams zu schätzen.

3.9.1 Vorhersagbarkeit und Schätzungen

Warum ist das Schätzen von Funktionalitäten so problematisch? Die Antwort lautet meiner Meinung: weil die klassische Idee des Schätzens das Falsche schätzt, nämlich den Aufwand. Beim Schätzen eines Projekts muss man zwei Aspekte voneinander unterscheiden:

- Schätzung des Aufwands
- Schätzung der Größe (Anzahl der neuen Funktionalität)

Sehr häufig wird die Schätzung der Größe von Funktionalitäten mit der Schätzung des Aufwands verwechselt. Es ist zwar nachvollziehbar, dass ein Projektverantwortlicher den Aufwand schätzen will, denn der liefert dem Geldgeber eine Information über die Kosten des Projekts. Aber wenn Schätzungen auf dem Aufwand basieren, dann bedeutet das auch, dass die Projektpläne auf der Schätzung der Aktivitäten aufgebaut werden müssen.

Am Fließband, wo es um wiederhol- und optimierbare Arbeitsabläufe geht, wo man Akkordarbeit einführen kann, mag es möglich sein, den Aufwand für bestimmte Arbeitsschritte zu normieren und daraus den Gesamtaufwand für die Arbeit zu berechnen. In der Softwareentwicklung, wo ein produktiver Programmierer bis zu 25 Mal so effektiv wie ein schlechter sein kann, ist es unmöglich vorherzusagen, wie lange eine bestimmte Programmierleistung dauert. Es ist sogar noch extremer: Es gibt keine Korrelation zwischen der Zeit, die jemand für eine bestimmte Aufgabe benötigt, und dem Ergebnis.[8] Selbst wenn der Projektleiter für jede Schätzung tatsächlich jedes Mal den Entwickler fragen würde, der die Aufgabe durchführt, hätte er immer noch das Problem, dass dieser Entwickler die Funktionalität am Ende möglicherweise doch nicht selbst erstellt.

Ich muss mich nur an eine Grundregel der Physik erinnern: Schon in der 5. Klasse ermahnte uns die Physiklehrerin, immer sehr genau aufzupassen, welche Einheiten wir verwenden, und sie auf keinen Fall miteinander zu verwechseln. Offenbar haben die Softwareentwickler damals nicht zugehört. Es wird ein Aufwand geschätzt, bevor die Größe einer Funktionalität bekannt ist. Dabei wird oft vergessen, dass Arbeit nicht die Größe eines Gegenstands ausdrückt, sondern die Leistung mal Zeit. **Schätzen in Scrum bedeutet aber, die Größe zu schätzen und eben nicht den Aufwand.**

In Scrum wird die Leistung eines Teams in seiner Velocity gemessen. **Die Velocity ist die Menge an Funktionalität, die ein Team in einer Zeiteinheit – einem Sprint – liefert.** Mit anderen Worten: Die Velocity ist ein Ausdruck des Durchsatzes eines Teams. Je mehr ein Team pro Sprint erledigt, desto höher ist sein Durchsatz, also die Velocity. Kennt der Product Owner die Velocity eines Teams, hat er eine sehr genaue Möglichkeit zu errechnen, wann ein bestimmtes Produktteil fertig ist.

[8] Weil diese Information von vielen als schlicht unglaublich angesehen wird, hier die Quelle: http://www.joelonsoftware.com/articles/HighNotes.html (2.1.2016)

Cone of Uncertainty

Barry Boehm zeigte bereits 1981, dass die Qualität der Schätzungen in Softwareentwicklungsprojekten der Cone of Uncertainty (Bild 3.7) folgt. Die Cone of Uncertainty zeigt sehr deutlich, dass Aufwandschätzungen einer hohen Abweichung vom tatsächlichen Aufwand unterliegen – selbst dann noch, wenn bereits viel Arbeit im Projekt geleistet wurde. Viel Aufwand in eine Aufwandsschätzung hineinzustecken, ist demzufolge nicht zielführend. Der Aufwand steht in keinem Verhältnis zum Nutzen. Die Abweichungen zu Beginn des Projekts liegen bei 400 Prozent und werden erst signifikant besser, wenn bereits rund 75 Prozent des Projekts abgearbeitet sind.

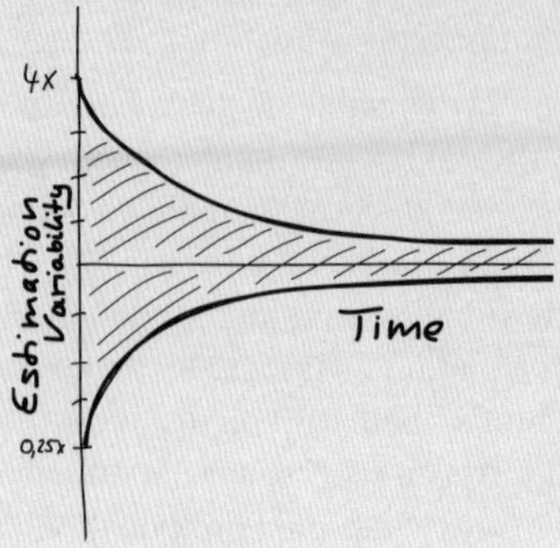

Bild 3.7 Cone of Uncertainty

Eine ähnliche Aussage treffen Bent Flyvbjerg und Alexander Budzier in ihrem Artikel „Why Your IT Project May be Riskier Than You Think“:

> *„Any company that is contemplating a large technology project should take a stress test designed to assess its readiness. Leaders should ask themselves two key questions as part of IT black swan management: First, is the company strong enough to absorb the hit if its biggest technology project goes over budget by 400 % or more and if only 25 % to 50 % of the projected benefits are realized? Second, can the company take the hit if 15 % of its medium-sized tech projects (not the ones that get all the executive attention but the secondary ones that are often overlooked) exceed cost estimates by 200 %? These numbers may seem comfortably improbable, but, as our research shows, they apply with uncomfortable frequency.“* [Flyvbjerg, Budzier 2011]

Im Übrigen liegt eine der Ursachen für ausufernde Kosten darin, dass Unternehmen nicht in der Lage sind, ihre nicht erfolgreichen Projekte zu beenden:

> *„For instance, managers are often not consistent in terminating projects that fail to promise success which applied to 67 percent of study participants. Or they implement too many projects at the same time (62 percent); perform redundant work because different projects address the same topics (32 percent); or neglect to allocate resources in line with the overall corporate strategy (34 percent). Ultimately, there are two reasons for these deficits: Lack of operational transparency and lack of strategic orientation.“* [Flyvbjerg, Budzier 2011]

3.9.2 Schätzen mit Storypoints

Genau wie das Planen ist auch das Schätzen ein Kommunikationsprozess. Alle Schwierigkeiten, die in kommunikativen Prozessen auftreten, können auch in einem Schätzprozess auftreten. Ein Phänomen hat auf die Güte unserer Schätzungen besonderen Einfluss: die Frage von Macht und Status. *Der Rang, den jemand in einer Gruppe einnimmt, bestimmt immer das Gewicht seiner Aussage.* Gute Argumente werden gerne ignoriert, wenn sie von einer Person kommen, die den falschen Status, das falsche Geschlecht oder die falsche soziale Herkunft hat. Das ist in einem Team von Softwareentwicklern nicht anders als in anderen Gruppen. Agile Schätzprozesse, die in viel stärkerem Maße als traditionelle Prozesse auf der Leistung des Teams und der Abstimmung untereinander beruhen, sind darauf angewiesen, dieses Phänomen möglichst zu vermeiden. Wie man ihm mit einfachen Mitteln begegnen kann, werden wir im Folgenden sehen.

Worin liegt die Magie des agilen Schätzens?

> *Agile Softwareentwicklungsteams schätzen die Größe eines Backlog Items. Sie schätzen dabei nicht auf dem Level der Aktivität, sondern auf der Ebene des Verständnisses, das sie von dem Produktteil haben, das geliefert werden soll.*
> *Sie schätzen nicht auf der Ebene der Taktik, sondern auf der Ebene der Strategie.*

Bevor man jedoch die Größe eines Backlog Items bestimmen kann, muss man sich kurz ansehen, was Größe bedeutet. Mein Vorschlag ist revolutionär. Die Größe bezeichnet den Grad des Verständnisses, den das Team von dem Backlog Item, von der Funktionalität hat. Je genauer das Verständnis, desto kleiner die zugeordnete Größe.

Um die Größe eines Backlog Items schätzen zu können, benötigt man dann nur noch dreierlei:

1. Eine Referenz[9], die den Fixpunkt darstellt, von dem aus alle anderen Backlog Items geschätzt werden:
2. eine Einheit, die beschreibt, mit welcher Messgröße gemessen wird, und
3. eine Skala, die den quantitativen Unterschied der Dinge angibt.

Als Erstes einigt man sich auf eine Referenz. Diese Referenz muss innerhalb der Gruppe von Menschen, die miteinander zu tun haben, eindeutig definiert und akzeptiert sein. Im Mittelalter hatte man an die Mauer der Kirchen eine Stange als Referenz für die Identifizierung eines Meters angebracht. Sehr schön lässt sich das an der Lorenzkirche in Nürnberg erkennen (Bild 3.8).

Zweitens wird eine Einheit festgelegt, in der gemessen wird. Bei der Länge ist die Einheit das Meter, also die Referenzlänge.

Jetzt fehlt nur noch die Skala. Bei Längenangaben haben wir es mit einer einfachen linearen Skala zu tun, die durch natürliche Zahlen ausgedrückt wird: 1 Meter, 2 Meter usw.

[9] Hinweis: Bei Magic Estimation benötigt man keine Referenzstory!

Bild 3.8
Metermaß an der Nürnberger Lorenzkirche

Das gleiche Prinzip lässt sich auch bei der Schätzung von Backlog Items anwenden.

1. Wir benötigen zunächst eine **Referenz**. Dazu sucht man aus der Liste der Backlog Items ein Backlog Item heraus, das auf den ersten Blick handhabbar und klein aussieht. Schon während des Heraussuchens stellt das Team gemeinsam fest, welche Eigenschaften das Backlog Item hat, wie also die Referenz beschaffen ist. Die Referenz steht für die Dimensionen oder Aspekte, die das Team benutzen möchte, um die Größe zu bestimmen.

   Wollten wir beispielsweise die Größe von Ländern bestimmen und hätten eine Liste aller europäischen Länder, dann würden wir uns zunächst das kleinste Land heraussuchen. Dafür müssten wir uns aber erst auf die Eigenschaften einigen, nach denen wir diese Größe bestimmen. Wir könnten die Fläche nehmen, genauso gut aber auch die Bevölkerungsgröße oder die Anzahl der Bäume des Landes. Genauso gut könnten wir auch eine Kombination aus diesen Eigenschaften verwenden.

   Beim Schätzen eines Backlog Items wird also festgelegt, welche Faktoren in die Bestimmung der Größe mit einfließen. Hier wählen Sie am besten die Dimensionen, die Ihnen helfen, die Backlog Items zu verstehen. Die Verantwortung für das Festlegen der Dimensionen der Einheit liegt vollkommen beim Team. Die Referenz drückt alle Aspekte aus.

2. Hat man sich auf das Backlog Item geeinigt, das als Referenz geeignet erscheint, dann geht es im nächsten Schritt um die **Maßeinheit**. Die Maßeinheit ist in unserem Fall einfach.

Wir brauchen etwas, das die Größe eines Backlog Items ausdrückt. Die agile Community hat sich darauf geeinigt, diese Maßeinheit *Storypoints* zu nennen. Aber das ist vollkommen willkürlich. Sie können genauso gut Gummibärchen zählen, solange Sie sich darüber im Klaren sind, dass Sie es mit der Bezeichnung einer Einheit zu tun haben.

3. Als Letztes benötigen wir eine **Skala**. Mit Skalierungen ist es so eine Sache, denn eine Skala kann zu gravierenden Fehlinterpretationen führen. Wir haben es mit Schätzungen von relativen Größen, also mit dem relativen Verständnis von der zu erstellenden Funktionalität zu tun. Daher benötigen wir eine Skala, die berücksichtigt, dass Schätzungen größere Schwankungen haben, wenn große Dinge – also etwas, das mit größerem Unverständnis behaftet ist – geschätzt werden sollen. Anders ausgedrückt: Eine Schätzung wird genauer, wenn man es mit einem kleinen überschaubaren Paket zu tun hat, als wenn es sich um ein sehr großes Paket handelt.

   Die agile Community hat sich, nicht zuletzt dank der Arbeit von Mike Cohn in seinem Buch „Agile Estimation and Planning" [Cohn 2005], auf die Cohnsche unreine Fibonacci-Reihe als Skala geeinigt (Tabelle 3.6):

Tabelle 3.6 Die unreine Fibonacci-Reihe nach Cohn

Schritt	0	1	2	3	4	5	6	7	8	9	10
Wert	0	1	2	3	5	8	13	20	40	100	?
Standardabweichung bei 50 Prozent Genauigkeit	0	0,5	1	1,5	2,5	4	6,5	10	20	50	?

   Diese Skala gibt uns also schon alleine durch ihren Wert an, wie genau die Schätzung ist. Ein hoher Wert bedeutet automatisch, dass die Standardabweichung höher ist. Die Schätzung wird also nicht ungenauer, aber die Spanne, in der ein Backlog Item liegt, ist wesentlich größer. Wir werden sehen, dass wir diese Eigenschaft nutzen, um den Releaseplan sinnvoll gestalten zu können.

Jetzt haben wir alles, was zum Schätzen der Backlog Items notwendig ist: eine Referenz, eine Einheit und eine Skala. Wir können nun unser Backlog schätzen. Dazu bitten wir das gesamte Team zu einem Schätzmeeting. Da dies unter Umständen ein ziemlich großes Meeting sein kann, müssen wir es so effizient wie möglich durchführen.

3.9.3 Magic Estimation

Das früher populäre Planning Poker ist meiner Meinung nach zu langsam, daher verwenden wir es in unseren Projekten nicht mehr. Meine Kollegen und ich schätzen die Funktionalität mithilfe eines extrem schnellen Verfahrens: Magic Estimation. Aus einer Idee von Lowell Lindstrom, die er uns Trainern einmal zeigte, entwickelte ich dieses Schätzspiel, das alle bisherigen Verfahren in Genauigkeit und Geschwindigkeit übertrifft und mit dem ein Team in kürzester Zeit bessere Einschätzungen als zum Beispiel mithilfe von Planning Poker erzielt. Magic Estimation ist nicht nur schneller, es kann auch in großen Gruppen und mit mehr als 100 Backlog Items gespielt werden. Ein Backlog mit ca. 70 Einträgen kann von einer zehnköpfigen Gruppe in etwa 20 Minuten ausreichend genau geschätzt werden.

Magic Estimation – das Spiel

1. Der Product Owner bereitet alle Backlog Items auf Karten oder Ausdrucken vor.
2. Er bereitet eine Skala der Zahlen von 1 bis 100 vor und versucht, beim Aufbau dieser Zahlenreihe durch die Abstände zwischen den Zahlen die Verhältnisse darzustellen (es muss nicht genau sein), etwa so:

   1,2,3, . 5,. . 8 . . . . .13. . . . . . . .20. . . . . 40 . . . . 100[10]
3. Der Product Owner verteilt nun die Backlog-Item-Karten an das Team. Jedes Teammitglied bekommt möglichst gleich viele Karten.
4. Das Spiel wird nun vollkommen schweigend gespielt. Man darf sich mit niemandem austauschen.
5. Jedes Teammitglied liest seine Backlog Items durch und legt sie zu den Zahlen, die seiner Meinung nach das Verständnis dieser Backlog Item repräsentieren. Dabei gilt: **Je größer die Zahl, desto geringer das Verständnis.** Es gelten nur die Werte, die die Skala zeigt, keine Zwischenwerte.
6. Wenn ein Teammitglied seine Karten verteilt hat, liest es die Karten, die von anderen Teammitgliedern ausgelegt wurden, und verändert die Position einer Karte, wenn es der Meinung ist, dass diese Karte an eine andere Position gehört. Dieses Lesen und Umsortieren führen alle Teammitglieder parallel und ohne sich mit anderen zu beraten durch.
7. Der Product Owner beobachtet das Team bei dieser Aktion. Wenn er sieht, dass eine Karte springt, markiert er diese Karte. Eine Karte springt, wenn sie von Teammitgliedern immer wieder auf eine andere Position gelegt wird. Daran lässt sich klar erkennen, dass es Meinungsverschiedenheiten gibt.
8. Der letzte Schritt beim Verteilen der Karten: Wenn ein Teammitglied nicht weiß, was eine Karte bedeutet, so wird diese Karte auf die 100 gelegt.
9. Das Spiel ist beendet, wenn sich keine Karte mehr bewegt oder es nur noch „springende“ Karten gibt. Auch wenn sich mehr und mehr Teammitglieder abwenden und sichtlich gelangweilt sind, ist das Spiel beendet.
10. Zum Abschluss schreiben die Teammitglieder die ermittelten Zahlen auf die Backlog-Item-Karten.
11. Der Product Owner erhält als Ergebnis alle Backlog Items nach dem Verständnis bewertet = geschätzt.

Was bei diesem Vorgehen auffällt: Es gibt keinen Referenzwert. Er wird überflüssig, weil durch das Spiel automatisch jede Karte zur Referenz für jede andere wird.

Damit es auch in größeren Gruppen funktioniert, müssen alle Backlog Items lesbar geschrieben sein. Je größer das Team ist, desto mehr Platz wird benötigt. Die Karten sollten daher so geschrieben werden, dass man sie auch aus vier Metern Entfernung lesen kann (GROSSE BUCHSTABEN).[11]

---

[10] Diese Zahlen werden in Form von Tierdarstellungen oder anderen Symbolen, die für unterschiedliche Größen stehen, repräsentiert. Die Zahlen dienen später nur zum Rechnen.

[11] Bewährt haben sich Ausdrucke von Storys auf Power Point Slides. Ein Slide pro Story. Die Story füllt das ganze DIN-A4-Blatt aus.

Bei diesem Spiel wird der Umfang der Funktionalität intuitiv geschätzt. Diese Schätzung ist, wie unsere Erfahrung zeigt, wesentlich genauer als alle anderen Verfahren. Dieses Verfahren gehört in die Kategorie „Man muss es mal ausprobiert haben“. Jedes Team, das sich darauf eingelassen und diese Methode drei bis fünf Mal ausprobiert hat, ist nach anfänglicher Skepsis am Ende begeistert und verwendet es weiter.

Der Einfluss der Schätzung auf die Priorisierung

Aufgabe des Product Owners ist es, den Return on Investment seines Projekts zu optimieren. Dazu muss er die Backlog Items so in eine Reihenfolge bringen, dass er für möglichst geringes Investment möglichst viel Geschäftswert generiert. Also hat die Größe eines Backlog Items bei gegebener Velocity einen Einfluss auf die Priorisierung. Einfach gesagt: Ein teures Backlog Item wird gegenüber einem günstigeren mit dem gleichen Geschäftswert abgewertet. Das ist wichtig für das Kosten/Nutzen-Verhältnis in einem Projekt. Der Product Owner muss sich darüber im Klaren sein, dass er das Projekt einerseits auf der Basis der Informationen seines Teams priorisieren muss und andererseits im Auge zu behalten hat, was für sein Geschäft notwendig ist. Das Team kann beispielsweise nicht wissen, ob es Messen gibt, für die ein bestimmtes Produktteil geliefert werden muss. Es kann also sein, dass der Product Owner trotz der Schätzung des Teams eine andere Reihenfolge haben möchte, als sie sich rein nach der Schätzung ergeben würde.

Wenn die initiale Reihenfolge feststeht, muss als Nächstes die Velocity, also die Geschwindigkeit oder Kapazität des Teams geschätzt werden.

3.9.4 Die Velocity bestimmen

Um zu wissen, wann etwas geliefert wird, müssen einerseits die Priorität und die Größe eines Backlog Items bekannt sein und andererseits die Kapazität des Teams. Die Kapazität eines Teams wird in der Agile Community als *Velocity* bezeichnet. Sie soll angeben, wie schnell ein Team im Sprint ist.

Es gibt viele Wege, um die Kapazität des Teams zu bestimmen. Sie hängen oft davon ab, an welcher Stelle im Projekt man steht:

1. Hat das Team mit dem Projekt bereits begonnen, gibt es also zum Beispiel schon gelieferte Funktionalität, dann können die Teammitglieder das Backlog mithilfe von Magic Estimation schätzen und anschließend bestimmen, wie viele Storypoints sie in ihren vorangegangenen Sprints geliefert haben. Daraus können sie darauf schließen, mit welcher Velocity sie die nächsten Backlog Items bewältigen werden.
2. Steht das Team vor dem ersten Sprint und hat es daher noch keine Grundlage, um seine Kapazität einzuschätzen, muss es einen anderen Weg für die Schätzung der Velocity wählen. Das ist nicht schwer. Weil das Backlog von oben nach unten nach dem Geschäftswert geordnet ist, muss das Team auch von oben nach unten arbeiten und mit dem ersten Backlog Item beginnen. Daher fragt der Product Owner die Teammitglieder, ob sie glauben, dieses Backlog Item im ersten Sprint liefern zu können. Sagen sie Nein, dann ist dieses Backlog Item zu groß und muss aufgeteilt werden. Bei einem Ja fragt man weiter, ob auch das nächste Backlog Item noch in diesem Sprint geliefert werden kann, bis ein

Teammitglied „Ich bin mir nicht sicher“ sagt. Nun ist klar, welche und wie viele Backlog Items das Team in diesem Moment glaubt, liefern zu können. Zählt man die Storypoints dieser Backlog Items zusammen, ist damit die geschätzte Kapazität ermittelt.

3. Wenn das Team seinen ersten Sprint abgeschlossen hat, ist damit auch die Kapazität des Teams bekannt und dieser Näherungswert kann für den nächsten Sprint genutzt werden. Die Teammitglieder können diesen Wert natürlich korrigieren, was dann aber eine Aufgabe für das Sprint Planning Meeting ist und eigentlich nicht zur strategischen Planung gehört.

3.9.5 Der Releaseplan

Mit der Kapazität des Teams ist nun auch die Laufzeit des Projekts bekannt. Unter der Annahme, dass das Team so bestehen bleibt, wie es derzeit ist, kann durch einfache Division der Gesamt-Storypoints über die Kapazität in Storypoints die Anzahl der Sprints festgelegt und damit die Projektlänge bestimmt werden. Oder nicht? Prinzipiell ist das richtig. Es gibt jedoch einige Faktoren, die dazu zwingen, diese einfache Berechnung nur als ersten Anhaltspunkt gelten zu lassen, denn die Velocity eines Teams kann schwanken:

1. Gerade zu Beginn des Projekts, also in den ersten drei bis fünf Sprints, kann sie sogar stark schwanken. Die Erfahrung zeigt aber, dass ab Sprint 3 die Velocity um einen Punkt herum konvergiert.
2. Ein Scrum-Team wird sich im Laufe der Zeit auf eine bestimmte Velocity einpendeln. Haben Sie aber auch an Urlaube und Feiertage gedacht? Im Sommer sind Teams in der Regel weniger produktiv als im Winter. Und in Rio de Janeiro geht die Produktivität zwischen Weihnachten und Karneval deutlich zurück.
3. Beachten müssen Sie auch Skalierungseffekte. Wenn Sie Teams vergrößern, dann geht die Velocity für drei Sprints nach unten. Brooks’ Gesetz ist auch in einem agilen Umfeld unumstößlich: „Das Hinzufügen von Personen zu einem Projekt, das sich verspätet, ist wie Öl ins Feuer zu schütten – es verlängert das Projekt.“[12] [Brooks 1995] Sollte sich in Ihrem Projekt abzeichnen, dass Sie mehr Leute hinzuziehen müssen, dann machen Sie sich bitte klar, dass Sie drei Sprints lang weniger Durchsatz haben werden als zuvor.
4. Die Velocity des Teams wird sich zwar zu einer Konstante entwickeln, Teams werden aber im Verlauf des Projekts immer besser schätzen. Das wird Einfluss auf die Anzahl der Backlog Items haben, die geliefert werden, aber es wird nicht unbedingt die Anzahl der Storypoints beeinflussen, die ein Team liefert.

In einen Releaseplan müssen Sicherheitspuffer eingebaut werden, wenn man einen bestimmten Liefertermin anstrebt. Diese Sicherheitspuffer sind notwendig, um garantieren zu können, dass eine bestimmte Funktionalität geliefert werden kann. Wenn man die Puffer explizit in Storypoints ausweist, wirken sie sich negativ auf die Velocity eines Teams aus. Die Anzahl gelieferter Storypoints vermindert sich. Es ist daher sinnvoller, nicht mit weniger Storypoints pro Sprint zu rechnen, sondern den Puffer durch „Puffer-Funktionalitäten“ auszudrücken. Das sind Funktionalitäten, die man in den Sprints haben möchte, die aber in Wahrheit nicht wichtig sind. Wenn sie nicht geliefert werden, spielt es keine Rolle. So erhält man die Kapazität des Teams für den Plan und hat gleichzeitig eine Versicherung in seinen Plan eingebaut.

[12] „Adding people to a late software project is like pouring gasoline on a fire – it just makes it later.“

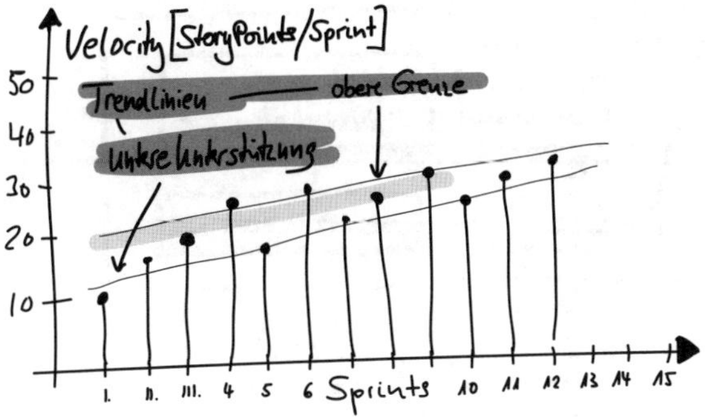

Bild 3.9
Velocity-Chart

Das Velocity-Chart (Bild 3.9) ist ein guter Indikator für die Entwicklung der Team-Velocity. Nutzen Sie es ähnlich wie Trend-Charts bei Aktienanalysen. Die Vergangenheit sagt in Wahrheit nichts über die Zukunft aus. Die Trends können dennoch interessante Informationen liefern.

Kosten für das Projekt

Ist die Laufzeit des Projekts bekannt, dann lassen sich daraus auch die Kosten des Projekts ableiten, die durch die Teammitglieder anfallen, da prinzipiell die Teamgröße konstant bleibt. Selbstverständlich müssen noch die Kosten für Ressourcen, Lieferanten und vieles mehr hinzugerechnet werden, doch der Hauptfaktor – bis zu diesem Zeitpunkt am wenigsten genau zu fassen – ist damit eingeschätzt und man kennt nun das erforderliche Budget für die Beschäftigung der Teammitglieder.

3.10 Die Planung geht weiter

Die initiale Planung eines Projekts ist fertiggestellt, wenn

- der Product Owner das Backlog in eine Rangfolge gebracht hat;
- alle Backlog Items vom Entwicklungsteam geschätzt worden sind;
- das Entwicklungsteam seine Velocity geschätzt hat;
- das Entwicklungsteam gemeinsam mit dem Product Owner die Risiken eingeschätzt hat;
- der Product Owner auf diesen Grundlagen einen initialen Releaseplan erstellt hat;
- das Entwicklungsteam gemeinsam mit dem Product Owner die Kosten für das Projekt ermittelt hat.

Dann kann es losgehen. Der erste Sprint sollte jetzt so schnell wie möglich beginnen.

Aber ist hier der Planungsprozess schon zu Ende? Nein! Alles, was bis zu diesem Zeitpunkt gemacht wurde, war, die initiale Planung zu beginnen und erste Product Backlog Items zu bestimmen und zu schätzen. Ist der erste Sprint erst einmal angelaufen, werden das Team und der Product Owner Änderungswünsche haben und man stellt dabei auch fest, dass sich das Team in dem einen oder anderen Punkt verschätzt hat. An einigen Stellen werden Prob-

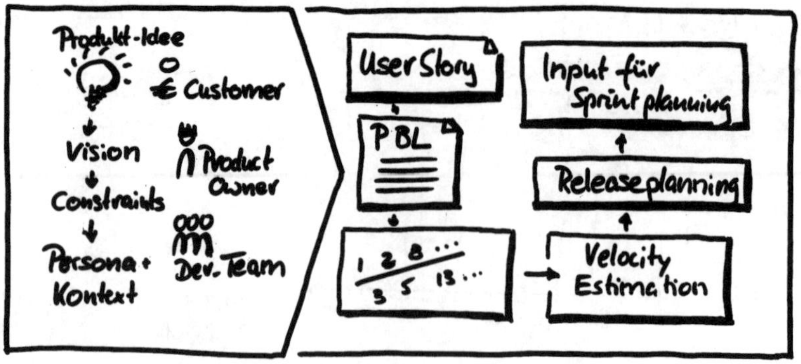

Bild 3.10 Der strategische Planungsprozess

leme auftauchen, auf die in der laufenden strategischen Planung reagiert werden muss. Das Planen, das kontinuierliche Reagieren auf Veränderungen im Projekt, wird nie aufhören. Die Planungsaktivitäten müssen innerhalb der nächsten Sprints weitergeführt und ausgebaut werden. Dabei werden die Schätzungen verbessert, neue Backlog Items hinzugefügt, andere als unwichtig herausgenommen oder die Priorität von Backlog Items verändert. Das Planen hört nie auf.

3.11 Die Zusammenhänge zwischen strategischer und taktischer Planung

Das Verhältnis zwischen Product Backlog Item, Schätzung, Priorisierung, Spezifikation, Entwicklung und Testen eines Stücks des Produkts bis zum Roll-out der Applikation ist für Sie vielleicht nach vierzig Seiten zum Thema Planung noch immer ein wenig unklar. Sie müssen Ihren eigenen Weg finden, die Planung zu leben, und Sie werden ihn finden. Der Weg, den ich hier noch einmal in aller Kürze zusammenfasse, soll Ihnen als erste Idee dienen:

Stellen Sie sich vor, Sie wären der Product Owner. Sie haben Ihre Vision und die ersten groben Product Backlog Items notiert. Als Nächstes wenden Sie sich an Ihr Team und befragen die Teammitglieder, was sie davon halten, und bitten um eine Einschätzung der Größe.

Das geschieht im **Estimation Meeting**. Das Team fragt Sie, was Sie sich genau unter den einzelnen Dingen vorstellen, es möchte eine grobe Vorstellung erhalten – Sie sind noch nicht auf der Ebene der genauen Spezifikationen. Nach einem kurzen Gespräch ist bei allen Beteiligten ein klares Bild entstanden und das Team ist in der Lage, die Backlog Items einzuschätzen. Es wird ein oder zwei Backlog Items geben, zu denen die Teammitglieder mehr Informationen benötigen. Also definieren Sie gemeinsam mit ihnen einen Zeitraum pro Backlog Item, der für die Forschung an diesem Backlog Item in einem Sprint zur Verfügung stehen soll – vielleicht zwei Tage. Mit den geschätzten Backlog Items gehen Sie nun wieder an die Arbeit. Sie überlegen, alleine oder gemeinsam mit Ihren Kollegen, in welcher Reihenfolge Sie die einzelnen

Backlog Items geliefert bekommen möchten. Dabei berücksichtigen Sie die Kosten, die Ihnen das Team genannt hat. Das Team hat auch behauptet, es könne voraussichtlich zwei bis vier Backlog Items im ersten Sprint bewältigen. Nach der Priorisierung wissen Sie, welche Items Sie im nächsten Sprint wahrscheinlich erhalten werden. Sie aktualisieren den Releaseplan basierend auf den Informationen, die Sie jetzt haben, und bereiten die Backlog Items so gut es geht vor, um sie im Sprint Planning Meeting 1 vorstellen zu können.

Wir wechseln die Ebene: Die Planungsüberlegungen aus der strategischen Planungsphase werden nun im Sprint Realität.

Sie gehen mit Ihrem Backlog in das **Sprint Planning Meeting 1** und das Team einigt sich mit Ihnen auf eine gewisse Menge an Backlog Items. Sie bleiben am Nachmittag verfügbar, aber das Team zieht sich alleine zu seinem Sprint Planning Meeting 2 zurück.

Wir wechseln in die Perspektive der Teammitglieder: Die Größe der einzelnen Backlog Items wurden mit dem Product Owner bereits grob besprochen, nun ist das Design an der Reihe. Die Teammitglieder überlegen, wie sie das Backlog Item entwickeln wollen. Dabei legen sie fest, wie die Architektur anfänglich sein muss, und sie überlegen ein wenig detaillierter, wie dieses Feature gestaltet sein soll. Die Business-Analystin des Teams erklärt es und es wird geplant, dass sie sich am nächsten Morgen mit einem der Senior-Entwickler und einem Junior zusammensetzen wird. Bis zum Abend sollen die drei die ersten klaren Screens und Datenmodelle entwickelt haben. Die Zeit wollen die drei anderen im Team nutzen, um schon mal die Testumgebung aufzusetzen und das Konfigurationsmanagement-Tool einzurichten. Sie schreiben die vielen anderen Tasks ebenfalls auf und dann sind die vier Stunden für das Meeting auch schon vorbei.

Am nächsten Morgen geschieht alles wie geplant. Business-Analystin, Senior- und Junior-Entwickler sitzen zusammen und entwickeln gemeinsam eine sehr genaue Vorstellung, wie die Funktionalitäten implementiert werden sollen. Die Business-Analystin beginnt, die kurze Spezifikation zu schreiben, und die beiden Entwickler probieren die Überlegungen sofort aus. Am Abend wissen alle, dass die Architektur funktionieren wird, und am nächsten Morgen, nachdem die Testumgebungen stehen und das Konfigurationsmanagement-Tool auch einsatzbereit ist, beginnen die vier Entwickler, ihre Überlegungen gemeinsam umzusetzen. Die Business-Analystin schreibt einstweilen schon die Testcases zusammen und arbeitet mit dem Tester daran, wie man diese in FitNesse[13] automatisieren kann. Als zwei Entwickler am Nachmittag ein wenig Funktionalität zum Laufen gebracht haben, probieren sie die Testcases aus und prüfen, ob die Automatisierung funktioniert. Sie finden einige Probleme, bis zum Abend sind diese aber gelöst. Das erste Backlog Item ist geschrieben.

Diese Skizze zeigt, dass die eigentliche Spezifikation innerhalb des Sprints geschrieben wird. Alle Arbeiten werden innerhalb des Sprints durchgeführt. Sollte im Sprint Planning Meeting nicht klar genug werden, wie ein Backlog Item gemeint ist, dann wurde weder im Estimation Meeting noch in anderen Gesprächen zuvor genug darüber nachgedacht, was dieses Backlog Item tatsächlich bedeutet. In diesem Fall sollte es nicht in diesem Sprint begonnen, sondern bestenfalls als Backlog Item für eine Analyse während des Sprints herangezogen werden.

[13] http://fitnesse.org/

Fragen an den ScrumMaster

- Welche Kommunikationsprobleme treten in Gruppen auf? Beschreiben Sie mindestens zehn mögliche Probleme.
- Was macht eine gute Vision aus?
- Warum ist eine Vision so wichtig für ein Projektteam?
- Beschreiben Sie die Vision Ihres gegenwärtigen Projekts.
- Was ist der Unterschied zwischen Größe und Aufwand?
- Worin unterscheidet sich der strategische vom taktischen Planungslevel?
- Wie sieht die langfristige Planung in Ihrem gegenwärtigen Projekt aus? Wie sieht die Strategie Ihres Projekts aus?
- Welche Schritte umfasst der Planungsprozess?
- Wieso kann man vom Kidnapping eines Projekts sprechen?
- Wie schreibt man nach Mike Cohn User Storys auf?
- Welche Hilfsmittel und Werkzeuge sind sinnvoll, um das Backlog aufzuschreiben – es können auch andere sein als die im Text erwähnten.
- Worin besteht der Unterschied zwischen einem Backlog Item und einer Anforderung?
- Welche Methoden stehen dem Product Owner zur Verfügung, um das Backlog zu priorisieren?
- Wie hängen Größe, Priorisierung und Kapazität zusammen?
- Welche Strategie, welche Erklärungen nutzen Sie, um Ihren Product Owner vom Priorisieren zu überzeugen?
- Haben Sie in Ihrem Projekt ein priorisiertes Backlog?
- Welche anderen Methoden als die hier vorgestellten könnte ein Product Owner zum Priorisieren nutzen?
- Wie würden Sie Ihr Team davon überzeugen, es mit einer Schätzung in Storypoints zu versuchen?
- Warum ist es falsch, ein Backlog Item in Stunden oder Tagen zu schätzen?
- Was ist der Unterschied zwischen einer Anforderung und einem Backlog Item? ■

4 Der Sprint – das Produkt entsteht

Die initiale Planung ist abgeschlossen, das erste Estimation Meeting hat stattgefunden, der ScrumMaster bereitet den Product Owner und das Entwicklungsteam auf den ersten Sprint vor. Dazu hat der Product Owner das Backlog priorisiert und gemeinsam mit dem Entwicklungsteam wurden im Estimation Meeting die User Storys so aufbereitet, dass nun genügend kleine User Storys für den ersten Sprint vorliegen.

Jetzt geht das Projekt in die Durchführungsphase: Nach jedem Sprint sollen fertige und potenziell nutzbare Produktinkremente geliefert werden können. Nach einer gewissen Anzahl von Sprints sollte so viel vom Produkt entstanden sein, dass es dem Kunden übergeben werden kann. Dieses erste auslieferbare Produktinkrement wird Minimum Viable Product genannt.

Es gibt in jedem Sprint eine Planungs-, eine Durchführungs-, eine Evaluierungs- und eine Verbesserungsphase. Diese Phasen werden in Scrum durch die Scrum Meetings begleitet: Estimation Meeting, Sprint Planning Meeting 1 und 2, Daily Scrum, Sprint Review und Sprint Retrospektive (Bild 4.1).

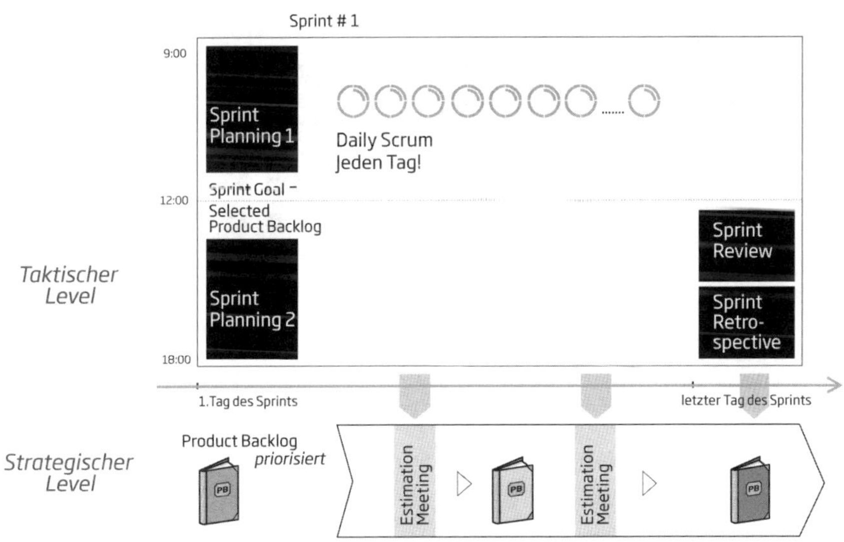

Bild 4.1 Meetings im Sprintverlauf

Die Durchführungsphase eines Scrum-Projekts, den Sprint, kann man sich als aus drei Kreisen bestehend vorstellen, wie Bild 4.2 zeigt. Jeder dieser Kreise ist dabei ein Feedback-Kreislauf für sich:

- Der **innere Kreis** entsteht durch das Daily Scrum. Hier plant das Team täglich seine Aktionen, nimmt tagesaktuell Korrekturen vor, löst gemeinsam mit dem ScrumMaster Probleme und liefert ein Backlog Item nach dem anderen.
- Der **mittlere Kreis** steht für den Sprint. Die Teammitglieder planen im Sprint Planning Lieferung und Aktivitäten des Sprints, führen die Aktivitäten des Sprints durch und präsentieren am Ende des Sprints ihre Leistung: das potenziell nutzbare Produkt.
- Der **äußere Kreis** steht für das Release – oder das erste Produktinkrement, das tatsächlich auslieferbar ist (für den Fall, dass die Organisation nicht mit Releases arbeitet). Das Team liefert das Produkt am Ende des Release-Zyklus in einem auslieferbaren Zustand. Es sind genügend Funktionen im Produkt vorhanden und die Deployment-Prozesse sowie alle notwendigen Zusatzaufgaben für das Ausliefern haben stattgefunden. Die Release-Leistung wird – wie in Kapitel 3 beschrieben – geplant, doch wird das Release kontinuierlich in jedem Sprint verfeinert und gegebenenfalls passt der Product Owner die Lieferumfänge des Produkts an oder verändert die Anzahl der Sprints im Release. Ziel ist es jedoch nicht, Releases zu produzieren, sondern Ziel aller Anstrengungen ist es, kontinuierlich releasen zu können. Ein Anspruch, den nicht jedes Produkt erfüllen kann oder vielleicht auch gar nicht jedes Produkt erfüllen muss.

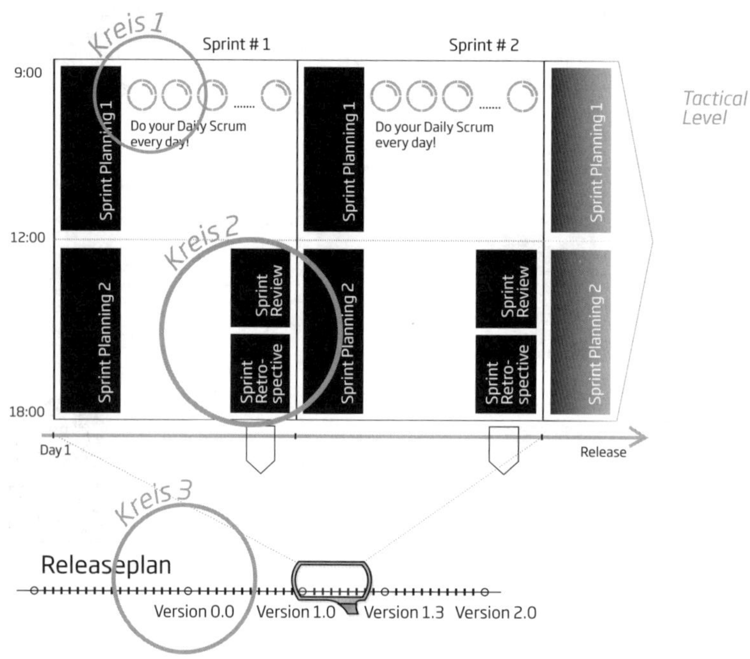

Bild 4.2 Die drei Feedback-Kreisläufe der taktischen Ebene

Diese drei Kreise, also Release, Sprint und Entwicklungstag, stellen die taktische Ebene des Projekts dar. Auf der taktischen Ebene kommen die unbequemen Details und die sehr konkreten Anforderungen ins Spiel, mit denen man tagtäglich umgehen muss. Das Entwicklungsteam und der Product Owner arbeiten *zusammen* als Einheit, damit das Projekt ein Erfolg wird und am Ende ein Produkt liefert.

Auch alle Meetings im Sprint sind auf die taktische Ebene bezogen. Hier geht es also um das Herstellen des Produkts, um konkrete Aufgaben, konkrete Aktionen und konkrete Lieferungen. Sie haben spezifische Ziele und sind resultatorientiert. Eine Ausnahme bildet das **Estimation Meeting**, in dem die nächsten Iterationen (Sprints) vorbereitet werden. Es dient dem Product Owner dazu, den Release und die Roadmap zu verfeinern, eine Schätzung für neue Produktfeatures zu bekommen und gemeinsam mit dem Team die nächsten Schritte im Projekt zu planen und zu organisieren.

4.1 Die grundlegenden Prinzipien des Sprints

Der ScrumMaster hat während des Sprints die Aufgabe, alle Beteiligten dazu zu bringen, sich an die Prinzipien zu halten, die Scrum wirksam werden lassen.

1. **Das Pull-Prinzip**
   Es besagt, dass das Team die Anzahl der Backlog Items bestimmt, die es in einen Sprint aufnimmt. Dieses Prinzip zu verletzen, würde bedeuten, ein Team von vornherein auf Kollisionskurs mit dem Ziel zu setzen. Nur wenn sich alle Teammitglieder für eine gewisse Anzahl an Backlog Items ausgesprochen haben, kann der Product Owner eine termingerechte Lieferung erwarten. Anders ausgedrückt: Der ScrumMaster sorgt für das Prinzip der Freiwilligkeit. Das Commitment muss freiwillig abgegeben werden. Das Scrum-Team arbeitet gemeinsam daran, ein Produkt zu liefern und die Teile dieses Konstrukts werden nur optimal arbeiten, wenn sie es freiwillig tun. Wer die Arbeit macht, entscheidet darüber, wie viel er machen wird und wie er diese Arbeit ausführen wird.
2. **Timebox und Lieferung**
   Die Kunst des ScrumMasters besteht darin, ein „fokussiertes Chaos“ zuzulassen und auf diese Weise die Kreativität der Teammitglieder zu bündeln und auszurichten. Das gelingt in der Regel dann, wenn es der ScrumMaster schafft, für alle Prozessschritte klar definierte Termine, also eine Timebox, für Meetings und Iterationslängen einzuführen und sie entsprechend festzuzurren. Ein fokussiertes Chaos benötigt neben der klaren zeitlichen Vorgabe einen inhaltlichen Punkt, auf den alle hinarbeiten. Das ist die Lieferung des Sprints. Sprints müssen *immer* etwas liefern und das sollte immer ein potenziell auslieferbares Stück des Produkts sein. Die Erfahrung zeigt, dass Scrum-Teams, die sich nicht an diese Regeln halten, scheitern.
3. **Selbstorganisation**
   Im Sprint regiert das Entwicklungsteam. Die Teammitglieder führen nicht nur aus, sie bestimmen auch, wie sie arbeiten. Vor allem von Führungskräften wird dieses Prinzip gerne verletzt. Aber auch die Teammitglieder müssen in der Regel erst lernen, was dieses Prinzip von ihnen fordert: *Selbstverantwortung und den Willen zur Lieferung.*

4.2 Das Estimation Meeting

Zum Jobprofil des Product Owners gehört es, zu jedem Sprint Planning mit einem geschätzten und priorisierten Backlog zu erscheinen. Er hat folglich bereits vor dem Sprint eine Idee davon, welche Lieferung er von seinem Team erwarten kann. Beim ersten Sprint ist das kein Problem, denn vorher hat die strategische Planung stattgefunden. Aber was, wenn sich während der Arbeit neue User Storys ergeben, andere Storys sich verändern oder vielleicht nicht mehr benötigt werden? Das kann nur funktionieren, wenn sich bei der Vorbereitung der nächsten Sprints auch das Entwicklungsteam beteiligt. Aber das Entwicklungsteam soll doch möglichst effektiv am Resultat des Sprints arbeiten – wie kommt der Product Owner also an die relevanten Informationen?

In meinem ersten Scrum-Team war das einfach: Wir saßen alle in einem Raum und wenn die Product Ownerin eine Frage hatte, nahmen wir uns einige Minuten Zeit für sie. Es war nicht optimal, funktionierte aber. Als wir mit weiteren Teams arbeiteten, merkten wir schnell, dass diese häufigen Störungen die Produktivität des Teams gefährdeten. Um einerseits den Dialog aufrechtzuerhalten, andererseits aber in Ruhe arbeiten zu können, führten wir bei einigen Projekten feste Zeiten ein, in denen die neuen User Storys besprochen und geschätzt werden konnten. Aus diesen informellen Meetings wurde dann das *Estimation Meeting*. Alle Scrum-Teams führen solche Meetings durch. Manche nennen dieses Meeting Pre-Planning oder Backlog Grooming.

Erfahrungsgemäß liegt der Aufwand für das kontinuierliche Weiterentwickeln des Backlogs und das Vorbereiten der nächsten Sprints bei etwa fünf bis zehn Prozent der Arbeitszeit eines Teams pro Sprint. Diese Zeit ist vom Entwicklungsteam während des Sprint Plannings einzuplanen.

Warum ein Estimation Meeting?

Die Mitarbeit des Entwicklungsteams am Product Backlog lässt sich auf zwei Arten minimieren:

1. Der Product Owner kennt sein Produkt sehr genau.
2. Das Estimation Meeting wird so effektiv wie möglich durchgeführt.

Achtung: Im Estimation Meeting geht es primär darum, das Product Backlog zu aktualisieren, und nicht darum, die Schätzungen zu aktualisieren! Die initialen User Storys werden überprüft und gegebenenfalls in kleinere User Storys geschnitten. Völlig neue User Storys werden initial geschätzt und bereits vorhandene User Storys in der Schätzung angepasst, wenn es nützlich ist. Das soll dazu dienen, dass das Entwicklungsteam die User Storys bereits kennt, wenn sie im Sprint Planning auftauchen und dort detailliert besprochen werden (Bild 4.3). Der zweite, oft unterschätzte, aber wesentliche Aspekt des Estimation Meetings ist, dass Storys vom Entwicklungsteam aufgebrochen werden und auf diese Weise mehrere neue Storys entstehen.

Bild 4.3
Zeit für die Vorbereitung des nächsten Sprints

4.2.1 Durchführung des Estimation Meetings

Das Estimation Meeting wird mindestens zwei Mal pro Sprint durchgeführt oder jede Woche. Die Dauer des Estimation Meetings darf 35 Minuten nicht überschreiten. Wenn wir davon ausgehen, dass das gesamte Team in diesem Meeting sitzt und wir das Meeting zwei Mal pro Sprint durchführen wollen, wenden wir nur für dieses Meeting bereits sieben bis zehn Stunden Arbeitszeit pro Sprint auf. Rechnet man hinzu, dass sich das Team während eines Sprints auch um Grundsätzliches für die Vorbereitung der nächsten Sprints kümmern muss, wird schnell klar, woher die fünf bis zehn Prozent Vorbereitungsaufwand für die nächsten Sprints stammen.

Das Estimation Meeting ist keine Einbahnstraße: Nicht nur der Product Owner stellt dem Entwicklungsteam seine neuen User Storys vor, auch das Entwicklungsteam stellt dem Product Owner seine neuen Ideen vor. Im Estimation Meeting werden die *neuen* User Storys kurz besprochen. Sollte eine längere Diskussion dazu nötig sein, vertagt der ScrumMaster diese Diskussion in ein eigenes Meeting, das gesondert geplant wird.

Die Teilnehmer und Rollen im Estimation Meeting

Hauptaufgabe des Estimation Meetings ist es, die Backlog Items (Epic, Themen und Storys) zu schätzen. Damit ist klar, wer am Meeting teilnehmen muss: der Product Owner und alle Mitglieder des Entwicklungsteams. Es kann sinnvoll sein, auch externe Spezialisten (z. B. Systemarchitekten, Datenbankentwickler, Mitglieder der Fachabteilungen) hinzuzuziehen – es sollten also die relevanten Informationsträger anwesend sein. Der ScrumMaster hat dabei die Aufgabe, als Facilitator für den reibungslosen Ablauf zu sorgen.

Die Rollen im Estimation Meeting sind klar verteilt: Der Product Owner hat die Aufgabe, dieses Meeting einzuberufen und es gegebenenfalls durchzuführen. Das Entwicklungsteam hat die Aufgabe, sich mit jeder User Story auseinanderzusetzen.

Strategische Planung während des Sprints

Das Estimation Meeting bietet dem Scrum-Team die Gelegenheit, die zuvor durchgeführte strategische Planung der Entwicklung des Projekts anzupassen. Daher nutzt das Scrum-Team dieses Meeting neben der Schätzung der Backlog Items auch dafür, die architektonischen Überlegungen zu überdenken.

In diesem Meeting klärt das Entwicklungsteam außerdem, welche Ressourcen es in den nächsten Sprints benötigen wird. Es wird also besprochen, was unternommen werden muss, wenn das Team bestimmte Backlog Items wegen fehlender Skills nicht selbst liefern kann oder wenn der Product Owner vom Entwicklungsteam mehr will, als es in einem der nächsten Sprints liefern kann.

Schätzungen, die das Team im Estimation Meeting abgibt, dürfen sich nur auf die Größe (Umfang, Anzahl der Funktionalitäten) der User Storys beziehen, damit das Team vollständig auf der strategischen Ebene bleibt. Im Klartext: **Es dürfen keine Aufwandschätzungen abgegeben werden.**

Das Estimation Meeting ist das Planungsmeeting des Entwicklungsteams mit dem Product Owner, um Klarheit für die nächsten Sprints zu erhalten. Auch hier gilt die Regel, dass das Scrum-Team das Produkt gemeinsam liefern will. Daher sorgt der ScrumMaster dafür, dass das Klima während des Meetings entspannt und lösungsorientiert bleibt.

4.2.2 Das Estimation Meeting mithilfe von Magic Estimation

Die richtige Methode, das Estimation Meeting durchzuführen, gibt es nicht, wohl aber Methoden, die sich nützlicher als andere erwiesen haben. Die hier vorgestellte Vorgehensweise ist die Reaktion auf viele Jahre mit Estimation Meetings, Planning Poker Sessions und Backlog Groomings, die gelinde gesagt unerträglich langweilig und kostspielig waren. Auch heute noch gibt es Berichte über stundenlange Estimation Meetings, frustrierte Entwicklungsteams und Manager, weil alle Teammitglieder gemeinsam schätzen müssen. Einige Teams reagieren auf die Aufforderung, sich mit dem Product Backlog intensiv zu befassen, mit Pre-Planning Sessions, die länger als das Sprint Planning selbst dauern. Dann werden diese sinnvollen und notwendigen Meetings aber zu sinnentleerten und langweiligen Produktivitätskillern. Das muss unbedingt vermieden werden!

Scrum soll zu höherer Produktivität führen. Damit das auch im Estimation Meeting so ist, habe ich einen Prozess entworfen, bei dem meine Teams mit Spaß und nur 15 bis 35 Minuten Aufwand pro Woche jedes Mal 70 bis 100 Backlog Items gründlich schätzen können. Der Prozess basiert auf dem Magic-Estimation-Verfahren und wird nur ein wenig ergänzt:

1. Der Product Owner hat alle seine Backlog Items mit einer Rangzahl versehen und auf den Backlog-Item-Karten notiert. Das Backlog ist also zu Beginn des Estimation Meetings vollständig priorisiert.
2. Nun spielt man Magic Estimation wie in Abschnitt 3.9.3 beschrieben.
3. Wenn die Teammitglieder die Schätzzahlen auf den Karten notiert haben, bringen sie die Karten wieder in die vorher definierte Reihenfolge.
4. Bis zu diesem Moment hat das Meeting höchstwahrscheinlich 20 bis 25 Minuten gedauert.
5. Dann prüft der Product Owner das Backlog. Findet er unter den ersten zehn Backlog Items eine Zahl für die Größe, die größer ist als die im letzten Sprint gemessene Velocity des Teams geteilt durch 10, dann wird dieses Backlog Item sofort vom Team in kleinere und damit besser verstandene Backlog Items zerlegt.
6. Der Product Owner entscheidet dann neu über die Stellung der neu entstandenen Backlog Items. Möglicherweise sind diese kleineren Backlog Items so wichtig, dass sie im nächsten Sprint erarbeitet werden sollen.

7. Es kommt vor, dass Teammitglieder während des Meetings erwähnen, dass sie in einer der unteren Storys unklare technologische Aspekte vermuten. Diese Informationen können dazu führen, dass der Product Owner für den nächsten Sprint eine Evaluierungsstory durch das Team aufnehmen lässt, um diese Fragen zu klären.

Wieso funktioniert diese Methode? Weil das Team nur über die Backlog Items spricht, die im nächsten Sprint tatsächlich drankommen werden. Backlog Items, die nicht verstanden wurden, werden sofort identifiziert. Sind Backlog Items zu groß, werden sie rechtzeitig aufgeteilt und verkleinert. Das Team kennt nach drei bis vier dieser Estimation Sessions das gesamte Backlog gut genug, um zu wissen, was im Projekt passiert. Der letzte Grund ist dabei für mich der entscheidende: Es geht schnell und vermeidet damit, dass die Menschen in diesem Prozess das Gefühl haben, ihre Zeit in sinnlosen Meetings zu verschwenden.

Das Estimation Meeting im Überblick

1. Das Meeting startet mit einer Agenda, einem Ziel und einem ersten Überblick.
2. Das Estimation Meeting findet während des Sprints statt, um die nächsten Sprints vorzubereiten.
3. Der Product Owner stellt die Backlog Items vor, die er schätzen lassen will. Er moderiert das Meeting.
4. Alle Teammitglieder schätzen mithilfe der Methode Magic Estimation die Backlog Items.
5. Unklare Backlog Items werden besprochen.
6. Backlog Items, die für den nächsten Sprint zu groß sind, werden identifiziert und aufgeteilt.
7. Die Teammitglieder entwerfen (wenn nötig) durch das anschließende Gespräch bereits eine Vorstellung möglicher Lösungsansätze.
8. Das Meeting darf nicht länger als 35 Minuten dauern.
9. Es endet mit der Festlegung des Termins für das nächste Meeting.

■

4.3 Das Sprint Planning – taktisches Planen

Im Sprint Planning werden aus dem strategischen Plan und dem Kontext, in dem sich das Team befindet, realistische Ziele und Aktionen für die nächsten zwei Wochen festgelegt. Es ist vergleichbar mit der Besprechung einer Fußballmannschaft in der Kabine vor dem Spiel. Es werden noch einmal die Ziele besprochen, wer an welcher Position spielt und wie man das Spiel gewinnen will. Alle hören aufmerksam zu und verstehen ihre Rolle im Spiel.

Im Sprint Planning passiert genau das Gleiche: Der Product Owner erläutert sein Ziel für den Sprint, präsentiert das Product Backlog und erläutert sehr konkret, was er sich unter den einzelnen Backlog Items vorstellt. Dann übernimmt das Entwicklungsteam und befragt den Product Owner genauestens über das zu Liefernde. Alle notwendigen Personen sind anwesend, damit aus Backlog Items Anforderungen, Testfälle und klare Akzeptanzkriterien werden.

Das Sprint Goal

Der Product Owner schickt im Sprint Planning sein Team auf eine Mission. Er stellt dem Team durch die Formulierung eines Ziels eine Aufgabe, die schwierig, aber durchführbar ist. Wie wichtig das richtige Ziel für die Produktivität des Teams ist, haben wir schon im Zusammenhang mit der Vision für das Projekt gesehen (siehe Abschnitt 3.3). Eine gute Zieldefinition ist keine leichte Aufgabe. Gute Ziele motivieren und schweißen das Team zusammen. Schlechte Ziele können Teams demoralisieren – Ziele, die nicht erreichbar sind, die in jedem Sprint so verändert wurden, dass die Zusammenhänge verloren gehen, oder Ziele, die aus Sicht der Teams nicht sinnvoll sind. Ein verbreiteter Fehler ist es auch, an ein Team mehr als ein Ziel auszugeben.

Jedes Sprint Goal ist die nächste Stufe der Konkretisierung der Vision des Product Owners. Ein gutes Sprint Goal erfüllt *SMARTe* Kriterien:

- **S**pezifisch: Das Ziel muss konkret und plastisch spezifizieren, was erreicht werden soll.
- **M**essbar: Das Ziel muss messbar sein, damit die Zielerreichung überprüft werden kann.
- **A**ttraktiv: Das Ziel muss anspruchsvoll und herausfordernd sein.
- **R**ealistisch: Gleichzeitig muss das Ziel unter den gegebenen Umständen (Ressourcen, Kenntnisse des Teams) erreichbar sein.
- **T**erminiert: Es gibt einen klaren Termin, zu dem das Ziel erreicht werden muss.

Sprint Goals definiert das Team im Gespräch mit dem Product Owner selbst. Auf diese Weise identifizieren sich die Teammitglieder automatisch mit dem Ziel. Im Sprint Planning stellt der Product Owner vor, was er erreichen möchte, und das Team entwickelt daraus mit ihm gemeinsam ein Ziel, das beide Parteien vertreten können. Softwareentwicklung war schon immer ein Verhandlungsgeschäft zwischen Kunde und Entwickler und zwischen den Entwicklern untereinander. Im Sprint Planning wird diese Verhandlung explizit von den beiden antagonistischen Rollen im Scrum-Team durchgeführt und damit nachverfolgbar und transparent.

Dieses Verfahren des gemeinsamen Planens des jeweiligen Sprints ist nach Whitworth mit dafür verantwortlich, dass die Motivation von agilen Teams sehr hoch ist. Die Tatsache, dass jeder Einzelne am Planungsprozess aktiv beteiligt ist und jede Stimme gehört wird, hat signifikante Auswirkung auf die Motivation und unterstützt die Freude darauf, die gestellten Aufgaben zu erreichen [Whitworth, Biddle 2007].

Die Verpflichtung auf das Sprint Goal

Am Ende dieser Verhandlung steht das *beiderseitige Commitment.* Sowohl der Product Owner als auch jedes einzelne Teammitglied verpflichtet sich, das Ziel anzustreben. Es gibt viele Definitionen für das Wort Commitment, am besten gefällt mir diese aus dem Bereich des Sports [Kent 2007]:

> *„Ein wichtiges psychologisches Attribut, charakterisiert als Hingabe darauf, eine besondere Aufgabe gegenüber anderen Aufgaben zu präferieren. Commitment ist einer der wichtigsten Faktoren, die den Erfolg eines Athleten beeinflussen. Athleten, die ihr volles Potenzial erreichen wollen, benötigen ein hohes Maß an Commitment."*[1]

Diese Definition zeigt deutlich, worum es bei der Verpflichtung des einzelnen Teammitglieds auf das Ziel hin geht: um das Fokussieren auf eine Aufgabe und das Versprechen, diese eine Aufgabe zu erfüllen. So wie ein Sportler etwas erreichen will, muss jedes Mitglied des Teams das Ziel erreichen wollen. Es geht darum, dass man sich verpflichtet, einen Weg gemeinsam zu gehen. Ein Team macht sich *gemeinsam* mit seinem Product Owner auf den Weg in Richtung Ziel. Das Commitment sorgt dafür, dass alle dieses Ziel erreichen wollen.

Viele Manager fragen an diesem Punkt: Was aber, wenn das Team nicht das erreichen will, was ich möchte? Was ist mit den langweiligen Aufgaben, die vielleicht niemand machen will und die trotzdem erledigt werden müssen?

Zunächst: Es ist nicht möglich, ein Commitment von einer Person zu erzwingen. Erpressung ist der einzige Weg, einen Menschen zu etwas zu bewegen, was er sonst nicht tun würde. Wenn Sie in einem Umfeld arbeiten, in dem Ihr Team und Ihre Mitarbeiter nur durch Erpressung dazu zu bewegen sind, sich für eine Sache einzusetzen, sollten Sie schnellstens mit diesen Menschen reden und herausfinden, was die Gründe dafür sind.

Es kann nicht oft genug betont werden: Das Commitment ist ein Akt der *Freiwilligkeit.* Wer sich für eine Aufgabe begeistert und sie annimmt, will das Ziel erreichen, aus welchen Gründen auch immer. Das Commitment ist immer eine freiwillige Entscheidung für das Ziel. Deshalb müssen die Teammitglieder die Möglichkeit haben, das Ziel selbst zu gestalten. Nur so erreicht man eine ehrliche Antwort auf die Frage, ob ein Teammitglied das entsprechende Ziel erreichen will.

Die Entscheidung, ob ich ein Ziel erreichen will, ob ich es als Einzelner mitgestalten will, ist keine triviale Aufgabe. Es hört sich einfach an, aber häufig erweist es sich als schwierig, die Commitments während eines Sprint Plannings zu bekommen, vor allem zu Beginn eines Scrum-Projekts. Die Gründe sind vielschichtig, gehen aber alle auf eine Ursache zurück: Unsicherheit, die Angst erzeugt. Das Commitment erzeugt Verbindlichkeit, etwas, das viele ängstlich werden lässt, denn Verbindlichkeit bedeutet in den Augen der meisten Teammitglieder, dass man für seine Leistung oder Nicht-Leistung zur Rechenschaft gezogen werden kann. Das ist auch der Fall. Die meisten haben damit jedoch kein Problem, wenn sie sich freiwillig für die Ziele entscheiden können. Allerdings sieht das in der Realität oft anders aus. Die Verpflichtung ist nicht immer freiwillig und Teams werden oft zur Rechenschaft gezogen für etwas, das sie in dieser Form gar nicht wollten. Am Anfang eines Scrum-Projekts hat man also oft die Situation, dass die Teammitglieder, die noch nicht gewohnt sind, selbst entscheiden zu dürfen, unsicher auf diese neue Situation reagieren. Ihnen ist im Umkehrschluss oft noch nicht klar, dass sie auch für das Erreichen ihres selbst definierten Ziels verantwortlich sind.

---

[1] Übersetzung des Verfassers

Es hat sich bewährt, die Teammitglieder am Ende des Sprint Plannings zu fragen, ob sie wirklich bereit sind, das Ziel des Sprints zu erreichen. Am besten führt man diese Frage als öffentliche Wahl im Team durch. Bei der Abstimmung darf kein Vorgesetzter im Raum sein, auch nicht der Product Owner, sonst wird das Abstimmungsergebnis beeinflusst. Wenn es Teammitglieder gibt, die sich nicht committen wollen, erarbeitet man mit dem Team die Voraussetzungen, die erfüllt sein müssen, damit sich alle im Team committen können.

Ich gehe in meinem Sprint Planning so weit, jedem Teammitglied anzubieten, am Projekt nicht teilzunehmen. Selbst wenn darunter die Velocity meines Teams leidet und ich notfalls zum Product Owner gehen und ihm mitteilen muss, dass mein Team nicht mehr liefern kann. Denn wenn ich schon zu Beginn ein Teammitglied habe, das nicht mitspielen will, wie kann ich dann von Menschen im Team ausgehen, die sich für das Team und das Sprint Goal einsetzen?

Die Frage, die letztendlich zum Commitment führt, lautet nicht: Könnt ihr am Ende des Sprints diese User Storys liefern?“ Die richtige Frage lautet: „*Wollt* ihr diese User Storys am Ende des Sprints liefern?“

Analyse und Design

Das Sprint Planning zerfällt in zwei Meetings.

1. **Was:** Im Sprint Planning Meeting 1 werden die User Storys ausgewählt und es wird festgelegt, wie viele davon in einem Sprint bearbeitet werden.
2. **Wie:** Im Sprint Planning Meeting 2 wird besprochen, wie diese Storys umgesetzt werden sollen.

Für beide Meetings gilt die Faustformel, dass sie eine Stunde pro Woche Sprint dauern sollten – das hat sich seit den Anfangszeiten von Scrum bewährt. Kürzer dürfen sie dann sein, wenn bereits alles gesagt wurde. Dauert der Sprint zum Beispiel zwei Wochen, führt man ein zweistündiges Sprint Planning Meeting 1 und ein zweistündiges Sprint Planning Meeting 2 durch. Beide Meetings sind am selben Tag durchzuführen. Es müssen alle Entwicklungsteammitglieder und alle, die etwas zum Erfolg des Sprints beitragen sollen, anwesend sein. Das Planning ist öffentlich, aber nur der Product Owner, das Team und andere am Sprint beteiligte Personen haben die Erlaubnis, dieses Meeting mitzugestalten. Alle anderen sind Zuschauer und dürfen in das Meeting nicht aktiv eingreifen. Sehen wir uns die beiden Meetings genauer an.

4.3.1 Sprint Planning Meeting 1 – Briefing und Analyse

Stellen Sie sich vor, Sie sind Airforce-Pilot und bereiten sich auf Ihre Mission vor. Sie gehen gemeinsam mit Ihren Kameraden in den Briefing-Raum. Dort steht bereits der Staffelführer und ist damit beschäftigt, eine Zeichnung an der Wand zu befestigen. Sie und Ihre Kameraden setzen sich hin und warten gespannt. Der Staffelführer dreht sich um. Er sagt: „Guten Morgen, meine Damen und Herren ... Uhrenvergleich!“

So ähnlich beginnt ein Sprint Planning Meeting 1. Der Product Owner hat das Planning so gut wie möglich vorbereitet. Er ist über den aktuellen Stand des Projekts sowie die Backlog Items informiert, die er gerne hätte. Er hat sich für den Sprint ein Ziel überlegt und kennt die Fähigkeiten des Teams, schließlich hat er es gemeinsam mit dem ScrumMaster ausgewählt.

Er kennt die technische Situation, den Markt und weiß genau, was er will. In den nächsten zwei Stunden nehmen sich alle Beteiligten die Zeit, so detailliert wie möglich über das zu Liefernde zu sprechen.

Anwesend ist das **Entwicklungsteam.** Es hat sich durch die Diskussionen, die es während der Estimation Meetings oder während der Planungsphase gab, natürlich schon einige Gedanken gemacht und ist deswegen auf das vorbereitet, was im Sprint Planning Meeting 1 kommt.

Mit dabei sind die **Mitglieder anderer Entwicklungsteams** oder **Vertreter von Fachabteilungen**, wenn bekannt ist, dass ihre Unterstützung während des Sprints benötigt wird. Auch von ihnen werden die Zusagen für Lieferungen benötigt. Diese Zusagen müssen spätestens in diesem Meeting klar sein.

Anwesend sind auch die **Anwender** der Applikation. Je nach Projekt sind dies tatsächliche Anwender, also zum Beispiel die Mitarbeiter von Fachabteilungen, oder es handelt sich um die Vertreter der Anwender, zum Beispiel Interaction Designer. Durch ihre Anwesenheit lässt sich gewährleisten, dass innerhalb dieses Sprint Plannings herausgearbeitet wird, welche Funktionalitäten wie gestaltet und entwickelt werden sollen.

Zunächst stellt der Product Owner vor, was er sich für den Sprint vorstellt, anschließend arbeiten alle Beteiligten gemeinsam ein klares Ziel heraus und definieren, wie die Funktionalitäten gestaltet sein sollen. Jetzt geht es darum, eine Anforderungsanalyse zu erstellen (Bild 4.4). Die Product Backlog Items sind viel zu ungenau, um sich darauf verpflichten zu können. Daher führen die Teammitglieder gemeinsam mit den Anwendern und dem Product Owner eine Anforderungsanalyse durch. Sie halten die Anforderungen in geeigneter Form fest, definieren die Kriterien für die Akzeptanz und schreiben die ersten Tests auf. Vergleichbar ist dieses Meeting mit einem Anforderungsworkshop.

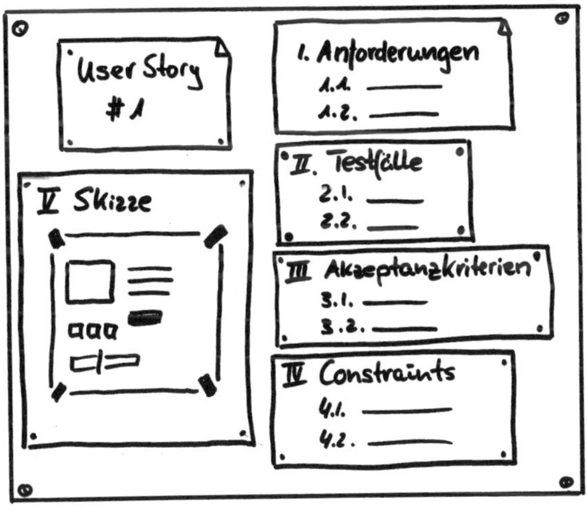

Bild 4.4
Aus Backlog Items werden Anforderungen

Wichtig ist, dass die Mitglieder des Entwicklungsteams die Anforderungen *selbst* aufschreiben, zum Beispiel auf einem Flipchart. Sie sind es, die das Produkt liefern, also sollten sie auch die Anforderungen an das Produkt erarbeiten. Den Teammitgliedern wird dadurch klar, was zu tun ist. Auf dieser Basis sind sie in der Lage zu bestimmen, wie viele Funktionalitäten sie *realistischerweise* liefern können und wollen. Die Liste dieser Funktionalitäten wird in Scrum „Selected Product Backlog" genannt. Das Selected Product Backlog bestimmt den

Scope des Sprints. Entscheidend ist, dass die Teammitglieder während des Meetings das Flipchart selbstständig befüllen und sich die Informationen vom User und/oder Product Owner geben lassen. Nur so erzielen sie die notwendige Tiefe der Anforderungen, auf deren Basis die Teammitglieder letztendlich die Funktionalität umsetzen können. Die Mitglieder des Entwicklungsteams stehen während des Sprint Planning Meetings 1 um das Flipchart und erklären einander gegenseitig und dem Product Owner, was geliefert werden soll. Dabei machen sie Notizen zu den Anforderungen, den User Acceptance Tests, den Constraints, den Akzeptanzkriterien und fertigen eine Skizze von dem an, was geliefert werden soll. Am Ende des Sprint Planning Meetings 1 gibt das Team sein Commitment ab. Auf diese Weise wird festgelegt, was am Ende des Sprints geliefert werden muss. Dem müssen von nun an alle Aktionen und Designentscheidungen (Sprint Planning Meeting 2) Rechnung tragen.

Ein gelungenes Sprint Planning Meeting 1 erkennen Sie daran, dass die Teammitglieder aus diesem Meeting herauskommen und miteinander über die Möglichkeiten der Umsetzung reden. Sie zeigen sich bereits engagiert und wollen die gestellte Aufgabe lösen. Hetzen die Teammitglieder zu ihren Workstations, checken sie E-Mails oder arbeiten sie an irgendetwas anderem, dann wissen Sie, dass dieses Meeting nicht funktioniert hat. Im Grunde können Sie den Sprint dann sofort beenden, weil die Teammitglieder nicht am Sprint-Ergebnis interessiert sind.

Von den Anforderungen zur Skizze

Meine Kollegen und ich legen sehr viel Wert darauf, dass ein Sprint Planning Meeting 1 erfolgreich wird. Wir haben eine Best Practice entwickelt, die sich hundertfach bewährt hat und immer nach demselben Schema abläuft.

- Der ScrumMaster **bereitet** das Sprint Planning **vor**. An die Wand hängt er einen Anwesenheitsplaner, der den Zeitraum dieses Sprints umfasst, darauf sind alle Mitglieder des Scrum-Teams namentlich aufgeführt. Er stellt zwei Flipcharts in den Raum, stellt die Tische an die Seite und ordnet vor den Flipcharts jeweils Stuhlkreise an. Falls es ein Whiteboard gibt, putzt er es, er überprüft alle Stifte auf ihre Schreibfähigkeit, auf einem Tisch am Rand legt er weitere Marker und Klebeband hin und stellt dort auch den Laptop mit einer WIFI-Verbindung ab.

  Der Product Owner bringt die Storys mit, ausgedruckt auf Blättern im Format DIN A4 – eine User Story pro Blatt. Jede User Story trägt gut sichtbar die Priorisierung (die Stellung im Product Backlog).
- Nach einer kurzen **Begrüßung** bittet der ScrumMaster die Anwesenden, im Anwesenheitskalender einzutragen, an welchen Tagen sie nicht da sein werden. Auf diese Weise ermittelt er, wer in diesem Sprint für die Entwicklung zur Verfügung steht. Da auch der Product Owner dabei mitmacht, wird bereits deutlich, ob er für das Team während des Sprints als Ansprechpartner zur Verfügung stehen wird.
- Nun erläutert der Product Owner seine **Absicht** für diesen Sprint: Wo will er hin und wieso hat er gerade diese User Storys ausgesucht? Hier sollte es nicht zu langen Diskussionen kommen – Aufgabe des ScrumMasters ist es, diese Diskussion auf maximal zehn Minuten zu beschränken.
- Jetzt beginnt die **Arbeit an den User Storys:** Der Product Owner stellt die erste User Story vor, klebt sie mit Klebeband oder Klebestift auf den ersten Flipchart-Bogen, liest die User Story noch einmal vor und setzt sich wieder hin. Nun ist das Entwicklungsteam an der Reihe.

    - Mit dem Product Owner und untereinander führen die Teammitglieder Gespräche. Dabei fokussiert der ScrumMaster sie immer wieder darauf, herauszufinden, was das Team liefern soll. Dazu bespricht das Scrum-Team die *Anforderungen* an die User Story. Anforderungen sind detaillierte funktionale Aspekte, die eine User Story erfüllen muss.
    - Sind diese Anforderungen für alle klar, bespricht das Scrum-Team als Nächstes, wie diese funktionalen Aspekte getestet werden sollen. Es entstehen also die *User Acceptance Tests (UAT)*. Es hat sich bewährt, darauf zu achten, dass es für jede Anforderung mindestens einen UAT gibt. Sind diese Tests erst einmal aufgeschrieben, ist es oft einfach, die nichtfunktionalen Anforderungen und Constraints aufzuführen. Dazu fragt sich das Team, unter welchen Bedingungen die Funktionalitäten verfügbar sein müssen. Hier werden also Fragen zur Performance und Skalierbarkeit, zu den Datenmengen und zur Architektur oder nach dem Platz, an dem diese Funktionalität eingebaut werden soll, beantwortet.
    - Schließlich wird nach den *Akzeptanzkriterien* gefragt. Wann gilt die Story tatsächlich als geliefert? Die Definition of Done muss also erfüllt sein, es sollte klar sein, auf welchen Umgebungen getestet werden muss und wer die Tests als erfüllt abnehmen wird. Allgemein gilt: Je mehr Kompetenz der Product Owner dem Entwicklungsteam zugesteht, desto klarer müssen die Kriterien definiert werden. Dann beginnt er, die Lösung des Entwicklungsteams durch seine Rahmenbedingungen einzugrenzen. Gleichzeitig legt der Product Owner auf diese Weise offen, was er bei dieser User Story für wirklich wichtig hält. Zuletzt (oder auch währenddessen) erstellen alle gemeinsam noch eine Skizze der Funktionalität. Das hat sich bewährt, weil die Visualisierung oft noch einmal neue Dinge offenlegt.
- Die Antworten auf diese Fragen und Themen werden *von den Entwicklern selbst* auf den dafür vorbereiteten Flipcharts notiert. Sie sollen die Funktionalitäten liefern, also sollten sie durch das Notieren der Ergebnisse auch zeigen, dass sie verstanden haben, was geliefert werden soll.

Die Arbeit an einer Story benötigt in der Regel nicht mehr als 20 bis 30 Minuten. Wir haben die Erfahrung gemacht, dass ein Entwicklungsteam, das mit Scrum nicht vertraut ist, am Anfang mehr Zeit benötigt. Vieles, etwa das Fragen nach der Funktionalität und den Tests, muss erst eingeübt und verinnerlicht werden. Später werden die Diskussionen schneller und zielgerichteter. Oft ist auch der Product Owner besser vorbereitet oder das Entwicklungsteam hat sich im Vorfeld bereits umfangreichere Gedanken gemacht.

4.3.2 Sprint Planning Meeting 2 – Design

Die Teammitglieder, der Product Owner, das Management und die Anwender haben nach der Definition des Sprint Goals und der Klärung der Funktionalitäten eine klare Vorstellung davon, was geliefert werden soll. Jetzt ist es Aufgabe der Teammitglieder, sich zu überlegen, *wie* diese Funktionalitäten geliefert werden sollen. Dafür tragen sie in den nächsten zwei Stunden alle notwendigen Informationen zusammen. Dieses Meeting ist eine Arbeitssitzung, in der das Team an Design, Spezifikation, Architektur und allen anderen Dingen arbeitet, die notwendig sind. Das Team erarbeitet hier seine Umsetzungsvorstellungen. Als Resultat dieses Meetings weiß jeder, wie man die gewählten Aufgaben *gemeinsam* bewältigen will.

Es wird noch nicht festgelegt, wer welche Aufgaben durchführt. Der Product Owner und die Anwender sollten weiterhin anwesend sein, aber das Team nicht stören. Oft sind diese beiden Rollen auch nur auf Abruf verfügbar. Falls die Teammitglieder weitere Fragen zu den Funktionalitäten haben, können sie diese sofort stellen. Oft ist spezielles Know-how im Entwicklungsteam selbst nicht vorhanden. In diesem Fall zieht das Entwicklungsteam Personen aus der Organisation hinzu, die die auftretenden Fragen beantworten können. Vor allem, wenn ein Entwicklungsteam gerade mit Scrum beginnt, sind die Mitglieder oft überfordert - plötzlich sollen sie selbst entscheiden, wie die Funktionalitäten umzusetzen sind. Das ist für viele zunächst ein zu großer Schritt.

Das Sprint Planning Meeting 2 zerfällt oft in Gruppenarbeiten. Die einen arbeiten die architektonischen Grundüberlegungen aus, andere spezifizieren die notwendigen Datenelemente oder Klassen, wieder andere finden schon mal die Lücken heraus. Aber es wird noch nicht programmiert oder Ähnliches. Die Ergebnisse der Gruppenarbeiten müssen am Ende des Meetings aber wieder allen zugänglich sein, am besten erklärt jede Arbeitsgruppe den anderen, was sie erarbeitet hat.

Gegen Ende des Meetings wird eine Liste von Aufgaben - oder Tasks - erstellt. Es hat sich bewährt, wenn alle Teammitglieder mit Karteikarten oder Haftnotizen ausgestattet durch die Liste der Backlog Items gehen und die Aufgaben notieren. Dann hängen sie die Notizen zum *Selected Product Backlog* und eliminieren Dubletten. Auf diese Weise erhalten die Teammitglieder schnell einen Überblick über alle Aufgaben, die im Sprint durchgeführt werden müssen. Sollten sich während der Lösungsfindung bereits Aufgaben zeigen und damit klar werden, was zu tun ist, ist es selbstverständlich in Ordnung, wenn diese Aufgaben bereits notiert werden.

Das Taskboard - Sichtbarkeit

Ein Taskboard hilft den Teammitgliedern, sich gegenseitig darüber zu informieren, woran jeder Einzelne gerade arbeitet. Im Idealfall arbeiten alle Mitglieder des Entwicklungsteams möglichst fokussiert an einer User Story. Das Taskboard zeigt dann den Fortschritt beim Abarbeiten einer User Story: Es wird sichtbar, welche Aufgaben für das Erfüllen dieser User Story durchzuführen sind, welche bereits in Arbeit sind und wie viele bereits erledigt wurden. Die Idee, alle Arbeitsschritte oder alle zu erledigenden Lieferungen mit einem Taskboard zu organisieren, ist nichts Neues. High-Performance-Teams nutzen diese Form der Darstellung schon lange und auch Produktionseinsatzplanungen werden heute mit Hilfe von Taskboards oder Kanban-Boards visualisiert. Man findet diese Boards aber auch in der Küche eines Restaurants: Dort hängen die Bons, auf denen die Speisen der Gäste pro Tisch gelistet sind, an einem Board. Auf den Notfallstationen in Krankenhäusern hängen die Fälle oft an einem Board oder in einem Fächer, aus dem weggearbeitet wird.

Tobias Mayer, seit vielen Jahren Scrum Consultant und unter anderem für die Implementierung von Scrum bei Yahoo mit verantwortlich, hatte als Erster die Idee, diese Taskboards auch für Scrum-Teams einzusetzen. Er unterteilte das Board in die vier Spalten (Bild 4.5):

1. Selected Backlog Items oder User Storys
2. Aufgaben
3. In Bearbeitung
4. Erledigt

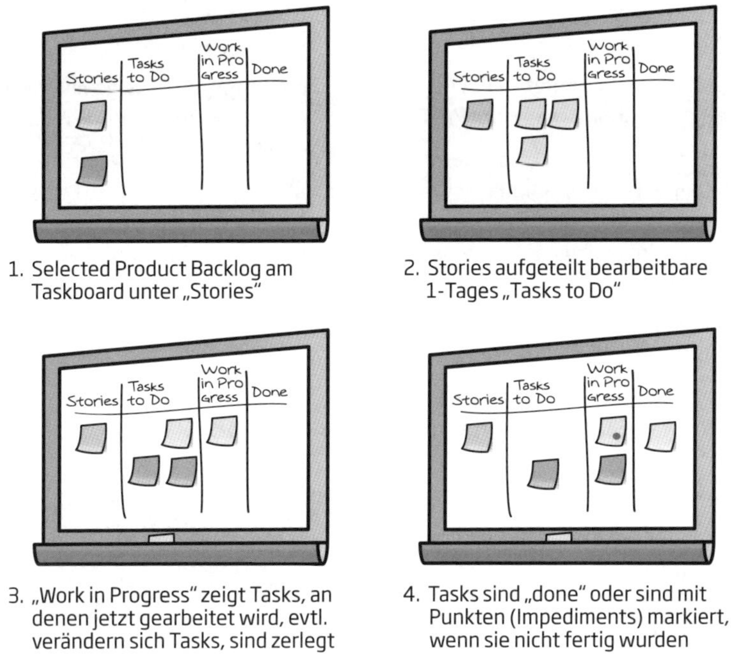

Bild 4.5 Das Taskboard

In der Spalte „Selected Backlog Items" hängen die User Storys in der priorisierten Reihenfolge. In der Spalte „Aufgaben" hängen die Aufgaben pro User Story. Hier sind Aufgaben gelistet wie:

- Schreibe die Anforderungen
- Designe das User Interface
- Entwickle die Schnittstelle zur Datenbank
- Optimiere die Schnittstelle zur Datenbank
- Schreibe die User Acceptance Test Cases
- Führe die User Acceptance Tests durch

Übernimmt ein Teammitglied eine dieser Aufgaben, so nimmt es die dazugehörige Karte und gibt sie in die Spalte „In Bearbeitung", die alle begonnenen Aufgaben enthält. Ist eine Aufgabe erledigt, wandert die entsprechende Karte in die Spalte „Erledigt".

Sind die Aufgaben klein genug, dann sieht man, dass eine Aufgabe von Tag zu Tag entweder *nicht begonnen, begonnen oder fertig* ist. Dieses Prinzip hilft den einzelnen Teammitgliedern dabei, jeden Tag etwas abzuschließen und ein wenig Fortschritt zu erzielen. Das motiviert und erzeugt für alle vollkommene Klarheit darüber, was noch zu tun ist. Gleichzeitig zeigt es allen Vorbeikommenden (z. B. Manager) den Status, in dem sich eine User Story gerade befindet.

Eines wird oft missverstanden: Eine Aufgabe (nicht die Story) darf zu Beginn der Arbeit ruhig noch nicht ganz klar sein. Natürlich darf während der Arbeit daran darüber nachgedacht werden, ob man noch weitere Aufgaben findet oder ob dieser Arbeitsschritt sinnvollerweise unterteilt werden sollte. Daher sieht der Abarbeitungsprozess für eine Aufgabe etwa so aus:

1. Ein Teammitglied sucht sich eine Aufgabe, die es gerne erledigen möchte. Es schreibt seinen Namen auf das Post-It oder weist sich die Aufgabe in einem elektronischen Tool zu.
2. Nun beginnt das Teammitglied mit der Arbeit an dieser Aufgabe. Beim genaueren Hinsehen fällt dieser Person auf, dass zur Erledigung des Arbeitsschritts weitere Teilaufgaben zu erledigen sind.
3. Diese Teilaufgaben werden nun – wenn es sinnvoll ist – auf weitere Post-its geschrieben und so greifbar gemacht. Das Teammitglied hängt diese offenen Aufgaben wieder ans Board zu der zugehörigen User Story und arbeitet an der Teilaufgabe weiter, die es sich ausgesucht hat.
4. Wird das Teammitglied mit einer Teilaufgabe fertig, hängt es diese Story in die Spalte „Done" (bitte nur im Daily Scrum umhängen) und nimmt sich die nächste User Story.

Ein sehr schönes Beispiel für ein Taskboard habe ich aus Rio de Janeiro mitgebracht. Bei Globo.com arbeiten vier Teams mit einem riesigen Taskboard, wie Bild 4.6 zeigt.

Bild 4.6 Taskboard bei Globo.com, Rio de Janeiro

Wir werden in Abschnitt 4.4 über das Daily Scrum noch genauer sehen, wie das Team Tag für Tag mit dem Taskboard arbeitet. Entscheidend ist, dass das Sprint Planning Meeting 2 mit dieser Liste an Aufgaben beendet wird. Im Team sollte Klarheit darüber herrschen, was am nächsten Morgen zu tun ist. Es ist noch nicht beschlossen, wer an welcher Aufgabe arbeitet, doch es ist allen klar, welche Aufgaben erledigt werden müssen.

Das Sprint Planning ist nun beendet, das Team hat eine deutliche Vorstellung davon erarbeitet, was in diesem Sprint getan werden muss. Die Teammitglieder sollten nach diesem

Tag motiviert nach Hause gehen – oder am Nachmittag bereits motiviert die User Storys in Angriff nehmen. Die Teammitglieder kennen den Weg, den sie gemeinsam gehen wollen, sie haben gemeinsam einen Plan entwickelt und können nun losgehen.

Sprint Planning mit kleinen Teams

Ich werde oft gefragt, wie man in Scrum mit sehr kleinen Teams arbeitet, die zum Beispiel nur drei Personen umfassen. Zunächst: Ein Product Owner, der sich Arbeit für lediglich drei Personen ausdenken muss, hat sicher nicht genug zu tun. Ein ScrumMaster, der Vollzeit nur ein Scrum-Team betreut, ist sicher nicht ausreichend beschäftigt. Aber was hindert daran, aus zwei Drei-Personen-Teams eines zu machen und dadurch fünf bis sechs Personen im Team zu haben? Dann wird aus dem Product Backlog ein Team Backlog und man kann sogar innerhalb der beiden „Sub-Teams" die Arbeiten verteilen und auf diese Weise den Wissensaufbau fördern. Man bündelt also einfach die kleinen Teams zu einem Team mit einer Größe von fünf bis neun Personen.

Nehmen wir an, dass eine Organisation überhaupt nur aus vier Personen besteht. Ist Scrum dann immer noch sinnvoll? Natürlich! Vielleicht ist die Rolle des ScrumMasters dann gar nicht nötig, weil alle an einem Strang ziehen und Probleme immer sofort gelöst werden. Es kann aber auch genau umgekehrt sein: Es wird gerade deshalb hektisch, weil niemand mehr fokussiert ist und der Product Owner es nicht schafft, fokussiert zu arbeiten. Also braucht das Team einen ScrumMaster. Meistens übernimmt einer der Entwickler allmählich diese Rolle. Das ist besser als nichts, obwohl es nicht ideal ist. ■

4.3.3 Sprint Planning mit großen oder mehreren Teams – Skalierung

Wenn ein Projekt zu groß für ein einziges Scrum-Team ist, haben wir es mit der besonderen Problematik zu tun, dass die Aktivitäten über alle Scrum-Teams synchronisiert werden müssen. Denn eines der Paradigmen von Scrum lautet: Am Ende einer Iteration (Sprint) liegt ein potenziell auslieferbares Produkt vor. Das lässt sich nicht alleine durch Management oder Organisation lösen, aber das korrekte Aufsetzen von Scrum-Teams und die Verzahnung ihrer Aktivitäten durch geeignete Meetings erleichtern das Zusammenarbeiten sehr.

Häufig haben wir es mit voneinander abhängigen Scrum-Teams zu tun, die alle zum finalen Produkt beitragen, daher hat das skalierte Sprint Planning eine besondere Bedeutung. Auch wenn das Sprint Planning mit großen Teams (mehr als neun Personen) oder mit mehreren Teams, die zusammenarbeiten müssen, stattfindet, sollte es im Kern derselben Logik folgen wie ein Sprint Planning mit einem einzigen Scrum-Team: Das Sprint Planning Meeting 1 hat das Ziel, dass alle Mitglieder eines Scrum-Teams alle Informationen (Anforderungen, Tests, Constraints, Akzeptanzkriterien, Skizze) bekommen, um im Detail verstehen zu können, was gemeinsam geliefert werden soll. Das Sprint Planning Meeting 2 im Anschluss dient dem Scrum-Team dazu, eine gemeinsame Sicht darauf zu entwickeln, wie die besprochenen Aspekte des Produkts geliefert werden können.

Wenn die Regel eingehalten werden soll, dass *alle* Mitglieder *aller* Teams alle nötigen Informationen bekommen, um ihren Sprint planen zu können, muss es auch einen Weg geben, um das sicherzustellen. Das Problem dabei ist, dass die Kommunikation in einer Gruppe von mehr als 14 Personen nicht mehr so einfach funktioniert. Eine Gruppe von Menschen, die mehr als sieben Personen umfasst, zerfällt immer in mehr als eine Teilgruppe. Auf jeder Party lässt sich das wunderbar beobachten und auch in einem professionellen Umfeld kann man das nicht verhindern. Was man nicht ändern kann, kann man aber immerhin nutzen. In diesem Zusammenhang haben sich Meeting-Formate bewährt, die systematisch damit arbeiten, dass große Gruppen in kleinere Einheiten zerfallen. Die effektivste Methode ist das Open Space Format nach Harrison Owen. Eine etwas strukturierte Variante stelle ich hier vor.

Auch für große Teams darf es nur ein einziges Sprint Goal geben, auf das alle hinarbeiten. Gleichzeitig muss dabei klar sein, dass es zur Team-im-Team-Bildung kommen wird. Daher haben meine Kollegen und ich ein Schema entwickelt, das sich für die Arbeit mit großen Teams bewährt hat (Bild 4.7).

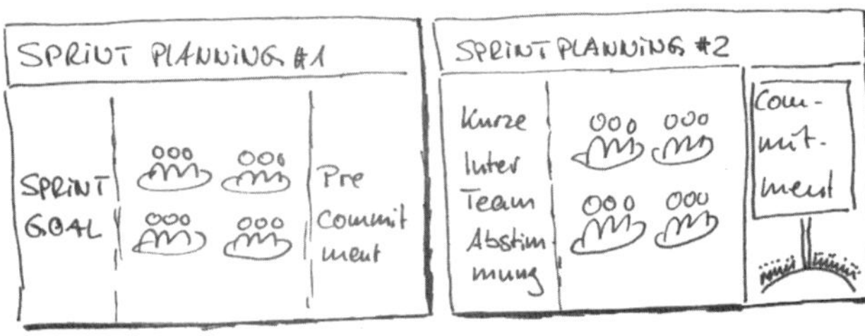

Bild 4.7
Schema für das Sprint Planning mit großen Teams

Sprint Planning Meeting 1 und 2 zerfallen in diesem Fall in mehrere kleine Meetings, die gut miteinander verzahnt sind:

- **Sprint Planning Meeting 1**
  Zunächst stellt der Product Owner dem gesamten Team seine Vision, das Product Backlog und das Sprint Goal vor. Diese Vorstellung sollte maximal 30 Minuten dauern, danach gibt es die Möglichkeit für Verständnisfragen. Das ist wichtig, weil die Teammitglieder verstehen müssen, für welche Backlog Items sie sich interessieren. Anschließend werden Sub-Teams gebildet. In der Realität verläuft das nicht ganz beliebig, meistens sind diese Teams bereits bekannt. In großen Projektteams gibt es immer auch Experten, die mit den einzelnen Teams arbeiten, um die Vorstellung des Product Owners umzusetzen. Diese fungieren als *Sub-Product Owner*[2], um die sich die Sub-Teams bilden. Die Sub-Product Owner geben nun bekannt, für welchen Funktionalitätsbereich des Produkts sie verantwortlich sind, und die Teammitglieder können entscheiden, zu welchem Sub-Team sie gehen wollen. In der Regel haben die ScrumMaster die Räume für diese Aktivitäten gebucht und sie den Bedürfnissen des Scrum-Teams entsprechend ausgestattet. Teammitglieder, die an diesem Funktionalitätsbereich arbeiten wollen, und an diesen Funktionalitäten interessierte Anwender finden sich mit dem Sub-Product Owner zusammen und diskutieren ca. drei Stunden detailliert die Funktionalitäten.[3] Die Teammitglieder haben in diesen drei Stunden auch die Gelegenheit, bei den anderen Teams Hilfe einzuholen oder anzufragen, ob Interesse

[2] Sub-Product Owner werden von anderen Autoren auch Area Product Owner genannt.
[3] Hier nutzen wir die Idee des Open Space: Jeder geht dorthin, wo er aus seiner Sicht den größten Nutzen stiften kann.

an der gemeinsamen Arbeit an einer bestimmten Funktionalität besteht. Am Ende dieser drei Stunden hat jedes Sub-Team ein klares Bild des zu Liefernden. Alle Sub-Teams treffen sich nun wieder im ersten Raum und stellen die Entscheidung für die jeweiligen Backlog Items, also das Selected Product Backlog, vor.

- **Sprint Planning Meeting 2**
  Nach der Mittagspause führen die Sub-Teams parallel jeweils ihr Sprint Planning Meeting 2 durch. Wieder können sich die Teams untereinander darüber austauschen, wie sie den Sprint organisieren sollen. Ideal ist dafür ein großer Raum, in dessen Mitte ein gemeinsamer Tisch und ein gemeinsames Flipchart stehen und in dem es in den Ecken für jedes Team einen Tisch und ein Flipchart gibt. Auf diese Weise können die Teams ihre Aktivitäten jeweils an dem Tisch in der Mitte synchronisieren und die Sub-Product Owner gehen, wenn sie von ihrem Sub-Team nicht gebraucht werden, zu diesem Tisch zurück. Wenn es nicht möglich ist, dieses Meeting in einem großen Raum zu organisieren, finden die einzelnen Sub-Sprint-Plannings in den Teamräumen statt. Auf diese Weise wird aber die Kommunikation zwischen den Teams bereits wesentlich eingeschränkt. Gibt es ein gemeinsames Ziel, wird es dennoch funktionieren. Am Ende des Tages stellen alle Teams in einer gemeinsamen Runde ihre Ergebnisse, also ihre Selected Product Backlogs, kurz vor, erklären die geplante Vorgehensweise und teilen mit, mit welchen Teams sie welchen Abstimmungsbedarf haben.

  Die Sub-Product Owner kreieren ein großes Scrum-Board, das ähnlich aufgebaut ist wie ein Taskboard. Allerdings zeigt es nicht die Aufgaben (Tasks) der Entwicklungsteams, sondern die User Storys der einzelnen Teams – es enthält also alle in diesem Sprint zu bearbeitenden Storys. So werden die User Storys jedes Teams sichtbar. Im weiteren Verlauf des Sprints werden diese Storys behandelt, als wären es Aufgaben (Tasks) des Scrum-Teams, das aus Product Ownern besteht (Product-Owner-Team). Die User Storys werden also Tag für Tag von „To do" über „In Bearbeitung" zu „Erledigt" überführt.

Diesen gemeinsamen Sprint-Planning-Tag für das gesamte Team bzw. für alle Sub-Teams gibt es deshalb, weil im Vorfeld nicht die taktischen Entscheidungen für die Teams getroffen werden können. Die Product Owner können nicht davor die Abhängigkeiten klären oder es von den Entwicklungsteams klären lassen, da sonst im Sprint davor die Scrum-Teams dadurch blockiert wären, eventuell auftretende User Storys en detail zu besprechen. Da sich die einzelnen Scrum-Teams aber selbst untereinander abstimmen sollten (Selbstorganisation), ist es nötig, dass die Mitglieder der Entwicklungsteams möglichst effektiv miteinander kommunizieren. Das klingt zunächst nach Zeitverschwendung und unnötigem Kommunikationsaufwand. Aber der Kommunikationsaufwand ist in großen Teams um ein Vielfaches höher und die Kommunikation wird ineffektiver. Diese Form der Planung erlaubt es den Teams, so flexibel wie möglich die notwendige Kommunikationsstruktur „on the fly" aufzubauen.

Traditionell ausgebildete Projektteilnehmer halten meistens dagegen, dass das unnötig sei; die Abstimmung könnten doch die Projektleiter, die ScrumMaster oder jemand aus dem Project Management Office übernehmen. Das klingt zunächst logisch, denn in traditionellen Projekten war genau das deren Aufgabe. Doch diese stille Post hat immer wieder versagt. Wie so oft liegt die Wahrheit wahrscheinlich in der Mitte: Die eine oder andere Information kann sicher auch von einem Projektleiter weitergetragen werden, doch das gemeinsame Bild entsteht nur dann, wenn sich alle miteinander austauschen können.

Das vorgestellte Schema ist nur ein Startpunkt, der zumindest für unsere Arbeit gut funktioniert. Möglicherweise finden die Entwicklungsteams noch bessere Varianten für dieses Meeting – so sollte es auch sein. Doch Vorsicht: Es muss auch effektiver sein. Das zu gewährleisten, bleibt die Aufgabe des ScrumMasters.

Abschließend sei noch auf eine andere Variante des Sprint Plannings für große Projekte mit mehreren Teams hingewiesen. In diesem Fall wird das Sprint Planning nicht in verschiedenen Räumen durchgeführt, sondern in einem großen Raum, zum Beispiel in einem Veranstaltungssaal. Wir haben das erfolgreich mit einem Kunden in Düsseldorf probiert: Am Anfang war es sehr laut und extrem hektisch, aber im Laufe der Zeit hat sich aus dieser Praxis ein extrem produktives Meeting entwickelt. Der Ablauf bleibt identisch: Der Product Owner stellt das gesamte Backlog kurz vor, alle sitzen in Teams zusammen oder bilden dann Teams und arbeiten sich hochkonzentriert durch die Storys. Der entscheidende Vorteil dieser Variante ist die Möglichkeit, sich auszutauschen und gemeinsam zu arbeiten. Sehr effektiv sind diese Planungsrunden mit erfahrenen Scrum-Teams. Diese Teams wissen bereits, wie ein Sprint Planning abläuft, welche Fragen sie stellen müssen usw. Sie führen in diesem Fall nur das weiter, was sie bereits können. Ganz anders sieht es aus, wenn die Teams noch nie mit Scrum gearbeitet haben. Wie wir bei einem großen Projekt in München zeigen konnten, funktioniert auch das, aber es ist ein sehr steiniger Weg. Aus eigener Erfahrung weiß ich, dass man dabei auch viele Scrum-Anfänger verlieren kann, doch oft ließen es die Rahmenbedingungen nicht anders zu. Diese Form des Massen-Sprint-Plannings ist für alle Beteiligten extrem anstrengend, aber wir haben auch gesehen, dass diese Sessions so effektiv sind, dass sich der Aufwand lohnt.

Sprint Planning Meeting 1 und 2 im Überblick

1. Das Meeting startet mit einer Agenda, einem Ziel und einem ersten Überblick darüber, wie es ablaufen soll. Alle an diesem Sprint Beteiligten sind anwesend.
2. Der Product Owner stellt seine Vision, seine Backlog Items und seinen Vorschlag für das Sprint Goal vor.
3. Die Teammitglieder versuchen, für jedes Backlog Item vom Product Owner, von den Anwendern und weiteren Beteiligten so viele Informationen wie möglich zu bekommen.
4. Die Teammitglieder überlegen gemeinsam, was im Sprint zu schaffen ist, und vereinbaren mit dem Product Owner das Sprint Goal.
5. Das Selected Product Backlog wird erarbeitet und festgeschrieben. Das Team und der Product Owner committen sich auf das Ziel.
6. Im zweiten Teil des Sprint Plannings werden aus diesem Backlog der Plan, die ersten Architekturideen und die Umsetzungsmöglichkeiten erstellt. Das Team kreiert so eine konkrete Vorstellung der Umsetzung.
7. Die Liste der Aufgaben entsteht. Die Aufgaben werden in einem Sprint Backlog festgehalten.
8. Die beiden Meetings dauern jeweils nicht länger als vier Stunden und müssen gemeinsam an einem Tag durchgeführt werden.

■

4.4 Das Daily Scrum – tägliche Synchronisation (reloaded)

Das Borland Quattro® Pro-Entwicklungsteam galt in der agilen Community als *das* Paradebeispiel für Produktivität. Laut James Coplien war dieses Team 37 Mal so produktiv wie ein konventionelles Softwareentwicklungsteam. Eines der Geheimnisse dieses Teams war ein tägliches Meeting am Beginn des Arbeitstages, bei dem sich die Entwickler etwa zwei Stunden über die Ergebnisse des Vortages und die Aufgaben des anstehenden Tages unterhielten. Den Rest des Tages entwickelten sie ihr Produkt, ließen über Nacht einen Nightly Build laufen und besprachen am nächsten Morgen wieder die Ergebnisse [Coplien 1994].

Auf Basis dieses Erfahrungsberichts von James Coplien überlegte Jeff Sutherland, wie man dieses Zwei-Stunden-Meeting auf die wesentlichen Elemente reduzieren könnte. Das Ergebnis war das Daily Scrum, wie es sich in der Beschreibung bei [Schwaber et al. 2001] findet. Sutherland reduzierte das Meeting auf eine Dauer von 15 Minuten und auf die drei Fragen:

1. Was habe ich seit dem letzten Meeting erreicht?
2. Was will ich bis zum nächsten Meeting erreichen?
3. Was steht mir dabei im Weg?

Diese Fragen sollten jeden Tag innerhalb von 15 Minuten von allen externen oder internen Teammitgliedern, die aktiv am Sprint beteiligt sind, beantwortet werden.

Dieses Vorgehen war durchaus erfolgreich: Die Auseinandersetzung mit diesen drei Fragen genügt, um alle Teammitglieder über den aktuellen Stand der Entwicklung auf dem Laufenden zu halten. Die Antworten sind die Basis für die tägliche Synchronisation aller Beteiligten, denn so können Informationen schnell ausgetauscht, Abstimmungsprobleme gelöst und Impediments sofort erkannt und vom ScrumMaster bearbeitet werden. Der aktuelle Status lässt sich mit den drei Fragen effektiv erheben.

Aber: So wie das Daily Scrum im Scrum Guide noch immer beschrieben wird, unterscheidet es sich nicht wesentlich von einem traditionellen Statusmeeting. Ja, ein Unterschied besteht in der strikten, rituellen Durchführung und im Fokus der Fragen, der auf dem erzielten Resultat liegt. Aber mal ehrlich: Die meisten Teammitglieder fühlen sich, als müssten sie jeden Tag Rechenschaft ablegen. Viele Berater haben fest in den Köpfen verankert, dass die Tasks so klein sein sollen, dass sie an einem Tag abgearbeitet werden können, und schon hat man wieder Kontrolle statt Kommunikation erzeugt. Leider führt das heute – so wie auch schon in der Vergangenheit – zu gnadenlos langweiligen und sinnlosen Dailys.

Auch ich selbst habe vor drei Jahren noch erklärt, dass man dieses Meeting anhand der drei Fragen abhalten soll. Aber dieses Kapitel muss ich heute völlig neu schreiben, denn das Daily Scrum funktioniert so nicht mehr. Meine Kollegen und ich haben in den letzten Jahren ein modifiziertes Format entwickelt, das es Scrum-Teams gestattet, am Daily Scrum Spaß zu haben.

4.4.1 Das neue Daily Scrum – Version mit Taskboard

Arbeitet man im Daily Scrum mit einem Taskboard, so verläuft es wesentlich konzentrierter und zielgerichteter ab. Diese Variante gilt in vielen Unternehmen mittlerweile als Standard, oft wird das Taskboard auch mit Hilfe elektronischer Tools abgebildet. Wie bereits dargestellt, stellen sich die Teammitglieder vor das Taskboard, nehmen reihum die Aufgaben und teilen kurz mit, was sie am Vortag erledigt haben.

Die Frage „Was habe ich erreicht?“ wird nun ganz einfach dadurch beantwortet, dass jedes Teammitglied die Aufgabe, an der es gearbeitet hat, von der Spalte „In Bearbeitung“ in die Spalte „Erledigt“ umhängt. Anschließend entnimmt es der Spalte „Aufgaben“ eine neue Aufgabe, hängt sie in die Spalte „In Bearbeitung“ und trägt seinen Namen ein.

Aufgaben, die neu hinzukommen oder durch Teilen einer Aufgabe entstehen, werden zum jeweiligen Backlog Item gehängt. Jede Aufgabe befindet sich zum Zeitpunkt des Daily Scrums entweder in der Spalte „Aufgaben“ oder „Erledigt“. Jede Aufgabe, die zum Zeitpunkt des Daily Scrums „In Bearbeitung“ ist, stellt ein Problem dar. Für dieses Problem gibt es drei mögliche Gründe:

1. Die Aufgabe ist zeitlich doch aufwendiger als angenommen.
2. Die Aufgabe konnte wegen eines Problems nicht abgearbeitet werden.
3. Die Aufgabe wurde kurz vor dem Meeting, also am Morgen oder am Abend des letzten Tages, begonnen und lässt sich eigentlich schnell erledigen. Da sie erst begonnen wurde, ist sie aber noch nicht abgeschlossen.

Ist eine Aufgabe zeitlich aufwendiger als gedacht und deshalb nicht erledigt, kitzelt der ScrumMaster die Teilaufgaben aus dem Teammitglied heraus. Damit will ich sagen: Er regt an, darüber nachzudenken, ob es noch weitere Teilaufgaben gibt. Diese werden wieder auf Haftnotizen geschrieben. Auf diese Weise entstehen *sichtbar* mehr Aufgaben, die wiederum von anderen Teammitgliedern übernommen werden können. Der neue Teil der alten Aufgabe wird entweder in die Spalte „Aufgaben“ gehängt oder ein anderes Teammitglied übernimmt diese Aufgabe und sie kommt sofort „In Bearbeitung“. Letzteres ist der erwünschte Fall, denn nur so wird das Backlog Item weiterentwickelt, das sich gerade in Bearbeitung befindet, und die Wahrscheinlichkeit wächst, dass es möglichst schnell fertig wird.

Weitaus unangenehmer ist es, wenn die Aufgabe aus irgendeinem Grund blockiert ist. Das Teammitglied konnte an dieser Aufgabe also nicht arbeiten. In diesem Fall schreibt sich der ScrumMaster den Grund für die Blockade auf das Impediment Backlog. Der ScrumMaster wird dann dem Teammitglied dabei helfen zu entscheiden, welche neue Aufgabe erledigt wird, solange die alte blockiert ist.

Der Vorteil der Arbeit mit dem Taskboard ist, dass man auf täglicher Basis jedes kleinste Problem, jede Blockade, sofort identifizieren kann. Bei der traditionelleren Durchführung des Daily Scrums ist das etwas anders. Dort können Blockaden unerkannt bleiben, weil die Aufgaben nicht systematisch in kleine „Ein-Tages-Aufgaben“ zerlegt werden, und ein Entwickler kann sehr wohl verschweigen, dass er nicht vorangekommen ist, weil er gestört wurde, oder dass er nicht an der Aufgabe, sondern an etwas anderem gearbeitet hat.

Entscheidend ist, dass sich die Scrum-Teammitglieder (ja, auch der Product Owner) im Halbkreis vor das Taskboard stellen, miteinander die Aufgaben kurz durchsprechen und die Aufgaben verschieben. **Achtung:** Dabei darf der ScrumMaster *nicht* fragen, was erledigt wurde!

Die Teammitglieder erzählen es in der klassischen Reihenfolge, weil sie wissen, dass das sinnvoll ist. Stefan Klein, Agile Coach bei Infonova, hat mir noch eine andere Variante erklärt: Dort erklären die Teammitglieder, was sie getan haben, was sie tun werden und was ihnen im Weg steht.

Der springende Punkt bei diesem Vorgehen ist, dass die Teammitglieder nie das Gefühl haben dürfen, sie würden ein Reporting abliefern. Sie sollen es einfach als Austausch darüber empfinden, was sie heute tun wollen. Das Taskboard unterstützt dabei, mehr nicht.

4.4.2 Das neue Daily Scrum – Version ohne Taskboard

Viele Entwicklungsteams wollen unbedingt mit elektronischen Taskboards arbeiten. Mittlerweile gibt es unzählige elektronische Helferlein und jedes davon kann virtuelle Zettel über ein virtuelles Board schieben. Was alle diese Tools besser können als ein physisches Board: Damit lassen sich Dokumente, Links, Kommentare und – bei manchen Tools mehr, bei anderen weniger – die Zuweisung zu Gruppen von Teammitgliedern auf Taskebene verwalten. Die entscheidenden Vorteile dieser Tools:

- Sie funktionieren über Standorte hinweg.
- Sie werden von vielen Entwicklern gerne genutzt, weil man dabei nicht miteinander reden muss.
- Das Management kann sich aus diesen Tools Status Reports auswerfen lassen.

Alle diese Instrumente können aber eines nicht: die Kommunikation im Team ersetzen. Sich gegenseitig zu helfen, lernen die Mitglieder eines Entwicklungsteams am besten bei der Arbeit an einem physischen Taskboard.

Aber wieso schreibe ich dann in der Überschrift „ohne Taskboard"? Die Arbeit mit elektronischen Taskboards hat mich etwas gelehrt: Es geht um das, was da ist. Ich kann an die Aufgabe das dranhängen, was ich gerade bearbeite. Und da kommt der bahnbrechende Gedanke: **Hören wir doch einfach auf zu zeigen, wie wir Zettel über ein Board schieben! Zeigen wir uns jeden Tag, was wir abgeschlossen haben!** Nichts ist einfacher als das: Mit all den Online-Tools wie Hangout, GoToMeeting, WebEx, Skype etc. können die Teammitglieder einander sofort zeigen, woran sie gerade arbeiten. Sie können das Smartphone zur Hand nehmen und einen kurzen Film über die Arbeit von gestern drehen, Slides können sofort online gestellt oder via Screensharing geteilt werden, damit alle daran mitarbeiten können. Sitzt das Team vor Ort, bringt jeder seinen Laptop mit und zeigt seine Ergebnisse auf einem größeren Monitor. Wer sich auch nur fünf Minuten auf das Daily Scrum vorbereitet, kann für sein Team wunderbar sichtbar machen, woran er gestern gearbeitet hat.

Was sind die Vorteile? Wir ersetzen inhaltslose Besprechungen durch Tatsachen. Wir zeigen das Objekt, das wir geschaffen haben. Es funktioniert vielleicht nicht in allen Teams und Projekten, aber probieren Sie es einmal aus.

4.4.3 Mögliche Probleme im Daily Scrum

Bei der Einführung des Daily Scrums werden viele kleine Probleme auftauchen. Meistens ist die erste Hürde, dass die Teilnehmer nicht pünktlich zum Daily Scrum kommen. Es gibt viele unterschiedliche Möglichkeiten, ein Team zur Pünktlichkeit zu erziehen. Meiner Meinung nach am besten funktioniert die folgende Variante:

1. Fangen Sie einfach pünktlich mit den Personen an, die da sind.
2. Betonen Sie, wie schön es ist, dass diese Personen hier sind – geben Sie also positives Feedback.

Gerade dann, wenn das Daily Scrum ohne Taskboard abgehalten wird, „vergessen" Teammitglieder oft, woran sie am Tag zuvor gearbeitet haben. Übergehen Sie das einfach – konsequent. Gehen Sie nicht darauf ein, machen Sie aber bei den anderen, die sich erinnern, klar, wie wertvoll dieser Austausch war. Fehlverhalten sollte einfach ignoriert werden.

Die größte Schwierigkeit entsteht beim Versuch, Blockaden zu identifizieren. Ich habe die Erfahrung gemacht, dass selbst heute noch viele Menschen durch unser Erziehungssystem darauf gedrillt sind: „Ich muss es selbst schaffen!" Niemand kommt auf die Idee, dass das Identifizieren von Verbesserungsmöglichkeiten etwas ist, das Bewegung ins Team bringt. Die Menschen fühlen sich klein und wertlos, wenn sie eine Aufgabe oder ein Problem nicht selbst gelöst haben. Viele glauben auch, es kratze an ihrem Ruf, wenn sie nicht ständig wiederholen, dass alles in Ordnung ist. Erst mit der Unterstützung eines ScrumMasters, der am Taskboard visualisiert, wo die Probleme liegen, kann sich so einiges nicht mehr verstecken lassen.

Als ScrumMaster werden Sie damit zu kämpfen haben, dass zu Beginn die Selbstorganisation des Teams im Daily Scrum nicht funktioniert: Die Teammitglieder berichten Ihnen und erwarten, dass Sie ihnen sagen, was sie heute zu tun haben. Die Teams haben zunächst Schwierigkeiten, die Aufgaben eigenverantwortlich herunterzubrechen und die Aufgaben am Taskboard eigenständig zu verschieben. Hier ist es am besten, sich als ScrumMaster nur coachend einzumischen, also zu sagen, was zu tun ist, es aber nie selbst zu tun. Der ScrumMaster muss unbedingt seine Rolle als Moderator beibehalten, darf aber sehr wohl fordernd auftreten.

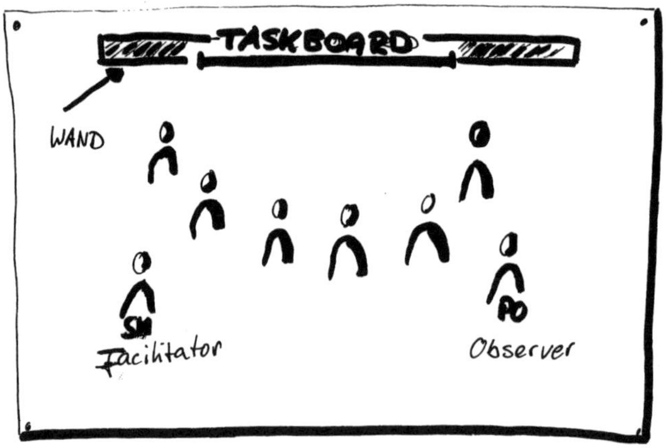

Bild 4.8 Die ideale Teamaufstellung vor dem Taskboard

Aus der Vogelperspektive betrachtet, würde die ideale Aufstellung des Teams vor dem Taskboard so aussehen wie in Bild 4.8. Idealerweise stellt sich ein Scrum-Team für das Daily Scrum im Halbkreis vor einem Taskboard auf. Der ScrumMaster steht nicht im Halbkreis, sondern leicht versetzt dahinter. Nimmt der Product Owner aktiv am Sprint teil, erledigt er also Aufgaben, dann steht er ebenfalls mit im Kreis.

Warum gerade diese Aufstellung? Jedes Teammitglied hat auf diese Weise den kürzesten Weg zum Taskboard und jeder kann optimal sehen, wer welche Aufgabe bewegt oder verändert hat. Die Teammitglieder können sich gegenseitig ansehen und möglichst barrierefrei miteinander reden. Dadurch wird die von Robert Schmidt bemerkte „soziale Form des Programmierens als stille, intime, isolierte, individualisierte, einzelnen Akteuren zugerechnete Denkarbeit" abgelegt und als soziale, also Gruppenarbeit formiert [Schmidt 2008]. Hier zeigt sich, dass Scrum eine kollektive und öffentliche Arbeitsform ist. Das Daily Scrum ist der Raum, der einen Dialog erlaubt.

4.4.4 Daily Scrum für große und verteilte Teams

Dank Google Hangout, Webex, GoToMeeting, elektronischen Taskboards wie JIRA, VersionOne, tinyPM, iceScrum, Mingle, Trello, Kanbanize, SeeNowDo, LeanKit u. v. a. sind Daily Scrums über verteilte Standorte keine Hexerei mehr. Ich selbst bin so gut wie jeden Morgen um 8.15 Uhr mit meinem Team an den Standorten Baden-Baden und Wien per Google Hangout über mein Smartphone verbunden, während ich zum Beispiel über den Flughafen Stuttgart laufe. Das ist nicht ideal, aber es ist viel besser, als dieses Meeting gar nicht durchzuführen. Bin ich beim Kunden, machen wir mit meinem Scrum-Implementierungsteam häufig während des Frühstücks das Daily. In einem Projekt, das wir mit drei Kollegen gleichzeitig an drei Standorten betreuen, machen wir das Daily einmal am Tag über Hangout und unser Wiki.

Natürlich ist die Kommunikation in verteilten Teams schwieriger und man muss bereit dazu sein, sich damit auseinanderzusetzen. Google Hangout ist nicht immer stabil, die Wifi-Verbindungen auf Flughäfen brechen häufig zusammen und man versteht manchmal nur die Hälfte. Na und? Wer sich darauf einlässt, in verteilten Umgebungen zu arbeiten, wird damit leben müssen und nimmt es in Kauf. Umso wichtiger ist es in diesem Kontext, pünktlich zu erscheinen, die Regeln des Daily Scrums zu befolgen und am Telefon oder in der Videokonferenz diszipliniert zu agieren. Glauben Sie mir, das ist leichter gesagt als getan.

Die Kollegen in verteilten Teams sind nicht nur in alle Himmelsrichtungen versprengt, meistens gibt es auch noch Sprachunterschiede. Englisch ist nicht gleich Englisch. Meistens ist es Englisch mit einem muttersprachlichen Akzent und da muss man sich erst einhören. Witze gehen deshalb manchmal in die Hose, Missverständnisse und Konflikte sind an der Tagesordnung. Viele Teams lösen dieses Problem, indem sie ihre Daily Scrums schriftlich vorbereiten. Sie legen ein Wiki an, in das jeder seine Informationen einträgt. Zum Zeitpunkt des Daily Scrums liegen dann allen die Informationen zumindest schon einmal schriftlich vor und müssen nur noch mündlich aufbereitet werden. Wie die Kommunikation im Daily Scrum unterstützt werden kann, lesen Sie in Kapitel 7.

Das Daily Scrum mit großen Teams

Wie strukturiert der ScrumMaster das Daily Scrum, wenn für das Produkt mehr als zehn Personen zusammenarbeiten müssen? Naheliegend scheint, das große Team in kleinere Teams aufzuspalten, um das Daily Scrum effektiv durchführen zu können. Auf der grünen Wiese – also im Idealfall – würde man alle Mitglieder des Entwicklungsteams in einen großen Raum setzen und die Mitglieder herausfinden lassen, wie sie sich in Teams aufteilen könnten (dazu beim Thema Skalierung mehr). Oft ist es aber so, dass bereits kleinere Teams angedacht sind und wir mit dem arbeiten müssen, was wir vorfinden. In diesem Fall nehmen Sie die Teams einfach wie sie sind und strukturieren das Daily Scrum rund um die existierenden Teams.

Das Daily Scrum als Scrum of Scrums

Ein Scrum of Scrums ist ein Meeting der Teammitglieder verschiedener Teams, die sich organisiert miteinander austauschen müssen (mehr zum Scrum of Scrums finden Sie in Kapitel 7). Ein gutes Scrum of Scrums entsteht von selbst, weil die Teammitglieder der einzelnen Teams das Bedürfnis haben, sich mit den Teams auszutauschen, mit denen sie gemeinsam arbeiten. Die Regel, dass solche Synchronisationsmeetings einmal am Tag stattfinden und nicht länger als 15 Minuten dauern dürfen, führt automatisch zum Scrum of Scrums (Bild 4.9).

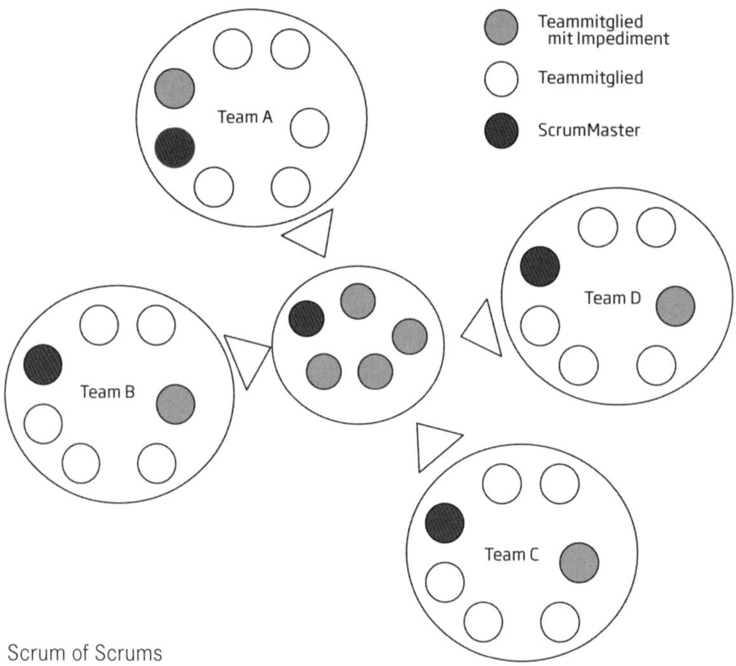

Bild 4.9 Scrum of Scrums

Heute trifft man oft auf die Meinung, dass man das Scrum of Scrums benötige, weil diese „Best Practice“ zur Genüge in der Literatur beschrieben ist. Das führt aber oft dazu, dass das Management über die Teamstruktur entscheidet und damit auch, ob ein Scrum of Scrums gebraucht wird. Von Selbstorganisation also keine Spur. Besser wäre es, wenn das Management die Regel ausgeben würde, dass sich jedes Team über den Status der anderen Teams informieren muss. Wie die Teams das machen, sollte ihnen selbst überlassen bleiben.

Bei diesen Komplexitätsproblemen versagt der gesunde Menschenverstand nämlich. Es sieht immer nur auf den ersten Blick so aus, als wäre es effektiver, den Teams diese Strukturen mitzugeben. Meiner Erfahrung nach ist aber immer das Gegenteil der Fall: Große vorstrukturierte Teams sind weniger produktiv. Vorgegebene Strukturen verringern die Produktivität *jedes* Teams [vgl. Austin, Devin 2003]. Es gibt noch eine Reihe weiterer Möglichkeiten, wie man das Daily Scrum bei großen Teams organisieren kann, aber dazu in Kapitel 7 mehr.

4.5 Sprint Review – das Produkt vorstellen

Am Ende eines Sprints präsentiert das Scrum-Team im Sprint Review seine Ergebnisse in Form des vorliegenden Potential Shippable Product Increment. Im Review wird das Produkt unter die Lupe genommen und gemeinsam wird überlegt, wie das Produkt verbessert werden kann. Das Sprint Review ist keine – ich wiederhole: keine – Abnahme und auch kein Überprüfungsmeeting! Sinn dieses Meetings ist es, festzustellen, ob die Ideen, die der Product Owner für sein Produkt hatte und die er in Form von User Storys (wir nennen sie deshalb auch gerne User-Hypothesen) ausgedrückt hat, tatsächlich den für den User angenommenen Nutzen haben. Es wird also im Wesentlichen darüber befunden, ob der Product Owner sein Business versteht und die richtigen Storys in Auftrag gegeben hat („doing the right thing").

Beim Review, bei dem vor allem die User des Produkts anwesend sind, wird herausgearbeitet, wie man das gerade inkrementell erarbeitete Produkt verbessern kann, um einen noch größeren Nutzen für den Kunden zu erzielen. Dabei werden Fragen beantwortet wie: Haben wir einen Entwicklungsstand erreicht, von dem aus wir weiterarbeiten können? Wie wollen wir von hier aus weiter vorgehen? Welche User Storys werden für die nächsten Sprints interessant?

Als Nebeneffekt stellt sich bei diesem Meeting wie von selbst heraus, ob das Ziel des Sprints erreicht wurde. Gewissermaßen wird der Status des Projekts erhoben. Der Product Owner kann im Anschluss an das Meeting für sich entscheiden, ob er bezogen auf seine (Release-) Ziele genug Funktionalität bekommen hat oder ob er sich für Korrekturen an das Team wenden muss. Das Ergebnis des Reviews ist aus einer faktischen Sicht heraus immer positiv. Alle wissen danach, wo sie im Projekt, in der Produktentwicklung tatsächlich stehen. Es wird sichtbar, was vorhanden ist und was noch verändert werden muss. Gleichzeitig werden im Entwicklungsprozess alle Probleme schonungslos offengelegt. Diese Informationen sind für Projekte lebenswichtig und ermöglichen es allen Beteiligten, auf diese Informationen entsprechend zu reagieren.

4.5.1 Die Bedeutung von „fertig"

Bevor wir uns mit dem Review näher befassen können, sei an dieser Stelle die wichtigste Regel in Scrum noch einmal klar herausgestellt: Es werden ausschließlich *fertige* Dinge im Review gezeigt. Es ist also absolut notwendig, dass sich alle im Scrum-Team darauf einigen und verstehen, was „fertig" – also „potential shippable" für dieses Produkt zu diesem Zeitpunkt der Produktentwicklung bedeutet. Leider ist es noch immer so: Zu viele Softwareentwicklungsprojekte (auch Hardwareentwicklungsprojekte) bringen zum Zeitpunkt des Lieferdatums Produktinkremente hervor, die zu viele Fehler enthalten, noch nicht ganz fertig sind oder „noch schnell" nachgebessert werden müssen.

Immer wieder wird fast fertige Software geliefert. Die Aussage „Es ist fast fertig" ist in vielen Organisationen schon zum Standard geworden. Ich habe einmal ein Projekt betreut, bei dem von 25 Entwicklern nach 22 Monaten der Fachabteilung eine Funktionalität präsentiert wurde, die jedes Mal abstürzte, wenn sie von mehr als einem Anwender benutzt wurde. Dennoch war das Softwareentwicklungsteam der Meinung, es hätte geliefert. Andere Entwicklungsteams wiederum halten eine Applikation für fertig, die zwar auf den eigenen Entwicklungsumgebungen funktioniert, sich auch kompilieren lässt und auf den ersten Blick fehlerfrei ist, auf die aber noch kein Tester einen Blick geworfen hat.

Das zeigt, dass wir gerade in der Softwareentwicklung noch viel ändern müssen. In Scrum ist nur „Usable Software" am Ende eines Sprints zugelassen. Usable Software bedeutet im Grunde genommen nichts anderes als: So, wie die Software geliefert wird, muss nichts mehr getan werden, damit sie genutzt werden kann. Sie ist getestet, die Funktionalität ist integriert und es dürfte beim Roll-out an sich nichts passieren. Wenn Teams diese Regel akzeptieren, ändert sich die Haltung zur eigenen Arbeit sofort.

Scrum liefert am Ende eines Sprints einen gewissen Geschäftswert. Das funktioniert aber nur, wenn die Software tatsächlich brauchbar ist. Muss man noch nacharbeiten, wurde noch kein Geschäftswert generiert. Ich habe beim Planen des Projekts darüber gesprochen, wie sich der Geschäftswert über die Zeit zusammensetzt (siehe dazu Kapitel 3). Das geht nur, wenn man am Ende des Sprints tatsächlich nutzbare Software kreiert hat. Immer wieder werde ich zu Projekten gerufen, in denen die Teams seit Monaten mit Scrum arbeiten, und dennoch will die Produktivität nicht steigen. Meine erste Frage lautet dann immer, ob denn am Ende eines Sprints fertig geliefert werde. In beinahe allen Fällen bekomme ich als Antwort, dass dem nicht so sei. Man brauche noch Release-Sprints, Hardening Phases oder ähnlichen Quatsch. Sorry, aber bei den heute zur Verfügung stehenden Tools und Frameworks sollte jedes Softwareentwicklungsteam in der Lage sein, in Inkrementen fertige Software zu liefern. Eine meiner Kolleginnen sagt immer wieder: „Es ist nun mal so: Die Qualität der Arbeit liegt in der Verantwortung des Teams. Das Team muss zu jedem Zeitpunkt funktionierende Software geschrieben haben. Das Team muss sich darüber im Klaren sein, dass es im Sprint Planning nur das zusagen sollte, was es tatsächlich auslieferbar erstellen kann."

Doch die Erfahrung zeigt: Der Anspruch ist das eine, die Realität das andere. Daher haben fast alle Scrum-Teams zu Beginn die Aufgabe, die **Definition of Done** festzulegen. Wenn sie richtig damit umgehen, hilft die Definition of Done allen Beteiligten. Durch sie entsteht ein gemeinsames Verständnis darüber, in welchem Zustand das gelieferte Produktinkrement am Ende des Sprints sein muss, um als geliefert zu gelten. Dieser Zustand – und damit die Definition of Done – variiert von Scrum-Team zu Scrum-Team.

Die Definition of Done sollte vom Entwicklungsteam selbst festgelegt werden. In erster Linie geht es darum, transparent zu machen, was die einzelnen Mitglieder unter „fertig" verstehen. Wenn das Entwicklungsteam die Definition of Done festlegt, wird auf diese Weise der wirkliche Stand der Entwicklungsfertigkeiten des Entwicklungsteams (und damit meistens auch der Organisation) erhoben. Die Elemente der Definition of Done werden also von jedem Entwicklungsteam gesondert formuliert. Wir beobachten oft, dass die Linienmanager eines

Teams, zum Beispiel die Software-Entwicklungsleiter, bestimmen wollen, was in die Definition of Done gehört. Das ist verständlich, denn damit haben sie ein Mittel an der Hand, um den Entwicklungsteams zu sagen, was sie liefern sollen. Aber dieser Schuss geht in den meisten Fällen nach hinten los. In der Vergangenheit haben diese Software-Entwicklungsleiter oft über eine Vorschrift versucht, die Mitarbeiter zu etwas zu bewegen – und das hat offensichtlich nicht funktioniert. Nun versuchen sie es mit Hilfe der Definition of Done. Beim Arbeiten mit den Entwicklungsteams wird aber sehr schnell deutlich, dass genau das nicht klappt. Nur durch Vorleben oder Training werden Mitarbeiter verstehen, was von ihnen verlangt wird und was zu einer Definition of Done gehört. Dann werden sie auch selbstständig und zielorientiert agieren. Wenn das Linienmanagement unbedingt eingreifen will, dann sollte es seine Aufgabe darin sehen, die Kompetenzen der Entwicklungsteams zu stärken. Ein wunderbares Beispiel dazu findet sich im folgenden Blogeintrag von Ryan Tomayko:

> *I actually don't show people how to make decisions and ship product in any real direct way. There's no How To Ship Product training class or anything like that. Instead, I just do work. I write down ideas and then market them internally. I ask designers about their comps and concept work. I write code with kick ass docs and tests, sometimes while building out the backend for a feature and sometimes just to clean shit up because it needs it. I deploy responsibly because site stability is job number zero. I soft ship new features and try to get other employees to use them. I write and review blog posts and ship features. I fix bugs. I work with support. That's just how you ship software product in 2012.*" [Tomayko 2012]

Sicher ist Github ein Ausnahmeunternehmen und hat einen ganz besonderen Managementstil. Allerdings zeigt dieses Beispiel, wie man in einem Unternehmen auch auf andere Art als durch Anweisung Menschen dazu bringen kann, neue Ideen anzunehmen.

Die vom Team festgelegte Definition of Done mag nicht das Ideal darstellen – sie reflektiert aber das gerade Mögliche. Auf diese Weise entsteht Transparenz und der ScrumMaster kann mit seinem Entwicklungsteam und den weiteren Verantwortlichen der Organisation daran arbeiten, den Zustand der Softwareentwicklung zu verbessern.

4.5.2 Ablauf und Regeln des Sprint Reviews

Zu einem Sprint Review zugelassen sind alle, die ein Interesse am Projekt haben – es findet öffentlich statt. Eine mögliche Einladungsliste sieht so aus:

- ScrumMaster
- Product Owner
- Entwicklungsteam
- Management
- Customer
- Anwender, die Fachabteilungen
- Externe und interne Lieferanten

Das Sprint Review findet im Raum des Scrum-Teams statt. Zu Beginn erklärt der Product Owner allen Anwesenden die Aufgabe dieses Sprints, das Sprint Goal und welche User Storys ausgewählt wurden. Danach stellt das Entwicklungsteam das Ergebnis des Sprints vor.

Das Entwicklungsteam muss sich dafür nicht lange vorbereiten. Die Teammitglieder haben nur kurz besprochen, wer welches Feature in welcher Reihenfolge zeigt. Sie präsentieren lauffähigen Code oder ein Stück fertiges Produkt, was keiner langen Vorbereitung bedarf, denn sie haben es zuvor hergestellt. Am einfachsten ist es, wenn nun der Product Owner mit einigen anderen Interessierten zum jeweiligen Teammitglied geht und sich dort, aus erster Hand, die Funktionalität zeigen lässt.

Auch dieses Meeting ist zeitlich klar begrenzt: Es darf nicht länger als 90 Minuten (bei einer Sprintlänge von zwei Wochen) dauern. Beim Sprint Review geht es nicht um eine Präsentation, sondern um ein *Review*. Das Team zeigt also die Funktionalitäten, damit alle Anwesenden Gelegenheit haben, die Funktionalität auszuprobieren und neue Ideen zu generieren. Alle aufkommenden Vorschläge werden sorgfältig notiert – denn es könnten interessante neue Storys entstehen. Für eine eingehendere Diskussion der Ideen sollte man sich aber nach dem Review Zeit nehmen oder man findet einen Termin, an dem entschieden wird, wie es weitergeht.

Die Regeln für das Sprint Review

1. Das Sprint Review zeigt am Ende eines Sprints ausschließlich „Usable Software“, es sei denn, alle Anwesenden wissen, dass das Team noch nicht in der Lage ist, Software auf diesem Qualitätsniveau zu liefern.
2. Das Sprint Review dauert nicht länger als 90 Minuten.
3. Anwesend sind auf jeden Fall der Product Owner und das Entwicklungsteam.
4. Es ist verboten, das Produkt mithilfe einer PowerPoint-Präsentation vorzustellen.
5. Die „Usable Software“ – oder das „product increment“ – wird lauffähig demonstriert.

4.5.3 Konsequenzen aus dem Sprint Review

Das Review dient der Verbesserung des Produkts, denn es wird sichtbar, wie sich die gelieferte Funktionalität darstellt. Sichtbar wird auch, ob das Sprintziel erreicht wurde, und in letzter Konsequenz, ob das Entwicklungsteam in dem vom Product Owner vorgestellten Release-Rahmen liegt. Das Review kann einige Folgen nach sich ziehen:

- **Neue Funktionalitäten**
  Die häufigste Folge des Reviews ist, dass den Anwesenden neue Funktionalitäten einfallen. Sie sehen etwas, können sich nun viel besser ausmalen, wie die jeweiligen Funktionalitäten sein sollen und sind in der Lage, neue Ideen zu entwickeln. Der ScrumMaster notiert diese neuen Ideen und behandelt sie als mögliche Einträge für das Product Backlog.
- **Nicht gelieferte Backlog Items**
  Es kann sich aber auch herausstellen, dass das Team nicht alle ausgewählten Backlog-Einträge liefern konnte. Dafür kann es viele Gründe geben. Gerade am Anfang liegt es häufig daran, dass sich die Teams überschätzen, weil sie ihre Leistungsfähigkeit nicht kennen. Der Product Owner nimmt diese Backlog Items wieder zurück ins Backlog und priorisiert sie neu.

- **Veränderung der Priorisierung**
  Eine weitere Folge kann sein, dass sich neue Priorisierungen für die weitere Arbeit ergeben. Der Product Owner wird dazu die User Storys in seinem Product Backlog neu anordnen.
- **Veränderung der Scrum-Teamstruktur**
  Das Scrum-Team kann sich nach einem Sprint neu formieren. Vielleicht benötigt es neue oder erweiterte Kenntnisse, um die nächsten Backlog Items abarbeiten zu können. Vielleicht stellt es aber auch fest, dass ein weiterer Entwickler nötig ist, um schneller zu werden. In der Regel sollten solche Überlegungen natürlich schon während des Sprints angestellt werden. Manchmal ist das aber nicht der Fall, was im Sprint Review dann offen angesprochen wird. Die Entscheidung, ob das Team verändert wird, muss spätestens bis zum nächsten Sprint Planning getroffen sein.
- **Einen Release Sprint ansetzen**
  Es kann sich beim Review herausstellen, dass ausreichend Funktionalität vorhanden ist, um einen Release Sprint einzuschieben. Vielleicht war er geplant, vielleicht auch nicht, jetzt sieht es aber so aus, als wäre es sinnvoll, Funktionalitäten bereitzustellen.
- **Das Projekt vorzeitig beenden**
  Die auf den ersten Blick demotivierende Folge ist, dass das Projekt vorzeitig beendet wird. Es ist fertig. Es ist genug Funktionalität vorhanden. Betrachtet man es aber völlig neutral, gibt es nichts Besseres, als ein Scrum-Projekt zu beenden. Die Entwicklungsmannschaft ist damit frei für das nächste Projekt.

Meine Empfehlung: Feiern Sie am Abend des Sprint Reviews gemeinsam. Sie haben einen Meilenstein geschafft, erfolgreich etwas abgeliefert und vom Product Owner wertvolle Informationen erhalten, die Sie im nächsten Sprint einfließen lassen können.

4.5.4 Das Sprint Review im skalierten Umfeld

In einem skalierten Umfeld, in dem entweder mehrere Teams zusammenarbeiten oder wo wir es mit einem verteilten Team zu tun haben, ist das Review wesentlich schwieriger umzusetzen. Am besten wählen Sie für dieses Meeting einen großen Raum, in dem alle Teams ihren Applikationsteil aufbauen können. Dort wandert dann der Product Owner gemeinsam mit dem ScrumMaster wie bei einer Messe von Stand zu Stand, an dem das jeweilige Team seine Funktionalitäten präsentiert. Sind die Standorte der Teams zu weit voneinander entfernt, sitzt also zum Beispiel eines in Seattle und das andere in Tokio, müssen Sie das Review per Videokonferenz durchführen, damit alle Teams gleichzeitig präsentieren können.

Ganz entscheidend: Wenn alle Teams an einem gemeinsamen Produkt arbeiten, dürfen sie nur zeigen, was gemeinsam funktioniert. Jedes Team zeigt seine Funktionalitäten auf dem gemeinsam genutzten Integrationsserver. Funktionalitäten, die noch nicht im Verbund funktionieren, können nicht gezeigt werden, weil sie noch nicht tatsächlich vorhanden sind. Diese Forderung zwingt alle Teams, gemeinsam zu arbeiten.

Das Notieren der Ergebnisse

Ob skaliert oder nicht skaliert: Das Notieren der Ergebnisse des Sprint Reviews sollte selbstverständlich sein, trotzdem wird es oft nicht gemacht. Es ist die Aufgabe des ScrumMasters, das Event einerseits so effektiv wie möglich zu gestalten, andererseits sollte er die Ergebnisse entweder alleine oder gemeinsam mit dem Product Owner schriftlich festhalten – jede wichtige Frage, jede neue Idee, jede Beobachtung. Wie hat der User die neue Funktionalität genutzt, wie hat er auf das Produkt reagiert? Was ist gelungen, was ist nicht gelungen? Welche Verbesserungsvorschläge gab es? Welche Kommentare führen uns in die richtige Richtung? Wo haben wir zuvor etwas vergessen?

Es gibt viele weitere Fragen, die nur für Ihr eigenes Projekt passen. Nehmen Sie sich die Zeit und entwerfen Sie für sich einen Fragebogen oder zumindest eine Gedächtnisstütze. Lassen Sie diese über die Zeit wachsen – so gelangen Sie zu wichtigen Erkenntnissen, die Ihnen helfen werden, noch bessere Produkte zu entwickeln.

4.6 Sprint-Retrospektive – kontinuierliches Verbessern

Die Sprint Retrospektive ist das Herzstück des Scrum-Prozesses. Sie schließt den vorgestellten Deming Cycle. Das Scrum-Team analysiert den eigenen Arbeitsprozess, identifiziert mögliche Ansätze, um das gemeinsame Arbeiten zu verbessern und lernt auf diese Weise ständig dazu. Die Retrospektive macht sich die Tatsache zunutze, dass wir am besten durch Erfahrung lernen. In der Retrospektive werden Geschichten erzählt, die zu kollektiven Erfahrungen werden. Durch diese Art des Lernens arbeitet die Retrospektive auf der Ebene der Intuition und nicht auf der Ebene des Verstands.

Die Sprint Retrospektive ist erst sehr spät in den Prozess von Scrum eingeflossen. Auf der Agile Development Conference 2003 in Salt Lake City hielten Rachel Davis, Linda Rising und Diana Larsen Workshops und Seminare über eine damals neuartige Form der Aufarbeitung von Projekten. Sie nannten diese Aufarbeitung „Retrospectives" und bezeichneten sich selbst als „Retrospective Facilitator". Ich kann mich noch gut an eine Session erinnern, in der Alistair Cockburn mit Rachel Davis darüber diskutierte, ob die Idee der „Projekt-Retrospektive" nicht illusorisch sei, weil ihnen die Kunden niemals mehrere Tage für das Durchführen von Retrospektiven geben würden. Man muss dazu wissen, dass zwar die Idee der Projekt-Retrospektiven vorgestellt und diskutiert wurde, die Agile Community aber noch kein klares Bild davon hatte, wie man Iterations-Retrospektiven durchführen sollte. Erst auf dem Scrum Gathering 2004 in Wien, als ich die Retrospective Facilitators und Ken Schwaber zusammenbrachte, fanden sich die beiden Disziplinen. Ken Schwaber sprach mit Norman Kerth und war von seiner Methode fasziniert. Er nahm die Idee in den Scrum-Prozess auf und seither gehören Sprint Retrospektiven offiziell zum Scrum Management Framework.

Jeff Sutherland bezeichnet die Retrospektive in seinen Vorträgen als unabdingbar. Er geht sogar so weit zu postulieren, dass das Fehlen von Retrospektiven immer zum Scheitern von Scrum-Projekten führe.

4.6.1 Warum funktionieren Retrospektiven?

Unsere Mütter lasen uns Bücher vor oder erzählten uns Gutenachtgeschichten. Dann sahen wir die ersten Filme im Fernsehen und erlebten die abenteuerlichsten Geschichten in der Sonntags-Matinee im Kino um die Ecke. Wir lernten lesen, lasen über die Abenteuer von Pippi Langstrumpf und lösten gemeinsam mit Justus, Peter und Jonas die spannenden Kriminalfälle der „Drei Fragezeichen". Geschichten – gedruckte, erzählte oder gesehene – prägen unsere Vorstellung von der Welt. Wir alle erfahren und lernen vieles durch diese Geschichten. Wir erzählen uns unablässig Geschichten: Manche sind simple Alltagsgeschichten, manche sind hochinformativ und kulturprägend. Einige Geschichten beeinflussen Generationen von Menschen, indem sie immer wieder erzählt werden. Sagen, Märchen und Theaterstücke gehören zu letzterer Kategorie. Dabei ist es unerheblich, ob die Menschen diese Geschichten selbst gelesen oder gesehen haben oder sie nur aus dritter Hand kennen.

Der Aufbau einer guten Geschichte folgt dabei so gut wie immer der „Reise des Helden". Zunächst lernen wir den Helden kennen. Er ist meist eine ganz normale Person und lebt sein gewohntes Leben. Plötzlich geschieht etwas Unerwartetes und dieses Ereignis zwingt unseren Helden, sein gewohntes Leben aufzugeben. Er muss sich auf eine Abenteuerreise begeben, oft eine Reise mit ungewissem Ausgang. Im Laufe dieser Reise besteht er viele Gefahren und Abenteuer, schließlich findet er die Lösung seines Problems und kehrt in seine vertraute Welt zurück [Campbell 1993]. Diese Erzählstruktur bestimmt die Handlung von Rotkäppchen, die Irrfahrten des Odysseus oder „Die erstaunliche Welt des Walter Mitty" genauso wie die Ein-Minuten-Story über den morgendlichen Stau, in dem Ihr Kollege steckengeblieben ist. Sie zieht die Zuhörer in ihren Bann und sorgt für Relevanz. Wir hören zu.

Geschichten überliefern Erfahrungswissen, während Berichte, Gebrauchsanweisungen und die meisten Lehrbücher generalisieren und trockene Fakten vermitteln. Sie betten die Informationen nicht in einen für den Leser relevanten Kontext ein. Geschichten fangen dagegen den Kontext, das Emotionale und das Persönliche ein und vermitteln es in der Erzählung. Dadurch werden sie für uns interessant, informativ und anschaulich. Man weiß mittlerweile, dass beim Zuhörer die Neuronen in den gleichen Gehirnregionen feuern, die auch im Gehirn des Erzählers aktiv sind, bei demjenigen also, der die Geschichte erlebt hat. Wir „erleben" beim Hören einer Geschichte tatsächlich das Abenteuer des anderen mit und eignen uns so dessen Erfahrung an. Das ist die ultimative Form des Lernens. Die Interpretation des Gehörten wird also – obwohl mittelbar, da erzählt – zur unmittelbaren Erfahrung des Zuhörenden.

Längst hat auch die Wirtschaft die Kraft des Geschichtenerzählens (Storytelling) erkannt. Manager pilgern zu Drehbuchautoren wie Robert McKee[4], um zu lernen, wie das Geschichtenerzählen funktioniert. Es gibt Unternehmen, die sich darauf spezialisiert haben, die Geschichten von Organisationen zu erfassen und sie für die Mitarbeiter nutzbar zu machen. Entscheidend bei allen diesen Ansätzen ist, dass sie alle zunächst die Geschichten, die in den Organisationen vorhanden sind, aufspüren und dann weitererzählen.

---

[4] Robert McKee, Story-Seminar, http://mckeestory.com/ (2.1.2016)

Wieso also nicht die wunderbare Erfindung des Geschichtenerzählens für Teams nutzen? Scrum-Teams identifizieren ihre Geschichten und arbeiten heraus, wo diese Geschichten Verbesserungsmöglichkeiten aufzeigen. Im Gegensatz zu der Idee, einem Team von außen vorzuschreiben, wie es arbeiten muss, wird in der Retrospektive davon ausgegangen, dass das Team selbst die notwendigen Kenntnisse und Erfahrungen hat, um zu wissen, was verbessert werden muss. Dabei sind nicht die Resultate, die festgehalten werden, wesentlich für den Lernerfolg, sondern vielmehr das Dabeisein. Die Anwesenheit selbst ist ein Wert für die Teammitglieder. Das Lernen findet nur in der Retrospektive statt. Der Report und die Maßnahmenliste sind nur Hilfsmittel, um später Dinge umzusetzen oder Neuerungen zu implementieren.

4.6.2 Lernen: ent-täuschte Erwartungen

Wenn uns eine Retrospektive lernen lässt, müssen wir uns fragen, was dabei tatsächlich passiert und wieso die Anwesenheit in der Retrospektive so wichtig ist. Was genau ist Lernen? Ernst von Glasersfeld hat basierend auf den Arbeiten von Jean Piaget eine, wie ich meine, sehr gelungene Definition herausgearbeitet: Demnach ist „Lernen das *Ent*-täuschen von Erwartungen."[5] Immer dann, wenn wir *ent*-täuscht werden, wenn sich eine Erwartung nicht erfüllt, aus welchem Grund auch immer, haben wir die Chance zu einer neuen Erkenntnis. Lassen Sie mich dazu eine Geschichte erzählen.

Kein Reis in China

Im Flugzeug auf dem Weg nach Peking fiel mir plötzlich ein, dass ich dort meine kohlenhydratfreie Diät nicht durchführen konnte. Reis, Nudeln und Brot waren in meinem Speiseplan verboten. Ich machte mir Sorgen, dass ich im Reich der Mitte nichts zu essen bekommen würde, und nahm an, dass man in China Reis in rauen Mengen aß. Als wir nach meiner Ankunft am Abend essen gingen, erlebte ich eine Überraschung. Wir bestellten aus einer großen Karte mit vielen Bildern, das Restaurant war eindeutig auf Europäer ohne Chinesisch-Kenntnisse eingestellt. Ich dachte, dass der Reis, obwohl nicht abgebildet, in allen Gerichten enthalten sei. Wir bestellten und es kamen riesige Portionen auf den Tisch: Bohnen, Fleisch, Hühnerknochen - alles, was Sie sich vorstellen können. Ich dachte: „Wie soll man denn das alles essen, wenn jetzt noch der Reis kommt?" Es kam aber kein Reis. Weil ich das für einen Fehler hielt, fragte ich meinen chinesischen Kollegen, wo denn der Reis bleibe. Ich war richtig *ent-täuscht.* Er antwortete, dass das Essen von Reis ein Zeichen dafür sei, dass man sich nichts anderes leisten könne, daher sei es unüblich, in Restaurants Reis zu servieren. Eigentlich logisch, in Deutschland macht man ja auch kein Aufheben um die Kartoffel.

---

[5] „Akkomodation [...] bezeichnet eine Reaktion des Subjekts, die eintreten kann, wenn das Ergebnis der Handlung der Erwartung des Subjekts nicht entspricht. Die Überraschung oder Enttäuschung kann dann nämlich zu einer Änderung der Handlungsschemata oder zur Bildung eines neuen Schemas führen. In beiden Fällen wird das Verhalten des Subjekts durch Erfahrung verändert und man kann also von *Lernen* sprechen." [Glasersfeld 1997]

Ich hatte etwas Grundlegendes über die chinesische Kultur gelernt. Diese Enttäuschung einer Erwartung war eine positive Erfahrung. Die Information „In China isst man in Restaurants eher wenig Reis“ wird von nun an auch Ihnen im Gedächtnis haften bleiben, weil Sie eine Geschichte gehört haben, die Relevanz und einen Kontext hatte. Sie teilen jetzt dieses Wissen mit mir, weil Sie meine Erfahrung teilen.

Geschichten haben einen weiteren entscheidenden Vorteil: *Sie ermöglichen die Distanz zum Ereignis.* Wir erleben die Geschichte mit und sind gleichzeitig nicht persönlich in die Geschichte involviert. Distanz ist eine zwingende Voraussetzung für das Lernen aus Erfahrungen. Wir werden uns zwar immer mit dem Protagonisten identifizieren, also die Distanz verlieren, wissen aber auch, dass wir selbst nicht in der aussichtslosen Lage des Protagonisten sind. Wir sind während der Erfahrung in Sicherheit. Wieso ist das wichtig?

Wir erinnern uns: Lernen ist das Ent-täuschen von Erwartungen. Die meisten Menschen reagieren auf das Enttäuschtwerden mit Frustration und Schuldzuweisungen. Das führt in der Regel dazu, dass Menschen sofort nach einem Schuldigen suchen - nach einer Person, aber auch einem Ding. Der Grund für das Scheitern, die Ent-täuschung, wird außerhalb gesucht. Chris Argyris erklärt in „Teaching Smart People How to Learn“, dass ausgerechnet Change-Management-Spezialisten nur schwer in der Lage sind, diese Schuldzuweisungen zu unterlassen [Argyris 1998]. Gerade diese gut ausgebildeten Spezialisten sind anfällig für dieses Verhalten, weil sie unter dem Druck stehen, es richtig machen zu müssen. Sie sind die Spezialisten und müssen es doch am besten wissen. Fatal an dieser Haltung ist, dass sie das Lernen blockiert. Hier verhindert Lernen das Lernen.

4.6.3 Die sechs Schritte der erfolgreichen Retrospektive

Wie lösen wir das Problem, dass gerade die gut ausgebildeten Mitarbeiter, also zum Beispiel die Softwareingenieure, im beruflichen Umfeld so schlecht lernen?

Die Retrospektive kann diese paradoxe Situation auflösen und viele professionelle Disziplinen wissen das bereits. Wir finden die Retrospektive unter dem Namen „Einsatznachbesprechung“ bei der deutschen Feuerwehr, als „After Action Review“ bei der US-amerikanischen Feuerwehr oder unter dem Namen „Debriefing“ bei der US-Armee. Sie alle haben den Wunsch, aus den Ereignissen vorurteilslos und ohne Schuldzuweisungen zu lernen. Die deutsche Feuerwehr bietet sogar Seminare zur Durchführung der Einsatznachbesprechung an.

Retrospektiven haben einen einfachen und klaren Ablauf und im Sinne der Wirkung ist es sinnvoll, dieses Format streng einzuhalten. Das hier vorgestellte Moderationsformat habe ich basierend auf der Arbeit von Norman Kerth und eigenen Erfahrungen entwickelt. Diese „Sechs Schritte der Retrospektive“ haben sich durch Konferenzen und die Arbeit mit Hunderten Teams zu einem gültigen und erfolgreichen Standard für Sprint Retrospektiven entwickelt (Bild 4.10).

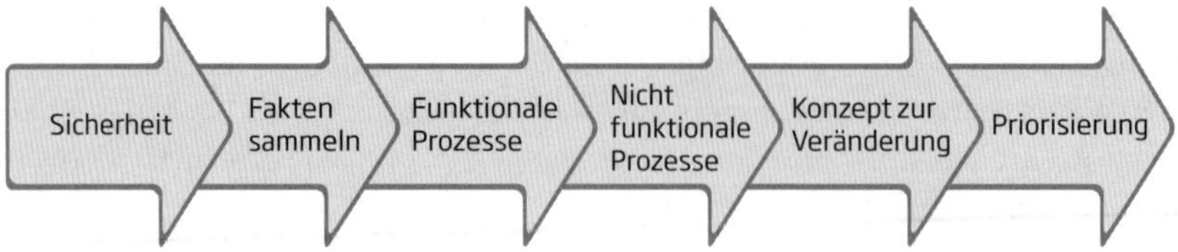

Bild 4.10 Die sechs Schritte der Retrospektive

1. **Schaffe Sicherheit.**
   Eine gute Retrospektive braucht einen geschützten Raum, in dem sie durchgeführt wird. Alle Beteiligten sollen sich sicher fühlen. Sie brauchen die Gewissheit, dass ihnen durch ihre ehrlichen Äußerungen später nichts geschehen kann.
2. **Sammle Geschichten basierend auf Tatsachen.**
   Mit der Frage „Was waren die wichtigen Ereignisse, die im Gedächtnis geblieben sind?" werden die Geschichten des Teams freigelegt.
3. **Finde funktionierende Prozesse.**
   Die Frage „Was lief gut?" ruft allen in Erinnerung, was schon funktioniert.
4. **Finde nicht funktionierende Prozesse.**
   In diesem Schritt wird mit der Frage „Was könnte verbessert werden?" nach Quellen für Verbesserungen gesucht.
5. **Leite Veränderungen ein.**
   „Wer hat die Kontrolle über die Veränderungsmöglichkeiten?" – in diesem Schritt wird eruiert, wer etwas tun kann oder tun muss, um die Veränderung zu bewirken.
6. **Entscheide über die Wichtigkeit.**
   Im sechsten Schritt werden die Quellen der Verbesserungsmöglichkeiten nach Wichtigkeit und Nutzen für das Team priorisiert.

Schritt 1: Sicherheit schaffen

Eine Retrospektive wird gelingen, wenn sich die Teilnehmer in diesem Rahmen auf die Lernerfahrung einlassen können.

> Die Feuerwehrmänner sind aus dem Einsatz zurück. Nachdem sie geduscht, eine Tasse Kaffee getrunken und etwas gegessen haben, treffen sich alle im Einsatzbesprechungsraum. Sie reden über ihre Erlebnisse während des letzten Einsatzes. Sie sind in Sicherheit. Das Feuer ist gelöscht, die Anspannung ist gewichen und die ersten Witze machen die Runde. ■

Das ist die Atmosphäre, die Sie als Moderator der Retrospektive erzeugen wollen. Sicherheit und die entspannte Stimmung in einer Gruppe, die sich zusammensetzt, um Erfahrungen zu teilen. So wie Feuerwehrmänner erleben auch Entwicklungsteams Dinge, die es wert sind, mitgeteilt zu werden. Damit Sie die Retrospektive eines Scrum-Teams in einer sicheren, entspannten Atmosphäre durchführen können, sollten Sie einen Raum wählen, in dem Sie ungestört sind. Wer wird zur Retrospektive eingeladen? Nur jene Personen, die unmittelbar an der Arbeit beteiligt waren, und Menschen außerhalb des Teams, die das Team selbst einladen möchte.

Als Nächstes präsentieren Sie das oberste Prinzip der Retrospektive:

> **Prime Directive**
> *„Regardless of what we discover,*
> *we understand and truly believe*
> *that everyone did the best job they could,*
> *given what they knew at the time, their skills and abilities,*
> *the resources available, and the situation at hand."*
>
> *„Egal, was wir entdecken werden: Wir verstehen und glauben daran,*
> *dass jeder in der gegebenen Situation gemäß seines Wissensstands,*
> *seiner Fähigkeiten und Kenntnisse und mit den vorhandenen Ressourcen*
> *sein Bestmögliches gegeben hat."*
> (Übersetzung des Verfassers)

Der Ursprung der Prime Directive

Norman Kerth erzählte bei den Retrospective Gatherings immer wieder, warum die Prime Directive (die oberste Regel) so elementar für Retrospektiven ist. Seine Geschichte war sehr bewegend: Während einer Segelregatta war einer der Segler bei schwerer See über Bord gegangen und ertrunken. Die jungen Männer und Frauen waren tief getroffen. Der Skipper brachte alle zusammen und führte mit ihnen ein Gespräch, in dem er ihnen klarmachte, dass sie nun darüber sprechen mussten, was zu dem Unfall geführt hatte. Er schickte aber voraus, dass es keinen Schuldigen gab. Er machte sehr deutlich, dass während des Unwetters jeder sein Bestes getan hatte und es aus diesem Grund nur darum gehen konnte, herauszufinden, was passiert sei und was daraus zu lernen sei. Dieser Grundsatz, dass jeder sein Bestes getan hat, wurde zu Norman Kerths Leitbild für Retrospektiven. ■

Sprechen Sie dieses Prinzip mit Ihrem Team durch. Erklären Sie, woher dieser Grundsatz stammt und wieso er so wichtig ist. Machen Sie deutlich, dass Sie tatsächlich alles in Ihrer Macht Stehende versuchen, damit jeder Teilnehmer im Rahmen der Retrospektive frei und offen reden kann.

Anschließend können Sie die Übung „Sicherheit erzeugen" durchführen: Für eine geheime Umfrage teilen Sie an jeden Teilnehmer einen Zettel aus. Dann fragen Sie die Gruppe, ob jeder offen und frei über seine Erlebnisse in der letzten Iteration berichten möchte. Sie bitten alle Teilnehmer, auf dem Zettel mit JA oder NEIN zu antworten, sammeln die Zettel ein und prüfen, ob es einen Teilnehmer gibt, der mit NEIN gestimmt hat.

Wenn Sie einen Zettel mit NEIN finden, müssen Sie zunächst versuchen, für mehr Sicherheit zu sorgen. Bitten Sie dafür die Gruppe, in den nächsten zehn Minuten einen entsprechenden Vorschlag zu erarbeiten, um einen höheren Sicherheitslevel zu erreichen. Danach setzen Sie diesen Vorschlag um und befragen wiederum alle Teilnehmer, ob sie jetzt bereit sind, sich offen zu äußern. Erhalten Sie wieder ein NEIN, würdigen Sie diesen Umstand und führen Sie die Retrospektive weiter durch. Wir wissen nun, dass es mindestens einen Teilnehmer gibt, der noch nicht bereit ist, offen zu reden. Das ist in Ordnung, darf uns aber nicht aufhalten. Jeder weiß jetzt, dass mindestens ein Teilnehmer kein ausreichendes Vertrauen in den Prozess, die Gruppe oder den Moderator hat. Es bleibt uns nichts anderes übrig, als diese Tatsache zu akzeptieren. Die Erfahrung zeigt, dass das Vertrauen und die Bereitschaft, sich offen zu äußern, mit jeder Retrospektive wachsen. Das Vertrauen in den Prozess entsteht, weil die Teilnehmer die Erfahrung machen, dass die Retrospektive ein Gewinn für ihre Arbeit ist.

Schritt 2: Die Geschichten finden – Tatsachen sammeln

Nachdem Sie einen sicheren Raum für die Retrospektive geschaffen haben, kommt der entscheidende Schritt: das Sammeln von Fakten in Form von Minigeschichten. Die effektivste Form, Fakten zu sammeln, entstammt der Moderationsmethode. Die Teilnehmer schreiben dabei die aus ihrer Sicht signifikanten Ereignisse aus der letzten Iteration (Sprint) auf Karten oder Haftnotizen und heften die Notizen dann an eine vorbereitete Pinnwand oder ein Whiteboard, auf der bzw. dem ein Zeitstrahl dargestellt ist (Bild 4.11).

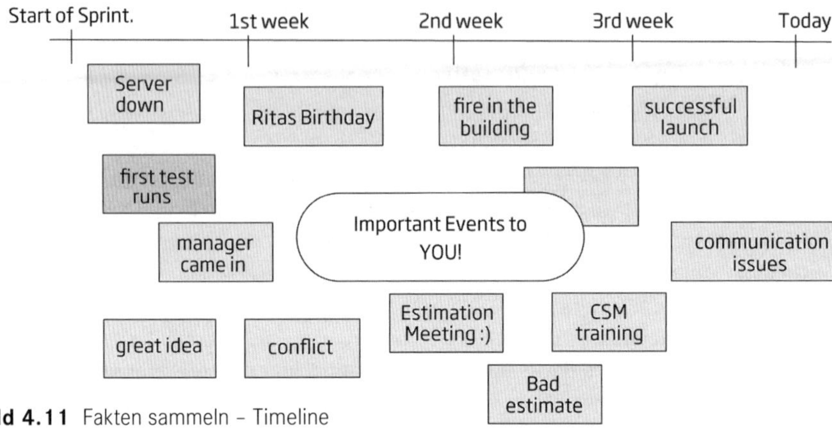

Bild 4.11 Fakten sammeln – Timeline

Jeder Teilnehmer geht zur Pinnwand, heftet sein Ereignis an die Wand und erklärt in ein oder zwei Sätzen, wieso dieses Ereignis für ihn oder sie wichtig war. Die Teilnehmer erzählen auf diese Weise eine kurze Geschichte über das Ereignis.[6]

Durchführung: Fakten sammeln

1. Der Moderator teilt an jeden Teilnehmer Haftnotizen und Flipchart-Marker aus.
2. Die Gruppe bekommt maximal fünf Minuten Zeit, um signifikante Ereignisse aufzuschreiben. Jeder arbeitet dabei für sich und schreibt auf jeden Zettel ein Ereignis.
3. Nach den fünf Minuten gehen die Teilnehmer im Uhrzeigersinn zur Pinnwand und kleben ihr Ereignis an die passende Stelle des Zeitstrahls.
4. Zu jedem Ereignis erzählen sie eine kurze Geschichte – nur zwei oder drei Sätze.
5. Der Moderator fragt, was den Teilnehmern zu den Ereignissen einfällt und ob sie noch etwas dazu sagen möchten.
6. Die Teilnehmer beantworten die Frage und diese Zusammenfassung dient der Integration der Geschichten.

[6] Norman Kerth hat diese Übung ausführlich in „Project Retrospectives: A Handbook for Team Reviews" beschrieben [Kerth 2001]. Für die Sprint Retrospektiven habe ich seinen Prozess leicht abgewandelt.

Zwei Dinge sind hier entscheidend:

- Es werden subjektive Fakten gesammelt. An dieser Stelle soll zunächst wertneutral erhoben werden, was im Laufe der letzten Iteration geschehen ist.
- Bei dieser Vorarbeit entsteht die Tonalität der Retrospektive. Wird es ein motivierendes Treffen oder eher eines, in dem die Teilnehmer Dampf ablassen müssen? Das gibt dem Moderator einen entscheidenden Hinweis darauf, wie er mit der Gruppe weiterarbeiten muss. ■

Ist die Timeline erstellt, sollte der Moderator alle Teilnehmer darauf hinweisen, wie viel sie bereits erreicht haben. Die Erfahrung zeigt, dass bereits Anzahl und Aufteilung der Haftnotizen eine Aussage implizieren. Allen Beteiligten wird klar, wie viele interessante Ereignisse es in der letzten Iteration gegeben hat - meistens sind die Mitglieder des Scrum- Teams selbst erstaunt darüber. Schnell gewinnt dann die Freude über das Geleistete die Oberhand und es entsteht eine von Erfolg geprägte Atmosphäre. Die Mitglieder des Scrum-Teams erfahren voneinander, wie es jedem Einzelnen ergangen ist. Das erzeugt ein gemeinsames Bewusstsein für die Erfahrungen. Was zuvor niemand wissen konnte, tritt nun in das Bewusstsein der Gruppe und kann reflektiert werden.

In einer Retrospektive erzählte ein Teilnehmer, dass er gerade dabei war, seine Dissertation zu schreiben und sich daher nicht - wie gewohnt - vollständig für sein Team einsetzen konnte. Er wirkte zerknirscht. Er wollte nicht erzählen und schämte sich sogar. Es stellte sich aber heraus, dass die übrigen Teammitglieder großes Verständnis für den Studenten hatten. Sie waren sich darüber im Klaren, dass sie nicht die volle Produktivität erreichen konnten, solange einer von ihnen abgelenkt war. Ihre Lösung war, ihm eine Zeitlang den notwendigen Freiraum zu geben. Sogar sein Chef zeigte sich hilfsbereit und bot ihm an, die für ihn notwendigen Kontakte herzustellen. Die Teammitglieder begannen, dem Studenten Hilfe anzubieten, weil sie wussten, dass er sich wieder mehr für das Team einsetzen würde, wenn er eine Sorge weniger hatte. ■

Schritt 3: Funktionierende Prozesse finden

Hat das Team ein deutliches Bild von der letzten Iteration, wird nun die Frage gestellt, was sich bewährt hat und somit gut gelaufen ist. Die Bedeutung des dritten Schritts der Retrospektive liegt darin, die guten Dinge zu identifizieren und sie als Teil des Arbeitsprozesses des Teams sichtbar zu machen. Wieder gilt, dass das gemeinsame Erarbeiten dessen, was gut lief, mehr zählt als das nachträgliche Dokumentieren.

Durchführung: Was lief gut?

1. An der Wand hängt ein Flipchart mit der Überschrift: „Was lief gut?“
2. Der Moderator teilt an jeden Teilnehmer Haftnotizen und Flipchart-Marker aus.
3. Die Gruppe hat maximal fünf Minuten Zeit, um die Frage „Was lief gut?“ zu beantworten. Dabei arbeitet jeder Teilnehmer für sich und verfasst eine Notiz für alles, was gut gelaufen ist.

4. Nach den fünf Minuten gehen die Teilnehmer im Uhrzeigersinn zum Flipchart und bringen ihre Ergebnisse an.
5. Zu jedem Ereignis erzählen sie eine kurze Geschichte - nur ein oder zwei Sätze.
6. Der Moderator fragt zuletzt die Gruppe, ob es Ergänzungen gibt oder ob jemand noch etwas dazu sagen möchte. Am Flipchart finden sich nun viele Ideen und Beobachtungen dazu, was in diesem Team gut lief.

Beispiele:

- Wir haben gut miteinander gearbeitet.
- Die Kommunikation mit dem Product Owner lief besser.
- Wir haben es geschafft, den Daily Build zu bauen.

Sollte es unter den Beobachtungen etwas geben, das alle Teammitglieder als hervorhebenswert erachten, so wird diese Sache gesondert behandelt und gegebenenfalls zu einer für dieses Team gültigen allgemeinen Verfahrensvorschrift erklärt. Nach meiner Erfahrung behalten die Teammitglieder aber alles, was für sie gut funktioniert, auch ohne explizite Verfahrensvorschrift in Zukunft bei.

Oft hängen ScrumMaster die Ergebnisse dieses Schritts im Raum des Scrum-Teams auf. So werden sie zu sichtbaren Prozessanweisungen, an die sich die Teammitglieder im Laufe der Zeit gewöhnen. Unnötig ist es meiner Erfahrung nach, diese Prozesse noch weiter zu formalisieren: Sollten die Teammitglieder diese guten Dinge vergessen, werden sich die dadurch auftretenden Probleme in einer der nächsten Retrospektiven als Verbesserungsvorschlag auf einem Zettel wieder manifestieren. **Funktionierende Prozesse werden also nicht nur transparent, sondern im Laufe der Zeit auch institutionalisiert und durch die wiederkehrenden Retrospektiven ständig reflektiert.[7] So werden Prozesse nicht ad hoc immer wieder neu erschaffen, sondern zu selbstverständlichen Arbeitsweisen.**

Qualitätsbeauftragte wollen in der Regel die Ergebnisse dieses Schritts dokumentieren. Sie benötigen die Daten für den Nachweis, dass dieses Meeting stattgefunden hat. Nichts leichter als das. Das Smartphone ist schnell zur Hand und das Foto landet innerhalb weniger Sekunden im Wiki des Entwicklungsteams. Schon haben Sie eine ausreichende Dokumentation.

Schritt 4: Nicht funktionierende Prozesse finden

Nach dem Separator folgt der vierte Schritt, in dem es um die Frage geht: „Was können wir an der Art und Weise, wie wir arbeiten, verbessern?“ Dazu muss zunächst wieder klar sein, dass nicht nach Fehlern gesucht wird, sondern nach Verbesserungsmöglichkeiten. Erinnern wir uns: Die Retrospektive wird damit begonnen, Sicherheit zu erzeugen, indem alles so angenommen wird, wie es ist. Es gibt daher kein „schlecht“ oder „unzulänglich“, sondern nur die Möglichkeit, Dinge zu verbessern.

[7] Ikujiro Nonaka beschreibt in „The Knowledge-Creating Company“, wie „Tacit Knowledge“ zu „Explicit Knowledge“ wird [Nonaka 1998]. Vergleicht man diese Beschreibung mit dem, was durch eine Retrospektive erreicht wird, so wird klar, dass die Retrospektive ein entscheidendes Werkzeug des Wissensmanagements ist.

Durchführung: Was könnten wir verbessern?

1. An der Wand hängt ein Flipchart mit der Überschrift: „Was könnte verbessert werden?"
2. Der Moderator teilt an jeden Teilnehmer Haftnotizen und Flipchart-Marker aus.
3. Die Gruppe hat maximal fünf Minuten Zeit, um die Frage „Was ließe sich verbessern?" zu beantworten.
4. Die Teilnehmer schreiben jeden Verbesserungsvorschlag auf einen eigenen Zettel. Dabei arbeitet jeder für sich.
5. Nach diesen fünf Minuten gehen die Teilnehmer nacheinander (im Uhrzeigersinn) zum Flipchart und kleben ihre Haftnotizen auf.
6. Jeder Teilnehmer erzählt zu seinen Vorschlägen je ein oder zwei Sätze.
7. Der Moderator fragt die Gruppe, ob es Ergänzungen gibt oder jemand noch etwas dazu sagen möchte.

Nach dieser Übung hängen einige Dutzend Zettel an der Pinnwand oder am Flipchart. Jeder einzelne Punkt zeigt eine Blockade auf und das Brechen dieser Blockaden würde die Arbeit des Teams beschleunigen. Mögliche Blockaden (Impediments) können sein:

- Wir müssen häufiger testen.
- Uns fehlen Tester.
- Wir haben nicht die nötigen Informationen.
- Der Product Owner ist nicht verfügbar.
- Es ist zu laut.
- Es fehlt eine Klimaanlage.
- Wir machen kein Code Review.

Die Teammitglieder zeigen die Blockaden auf und denken darüber als Quelle von Verbesserungen nach. Mit diesem Schritt ermöglicht es der ScrumMaster, dass die Betroffenen selbst ihr Wissen einbringen können. Ideen und Wissen werden so für alle nutzbar. Auch der ScrumMaster darf Hinweise geben und seine Verbesserungsvorschläge einbringen. Er sollte das aber erst nach dem Team tun und die Vorschläge – so wie die Teammitglieder – an das Flipchart hängen. Auf diese Weise werden Probleme schnell entpersonalisiert.

Natürlich können nicht alle Blockaden sofort durchbrochen werden, einige sind vielleicht sogar so massiv, dass sie allen Versuchen standhalten. Aber es wurden zumindest die Personen befragt, die es wissen müssen: die Teammitglieder.

Nun sind die Blockaden identifiziert, aber es gibt noch keine Maßnahmen, um sie zu lösen – das ist auch nicht Gegenstand der Retrospektive. In der Retrospektive sollen nur die möglichen Ursachen und die vorhandenen Blockaden (Impediments) identifiziert werden. Mit der Liste der Blockaden wird nun im nächsten Schritt versucht herauszufinden, wer die Macht hat, diese Blockaden zu lösen.

Schritt 5: Die Veränderung einleiten

Wer hat die Kontrolle über die Situation? Wer kann etwas tun? Diese beiden Fragen prägen Schritt 5. Beide Fragen gehören nicht zum ursprünglichen Repertoire der Retrospektive, ich habe sie nach einem entscheidenden Erlebnis bei einer Scrum-Implementierung hinzugefügt. Jede Veränderung, jede Verbesserung, die ich durchführen wollte, die uns allen sinnvoll erschien und sogar erste Erfolge zeigte, wurde im Nachhinein von der Geschäftsleitung verhindert oder zerstört. Weil ich mir nicht mehr zu helfen wusste, rief ich meinen Mentor Norman Kerth an. Norman fragte mich zunächst immer: „Gibt es noch Hoffnung?“ Seine Grundthese lautete nämlich: Solange es Hoffnung gibt, gibt es die Möglichkeit, etwas zu tun. Wird die Frage mit „Ja!“ beantwortet, kann man mit Frage Nr. 2 – „Worüber hast du noch die Kontrolle?“ – aus der vermeintlich aussichtslosen Lage aussteigen. Diese Frage ist mächtiger, als es zu Beginn den Anschein hat. Sie macht schnell deutlich, was in der eigenen Macht liegt und was nicht. Von dort aus kann ein Team selbst beginnen, mögliche Maßnahmen zur Verbesserung zu evaluieren und gegebenenfalls einzuleiten.

Mithilfe dieser zweiten Frage werden die identifizierten Verbesserungspunkte oder Hindernisse gruppiert in

- Dinge, die etwas betreffen, was das Team selbst verändern und verbessern kann, und
- Dinge, die außerhalb des Teams stehen und von der Organisation, vom Management oder einem Kunden verändert werden müssen.

Dazu nimmt der Moderator der Retrospektive einfach ein weiteres Flipchart und teilt es mit einem „T“ in zwei Spalten: Team/Organisation. Dann verteilt das Team alle Verbesserungsmöglichkeiten auf die entsprechenden Spalten. Jetzt haben wir die Information darüber, was das Team und was die Organisation verändern sollte, um produktiver zu sein. In der Spalte „Team“ stehen typischerweise Dinge wie Testumgebung, Coding Standards, Dokumentation, bessere Absprachen mit dem Kunden, klare Formulierung von Storys. In der Spalte „Organisation“: Der Product Owner fehlt, das Product Backlog ist nicht priorisiert, es fehlt eine Vision, mangelnde Hardware, der Raum ist zu groß oder zu klein, mangelnde Ressourcen oder zu wenig Beteiligung der Testabteilung ...

Schritt 6: Über die Wichtigkeit entscheiden

Die Liste der Blockaden ist oft sehr lang und es gibt sehr viel zu tun. Deshalb muss nun entschieden werden, wann an welchen Verbesserungen gearbeitet werden soll.

Dafür priorisiert das Entwicklungsteam gemeinsam mit dem Product Owner die Listen nach der Überlegung, welches Impediment sofort gelöst werden sollte und welche Veränderungen dem Team den höchsten Produktivitätsgewinn bringen. Die Teammitglieder priorisieren dabei sowohl die Blockaden, die das Team selbst im Griff hat, als auch die Probleme, die von der Organisation bearbeitet werden müssen. Auf diese Weise entsteht ein klarer Überblick darüber, was das Team angehen möchte und was es vom ScrumMaster erwartet. Die Organisationsliste wird vom ScrumMaster verwaltet und dient als Input für sein Impediment Backlog. Weil er die Aufgabe hat, Impediments so schnell wie möglich zu lösen, ist sein klarer Arbeitsauftrag, sich um diese Dinge in der entsprechenden Reihenfolge zu kümmern.

Wer kümmert sich aber um die andere Seite der Tabelle? Die Mitglieder des Entwicklungsteams. Allerdings stellen sich natürlich die Fragen: Wie und von wem genau? Sie zielen auf die taktische Ebene der Planung von Projekten. Damit haben wir einen klaren Ort identifiziert, an dem sich das Team Gedanken darüber machen sollte: das Sprint Planning.

Ein Tipp: Richten Sie den Raum, in dem die Retrospektive stattfindet, am besten schon so ein, dass Sie die sechs Schritte flüssig durchgehen können. Bild 4.12 zeigt eine entsprechende Gestaltungsvorlage.

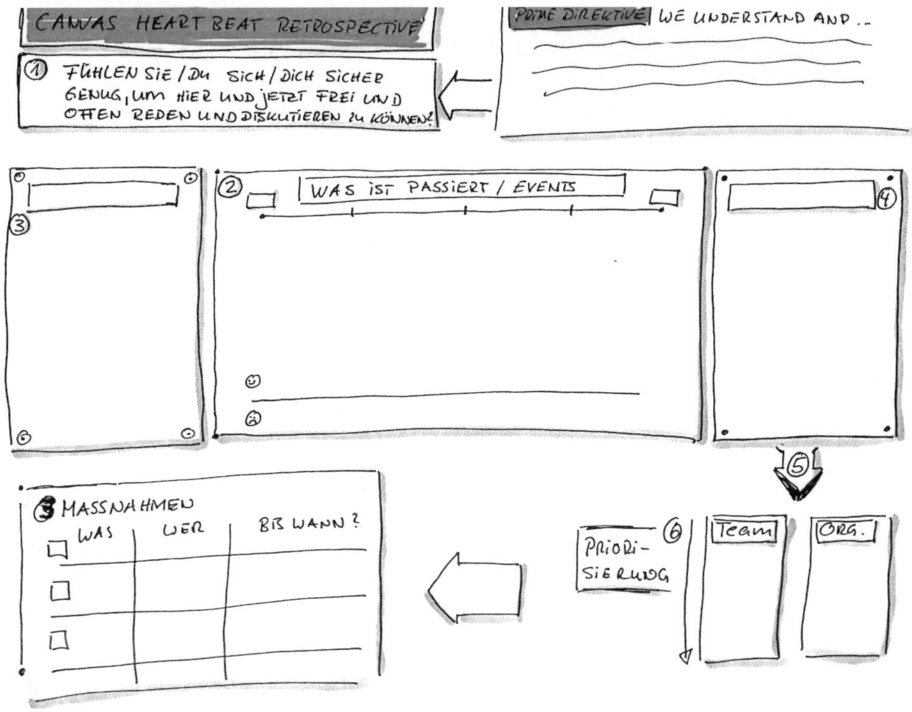

Bild 4.12 Canvas für die Heartbeat Retrospective

Die Maßnahmen für die Veränderung – das Sprint Planning

Am Ende der Sprint Retrospektive liegen als Ergebnis zwei Listen vor:

1. Die Liste der Impediments, die das Team lösen kann, und
2. die Liste der Impediments, die der ScrumMaster lösen muss.

Die angeführten Impediments müssen nun angegangen werden. In Scrum gibt es genau ein Meeting, in dem darüber diskutiert wird, was in einem Sprint an Arbeiten angenommen wird: das Sprint Planning Meeting 1. Also wird im Sprint Planning Meeting 1 auch darüber gesprochen, welches Impediment das Team im nächsten Sprint behandeln sollte. Dazu sichert der ScrumMaster am Ende der Retrospektive die Liste der Impediments und bringt das so entstandene oder angereicherte Impediment Backlog in das nächste Sprint Planning mit.

Im Sprint Planning Meeting 1 besprechen die Teammitglieder mit dem Product Owner, welche Items aus dem Impediment Backlog bearbeitet werden. Das Team wird in diesem Meeting kurz schätzen, wie aufwendig das Bearbeiten der Impediments ist, die das Team lösen kann. Auf dieser Basis können die Teammitglieder dann klar sagen, wie viele User Storys sie in den Sprint aufnehmen. Damit hat sich der Kreis geschlossen. Wir stehen wieder am Anfang des Sprints. Der Zyklus kann von vorne beginnen.

4.7 Der Sprint selbst – zwischen den Meetings

Wir wissen jetzt, welche Meetings in Scrum dazu führen, dass das Produkt entstehen kann. Was passiert aber zwischen den Meetings? Scrum ist keine Softwareentwicklungsmethode. Scrum sagt nicht, wie etwas zu tun ist. Wie kann dann ein Produkt entstehen?

4.7.1 Der Ablauf des Sprints – Kommunikation, Kommunikation, Kommunikation

Der Sprint startet mit dem Sprint Planning, in dem die Weichen dafür gestellt werden, was im Sprint passieren soll. Die Teammitglieder legen gemeinsam mit dem Product Owner das Sprint Goal fest und stellen das Selected Product Backlog (auch kurz Sprint Backlog genannt) zusammen. Gemeinsam mit Anwendern sowie externen und internen Fachabteilungen entstehen Vereinbarungen und Absprachen darüber, wer was erledigen kann.

Dann beginnt der erste Tag und die Teammitglieder arbeiten an den einzelnen Aufgaben, wie es in Abschnitt 4.4 über das Daily Scrum beschrieben wurde. Der Idealfall könnte so aussehen: Alle Projektbeteiligten sitzen in einem Raum und man *hört*, wie gearbeitet wird. Teammitglieder reden miteinander, sie besprechen vor den Flipcharts die Details der Implementierungen. Softwareentwickler gehen zum Tester und starten gemeinsam die Testläufe. Sie finden gemeinsam heraus, wo es klemmt, und lösen gemeinsam die auftretenden Probleme. Gleichzeitig arbeitet ein Business-Analyst mit einem Anwender aus der Fachabteilung und zeigt dem Anwender einige Teile der Funktionalität. Auf diese Weise bekommt der Business-Analyst ein sofortiges Feedback und kann gegebenenfalls mit anderen Teammitgliedern weiter an diesem Stück Funktionalität arbeiten. Mit dem Taskboard hält das Team den Fokus. Alle Teammitglieder arbeiten gemeinsam an jeweils einem Product Backlog Item und wissen, worum es gerade geht – man arbeitet sich gemeinsam Stück für Stück voran. Alle zwei oder drei Tage entsteht eine neue Funktionalität und wird dem Product Owner und einem ausgewählten Kreis von Usern präsentiert.

Während die meisten Entwickler an den gerade aktuellen Funktionalitäten arbeiten, helfen der Architekt und der Senior-Entwickler des Teams den Teamkollegen bei Fragen und entwerfen die notwendigen Ideen für die Schnittstellen zu den Systemen, die in Zukunft entstehen sollen. Der Architekt hat gemeinsam mit dem Business Analysten die Fachabteilung nach den genauen Anforderungen befragt und sie in Use-Case-Diagrammen notiert, die er als Basis für seine architektonischen Überlegungen verwendet. Er entwickelt ca. 50 Prozent seiner verfügbaren Zeit an den Funktionalitäten mit und kreiert so gemeinsam mit seinem Team eine lebende Architektur. Er hat auch die Richtlinien für das Codieren und Testing vorgeschlagen und gemeinsam mit den anderen Teammitgliedern beschlossen. Am Ende des Sprints liefert das Team die versprochene Funktionalität.

4.7.2 Gemeinsamer Fokus

Die Arbeit eines Scrum-Teams folgt dem Prinzip *„First things first“* und der Idee des *„one piece flow“* (also: „Immer nur eine Sache zu einer Zeit“ [Liker 2003]). Das sind Prinzipien - keine Regeln! Im Klartext bedeuten die beiden Prinzipien für die Arbeit im Sprint, dass

1. Backlog Items, die im Selected Product Backlog (Sprint Backlog) weiter oben stehen, zuerst bearbeitet werden und
2. immer nur ein Backlog Item in Arbeit sein sollte - alle Teammitglieder arbeiten also immer an nur einem Backlog Item. Die agile Community formuliert dieses Prinzip heute als Work-in-Progress-Limit (WIP-Limit).

Diese beiden Prinzipien sorgen dafür, dass das Team während eines Sprints kontinuierlich liefert, dass alle im Team an jedem Backlog Item interessiert sind und mitbekommen, wie eine gewisse Funktionalität entwickelt wurde. Auch kann nicht mehr der Fall eintreten, dass am Ende eines Sprints alle Backlog Items zwar begonnen, das Sprint Goal aber dennoch nicht erreicht wurde, weil nichts fertiggestellt wurde.

Wird die Idee des WIP-Limits verletzt, passiert es immer wieder, dass Mitglieder in den Entwicklungsteams immer gleichzeitig an verschiedenen Backlog Items arbeiten. Dann arbeiten zum Beispiel fünf Entwickler eines Teams, das acht Backlog Items zu liefern hat, gleichzeitig an diesen Backlog Items. Alles ist gleichzeitig in Arbeit und trotzdem ist am Ende keines erledigt. Noch fataler ist es, wenn das gesamte Team beginnt, an einem Framework zu arbeiten und damit innerhalb des Sprints nicht kontinuierlich liefert, sondern versucht, am Ende des Sprints die kompletten Funktionalitäten zu liefern. Am Ende eines solchen Sprints sagen Teams dann oft, dass die Funktionalitäten zwar fertig sind, aber noch nicht dokumentiert wurden, oder dass die Integrationstests noch fehlen. Damit erreichen sie aber nicht ihr Ziel, prinzipiell einsetzbare Software zu liefern.

4.7.3 Die Aufgabe des Teams im Sprint

Im Sprint organisiert sich das Entwicklungsteam selbst. Es übernimmt die Aufgaben eines Projektmanagers, der auf der taktischen Ebene die Arbeit verteilt. Weil sich bei Scrum die Teammitglieder die Aufgaben selbst zuteilen und das Abarbeiten selbstständig miteinander absprechen, ist ein Projektmanager auf dieser Ebene nicht mehr erforderlich. Dabei hat das Team auch die Autorität, alles zu tun, was notwendig ist, um die gesteckten Ziele zu erreichen. Jedes von außen an das Team herangetragene Problem wird dem ScrumMaster berichtet und gehört in dessen Verantwortungsbereich.

Die Teammitglieder sprechen mindestens einmal am Tag untereinander ab, wer etwas tut. Das führt so weit, dass die Teammitglieder auch untereinander definieren, wer mit anderen Teams kommuniziert, die Teile der Software zuliefern sollen. Das Team arbeitet das Selected Product Backlog vollständig ab. Es sorgt für die Entwicklung der einzelnen Storys, kümmert sich um das Testen der Funktionalitäten und schreibt die Dokumentation. Als Orientierung dient ihm dafür das Taskboard, auf dem alle Aufgaben festgehalten sind.

Darüber hinaus gibt es aber auch Aufgaben, die nicht im Sprint Backlog stehen und dennoch anfallen: die Vorbereitung des nächsten Sprints, das Schätzen der Storys mit dem Product

Owner, der eine oder andere Bugfix, der dann doch sein muss, weil sonst wirklich alles stillstünde. Teams tun einfach alles, was notwendig ist, um das Projekt erfolgreich abzuwickeln.

Was aber passiert, wenn ein Teammitglied eine Arbeit nicht durchführen will, wenn beispielsweise die Dokumentation liegen bleibt und keiner diese Aufgabe annimmt? Für dieses Problem gibt es zwei Lösungsmöglichkeiten:

1. Der ScrumMaster stellt sicher, dass alle erledigen, was sie sich vorgenommen haben.
2. Der ScrumMaster führt folgende Regel ein: Die einzelnen Teammitglieder können nicht an etwas Neuem arbeiten, wenn zuvor nicht alle Aufgaben eines anderen Backlog Items erfüllt sind.

Viele Teammitglieder, die Scrum zum ersten Mal erleben, erfahren, dass sie nun tatsächlich selbstständig arbeiten. Das ist für viele oft ungewohnt und einige haben zu Beginn Probleme damit. Sie wissen schlicht nicht, wie sie damit umgehen sollen, dass ihnen niemand sagt, wie und wann sie etwas tun müssen. Andererseits geschieht die Umstellung bei den meisten Teammitgliedern recht schnell. Denjenigen, die sich damit schwerer tun, hilft der ScrumMaster. Er arbeitet mit ihnen daran zu verstehen, dass sie sich selbst die Arbeit nehmen sollen. Im Idealfall bekommen diese Personen Hilfe von Teamkollegen, die wissen, wie sie am besten einzusetzen sind. Sollte das nicht funktionieren, ist es Aufgabe des ScrumMasters, steuernd und coachend einzugreifen.

4.7.4 Die Aufgabe des Product Owners im Sprint

Der Product Owner ist für jedes Produktentwicklungsteam entscheidend, daher sollte er in einem Scrum-Projekt ständig verfügbar sein. Es ist sein Produkt, das das Scrum-Team erstellt. Er sollte sich um das Produkt kümmern, es hegen und pflegen und das Entwicklungsteam so gut wie möglich unterstützen.

> Die Product Ownerin war erst sehr spät im Projekt jeden Tag für das Projektteam verfügbar. Gegen Ende des Projekts hatte sie jedoch den Ausschlag gegeben: Sie war es, die die notwendigen Informationen rechtzeitig verfügbar machte. Kurz nachdem die Applikation in ihrer ersten Version fertig war und sich alle auf den nächsten Release vorbereiteten, schickte sie eine Mail mit dem Inhalt, dass die Business-Seite keine Zeit mehr hätte, mit dem Team an den Aufgaben des Projekts zu arbeiten. Außerdem sei man schon gar nicht in der Lage, sich mit technischen Fragestellungen zu befassen – spezielle Fragen seien mit der entsprechenden Abteilung direkt zu klären. ■

So etwas geschieht häufig. Besonders traurig ist an diesem Beispiel die Tatsache, dass die Leute aus den Fachabteilungen erlebten, wie gemeinsam mit den technisch geprägten Teams ein Produkt erstellt werden kann. Aber statt daraus zu lernen und dieses Wissen für das nächste Projekt als Lernerfahrung zu nutzen, wurde zurückgerudert und man versuchte zu einer Verfahrensweise zurückzukehren, die nicht funktioniert hatte.

Im Idealfall ist der Product Owner ständig für das Team da. Er sollte mit dem Team in einem Raum sitzen und gemeinsam mit den Teammitgliedern das Produkt erstellen. Auf diese Weise erkennt er sofort, ob eine Funktionalität seiner Vorstellung entspricht oder ob etwas geändert werden muss. Der Product Owner sollte zu den Daily Scrums erscheinen und hier dazu beitragen, dass Impediments sofort gelöst werden. Der Product Owner stiftet aber auch den Sinn des Projekts. Er muss dem Team jeden Tag die Vision seines Projekts vermitteln. Diese Sinnstiftung ist essenziell und absolut notwendig, weckt sie doch die Motivation im Team.

4.7.5 Die Aufgabe des ScrumMasters im Sprint

Der ScrumMaster muss im Sprint sein Team dabei unterstützen, dass es so schnell wie möglich ans Ziel kommt. Er richtet das Daily Scrum ein, hilft den Teammitgliedern dabei, pünktlich zum Daily Scrum zu erscheinen, räumt die Impediments aus dem Weg und arbeitet mit dem Product Owner daran, dass dieser seine Aufgabe versteht.

Seine Hauptaufgabe bei der Arbeit mit einem Team ist, diesem das Gefühl zu vermitteln, dass es erfolgreich sein wird. Er wird es mit allen Mitteln abschirmen. Möglicherweise greift er dabei auf klassische Projektmanagementmethoden zurück, vielleicht lässt er sich aber auch andere Varianten einfallen, um sein Team abzuschirmen. Er moderiert die meisten Meetings und sorgt so dafür, dass sie produktiv sind. Wenn er Scrum versteckt eingeführt hat und die Außenwelt zunächst nicht viel davon erfahren soll, sorgt er zunächst dafür, dass alle bekommen, was sie erwarten: also Statusreports, Projektpläne und andere Dokumente.

Der ScrumMaster kümmert sich auch darum, dass das Team zusammenwächst. Vielleicht organisiert er dazu einmal in der Woche einen Teamabend. In einem unserer Projekte organisierte der ScrumMaster jeden Donnerstag einen Grillabend. Lassen Sie sich als ScrumMaster etwas einfallen, mit dem Sie Ihr Team schnell zusammenwachsen lassen können.

In erster Linie soll der ScrumMaster aber sicherstellen, dass die Teammitglieder ihre Aufgaben erledigen. Zwar wird er ihnen nie diktieren, welche das sind oder wie sie etwas durchführen sollen, aber er wird dafür sorgen, dass die Teammitglieder tun, was sie sich vorgenommen haben. Hat ein Teammitglied eine Aufgabe übernommen, stellt der ScrumMaster sicher, dass sie erledigt wird - von diesem Teammitglied oder einem anderen. Er sorgt auch dafür, dass die Teammitglieder die Anforderungen des Prozesses exakt einhalten und Konflikte innerhalb des Teams sofort behoben werden.

Die Kurzformel für die Aktivitäten des ScrumMasters im Sprint ist einfach: **Tue alles, damit das Team produktiver wird.**

4.7.6 Was kann während eines Sprints passieren?

„Alles, was schiefgehen kann, wird schiefgehen!“ - Das erste Murphy'sche Gesetz trifft leider immer noch zu, denn: *Die Wirklichkeit ist mächtiger als der Plan.* Das Team hat sicherlich bereits im Sprint Planning Risiken und Eventualitäten identifiziert, dennoch wird immer alles anders kommen, als man es sich vorgenommen hat.

Der gesamte Kontext, in dem das Team agiert, kann zum Problemfall werden:

- **Technische Probleme**
  Darunter fallen alle Probleme, die Ihnen zum Thema Technik einfallen.

- **Organisatorische Schwierigkeiten**
  Krankmeldungen, Teamkonflikte, Änderungen von Deadlines, vergessene Marketingaktivitäten, neue Arbeitszeitvorgaben, Lieferanten verbummeln einen Termin, eine Massenentlassungswelle, Umzug innerhalb der Organisation ...
- **Design**
  Die architektonischen Überlegungen sahen auf dem Flipchart gut aus, funktionieren aber leider nicht. Die Skizzen der Designer sahen vielversprechend aus, passen aber bei näherer Betrachtung nicht.
- **Informationen fehlen**
  Die Anforderungen können nicht weiter spezifiziert werden, die Fachabteilung entscheidet sich nicht, weil gerade jemand im Urlaub ist, oder es gibt fachliche Überlegungen, die zu spät angestellt werden.

Bei vielen dieser Probleme lässt sich mit geschickten Lösungen innerhalb des Teams ein größerer Schaden vermeiden. Es gibt aber auch Fälle, in denen das größte Geschick auf der taktischen Ebene nicht ausreicht. In diesem Fall wird der Sprint abgebrochen.

4.7.7 Wann kann ein Sprint abgebrochen werden?

> Spielstand 78 zu 80, noch zwei Minuten zu spielen. „Auszeit“, ruft der Coach. Der Schiedsrichter pfeift und beide Teams sammeln sich, um zu hören, was ihre Coaches zu sagen haben.

Ein Sprint wird in der Regel dann abgebrochen, wenn das Sprint Goal nicht mehr erreicht werden kann. An sich ist das kein Problem, aber die meisten verbinden mit dem Wort „abbrechen“ Verlust oder Aufgeben – was absolut nicht der Fall ist.

Cathy O'Dowd, die mit der ersten südafrikanischen Mount-Everest-Expedition den Mount Everest über die South-Col-Route bestieg, erzählte in einem Vortrag von den Fehlschlägen dieser Expedition. Sie schilderte, wie sie nur wenige Stunden vor Erreichen des Gipfels zurück ins Basis-Camp mussten. Der Wetterbericht hatte schlechtes Wetter vorhergesagt. Sie gingen zurück und mussten wochenlang auf den nächsten Versuch warten. Eine andere Gruppe, die glaubte, sie müsse unbedingt den Gipfel erreichen, kehrte nie wieder zurück. War dieser Abbruch ein Fehlschlag? Nein! Er war die logische Konsequenz des Prinzips, von dem dieses Buch handelt: *Hinschauen und Handeln*. Hätte der Kapitän der Titanic nicht unbedingt einen Zeitplan einhalten wollen, obwohl er die Eisbergwarnung erhielt, wäre die Titanic heute vielleicht ein Museumsschiff. Am Ende siegt immer die Realität – und die ist nun einmal anders als jeder Plan. Wir müssen unser Ziel zwar erreichen wollen, sollten uns aber gleichzeitig klarmachen, dass es Bedingungen gibt, unter denen das nicht zu schaffen ist. Dann hat es keinen Sinn mehr, dem Ziel nachzulaufen.

Wann immer das Entwicklungsteam meint, sein Ziel nicht mehr erreichen zu können, kann es den Sprint abbrechen und später neu aufsetzen. Natürlich kann auch der Product Owner den Sprint beenden, wenn er das Ziel nicht mehr für sinnvoll hält.

Diese Art, einen Sprint zu beenden, ist mit einer Auszeit beim Basketball vergleichbar. Der Coach oder die Mannschaft nimmt eine Auszeit, um die taktischen Entscheidungen zu korrigieren und die Mannschaft neu auszurichten, damit sie ihr übergeordnetes Ziel – das Spiel zu gewinnen – doch noch erreicht. Eine Auszeit wird nicht leichtfertig angesetzt und ist, von taktischen Auszeiten abgesehen, immer vom Coach vorbereitet. Er weiß, was er seiner Mannschaft zu sagen hat und wie er sie möglicherweise doch noch zum Ziel führen kann – doch sie muss einen neuen Anlauf, eine neue Route nehmen.

So ähnlich sollte es auch in einem Scrum-Umfeld sein. Wenn der Sprint abgebrochen wird, ist die nächste Aktion die sofortige Neuplanung und die Ausrichtung auf ein neues Ziel. In Scrum gibt es kein Time-out, sondern ein Meeting, in dem der gegenwärtige Prozess analysiert wird: die Sprint Retrospektive. Und es gibt das Sprint Planning, in dem über die anstehenden Aufgaben gesprochen wird. Folglich sind nach einem Sprint-Abbruch zwei Meetings anzusetzen: die *Retrospektive* und – im Anschluss daran – das *Sprint Planning*. In der Regel sind diese beiden Meetings wesentlich kürzer als sonst. Die Länge des nun folgenden Sprints richtet sich nach den Bedürfnissen des Teams und der Organisation. Arbeitet das Team zum Beispiel mit mehreren anderen Teams, kann es sinnvoll sein, die Sprintlänge so zu wählen, dass dieses Team wieder synchron mit den anderen Teams läuft. Es kann aber auch passieren, dass es erst beim übernächsten Sprint den Anschluss findet.

4.7.8 Konflikte – es menschelt

Jeder, der mit Teams arbeitet, weiß: Wo Menschen miteinander arbeiten, gibt es Konflikte. Soziologen und Arbeitspsychologen versuchen zwar seit Jahrzehnten herauszufinden, was getan werden muss, damit Gruppen von Menschen besser miteinander arbeiten, aber wirklich erfolgreich sind sie nicht. Die Gründe für Konflikte sind so vielfältig, wie es unterschiedliche Menschen gibt:

- **Machtkonflikte – Rangordnung**
  Macht- oder Rollenkonflikte treten in Teams am häufigsten auf. In selbstorganisierten Teams gibt es eine eindeutige Machtstruktur, die jedoch von selbst entstanden ist. Möglicherweise wechselt die Führung des Teams sogar ständig zwischen den Teammitgliedern. Sie geben die inhaltliche Führung immer an denjenigen ab, der augenscheinlich gerade weiß, wie man die Aufgaben am besten löst. Aus den unterschiedlichsten Gründen kann genau das aber auch nicht funktionieren und bis die Rangordnung unter den Teammitgliedern hergestellt ist, kann es einige Zeit dauern. Dazu muss der Scrum-Master den Rahmen für das Team aufspannen.
- **Finanzielle Ungerechtigkeiten – Kompensationsmodelle**
  Teammitglieder werden unter Umständen für die gleiche Arbeit unterschiedlich bezahlt, was zu großen unterschwelligen Konflikten führen kann. Hier ist die Personalabteilung gefordert: Der ScrumMaster kann die Veränderungen anregen und mit den Verantwortlichen neue Kompensationsmodelle entwerfen.
- **Statuskonflikte**
  Macht ist nicht zwingend mit dem Status einer Person gleichzusetzen, obwohl sie grundsätzlich miteinander korrelieren. Statuskonflikte treten oft auf, wenn Mitarbeiter nicht anerkannt werden. Der Status eines Menschen ist die Verfestigung seiner Anerkennung innerhalb einer Gruppe. Das bedeutet umgekehrt: Wenn es gelingt, jeden Mitarbeiter zu würdigen und dafür zu sorgen, dass jeder das Gefühl der Wertschätzung hat, treten Statuskonflikte selten bis gar nicht auf.

- **Rassismus**
  Traurig, aber wahr: Es gibt immer wieder den Fall, dass Mitarbeiter nicht miteinander arbeiten können, weil sie unterschiedlicher Herkunft sind. Dieses Problem existiert in vielen deutschen Unternehmen, auch wenn wir es oft nicht wahrhaben wollen.
- **Sexismus**
  Die Softwareentwicklung braucht Frauen. Es ist an der Zeit, dass endlich ihre Sicht der Dinge und ihre Art, die Welt zu betrachten, sowie ihre Art, mit Menschen umzugehen, in der Softwareentwicklung stärker Einzug hält. Wir alle wissen, dass Teams, in denen es Männer und Frauen gibt, weit besser funktionieren und viel produktiver arbeiten als Unisex-Teams. Dennoch gibt es auch hier das Problem von Konflikten, zum Beispiel, wenn sich Männer zurückgesetzt fühlen, weil eine Frau offensichtlich besser ist als sie.
- **Erotik**
  Ein weiteres Tabuthema. Wo Frauen und Männer zusammenarbeiten, entsteht Erotik. Seien wir einmal ehrlich, meine Herren: Die schöne Hälfte der Menschheit braucht nur High Heels anzuziehen, die Figur etwas zu betonen und sich nett zu kleiden – schon sind wir nicht mehr ganz zurechnungsfähig. Das muss gar nicht zu Konflikten zwischen Männern und Frauen führen, in Wahrheit beflügelt diese erotische Spannung die Teams sogar, aber es kann zu offenen oder auch unterschwelligen Konflikten zwischen den Männern eines Teams führen. Softwareentwicklungsteams sind dafür besonders anfällig, weil dort das Verhältnis „Frauen:Männer" unausgewogen ist. ScrumMaster, die das aufmerksam beobachten, werden feststellen, dass der Faktor Mann-Frau viel mehr Auswirkungen auf die Teamdynamik hat, als allgemein angenommen wird.[8]
- **Stress**
  Welchen Einfluss hat Stress auf Teams? Stress ist eine Reaktion auf Angst. Wir wissen, dass es den sogenannten Dis- und Eustress gibt. Disstress tritt in der Regel dann auf, wenn Menschen in Situationen stehen, die sie nicht mehr bewältigen können oder von denen sie meinen, sie könnten sie nicht bewältigen. Teams, die sich auf dem berühmten „Todesmarsch" befinden, bei dem jeder weiß, dass sich das Projekt nicht zu den geforderten Bedingungen abwickeln lässt, kreieren ausschließlich Disstress. In diesen Situationen führen die kleinsten Vorfälle zu Katastrophen. Hier lässt sich leicht gegensteuern, indem man das Team nicht in solche Situationen geraten lässt. Ein ScrumMaster kann dafür sorgen, dass Teammitglieder früh genug nach Hause gehen, die Wochenenden mit ihren Familien verbringen und ausreichend Zeit für ein Leben abseits der Arbeit haben. Sorgen ScrumMaster nicht für diese Erholungsphasen oder lassen die Unternehmen sie nicht zu, sind die Folgen oft gravierend. Der Stress wird chronisch, das Aggressionsniveau steigt und allzu oft wissen die Menschen in solchen Situationen nur einen Ausweg: Kündigung. Das ist jedoch immer eine kleine Katastrophe, weil damit das Wissen dieser Menschen aus dem Unternehmen verschwindet.

Sie sollten Konflikte immer als Chance verstehen, nur auf den ersten Blick sind sie Hindernisse.[9] In Wirklichkeit sind sie die Grundlage für Verbesserungen und Indizien für Bereiche in unseren Teams oder Unternehmen, die nicht funktionieren. Ich habe am eigenen Leib erfahren, wie wichtig es ist, Konflikte mit Mitarbeitern auszutragen, weil erst dadurch deutlich

---

[8] Diese Feststellungen treffe ich basierend auf meinen Erfahrungen mit Teams, meinen Beobachtungen dieser Teams sowie aus offen geführten Diskussionen sowohl mit Männern als auch mit Frauen.

[9] Siehe dazu auch [Gloger, Margetich 2014]

wird, was in diesen Beziehungen nicht geklärt ist. Ein ScrumMaster sollte sich gerade in den größten Krisen immer wieder vor Augen führen: Ein Konflikt birgt viel Energie in sich und auch immer die Kraft, ihn zu lösen.

Scrum ist wie geschaffen dafür, Konflikte heraufzubeschwören, um allen Beteiligten die Chance zu geben, Verbesserungen einzuleiten. ScrumMaster wollen das Potenzial des jeweiligen Konflikts aufgreifen, ihn aufdecken und die darin enthaltenen Informationen nutzen, um Verbesserungen zu erzielen. Der ScrumMaster markiert Konflikte durch rigoroses Aufschreiben als Impediments. Er macht sie auf diese Weise transparent und erzwingt eine Lösung. Der ScrumMaster *muss* dabei die Menschen an der Konfliktlösung aktiv beteiligen. Er macht die Problematik für alle Beteiligten transparent und kann so den Konflikt als Quelle für eine bessere Zusammenarbeit nutzen. Bekanntlich schweißen Probleme und Katastrophen, die gemeinsam durchgestanden werden, Menschen zusammen.

Dieser produktive Umgang ist nicht mit dem klassischen Konfliktmanagement zu verwechseln, das darauf abzielt, Konflikte aufzulösen: Die Konfliktlösung selbst ist Aufgabe der Teammitglieder. Ein ScrumMaster zeigt einem Team, wie es seine Konflikte löst, oder er schafft eine Situation, in der die Beteiligten ihre Konflikte lösen *müssen*. Ricardo Semler schreibt in seinem Buch „The Seven-Day Weekend", dass ein Manager möglichst überhaupt nicht eingreifen sollte, weil die Mitarbeiter selbst am besten wüssten, wie sie mit einem Konflikt umgehen [Semler 2004].

Konflikte ermöglichen Lernen und dienen dazu, neue Auffassungen zu generieren, indem sich die eigenen Überzeugungen in der Auseinandersetzung mit den Auffassungen der anderen bewähren und anpassen müssen.

4.7.9 Verlängerung des Sprints

Ein Sprint dauert immer so lange, wie es am Beginn des Sprints – im Sprint Planning – vereinbart wurde. Sprints sollten allerdings immer gleich lang sein. Wir ScrumTrainer empfehlen, dass ein Sprint zwei Kalenderwochen lang sein sollte – nur, wenn die Timebox immer gleich lang ist, kann man die Kapazität eines Teams annähernd korrekt bestimmen.

Entscheidend ist: Ein Sprint wird nicht verlängert. Es gibt keinen Grund, weshalb ein Sprint verlängert werden sollte. Die Begrenzung, die durch die Timebox des Sprints entsteht, ist wesentlich für die Generierung der Struktur, die das Team selbstständig erzeugt. Lassen wir das Team aus der Begrenzung der Timebox heraus, steigt dadurch nicht etwa die Produktivität, nein, sie wird sinken. Das Ende eines Sprints ist wie eine Deadline: Nur durch die harte Realität, dass zu diesem Zeitpunkt eine Abnahme fällig ist, entsteht genügend Druck, der die Organisation und das Team dazu zwingt, die Entwicklungsprozesse so zu verändern, dass ein Produkt entsteht.

Auch in Entwicklungsteams kommt es leider immer noch häufig vor, dass die Teammitglieder kurz vor Sprint-Ende erklären, sie müssten dringend ein oder zwei Tage drauflegen, um schnell noch etwas fertigzustellen. Lässt man das zu, ist das Signal an die Organisation und an das eigene Team ganz deutlich: Es ist erlaubt, Verabredungen nicht einzuhalten, wir sind unzuverlässig. Und – noch entscheidender – es ist okay und hat keine Konsequenzen, wenn wir als Team unsere Absprachen nicht einhalten. Im Grunde lässt man die Verlängerung des Sprints zu und wiederholt nur im Kleinen, was im Großen gängige Praxis ist:

Die Laufzeit von Softwareentwicklungsprojekten wird verlängert, weil die Deadline nicht eingehalten wird. Natürlich gibt es viele Gründe, weshalb ein Team am Ende eines Sprints ins Schlingern gerät. Durch die Analyse dessen, was im Sprint geschehen ist, lernt das Team und macht es beim nächsten Mal besser.

Ich habe mit Organisationen gearbeitet, die es akzeptierten, dass ihre Teams Sprints verlängerten, weil es externe Gründe gab oder man erreichen wollte, dass ein Release-Zeitpunkt doch noch eingehalten werden konnte. Die Folge war immer, dass sich in diesen Scrum-Teams die Einführung von Scrum schwieriger gestaltete. Der Grund ist einfach: Das Verlängern des Sprints kommt einem Selbstbetrug gleich. Statt der brutalen Realität schonungslos zu begegnen und dann Lösungen zu finden, werden ständig Ausweichstrategien entwickelt, die am Ende zu Produktivitätseinbrüchen führen.

4.7.10 Die Scrum Engine – zermürbende Monotonie

Wenn Scrum-Teams erfolgreich sind und eine Story nach der anderen abarbeiten, wenn alle Teammitglieder einschätzen können, wer was tut, wenn die Aufgaben immer gleich sind und sich kaum voneinander unterscheiden, dann entsteht die „Scrum Engine". Als Scrum Engine bezeichne ich das Phänomen, dass erfolgreiche Scrum-Teams eine konstante Velocity aufweisen, einen Sprint nach dem anderen ohne große Probleme absolvieren und es keine Aufregung mehr gibt. Die tägliche Arbeit wird zur Fließbandproduktion. Diesen Zustand kann man unter anderem bei Teams beobachten, die erfolgreich mit Jeff Sutherland arbeiteten. Als ich ihn fragte, ob ich mir ansehen könne, wie seine Teams arbeiten, schrieb er selbst, dass da nichts zu sehen sei. Die Softwareentwickler betraten am Morgen in Ruhe das Gebäude und verließen es um 17 Uhr ohne große Aufregung wieder. Das klingt nicht nur nach einer Fertigungslinie, es ist eine. Das Team wird zu einer Scrum-Engine mit einer klar definierten Leistung. Der Rhythmus, der in einem Scrum-Team entsteht, wird zu einem monotonen Beat. Anders ausgedrückt: Aus Salsa ist Techno geworden. Es gibt Unternehmen, die genau das anstreben. Es gibt auch Menschen, die sich in solchen Umfeldern wohlfühlen.

Meine Beobachtung ist jedoch, dass Monotonie die beiden wichtigsten Ressourcen eines Scrum-Teams zermürbt: Kreativität und Emotionalität. Monotonie entsteht, wenn die Tätigkeit, die man durchführt, einerseits ständige Aufmerksamkeit fordert und andererseits bedeutungsleer ist. Es entsteht das Gefühl von Langeweile. Langeweile führt aber sofort zu Leistungsminderung. Teammitglieder mit wechselnden Aufgaben – die also ständig neue Herausforderungen bewältigen müssen – sind meiner Erfahrung nach produktiver.

Die Kunst besteht darin, mit seinem Team einen Rhythmus zu kreieren, der Wiederholung zulässt, aber nie langweilig werden kann. Wie bei einem Tanz: Immer werden die gleichen Figuren und Drehungen vollführt, sogar die Musik ist oft die gleiche, und doch wird das Tanzen nie monoton. Der Grund dafür ist, dass es beim Tanzen eine sinnliche Komponente gibt. Es geht ums Fühlen, um Emotionen und um das Miteinander.

Der sanfte Gong einer buddhistischen Klangschale erklingt. In einer Software-Entwicklungsabteilung beginnt das Entwicklungsteam die Arbeit an einer neuen Story. Die Klangschale ertönt immer, wenn dieses Entwicklungsteam die Arbeit an einer neuen Story aufnimmt. Beendet das Team eine Story, dann verkündet sie dieses Ereignis immer mit dem Erklingen eines „Ratsch" des buddhistischen Frogs. Nun weiß das ganze Unternehmen, dass das Entwicklungsteam die Story erfolgreich abgeschlossen hat.

Der Ausweg aus der Scrum-Engine ist daher die Rückbesinnung auf Sinnlichkeit, so wie es das Team aus dem Beispiel vormacht. Es hat den Anfang eines Sprints und jedes Beginnen einer Story ritualisiert und auf diese Weise aus dem Beat des Techno den Rhythmus des Salsa erzeugt, sinnlich erfahrbar und für alle nachvollziehbar. Der Rhythmus dieses Teams ist in der gesamten Organisation spürbar und beeinflusst wie ein Herzschlag den Rhythmus des Unternehmens.

Teams haben Hochs und Tiefs. Sie sind mal mehr und mal weniger engagiert, sprinten das eine Mal und schleppen sich das andere Mal mühsam voran. Sie variieren ihre Frequenz, angepasst an die jeweilige Situation. ScrumMaster erkennen, in welcher Phase und in welcher Situation sich ein Team gerade befindet, und ergreifen entsprechende Maßnahmen. Sie spüren, dass es jetzt eine Pause braucht oder dass umgekehrt dringend eine neue Herausforderung nötig ist. Ich benutze bewusst das Wort „spüren", weil der Herzschlag eines Teams etwas Sinnliches, körperlich Erfahrbares ist. Wer als ScrumMaster in sich hineinspürt, fühlt die Geschwindigkeit seines Teams.

Gelingt es einem ScrumMaster, die Scrum-Engine zu vermeiden und das Team dennoch zu Höchstleistungen zu bringen, hat er keine Engine erschaffen, sondern einen hochperformanten Organismus, eine Einheit, die durch Synchronisation – also die sinnhafte Verknüpfung und rhythmisches Abstimmen ihrer Handlungen – Wunder vollbringen kann.

5 Reporting – wissen, wo wir stehen

Positionsbestimmungen sind für jedes Scrum-Team, für das Management und alle anderen Stakeholder absolut notwendig. Das Prinzip „Inspect and Adapt“ funktioniert nur, wenn jeder Einzelne in einem Scrum-Team genau hinschaut und erkennen kann, wie die gegenwärtige Situation tatsächlich ist. Daher ist es zwingend notwendig, *immer* zu wissen, wo ein Scrum-Team in der Entwicklung steht – nur wer weiß, wo er steht, kann wissen, wie er an sein Ziel gelangt.

In Scrum benutzen wir für die Positionsbestimmungen und das Reporting die Taskboards und die Burndown-Charts. Die Burndown-Charts erfüllen die Anforderungen des modernen Berichtswesens:

- Sie sind einfach zu erstellen.
- Sie werden vom Team aufgezeichnet.
- Sie sind sichtbar und einfach in ihrer Präsentation.
- Sie zeigen unverfälschte Primärdaten.
- Sie zeigen die Informationen, die für das Scrum-Team entscheidend sind.
- Sie schaffen das allgemeine Gefühl der Dringlichkeit.

Für das Burndown-Chart braucht man nicht mehr als ein Flipchart und Stifte und schon kann man es im Raum des Teams gut sichtbar aufbauen. Damit ist die Forderung erfüllt, dass die Menschen, die die Arbeit machen – also die Teams – die Berichte selbst, schnell und mit wenig Aufwand erstellen können sollten [Peters 1987].

Bevor wir uns die einzelnen Berichte genauer ansehen, ist es wichtig zu verstehen, was mit diesem Reporting erreicht werden soll: **Gemessen wird die tatsächliche Leistungsfähigkeit eines Teams.** Die Berichte, die die Teammitglieder – nicht der ScrumMaster (!) – erstellen, zeigen die gegenwärtige Erfüllung der User Storys (Backlog Items). Sie zeigen nicht, wie viel gearbeitet worden ist. Das ist wesentlich: Wir wollen in Scrum nicht wissen, wie lange oder wie hart ein Teammitglied oder das gesamte Team gearbeitet hat, sondern wir wollen wissen, welche Funktionalität bereits geliefert wurde. Wir wollen also genau wissen, wo wir in der Produktentwicklung stehen.

Das sind die Berichte, die ein Scrum-Team nutzt, in der Reihenfolge ihrer Wichtigkeit:

1. Taskboard
2. Sprint Burndown-Chart
3. Product Burn-Up-Chart
4. Release Burndown-Chart
5. Parking-Lot-Chart
6. Velocity Burn-Up-Chart

Die Bedeutung jedes einzelnen Graphen oder Reports zeige ich im Laufe dieses Kapitels. Aber zunächst müssen wir uns noch einmal klarmachen, was es heißt, Reportingverfahren in einem Team anzuwenden, und welche Gefahren damit verbunden sein können.

Die richtigen Metriken finden

Menschen richten sich nach dem, was gemessen und honoriert wird. Daher muss sich das Management eines Unternehmens sehr genau überlegen, welche Daten es von seinen Mitarbeitern erheben will. Schnell führt man eine Metrik ein, die vollkommen andere Auswirkungen hat, als man beabsichtigt. Das gängigste Beispiel kennen wir alle: das Zählen von Lines of Code. Beginnt man, Produktivität daran zu messen, wie viele Zeilen Code ein Entwickler geschrieben hat, bekommt man sicherlich keinen schlanken, gut geschriebenen Code. Daher gilt es, sehr genau zu überlegen, welche Form von Metrik man einführt. Die Metrik muss mit den Zielen des Teams und der Organisation übereinstimmen und zeigen, ob die Ziele erreicht wurden. Für Berichte, die auf Metriken basieren, gilt das Gleiche.

Das Berichtswesen von Scrum geht einen einfachen Weg. Ziel ist es, am Ende des Sprints funktionierende Software zu liefern. Noch besser ist es, wenn das Team während eines Sprints kontinuierlich Software ausliefert. Es zählen nur funktionierende Software und die Realität. Daher basiert jeder Report in Scrum auf Fakten, die in unmittelbarem Zusammenhang mit dem Entwickeln des Produkts stehen. Die individuelle Leistung zählt in Scrum sehr viel, denn ohne die Kreativität, das Engagement und die Leistungsbereitschaft der einzelnen Teammitglieder lassen sich keine qualitativ hochwertigen Produkte schaffen. **Aber gemessen wird die Leistung des ganzen Teams, denn die Teammitglieder liefern gemeinsam.**

Die Leistung des Einzelnen wird *nicht* nach außen berichtet, Scrum hat für die Bewertung des Einzelnen keine Mechanismen. In Scrum wird ausschließlich über die Kapazität des Teams und seine Ergebnisse berichtet. Die Leistung eines Teams wird basierend auf seinem Output, zumeist in Storypoints oder einfach nur in Anzahl gelieferter Storys gemessen. **Der ScrumMaster ist dafür verantwortlich, dass sich dieser Output erhöht.**

Zeitaufzeichnungen

Scrum orientiert sich an den Resultaten. Alle Charts zielen darauf ab, anzuzeigen, wo das Team mit seiner Produktentwicklung bei der Erstellung der Backlog Items tatsächlich steht, dazu werden die verschiedenen Burndown-Charts erstellt. Diese Berichte zeigen nicht an, wie lange an einem Backlog Item gearbeitet wurde – solche Informationen spielen für den Ablaufprozess von Scrum keine Rolle.

Für viele Organisationen ist diese Aussage nicht nachvollziehbar, denn Manager und Führungskräfte wollen wissen, wie viel Zeit für bestimmte Aufgaben benötigt wurde. In gewissen Bereichen sind diese Informationen wegen des zugrunde liegenden Business-Modells notwendig. Viele Consulting-Unternehmen und Dienstleister rechnen ihre Leistung in Stunden oder in Tagen ab. Dafür müssen auch Stundenaufzeichnungen erstellt werden. Aber müssen wir das in anderen Projekten auch wissen? Geht es wirklich um Zeit? Oder um die Leistung? Müssen wir uns in der Softwareindustrie tatsächlich darauf beschränken, unsere Mitarbeiter dafür zu bezahlen, wie viele Stunden sie arbeiten? Möchten wir tatsächlich, dass uns unsere Kunden dafür bezahlen, wie lange wir arbeiten? Wollen wir nicht viel eher, dass wir dafür bezahlt werden, was wir leisten? Es sollte doch vollkommen unwichtig sein, wie lange eine Person an einem Stück Software arbeitet. Einzig relevant kann doch nur sein, was uns dieses Stück Software wert ist.

Der Standpunkt von Scrum dazu ist eindeutig: **Scrum-Reports zeigen nicht an, wie viele Stunden an einem Stück Software gearbeitet wurde, sondern wie weit ein Produkt gediehen ist.**[1]

Scrum-Reports wollen auch nicht zeigen, wie weit einzelne Aufgaben abgearbeitet sind. Eine Ausnahme bildet das Taskboard: Es ist wie das Navigationssystem einer Cockpit-Crew. Es zeigt dem Scrum-Team ständig an, wohin es steuert. Mit diesem Board wird auf Aufgabenebene berichtet, denn hier geht es um die taktischen Abläufe im Spiel.

5.1 Das Sprint Burndown-Chart

Jeff Sutherland und Ken Schwaber hatten eine großartige Idee. Wenn man weiß, wie viel Arbeit in einem Sprint zu erledigen ist, wenn man also alle Aufgaben in einem Sprint kennt und für jede einzelne die Dauer abschätzt, erhält man die geschätzte, verbleibende Gesamtarbeit der Teammitglieder in Gesamtarbeitsstunden. Errechnet das Scrum-Team auf diese Weise jeden Tag die verbleibenden Gesamtarbeitsstunden, so erhält man eine Übersicht über die täglich abnehmende Anzahl noch zu leistender Stunden. **Vorsicht:** Das ist nicht mit einer Zeitaufzeichnung zu verwechseln! Wir wissen nicht, wie lange eine Person an einer Aufgabe bereits gearbeitet hat. Wir erfahren nur, wie lange es noch schätzungsweise dauert.

Ein Beispiel: Das Scrum-Team muss nach dem Sprint Planning bis zum Ende des Sprints 80 Aufgaben erledigen. Die Gesamtstundenzahl, die das Team für diese Aufgaben aufbringen muss, liegt bei 900 Stunden. Also wird die Aufgabensäule am ersten Tag 900 Stunden anzeigen. Wenn man diese Zahl täglich auf einem Graphen abträgt, sieht man einen Graphen, der am ersten Tag bei 900 Stunden steht und bis zum Ende des Sprints kontinuierlich auf null sinken wird. Diesen Graph nannten Schwaber und Sutherland „Sprint Burndown-Chart" (Bild 5.1).

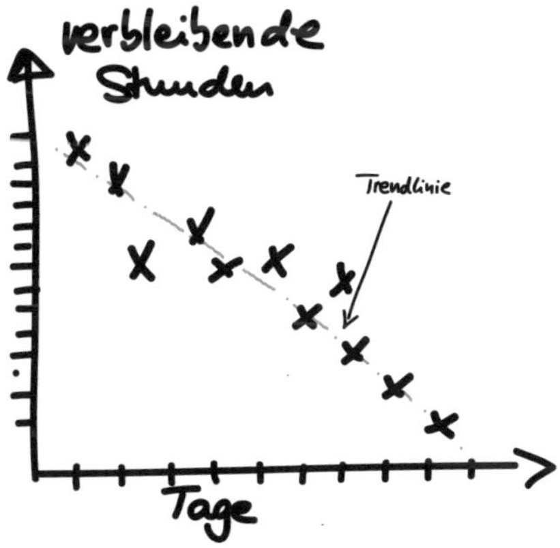

Bild 5.1
Sprint Burndown-Chart

---

[1] Die Zahlen sind ohnehin falsch. Oder haben Sie Ihrem Chef einmal in Rechnung gestellt, dass Sie einen Einfall auf dem Weg nach Hause oder während des Joggens am Sonntagmorgen hatten?

Die Erstellung dieses Graphen ist einfach und nimmt nur wenig Zeit in Anspruch. Das Scrum-Team erkennt mit Hilfe des Charts, ob Arbeit dazukommt, ob die Arbeit in der notwendigen Geschwindigkeit abnimmt oder ob das Sprint-Ziel in irgendeiner Weise gefährdet ist. Alles, was man dazu braucht, ist ein Spreadsheet, in dem man täglich für jede vorhandene Aufgabe die noch zu leistende Arbeit schätzt, und eine Grafik, die durch dieses Spreadsheet erstellt wird.

Diese Idee war großartig und wir, die damals Scrum machen wollten, probierten es immer wieder aus. Oft erfolgreich, aber viel zu oft funktionierte es nicht. Es gab einen Haken: Viele Teams arbeiteten kontinuierlich die Aufgaben ab, doch am Ende des Sprints wurde nicht jede Funktionalität geliefert. Alle waren ununterbrochen beschäftigt und doch waren wir nicht fertig geworden.

Der Grund war einfach: Das Burndown-Chart und die Idee, jeden Tag die Restarbeitszeit zu schätzen, zwingen nicht dazu, eine Aufgabe auch tatsächlich zu erledigen. Es ist möglich, die Aufgaben mit einer oder sogar mehreren Stunden offen zu lassen – daher wird nicht transparent, dass diese Aufgaben fast, aber eben nicht ganz erledigt sind. Erst die Idee von Tobias Mayer, dass man nur noch darstellt, ob eine Aufgabe erledigt oder nicht erledigt ist, statt die Restarbeitszeit pro Aufgabe zu schätzen, brachte den Durchbruch bei der Sichtbarkeit. Für das Sprint Burndown-Chart bedeutet dies: Es wird nur noch die Anzahl der nicht erledigten Aufgaben gezählt. Auf diese Weise erhält man ebenfalls einen grundsätzlich absteigenden Graphen. Wie das Sprint Burndown-Chart kann er aber selbstverständlich auch ansteigen, wenn die Anzahl der Aufgaben zunimmt oder *nicht* abnimmt. Dieses neue Chart wird *Task Burn-Up-Chart* bzw. Task Burndown-Chart genannt.

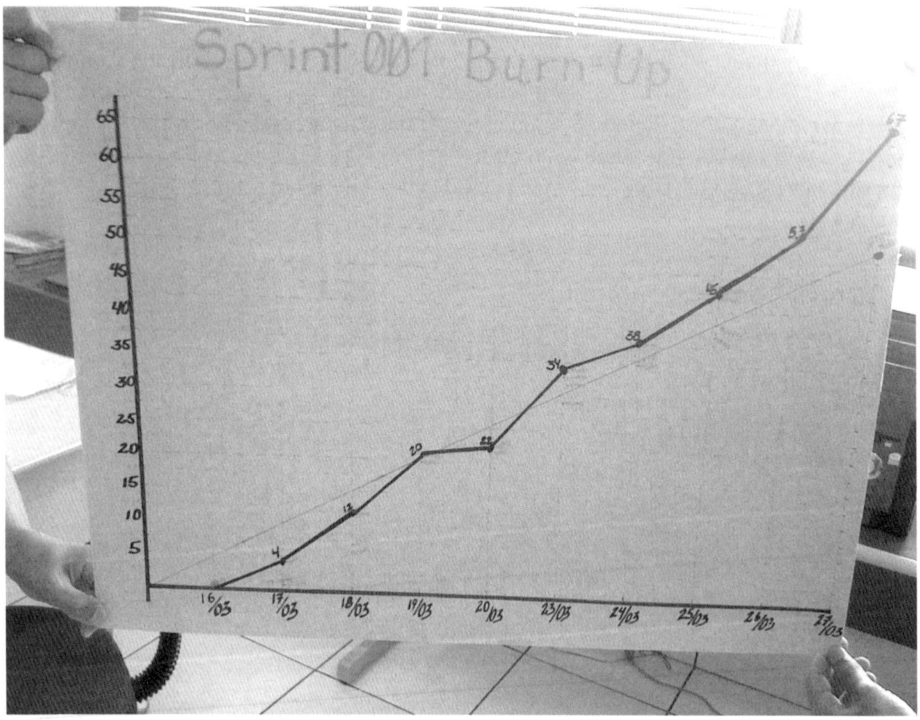

Bild 5.2 Task Burn-Up-Chart

Mit dem Task Burndown-Chart kann ein Scrum-Team erkennen, ob die Anzahl der Aufgaben wie erwartet abnimmt oder ob es Impediments gibt. Aber das Task Burndown-Chart zeigt genauso wenig wie das ursprüngliche Sprint Burndown-Chart von Sutherland und Schwaber, ob ein Scrum-Team tatsächlich vorankommt. Aus diesem Grund wurde es obsolet, obwohl noch immer viele elektronische Tools Burndown-Charts auf Stundenbasis berechnen und damit ein Vorgehen zementieren, das oft nicht funktioniert.

■ 5.2 Das Taskboard

Wer auf Taskbasis arbeitet und dazu ein Taskboard nutzt, kommt für seine Berichte ohne Sprint Burndown-Chart aus. Über den Einsatz des Taskboards während des Sprints habe ich in Abschnitt 4.4.1 ausführlich gesprochen. Dieses Board dient unter anderem als Instrument, um den Fortschritt im Projekt zu berichten. Man kann jeden Tag ein Foto davon machen und es an alle interessierten Personen verschicken. So sieht jeder, wie die Aufgaben von links nach rechts über das Board wandern und der Fortschritt wird veranschaulicht. Auf YouTube gibt es wundervolle kleine Filmsequenzen, in denen Teams den täglichen Lauf der Haftnotizen über das Board dokumentiert haben – sieht toll aus!

■ 5.3 Das Story Burndown-Chart

Heute dokumentiert ein Team seinen Fortschritt mit dem *Story Burndown-Chart*. Die Idee gleicht dem Sprint Burndown-Chart, aber anstatt nicht erledigte Aufgaben zu zählen, werden die noch nicht erledigten Backlog Items (Storys) des Sprints gezählt und als Verlauf dargestellt. Das Resultat ist eine Treppenkurve, die von links oben nach rechts unten verläuft. Man kann dazu die Anzahl der offenen Storys zählen, oder den Story Burndown basierend auf den verbleibenden Storypoints erstellen. Die Voraussetzung dafür ist, die Storys zuvor in Storypoints zu schätzen; so kann man bei der Festlegung der Backlog Items für den Sprint auszählen, wie viele Storypoints das Team durch die Lieferung der Backlog Items liefern will (siehe dazu das Thema Velocity, Abschnitt 3.9.4).

Nehmen wir an, die Summe der Backlog Items beläuft sich auf 38 Storypoints. Diese sind auf sechs Storys zu 8, 8, 13, 2, 1, 3 verteilt. Dann beginnt das Team, eine Story nach der anderen abzuarbeiten und es entsteht aus den jeweils noch zu liefernden Storypoints das Sprint Burndown-Chart, eine einfache Treppenkurve (Bild 5.3).

Das Story Burndown-Chart zeigt sehr plastisch und einfach, wie viel Funktionalität in einem bestimmten Zeitraum geliefert wurde und wie viel noch zu liefern ist. Die Trendlinie des Graphen sollte nach unten zeigen, auch wenn sie nie so perfekt aussehen wird wie in Bild 5.3.

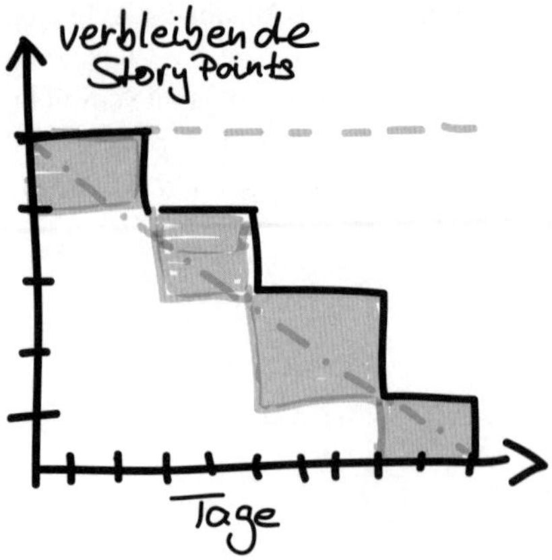

Bild 5.3
Story Burndown-Chart

Problematisch wird es für das Scrum-Team dann, wenn sich die Trendlinie in eine „Flatline" verwandelt hat. Dies indiziert, dass das Team keine neue Funktionalität in einem gegebenen Zeitraum erzeugt. Dafür kann es meiner Erfahrung nach drei Gründe geben:

1. Das Team arbeitet an mehr als einem Backlog Item gleichzeitig.
2. Das Team arbeitet an einem oder mehreren Backlog Items, wird aber gleichzeitig von einem Impediment blockiert und kommt nicht dazu, das Backlog Item abzuarbeiten.
3. Die Implementierung des Backlog Items wird aufwendiger, es entstehen immer weitere neue Aufgaben.

In jedem Fall wird dieses Team sofort sehen, dass es Gefahr läuft, möglicherweise nicht alle Storys in der vorgegebenen Zeit liefern zu können. Ist das der Fall, sollte das Team so schnell wie möglich die Gründe für das Nichtliefern von Backlog Items identifizieren und entsprechend handhaben. Dieser Graph ist besonders für alle Beteiligten außerhalb des Teams von Bedeutung: Sie können mit einem Blick sehen, was im Team vor sich geht, und reagieren. Nervös reagieren Product Owner immer dann, wenn die Trendlinie in eine Flatline übergeht.

5.4 Das Release Burndown-Chart

Das Release Burndown-Chart funktioniert so ähnlich wie das Story Burndown-Chart. Der Unterschied liegt in der zeitlichen Betrachtung: Das Release Burndown listet alle Backlog Items des gesamten Release auf der x-Achse und die Dauer der Sprints auf der y-Achse. Auf diese Weise können Entwicklungsteam und Product Owner jederzeit sehen, wie viel Funktionalität das Entwicklungsteam für den jeweiligen Release bereits geliefert hat und wie viel noch geliefert werden muss. Für diese Art des Reportings sind die weiter unten beschriebenen Scrum-Management-Tools gut geeignet. Für ein einziges Team gilt wieder: Das Aufmalen dieses Graphen auf ein großes Stück Papier an der Wand reicht vollkommen aus (Bild 5.4).

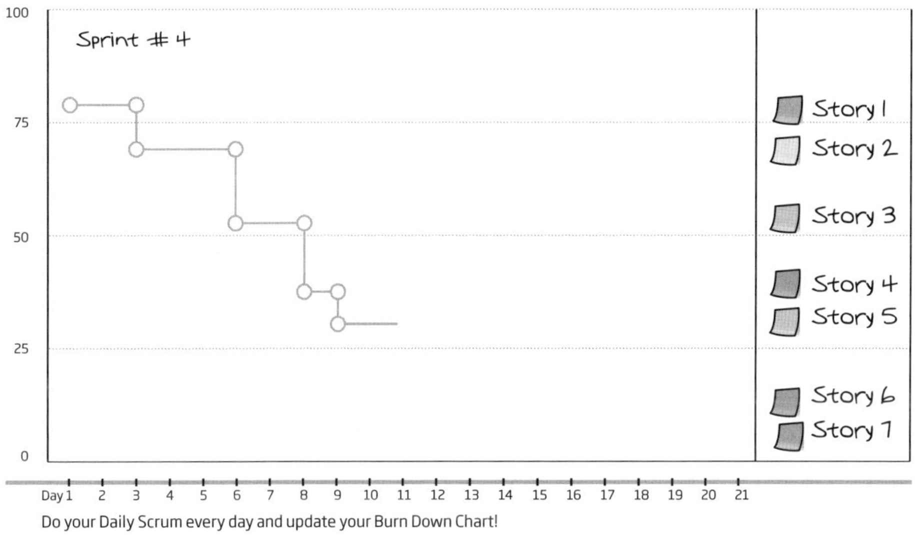

Bild 5.4 Eine andere Darstellung des Sprint Burndown-Charts mit allen Storys des Release auf der y-Achse = Release Burndown

5.5 Das Parking-Lot-Chart

In einem Parking-Lot-Chart (Bild 5.5) werden die Backlog Items nach ihrer Kategorisierung gezählt und aufgezeigt, wie viele von ihnen pro Kategorie abgearbeitet sind. Das Parking-Lot-Chart ist sehr hilfreich, um bei unterschiedlichen Funktionsbereichen einer Applikation anzuzeigen, wie sich die Applikation entwickelt. Mit dem Parking-Lot-Chart kann man auch sehr schön zeigen, ob architektonische Anforderungen bereits erfüllt sind. Ich habe Kunden, die diese Charts auf Plasmabildschirmen in ihren Büros ständig anzeigen. Die Charts werden, basierend auf den Nightly Builds, automatisch erstellt. Auf diese Weise wird jeden Morgen der Status der Applikation angezeigt. Viele Kunden nutzen dieses Reportingtool auch, um zu demonstrieren, wo die Testabdeckung steht. Sie zeigen also beispielsweise die Anzahl der automatisierten Unit Tests an. Der Füllstandsanzeiger des Parking-Lot-Charts ist sehr hilfreich, will man einen schnellen Überblick über den Status des Projekts und der Applikation bekommen.

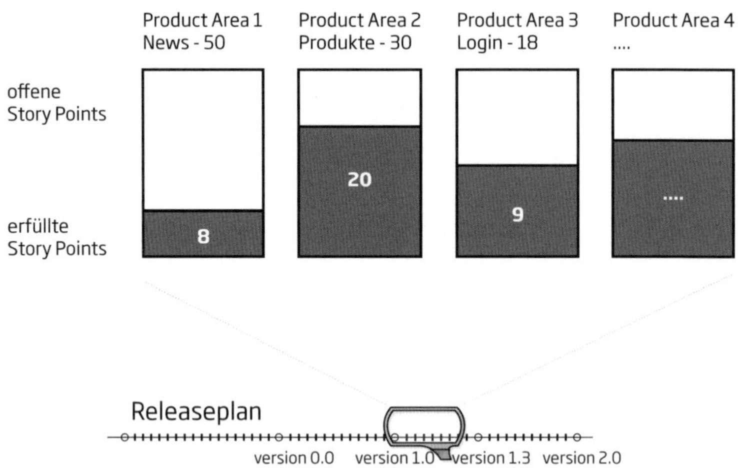

Bild 5.5 Parking-Lot-Chart

5.6 Das Velocity-Chart

Die bisher gezeigten Charts waren produktbezogen. Das Velocity-Chart (Bild 5.6) zeigt dem Team und der Umgebung hingegen die Veränderung der Velocity eines Teams an und ist bei längeren Projekten oder bei Applikationsteams von Bedeutung. Damit können ein Team und das Management erkennen, ob das Team gesund ist. Ich schreibe *gesund*, weil das Bild einer Fieberkurve gleicht: Es zeigt an, ob es dem Team gut geht. Wenn sich die Velocity nach einiger Zeit eingependelt hat, kann man anhand des Charts erkennen, ob ein Team gerade eine Hoch- oder Tiefphase hat. Man sieht auch, ob es erklärbare Gründe für den Abfall der Velocity gibt, zum Beispiel Urlaube, oder ob es unerklärliche Einbrüche oder Performance-Steigerungen gibt. Wie jedes Chart im Scrum-Reporting ist es als Indikator, als Anzeigeinstrument gedacht. Diese Charts dürfen nie als Hilfsmittel für die Überwachung verstanden oder eingesetzt werden. Eine Fieberkurve ist eine Information, die sorgfältig interpretiert werden muss. Geht man mit diesen Reports fahrlässig um, bekommen die Manager einer Organisation schnell unsinnige Reports und die Idee der Transparenz ist gestorben.

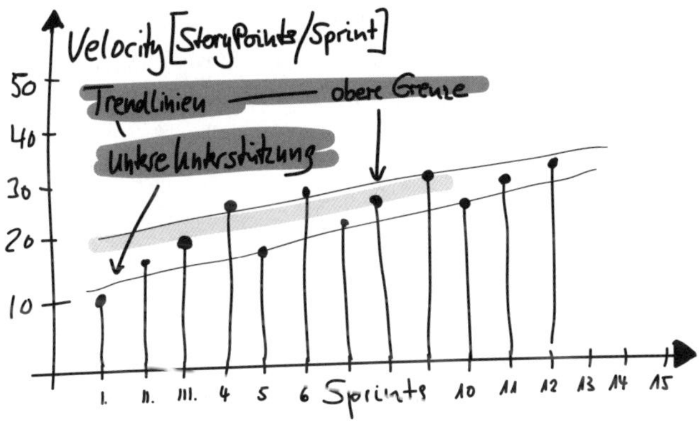

Bild 5.6
Velocity-Chart

5.7 Das Logbuch

Neben den Charts gibt es in Scrum noch andere Formen des Berichtens. Beginnen wir mit dem Logbuch: Das Product Backlog verändert sich im Laufe der Zeit. Was liegt also näher, als diese Änderungen in geeigneter Form festzuhalten? Das kann auf unterschiedlichste Arten geschehen. Arbeitet ein Team mit Story Cards (siehe Abschnitt 3.7.1), dann reicht es möglicherweise, die Storys mit einem Datum zu versehen, um zu indizieren, dass sie neu hinzugekommen sind. Arbeitet ein Team mit einem Spreadsheet, kann ein Datumsfeld anzeigen, wann es Änderungen an diesem Backlog Item gegeben hat.

Sinnvoll ist es, ein Änderungsdokument zu führen, in dem festgehalten wird, wieso diese Änderungen erfolgen. Es ist wie ein *Logbuch* des Projekts: Einerseits enthält es alle Informationen über das Hinzufügen oder Ändern von Einträgen im Product Backlog, andererseits finden sich darin Informationen über das Projekt, die jeder kennen sollte.

Es geht in Scrum nie um langes, mühsames Berichten. Vor allem bei Änderungen an den Backlog Items sollte der Grund dafür nur in ein oder zwei Sätzen im Logbuch festgehalten werden. Gab es wichtige Erkenntnisse, die es notwendig gemacht haben, diese Story zu ändern? Vielleicht gibt es dazu ein Besprechungsprotokoll? Wenn Backlog Items gelöscht werden, sollte das auf jeden Fall notiert werden, denn es handelt sich hierbei um Änderungen am Projektumfang und das hat immer Auswirkungen auf Zeit und Budget des Projekts.

Informationen, die in einem Logbuch stehen sollten:

- geplante Abwesenheiten
- wichtige Events
- Teilnahmen an Trainings
- Ergebnisse aus den Reviews und aus den Retrospektiven
- Impediments
- Entscheidungen

Das Logbuch kann und sollte meiner Meinung nach auch dazu genutzt werden, Persönliches einzubringen. Es kann täglich ein kurzer Eintrag sein, zum Beispiel:

- „Die Stimmung im Team ist hervorragend, wir haben viel gelacht."
- „Der Product Owner kam mit Informationen, die uns fertig gemacht haben. Wir müssen die Architektur noch mal anpassen."
- „Stacia hatte Geburtstag – war eine lange Nacht, wir waren im Floridita."

Das Logbuch sollte auch geplante Abwesenheiten der Teammitglieder im Sprint sichtbar machen. Der ScrumMaster und das Team können auf diese Weise einfach erkennen, wer im Sprint verfügbar ist.

Das Logbuch ist eine großartige Sache, wenn es gepflegt wird und wenn jedes Teammitglied sich tatsächlich täglich fünf Minuten Zeit nimmt, die wichtigsten Ereignisse des Tages festzuhalten. Wie jede Art von Dokumentation erfordert auch diese die Disziplin, sie zu erstellen. Wieder gilt, dass nur das Team entscheiden kann, welche Informationen festgehalten werden sollen.

5.8 Das Impediment Backlog

Ein Sonderteil des Logbuchs ist das Impediment Backlog. Es muss vom ScrumMaster sehr bewusst geführt werden und sollte jederzeit einsehbar sein. Ich hänge das Impediment Backlog immer sichtbar in den Teamraum, um für alle anzuzeigen, welche Impediments es gibt und an welchen gearbeitet wird. Eine gute Idee ist es, täglich ein Foto des Impediment Backlogs ins Logbuch aufzunehmen oder es noch einmal separat zu führen.

In vielen Teams führen wir einen Indikator ein, der die täglichen kleinen Schwierigkeiten dokumentiert. Das einfachste und gleichzeitig sehr effektive Mittel dafür ist die „Snake“. Die Snake macht die täglichen Dinge, die nicht zum eigentlichen Sprint gehören, sehr deutlich sichtbar. Das funktioniert so: Jedes Teammitglied, das sich um eine kleine Störung kümmern muss, schreibt diese Störung auf einen Zettel, am besten auf ein rotes A4-Blatt, und befestigt es an einer Wäscheleine oder entlang einer imaginären Linie an der Wand. Auf diese Weise dokumentiert man gegenüber allen Interessierten höchst eindrucksvoll, was ein Team davon abhält, produktiv zu arbeiten.

Vielen ScrumMastern und Teammitgliedern fällt es schwer, die Impediments offen an die Wand zu hängen. Sie haben die Befürchtung, dass ihnen etwas passieren könnte, wenn sie deutlich machen, wo die Probleme liegen. Das ist verständlich, denn in den meisten Unternehmen ist das offene Ansprechen von Problemen nicht gewollt und wird schon gar nicht gefördert. Doch meine Erfahrung ist, dass das offene und direkte Ansprechen von Problemen, Missständen, Unzufriedenheiten und Konflikten dazu führt, dass diese schnell und produktiv gelöst werden.

5.9 Die Retrospektive

Die Retrospektive zeigt, wo wir mit unseren Prozessen stehen. Die Teammitglieder geben sich untereinander darüber Rechenschaft, wie ihre Arbeitsabläufe sind und welche Probleme sie daran hindern, erfolgreicher zu sein. Sie nutzen ihre eigene Erfahrung und reflektieren darüber, um ihre eigenen Prozesse und Abläufe zu verbessern. Diese Form des Feedbacks – des Berichtens – ist die meiner Meinung nach bedeutendste für ein Team. Sie ermöglicht es, die Risiken im Projekt frühzeitig zu erkennen und entsprechend gegenzusteuern.

Die Informationen aus der Retrospektive fließen auf unterschiedlichen Wegen zurück in die Organisation:

- Sie fließen als Impediments in das Impediment Backlog ein und
- sie werden zu Maßnahmen für das Team und auf diese Weise nutzbar für die Organisation.

Darüber hinaus kann das Team die erstellten Flipcharts offen im Raum aufhängen und so das Gelernte präsentieren.

5.10 Das Sprint Review

Berichten kann auch eine ganz andere Funktion haben, als man zunächst annimmt: Es kann motivieren. Die Darstellung dessen, was das Team am Ende eines Sprints geliefert hat, dient nicht nur dazu, zu zeigen, wie weit die Applikation tatsächlich entwickelt worden ist. Sie führt auch allen Anwesenden vor Augen, was das Scrum-Team geschafft hat und worauf ein Team stolz sein kann und soll.

Mit der Demonstration der *fertigen* Funktionalitäten fordert das Scrum-Team den Respekt und die Anerkennung durch das Projektumfeld ein. Die Teilnehmer des Sprint Reviews geben durch ihre Kommentare dem Team wichtiges Feedback. Aus der Einbahnstraße des üblichen Berichtens wird so eine Zwei-Wege-Kommunikation und Berichten wird zum Dialog.

Das Sprint Review zeigt den gegenwärtigen Stand der Entwicklung ohne jeden Deckmantel. Es zeigt allen Beteiligten, was existiert. Und damit ist das Sprint Review der Zeitpunkt, an dem die Positionsbestimmung auf harten Fakten und nicht auf den Aussagen von Teammitgliedern oder Projektmanagern basiert – hier findet die empirische, wissenschaftliche Methode ihre Anwendung. Der Sprint kann so gesehen als Experiment im wissenschaftlichen Sinne gesehen werden und wir erhalten sein Resultat am Ende des Sprints.

5.11 Berichten im skalierten Umfeld

Das Berichten in einem Umfeld, in dem mehr als ein Team an der Produktentwicklung arbeitet, sowie die Berichte für Projekte, in denen mehr als zehn Teammitglieder arbeiten, folgen grundsätzlich den gleichen Prinzipien und Überlegungen wie das Berichten bei einem Scrum-Team mit ca. sieben Personen. Es basiert auf dem Berichten harter Fakten auf täglicher Basis. Genutzt werden die gleichen Tools wie oben beschrieben. Sehen wir uns an, ob auch die oben beschriebenen Methoden wieder zur Anwendung kommen:

- **Taskboard**
  Das Taskboard, auf dem die Teams jeden Tag anzeigen, wie sich eine Aufgabe über das Board bewegt, wird nur ein wenig verändert. Die Spaltenbeschreibung „Storys“ wird in „Team“ umbenannt und die Spaltenbeschreibung „Tasks to do“ wird in „Storys to do“ umbenannt. So wandern pro Team die Storys übers Board. Dieses einfache Hilfsmittel ist viel anschaulicher als alle elektronischen Verfahren und es ermöglicht den Product Ownern der Teams das sofortige Eingreifen.
- **Das Sprint Product-Burndown-Chart**
  Es gibt auf dieser Ebene keine Notwendigkeit für einen Task-Burndown mehr, es zählen nur die abgearbeiteten Storys. Die einfache Aggregierung in ein gemeinsames Bild aller abgearbeiteten Storys, als Product-Burndown, bringt die notwendige Sichtbarkeit für alle Beteiligten.

- **Das Release Product-Burndown-Chart**
  Das Release Product-Burndown ist eine Aggregation der gemeinsam abgearbeiteten oder noch zu bearbeitenden Storys. Er setzt sich aus der einfachen Addition der Storys aller Teams zusammen.
- **Das Parking-Lot-Chart**
  Besonders bei mehreren Teams, die in der Regel mehrere Anforderergruppen bedienen, ist das Parking-Lot-Chart hilfreich. Es besteht, wie beim Einzelteamprojekt, aus der Darstellung der gelieferten Storys in Gruppen. Zusätzlich zur Aggregation der Storys nach Geschäfts- oder Anwendungsebene kann man auch die Anzahl der abgearbeiteten Storys pro Team anzeigen.
- **Das Velocity-Chart**
  Die Aggregation kann hier nur auf Storyebene erfolgen. Sie zählt die Gesamtzahl der gelieferten Story und bezeichnet die Velocity des Gesamtprojekts. Auf diese Weise erkennt man sehr schnell, ob es Einbrüche in der Velocity gibt. Erinnern wir uns: Das Velocity-Chart ist die Fieberkurve des Teams. Die Fieberkurve über alle Teams zeigt dem Product Owner sehr schnell die Probleme des Gesamtprojekts an.
- **Das Logbuch**
  Es versteht sich von selbst, dass das Logbuch auch bei großen Teams sinnvoll einsetzbar ist. Bei verteilten Teams kann man es als Wiki anlegen. Es sollte öffentlich zugänglich sein und alle Teammitglieder können hier Eintragungen vornehmen.
- **Das Impediment Backlog**
  Das Impediment Backlog des Gesamtprojekts ist nicht die Summe aller Impediments, sondern es beinhaltet jene Impediments, die auf der Ebene der Gesamtorganisation des Projekts gelöst werden müssen. Die Impediments der einzelnen Teams werden jeweils von deren ScrumMaster erfasst und bearbeitet.
- **Das Sprint Review**
  Die Teams zeigen ihre fertig gelieferte Funktionalität gemeinsam. Alle Teams präsentieren ihre Einzelleistung. Und sie zeigen nur das, was gemeinsam funktioniert. Dieses Meeting zeigt sehr genau, wo alle Teams in der Entwicklung gemeinsam stehen.
- **Die Retrospektive**
  Um einen Überblick über die notwendigen Verbesserungsmaßnahmen zu bekommen, ist auch im skalierten Umfeld die Retrospektive das Mittel der Wahl. Allerdings werden die Retrospektiven auf der Ebene der Teams durchgeführt. Das bedeutet also, dass jedes Team die Retrospektive ganz normal durchführt. Daneben führen auch das Team der Product Owner und die Gruppe der ScrumMaster eine Retrospektive durch (siehe Kapitel 7). Jedoch dürfen die ScrumMaster in ihrer Gruppe nur die Ergebnisse aus den Team-Retrospektiven weitergeben, die das Team weitergeben will.

5.12 Elektronische Hilfsmittel

Sobald eine Scrum-Organisation mehr als zwei oder drei Teams umfasst und ein Überblick geschaffen werden muss, sind elektronische Hilfsmittel für die Verwaltung der Backlog Items und für das schnelle Berichten der jeweiligen Informationen unerlässlich. Die Erfahrung hat aber auch hier gezeigt, dass sich mithilfe elektronischer Tools Entscheidungen weniger gut voranbringen lassen als mit einer Wand, auf der alle Backlog Items für eine Organisation zu erkennen sind und auf der die Verantwortlichen die Backlog Items verschieben. Das ist viel anschaulicher als jedes elektronische Werkzeug.

Deshalb sollten sich beide Werkzeuggruppen, also Flipchart, Pinnwand, Boardmarker einerseits und elektronische Berichtssysteme andererseits, ergänzen. Das Berichten mit elektronischen Hilfsmitteln erleichtert die Auswertung und ermöglicht den schnellen Zugriff auf Informationen. Entscheidungen werden einfacher und bewusster getroffen, wenn man Karten in der Hand hat und diese in die verschiedenen Sprints einsortieren soll. Das Whiteboard oder die Pinnwand ist auch dann das Mittel der Wahl, wenn man es mit einem Projekt zu tun hat, an dem drei Teams an einem Standort zusammenarbeiten müssen. Erst bei mehreren Teams mit mehr als zehn Mitgliedern und/oder mehreren Standorten kommt das Management einer Organisation ohne ein elektronisches Tool nicht mehr aus.

Fragen an den ScrumMaster

- Worin besteht der Unterschied zwischen Sprint- und Task-Burndown?
- Welches Burndown-Chart ist für den Product Owner interessant?
- Was tun Sie, wenn das Task-Burndown exakt die Ideallinie treffen sollte?
- Wer aktualisiert die Burndown-Charts?
- Führt Ihr Scrum-Team ein Burndown-Chart? Wie aktuell ist es?

6 Professionalität: Test, Integration, Release

6.1 Professionalität und Risiko

Sprint Review – fünf Entwickler, ein Product Owner. Das Product Backlog Tool, das wir entwickeln, sieht wunderbar aus, die Funktionalitäten wurden alle wie gewünscht geliefert. Das Team hat gute Arbeit geleistet. Ich, der Product Owner, freue mich und sage: „Toll! Dann können wir ja jetzt in die nächste Phase gehen und ab morgen unsere eigene Arbeit mit diesem Tool unterstützen." Der verantwortliche Entwickler entgegnet: „Na ja, nicht wirklich, wir können das Tool für uns selbst noch nicht einsetzen." „Wieso, ich meine, klar, dass es noch nicht alle Prozesse unterstützt, aber die Basisdinge funktionieren doch", frage ich etwas irritiert. „Ja", sagt der Entwickler, „aber die Datensynchronisierung funktioniert noch nicht. Wir können nicht verhindern, dass sich zwei Entwickler gegenseitig die Daten zerschießen." Ich schaue ihn entgeistert an. Das Team hatte mir doch gerade gezeigt, dass die Applikation vorhanden war, und behauptet, es hätte das Sprint Goal erreicht. „Heißt das, ihr habt zwar das Front End, könnt aber mit der Applikation gar nicht arbeiten?" Die Teammitglieder schauen mich betreten an, der Verantwortliche nickt mit dem Kopf. Bei genauerem Hinsehen stellt sich heraus, dass das Team noch mindestens drei Monate arbeiten musste, um die Applikation auch nur annähernd fertigzustellen.

Der Product Owner in diesem Beispiel ist nicht der erste, der diese Erfahrung macht. Es passiert jeden Tag bei irgendeinem Softwareentwicklungsprojekt. Funktionalitäten werden gezeigt, doch es stellt sich heraus: Sie sind nicht nutzbar. Ich habe erlebt, wie mir Teams unmittelbar vor dem Review mitteilten, dass die Applikation laufe. Aber nur auf diesem einen Laptop.

Das muss aufhören! Scrum wurde entwickelt, um diesen Zustand zu beenden. Scrum verlangt vom Scrum-Team, *Usable Software* zu liefern. Daher darf es im Review nur zeigen, was tatsächlich funktioniert. Damit will Scrum erreichen, dass wir in der Softwareentwicklung aufhören, unser Versagen hinter der Veränderung der Definition dessen zu verstecken, was „fertig" bedeutet. Ken Schwaber hat sehr klar aufgezeigt, wie dieses Versagen als normal verkauft wird.[1]

[1] http://www.infoq.com/presentations/agile-quality-canary-coalmine (4.1.2016)

- Es wird die Qualität dessen reduziert, was geliefert werden soll. Fehlende Dokumentation ist der Klassiker.
- Die Definition von „fertig“ wird verändert durch
  - eine Stabilisationsphase: Viele Kunden probieren aus, was geliefert wurde – in dem Wissen, dass es noch nicht vollständig fertig ist. Das wird dann die Stabilisationsphase des Projekts genannt.
  - Verifizierung durch freundliche Nutzer, Alpha Release: Es wird ausgeliefert, und zwar an eine freundlich gesinnte Kundengruppe, die für die Entwickler die Fehler findet.
  - Beta-Releases, Pre-Release-Phase – der beste Trick: „Nutze die Applikation auf dein eigenes Risiko.“ Bei näherer Betrachtung völlig absurd oder würden Sie in einen Aufzug steigen, auf dem „Beta“ steht?

Auch ich habe diese Praktiken früher als vollkommen normal betrachtet. Software wird aber (leider noch immer) so entwickelt. Diese Haltung steht dem Wunsch entgegen, etwas fehlerfrei Funktionierendes auszuliefern. Erst durch die Aufforderung Ken Schwabers, wir Softwareproduzenten sollen uns doch nichts vormachen, konnten wir eine Veränderung herbeiführen.

Das Problem ist die Tatsache, dass die meisten Softwareentwicklungsorganisationen, kleine wie große, nicht in der Lage sind, Software so zu entwickeln, dass zum Projektendtermin tatsächlich fehlerfreie Software vorliegt. Es klingt unglaublich, aber viele Entwicklungsmannschaften beherrschen die drei wesentlichen Entwicklungspraktiken neben dem Schreiben von Code nicht:

- Testen des eigenen Codes
- Kontinuierliche Integration des Codes
- Release-Management

In den letzten 20 Jahren, in denen ich bei großen und kleinen Unternehmen in Deutschland, Österreich, Spanien und anderen Ländern gearbeitet habe, fiel mir immer wieder auf, dass Organisationen in diesen drei Punkten ständig Probleme mit dem Lebenszyklus der Softwareentwicklung haben, angefangen von der ersten Zeile Code bis zum Ausliefern.

Mike Beedle veröffentlichte vor einigen Jahren auf der Website www.balancedagility.com eine Aussage, die von der Scrum Community zunächst heftig diskutiert und dann nicht weiter beachtet wurde. Er sagte, wir bräuchten neben Scrum in der Softwareentwicklung noch drei Entwicklungspraktiken, damit Scrum-Teams verlässlich Software schreiben könnten. Er nannte die Kombination aus Scrum und den drei oben genannten Entwicklungspraktiken *Balanced Agility*. Seiner (von mir geteilten) Meinung nach sind diese drei Entwicklungspraktiken „minimal, aber ausreichend“, also gerade gut genug, um verlässlich Software zu entwickeln. Werden weitere Entwicklungspraktiken benötigt, können sie hinzugefügt werden. *Balanced Agility* gibt eine klare Anweisung: Fang mit diesen drei Entwicklungspraktiken an und erweitere dann nötigenfalls dein Spektrum. Nach meiner Beobachtung führen Softwareentwicklungsteams diese drei Praktiken in der Regel problemlos ein, wenn man es von ihnen verlangt und sie im Gegenzug auch die Zeit für die notwendigen Maßnahmen bekommen. Umso erstaunlicher ist es, dass diese Konzepte in vielen Unternehmen nur auf dem Papier existieren.

Die Konsequenzen dieser Forderung:

1. Ein Team muss zunächst das Testing auf der Entwicklerebene beherrschen. Bas Voode, ein Certified Scrum Trainer, sagt dazu: „The first things I introduce to a new Scrum team are: Continuous Integration. And Testing. And Testing." Jeder einzelne Entwickler muss in der Lage sein, seinen eigenen Code fehlerfrei in der eigenen Entwicklungsumgebung laufen zu lassen. Diesen Code muss er dann absichern, bei modernen Entwicklungsverfahren geschieht das durch automatisierte Unit-Tests. Der Schritt zur Automatisierung ist eine Beschleunigung und qualitative Verbesserung der Entwicklung, da nun Tests immer gleich ablaufen. Bas Voode war seiner Zeit weit voraus. In vielen Organisationen testen die Entwicklungsmannschaften nicht selbstständig. Der Wasserfall, der innerhalb der Softwareentwicklung zur Aufspaltung in viele Disziplinen geführt hat, ist dafür verantwortlich, dass viele Softwareentwickler das Testing ausgelagert haben. Sie lassen die Tester testen. Das wäre nicht weiter tragisch, wenn es noch ein Bewusstsein dafür gäbe, dass jeder seinen eigenen Code testen muss und erst dann freigibt. Doch auch das ist längst nicht mehr der Fall.
2. Wird dieser Aspekt des Entwicklungsprozesses von allen Entwicklern beherrscht, dann kann die Integration des entwickelten Codes in die Teamumgebung verbessert und systematisiert werden. Nur unit-getesteter Code wird in die Teamintegrationsumgebung gelassen. Einige Unternehmen haben zusätzlich eine Systemintegrationsumgebung. Sie ist von der Teamtestumgebung getrennt, in ihr werden die unterschiedlichen Systeme integriert. Hier wird der Code entweder von Hand oder bereits automatisiert getestet. Moderne Integrationsumgebungen nehmen den meisten Entwicklungsteams die Arbeit ab, diese Umgebungen selbst zu schaffen. Dennoch gibt es keine Standardlösung für jede Form der Softwareentwicklung und manchmal müssen Teams ihre eigenen Integrationsumgebungen schreiben.

   Bis zu diesem Moment sind noch keine Funktionalitäten geliefert. Sie sind noch immer in den Testumgebungen und sollte es zu Problemen kommen, werden sie behoben. Es gibt keine „Defects", denn wir haben noch keinen Code ausgeliefert. Wir sind immer noch in der Entwicklungsphase.
3. Von der Systemintegrationsumgebung geht es dann in die User-Acceptance-Testumgebung, die in einigen Unternehmen durch eine Pre-Live-Umgebung (im Web-Business oft eine Staging-Umgebung) ergänzt wird. An dieser Stelle geschieht der Übergang der Verantwortung für die Tests: Die User-Acceptance-Testumgebung liegt in der Verantwortung des Empfängers der Applikation, des internen oder externen Kunden. Hier kommt es zur entscheidenden Zusammenarbeit zwischen dem Entwicklungsteam und dem End-User oder Repräsentanten des End-Users, sollte dieser nicht bereits Teil des Teams sein. Die UATs müssen von diesen spezifiziert sein und in der Regel müssen Letztere auch ihren Teil dazu beitragen, indem sie die UATs durchführen. Daher liegt in meinen Augen die UAT-Umgebung bereits in der Verantwortung des Kunden oder Endabnehmers, obwohl in der agilen Welt der UAT noch zur Entwicklung gerechnet werden muss. Dieser Übergang von den Entwicklungs- und Testumgebungen in die Live- und live-nahen Umgebungen ist bereits Teil des Release-Management-Prozesses, den Entwicklungsteams gemeinsam mit den Applikationsteams aufsetzen müssen. In den meisten Organisationen dauern Roll-Outs oder Auslieferungen viel zu lang und manchmal vergehen Tage, bis alles an Ort und Stelle ist. Erstaunlicherweise werden diese Zeiträume akzeptiert.

Softwareentwicklungsmannschaften müssen die Prozesse so aufsetzen, dass dieser grob skizzierte Ablauf reibungslos funktioniert und im Idealfall auf der Ebene des Entwicklers Sekunden und auf allen anderen Ebenen Minuten dauert. Wieder gilt: Dieser Ablaufprozess ist keine Frage der Hilfsmittel, die ihn unterstützen, sondern eine Frage der Disziplin:

- Der Entwickler darf nur unit-getesteten Code erzeugen. Er ist dafür verantwortlich, dass er jeden Tag mit einem frischen Stand des Codes beginnt und am Abend so eincheckt, dass alles, was er in die Teamintegrationsumgebung einbringt, lauffähigen Code erzeugt.
- Das Team muss einen Prozess so etablieren, dass die Systemintegrationsumgebung genutzt wird, um dort jede Nacht die Systeme zu bauen. Auf diese Weise erhält man am nächsten Morgen eine Liste der Fehler, die gemeinsam im Scrum of Scrums besprochen werden können.
- Wenn eine Funktionalität, eine Story erfolgreich durch den Systemintegrationstest gekommen ist, darf sie in die Testumgebung des Testteams. Hier versucht die Testmannschaft, den Code zu brechen.
- Storys, die diese Tests und die nochmalig durchgeführten User Acceptance Tests bestanden haben, können in die Pre-Live-Umgebung gespielt und dort noch einmal getestet werden. Dort warten sie auf ihren Release in die Live-Umgebung.

Dieses hier beschriebene Modell der Verantwortungsbereiche (Bild 6.1) muss für jedes Team und jede Applikation, für jede Software sehr genau überlegt und entwickelt werden. Meine Erfahrung ist, dass sich die meisten Teams ihrer Verantwortung nicht bewusst sind und oft nicht deutlich ist, wie diese Verantwortung umgesetzt werden soll.

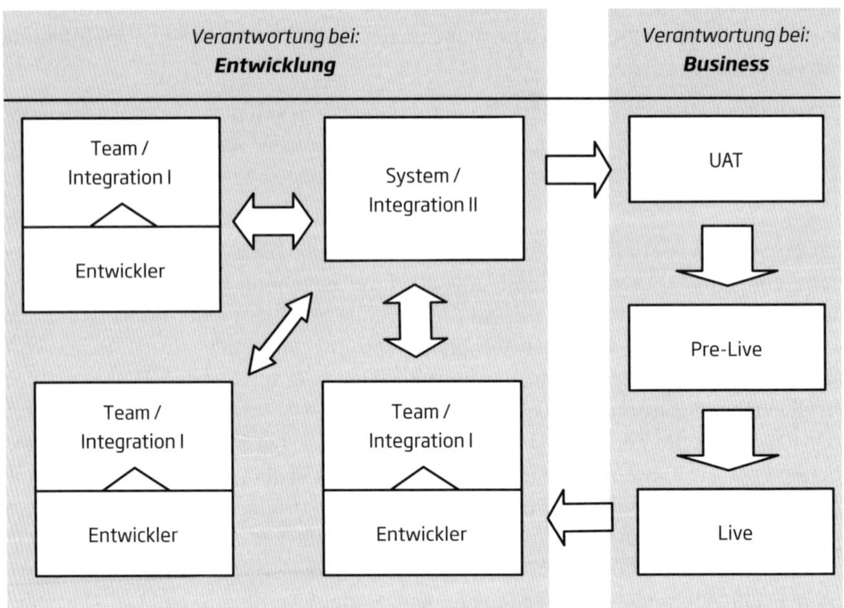

Bild 6.1 Verantwortungsbereiche

Dienstagmorgen, das gesamte Team ist anwesend, wir gehen live. Es herrscht eine Atmosphäre wie im Kontrollstand der NASA beim Start der Saturn V. Spannung. Wir beginnen mit dem Rollout. Files werden von den entsprechenden Servern per Hand kopiert, das dauert eine halbe Stunde. Jedes einzelne File wird von der Liste gestrichen. „Dieses Mal muss es doch klappen." Die Server werden nacheinander heruntergefahren, wieder gestartet und auf den ersten Blick sieht alles gut aus. Fünf Minuten später ruft Ute an: „Der Login geht nicht mehr - unsere Server gehen auf Volllast zu." Wir suchen fieberhaft den Fehler. Da! Die falsche Web-XML ist auf dem Server gelandet. Der richtige Name, das falsche Datum. Wir hacken auf der Live-Umgebung. Alles beruhigt sich.

War ich zufrieden damit, dass wir den Fehler innerhalb von 15 Minuten gefunden hatten? Nein! Der Aufwand war höllisch, die gesamte Entwicklungsmannschaft war involviert, der Stress viel zu groß. Doch wir kannten wenigstens den Roll-out-Prozess - wir wussten genau, was zu tun war.

Unser Problem: Wir hatten damals niemanden, der diesen Prozess automatisieren konnte. Ich beriet mich mit meinem Chef und wir stellten einen Mitarbeiter ein, der die richtigen Skills hatte. Als er nach drei Wochen den Prozess automatisiert hatte, dauerte der Roll-out drei Minuten und war fehlerfrei. Ein paar Monate später war ein Roll-out alle zwei Wochen nur noch Routine und konnte von den Systemadministratoren ohne unsere Hilfe durchgeführt werden. ■

Entwicklungsteams bringen damit den Kunden in eine sehr gefährliche Lage: Je nach Bedeutung der Applikation riskieren sie vielleicht sogar das Geschäft des Kunden. Der Kunde trägt immer das Risiko. Er ist es, der letztendlich mit allen Problemen, die das Team geschaffen hat, mit allen Verzögerungen umgehen muss. Er muss Marketing-Termine verschieben, kann nicht wie gewünscht die eigenen Prozesse laufen lassen oder muss Leute abstellen, um die Workarounds am Leben zu erhalten. Entwicklungsmannschaften glauben immer, sie tragen das Risiko. Tatsächlich geschieht ihnen aber in der Regel nichts. Das Risiko liegt beim Kunden. Wenn die Autowerkstatt vergisst, die Bremsflüssigkeit nachzufüllen: Wer hat den Schaden, wenn die Bremsen bergab versagen?

Wie könnte ein Prozess aussehen, der die oben dargestellten Verantwortungsbereiche klarstellt und gleichzeitig verdeutlicht, wie die Abläufe sein müssen? Auf der Systemebene (Bild 6.2):

- Systemanforderungen müssen erarbeitet werden. Die ersten Überlegungen dazu wird das Team vor dem ersten Sprint anstellen müssen. Während des Sprint Planning wird allerdings ebenfalls noch einmal über die Anforderungen an das System in diesem Sprint gesprochen.
- Spätestens im Sprint Planning Meeting 1 müssen die *Abnahmekriterien* für das System erarbeitet werden. Nur wenn diese klar herausgearbeitet worden sind, kann sich das Team auch zum Liefern verpflichten.
- Im Sprint Planning Meeting 2 wird dann die *Testdefinition* durchgeführt: Wie sollen die Tests aussehen, wer kann sie durchführen, welche Tests brauchen wir? Wie können wir diese Tests automatisieren?

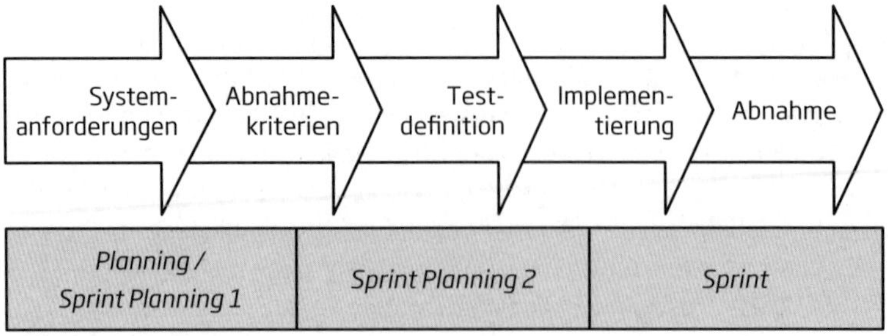

Bild 6.2 Systemtest – ein Prozessvorschlag

Im Sprint selbst finden die *Implementierung* und die *Abnahme* statt. Die Abnahme ist nicht Teil des Reviews, sondern findet schon vorher statt. Im Idealfall wird sie nach jeder Story neu durchgeführt. Es ist extrem wichtig, dass die Tests und die Abnahmen Teil des Sprints sind, wenn man vermeiden will, dass schleichend der Wasserfall zurückkommt.

Auf der Storyebene sieht der Prozess ganz ähnlich aus, sehen wir ihn uns auch im Detail an (Bild 6.3):

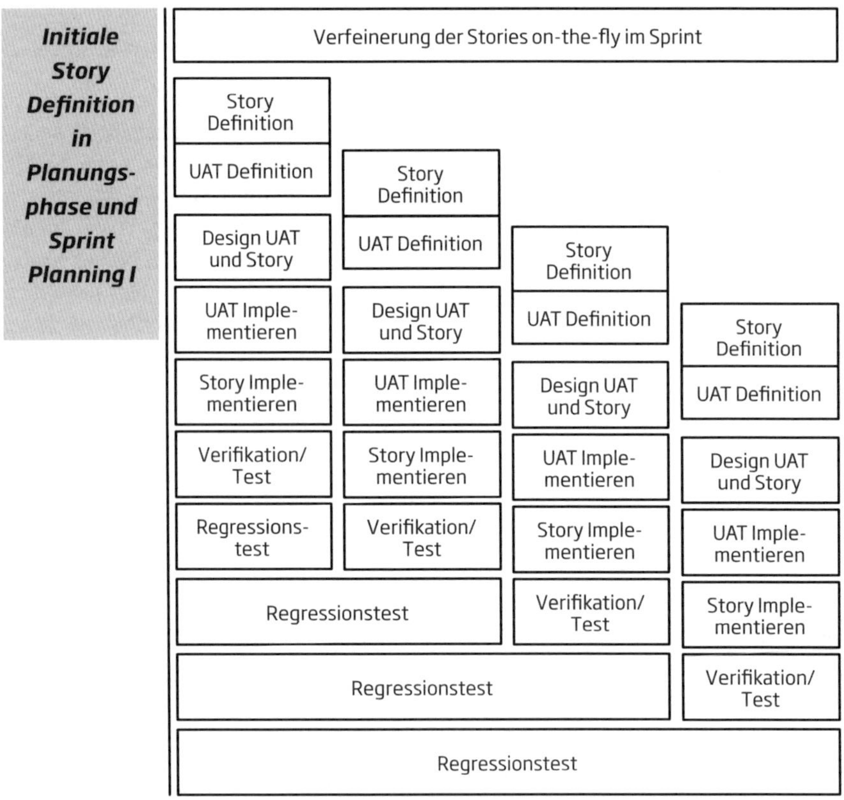

Bild 6.3 Die User Acceptance Tests – ein Prozessvorschlag

- *Story-Definition:* Zunächst müssen die Storys geschrieben werden. Wir wissen schon, dass sie vom Team geschrieben und verfeinert werden. Die Storys werden in Workshops erstellt. Die letzte Möglichkeit, eine Story zu verändern und zu verfeinern, besteht im Sprint Planning Meeting 1.
- Zu jeder Story wird ein User Acceptance Test definiert (UAT-Definition), der zeigt, wie die Funktionalität tatsächlich aussehen soll, wenn sie geliefert wird.
- Das Design des UAT und der Story.
- Der UAT wird implementiert und automatisiert.
- Die Story wird implementiert.
- Es findet eine Verifikation des UAT statt.
- Schließlich der Regressionstest über alle bereits implementierten Storys. Er muss schnellstmöglich automatisiert werden, da sonst die Entwicklung der Storys von Monat zu Monat langsamer wird.

6.2 Auswirkung der schlechten Qualität

Angenommen, der Kunde weiß, dass der oben beschriebene Ablauf nicht eingehalten wird, oder er verlangt das sogar, weil er sehr aufwendig und damit in den meisten Organisationen langsam und in der Regel auch teuer ist. Der Kunde lässt sich also bewusst darauf ein, die Tests zu vernachlässigen. Ist dann die Welt für die Entwickler in Ordnung? Ist es dann okay, qualitativ schlechte Software zu liefern? Das Argument der Softwareentwickler, die ich in den letzten Jahren getroffen habe, und der Teilnehmer in den Trainings lautet immer: „Der Kunde will ja, dass wir den Quick-Fix machen." Ich kenne diese Haltung der Kunden auch. Der Patient möchte vom Arzt die schnellste Lösung, die auch die günstigste sein soll. Er fragt, ob es kein billigeres Medikament gibt. Darf ein Arzt das günstigere Medikament geben, wenn es Nebenwirkungen hat, die er nicht einschätzen kann oder die auf lange Sicht die Therapie gefährden? Sind nicht wir die Experten, wissen wir es nicht besser?

Ken Schwaber stellt in seiner Präsentation „Canary in a Coal Mine"[2] klar, dass wir in der Softwareentwicklung diesbezüglich unprofessionell arbeiten. Er will die Professionalität der Entwickler anheben: Sie sollen begreifen, dass sie selbst durch das Schreiben von Spaghetti-Code dafür sorgen, dass die Entwicklung einer Applikation im Laufe der Jahre immer langsamer wird.

Werfen wir einen Blick auf Bild 6.4: Die Geschwindigkeit und Kapazität eines Teams kann durch den *Anstieg* der fallenden Geraden im Burndown-Chart dargestellt werden (zur Erinnerung siehe Abschnitt 5.1). Wenn der Product Owner oder der Kunde vom Team verlangt, schneller zu sein, als es nach seiner Schätzung wäre, dann wird die Steigung größer und es entsteht eine Differenz (in der Grafik der graue Raum zwischen den ersten beiden fallenden Geraden). Dieses Delta beschreibt die nicht erledigte Arbeit. Die Entwickler werden dem

[2] http://www.infoq.com/presentations/agile-quality-canary-coalmine (4.1.2016)

Product Owner im nächsten Sprint Planning mitteilen, dass sie in diesem Sprint nicht so viel Funktionalität liefern können, da sie noch Nacharbeiten durchzuführen hätten. Wieder wird der Product Owner das nicht vollständig akzeptieren und daher entsteht erneut ein Delta zwischen der Soll-Qualität der Arbeit und der Realität. Führt ein Applikationsentwicklungsteam dieses Spiel mit dem Product Owner lange genug durch, wird die Applikation unwartbar und die Aufwände für die Weiterentwicklung steigen ins Astronomische.

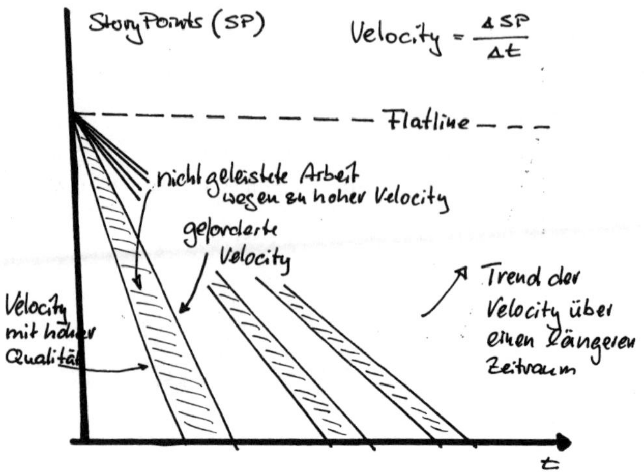

Bild 6.4
Nicht durchgeführte Arbeit – Technical debt

Ein kleines Softwareentwicklungsunternehmen, der CEO und der Chef der Softwareentwicklung befinden sich im Raum.

CEO: Soeben habe ich einen Anruf von unserem Kunden bekommen. Ihr habt ihm gesagt, ihr braucht zwei Wochen, um ein einziges Feld in der Suchmaske zu verändern?

LEITER SE: Ja! Die Applikation wurde so schlecht entwickelt, dass meine Jungs jetzt zwei Wochen benötigen. Wir müssen etliche Files anfassen und das Testen alleine dauert mindestens eine Woche.

CEO: Das ist ja Wahnsinn – was sollen wir tun?

LEITER SE: Meine Empfehlung: Werd' den Kunden los. Wir verzichten auf ihn.

CEO: Was? Das ist doch nicht dein Ernst!

LEITER SE: Wir machen mit dem Kunden fast keinen Umsatz mehr. Er will für das Schreiben eines einzigen Feldes auch nicht zwei Wochen Arbeit bezahlen. Ich habe schon gefragt, ob wir ihm die Applikation neu schreiben sollen. Die Antwort lautete: „Nein!“ Also ist es für uns finanziell die beste Option, mit ihm nicht mehr weiterzuarbeiten. Er bindet meine Teamressourcen.

War das richtig? Ja – weil ich den Kunden damals über die Lage informiert habe. Ich teilte ihm mit, dass wir es uns nicht mehr leisten konnten, ihn zu betreuen. Er befolgte, was ich ihm geraten hatte. Die Applikation wurde neu geschrieben – aber nicht von uns.

Sie können dieses Phänomen in großen Unternehmen beobachten, in denen es Legacy-Systeme gibt. Jahr für Jahr werden mehr Mitarbeiter eingestellt, um diese Systeme zu warten und weiterzuentwickeln, und von Jahr zu Jahr wird es schwieriger, diese Applikationen zu betreuen. Die Applikationsteams haben eine negative Velocity erreicht.

6.3 Entwicklungspraktiken der Balanced Agility

6.3.1 Kontinuierliche Integration – das Produkt entsteht

Eines der Kernprobleme in der Softwareindustrie scheint mir zu sein, dass Softwareentwickler ständig Verbesserungen an der Code-Basis ihrer Systeme durchführen. Sie schaffen dadurch permanent neue Versionsstände der Code-Basis, die später wieder in ein Produkt hineinintegriert werden müssen. Die Integration der verschiedenen Versionsstände findet in den meisten Teams und Organisationen nicht oft genug statt. Dadurch wird sie nach einigen Entwicklungstagen meist aufwendiger als die Entwicklung selbst.

Die Lösung dieses Problems liegt nicht in der Unterstützung der Integration durch ständige neue Hilfsmittel. Vielmehr sollte man die Integration ständig durchführen. Sie wird also im Minutentakt von den Entwicklern auf dem eigenen System und im Stundentakt auf den Systemen durchgeführt. Das ist ohne Hilfsmittel zwar nicht sinnvoll möglich, doch sind diese Hilfsmittel nicht entscheidend. Gelingen wird sie nur, wenn die Entwickler diesen Prozess diszipliniert und regelmäßig durchführen.

Ein weiterer Aspekt dieses Kernproblems ist, dass sich die Versionsstände auf den Entwicklungsservern von den Versionen auf den Produktionsservern unterscheiden, und zwar deshalb, weil die Fehler im Code der Produktionsserver durch Hot-Patches verändert werden. Wenn dann die Entwickler ihren neuen Code und die neuen Funktionalitäten ausrollen wollen, muss zuerst wieder die Code-Basis beider Umgebungen vereint werden. All das geschieht, weil der Weg, den ich in Bild 6.1 vorgestellt habe, nicht eingehalten wird.

Die technische Lösung dieses Aspekts ist einfach, wenn man das Prinzip aus dem Toyota Production System nützt: die Produktionsstraße anhalten, den Fehler beheben und dann erst weiterarbeiten. Übertragen auf die Softwareentwicklung bedeutet das: Wenn ein Fehler in der Produktion oder vom Kunden gefunden wird, beheben ihn die Entwickler in ihren Entwicklungsumgebungen. Die Applikation wird neu ausgerollt und wenn sie wieder läuft, arbeiten die Entwickler an den neuen Funktionalitäten weiter.

Dieses Vorgehen ist heute für die meisten undenkbar, denn sie erleben ständig Fehler und Krisen beim Ausrollen neuer Produkte, die dann dennoch lauffähig sein müssen. Aber die Ursache dafür, dass man so nicht vorgehen will, liegt schon in der Entwicklung selbst, beim Testen.

6.3.2 Qualität – testen, testen, testen

Fragen Sie einen Softwareentwickler oder Manager, wie viel Aufwand in das Entwickeln fließt und wie viel ins Testen, dann erhalten Sie die Antwort „50/50" (Bild 6.5).

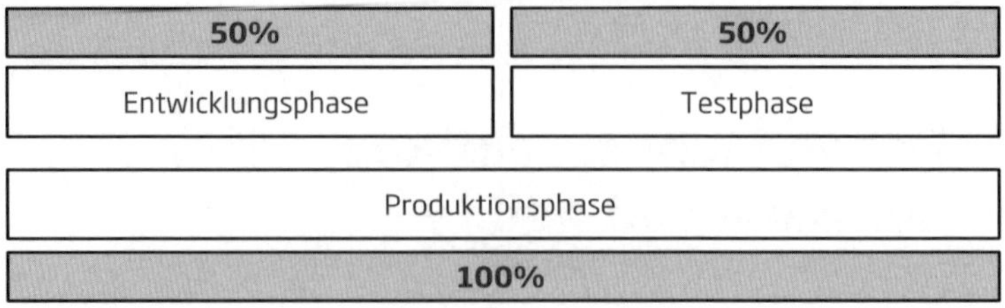

Bild 6.5 Das falsche Bild vom traditionellen Produktionsprozess

Fragt man, wie viel Aufwand denn in der Testphase für das Beheben der Fehler, also für das Fertigentwickeln der Funktionalität aufgewendet wird, dann erhält man die Antwort: „Etwa 50 Prozent." Dadurch verändert sich natürlich das Bild (Bild 6.6): Der Aufwand für das Schreiben des Codes liegt bei mehr als 50 Prozent und die Entwicklungsphase dauert bis zur Auslieferung der Applikation. Die Testphase fängt allerdings erst in der Mitte der Entwicklungsphase an. Dass man Entwickler und Tester voneinander getrennt hat, verstärkt die Vorstellung, die Aufteilung aus Bild 6.5 wäre korrekt. Tatsache ist jedoch, dass es mit der Realität nichts zu tun hat.

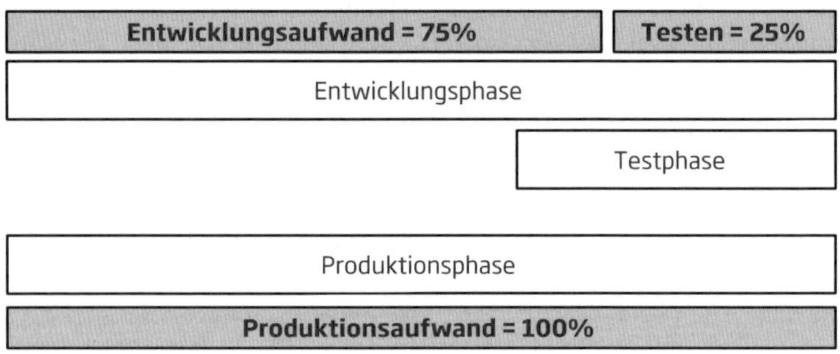

Bild 6.6 Das korrekte Bild vom traditionellen Produktionsprozess

Scrum-Teams kämpfen gegen ihre Organisationen immer noch darum, die Tester wieder in das Entwicklungsteam zu integrieren. Entwickler und Tester müssen eine Einheit bilden. In der Produktionsphase (= im Sprint) muss sowohl entwickelt als auch getestet werden – denn am Ende des Sprints muss ja alles potentially shippable, also „fertig" sein. Doch diese Forderung ist für viele Organisationen und das Management in diesen Organisationen nicht vorstellbar. Es gibt unzählige Argumente, weshalb es nicht möglich sei, die Tester mit ins Entwicklungsteam zu geben. Die Vorstellung, dass die Entwicklung so lange andauert, bis fehlerfreie Software beim Kunden ankommt, ist zu absurd. End-to-End-Testing wird zwar gefordert, doch das sollen die Tester übernehmen, die dem Entwicklungsprozess nachgelagert sind. In Scrum gilt: **Es gibt keine Testphase. Es gibt nur eine Entwicklungsphase, die Testaktivitäten einschließt.**

Teams müssen also gemeinsam und unterstützt vom Management das Testen als integralen Bestandteil der Entwicklung begreifen. Test Driven Development (TDD), von Kent Beck bereits Ende des letzten Jahrhunderts entwickelt, gibt dem Entwickler die Sicherheit, dass er funktionierenden Code produziert und den Code der anderen Teammitglieder nicht bricht [Beck 2002]. Scrum verlangt die Auslieferung von fertiger Business-Funktionalität, TDD ist nur ein erster Schritt in diese Richtung. Ein wichtiger Schritt zwar, der aber bei weitem nicht ausreicht. Teams müssen, so wie es Mike Beedle bereits 2003 definierte, Unit-, Regressions-, Integrations-, Systemintegrations- und Akzeptanztests durchführen. Teams haben dabei verschiedene Testreifegrade. Nur mit viel Aufwand in der Organisation ist es möglich, alle diese Tests innerhalb eines einzigen Sprints durchzuführen. Das ist übrigens auch ein Grund, wieso die Länge eines Sprints vom Können der Teams abhängt. Je besser die Entwicklungspraktiken des Teams, je automatisierter die Testprozesse gestaltet sind, desto schneller und effektiver können sie durchgeführt werden und desto kürzer kann ein Sprint sein – im Idealfall dauert er einen Tag.

Das Testteam oder die Quality Assurance

Ist das Testteam oder die QA-Abteilung somit gestorben und brauchen wir keine Tester mehr? Nein, aber wir brauchen in der agilen Produktentwicklung Tester, die innerhalb der Teams für fehlerfreie Software sorgen.[3]

Daneben muss es aber auch ein Testteam geben, das die Aufgabe hat, das gelieferte Produkt auf Herz und Nieren zu prüfen. Dieses Team – oft sind es auch ganze Abteilungen (Quality Assurance oder Quality Management) – hat die Aufgabe:

1. Regularien der Behörden einzufordern und zu überprüfen, ob diese von der Entwicklung erfüllt wurden.
2. Sie haben meiner bescheidenen Meinung nach aber auch die Aufgabe, neu entwickelte Funktionalität zu verifizieren. Sie stellen also nicht sicher, ob die Scrum-Teams fehlerfrei programmiert haben, sondern schauen mit den Augen der User auf die neue entwickelte Funktionalität. Möglicherweise finden sie dabei Dinge, die den Entwicklern entgangen sind, oder sie nutzen die Applikation auf eine Weise, die nicht angedacht war und deshalb zu „Fehlern" bei der Bedienung der Applikation führen könnte.

Die Aufgabe dieser Teams oder Abteilungen ist es, die Scrum-Teams mit Know-how zu unterstützen, sie darin anzuleiten, die Standards der Organisation zu verstehen und in die eigene Arbeit zu überführen.

Diese Teams sollten alles tun, um das Produkt an seine Grenzen zu bringen und auf diese Weise nicht die Funktionalitäten des Systems zu testen, sondern das Produkt selbst.

Ist es die Aufgabe des Testers im Scrum-Team, die Fehler zu finden, so ist es die Aufgabe des Testteams, zu prüfen, ob die Anforderungen der Organisation an die Qualität des Produkts erfüllt sind.

Diese Art von Tests ist auf keinen Fall mit End-to-End-Tests oder User Acceptance Tests zu verwechseln. Das Testteam arbeitet nicht im eigentlichen Sinne Test Cases ab, sondern es versucht, dem Produkt alles abzuverlangen, um die Außensicht zu simulieren. Kleine Organisationen können hier Kosten sparen, indem sie diese Aufgabe mit den Kunden teilen.

[3] Wir stehen heute vor der Herausforderung, diese Forderung auch in der Hardwareentwicklung durchzusetzen.

Der Kunde stellt den User und der oben genannte Schritt kann als Gemeinschaftswerk durchgeführt werden. Auf diese Weise spart man einen Arbeitsschritt, ein weiteres Handover. Allerdings erfordert das auch ein deutliches Mehr an Vertrauen auf beiden Seiten.

6.3.3 Release-Durchführung – das Produkt zur Verfügung stellen

Die Durchführung der Releases[4], also der Prozess des Ausrollens einer Applikation, der Inbetriebnahme einer neuen Funktionalität eines Webportals oder einer neuen Funktionalität einer Client-Server-Applikation, ist oft sehr kompliziert. Oft vergehen Tage, manchmal sogar Wochen, es sind Dutzende von Menschen involviert und zwischen den Beteiligten sind ständige Abstimmungen notwendig.

Meiner Erfahrung nach läuft der Prozess des Ausrollens einer neuen Funktionalität in den meisten Fällen a) nicht einfach und b) nicht ohne kleinere Katastrophen ab. In den meisten Organisationen werden Roll-out-Termine zu größeren Ereignissen. Je breiter und tiefer der Technologie-Stack ist, desto komplexer wird das Unterfangen. Alle fürchten sich jedes Mal wieder vor diesem Tag und er wird nicht ersehnt, sondern vermieden. Die Konsequenz in den meisten IT-Organisationen ist, dass die Releasezyklen länger und länger werden. Gleichzeitig gibt es jedoch den Druck, dass die Kunden ständig neue Produkte bekommen sollen und die Releases daher viel öfter durchgeführt werden müssen. Heute ist es Standard, dass wir in Tages- oder Wochenrhythmen mit neuen Features versorgt werden.

Die agile Softwareentwicklung hat die IT-Branche in weiten Teilen revolutioniert. Auch in stark IT-abhängigen Branchen – zum Beispiel Banken, Versicherungen, Automotive – müssten die Releaseprozesse nicht so schmerzhaft sein. Das Ausrollen einer neuen Funktionalität, zum Beispiel bei ERP-Applikationen, muss so einfach sein, dass es niemandem auffällt. **Releasing muss zu einem Standardprozess werden, der völlig geräuschlos abläuft.**

In einem idealen Szenario für einen Ausrollprozess werden am Tag des Reviews alle fertigen Funktionalitäten gezeigt. Dann kann der Product Owner mit allen anderen Verantwortlichen entscheiden, welche Funktionalität am nächsten Morgen oder zu einem anderen Zeitpunkt eingespielt wird.

> Bei einem unserer Scrum-Teams entschied die Organisation, mit einer nicht getesteten Funktionalität online zu gehen. Letztere sollte erst danach getestet und für den Fall, dass sie funktionieren würde, „scharf" gemacht werden. Allerdings führte das dazu, dass das Team im nächsten Sprint mit den Fehlern dieser Funktionalität konfrontiert wurde. ■

Die einzig richtige Vorgehensweise wäre gewesen, diese Funktionalität nicht auszurollen, sie als nicht geliefert zu bezeichnen und sie erst mit dem nächsten Monats-Release zu liefern. Nur so wäre klar geworden, dass die Prozesse nicht funktionieren, dass das Team noch einiges mehr an Erfahrung und Courage benötigt, um sagen zu können, was es liefern kann und was nicht.

[4] Die Durchführung von Releases ist nur ein Teil des Release-Managements. Feature-Zuteilung, Terminfestlegung etc. sind wichtige Aufgaben des Release-Managements und werden u. a. vom Product Owner vorgenommen.

Im genannten Beispiel erzeugt man einen Workaround nach dem anderen, weil man die tatsächlichen Ursachen nicht sehen und nicht beseitigen will.

Sie wollen nun sicher wissen, wie man dabei vorgeht. Diese Frage in ihrer Gänze zu beantworten, würde den Rahmen dieses Buchs sprengen. Dass es geht, erleben Sie als Privatperson jeden Tag, wenn Sie Google, Samsung- oder Apple-Produkte nutzen. In Office 365 findet sich ebenfalls die Umkehr der Paradigmen hin zum ständigen Releasen.

Aber wie geht das? Dazu mein Tipp: Fragen Sie die Spezialisten in Ihrer eigenen Organisation. Ask the Team! Setzen Sie Ihren Teams dieses Ziel und geben Sie Ihnen etwas Zeit. Ich habe in den letzten Jahren erlebt: Jede Organisation hat ihre Spezialisten, die wissen, was man tun muss, um diese Art von Prozessen automatisch ablaufen zu lassen. Meine Erfahrung ist aber auch, dass diese Spezialisten daran gehindert werden, diese Prozesse einzuführen. Die Organisation unternimmt nicht genügend Anstrengungen, um die notwendigen infrastrukturellen Maßnahmen umzusetzen. Man weiß zwar, dass es nicht ideal ist, aber man lebt eben damit. Und es gibt immer genügend Ausreden, warum es gerade nicht geht.

Das Management blockiert diese Initiative häufig, weil es natürlich Geld kostet und auch für einige Zeit die Produktivität scheinbar reduziert. Ich kann Ihnen jedoch aus der Erfahrung in vielen Projekten versichern: Diese Zeit ist sehr gut investiert. Der Return on Investment ist extrem hoch.

In den Projekten, die ich als ScrumMaster und Chef der Entwicklung geleitet habe, nahmen wir uns diese Zeit. Es hat gedauert, meistens ein bis zwei Monate, aber dann konnten wir zu jedem beliebigen Zeitpunkt ausrollen. Wie das ging? Ich bat meine Entwickler, die entsprechenden Prozesse zu entwickeln und zu automatisieren. Sie wussten immer, was man tun muss, um es zu erreichen:

- Die Programmteile, die zum Release gehören sollen, sind gekennzeichnet.
- Die Release-Notes werden automatisch aus dem Code generiert.
- Die Migrationen zwischen den einzelnen Workstations und Plattformen sind automatisiert und basieren auf den gekennzeichneten Programmbestandteilen.
- Es gibt einen automatisierten Deploymont-Prozess, der die getesteten Bestandteile produktiv setzt.[5]
- Die Organisation investiert in die entsprechenden Umgebungen. Systemintegrationsumgebungen und Beta-Umgebungen sind nicht billig, gehören aber dazu.

Gerade Unternehmen in Deutschland, die seit einigen Jahren agil entwickeln, haben das zur Perfektion getrieben. Die Hersteller der Software-Tools haben die Infrastrukturen so weiterentwickelt, dass man das erforderliche Know-how von der Stange kaufen kann.

[5] In seinem Blog hat Timothy Fitz gezeigt, dass es sogar möglich ist, ständig, d. h. in seinem Fall alle zehn Minuten, zu deployen – http://bit.ly/1n4yzoF (4.1.2016)

6.4 Kontinuierliches Liefern

Als ich gerade die erste Auflage zu diesem Buch schrieb, gab es zwar schon Entwickler, die über kontinuierliches Liefern nachdachten, aber die Regel war es noch nicht. Seither sind zehn Jahre vergangen und in vielen agilen Unternehmen steht das kontinuierliche Liefern auf der Tagesordnung. In einem unserer letzten Entwicklungsprojekte wurde im Entwicklungsteam alle fünf Minuten eingecheckt und gebaut. Ständig wurde die Teamumgebung aktualisiert, einmal am Tag haben wir auf die Testmaschinen releast und alle drei Tage auf das Live-System deployt. Es wäre schneller gegangen, aber zu diesem Zeitpunkt war es nicht nötig.

Es hat sich viel getan. Viele Entwickler haben gemeinsam mit Operationsfachleuten daran gearbeitet, dass Deployment-Prozesse schneller geworden sind. Heute gibt es kontrollierte Deployment-Prozesse, die das ständige Liefern ins Live-System zulassen. Die Limitation von Scrum, am Ende des Sprints zu liefern, haben viele Entwicklungsteams über Bord geworfen und liefern stattdessen schon während des Sprints aus. In einigen Umfeldern, in denen es um das ständige Entwickeln kleiner, unkritischer Anforderungen geht, wird konsequent eines nach dem anderen entwickelt und sofort live gestellt – bei Entwicklungszeiten von wenigen Stunden bis zu einigen Tagen. Die Lockerung des Sprints hat sich zugunsten des Durchflusses bewährt.

Aber: Kontinuierliches Liefern erfordert ein hohes Maß an Disziplin und die Möglichkeit des automatisierten Testens. Das Ausliefern neuer Funktionen darf die alten Funktionen nicht beeinträchtigen. Das lässt sich nur durch ständiges kontinuierliches Regression-Testing erreichen und das wiederum erfordert das disziplinierte Einbauen automatisierter Testfälle, am besten Test-Driven-Development. Dazu ist es notwendig, die Professionalität in den Entwicklungsmannschaften und auch in den Betriebsmannschaften deutlich anzuheben. Neue Technologien und vor allem neue Prozesse – auch das ist nötig.

Ich erwähne die neuen Prozesse, weil die Entwickler es oft könnten und auch die Testmannschaften wüssten, wie es geht. Aber dann will das Rechenzentrum, in dem die Applikationen gehostet werden, die Prozesse nicht umstellen – oder es muss wegen der existierenden Verträge bei Mehrfachreleases mehr bezahlt werden. Trotzdem gibt es Lösungen und viele sind den Weg schon gegangen.

7 Scrum skalieren

Scaling Scrum, Upscale Scrum, große Projekte, verteilte Teams, hochkomplexe Anforderungen in gigantischen Softwareentwicklungsprojekten - das beschäftigt die Mitarbeiter in vielen Organisationen. Schon die Projekte selbst werden immer komplexer, werden dann aber auch noch mit weiteren Projekten zu sogenannten Programmen verkettet, und vor allem, wenn Hardware involviert ist, dehnt sich die Produktentwicklung manchmal über mehrere Jahre. Wie soll man solche Projekte mit Scrum steuern? Scrum war doch nur für kleine, sich selbst organisierende Teams gedacht - oder etwa nicht?

Ikujiro Nonaka und Hirotaka Takeuchi schrieben in ihrem 1986 erschienenen Artikel „The New New Product Development Game", dass sich crossfunktionale Teams meist in iterativen und inkrementellen Zyklen auf ihr Ziel - das Gesamtprodukt - hinbewegen, wenn sie die Entwicklungsphasen nicht wasserfallartig, sondern parallel ausführen [Nonaka, Takeuchi 1986]. Die dazu von Nonaka und Takeuchi untersuchten Projekte bzw. Produkte waren alles andere als klein: Es handelte sich dabei um die Innovationsprozesse von Fuji-Xerox, NEC, Canon und Honda. Die Überlegungen von Nonaka und Takeuchi sind das Fundament von Scrum und daher: **Nein, es ging bei Scrum nie um kleine Teams.**

Zwar gilt, dass Teams nicht mehr als fünf Personen umfassen sollten, doch das hindert Scrum-Praktiker nicht daran, auch Projekte mit 180 Menschen und mehr durchzuführen. Warum auch nicht: Man macht Scrum ja nicht um Scrum willen, sondern weil man die Herausforderungen damit effektiver lösen will.

Schwaber, Sutherland und Beedle beschreiben bereits in „Agile Software Development with Scrum" Scrum-Projekte in einer Größenordnung von 2.000 Personen [Schwaber et al. 2001]. Anfang 2005 hatte ich zum ersten Mal die Gelegenheit, in Berlin mit einem Team von 40 Softwareentwicklern und einem externen Dienstleister die Ideen der beiden zu skalieren. Ende 2005 bat mich die Entwicklungsabteilung von BenQ Mobile, sie dabei zu unterstützen, ihre mehr als 130 Entwickler an zwei Standorten in Polen und Deutschland mit Scrum zu koordinieren. Ich werde nie vergessen, wie mich der damalige Projektleiter auseinandergenommen hat, weil er unbedingt wissen wollte, wie man Scrum skaliert. Bei der Agile 2006, beim Leadership Summit, berichteten Steven Ambrose (Director DTE Energy), Israel Gat (Vice President for Development von BMC), Peter George (Senior VP Engineering, CTO Kronos) und Bud Phillips (VP of Decisioning Services, CapOne), wie sie ihre gesamten Organisationen auf Agile und Scrum umgestellt hatten[1] und wie sie dabei vorgegangen waren. 2007 fragte mich Tim Hagemann, heute Head of eBusiness bei CGI in Düsseldorf, ob ich ihm dabei helfen könne, ein großes eCommerce-Projekt mit Scrum zu skalieren. 2008, beim Scrum Gathering

[1] Bob Payne hat diese Panel-Diskussion für seine Podcast-Serie *Agile Toolkit* aufgenommen - http://bit.ly/1OVMhSg (4.1.2016)

in Stockholm, erzählten uns Steve Green und Chris Frey in ihrer Präsentation „A Year of Living Dangerously"[2], wie sie die gesamte Entwicklungsabteilung (500 Entwickler) auf Scrum umgestellt hatten. Die Bedeutung der richtigen Architektur für skalierte Umfelder wurde durch das Beispiel von Amazon deutlich: Dort hatte man die Teams so aufgestellt, dass zwar alle an einem Produkt arbeiteten, aber vollkommen unabhängig voneinander releasen konnten.

2008 kam ein Automobilkonzern auf mich zu und wir führten das bis dahin wohl größte und komplexeste skalierte Scrum-Projekt in Deutschland durch. 2010 begannen weltweit Scrum-Consultants in großen Organisationen daran zu arbeiten, nicht Projekte zu skalieren, sondern ganze Abteilungen umzustellen. Als dann 2012 die ersten Hardwareunternehmen aus Deutschland und der Schweiz an mich herantraten und sich für Scrum interessierten, wurde das Skalieren von Projekten noch ein Stück komplexer: Nun arbeiteten nicht Menschen einer Disziplin oder zumindest verwandter Disziplinen in einem Team, sondern Fachleute völlig verschiedener Domänen. Maschinenbauer, Elektrotechniker, Softwareentwickler, Biologen, Chemiker - sie bildeten Scrum-Teams.

Das ist nur möglich, weil die Prinzipien von Scrum auch für große Umfelder gelten. Nicht immer sind die Lösungen leicht umzusetzen, doch in ihren Grundzügen sind sie einfach - das werden wir in diesem Kapitel sehen.

7.1 Die Prinzipien skaliert

Ich vertrete die These, dass Scrum nur wegen seiner Prinzipien und Werte skaliert. Anders ausgedrückt: Das konsequente Anwenden der von Scrum vertretenen Prinzipien führt dazu, dass auch skaliert werden kann und der für Organisationen richtige Skalierungsprozess entstehen kann. Es geht hier also nicht um Blaupausen, die einem sagen, wie man die Teams aufstellen muss, wie die Artefakte aussehen müssen und ob man einen Chief Product Owner braucht oder nicht. Skalieren gelingt dann, wenn man sich bemüht, die Prinzipien von Scrum in die Tat umzusetzen und dabei Folgendes im Auge behält:

1. Es muss ein **einheitliches Verständnis** darüber geben, was Agilität ist und wie Scrum im Kleinen gelebt werden soll. Wenn es immer wieder Diskussionen darüber gibt, ob ein Daily Scrum durchgeführt wird oder nicht und in jedem Team ein wenig anders gescrummt wird, dann werden die Wechsel von Team zu Team sehr schwierig. Es ist ein schmaler Grat zur Standardisierung und aus gut gemeinten Gründen wird die Selbstorganisation zu sehr eingeschränkt. Scrum-Checklisten haben wir vor Jahren entwickelt, weil wir wollten, dass die Grundlagen der Meetings in allen Teams gleich gelebt werden können. Dabei muss man sich aber vor Augen halten, dass man natürlich von diesen Checklisten abweichen darf, wenn ein Team für sich eine bessere Lösung findet. Unterzieht man ein Team einem Audit, sollte man also nie die Konformität mit irgendeiner Checkliste untersuchen, sondern darauf achten, ob zum Beispiel die mit den Meetings verbundenen Ziele erreicht wurden.

[2] http://bit.ly/1OOWiPq (4.1.2016)

2. In großen Unternehmenssystemen ist es absolut notwendig, sich mit dem Personalmanagement und den Anreizsystemen zu befassen. Agiles Arbeiten erfordert ein entsprechendes **Mindset**. Wer hierarchisch denkt und in solchen Strukturen arbeiten will, sollte sich einen Arbeitsplatz suchen, der diesen Wunsch erfüllt. Die Menschen müssen mit der agilen Denkweise zusammenpassen – das beginnt bei der Einstellung neuer Mitarbeiter, genauso müssen die Kollegen aber in den neuen Arbeitsweisen immer weiter ausgebildet werden. Unternehmen wie Morning Star machen das vor: Dort werden die Mitarbeiter immer wieder im Umgang mit Selbstorganisation trainiert (siehe Kasten). Agiles Arbeiten braucht auf lange Sicht auch einen Kontext, also eine Organisation, die ihre Mitarbeiter dafür würdigt, dass sie agil arbeiten. Oft geschieht aber genau das Gegenteil: Statt die Menschen, die sich als ScrumMaster oder Product Owner engagieren und behaupten wollen, in ihren Rollen zu stärken und zu verstehen, werden sie nicht unbedingt wertgeschätzt. Bekommt ein ScrumMaster nicht die entsprechende Aufmerksamkeit vom Management, signalisiert das, dass seine Rolle im Grunde nicht wichtig ist. Auf die salbungsvollen Worte über Scrum kann man dann nicht viel geben, denn das Engagement des Einzelnen für Scrum wird nicht anerkannt und die Mühe verpufft ohne Ergebnis. Das Management einer Organisation, die sich mit Scrum auf den Weg gemacht hat, wird feststellen: Ein ScrumMaster hat viele Funktionen. Er ist Team-Leader, Change Agent, Facilitator, Trainer für agile Entwicklungsprozesse u. v. m. Es ist also eine umfangreiche Rolle, die Aufmerksamkeit von allen Beteiligten verdient.

Morning Star

Was wäre, wenn wir das Management komplett abschaffen und damit den Mitarbeitern nicht nur die Kontrolle über ihr Handeln, sondern gleichzeitig auch die Verantwortung dafür geben? So gewagt diese These auch ist, in der Praxis wird das bereits gelebt: Morning Star, das weltweit größte Unternehmen für die Verarbeitung von Tomaten, verzichtet zur Gänze auf Chefs, Titel oder Beförderungen. In dem von Chris Rufer 1970 gegründeten Unternehmen gibt es überhaupt keine Manager, die Gehälter werden über Komitees festgelegt und jeder schließt einen jährlichen Vertrag, einen sogenannten Colleague Letter of Understanding (CLOU), ab – ein persönliches Mission Statement den Kollegen gegenüber, die von den persönlichen Zielen am meisten betroffen sein werden. Im Wesentlichen handelt es sich dabei um einen operativen Plan, also um eine Grundlage für die tägliche Arbeit.

CLOUs ...

- ... können über 30 Aufgabengebiete umfassen und definieren auch die relevanten Performance-Metriken.
- ... verändern sich von Jahr zu Jahr, um den sich verändernden Kompetenzen und Interessen gerecht zu werden.
- ... werden durch die Lerneffekte komplexer, je länger ein Mitarbeiter im Unternehmen ist, da Basisaufgaben an kürzlich eingetretene Kollegen übergeben werden.

Jede und jeder ist dafür verantwortlich, sich für die Umsetzung das notwendige Wissen anzueignen und die notwendigen Mittel, Mitarbeiter und Kooperationspartner zu organisieren. Bei Morning Star behauptet aber niemand, dass effektives

Selbstmanagement leicht zu erreichen ist. Deshalb hilft ein CLOU Facilitation Team den Mitarbeitern dabei, in das Selbstmanagement hineinzuwachsen und die konstruktive Zusammenarbeit zu fördern. Das können auch Aufgaben wie die Vermittlung in Konfliktfällen sein, die Dokumentation der CLOUs und anderer Vereinbarungen, die Teilnahme an Besprechungen als neutrale Protokollführer oder das Identifizieren von Bereichen, in denen Verbesserungen nötig sind. Die CLOU Facilitators sind also Coaches auf dem Weg zum Selbstmanagement.

Mehr zu Morning Star ist in diesem Artikel von Gary Hamel nachzulesen: *First, Let's Fire All the Managers. In: Harvard Business Review, December 2011, 89 (12), S. 48-60*

■

3. Große Projekte funktionieren heute nicht mehr ohne das Einbinden externer **Dienstleister.** Manchmal liefern sie Mitarbeiter, manchmal liefern sie fertige Produktkomponenten. In jedem skalierten Projekt muss man sich Gedanken über die Schnittstellen zu diesen Lieferanten machen und die Verträge so gestalten, dass eine agile Zusammenarbeit erleichtert wird. Das deutsche Arbeitsrecht macht unternehmensübergreifendes Arbeiten in gemeinsamen Teams beinahe unmöglich, in den kommenden Jahren wird es zu neuen Lösungen dafür kommen müssen. Eine Lösung ist der agile Festpreis [Opelt et al. 2012].
4. Jeder will wissen: **Was wird es kosten?** Das ist verständlich und gehört dazu. Doch wie soll man etwas schätzen, das man noch nicht kennt, wofür es noch keine Beispiele gibt - ja das einfach noch nie gemacht wurde? Große Projekte müssen stabile Zahlen liefern und gleichzeitig die Veränderung mitdenken. Durch Frontloading, also das Aufschreiben möglichst vieler Anforderungen gleich zu Beginn, wird versucht, diesem Umstand Rechnung zu tragen. Auf dem Papier funktioniert es, denn Papier ist geduldig und zumindest lässt sich damit einige Zeit die Illusion aufrechterhalten, alles im Griff zu haben. Wer skalieren will, muss sich daher eine clevere Lösung einfallen lassen: Wie werden die Teams befähigt, das Richtige zu tun - ohne dass man ständig eingreifen und die Kosten im Zaum halten muss? Das ständige Erweitern der Anforderungen ist unausweichlich, jeder will seine Ideen und Bedürfnisse in das Projekt einbringen - zwangsläufig explodieren die Kosten. Die Lösungen für das skalierte Umfeld sind ganz einfach, wie wir sehen werden. Das Problem löst sich, wenn man ganz auf das Schätzen verzichtet und stattdessen konsequent ein neues Prinzip verfolgt: jenes der statistischen Extrapolation. Wer die Durchlaufzeiten der Entwicklung einzelner Funktionalitäten kennt, kann bei einem gleichbleibend hohen Product Backlog genau sagen, wann im Mittel jedes Feature geliefert wird. Diese Forecasts sind sehr genau, aber nie zu 100 Prozent sicher. In großen Projekten sind die Trends aber viel einfacher zu erkennen und werden wegen des Gesetzes der großen Zahlen viel stabiler.[3]

---

[3] Wikipedia sagt dazu: „In ihrer einfachsten Form besagen diese Sätze, dass sich die relative Häufigkeit eines Zufallsergebnisses in der Regel um die theoretische Wahrscheinlichkeit eines Zufallsergebnisses stabilisiert, wenn das zu Grunde liegende Zufallsexperiment immer wieder unter denselben Voraussetzungen durchgeführt wird. Die häufig verwendete Formulierung, dass sich die relative Häufigkeit der Wahrscheinlichkeit „immer mehr annähert" ist dabei irreführend, da es auch bei einer großen Anzahl von Wiederholungen Ausreißer geben kann. Die Annäherung ist also nicht monoton." *Entscheidend ist hier, dass es Ausreißer geben kann und auch geben wird. Aber für den Forecast ist das unerheblich.* https://de.wikipedia.org/wiki/Gesetz_der_gro%C3%9Fen_Zahlen (4.1.2016)

5. **Embrace Change.** Agiles Arbeiten in komplexen Umfeldern, ob mit vielen Leuten, vielen Anforderungen oder komplexen technologischen Abhängigkeiten, benötigt ein deutliches Verständnis darüber, wie man sich der Veränderungen annimmt, die auf die Organisation einwirken. Es geht nicht ohne Veränderung, ohne den Change. Die gesamte Organisation ist betroffen, nicht nur das einzelne Projekt. Große Projekte werden oft nach den Regeln des traditionellen Managements, mit den traditionellen Rollen und auf den traditionellen Entscheidungswegen abgewickelt. Ein Scrum-Projekt in diesem Umfeld zu skalieren, bedeutet zwangsläufig, dass diese traditionellen Rollen und Muster davon betroffen sind. An dieser Stelle führt das agile Projekt zu Verwirrung in der Organisation, bis hin zu Abstoßungsreaktionen.
6. Last but not least – **Führung.** Skalieren funktioniert nicht ohne eine klare Ausrichtung, das Setzen von Rahmenbedingungen und Anleiten. Je größer Projekte werden, desto wichtiger ist eine transparente, offene Führung. Menschen brauchen die Sicherheit, ihre Führungskräfte als Rückhalt zu haben, um beruhigt an den Dingen arbeiten zu können, die alle voranbringen. Wer ständig über die eigenen Vorteile nachdenkt, wer sich absichern will oder muss, wer Angst hat zu versagen, der wird in einem großen Projekt keine Leistungen bringen.

Neben diesen eher grundlegenden Themenfeldern, mit denen man sich bei der Skalierung beschäftigen muss, gilt es, die fünf Prinzipien von Scrum einzuhalten.

- **Selbstorganisation – „ask the team“.** In großen Projekten ist es nicht mehr möglich, aus der Entfernung zu entscheiden, was das Beste für das Projekt ist. Die korrekten Entscheidungen können nur an der Basis getroffen werden, also dort, wo es die Informationen gibt. Stephen Denning macht das in seinem Forbes-Artikel „Why Do Managers Hate Agile?“ sehr schön deutlich [Denning 2015]. Er beschreibt agile Organisationen als „horizontal“: Die Informationen fließen von links nach rechts statt von oben nach unten, wie das in traditionellen Organisationen der Fall ist. Die Selbstorganisation eines Systems braucht aber eine Richtung und förderliche Rahmenbedingungen, die ein gutes Ergebnis wahrscheinlicher werden lassen – das ist unter anderem die Aufgabe des Managements.
- **Pull-Prinzip – kontrolliere den Input:** Wer die Arbeit macht, sollte auch entscheiden können, ob er eine Arbeit übernimmt und wie viel er davon erledigen will. Das Pull-Prinzip, als Ausdruck der Freiwilligkeit verstanden, macht deutlich, dass es nichts bringt, in ein System mehr hineinzuschütten, als es fassen kann. Das haben schon die Untersuchungen zum Toyota-Prinzip, die Lehren des Lean Managements und die mathematischen Arbeiten zur Warteschlangentheorie gezeigt. Zwar wird das Pull-Prinzip meistens verstanden und es spricht auch für niemanden etwas dagegen, aber der Versuch, es einzuhalten, wird dann oft zum Wendepunkt. Jemand wird nervös, will die Leistungen schneller haben und schon wird die Regel – die Teams entscheiden, wie viel sie liefern – außer Kraft gesetzt. Genau dieses Verhalten des Managements führt zu dysfunktionalem Verhalten der Beteiligten und damit des Systems, das sich falsch ausrichtet. Meistens liefert es dank panischer Interventionen weniger statt mehr. So verliert das Management aber auch ein wunderbares Feedback-Instrument. Lässt man die Teams die Arbeit „ehrlich“ ziehen, erkennt das Management, wie viel tatsächlich geleistet werden kann. Wird hier eingegriffen, entsteht ein unehrliches, nämlich das sozial erwünschte Verhalten – und die Tatsachen werden dadurch verschleiert. Ich werde noch zeigen, wie das Pullen mit Hilfe von vier einfachen Regeln gesteuert werden kann.

- **Timebox – Grenzen.** Rahmenbedingungen sind notwendig und das Messen von Faktoren wie der Durchflussgeschwindigkeit benötigt klare Skalen und Messgrößen. Also müssen in einem System auch Grenzen aufgestellt werden. Scrum arbeitet in diesem Punkt mit der Idee der mehr oder weniger langen Iterationen. Dieser Faktor bringt Stabilität in das System, den von Nonaka beschworenen Rhythmus. Vor allem in großen Systemen ist es notwendig, voneinander abhängige Teile zu synchronisieren. Das bedeutet: Zeitlich aufeinander abgestimmtes Entwickeln, Integrieren, Testen und Demonstrieren des Gelieferten, um ständiges Feedback einzuholen. Vorsicht: Hängen zwei Teams nicht voneinander ab, sie sind also entkoppelt, dann können sie natürlich in ihrer eigenen Geschwindigkeit leisten und liefern. Synchronisiert werden muss nur, was zusammengehört.
- **Nutzbare Business-Funktionalität.** Bei der Auslieferung an den Kunden muss die Funktionalität fertig sein. Wer iterativ, also ständig, liefern will, muss das auch bei einem großen Produkt tun.
- **Kunden-/User-Feedback oder Geschwindigkeit schlägt alles.** Nebenbei entsteht der Vorteil, dass eine höhere Liefergeschwindigkeit mehr User- und/oder Kundenfeedback einbringt, und das führt wiederum zu besserer Qualität. Die Qualität ist also eine Funktion der Geschwindigkeit und steht nicht für sich. Auch in großen Projekten lässt sich das dank moderner Technologien bewerkstelligen. Sicher, es ist in einigen Industrien einfacher umzusetzen als in anderen, aber das Prinzip bleibt das Gleiche.

7.2 Skalieren ohne Blueprints

Wer nun erwartet, auf den nächsten Seiten etwas über das „SAFe® – Scaled Agile Framework“[4], „ScALed – Scaled Agile Lean Development“[5] oder „LeSS – Large-Scale Scrum“[6] zu lesen, den muss ich leider enttäuschen. In jedem dieser Frameworks, oder besser gesagt Konglomerate aus Ideen, steckt etwas Wahres. Viele Aspekte sind sinnvoll und jeder Anhänger eines dieser Blueprints wird sagen, wie außergewöhnlich gut diese Ideen funktionieren. Ich bin sogar geneigt zuzugeben, dass die Darstellung dieser Frameworks gelungen ist, doch im Großen und Ganzen sind es aus meiner Sicht gut gelungene Marketingstrategien – mehr nicht.

Skalierung braucht keine Frameworks, keine Rezepte erster Ordnung, mit denen Organisationen wieder ein neues Modell verkauft wird. Scrum ist und war so erfolgreich, weil es nichts anderes als eine sehr intelligente Checkliste ist. Dieses Framework zweiter Ordnung hilft der Organisation dabei, ihre *eigenen* Strukturen und Prozesse darauf abzustimmen, schneller und effektiver zu liefern. Im Verlauf dieses Kapitels werde ich zeigen, wie man in jede Dimension skaliert – egal, ob es um ein Software- oder Hardwareprojekt geht.

[4] http://www.scaledagileframework.com (5.1.2016)
[5] http://scaledprinciples.org/de (5.1.2016)
[6] http://www.largescalescrum.com (5.1.2016)

Checklisten und Prozesse erster und zweiter Ordnung

Checkliste ist nicht gleich Checkliste. Genauer gesagt lassen sie sich in mindestens zwei Kategorien unterteilen: in die rezeptartigen Anweisungen und in die Gedankenstützen oder Gebote.

Checklisten/Prozesse 1. Ordnung

Die meisten Kochbücher enthalten Checklisten 1. Ordnung. Sie beschreiben detailliert, welche Zutaten man braucht, wie viel man davon braucht, wie die Zutaten gemischt werden und auf welche Temperatur man den Ofen aufheizen soll. Rezepthafte Checklisten sind nützlich und in vielen Bereichen des Lebens absolut notwendig. Ich will mir die Millionen verzweifelter Menschen gar nicht vorstellen, die ohne IKEA-Bauanleitungen völlig aufgeschmissen wären.

Doch diese Checklisten haben einen Nachteil: Stört etwas den Prozess oder ist etwas nicht so, wie es in der Checkliste vorgeschlagen wird, dann bricht alles zusammen (die Möbel zum Beispiel).

Checklisten/Prozesse 2. Ordnung

Eine sich selbst beobachtende Checkliste ist eine Checkliste 2. Ordnung. Steht auf einer Checkliste zum Beispiel: „Haben Sie für den Kuchen genügend Eier?", dann erinnert mich die Checkliste daran, dass ich Eier besorgen soll. Sie sagt mir aber nicht, wie viele Eier es sein müssen - sie lässt mir die Wahl.

Scrum ist eine solche Checkliste 2. Ordnung. Es ist ein Prozess, der nicht vorgibt, wie gearbeitet werden soll, sondern nur, welche Resultate erzielt werden sollen. Scrum erinnert daran, welche Rollen in einem Projekt vorhanden sein sollten, über welche Dinge man zum Beginn eines Sprints gesprochen haben sollte und welche Ergebnisse erwartet werden. Mehr nicht.

Best Practices

Da viele nicht wissen oder wussten, wie diese Ergebnisse zu erzielen sind, wurden im Laufe der Jahre „Best Practices" entwickelt. Magic Estimation ist eine solche Best Practice. Auch die Art und Weise wie wir bei borisgloger consulting die Meetings durchführen, gehört in die Kategorie der Best Practices. Hier wird versucht, das Tacit Knowledge unserer Consultants für andere nutzbar zu machen. Es entsteht eine Checkliste 1. Ordnung.

Stellen Sie sich vor, dass Ihr Projekt einfach wirklich groß ist. Sie haben viel zu viel Arbeit vor sich. Die angedachten fünf bis zehn Personen können dieses Arbeitspensum in der kurzen Zeit nicht bewältigen. Vor ein paar Jahren sahen wir uns so einem Projekt gegenüber. Wir wussten, dass die Anforderungen an das Projekt so hoch waren und die Deadline so knapp, dass wir mindestens 150 Entwickler, das entsprechende Projektmanagement und die Rahmenorganisation rundherum benötigen würden: insgesamt rund 300 Personen. Wie immer hatte das Management die wesentlichen Weichen bereits gestellt:

- Die Technologieentscheidungen waren bereits getroffen worden,
- die Dienstleister waren ausgesucht,

- das grobe Konzept für das Projekt hatte schon jemand erstellt,
- viele politische Themen waren bereits bekannt,
- die Deadline war schon bestimmt
- und der Druck von oben war immens.

Nicht bekannt war, wie man dieses Projekt überhaupt stemmen sollte, das nun in die Implementierungsphase ging. Gleichzeitig war jedoch glasklar: Die traditionelle Vorgehensweise würde versagen, denn die sah an dieser Stelle eine exzessive Detailplanung und Spezifikation vor. Laut Projektplan würde das alle Zeitreserven verschlingen, die das gesamte Projekt noch zur Verfügung hatte. Ein Dilemma! Wie kommt man da heraus? Als ich zu Hilfe gerufen wurde, war mir klar, wie man es organisieren müsste. Gemacht hatte das aber so noch niemand – ich auch nicht. Zum Glück – und dafür bin ich meinem damaligen Kunden noch immer sehr dankbar – ließ sich die Organisation auf dieses Experiment ein.

Wir nutzten meine Erfahrungen aus der Arbeit mit großen Projekten und setzten innerhalb von neun Wochen 18 Entwicklungsteams mit 18 ScrumMastern und 18 Product Ownern auf. Es gab Sprint Plannings, Daily Scrums, monatliche Reviews und vieles mehr. Das klassische Setup für ein Team, das am gleichen Standort arbeitet, aber zu groß ist, um ohne eine gewisse Form von Hierarchie auszukommen. Die Herausforderungen, die wir in diesem Projekt zu lösen hatten, waren gigantisch und ich kann sie nicht alle nennen, ohne zu viel zu verraten. Aber ich kann an diesem Beispiel skizzieren, wie man mit einem großen Team arbeitet, ob es nun 18 oder 26 Teams sind. Auf den nächsten Seiten werde ich das Skalieren induktiv beschreiben. Stellen Sie sich einfach vor, ich würde eine Skizze malen, so dass schlussendlich Strich für Strich das ganze Bild entsteht.

Starten wir mit der Teamebene. Jedes Scrum-Team besteht aus einem ScrumMaster, einem Product Owner und dem Entwicklungsteam aus maximal neun Personen. Die Scrum-Teams nutzen nun Scrum, so wie es in diesem Buch bisher beschrieben wurde. Sie führen ein Backlog, haben ihre täglichen, wöchentlichen und sprint-scheduled Meetings – alles, wie es sein soll. Doch es gibt ein grundsätzliches Problem:

> *„Wie stellt man sicher, dass die Scrum-Teams zwar unabhängig, aber doch verzahnt miteinander arbeiten?"*

Fangen wir mit den klassischen Ideen dazu an: Man führt ein gemeinsames Backlog, stellt die Organisation über synchronisierte Sprints sicher und sorgt für eine gute Kommunikation zwischen den Teams.

7.2.1 Das skalierte Daily Scrum und das Scrum of Scrums

Eines vorweg: Die nachfolgenden Meetings sind nur sinnvoll, wenn sie für die Beteiligten einen Mehrwert bieten. Sie einzuführen, obwohl niemand daran teilnehmen will, ist nicht sinnvoll und führt nur zu Frustration auf allen Seiten. Die ScrumMaster müssen dann darum kämpfen, dass die Meetings stattfinden, und die Teammitglieder finden immer wieder neue Ausreden, warum sie nicht daran teilnehmen können.

Aus dieser Spirale kommt man aber ganz leicht raus: **Machen Sie diese Meetings zu einer freiwilligen Veranstaltung.** Es gibt immer einen offiziell eingeladenen Teilnehmerkreis, aber die Teilnahme selbst ist jedem freigestellt. Wer einen Sinn in einem dieser Meetings sieht, wird hingehen, wer keinen Sinn darin sieht, wird das nicht tun. Ob ein Meeting wirklich notwendig ist, sehen Sie daran, dass die Menschen zum Meeting kommen und mitmachen.

Ein zweiter allgemeingültiger, aber nicht als absolut zu verstehender Tipp: **Halten Sie die Meetings klein.** Ideal ist eine Gruppengröße von fünf bis sieben Teilnehmern. Wenn die Gruppe mehr als zehn Teilnehmer umfasst, teilen Sie die Gruppe am besten auf.

Beginnen wir mit den beiden wichtigsten Meetings für ein Scrum-Team im skalierten Umfeld. Jedes Team führt sein eigenes internes Daily Scrum durch. Bis auf eine Kleinigkeit läuft es genau wie ein klassisches Daily Scrum ab. Der besondere Fokus dieses Meetings liegt darauf, ob die übergreifende Zusammenarbeit funktioniert. Aber wer geht zum Scrum of Scrums? Meine Kollegen und ich haben in der Praxis mit verschiedenen Formen der Entsendung von Teammitgliedern in das Scrum of Scrums experimentiert. Ich liste hier die verschiedenen Varianten mit ihren Vor- und Nachteilen auf.

Variante 1: Ein Entwickler geht zum Scrum of Scrums

Am einfachsten, aber auch am schwersten umzusetzen: Jeden Tag geht einer der Entwickler (der sich freiwillig meldet und nicht schon am Vortag dort war) ins Scrum of Scrums. Er oder sie bringt dann die Informationen zurück zum Team.

a) Es geht jener Entwickler hin, der eine Frage hat und Informationen braucht oder für die anderen Teams Informationen hat.

b) Es geht jener Entwickler hin, der gerade Zeit und Lust dazu hat.

Vorteile: Da jeden Tag ein anderes Teammitglied zum Scrum of Scrums geht, entsteht nicht der Eindruck, dass eine bestimmte Person der Sprecher des Teams ist. Außerdem wird das Stille-Post-Spielen vermieden, wenn jener Entwickler zum Scrum of Scrums geht, der die Information hat. Einer der größten Vorteile ist sicher, dass die Entwickler das Gesamtbild des Projekts verinnerlichen und durch den Kontakt zu den anderen immer wieder daran erinnert werden, dass sie nicht alleine im Projekt sind.

Nachteile: Viele Teams schaffen es nicht, jeden Tag eine andere Person zum Scrum of Scrums zu schicken. Jeden Morgen ist aufs Neue unklar, wer nun teilnehmen soll. Ein Problem ist manchmal die Weitergabe der Information: Oft kommen die Entwickler zurück, ohne ihre Kollegen ordentlich darüber zu informieren, was sie im Scrum of Scrums erfahren haben.

Um die Nachteile abzufedern, kann man auch pro Sprint ein Teammitglied festlegen, das zum Scrum of Scrums geht – das funktioniert für einige Teams hervorragend.

Variante 2: Der ScrumMaster geht zum Scrum of Scrums

Viele Teams schicken ihren ScrumMaster zum Scrum of Scrums, weil er als Sprecher des Teams gesehen wird. Er soll sich um die unbequemen Dinge kümmern. Auf den ersten Blick ist diese Variante auch effektiv, denn die Entwickler sollen ja entwickeln und nicht in Meetings sitzen.

Vorteile: Tatsächlich läuft es mit Variante 2 oft besser als mit Variante 1, weil die Informationen gebündelt werden. Die ScrumMaster der Teams können sich gemeinsam um die anstehenden Themen kümmern, sie haben dafür ja Zeit. Und der ScrumMaster muss nicht erst von einem Teammitglied darüber informiert werden, wenn ein Schwesterteam eine Leistung braucht.

Nachteile: Gefährlich daran ist, dass der ScrumMaster in eine dem Projektmanager ähnliche Funktion gedrängt wird. Er soll die Koordination erledigen, die Probleme lösen usw. Zwangsläufig baut sich dadurch eine Informationshierarchie auf und vor allem in Organisationen, die das Prinzip der Selbstorganisation noch nicht ganz verstanden haben, kann es zu Missverständnissen kommen. Der wesentlich größere Nachteil ist meiner Meinung nach aber: Der ScrumMaster kann die Fragen der anderen ScrumMaster nicht wirklich beantworten und muss erst ein Meeting mit den eigentlichen Betroffenen organisieren, um die Fragen zu lösen. So entsteht wieder mehr Aufwand, nur um sich abzustimmen. Ach ja, und dann muss der ScrumMaster auch wieder über das Ergebnis des Lösungsmeetings informiert werden.

Variante 3: ScrumMaster und Entwickler nehmen am Scrum of Scrums teil

Boris Kneisel verdanke ich diese Idee, die laut seiner Aussage bei SAP erfolgreich eingesetzt wird. Die ScrumMaster begleiten die Entwickler zum Scrum of Scrums, sorgen dafür, dass alle Informationen verarbeitet werden und koordinieren alle Aktionen.

Vorteile: Die Teams fühlen sich betreut und werden durch die ScrumMaster geführt. Alle Informationen können gesammelt und gemeinsam bearbeitet werden.

Nachteile: Für zwei oder drei Teams funktioniert das sicher gut. Bei mehr als zehn Teams wird es aber unübersichtlich.

Variante 4: Alle Entwickler treffen sich

Bei Teams mit bis zu 60 Personen gibt es gar kein Scrum of Scrums, sondern nur ein Large Daily Scrum. Alle Entwickler stehen im Kreis und sagen kurz, woran sie arbeiten und wo sie Hilfe brauchen. Ich muss zugeben, dass ich diese Variante selbst nie ausprobiert habe, aber Menlo Innovations in Detroit schwört darauf [Sheridan 2012].

Variante 5: Meetings mit elektronischen Hilfsmitteln

Das Scrum of Scrums wird durch elektronische Helferlein ersetzt, wie zum Beispiel durch die Lösung von iDoneThis (www.idonethis.com). Eine E-Mail mit allen Informationen zum Vortag, die man an einen Server schickt, ersetzt das Meeting. Der Server versendet an alle Teammitglieder eine Zusammenfassung und so weiß jeder, was am Tag zuvor erreicht wurde. Weil diese Tools immer besser werden, setzt es sich auch allmählich durch, diese Meetings als Chats durchzuführen.

Vorteile: Es entsteht ein asynchroner Überblick über alle Aufgaben, sehr viele Menschen können in einem Projekt sein und es gibt keine zeitlichen Verzögerungen. In den Chats können die Informationen später durchsucht werden, alle Informationsquellen sind integriert und man kann sich gegenseitig dann informieren, wenn man gerade Zeit dafür hat. Auch von unterwegs kann man online sein.

Nachteile: Es ist nicht sichergestellt, dass die Impediments bearbeitet werden, und es fehlt der Filter, ob etwas wichtig wird. Dadurch entsteht das Gefühl, man müsse möglichst viel aufschreiben, damit die anderen sehen, was man tut – oder es werden einfach zu viele Informationen gepostet. Man ist nicht mehr wirklich über alles informiert und bei einigen entsteht möglicherweise das Gefühl, den Anschluss an die Information verloren zu haben.

Variante 6: Nur die offenen Aufgaben zählen

Wolfram Müller[7] verdanke ich eine andere Idee, die ich sehr charmant finde. Er richtet sein Augenmerk nur noch auf die Anzahl der offenen Aufgaben/Storys in der Spalte „in progress". Hängen dort mehr Aufgaben/Storys, als es Teams gibt, spricht er mit den Anwesenden kurz darüber, wie man es schaffen kann, dass es maximal eine offene Aufgabe/Story pro Team gibt.

Vorteile: Diese Variante fokussiert die Anwesenden sofort auf das Wesentliche.

Nachteile: Das Scrum of Scrums ist keine Plattform mehr, auf der Informationen ausgetauscht werden. Die Anwesenden müssen verstehen, warum es absolut notwendig ist, dass nur noch eine Aufgabe/Story pro Team dort hängen sollte (One-Piece-Flow).

7.2.1.1 Das teamübergreifende Scrum-Board

Was passiert in einem Scrum of Scrums (SoS) genau? Auf den ersten Blick unterscheidet sich ein Scrum of Scrums nicht von einem Daily Scrum. Alle stehen im Kreis und geben sich Updates. Am Scrum-Board fällt die Veränderung aber sofort auf: Auf aggregierter Ebene ist dargestellt, woran in den einzelnen Scrum-Teams gerade gearbeitet wird.

Das Scrum of Scrums findet kurz nach den Daily Scrums der Scrum-Teams statt, in der Regel geben wir den Teams dazwischen fünf Minuten Zeit. Jedes Team entsendet seinen Vertreter für diesen Tag und oft bringen diese Vertreter einige Zettel für das Board mit. Einer der ScrumMaster der Scrum-Teams, der für diesen Sprint die Moderation des Meetings übernommen hat und auch für die Lösung der Impediments des Gesamtteams sorgt, eröffnet das Scrum of Scrums.

Nun geht einer nach dem anderen zum Scrum-Board und bringt die Informationen an, die sein Scrum-Team mit den anderen teilen will. Im Wesentlichen unterscheidet sich das teamübergreifende Scrum-Board von den Taskboards der Teams durch die sogenannten Swimlanes (Zeilen), die den einzelnen Scrum-Teams zugeordnet sind. In den Swimlanes sieht man den Fortschritt der Teams (Bild 7.1).

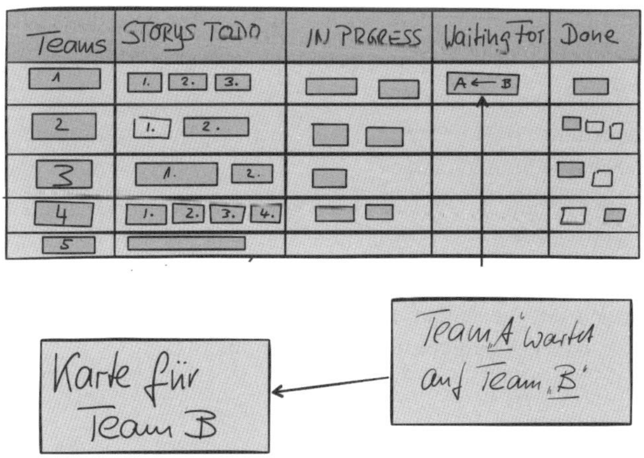

Bild 7.1
Umgang mit Abhängigkeiten

[7] Wolfram Müller ist Geschäftsführer von Speed4Projects in Karlsruhe und Autor zahlreicher Publikationen rund um das Thema Theory of Constraints. (www.speed4projects.net)

Der ScrumMaster dieses Meetings achtet insbesondere auf die Abhängigkeiten zwischen den Teams. Oft stellt sich heraus, dass die Zusammenarbeit zwischen den einzelnen Teams gestört ist. Es fehlen Informationen, man wartet auf die Zulieferung eines Teams, in einem Team ist eine Verzögerung entstanden, die sich nun in den anderen Teams fortsetzt. Nun ist es an den Anwesenden, sofort eine Lösung für die auftretenden Probleme zu finden.

Das Scrum-Board dient dabei der Darstellung der Abhängigkeiten und des gemeinsamen Fortschritts: Die Anwesenden sehen also sofort, wo es hakt, und können selbst eine Lösung finden. Daher werden auf diesem Board nicht die Aufgaben der einzelnen Teams, sondern die zu erwartenden Lieferungen (= User Storys) durch die Spalten bewegt. Viele Scrum-Teams ergänzen das SoS-Scrum-Board durch zwei weitere Spalten:

1. Die Abhängigkeiten/Lieferungen von anderen Teams
2. Die gemeinsamen Impediments, die zu lösen sind

Wie arbeitet man nun mit den Spalten auf dem Taskboard? Die Spalte mit den *Abhängigkeiten* wird folgendermaßen befüllt: Scrum-Team A, das die Lieferung von Scrum-Team B erwartet, stellt das in der Spalte „Abhängigkeiten" (in der Abbildung „Waiting for") mit einem Zettel dar. Der Vertreter von Team A im Scrum of Scrums hat für Team B eine Kopie des Zettels vorbereitet und übergibt sie an den Vertreter von Team B. So hat Scrum-Team B sofort den Task für sein eigenes Taskboard.

Die hier vorgestellte Variante der Darstellung von Abhängigkeiten ist nur eine von unzähligen Möglichkeiten. Jedes größere Team wird seine eigene Variante finden, wie es die Abhängigkeiten und Impediments darstellen kann.

Die Blockaden, die ein Team für sich entdeckt hat, werden oft in einer weiteren Spalte gelistet: in der Spalte der *Impediments*. In dieser Spalte markiert jedes Team die im Moment zu lösenden Impediments, die verhindern, dass gemeinsam geliefert werden kann. Vorsicht: Hier werden nur die Impediments notiert, die das einzelne Scrum-Team nicht selbst lösen kann! Dabei können folgende Fälle auftreten:

1. Scrum-Team A hat ein organisatorisches Problem, das mindestens ein weiteres Scrum-Team betrifft. Daher wäre es sinnvoll, dieses Thema gleich für beide Teams zu lösen.
2. Scrum-Team A hat versucht, das Problem eigenständig zu lösen, ist aber gescheitert, weil es mehr als ein Team betrifft.
3. Scrum-Team A findet ein Impediment, das nur Scrum-Team A betrifft, und konnte es nicht innerhalb von 24 Stunden lösen (24-Stunden-Regel).
4. Das Scrum-Team braucht bei der Lösung des Impediments die Hilfe eines anderen Teams. Manchmal reichen wenige Minuten, weil eine Information fehlt oder nur eine Absprache getroffen werden muss.
5. Scrum-Team A ist auf ein Problem mit dem Management gestoßen und kommt nicht weiter. Deshalb muss sich nun die nächste Eskalationsstufe darum kümmern.

Die 24-Stunden-Regel

Für den Umgang mit Impediments hat es sich in skalierten Teams bewährt, einen *Dringlichkeitsindikator* einzusetzen. Wenn Teams voneinander abhängig sind, können sich die Probleme schnell von einem Team auf die anderen übertragen. Ein Team wartet auf das nächste, das wiederum auf das nächste wartet, und schon sind etliche Tage verloren.

Die 24-Stunden-Regel besagt, dass ein Scrum-Team innerhalb von 24 Stunden selbst ein Impediment lösen muss oder zu einem Plan (einer klaren Aussage) kommen muss, wie dieses Impediment zu lösen ist. Gelingt das nicht, wird *sofort und mit Wucht* eskaliert.

Viele ScrumMaster finden diese Regel zu extrem und melden das Problem nicht innerhalb von 24 Stunden. Dahinter steckt die Meinung, dass man das Impediment mit ein wenig mehr Zeit schon selbst aus der Welt schaffen werde oder dass auch ein anderer das Problem nicht schneller lösen könnte. Leider ist das oft ein Trugschluss. In vielen Unternehmen kann die nächsthöhere Ebene Dinge extrem beschleunigen – sie muss davon nur Kenntnis erhalten. Sollten Sie dahinter nun klassisches Eskalieren vermuten: Ja, das ist es. Aber die Bedeutung der Teams muss allen immer klargemacht werden, denn dort passiert die Wertschöpfung. ■

7.2.1.2 Der Wert des Scrum of Scrums

Warum ist das Scrum of Scrums so wertvoll und wie gelingt es, dieses Meeting für alle Beteiligten bedeutsam werden zu lassen? Oft sind nicht alle Teams gleichermaßen davon überzeugt, dass das Scrum of Scrums wichtig ist. Es ist nur eine lästige Pflicht oder es wird sogar kategorisch abgelehnt. Das passiert nach meinen Beobachtungen dann, wenn die Scrum-Teams gar kein Interesse daran haben, gemeinsam zu liefern. Meistens ist das der Fall, wenn die Teams vor sich hin arbeiten, sich durch die Aufgaben der anderen gestört oder sogar aufgehalten fühlen. Erkennbar ist das an langweiligen, uninspirierten Scrum of Scrums. Sollte das auch bei Ihnen der Fall sein, gebe ich Ihnen einen Tipp:

> *Die ScrumMaster müssen zusammen für die Produktivität des Gesamtteams sorgen. Sie stehen also vor der Herausforderung, dieses Gemeinsame für alle Teams so herauszuarbeiten, dass die Teams auch tatsächlich gemeinsam liefern wollen.*

Das ist einfacher gesagt als getan. Ich habe vieles ausprobiert – hier meine Top-5-Maßnahmen:

1. Je nachdem, wie gut Sie Ihre Infrastruktur bereits im Griff haben, könnten Sie in diesem Meeting die *Integrationsprobleme* besprechen. Fokus des Scrum of Scrums wäre es dann, an diesem Tag *lauffähige Software* zu haben. Gelingt es Ihnen, diesen Gedanken umzusetzen, wird sich die Zusammensetzung des Scrum of Scrums noch einmal ändern. In diesem Fall werden Sie möglicherweise auch Vertreter des Betriebs oder der Testintegration hinzufügen.
2. Bessere Resultate liefert die Methode, den Teams eine *Metrik* an die Hand zu geben, mit der sie selbst sehen können, ob alle Teams noch auf Kurs sind. Das erfordert, dass die Teams tatsächlich zeigen, woran sie gerade arbeiten und anhand dessen darüber sprechen, was sie heute vorhaben. Die Scrum of Scrums werden so zu einem täglichen Mini-Review: Die Teams präsentieren das, was sie gestern erreicht haben. Es werden nicht mehr Zettel verschoben, sondern es findet ein Mini-Walkthrough statt.

3. Die *Product Owner* führen das Scrum of Scrums gemeinsam mit ihren Entwicklungsteams durch und verfolgen auf diese Weise den Fortschritt. Dieses ständige Überprüfen macht zwar keinen Spaß und ist auf lange Sicht kontraproduktiv, kurzfristig kann es aber den gewünschten Erfolg bringen. Der ScrumMaster dieses Meetings muss jedoch genau darauf aufpassen, dass nicht wieder ein weiteres Statusmeeting entsteht.
4. Es gibt eine menschliche Eigenschaft, die Sie nutzen können: die Eitelkeit. Sie kann das Richtige bewirken, muss aber vorsichtig eingesetzt werden, zum Beispiel indem sie den *Wettbewerb* zwischen den Teams schüren. Das erzeugt zwar nicht unbedingt einen Gemeinschaftssinn, bringt die Scrum-Teams aber dazu, die Scrum of Scrums ernst zu nehmen. Sie werden dann in den Scrum of Scrums automatisch zeigen, was geleistet wurde. Die Peer-Pressure zwingt sie dazu, sich auszutauschen. Wie man das macht? Ganz einfach: Sie heben jeden Morgen jenes Team heraus, das an diesem Tag am meisten Storys fertig geliefert hat. Eine einfache Liste mit der Platzierung reicht aus. Funktioniert teuflisch gut - bitte diese Maßnahme nur dosiert und zeitlich begrenzt einsetzen.
5. Mein persönlicher Favorit basiert auf der Tatsache: *„Worauf man seine Aufmerksamkeit richtet, davon bekommt man mehr.“* Die Aufgabe des ScrumMasters ist es, die Produktivität des Scrum-Teams zu erhöhen und das erreicht man, indem man Menschen dafür belohnt, wenn sie etwas tun, das man will. Wenn es dem ScrumMaster des Scrum of Scrums gelingt, allen zum Meeting Erscheinenden wertschätzend - und damit meine ich „anerkennend“ - gegenüberzutreten und sie einzubeziehen, wird das Scrum of Scrums zu einem wertvollen Meeting. Dann kommen die Teilnehmer auch gerne und wollen etwas zum Gelingen des Meetings beitragen. Erweitern lässt sich das, indem man immer wieder den Fokus darauf richtet, was fertig ist, und es entsprechend anerkennt.

Das Scrum of Scrums als Feier

Wir haben oft aus schlichter Unkenntnis darüber, wie man ein Scrum of Scrums hilfreich gestalten kann, dieses Meeting zu einer reinen Formsache werden lassen. Es ist einfach nicht aufgefallen, dass dieses Meeting nur dann sinnvoll ist, wenn die Menschen gerne kommen und für sich einen Nutzen daraus ziehen können. Die Ansage: „Es wird gebraucht, wir machen es!“ war nicht immer zielführend.

In unserer Arbeit mit den Kunden hat sich dank meiner Überlegungen zur Freiwilligkeit bei Meetings in den letzten Jahren herauskristallisiert, dass im Scrum of Scrums immer zunächst auf das geschaut werden sollte, was funktioniert. Im Vergleich zu der Art und Weise, wie ich Scrum of Scrums noch vor vier Jahren geleitet habe, ist das eine 180-Grad-Wendung. Seitdem wir konsequent darauf achten, was bereits funktioniert, und akzeptieren, dass manches einfach noch verbessert werden muss, werden diese Meetings zu kleinen Feiern - zu Würdigungen dessen, was klappt. Das Scrum of Scrums wird also zu einem Ort, an dem Menschen sagen, was ihnen gelungen ist. Dafür bekommen sie von den anderen ein anerkennendes Nicken, manchmal sogar einen kleinen Applaus. So bekommt jedes Team jeden Tag Bestätigung für das, was es tut. ■

Dieses Meeting ist von der Idee her sehr einfach, aber es ist nicht leicht zu moderieren. Es fließen viele Faktoren ein und oft muss gleichzeitig an vielen Punkten gearbeitet werden, damit es effektiv funktioniert. Am Anfang eines großen Projekts muss also viel Arbeit in die Kommunikation und in die Zusammenarbeit gesteckt werden (siehe dazu auch die Ausführungen zum Modell von Tuckman in Kapitel 2).

Generell gilt auch beim Scrum of Scrums das Prinzip: Bei einem Teilnehmerkreis von bis zu neun Teamrepräsentanten (plus ScrumMaster) kann es ohne großen Aufwand durchgeführt werden. Werden die Projekte zu groß und braucht man mehr als neun Teams, schlage ich vor, die Teams in Cluster zu positionieren. Dazu später mehr.

7.2.1.3 Das ScrumMaster Daily

In Projekten mit mehr als fünf Teams gibt es meistens ein ScrumMaster Daily, damit sich die ScrumMaster gemeinsam um Dinge kümmern können, die alle Teams betreffen. Selbst wenn auf einer einzigen großen Projektfläche gearbeitet wird, kann es passieren, dass man sich nicht mehr täglich sieht - das ist sehr leicht der Fall, wenn mehr als 100 Personen involviert sind. Daher muss man dem Informationsfluss in diesem Fall nachhelfen.

Wie läuft ein ScrumMaster Daily ab? Zunächst spricht jeder ScrumMaster sein Thema an und wer bereits weiß, dass er mit einem anderen ScrumMaster sprechen muss, teilt das kurz mit - damit sich die entsprechenden Personen im Anschluss an das Daily treffen können. In einem unserer großen Projekte hatten nun die ScrumMaster plötzlich drei oder vier Anschlussmeetings. Wie behält man da den Überblick? Eines der Teams hatte eine einfache, aber wirkungsvolle Idee: Man verteilt einfach einen Token (z. B. einen Jeton, ein farbiges Post-it oder einen Legostein) an jeden, mit dem man sprechen will. Alle mit dem gleichen Token treffen sich anschließend. Die verschiedenen Meetings müssen dann wieder von den ScrumMastern kurz abgestimmt werden, aber das geht im Open-Space-Verfahren innerhalb weniger Minuten.

> **Open Space**
>
> Die Open Space Technology ist eine Form der Konferenzorganisation. Auf einem Marktplatz bringen die Teilnehmer die Themen ein, über die sie sprechen wollen, und tragen sich in einem Plan aus Räumen und Timeslots mit ihrem Thema ein. Die Teilnehmer suchen sich nun einfach die für sie interessanten Themen aus und wandern von Raum zu Raum.
>
> Das Token-Verfahren ist eine einfache Variante des Open Space. In diesem Fall repräsentieren die Tokens die einzelnen Themen.

Sollten Sie übrigens zu der Variante eines gemeinsamen Scrum of Scrums von ScrumMastern und Teammitgliedern tendieren, ist kein ScrumMaster Daily nötig. Probieren Sie einfach aus, was für Sie funktioniert.

7.2.1.4 Das Product Owner Daily

Auch wenn sich die Product Owner zum Scrum of Scrums treffen, brauchen sie ein eigenes Daily. Zumindest ist das meine persönliche Meinung, die sich in zehn Jahren Beschäftigung mit diesem Thema bei Dutzenden Implementierungen herausgebildet hat.

Allerdings scheiden sich an diesem Thema die Geister. Viele Product Owner sehen keinen Sinn darin, sich einmal am Tag zu treffen. Aus ihrer Sicht ist das auch vollkommen richtig, da sie oft nicht miteinander, sondern eher gegeneinander arbeiten. Im skalierten Umfeld arbeiten viele von ihnen ihre Projektaufträge ab, als wären sie Projektmanager mit einem neuen Titel. Ich verurteile das nicht, ich stelle es nur fest. Natürlich gibt es viele Gründe, warum das noch so ist. Der tatsächliche Grund ist aus meiner Sicht allerdings das mangelnde Verständnis vieler Product Owner für die Zusammenarbeit mit ihren Entwicklungsteams. Im tiefsten Inneren bleiben sie die Anforderer und schaffen nicht den Sprung in die Rolle des Teammitglieds mit besonderer Verantwortung. Also ist es in diesem Fall auch logisch, dass die Product Owner keine Abstimmung untereinander brauchen – schließlich will jeder nur sein eigenes Projekt liefern. Aber statt darüber zu jammern, nutzen wir doch die Kraft von Scrum und machen wir diesen Umstand transparent. Daher: Laden Sie die Product Owner zum Daily ein.

Bei vielen erfolgreichen Scrum-Implementierungen hatte ich einfach Glück. Auch bei einem Kunden, der sonst sehr schwierig war, war das der Fall. Dort machte man – und das bewundere ich heute noch – das, was sinnvoll war. Als ich sagte, dass wir für jedes Team einen Vollzeit-Product-Owner brauchten, bekamen wir sie. Natürlich mussten die passenden Leute erst gefunden werden, aber nach acht Wochen waren sie da. Und es war klar, worum es ging: Alle 18 Product Owner hatten die deutlich kommunizierte Mission, gemeinsam *ein* Produkt zu liefern. Sie mussten so früh wie möglich die gegenseitigen Abhängigkeiten verstehen und gemeinsam Schwierigkeiten meistern, die so noch niemand zuvor gehabt hatte – sie mussten einander also unterstützen. Dabei ging es aber nicht nur um Probleme im operativen Geschäft, die sie miteinander lösen mussten. Die Product Owner mussten auch lernen, dass es ihre Aufgabe war, die notwendigen Funktionalitäten mit ihren Teams vorauszudenken – die Product Owner entwickelten gemeinsam das Produkt. Es machte einen großen Unterschied, ob sich die 18 Product Owner über die Funktionalitäten für den nächsten Sprint einigen konnten. Hier entstand die Vision, die gemeinsam entwickelt und dann wiederum an die Teams kommuniziert werden musste.

Das Product Owner Daily synchronisiert die Aktivitäten der Product Owner und damit meine ich nicht die Aktivitäten der Scrum-Teams! Diese werden zwar erwähnt, eigentlich wurden sie bis zu diesem Zeitpunkt aber bereits zweimal besprochen – im Daily Scrum des Teams und im Scrum of Scrums. Würden die Product Owner auch noch einmal darüber reden, wäre das Daily nichts als Waste. Im Product Owner Daily sprechen die Product Owner über das, was sie als Team erledigen müssen. Es wird transparent, was noch synchronisiert werden muss, und es entsteht der notwendige Peer-Druck, den ein Team für die Selbstorganisation braucht. Auch die Product Owner kontrollieren sich gegenseitig: Werden die gemeinsamen Ziele erreicht? Ziehen alle Product Owner am gleichen Strang? Es gelten also die gleichen Regeln wie für die Development-Teams. Und das heißt: Das Product-Owner-Team braucht einen ScrumMaster – dazu mehr in Abschnitt 7.3.2.

Die Product Owner berichten einander über ihre Ergebnisse der Sprint-Durchführung (z. B. die Abnahmen während des Sprints oder die Vorbereitung der User Storys für den nächsten Sprint) und natürlich auch, welche Impediments aufgetaucht sind, zum Beispiel:

- In den Fachabteilungen gibt es keine Ansprechpartner.
- Ein Team kommt nicht weiter, weil notwendige Skills fehlen.
- Lieferanten liefern nicht.
- Es werden Unklarheiten in der Abgrenzung der Teams deutlich.
- Viele Product Owner sind dazu nicht bereit. Sie finden immer wieder Gründe, warum dieses Meeting angeblich nicht sinnvoll ist und warum es nicht möglich ist, diese 15 Minuten in die Zusammenarbeit zu investieren. Eines der beliebtesten Ausweichmanöver: „Ich muss zum Kunden."

Ich habe mich viele Jahre gefragt, warum das so ist. Die Antwort findet man erst, wenn man die Aufgabe von Führung in selbstorganisierenden Teams verstanden hat. Jemand muss dafür sorgen, dass die vielen unterschiedlichen Interessen immer wieder fokussiert und konzentriert werden. Führung soll Zusammenarbeit ermöglichen und fördern. Ich dachte immer, dass es bei den Product Ownern eines großen Projekts doch klar sein sollte, warum man zusammenarbeiten muss. Aber es verhält sich hier nicht anders als bei anderen Teams: Jeder Mensch, jeder Product Owner hat seine eigene Agenda und seine individuellen Ziele, und niemand hält die Einzelkämpfer zur Zusammenarbeit an. Daher braucht auch das Product-Owner-Team eine Führungspersönlichkeit. In der Vergangenheit haben meine Kollegen und ich immer wieder über die ScrumMaster versucht, diese Zusammenarbeit zu initiieren, aber das hat nie richtig funktioniert. Der Grund war, dass die ScrumMaster von den Product Ownern nicht respektiert wurden.

Funktioniert hat es immer dann, wenn die Product Owner von einem externen Coach geführt wurden, der sich ihren Respekt verdient hatte, oder wenn der Chef der Product Owner selbst bereits agil dachte und sich mit seinen Product Ownern solidarisierte. Die Product Owner sind einfach ein eigenständiges Team, das geführt werden muss und soll. Auch hier gilt die Regel: Derjenige, der das Team aufstellen und agil arbeiten will, muss bei sich selbst anfangen und sich auf die agilen Prinzipien einlassen.

7.2.2 Wöchentliche Meetings

In seinem Buch „Death by Meetings" beschreibt Patrick Lencioni vier Ebenen von Meetings, die in einem Unternehmen benötigt werden [Lencioni 2004]:

1. Daily Check-In (Daily Scrum)
2. Weekly Tactical (Weekly Meetings)
3. Monthly Strategic Meeting (Sprint Plannings und Reviews)
4. Strategic Quarterly

Ich habe mir erlaubt, seine Meeting-Ordnung auf die Scrum-Meetings zu übertragen. Dabei ist das hier dargestellte Mapping nur ein Vorschlag, der ein wenig verdeutlicht, warum diese Meetings auch in skalierten Scrum-Umfeldern benötigt werden. Das Prinzip dahinter ist deutlich: Man braucht diese Meetings in allen großen Scrum-Projekten, um der Organisation ein strukturierendes Element zu geben.

Meiner Erfahrung nach erntet man immer zunächst Widerstand, wenn das nächste Meeting-Level – also die Weeklys – eingeführt werden soll. Die Beteiligten erleben diese Meetings zunächst als zusätzliche bürokratische Ebene und als Kommunikationsoverhead. Das stimmt, das ist so. Mit jedem Meeting steigt der Synchronisationsaufwand. Mit jedem Meeting wird es wieder notwendig, alle abzuholen und auf den neuesten Stand zu bringen. Daher müssen alle diese Meetings so effizient wie möglich durchgeführt werden - durch starke Strukturierung und Moderation.

Das alles ist nur nötig, wenn man es mit Projekten zu tun hat, in denen es nicht möglich ist, die Teams durch architektonische Maßnahmen so zu entkoppeln, dass sie gar nicht mehr miteinander sprechen müssen. Wie das geht, schauen wir uns in Abschnitt 7.4 an.

Meetingexplosion

Mit Scrum halten sechs Meetings in einem Unternehmen Einzug:

1. Das Estimation Meeting (Backlog Refinement)
2. Sprint Planning Meeting 1
3. Sprint Planning Meeting 2
4. Daily Scrum
5. Sprint Review
6. Sprint Retrospektive

In einem skalierten Umfeld kommen noch weitere Meetings dazu:

1. Scrum of Scrums
2. Product Owner Daily
3. ScrumMaster Daily
4. ScrumMaster Weekly
5. Product Owner Weekly (Backlog Prioritization)

Wird das nicht zu viel? Ja, wenn es noch andere Meetings mit Chefs, Projektleitern, Stabsstellen, Steering Committees usw. gibt. Wer darüber nachdenkt, Scrum zu skalieren, muss sich darüber im Klaren sein, dass skaliertes Scrum die alten Strukturen ersetzt.

Meine Kollegen und ich haben Unternehmen erlebt, wo genau das nicht möglich war. Die alten Meetingstrukturen wurden beibehalten, weil es irgendeine Hierarchiestufe so wollte. In diesen Fällen wurde Scrum als enorme Belastung gesehen. Das war es auch, weil die Mitarbeiter zusätzlich zu den neuen Scrum-Meetings auch noch an den bisherigen Meetings teilnehmen mussten, die meistens ergebnislos verliefen.

7.2.2.1 Das ScrumMaster Weekly

Das ScrumMaster Weekly ist für die ScrumMaster vielleicht das wichtigste Meeting in einem skalierten Umfeld. Wozu brauchen wir es?

Dieses Meeting erschließt sich nur, wenn wir die ScrumMaster als eine übergeordnete Instanz begreifen, die gemeinsam eine Aufgabe verfolgen: Scrum zu skalieren und die Organisation in ihrer Gesamtheit zu verändern. So gesehen wird aus dem ScrumMaster-Team ein Change-Team. Nicht alle ScrumMaster wollen auf dieser Ebene arbeiten und sehen es daher auch nicht als ihre Aufgabe, daran mitzuwirken. Auch in Ordnung (siehe Freiwilligkeit).

Für jene, die wollen und an diesem Meeting teilnehmen, gilt im Grunde wieder das Gleiche: Sie treffen sich einmal pro Woche und besprechen, ob in dieser Woche erreicht wurde, was sich die ScrumMaster für ihre Teams vorgenommen haben. Zum Beispiel: Konnte die Zusammenarbeit gestärkt werden? Ist es gelungen, die passende Infrastruktur für das Team aufzustellen?

Dieses Meeting kann auch dazu dienen, einfach interessante Informationen auszutauschen. Vielleicht hat jemand einen guten Blogbeitrag gefunden, ein anderer war möglicherweise bei einer Konferenz und bringt neue Ideen mit, wieder ein anderer war bei einem Training und hat dort Neues gelernt etc. Ich habe die Erfahrung gemacht, dass das ScrumMaster Weekly nicht sinnvoll ist, wenn dort wieder über operative Aufgaben gesprochen wird. Dafür gibt es die Daily Scrums und die tägliche Kommunikation.

7.2.2.2 Das Product Owner Weekly – Business Value Estimation Meeting

Das Product Owner Weekly dient den Product Ownern zur Synchronisation und Planung. Gemeinsam sehen sie sich die einzelnen Product Backlogs an und entscheiden dann über die Reihenfolge. Dieses Meeting kann auch dazu genutzt werden, um eine erste Entscheidung darüber zu treffen, welches Scrum-Team welche Funktionalität umsetzen will.[8] Eine weitere Nutzungsmöglichkeit ist, dieses Meeting als Retrospektive durchzuführen oder organisatorische Probleme anzusprechen. Der eigentliche Zweck ist aber, die Estimation Meetings der einzelnen Scrum-Teams vorzubereiten. Wieder gilt die Annahme: Die Teams arbeiten in Abhängigkeit voneinander und möglicherweise gibt es sogar Abhängigkeiten nach außen (Lieferanten, Kunden).

Dann ist es notwendig, dass sich die Product Owner synchronisieren, damit jeder weiß, was jedes Team vor sich hat. Dieses Meeting hält man kurz, es sollte nicht länger als 27 Minuten dauern. Warum 27 Minuten? Diese Zeitangabe soll signalisieren, dass das Meeting so kurz wie möglich gehalten werden soll, und wenn alles gesagt ist, kann es auch früher abgebrochen werden. Die Product Owner bringen ihre Backlogs mit, erklären den anderen Product Ownern die neuen Storys, die sie (vielleicht gemeinsam mit ihren Teams) geschrieben haben, und dann wird die Reihenfolge festgelegt. Es hat sich bewährt, das Product Owner Weekly auch als Gelegenheit zu nutzen, um den Releaseplan oder die Story Map zu aktualisieren. So entsteht die notwendige Transparenz über alle Teams hinweg.

Wie läuft ein Product Owner Weekly ab? Hier haben sich unterschiedliche Verfahren durchgesetzt:

1. Kurze Diskussionsrunden vor der Story Map
2. Magic Estimation mit dem Business Value als Grundlage: Das Meeting wird genauso durchgeführt wie ein Estimation Meeting, aber auf diese Weise wird die Reihenfolge der Storys bestimmt. Je größer der Business Value, desto wichtiger die Story.
3. Die ersten fünf Storys pro Team werden auf den Boden gelegt. Die Product Owner besprechen kurz, ob es Abhängigkeiten gibt und wie man diese auflösen könnte. Da die Storys auf dem Boden liegen, kann man die Reihenfolge pro Team ad hoc ändern und erhält so wieder die Gesamtsicht auf die Planung. Das funktioniert ausgesprochen gut und ist sehr schnell. Und sollte später ein Team mehr als fünf Storys machen wollen, stört das ja nicht.

---

[8] An dieser Stelle sei schon darauf hingewiesen, dass der Product Owner der Vertreter des Scrum-Teams ist und daher diese Entscheidungen treffen kann. Ob das Team die Story wirklich liefern kann, wird sich dann im Estimation Meeting des jeweiligen Scrum-Teams herausstellen.

Die Kunst bei diesem Verfahren ist, nicht alles bis ins letzte Detail planen und fertig denken zu wollen. Dazu muss man das klassische Denken aufgeben und man muss bereit sein, sich immer wieder darüber auszutauschen, was sinnvoll ist.

7.2.3 Skaliertes Estimation Meeting

Das Estimation Meeting im skalierten Umfeld unterscheidet sich nicht gravierend von einem normalen Estimation Meeting. Allerdings: Die Estimation Meetings aller voneinander abhängigen Teams sollten synchronisiert werden und im besten Fall in räumlicher Nähe zueinander stattfinden. So können Mitglieder des einen Entwicklungsteams schnell zum benachbarten Team gehen und sich die nötigen Informationen holen und man kann auch schon darüber sprechen, ob in einem der nächsten Sprints die Zuarbeit eines anderen Teams oder bestimmter Teammitglieder benötigt wird.

Mein Tipp: Wenn Sie es mit insgesamt etwa 20 Personen – zwei bis vier Scrum-Teams – zu tun haben, würde ich das Estimation Meeting als gemeinsames Meeting durchführen, also *ein* Meeting statt vier. Das Estimation Meeting wird dadurch während des Magic Estimation-Games nur unwesentlich länger, rechnen Sie etwa mit fünf bis zehn Minuten. Warum ist es sinnvoll, dieses Meeting mit allen gleichzeitig in einem Raum stattfinden zu lassen? Die Schätzung (und damit das Aufspalten der Storys) findet mit allen Teams gleichzeitig statt und dadurch

- haben alle die gleichen Informationen,
- kennen alle alle Storys,
- haben alle alle Storys geschätzt.

Würde jeder Product Owner mit seinem Team das Estimation Meeting alleine durchführen, würde er in das Estimation Meeting circa 40 Storys mitbringen. Beim gemeinsamen Estimation Meeting der vier Teams wird die Anzahl der pro Team mitzubringenden Storys einfach um circa 50 Prozent reduziert und so bringen die Product Owner nun gemeinsam etwa 60 bis 80 Storys in das Estimation Meeting ein. Diese Storys verteilen sich auf die neun Plätze der genäherten Fibonacci-Reihe. Das bedeutet, in jeder Spalte liegen 15 bis 5 Storys von 1 (links) nach 100 (rechts) gezählt. In den ersten drei Spalten müssten jetzt von allen Teams gemeinsam insgesamt 30 bis 35 Storys liegen. Nicht viel mehr – warum? Weil jedes Team etwa fünf Storys pro Sprint abarbeiten kann, aber das soll nur eine grobe Hausnummer sein. Ich will Ihnen lediglich zeigen, dass diese Storymenge bewältigt werden kann, wenn man mit Karten auf dem Boden arbeitet.

Wie üblich wird sich auch im skalierten Estimation Meeting herausstellen, dass einige Storys für den nächsten Sprint zu groß sind. Diese Storys werden sofort von den Scrum-Teams gesplittet. Dazu reicht es oft, wenn die Experten im Team fünf Minuten laut darüber nachdenken, was mit der Story gemeint ist.

7.3 Die Rollen skaliert

7.3.1 Das ScrumMaster-Team

Ein Scrum-Team besteht aus einem ScrumMaster, einem Product Owner und dem Entwicklungsteam – insgesamt maximal neun Personen. Bei großen Projekten wird man schnell mit der Tatsache konfrontiert, dass plötzlich fünf bis zehn ScrumMaster im Einsatz sind. Diese müssen sich synchronisieren, gemeinsam planen, Impediments lösen und ihre Teams aufeinander abgestimmt weiterentwickeln.

Die ScrumMaster in einer Organisation, die sich gerade in der Transition befindet, haben als Team genau zwei Aufgaben:

1. Sie müssen ihr eigenes Scrum-Team führen.
2. Sie sollen als ScrumMaster-Team die Agilität in die Organisation tragen und die Bedingungen für die Teams ständig verbessern.

In großen Projekten agieren die ScrumMaster daher auch als Change- oder Transition-Team.[9] Und natürlich sprechen sie untereinander ab, wie sie das Projekt gemeinsam führen wollen und welche Themen zum Beispiel pro Sprint gelöst werden müssen, damit die Gesamtorganisation des Scrum-Projekts kontinuierlich leichter und einfacher vonstattengeht.

Das ist sehr viel Arbeit und kostet die ScrumMaster viel Zeit. Diese Zeit lässt sich nur investieren, wenn die Mechanik in den einzelnen Scrum-Teams bereits funktioniert. Solange die ScrumMaster noch damit beschäftigt sind, ihre Teams in den Basics des Entwicklungsprozesses zu trainieren und diese Verhaltensweisen einzuüben, kann man realistischerweise nicht erwarten, dass die ScrumMaster auch noch Zeit für die Mitarbeit im ScrumMaster-Team haben.

Was nicht funktioniert: ScrumMaster-Team per Verordnung

In den frühen Jahren von Scrum wollten wir ScrumMaster-Teams vorschreiben. Das war aus vielen Gründen nicht besonders effektiv – hier einige Gründe dafür:

- Die ScrumMaster waren mit ihrer Rolle noch überfordert.
- Das Management etablierte die ScrumMaster-Teams nach seinem Gutdünken und so fanden sich darin auch Linienvorgesetzte, die durch das Team die Regeln der Organisation etablieren wollten.
- Die ScrumMaster mussten an einen Manager berichten, welche Aktivitäten sie planten. Der Manager entschied dann, ob eine Maßnahme eingeführt werden durfte.

Die ScrumMaster sollten ein Interesse daran haben, gemeinsam zu arbeiten. Daher empfiehlt es sich, einen klaren Auftrag für dieses Team zu formulieren. Zu meiner Schande muss ich gestehen, dass ich diesen Punkt in den ersten Jahren unterschätzt habe.

---

9 Wie ein Transition-Team aufgestellt sein könnte, zeige ich im Buch „Das Scrum-Prinzip“ [Gloger, Margetich 2014].

Zu meiner Verteidigung muss ich aber sagen: Ich ging davon aus, dass die Scrum-Master einer Organisation ein natürliches Interesse daran haben, dieses Team entstehen zu lassen. Das war aber oft nicht der Fall. Das lag unter anderem auch daran, dass wir dieses Team einforderten und noch dazu einen Leiter – einen ScrumMaster oder Coach – als den Primus inter Pares platzierten. Was wir damit auslösten: Statuskämpfe und ein falsches Selbstverständnis. Dadurch entstanden dysfunktionale Einheiten. ■

Das ScrumMaster-Team sollte also als ein freiwilliges Team geführt werden – immer mit ScrumMastern, die einen Sinn darin sehen, Aufgaben gemeinsam zu lösen. Jede Gruppe muss immer auch einen Leiter haben, der das Team organisieren will und der sich die Mühe macht, die anderen im Team zur Mitarbeit zu bewegen. Später werden wir sehen, dass ein ScrumMaster-Team auch als Gilde aufgesetzt werden kann.

Dass die Gruppe einen Leiter braucht, bringt aber ein Problem mit sich: Wird er vom Management vorgeschlagen, entsteht durch diese formale Einsetzung wieder so etwas wie eine Managementhierarchie. Sinnvoll wäre daher, dass der Leiter nicht eingesetzt, sondern zum Beispiel gewählt wird. In reifen Organisationen bzw. zwischen reifen ScrumMastern entstehen diese Strukturen auch von selbst, weil ein ScrumMaster dieses Thema für sich entdeckt und einfach damit anfängt. Die Gründung von ScrumMaster-Teams funktioniert dort von alleine – sie entstehen einfach.

! ScrumMaster-Teams benötigt man in Organisationen, in denen es noch keine informellen und sich selbst bildenden „Gilden“ gibt (siehe Abschnitt 7.3.3). Die ScrumMaster-Teams sind im Grunde die erste Gilde und haben die Aufgabe, ein großes Projekt unter klaren Führungsbedingungen in die Selbstorganisation zu bringen.*

* Im Buch „Selbstorganisation braucht Führung“ schildere ich, mit welchen Methoden man ein sich selbst organisierendes Scrum-Team führt [Gloger, Rösner 2014]. ■

Aber natürlich: In dem Moment, in dem ein Projekt vom klassischen Projektmanagement auf Scrum umgestellt wird, braucht man dieses Team sehr schnell und man kann nicht darauf warten, dass es von selbst entsteht. In diesem Fall gelingt es nur mit Offenheit und Transparenz, das Team zu etablieren. Ein Manager oder Coach lädt zur Bildung des Teams ein. Es gibt einige Methoden, mit denen ein erstes Kick-off-Meeting so gestaltet werden kann, dass am Ende einer der ScrumMaster aufsteht und die Koordination der Gruppe übernimmt. Damit wird er automatisch zum ersten Leiter und führt das ScrumMaster-Team durch seine ersten Aufgaben.

In seiner Arbeit nutzt das ScrumMaster-Team wieder alle Elemente von Scrum, um sich zu steuern. Natürlich treten dabei die bekannten Probleme auf: verteilte Teams, mangelnde Transparenz der Ziele etc. Aus Sicht des Managements lohnt sich die Etablierung eines ScrumMaster-Teams aber ganz besonders, wenn die Organisation nach Scrum arbeiten will. Das Management wird entlastet und muss sich um die Durchführung der Transition nicht selbst kümmern. Das schafft wiederum Raum, um die Transition inhaltlich zu begleiten.

7.3.2 Das Product-Owner-Team

Im skalierten Umfeld ist die Rolle des Product Owners dann schwierig, wenn es durch die Architektur des Produkts Abhängigkeiten zwischen den Scrum-Teams gibt und sie dadurch auf ständigen Austausch angewiesen sind. Solche Architekturen erzwingen es oft, größere Storys über mehrere Teams zu streuen, und somit muss die Reihenfolge der Abarbeitung abgestimmt werden. Wie wir mittlerweile gelernt haben, kann ein Product Owner in dieser Situation gar nicht selbst entscheiden, wie bestimmte Funktionalitäten entwickelt werden sollten. In seiner Rolle wird er stärker zu einem Koordinator und Wissensbeschaffer.

Aber sieht das Koordinieren und Dirigieren nicht nach der bekannten klassischen Aufgabe von Projektmanagern aus? Natürlich, der Product Owner überlegt, wer was wann tut, und fertig ist der Projektplan. Allerdings widerspricht dieser Gedanke der Idee, dass die Scrum-Teams im Scrum of Scrums selbst über das „Was" entscheiden und sich synchronisieren. Wie löst man diesen Widerspruch auf?

Die Lösung ist so einfach, dass sie mir zehn Jahre lang nicht eingefallen ist. Der Product Owner ist der Vertreter des Scrum-Teams mit einer klar umrissenen Aufgabe, die er vom Scrum-Team zugewiesen bekommt: **Kommunikation mit dem Kunden und Absicherung der Rahmenbedingungen.** Er wird zum Anwalt des Scrum-Teams.

Kundenkommunikation. Gemeinsam mit seinen Kollegen übernimmt der Product Owner für sein Scrum-Team die Diskussionen darüber, ob Features und Hypothesen ausprobiert werden sollen oder nicht. In einigen Kontexten wird das darauf hinauslaufen, für diese Ideen vom Kunden Geld zu bekommen, in anderen Kontexten muss geprüft werden, ob man das überhaupt gemeinsam anbieten will. Dagegen sprechen könnte, dass diese Vorgehensweise nicht zur eigentlichen Produktidee passt, die Architektur sprengen oder die Rahmenbedingungen völlig aufweichen würde.

Rahmenbedingungen. In großen, skalierten Projekten müssen sehr viele Faktoren berücksichtigt werden. Viele davon sind Wünsche und Möglichkeiten, vieles ist aber auch notwendig und muss bei der Gesamtlösung berücksichtigt werden. Und natürlich besteht immer die Gefahr, dass sich die Rahmenbedingungen im Laufe der Zeit ändern. Neue Kunden sollen gewonnen werden, eine Technologie läuft aus, in einem Land treten neue gesetzliche Bestimmungen in Kraft oder ein Neuzugang im Management will im Projekt mitmischen. Viele Projekte kranken daran, dass nicht zwischen Rahmenbedingungen und Funktionalitäten unterschieden wird, und daher ist es gerade im skalierten Umfeld wichtig, dass diese Unterscheidungen eingehalten werden. Das ist die eigentliche Aufgabe des Product Owners: Als Anwalt des Teams sagt er zu neuen Featureanfragen oft „Nein". Es ist leicht, eine Story einfach auf eine Liste zu schreiben. Aber das führt unweigerlich wieder in die Diskussion, ob man die Story umsetzt oder nicht. Besser ist es, schon im Vorhinein Grenzen zu ziehen. Der Product Owner kann nur so viele Story-Ideen annehmen, wie sein Team auch umsetzen kann. Product Owner, die sich diese Haltung aneignen, sind in der Lage, mit den anderen Scrum-Teams und deren Product Ownern das Produkt zu verbessern und weiterzuentwickeln. Als inhaltlicher Vertreter des Scrum-Teams kann er mit allen Beteiligten die Releasepläne, die Story Maps, die Abstimmung mit den Lieferanten und vieles mehr vorantreiben.

Meine Erfahrung zeigt, dass – so wie die ScrumMaster oder Gilden – auch die Product Owner jemanden brauchen, der das Product-Owner-Team zusammenhält. Die Product Owner brauchen als Scrum-Team also selbst wieder einen ScrumMaster oder Product Owner, der diese Aufgabe übernimmt. Aber Vorsicht: Hüten Sie sich davor, der Einfachheit halber einen Teamlead oder den Manager für diese Rolle auszuwählen! Das würde nur wieder zu den bereits beschriebenen Dysfunktionalitäten führen.

7.3.3 Die Gilden – Communities of Practice

Ein Scrum-Team kann und soll nicht mehr alleine die Fragestellungen lösen, die in einem skalierten Umfeld entstehen. Da müssen Fragen zur Stringenz der Architektur geklärt und Lösungen für organisatorische Fragen wie gemeinsame Dateisysteme oder die Gestaltung der Front-End-Komponenten gefunden werden. Auch wenn es um Code-Richtlinien oder das Verhandeln der Schnittstellen geht, ist darin immer mehr als ein Scrum-Team involviert.

Diese Fragen stellen sich nicht erst durch agile Frameworks. Es gab und gibt sie auch in klassisch aufgestellten Projekten. Die Lösung sieht man häufig darin, das Management entscheiden zu lassen. Wenn das zu komplex wird, verfallen manche Organisationen auf die Idee, zum Beispiel Architecture Boards einzusetzen, die verbindliche Definitionen für alle Teams festlegen sollen. Nominell definieren im agilen Rahmen die Scrum-Teams die Antworten auf die Fragestellungen und das Management hält sich raus. In den meisten Fällen ist das aber nicht wirklich so: Im Hintergrund regieren die vom Management eingesetzten Gruppen, in denen wiederum Manager sitzen – also jene Menschen im Projekt, die das Produkt nicht herstellen. Damit ist das Prinzip verletzt, dass diejenigen, die die Fragestellung wirklich verstehen, auch die Lösung finden müssen. Es ist eine Lösung, die im agilen Rahmen nicht denkbar ist.

Wie Practice Groups nicht funktionieren

Als ich zum ersten Mal mit der Frage konfrontiert war, wie Scrum-Teams übergreifend an solchen Herausforderungen arbeiten können, lag die Lösung nahe: Es werden sogenannte „Practice Groups" eingeführt. Vertreter der Scrum-Teams sollten sich wöchentlich treffen, um die auftretenden Fragestellungen zu klären. Mir war klar, dass die Scrum-Teams unbedingt miteinander reden mussten, aber wieder machten wir den Fehler, das Bilden dieser Gruppen zu verordnen. Während ich das schreibe, etwa acht Jahre nach den ersten Versuchen, wird mir klar, wie absurd das war – aber das waren eben die Anfänge. Konsequenterweise sind wir daran gescheitert und haben uns gefragt, weshalb diese doch so gute Idee nicht funktionierte. Es gab viele Gründe und ich zähle sie auf, weil Sie, wenn Sie die Regeln für das Bilden von „Gilden" nicht einhalten, unweigerlich in die gleichen Widerstände hineinlaufen werden:

- Die Practice Groups werden nur so genannt, in Wahrheit sind es aber doch wieder Management-Gremien.
- Die Practice Groups werden vom Management eingerichtet und verfolgen dessen Ziele.
- Vom Management wird ein „Leiter" der Gruppe benannt.
- Die Practice Group und der Leiter der Gruppe müssen an einen Manager berichten.
- Die Practice Group wird nach den jeweiligen Disziplinen aufgestellt, damit die Abteilungschefs mitbekommen, was in den Scrum-Teams geschieht.
- Das Mitmachen in der Practice Group ist für die Vertreter verpflichtend, weil es die Vorgesetzten oder die ScrumMaster fordern.

Es gibt sicher noch den einen oder anderen Grund, aber im Wesentlichen haben alle damit zu tun, dass in den Organisationen noch die traditionellen Bilder darüber vorherrschen, wie man solche Gruppen bilden sollte.

Im Laufe der Jahre haben meine Kollegen und ich aber immer besser verstanden, wie Practice Groups tatsächlich funktionieren. Zuerst haben wir mit einem anderen Namen gearbeitet: Communities of Practice. Dann kam der begnadete Coach, Autor und Speaker Henrik Kniberg aber auf die Idee, bei Spotify das Prinzip der Gilden einzuführen. Das klang zunächst nach altem Wein in neuen Schläuchen, aber allmählich wurde der Unterschied deutlich: Gilden basieren auf dem **Prinzip der Freiwilligkeit.**[10]

Das Prinzip hinter diesen Gilden ist sehr einfach:

1. **Der Host/Kurator:** Jeder, der eine Gilde gründet (und jeder darf eine Gruppe gründen), sucht sich Gleichgesinnte für sein Thema.
2. **Einladung:** Der Host spricht eine Einladung aus. Viele Gilden beginnen elektronisch, indem einfach eine Chat-Gruppe eingerichtet wird, andere werden in der Kaffeeküche oder bei einem gemeinsamen Workshop geboren.
   a) Gute elektronische Tools, mit denen man eine Gilde unterstützen kann, sind Yammer, HipChat, Slack oder Google Hangout.
   b) Es hilft, einer Gruppe einige Regeln mitzugeben, die von Anfang an eingehalten werden sollten. Dieser Code of Conduct erzeugt von Anfang an eine gewisse Verbindlichkeit.
3. **Freiwilligkeit und Regeln:** Die Mitglieder einer Gilde machen freiwillig mit. Der Gründer der Gilde bestimmt aber, wie diese Gilde funktioniert und wie sie sich die Regeln der Zusammen- und/oder Mitarbeit gibt.
4. **Crossfunktionalität:** Die Teilnehmer der Gilde können/sollten aus allen Unternehmensbereichen und Unternehmensebenen kommen. Alle sind innerhalb der Gilde an die Regeln der Gilde gebunden.
5. **Führung:** Der Host/Kurator hält die Gruppe zusammen. Er führt in der Regel die Gruppe an, schlägt Termine vor etc.
6. **Scrum:** Auch die Gilden sollten gewisse Standardpraktiken von Scrum einhalten.
   a) Ein Backlog hilft, den Überblick zu behalten.
   b) Feste Lieferungen
   c) Meetings: Retrospektiven helfen den Gilden, ihre Praktiken zu verbessern.
7. **Persönliche Zusammenkünfte:** Die Gildenmitglieder sollten sich neben der elektronischen Kommunikation immer auch persönlich treffen können. Auch wenn es nur einmal im Monat ist: persönlicher Austausch hilft.
8. **Produziere etwas – Lieferungen:** In der Vergangenheit sind wir an der Etablierung von Gilden (oder damals Practice Groups) oft deswegen gescheitert, weil wir sie als Gesprächskreise statt als Liefereinheiten organisiert haben. Aber auch Gilden müssen etwas produzieren – sie brauchen ein Ziel und ein Ergebnis. Daher ist es wichtig, dass die Teilnehmer der Gilden wissen, was sie produzieren wollen und was mit den Ergebnissen geschieht.

[10] Geschichtlich betrachtet waren Gilden immer Zusammenschlüsse von Gleichgesinnten und zumindest am Anfang war die Mitgliedschaft sicher einmal freiwillig. Im deutschen Sprachraum haben sich die Gilden in den Handwerken zu den Zünften weiterentwickelt, ursprünglich waren es aber „Communities".

9. **Das Gesetz der zwei Füße:** Wer mitmacht, macht mit! Wer nicht mitmachen will, macht nicht mit. Dieses Gesetz aus der Open Space Technology hat sich als Schlüssel für das Verständnis der Zusammenarbeit erwiesen. Gerade für Gilden sollten Sie es unbedingt beherzigen.

Ich habe selbst einige Zeit gebraucht, um zu verstehen, wie Gilden funktionieren und was sie von den Practice Groups, die ich vor einigen Jahren gegründet hatte, unterscheidet. Wie gesagt waren meine ersten Gehversuche von dem Bild geprägt, dass sich eine Gruppe zum Beispiel um die Architektur kümmern sollte, und deshalb wollte ich eine solche Gruppe haben. Als Berater führten meine Kollegen und ich das also ein und die Erfolge dieser gut gemeinten Gruppen waren dürftig. Die Idee dahinter war gut, die Ausführung war schlecht.

Erst als ich verstanden hatte, dass auch Gilden nur durch das Prinzip der Freiwilligkeit funktionieren können, weil dann die Leute involviert sind, die tatsächlich mitmachen wollen, wurde mir klar: Gilden kann man nicht ansagen. Sie entstehen, sie sind temporär und verschwinden auch wieder, wenn es am Thema kein Interesse mehr gibt. Und es gibt natürlich viele andere Gründe für das Verschwinden von Gilden: Der Einladende verscheucht als schlechter Gastgeber die Gildenmitglieder, die dann aber vielleicht ihre eigenen Gilden eröffnen.

Das ScrumMaster-Team und/oder das Product-Owner-Team als Gilden

ScrumMaster-Gilden oder Product-Owner-Gilden sind Sonderfälle. Sie können entstehen, wenn man die oben erwähnten ScrumMaster- oder Product-Owner-Teams nicht mehr voraussetzt, sondern zulässt, dass sie sich von selbst bilden. In der Regel sind Gilden disziplinen- und hierarchieübergreifend aufgebaut und daher ist es in diesem Fall notwendig, dass in der Organisation bereits eine Kultur der Selbstorganisation aufgebaut werden konnte. Arbeitet zum Beispiel ein Manager in einer Gilde mit, muss klar sein, dass er genau so viel oder wenig zu sagen hat, wie alle anderen Mitglieder der Gilde.

> Vielleicht fällt Ihnen an dieser Stelle ein Widerspruch auf. Warum sollten Probleme auftreten, wenn Gilden doch ohnehin erwünscht sind? Die Antwort darauf ist einfach: In skalierten Umfeldern ist die Komplexität so hoch, dass es keine linearen Lösungen geben kann.
>
> Es mag sein, dass in einem Unternehmen die Idee des ScrumMaster-Teams wunderbar funktioniert, während man in einer anderen Organisation daran scheitert. Das eine Mal gelingt es wunderbar, ein funktionierendes Product-Owner-Team zu etablieren, ein anderes Mal braucht es wiederum alle Teammitglieder, um die Produktideen zu generieren. Die hier vorgestellten Varianten können also nur als Möglichkeiten gedacht und erörtert werden. Jeder, der sich mit dem Gedanken trägt, eine Transition zu starten, muss mit seinen Teams selbst herausfinden, was funktioniert.

7.3.4 Support-Teams

Scrum-Teams sollen Funktionalitäten liefern, so viele wie möglich in so kurzer Zeit wie nötig. Daher liegt es nahe, die nichtfunktionalen Aspekte der Produktentwicklung von anderen Scrum-Teams, auch *Support-Teams* genannt, erledigen zu lassen. Es würde das Produkt nicht weiterbringen, wenn sich Entwicklungsteams auch noch damit befassen müssten, woher sie die Entwicklungsumgebung, die Infrastruktur, die Testumgebungen etc. bekommen.

Mit Support-Teams im Rücken können sich die Funktionalitäten entwickelnden Scrum-Teams (Feature-Teams) ausschließlich auf das Erstellen der Funktionalitäten konzentrieren. Aber damit kauft man gleichzeitig einen Nachteil ein: Die Support-Teams liefern nicht immer zeitgerecht. Das geschieht nicht aus böser Absicht: Klassische Support-Teams sind meist so aufgestellt, dass sie Scrum-Teams lediglich als weitere Anforderer betrachten – nicht besser und nicht schlechter als andere. Also müssen die Scrum-Teams warten, wenn die Support-Teams gerade keine Zeit haben.

Wie auf einem Flugzeugträger

Brauchen agile Organisationen diese Aufteilung überhaupt? Wird in agilen Umgebungen denn nicht alles anders? Ich lade Sie auf ein Gedankenexperiment ein: Stellen Sie sich einen Flugzeugträger vor. Tausende Menschen arbeiten daran, dass einige wenige Menschen in ihre Jets steigen können, um den Auftrag des Flugzeugträgers zu erfüllen. Die Sicherheitssysteme und die gesamte Crew werden bis aufs Letzte gefordert. Wirklich alles ist darauf ausgerichtet, dass die Piloten in ihren Flugzeugträgern sicher aufsteigen und auch sicher wieder landen können.

In großen skalierten Scrum-Projekten sind die Feature-Teams die Piloten (Product Owner). Ihr Auftrag ist es, basierend auf einer Infrastruktur (Flugzeugträger) so schnell wie möglich neue Funktionalitäten für die Anwender zu entwickeln (Angriffe zu fliegen). Als Unterstützung brauchen sie dafür Support-Teams, die die Infrastruktur ständig warten, überarbeiten und Schritt für Schritt an die Bedürfnisse der Feature-Teams anpassen. Kann ein Feature-Team nicht entwickeln, weil zum Beispiel ein Test-Server nicht mehr funktioniert oder die Internetverbindung gerade ausgefallen ist, wird der eigentliche Auftrag aller behindert, denn gemeinsam sollten sie ja das Produkt liefern. In diesem Fall ist es die Aufgabe der Support-Teams, die Einsatzbereitschaft der Feature-Teams so schnell wie möglich wiederherzustellen.

Ich hole an dieser Stelle so weit aus und bemühe das Bild des Flugzeugträgers, weil es nach meiner Erfahrung noch immer viele Unternehmen gibt, in denen nicht die wertgenerierenden Entwicklungsteams, sondern die Support-Teams den Takt vorgeben. Da fällt mir sofort das Beispiel eines Kunden ein: Dort braucht der Onboarding-Prozess für neue Kollegen (also bis sie arbeiten dürfen) im Schnitt zwei Monate. Man sagt, das sei nicht zu ändern und es sei nicht vorherzusagen, ob es ein oder zwei Monate dauern werde. Es braucht nicht erst ein agiles Mindset, um zu sehen, dass die Bürokratie hier völlig willkürlich agiert. Und ich kann Ihnen unendlich viele Beispiele aufzählen, vieles davon kennen Sie aber wahrscheinlich selbst: Zugänge werden nicht gelegt, Rechner nicht bestellt, Bauteile nicht eingekauft und der Einkauf zieht die Verhandlungen wegen fünf Euro unnötig in die Länge. Der Grund dafür liegt auf der Hand: Die meisten Support-Teams – IT, Einkauf, Betrieb, Facility Management, Lohnbuchhaltung, HR etc. – sind als Linienfunktionen organisiert, obwohl sie Stabstellen sind (Bild 7.2).

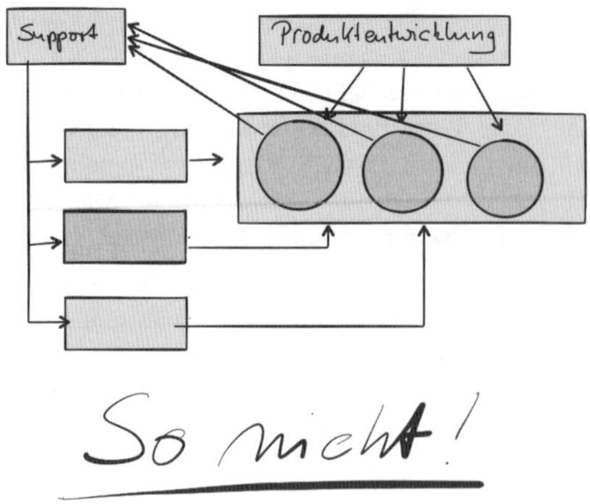

Bild 7.2
Support als Linienfunktion

Damit stehen die Mitarbeiter in diesen Teams in der Linienverantwortung und darin wird jeder Mitarbeiter das tun, was ihn in der Verantwortungskette gut vorankommen lässt.

Für die Projektorganisation – und vor allem für die agilen Organisationsformen – hat das eine fatale Konsequenz: Jede Aufgabe, die von der Linie (also einem Vorgesetzten) an einen Support-Mitarbeiter herangetragen wird, hat Vorrang gegenüber allen anderen Verpflichtungen. Für jeden ist es geschickter, das zu tun, was der Vorgesetzte will. Scrum-Teams und ihre Forderungen an die Support-Teams sind damit auch nicht wichtig genug, denn sie haben kein politisches Gewicht. Vielfach haben die Kollegen aus dem Support auch die Erfahrung gemacht, dass Scrum-(Projekt-)Teams temporäre Phänomene sind und sich irgendwann wieder auflösen. Wer gegen die Linie und für das Scrum-Team agiert, handelt also möglicherweise politisch unklug.

Viele Scrum-Teams scheitern an den (macht-)politischen Tatsachen. Sie liefern daher nicht schnell genug und dann heißt es lapidar: „Scrum funktioniert für unsere Organisation nicht." Dabei sitzt der Fehler tief und ist systemimmanent: Support-Anfragen von Scrum-Teams werden nicht höher priorisiert, denn Support-Teams verstehen sich als eigenständige Einheiten – nicht als Teil der Lösung.

> **!** Übrigens: Es ist ein weit verbreiteter Irrtum, dass sich daran etwas ändert, wenn sich ein Projektmanagement-Office um eine geeignete Priorisierung kümmert. Nein, an diesem Machtspiel ändert das gar nichts. Selbst wenn die Geschäftsleitung involviert ist und deutlich macht, welches Projekt wichtig ist, handelt die Linie nicht zwingend im Interesse des Projekts. ■

Ebenfalls zu beobachten: Oft kennen die Mitarbeiter der Support-Teams die Kollegen in den Feature-Teams gar nicht. In der globalen Organisation tritt immer häufiger der Fall ein, dass Kollege A eine einfache Support-Anfrage für Kollege B erfüllen muss, der aber in einem ganz anderen Land sitzt. A und B kennen einander nicht und der Support weiß auch nichts über die Arbeitsbedingungen und Nöte auf der anderen Seite der Grenze. Da ist es einfacher, sich an die Vorschriften zu halten, denn den Leidensdruck der weit entfernten Kollegen kennt der Support gar nicht und es muss ihm letztlich sogar egal sein.

Die hier wirkenden Mechanismen wurden hinreichend von Soziologen beschrieben, die sich mit bürokratischen Organisationen beschäftigt haben. Exemplarisch sei Hannah Arendt genannt, die in ihren Arbeiten deutlich gemacht hat, dass Menschen in solchen Systemen am eigenen Selbstverständnis gemessen tatsächlich nur ihren Job machen [Arendt 2011].

Support-Teams als Auftragnehmer

Aber welchen Zweck erfüllen nun die Support-Teams? In einem skalierten Scrum-Projekt sollte es grundsätzlich so wenige Support-Teams wie möglich geben. Sie sollten nicht in der Linie verankert sein, sondern von den Scrum-Teams abhängig – also im weitesten Sinne „angestellt“ – sein (Bild 7.3). Dabei gilt die einfache Regel: Wenn ein Support-Team keinen Kunden mehr hat, also keine Aufträge von einem Scrum-Team erhält, kann es eingestellt werden.

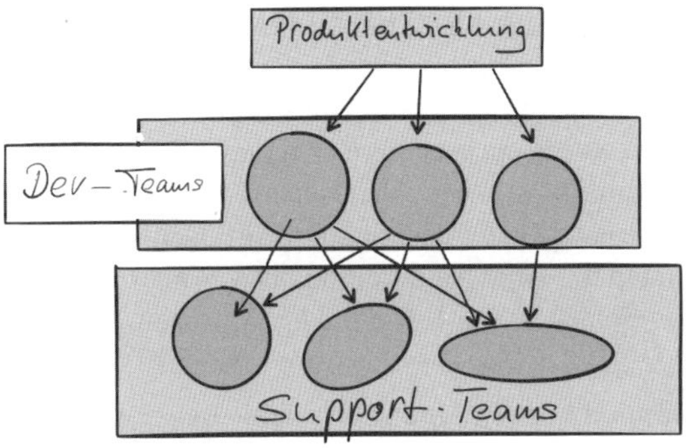

Bild 7.3
Support-Teams als Auftragnehmer der Scrum-Teams

> **!** Systeme wollen sich erhalten. Auch Support-Teams werden daher versuchen, bestehen zu bleiben. Aus meiner Sicht gibt es eine Regel, die sich als erfolgreiche Gegenmaßnahme erwiesen hat: In Scrum-Umfeldern sind Support-Teams temporär und müssen nach spätestens sechs Monaten wieder aufgelöst werden. ■

Wenn die Support-Teams von den Scrum-Teams keine Aufgaben mehr erhalten, können sie eingestellt werden oder die Scrum-Teams weisen ihnen eine neue Aufgabe zu. Die Scrum-Teams sind also die Auftraggeber der Support-Teams.

In einer idealen Organisationsform würden sich die Support-Teams im Laufe der Zeit aus den Scrum-Teams bilden. So würden die Support-Teams besser verstehen, was die Kollegen in den Scrum-Teams brauchen, weil sie selbst einmal in einem Scrum-Team gearbeitet haben.[11] Im Idealfall bestehen die Support-Teams nur temporär – so lange, wie die verstärkte Zusammenarbeit für das Lösen einer Aufgabe nötig ist. Die zeitliche Beschränkung verhindert, dass sich wieder die Bürokratie einschleicht und die Kollegen in den Support-Teams vergessen, wie der Job zu erledigen ist. Klar, wie auf einem Flugzeugträger auch gibt es Aufgaben, die sich immer wiederholen – in diesem Fall kann es sinnvoll sein, für diese wiederkehrenden Aufgaben eine kleine Mannschaft zu belassen.

[11] Wer diese Funktion formalisiert dargestellt haben möchte, dem empfehle ich, die Holacracy Constitution zu lesen. http://www.holacracy.org/constitution#art2 (5.1.2016), Abschnitt 2.6.1

In den meisten Organisationen existieren bereits Infrastrukturteams. Sie kümmern sich um den Betrieb der Applikationen, warten die Firewalls, setzen neue Server auf, stellen Entwicklungsumgebungen zur Verfügung, ziehen die Kabel fürs LAN ein und vieles mehr. Sie aus der Linie herauszulösen, wäre zwar eine sinnvolle Maßnahme, aber sie ist nur zu empfehlen, wenn das ScrumMaster-Team in der Organisation die entsprechenden Vorarbeiten erfolgreich durchgeführt hat. Bis es so weit ist, genügt es in der Regel, mit den Teamleitern der Support-Teams zu sprechen und auf diesem Weg herauszufinden, wie Anfragen der Scrum-Teams schneller behandelt werden können.[12] Um die Kommunikation zu verbessern, können Support-Teams auf unterschiedliche Arten eingebunden werden.

Möglichkeiten zur Einbindung von Support-Teams

Möglichkeit 1: Support-Team im Sprint Planning. Gute Erfahrungen habe ich damit gemacht, die Vertreter der Support-Teams zu den Sprint Plannings und Estimation Meetings einzuladen. Auf diese Weise sehen die Support-Teams selbst, wie die Scrum-Teams arbeiten und was sie wirklich brauchen – während des Sprints läuft die Feinabstimmung dann einfacher. Bei einigen Scrum-Implementierungen wurde auch erfolgreich damit experimentiert, Vertreter der Support-Teams in die Daily Scrums oder in das Scrum of Scrums zu entsenden. Die dadurch entstandene Nähe reichte meistens dafür aus, dass Support-Anfragen wesentlich schneller beantwortet wurden. Im Allgemeinen löst diese kurze tägliche Synchronisation die Probleme effektiver, als es durch das Schicken von E-Mails oder Anfragen über das Ticketing-System der Fall ist.

Möglichkeit 2: Die Support-Teams persönlich kennenlernen. Der kleine Dienstweg funktioniert immer. Netzwerkartige Unternehmen funktionieren nur und ausschließlich über die Beziehungen zwischen den Mitgliedern, das bedeutet aber auch: Man muss sich um diese Beziehungen kümmern. Das kostet Zeit und braucht im Hintergrund ein Management, das die Begegnung der Menschen ermöglicht. Das heißt, nicht nur Crossfunktionalität im Team ist wichtig, sondern auch die Chance, die Menschen außerhalb des Teams zu treffen und mit ihnen gemeinsam etwas zu unternehmen. Wer gemeinsam an einem Projekt gearbeitet hat, versteht den anderen besser und kann irgendwann auch für den anderen ein Problem lösen. Kurz: Dieser informelle Weg ist absolut notwendig, wenn man die Hilfe der Support-Teams braucht, ihnen aber keine Weisungen geben kann, weil man formell nicht der Auftraggeber ist.

Möglichkeit 3: Die Utopie. Immer mehr Unternehmen integrieren die Ansätze der Theory of Constraints in ihre Organisation. Diesen Unternehmen gelingt es, ihre Projekte so zu reduzieren, dass dort „Slack" entsteht, wo es nicht um die Wurst geht – also in den Support-Teams. Der Support hat die klare Aufgabe, alles Benötigte zur richtigen Zeit zur Verfügung zu stellen. Und es funktioniert, weil diese Organisationen eines verstanden haben: Es ist völlig egal, wie viele Menschen scheinbar unproduktiv sind, wenn das Gesamtsystem am Ende produktiver wird.[13] Dadurch verschwindet auch die Konkurrenz zwischen Linie und Projekt, denn diese Teams sind so gut ausgestattet, dass sie immer ausreichend Zeit haben.

[12] Manchmal genügt auch schon eine höfliche handschriftliche Notiz, um schneller Hilfe zu bekommen. Dazu hat Randy Garner, Professor für Verhaltenswissenschaften und Associate Dean an der Sam Houston State University, ein interessantes Experiment durchgeführt. Nachzulesen im Artikel „The Surprising Persuasiveness of a Sticky Note" von Kevin Hogan unter http://bit.ly/1LD7HSN (abgerufen am 15.9.2015).

[13] Die Theory of Constraints ausführlich zu besprechen, würde den Rahmen dieses Buchs sprengen. Wer mehr dazu wissen möchte, sollte sich mit den neueren Arbeiten von Wolfram Müller beschäftigen (www.speed4projects.net).

7.4 Skalieren über die Architektur

Chris Richardson schreibt in einem Artikel über Microservices: „The microservice architecture makes it easier to scale development. You can organize the development effort around multiple, small (e.g. two pizza) teams. Each team is solely responsible for the development and deployment of a single service or a collection of related services. Each team can develop, deploy and scale their service independently of all of the other teams." [Richardson 2014]

Amazon hat die Idee der Microservices in der Architektur und Entwicklung von Software populär gemacht und heute wird diese Idee bereits von vielen anderen E-Commerce-Unternehmen konsequent umgesetzt. Die Idee ist bestechend: Viele kleine Einheiten sind in einer serviceorientierten Architektur so lose miteinander gekoppelt, dass jede Einheit für sich selbst stehen kann. Änderungen an einer Einheit beeinflussen also die anderen Einheiten nicht. Zwar steht eine Einheit im gleichen Kontext wie alle anderen, sie kann sich aber unabhängig entwickeln und muss nicht auf die Aktivitäten der anderen Einheiten Rücksicht nehmen.[14]

Microservices sind wie eine Ansammlung von Marktständen: Jeder Marktstand bietet seine eigene Ware an, ist besser oder schlechter besucht und doch in den Kontext des gesamten Markts eingebunden. Folglich ist ein Marktstand einerseits isoliert, unabhängig von den anderen und für sein eigenes Business verantwortlich, aber innerhalb des Markts trotzdem an einige Formalien gebunden. Der einzelne Marktstand ist gerade so klein, dass er für die Kunden Bedeutung hat, aber der Markt überlebt es auch, wenn ein Marktstand wegen Erfolglosigkeit nicht mehr existiert. Der Markt verändert und regeneriert sich durch die Ansiedlung eines neuen Marktstands, der wieder zu einer bestimmten Käufergruppe passt. Auf diese Weise passt sich der Markt unentwegt den wechselnden Kundenbedürfnissen an und wächst. Das gleiche Prinzip bietet eine (Software-)Architektur, die aus vielen kleinen Services besteht, die im gleichen Kontext (heutzutage technisch meist über eine Cloud realisiert) unabhängig voneinander laufen und sich ständig anpassen - also umgeschrieben oder im Laufe der Zeit obsolet werden und verschwinden.

Gelingt es einer Organisation, Hard- oder Software in diesen kleinen Einheiten zu entwickeln, müssen die dazugehörigen Teams im Grunde genommen nicht miteinander reden. Es ist gar nicht notwendig, dass sie sich über ihre Art und Weise des Entwickelns austauschen, weil sich alle Services an Regeln halten, wie mit der Außenwelt - in diesem Fall mit den anderen Services - kommuniziert wird. Es ist klar definiert, wie Microservices zusammenarbeiten [vgl. Wolff 2015]:

1. Alle Services brauchen ein User Interface, das über einen Link erreichbar ist.
2. Die Services sind über Schnittstellen (z. B. REST) oder
3. mit Hilfe von Datenreplikation miteinander verbunden.

Wieder ist die Ähnlichkeit mit einem Markt offensichtlich. Auch Marktstände sprechen sich nicht ab, aber natürlich können die Besitzer der Marktstände miteinander und mit den Kunden kommunizieren und daraus lernen, um ihren Marktstand anzupassen. Im gleichen Kontext entwickeln sich alle Marktstände vollkommen autark.

---

[14] Martin Fowler hat sicher Recht mit seiner Aussage, dass nicht jede Applikation mit einer Microservice-Architektur umgesetzt werden muss, sondern nur solche, deren Komplexität mit dieser Art von Architektur besser bewältigt werden kann. Siehe dazu http://martinfowler.com/bliki/MicroservicePremium.html

Die Organisationsform als Ergebnis der Produktarchitektur ist vielleicht die Lösung, um Komplexität zu reduzieren, denn die Menge an Kommunikationsverbindungen steigt mit jedem (Scrum-)Team und mit jedem Teammitglied. Gelingt es, die Teams zu entkoppeln, reduziert sich der Kommunikationsbedarf und damit auch die Komplexität.

Das ist übrigens unbedingt notwendig. So sagt Olaf Geramanis, Professor am Institut für Sozialplanung an der Hochschule für Soziale Arbeit in Basel: „Gruppen ändern ihre Dynamik mit der wachsenden Zahl ihrer Mitglieder. Das hat einmal damit zu tun, dass wir aufgrund unserer intellektuellen Kapazität nur beschränkt in der Lage sind, komplexe Informationen simultan zu verarbeiten. Zum anderen kostet die Aufrechterhaltung intensiver Beziehungen unsere begrenzte emotionale Energie und Zeit.“ [Volk 2015] Das bedeutet umgekehrt, dass es unter anderem die Aufgabe von Führung ist, die Teamgrößen und die Anzahl der Teams zu reduzieren oder Mechanismen einzuführen, die es überflüssig machen, miteinander zu kommunizieren. ■

Mit Hilfe dieser Architektur sinkt die Zahl der nötigen Absprachen zwischen den Teams. Damit ist es aber nun auch völlig die Sache des Teams, ob es eine Funktionalität liefert oder nicht. Wenn die Funktionalität da ist, kann sie von allen anderen genutzt werden – wenn sie es wollen. Die anderen Teams entscheiden, ob sie an diesem Service andocken und aus ihren eigenen Services heraus zur Verfügung stellen wollen oder ob sie das nicht tun wollen.

Wer steuert dann aber die Richtung der Entwicklung? An dieser Stelle sei wieder auf den Kontext, den Markt, verwiesen. Alle Scrum-Teams arbeiten in einem Kontext: Er wird durch die Vision, die Constraints und den bereits existierenden Rahmen (zum Beispiel die Cloud) definiert. Die Vision wird von einer Person – meist vom Product Owner – oder einem kleinen Team entworfen, geteilt und gehalten. Mit „gehalten“ meine ich, dass eine Vision nicht durch das Aufschreiben schöner Worte zum Leben erweckt wird, sondern nur durch die Menschen, die an diese Vision glauben.

Der Begriff „Werkidee“ beschreibt vielleicht noch besser, was hinter der Vision steckt. Die Werkidee wird vom Product Owner verkörpert und gelebt – sie manifestiert sich sozusagen im Product Owner. Alle Beteiligten spüren das und wissen daher, was gemeint ist. Natürlich muss auch noch darüber gesprochen werden, damit vollends klar ist, was am Markt angeboten wird. Ein Shoppingcenter definiert ja ebenfalls durch die einzelnen Geschäfte, welche Kunden es anziehen will – nicht jedes Geschäft muss die Vision des Shoppingcenters aber auf seine Schaufenster malen. Die Kunden wissen, warum sie ausgerechnet in dieses Shoppingcenter gehen. Gleiches gilt für Produkte, die von mehreren Teams entwickelt werden: Es ist die Aufgabe der Scrum-Teams, ihre Interpretation der Werkidee (der Vision) des Product Owners bzw. des Product-Owner-Teams zu liefern. Wenn das gelingt, kann jedes einzelne Scrum-Team im Verbund mit allen anderen tun, was es selbst für richtig erachtet, und dennoch wird das Gesamtprodukt in seinen Facetten reichhaltiger und besser werden.

Wie eingangs bereits erwähnt, sind diverse Internetplattformen die Pioniere im Skalieren über die Architektur. Dazu gehört zum Beispiel auch Netflix, dessen ehemaliger Cloud Architect Adrian Cockroft die Entwicklung zur Microservices-Architektur begleitet hat und diese Idee in andere Unternehmen und in die Community trägt [vgl. Mauro 2015].

Meiner Meinung nach liegt es daran, weil die Skalierung über den Prozess – also über die auf den letzten Seiten präsentierten Ideen – nicht ausreichend funktioniert hat.

Scrum war und ist ein guter Weg, um große Projekte zu managen. Aber selbst die größten Scrum-Boards, die am besten moderierten Massen-Sprint-Plannings und tollsten Ideen zur Synchronisation der Product Owner verteilter Teams können nicht darüber hinwegtäuschen, dass die Skalierung zwar funktioniert, aber in dieser Form nur die Vorstufe für eine vollkommen andere Art des Entwickelns ist. Denn die laufenden Synchronisationen kosten Zeit und damit Geld, und das ist für Unternehmen ab einer bestimmten Größe unattraktiv. Mit den Microservices haben wieder einmal Techniker die Lösung gefunden – Architekturen, in denen die Teams nicht aufeinander warten müssen.

7.5 Verteilte Standorte

Bisher habe ich im Wesentlichen beschrieben, wie große Teams zusammenarbeiten können, und habe damit geschlossen, wie sich mit neuen Ansätzen in der Architektur die Teams auch entkoppeln lassen. Hier kann eine neue Stufe der Skalierung entstehen.

Trotzdem darf man einen wesentlichen Aspekt der Skalierung nicht übersehen: verteilte Teams. Es ist heute keine Ausnahme mehr, dass die Mitglieder von Scrum-Teams über mehrere Standorte verstreut sind, und Varianten gibt es davon so viele, wie es Unternehmen gibt. Einige Beispiele:

- Zwei oder mehrere Unternehmen arbeiten zusammen an einem Produkt – eine Abnehmer-Lieferanten-Beziehung.
- Menschen aus verschiedenen Unternehmen arbeiten in einem Team, sehen sich aber nur per Videochat.
- Teams arbeiten über den ganzen Erdball verteilt, damit nach jeweils acht Stunden die Arbeit des Vorgängerteams ohne Unterbrechung weitergeführt werden kann.
- Unternehmen werden aufgekauft und nun sollen die Teams standortübergreifend zusammenarbeiten.

Ich könnte noch Dutzende weitere Konstellationen aufzählen. Sie alle stehen auf den ersten Blick nicht im Einklang mit Scrum. Wie viel produktiver ein gut aufeinander eingespieltes Team, das in einem Raum sitzt, im Vergleich zu anderen Arten der Zusammenarbeit sein kann, wissen die meisten von uns. Aber wenn die Teammitglieder in Detroit, Wien, Hamburg und Bangalore sitzen und auch noch in Teilzeit arbeiten: Ist Scrum dann unmöglich?

Nein, denn Scrum sagt nicht, wie man miteinander arbeitet, sondern nur, was gefordert werden sollte. Die Prinzipien und Praktiken von Scrum sind eine Checkliste zweiter Ordnung, also eine, die zum Nachdenken anregt und zu lösende Themen aufzeigt. Sehen wir uns diese Themen gemeinsam an.

7.5.1 Das verteilte Team ist zu groß

Viele verteilte Scrum-Teams sind zu groß. Punkt. Das muss an dieser Stelle einmal deutlich gesagt werden. Ich habe erlebt, dass Teams aus 50 und mehr Personen nicht annähernd so viel geliefert haben wie meine eigenen Scrum-Teams aus sechs aufeinander eingespielten Entwicklern. Warum ist das so?

- Die Entwicklungsteammitglieder haben nicht die notwendigen Skills. Es ist tatsächlich so, aber das wollen nur wenige wahrhaben. Viele Entwickler, egal ob es sich um Hard- oder Softwareprojekte handelt, sind nicht auf dem neuesten Stand der Technik, haben sich nicht weiterentwickelt oder sind durch das Peter-Prinzip an einer Stelle im Unternehmen gelandet, wo sie nur noch durch Inkompetenz auffallen.
- Der Kommunikationsaufwand wird so extrem hoch, dass ein Kollege im Durchschnitt alle drei Minuten gestört wird. Wie soll man da noch sinnvoll arbeiten?
- In großen Gruppen entstehen politische Strömungen, die Menschen davon abhalten, produktiv zu sein. Die Energie fließt in Grabenkämpfe statt in die Arbeit.

Leider werden aus diesen Erkenntnissen aber auch nicht die richtigen Konsequenzen gezogen. Eigentlich müssten die Teammitglieder fit gemacht werden, durch Schulungen, Ausbildungen und bessere Anleitung. Im Extremfall müssen Mitarbeiter auch ausgetauscht werden. Aber nein: Weil das Team unproduktiv ist, werden noch mehr Teammitglieder in die Schlacht geschickt, obwohl es nun schon einige Jahre her ist, dass Frederick P. Brooks in „The Mythical Man Month“ erkannt hat: Es nützt überhaupt nichts, noch mehr Menschen auf das gleiche Problem zu werfen. Ganz im Gegenteil, es verzögert ein ohnehin bereits verzögertes Projekt noch mehr [vgl. Brooks 1995].

Trotzdem wird ein Scrum-Team nach dem anderen aufgebaut. Meine Kollegen und ich erleben es immer wieder, hier ein Beispiel: Ein nicht wirklich produktives Team (sehr viele Defects, geringe Velocity) kam nicht in die Gänge.

- Es fehlte an Ausbildung.
- Es gab keine Vision.
- Es war unklar, weshalb man zusammenarbeiten sollte.
- Das Backlog war schlecht strukturiert und in einem elektronischen Tool vergraben, weil es das Unternehmen so wollte.
- Weil jeder in Teilzeit arbeiten wollte, fehlte das Selbstverständnis als Team.
- Der Gedanke an Zusammenarbeit war gar nicht vorhanden.
- Die Englischkenntnisse waren mangelhaft.
- Die Führung war mangelhaft.

Wie reagierte das Management darauf? Es wollte das Team personell verstärken. Warum? Damit die gewürfelten Releasepläne eingehalten werden konnten.

Dabei wäre die Lösung einfach gewesen: weniger Teams, klare Führung im Command-and-Control-Stil, häufige Präsenzphasen und dann, allmählich, die Einführung der Prinzipien der Selbstorganisation. Das hätte das Vertrauen in die Teams wieder gestärkt und anschließend hätte man die Teammitglieder darin trainieren können, agil zu arbeiten, mit Praktiken wie eXtreme Programming und Continuous Delivery umzugehen oder verständlicheres Englisch zu sprechen.

Wie so oft wurden diese Ansagen nicht gerne gehört. Scrum deckt die Probleme auf, aber die Lösungen sind nicht bequem genug. Scrum hat sich leider als die Pille erwiesen, die alle Systemillusionen im Unternehmen dekonstruiert. Es macht ein schwaches Management offensichtlich, das mit der Komplexität überhaupt nicht mehr klarkommt, aber ständig nach oben berichten muss.

7.5.2 Zu viele Meetings

Das führt sofort zum nächsten Thema: In skalierten verteilten Umfeldern gibt es viel zu viele Meetings. Es gibt zu viele 1-to-1-Meetings, zu viele Telefonate, zu viele Gespräche zwischen Tür und Angel, zu viele Gespräche in der Kaffeeküche, zu viele unterschiedliche Kommunikationsströme an den einzelnen Standorten. Dazu kommen noch Meetings mit den Kunden, das Management will auch ständig informiert werden und die Besprechungen alleine reichen nicht – alles Besprochene soll auch schriftlich festgehalten werden, am besten in Timesheets, Berichten und hübschen PowerPoint-Folien.

PowerPoint-Mania

Wenn wir über produktive Arbeitsbedingungen sprechen, kann es nicht produktiv sein, ständig Foliensätze durch die Gegend zu schicken. Wenn sich das Management darüber Gedanken macht, ob die Linien einer PowerPoint-Grafik gestrichelt sein sollten und Bilder wichtiger als die Arbeit werden, die man sich als Manager eigentlich vor Ort ansehen sollte, dann läuft etwas schief. Manager haben die Aufgabe, sich die Arbeitsergebnisse anzuschauen und mit den Entwicklern, Ingenieuren und Wissenschaftlern persönlich zu reden, denn schließlich liefern sie die Lösungen, die einem Unternehmen die Umsätze bringen.

Unsere Projekte mit 180 Entwicklern und noch einmal so vielen Projektbeteiligten waren immer dann erfolgreich, wenn sich die Manager die Mühe machten, tatsächlich zuzuhören. Sie ließen PowerPoint mal beiseite, gingen zu den Teams und gewannen das Vertrauen.

Die Versuche, bei denen sich das Management hinter Folien versteckte, scheiterten leider.

Werden in diesem Umfeld auch noch Scrum-Meetings eingeführt, ist der Super-GAU vorprogrammiert. Jedes Mal bemerken wir, welche Qual das für die Teams ist und wir haben auch schon den einen oder anderen ScrumMaster dabei verloren. Sie wurden Opfer der Organisation und mussten schon wieder gehen, bevor sie noch richtig angefangen hatten. Mein Resümee ist dabei immer das gleiche: Es gelingt nicht, die Meetings schnell genug zu reduzieren, die Kommunikation auf das Wesentliche zu beschränken und das Management auszugrenzen.

Erfolge stellten sich immer ein, wenn das Management durch andere wichtige Ereignisse abgelenkt war und die Scrum-Teams für einige Wochen nicht unter Beobachtung standen. Es gelingt auch, wenn das Management so viel Vertrauen hat, dass es uns in Ruhe lässt. In diesen Fällen lassen sich die Meetings wirklich auf die Scrum-Meetings beschränken und siehe da: Am Ende des Sprints wird geliefert.

Warum ist das so? Haben Sie einmal eine Telefonkonferenz zwischen drei Standorten erlebt? Mir bereitet das immer Qualen! Das Zuhören bei diesen Meetings tut mir beinahe körperlich weh. Es gibt sinnlose Diskussionen, die Teilnehmer sind nicht vorbereitet, die Zuhörer verstehen kaum etwas, das Tischmikrofon funktioniert nicht richtig oder das Headset von irgendeinem Teammitglied ist gerade kaputt. Die tollen Webservices machen es noch schlimmer. Jedes Meeting startet mit zehn Minuten Verspätung, weil die Technik nicht funktioniert. Viele haben sich schon so daran gewöhnt, dass sie einfach nur dort sitzen und nebenbei ihre Arbeit machen, weil sie nach diesem Meeting schon in der nächsten Telko sitzen müssen. Unsinn!

Dabei wäre es gerade bei verteilten Teams umso wichtiger, dass die Meetings effektiver werden. Das geht, wenn der ScrumMaster die Technik vorher überprüft und sich als Moderator des Meetings positioniert. Sein Ziel muss sein, dass jedes Meeting kurz und schmerzlos abläuft. Gelingt das, können die Meetings zu erfolgreichen Arbeitssitzungen werden. So haben wir die Retrospektive, wie sie in diesem Buch beschrieben wird, bei verteilten Teams auf eine einzige Frage reduziert: „Was würde uns aus deiner Sicht im nächsten Sprint produktiver machen?" Jeder sagt einen Satz oder schickt ihn per Chat – und fertig ist die Retrospektive. Dann macht der ScrumMaster etwas draus: Er schreibt allen, was er tun wird, alle haben das Gefühl, gehört zu werden, und das Ganze war keine Zeitverschwendung.

Es muss im skalierten Umfeld also darauf geachtet werden, dass Meetings ausschließlich zu Arbeits- und nicht zu Statussitzungen werden. Diese Meetings müssen so gestaltet sein, dass die Menschen miteinander arbeiten oder zumindest zu gemeinsamen Erkenntnissen kommen. Das kann auch per Videochat funktionieren, oft ist es aber einfacher, die Teilnehmer für einen Tag an einem Ort zusammenzubringen.

Alle Abstimmungsmeetings (siehe das skalierte Daily Scrum etc.) müssen kurz und für die Teilnehmer hilfreich sein. Dann kommen sie gerne wieder.

7.5.3 Elektronische Tools

Ich hasse sie, die elektronischen Tools. Sie machen in verteilten Umfeldern nur Probleme. Nein, entgegen der landläufigen Meinung braucht man sie nicht, sie sind nicht hilfreich.

Elektronische Tools helfen vielen Softwareentwicklungsmannschaften, ihre Arbeit zu protokollieren und aufzuschreiben, was alles zu tun ist. Aber wenn man genau hinsieht, sind sie nichts anderes als Listengenerierungsinstrumente. Ich weiß nicht, wie viele Menschen weltweit ihre kreative Kraft darauf verschwenden, eine schönere, tollere, responsive, mobilfähige und dann noch alle ständig informierende Liste zu entwickeln. Ich erinnere mich mit Schaudern an einen Kunden, der in seinem elektronischen Tool mehr als 300 Projekte, verschiedenste Sichten auf diese Projekte und Hunderte Boards gebunkert hatte, nur weil man das mit diesen Tools eben kann. Wenn man davon ausgeht, dass Menschen von Listen mit mehr als 40 Einträgen hoffnungslos überfordert sind, dann sollte doch klar sein, dass man keine Scrum- und Kanban-Tools braucht, die Hunderte von Einträgen managen können. Das menschliche Gehirn verbraucht sehr viel Energie, wenn es Listen priorisieren muss [vgl. Rock 2009]. Wird in Unternehmen also ständig mit Listen gearbeitet, die länger und immer länger werden, nutzen wir die geistigen Fähigkeiten bestens ausgebildeter Menschen nicht für das Entwickeln von Lösungen, sondern verschwenden es mit dem Schreiben, Priorisieren und Verwalten von Listen. Und natürlich mit dem Entwickeln von Programmen für das Schreiben von Listen.

Fokus! Zum Glück gibt es immer dann, wenn sich etwas ins Extrem entwickelt und ein Paradigma bricht, an den Ecken (at the fringe) immer schon die Lösung. Die ersten produktiveren Wissensarbeiter sehen davon ab, ihre To-Dos elektronisch zu führen. Sie schreiben gar keine Listen mehr, sondern beginnen einfach, sich zu fokussieren. Was nicht getan wird, wird nicht getan. Die Manie, alles erledigen zu müssen, ist ein Produktivitätskiller. Das Wegwerfen, das Nein-Sagen, das Nicht-Machen, das Vergessen – das sind die Motoren der Produktivität. Man braucht nichts zu priorisieren, wenn es keine Listen gibt.

So werden Defects in Scrum-Umfeldern nicht in Listen gesammelt, sondern entweder sofort oder nie bearbeitet. Warum so gearbeitet werden sollte, zeigen die Arbeiten zum Lean Management und der Warteschlangen-Theorie: Feedback erzeugt Innovation, langsames Feedback entsteht bei hohen Batch-Sizes und das führt zu langsamer Innovation. Wer schnell reagieren will, muss die Batches – die Listen – reduzieren, sich fokussieren und das Nein-Sagen lernen.

Wer diese unangenehme Tatsache sehen will, dem wird schnell klar, dass man sich das Führen längerer Listen sparen kann. Man kann Projekte mit Tausenden Features auf wenige Epics konzentrieren und sich in jeder kleinen Zeiteinheit auf ganz wenige Dinge konzentrieren. Ja, das ist das Ende der elektronischen Tools, die wir nur brauchen, weil wir etwas verwalten wollen, das man gar nicht verwalten muss.

Aber wie passt das zur Stellenbeschreibung des Product Owners, der doch nur dann wirklich wichtig ist, wenn sein Backlog nur so vor unerfüllten Aufgaben strotzt? Sehen Sie es mal so: Es ist viel leichter, die User Storys zu schreiben, als sich mit seinem Entwicklungsteam auseinanderzusetzen, jede einzelne Story genau zu durchdenken und auf diese Weise das Entwicklungsteam produktiv zu bekommen.

Die Lösung für verteilte Teams ist also nicht, ein elektronisches Tool anzuschaffen, sondern irgendwo eine kurze Liste mit Einträgen abzulegen, die täglich angeschaut wird. Dort muss für Transparenz gesorgt werden, um auf diese Weise das gesamte große Team zu fokussieren.

7.5.4 Das Linienmanagement

In verteilten Teams gibt es ein Thema, das zwar jedem bewusst ist, aber von den Beteiligten oft nicht offensiv genug angegangen wird. Das Linienmanagement hat eigene Vorstellungen, Interessen und Bedürfnisse, die nichts mit dem Produkt zu tun haben, das gerade entwickelt wird. Diese Interessen wirken über die Standortgrenzen hinweg.

In ein Kundenprojekt waren Standorte in den USA, Deutschland, Frankreich und noch einigen Ländern mehr involviert. Jeder Standortleiter und jede Abteilung an diesen Standorten hatte eigene Ziele und Interessen, die nicht parallel zu den Interessen des Projekts liefen. Wie sollten sie auch? Der Leiter eines Standorts hat die Aufgabe, für Kontinuität zu sorgen. Er stellt Menschen ein und versucht, eine Organisation zu strukturieren. Die Regeln, nach denen das Projekt verlaufen soll, werden aber an anderen Orten der Welt aufgestellt. Wie soll man diese Regeln dem eigenen Team gegenüber vertreten, wenn man gar nicht dabei war? Noch gravierender wirken die kulturellen Unterschiede. Wer einmal in großen Unternehmen mit den osteuropäischen Teamleitern zu tun hatte, kennt das Phänomen: Natürlich wird von den Teammitgliedern gesagt, was man hören will – getan wird aber das, was der Chef des Teams vor Ort sagt. Das habe ich so in der Türkei, in Rumänien, Bulgarien, der Ukraine, der Slowakei, aber auch schon in Wien erlebt. Die lokalen Teamleiter haben ganz klare Vorstellungen davon, wie sie ihre Macht ausbauen und vorleben wollen. Sehen wir der Tatsache ins Auge: Diese Menschen leben in einer Kultur, die sie für die Macht achtet, die sie über andere haben. Der Teamleiter arbeitet für einen Kunden aus Deutschland oder den USA, aber wenn er nach Hause geht, will er erzählen, wie toll er sein Team geführt hat. Die tiefsitzenden kulturellen Prägungen sind nicht außer Kraft gesetzt, nur weil ein amerikanisches Unternehmen mit Scrum um die Ecke kommt. Natürlich wird Scrum verlangt, aber was in Osteuropa als Scrum verkauft wird, hat oft wenig mit dem zu tun, was ich in diesem Buch beschreibe. Mir ist klar, dass es auch in Osteuropa erfolgreiche Unternehmen gibt, die Scrum und Agilität vorbildhaft leben. Mir ist auch bewusst, dass es in diesen Ländern eine wunderbare und sehr aktive agile Community gibt. Es ist aber nur ein Tropfen auf dem heißen Stein. Wäre es anders, würden wir über viel mehr Erfolge in Osteuropa hören, denn US-amerikanische Unternehmen haben dort bereits Scrum eingefordert, als – mit Ausnahme der skandinavischen Länder – Scrum in Europa noch gar kein Thema war. Übrigens: Immer mehr Unternehmen im Silicon Valley suchen Entwickler vor Ort und zahlen traumhafte Gehälter. Warum? Weil das Arbeiten über die Kontinente hinweg wesentlich teurer war.

Problematisch ist oft auch die Zusammenarbeit mit Zulieferern in anderen Ländern, die natürlich nicht nur einen Kunden haben. Es ist kaum nachvollziehbar, für welche Projekte die Teammitglieder des Zulieferers tatsächlich arbeiten – da helfen auch JIRA & Co nicht.

7.5.5 Visionen und Rahmenbedingungen

„Gut, dann setzen Sie sich in den kommenden sechs Monaten regelmäßig ins Flugzeug und fliegen von Standort zu Standort“, sagte ich zum Chef einer Entwicklungsabteilung. Was war geschehen? Ein Unternehmen hatte weltweit einige Firmen aufgekauft. Das Headquarter gab vor, wie zu entwickeln war, und schnell wurde klar, dass die anderen Standorte natürlich anders entwickelten und sich nicht an die Konzernvorgaben hielten. Jeden Tag verbrachte das Management mehrere Stunden in Telefonkonferenzen. Meine bescheidene Sicht der Lage war: Der Ansatz funktionierte nur unzureichend. Meine klare Ansage war nötig, um den Managern ihre Verantwortung für das Teambuilding deutlich zu machen, aber trotzdem änderte sich nichts. Wer will schon weg vom sicheren Schreibtisch, um sich den HON-Status zu erfliegen? Aber nicht nur die Manager wollten nicht ständig fliegen. Auch die Teammitglieder hielten nichts von der Idee, fernab von ihren Familien und Freunden einige Monate in einem anderen Land zu leben.

Ich verstehe das. Man lebt gerne dort, wo man sein Haus gebaut oder seine Wohnung schön eingerichtet hat. Aber die Visionen und Ziele, die Ideen für diese neue Art des Arbeitens, lassen sich nicht mit PowerPoint-Slides, Telefonkonferenzen und E-Mails verbreiten. Das funktioniert nicht. Menschen können anderen Menschen nur dann begeistern und mitreißen, wenn sie vor Ort sind, wenn sie vor Gruppen sprechen, auf einer Bühne stehen oder das direkte Gespräch suchen. Menschen spüren beim Zusehen, was der dort oben auf der Bühne spürt und empfindet. Die Videos von TEDx-Konferenzen gibt es in bester Qualität und trotzdem kauft das Publikum Tickets um viele tausend Dollar. Das Wissen der Vortragenden kommt beim Publikum im direkten Kontakt ganz anders an.

Die Werkidee muss persönlich weitergeben werden. „Die Magie eines lebendigen musikalischen Augenblicks lässt sich nicht durch dirigistische Kommandos erzwingen. Sie ereignet sich, oder sie ereignet sich eben nicht. Das ist etwas ganz Zartes, Fragiles. Dafür muss der Dirigent mit dem Orchester zunächst einmal eine Atmosphäre der Offenheit schaffen, ein wechselseitiges Vertrauen. Darin besteht seine Führungsarbeit. Und man muss lernen, einander zuzuhören. Das Zuhören ist so wichtig. Im Leben wie in der Musik. Eine Fähigkeit, die immer mehr verschwindet", erzählt Claudio Abbado in einem Interview [Spinola 2013]. Man müsse die Musik sein, die man als Dirigent vom Orchester hören will, soll er einmal gesagt haben. Auch als Führungskraft muss man die Vision, die Idee eines Produkts verkörpern und sie leben - dann folgen die Teammitglieder und handeln entsprechend. Dann braucht man keine Anweisungen und es gelingt, die Ideen umzusetzen, weil man die Teammitglieder miteinander arbeiten und denken lässt. Wie macht es Claudio Abbado bei der Arbeit mit einem Orchester? „Es stimmt, dass ich in den Proben eher wortkarg bin. Natürlich versuche ich, einzelne Passagen so in Ordnung zu bekommen, wie ich es aus der Partitur gelernt habe. Ich lasse auch oft die Gruppen einzeln spielen, aber nicht, weil sie eine Korrektur brauchen, sondern für die anderen. Damit die hören, was zum Beispiel die Holzbläser an dieser Stelle gerade spielen. Aber dann kommt der große Bogen, der Fluss des Ganzen - und das ist das Wichtigste." [Spinola 2013] Ist das nicht spannend? Durch das Zuhören erzeugt er im Orchester die Selbstreferenz - die Musiker hören sich selbst zu. Die Werkidee kommuniziert er nicht durch ständiges Erklären, sondern indem er die Orchestermitglieder aufeinander verweist und sie hören lässt, was er hören will. Er arbeitet an seiner Vision, aber *mit* den Menschen im Orchester.

Das Gleiche gelingt, wenn Sie *mit* Ihren Teams arbeiten und weder die Arbeit für sie erledigen noch sie einfach vor sich hinarbeiten lassen. Sie als Manager, als Product Owner, müssen sich den Menschen aussetzen. Sie müssen da sein, für alle sichtbar, hinfahren (notfalls hinfliegen), mitmachen und für Ihre Idee(n) einstehen. Dieses Dasein, das Einflussnehmen durch Präsenz, ist aus meiner Sicht für die Arbeit in verteilten Teams sogar noch wichtiger als bei der Arbeit mit einem großen Team vor Ort, wo der Kontakt von selbst geschehen kann. In verteilten Teams muss der Kontakt immer wieder hergestellt werden.

Führung braucht Nähe

Im kleinen, 25 Kollegen umfassenden Team meines Beratungsunternehmens kann ich immer wieder das gleiche Phänomen beobachten. Je länger ich als Visionär des Unternehmens nicht in direktem Kontakt mit den Kollegen bin, desto größer werden die Unsicherheiten. Ich dachte immer, das läge daran, dass wir uns nicht lange genug kennen, aber dann wurde mir klar: Führung braucht Kontakt. Aus diesem Grund

- besuche ich meine Kollegen an den Standorten ihrer Projekte und unterstütze sie als Coach;
- treffen wir uns alle zwei Monate zu einer zweitägigen Klausur;
- nehmen wir (nicht alle, aber mehr als ein Drittel der Belegschaft) zwei Mal pro Jahr an einem Staffelmarathon teil;
- veranstalten wir zwei Mal pro Jahr ein großes Firmenfest.

All das hat bei unserem verteilten Team dazu geführt, dass die Idee unserer eigenen agilen Organisation langsam aber sicher wächst. ■

7.5.6 Wo sitzt der Product Owner?

Wenn es schon für das Management schwer ist, mit verteilten Teams zu arbeiten, wie schwer muss es dann für die Product Owner sein? Wie erreichen sie mit ihren Ideen die Teams, wenn sie nicht an allen Standorten gleichzeitig sein können? In einem Unternehmen, mit dem meine Kollegen und ich schon einige Zeit arbeiten, sitzt der Entwicklungsleiter in den USA, einige Product Owner sitzen in Deutschland, die Entwickler in Großbritannien, China und Australien. Ich wundere mich, dass es überhaupt funktioniert, aber es funktioniert. Mit Hilfe von Scrum ist die Qualität gestiegen und die Kommunikation hat sich verbessert. Doch der Aufwand, der dafür getrieben wird, ist immens. Ständiges Fliegen, alles wird über Videochat besprochen und ständig hängen die Teams in irgendwelchen Telefonkonferenzen.

In verteilten Entwicklungsumgebungen kommt ein weiteres Problem hinzu: Die eingesetzten Product Owner waren ursprünglich Marketing- oder Vertriebsleute, in den seltensten Fällen waren sie selbst Produktentwickler, die mit den Entwicklungsteams neue Produkte gebaut haben. Das haben sie den Projektleitern der IT überlassen, die allerdings oft keinen Zugang zu den Kunden bekamen – denn das war ja die Aufgabe des Vertriebs oder des Marketings. Dieses Problem bleibt bestehen: Wählt man den Product Owner so aus, dass er dicht am Kunden ist, arbeitet er wegen der vielen Meetings oft nicht mit den Teams und kann seine Werkidee nicht vermitteln. Arbeitet er mit den Teams, bekommt er nicht mit, was der Kunde wirklich will. Was tun, wenn die User in den USA sitzen und die Entwickler in Indien?

In diesem Modell sind die Entwickler gar nicht in der Lage, die User kennenzulernen, schließlich können sich die indischen Kollegen nicht jede zweite Woche ins Flugzeug setzen, um in den USA ein Review zu machen. Wir müssen Abschied vom Geniegedanken nehmen, also von der Vorstellung, dass der Product Owner oder die Teammitglieder wüssten, was beim Kunden bzw. User ankommt. Steht das im Widerspruch zu der Vorstellung, dass der Product Owner für die Vision und die Constraints zuständig ist? Nein, es reduziert den Product Owner nur exakt darauf, dass er nicht mehr für die Features verantwortlich ist, sondern nur noch für die Werkidee und die Beurteilung, ob eine Funktionalität hypothetisch eine Chance am Markt hat. Wenn dem so ist, gibt er die Entwicklung frei (er tritt also als Kapitalgeber auf) und lässt dann den Markt selbst beurteilen, ob eine Funktion die Hoffnungen (Erwartungen wäre übertrieben) erfüllen kann. Wie macht man das?

Neue Methoden als Unterstützung

An dieser Stelle kommen die neuen Entwicklungsmethoden zum Einsatz. Mehr als 15 Jahre nach der Geburt des Test Driven Development entsteht langsam ein neues Entwicklungsparadigma: Acceptance Test Driven Development. User Centric Development mit Continuous Delivery macht es noch deutlicher. Entwicklungsteams, die ihre User nicht mehr direkt „spüren“, entwickeln Systeme, mit denen sie feststellen, ob die Funktionalitäten einer Applikation genutzt werden. Moderne E-Commerce-Plattformen machen es vor: Durch Session Monitoring können Entwickler im Nachhinein herausfinden, was ein User genutzt hat und was nicht. Die Aktivitäten des Users werden also aufgezeichnet, um sein Verhalten nachvollziehen zu können. Manche sagen, dass es nur auf großen Internetplattformen möglich ist. Runtastic hat in seinem Büro Monitore hängen, die anzeigen, welcher User gerade die Runtastic-App auf welchem Endgerät nutzt. Das funktioniert auch bei anderen Apps und es wird nicht lange dauern, bis man es auch bei Kassensystemen, SAP-Anwendungen und vielen anderen Software-Tools des täglichen Lebens einbauen kann. Man kann es natürlich als eine Technologie betrachten, die die Privatsphäre des Users einschränkt (und das tut sie), aber auch als Versuch der Entwickler, einfach nur etwas über das Nutzerverhalten herauszufinden, das sie sonst nur schwer herausfinden könnten. Netflix wertet aus, zu welchem Zeitpunkt die Zuseher eine Serie unterbrechen oder abbrechen. Auf diese Weise können die Drehbücher von Woche zu Woche umgeschrieben werden.

Es gibt also nicht mehr das einsame Genie, das alles über den Kunden weiß. Die Werkidee wird zum Beobachten des Users, Ideen werden zu Hypothesen und diese werden von den Teams ununterbrochen iterativ und inkrementell an die Bedürfnisse des Nutzers angepasst. Das geht, auch wenn die Softwareentwickler, UX-Designer und Tester an unterschiedlichen Standorten sitzen.

Für diese Art des verteilten Arbeitens gibt es zwei Voraussetzungen:

1. Der Product Owner ist kein Genie, sondern ein Visionär, der seine Werkidee so kommuniziert, dass die Teams aus seinen Hypothesen Funktionalitäten entwickeln können und diese selbst am User „verproben". Ich schreibe absichtlich „verproben" statt „testen", um klar zu machen: Hier wird nicht nach Defects gesucht, sondern danach, ob die neue Funktionalität das gewünschte Resultat erzielt.
2. Es ist notwendig, in den Teams nicht mehr über das „Wie" von Scrum zu sprechen. Stattdessen müssen Entwicklungsinfrastrukturen aufgebaut und die Teammitglieder darauf ausgebildet werden. So können die Teammitglieder über die Grenzen der Scrum-Teams hinweg selbst erleben, was sie erschaffen haben. Die Idee eines Review-Meetings braucht man dann nicht mehr in der Form, wie es in Kapitel 4 vorgestellt wurde. Der User wird nicht mehr physisch, sondern systemseitig beobachtet, um herauszufinden, wie er eine Applikation nutzt und an welchen Stellen es Brüche gibt. Ich bin mir sicher, dass wir erst am Anfang der Entwicklung vielfältiger Möglichkeiten stehen.

7.5.7 Wo sitzt der ScrumMaster?

Sein Team ist auf der ganzen Welt verteilt, der Product Owner sitzt auch irgendwo – was wird nun aus dem ScrumMaster? Was tut er? Wen soll er schützen, wie soll er Impediments erkennen, wie soll er herausfinden, ob die Teammitglieder ihren Job machen und es ihnen gelingt, die Produktivität zu steigern? Wie sinnvoll ist ein Daily Scrum noch und was nutzt es, wenn beim Sprint Planning nicht alle Beteiligten vor Ort sind?

Die Antwort darauf ist nicht einfach, weil man dabei mehrere Fälle unterscheiden muss. Ich beschränke mich exemplarisch auf drei Fälle. Alle anderen Kombinationen sind denkbar und jeder ScrumMaster wird seine eigene Lösung finden.

Fall 1: Verteilte Scrum-Teams, die an Schnittstellen zusammenarbeiten

Das ist der einfachste Fall. Stellen Sie sich eine Microservice-Architektur vor. Jedes größere Scrum-Team in der Größe von drei bis fünf Teammitgliedern bekommt einen ScrumMaster, Entwicklungsteams mit weniger als drei Mitgliedern werden zusammengezogen, damit ein größeres Team entsteht. Gelingt das nicht, weil zum Beispiel zwei Zwei-Personen-Teams an unterschiedlichen Standorten angesiedelt sind, wird dennoch eines der beiden Teams zum Lead-Team und die anderen arbeiten als Teil dieses Scrum-Teams. Der ScrumMaster sitzt beim Lead-Team, muss aber auch ständig die anderen beiden Teammitglieder besuchen.

Meine Empfehlung: Lassen Sie diese Konstellation bleiben, sie ist teuer. Stellen Sie lieber eine weitere Person für das Lead-Team ein und finden Sie für die beiden anderen neue Aufgaben.

Die ScrumMaster dieser Scrum-Teams sollten sich häufig absprechen und gemeinsam eine Infrastruktur schaffen, die es einfach macht, miteinander zu kommunizieren. Allerdings sollte immer klar sein, dass die Systemarchitektur so beschaffen sein sollte, dass möglichst wenig kommunikativer Austausch für die Entwicklung und Lieferung des Produkts nötig ist.

Fall 2: Scrum-Team mit verteilter Zuarbeit

Auf diese Variante treffe ich in meiner praktischen Arbeit am häufigsten. Ein Entwicklungsteam mit fünf bis acht Mitgliedern kann nicht mehr alle Anforderungen selbst umsetzen und braucht die Zuarbeit von anderen Teams oder einzelnen Kollegen. Achtung: Durch die Zuarbeit wird ein Kollege oder ein zugekaufter Freiberufler nicht automatisch zum Mitglied des Scrum-Teams, denn das hängt von vielen Faktoren ab.

Im Falle der Freiberufler sieht es so aus: Viele Freiberufler in der Softwareentwicklung haben diese Variante des Arbeitens gewählt, weil sie möglichst unabhängig agieren wollen. Sie wollen nicht an Meetings teilnehmen oder ihnen ist vollkommen unklar, warum sie zu fixen Zeiten mit dem Team arbeiten sollen. Häufig haben sie diese Konditionen sogar mit dem Management ausgehandelt und das macht die Zusammenarbeit mit Freiberuflern für das Team sehr schwer. Aber diese Sonderabsprachen lassen sich ändern und das Team wird einen Weg finden, mit diesen Lieferanten umzugehen. Das kann auch dazu führen, dass man sich von Freiberuflern trennen muss – das Scrum-Team macht die Regeln. Freiberufler sollten zumindest bei den Daily Scrums über Videochat anwesend sein und zu den Sprint Plannings einfliegen. Wenn das nicht geht, müssen sie zumindest über Videochat dabei sein. Auch in diesem Fall ist es hilfreich, wenn der ScrumMaster beim Entwicklerteam sitzt und die Freiberufler häufig hinzuholt und gemeinsame Workshops veranstaltet.

> **Wie Teams zusammenwachsen**
>
> Bei Scrum geht es unter anderem um die Zusammenarbeit eines (oder mehrerer) Teams. Die Aufgabe von Führung ist, diese Zusammenarbeit zwischen den Menschen herzustellen und sie auf ein gemeinsames Ziel hin auszurichten. Dafür muss ein Raum aufgespannt werden, der sich auch durch gewisse, nicht beliebige Regeln definiert (Ikujiro Nonaka nennt diesen Raum „Ba“). Es muss nicht auf jede Neigung und jeden Wunsch jedes Einzelnen eingegangen werden, denn im Idealfall bestimmt die Gruppe gemeinsam, wie diese Regeln aussehen. Ein Mitglied, das nicht zum Team gehört, muss sich an die Regeln des Teams anpassen, nicht umgekehrt. Diese Phase nennt sich nach Bruce Tuckmann „Norming“.

Hardwarelieferanten. Ein Spezialfall dieses Settings ist die Zusammenarbeit mit Hardwarelieferanten, hier gilt prinzipiell das Gleiche. Es gibt aber einen Aspekt, der berücksichtigt werden muss: Die Lieferanten von Teilen werden auch als solche wahrgenommen – sie liefern ein Teil. Der Umdenkprozess findet hier sehr langsam statt. Nein, der Lieferant liefert nicht nur ein Teil, einen Bolzen, einen Teleskoparm oder eine Optik. In der Regel reden wir nicht von Normteilen, sondern von Sonderanfertigungen, die speziell für dieses Team in diesem Sprint hergestellt werden. Es wird also nicht auf ein Teil gewartet, sondern gemeinsam ein

Produkt mit einer bestimmten Funktionalität geliefert. Der Lieferant muss mitdenken und wissen, worum es geht. Das ist etwas völlig anderes als das Liefern von Normteilen.

In der Praxis passiert aber etwas ganz anderes: Die Lieferanten von Hardwareteilen werden vom Einkauf nach dem Preis ausgesucht und dabei drückt der Einkauf die Preise für die Entwicklung von Prototypen gleich auf das Niveau der Preise, die später bei der Serienfertigung gezahlt werden sollen. Meiner Erfahrung nach führt das immer wieder zum gleichen Ergebnis: Tage-, manchmal wochenlang verhandelt der Einkauf jeden Cent – und die Entwicklung wartet ewig auf die Bauteile. Gleichzeitig will der Lieferant zeigen, wie gut er ist, und liefert ein viel zu weit entwickeltes Prototyp-Teil. Das schiebt die Lieferung hinaus und das ist in einem Umfeld, in dem ständig etwas entwickelt und ausprobiert werden muss, nicht hilfreich. Bei einem Projekt haben wir das Problem, dass der Einkauf völlig andere Ideen über den Bestellvorgang hat als die Entwicklungsabteilung, gelöst, indem wir den Einkäufer in das Scrum-Team integrierten: Er saß beim Team. Dadurch verkürzten sich die Lieferzeiten extrem und die Qualität der zugelieferten Teile verbesserte sich. Die Geschäftsleitung dieses Unternehmens verstand auf diese Weise, dass die Art der Einbindung der Lieferanten den Erfolg eines Projekts gravierend mitentscheidet.

Mit einer aufgeschlosseneren Einkaufspolitik kann das Management also ganz wesentlich zum Gelingen beitragen. Wer in den frühen Entwicklungsstadien zu sehr aufs Geld schaut, erreicht nur, dass alle Beteiligten die Kosten minimieren wollen. Don Reinertsen hat aber sehr recht damit, dass schnelles Liefern entscheidend ist [Reinertsen 2009]. Es geht darum, die „Cost of Delay“ zu reduzieren. In dem oben genannten Projekt, in dem wir den neuen Weg ausprobieren durften, liefen bei einem Monat Lieferverzögerung schon mal 100 Millionen Euro auf.

Nicht der günstigste Entwicklungsprozess bringt das Geld herein, sondern der schnellste. Ein Unternehmen mit schnellen Entwicklungsprozessen kann höhere Margen fordern und ist immer einen Schritt voraus. Natürlich, die Serienfertigung muss am Ende auf den Cent optimiert werden, aber das ist die Aufgabe für einen späteren Zeitpunkt. Optimierungen anhand von Wertstromanalysen und Lean-Manufacturing-Prinzipien sind gängige Praxis. Für die Entwicklung eines Produkts gelten aber andere Regeln.

Do it yourself

Stephen Denning berichtet, dass Apple vollkommen anders vorgeht. Jedes Bauteil, jedes Element der Produkte wird zunächst im eigenen Labor hergestellt. Das hat den unschätzbaren Vorteil, dass nicht nur die Entwicklungskompetenz vollständig bei Apple bleibt, sondern auch das Labor gleich um die Ecke ist [Denning 2011]. Erst wenn klar ist, wie das Produkt entwickelt wird, wird die Produktion verlagert.

An dieser Stelle sei der Gedanke erlaubt, ob es in jedem Fall gut war, dass die meisten Industrien dem Beispiel der Automobilbranche gefolgt sind. Dort herrscht der Ansatz vor, Plattformen zu entwickeln, auf denen dann alle möglichen Modelle aufgebaut werden können. Die tatsächliche Innovation findet bei den Zulieferunternehmen statt. Ein ähnliches Verfahren kenne ich von Unternehmen in der Medizintechnik. Zwar hat sich dieser Herangehensweise bewährt, aber sie schafft eine extreme Abhängigkeit und ein Netzwerk aus Unternehmen, die sich nur in ihrem eigenen Ökosystem bewegen. Will das Lead-Unternehmen etwas ändern, bleibt oft nur der Ausweg, ein neues Unternehmen aufzubauen, damit diese Tochter außerhalb des Netzwerks wieder frei agieren und Dinge ausprobieren kann. ■

Fall 3: Das vollkommen verteilte Team aus Einzelpersonen

Aus meiner Sicht wird dieser Fall in Zukunft immer häufiger auftreten – es ist aber auch der komplizierteste Fall. In der Vergangenheit sind Netzwerke zwischen Freiberuflern und Unternehmen entstanden, die lose gekoppelt miteinander arbeiten. Meine Beobachtung dabei ist, dass klare Teillieferungen von den einzelnen Mitgliedern des Netzwerks geliefert werden. Allerdings sind diese Projekte weder komplex noch innovativ, es werden Grafiken angefordert oder einfache Websites entwickelt. Eine tiefe Integration der Arbeiten ist nicht notwendig. Meist wird die Zusammenarbeit von einem der Freiberufler koordiniert, er oder sie agiert in dem Projekt als Manager(in).

Ich empfehle, in solchen Umfeldern nicht alle Punkte von Scrum einzuführen. Ob und wie sich die Teammitglieder absprechen, ob und wie sie sich als Netzwerk verbessern, ist vollkommen unerheblich. Allerdings hat es sich bewährt, auf einige sehr allgemeine Aspekte hinzuarbeiten und diese Regeln einzufordern:

1. Kontinuierliche Lieferungen zu den Sprintwechseln
2. Eine Art von Sprint Planning vor jedem Sprint
3. Letztendlich sehr nützlich war es aber immer, die kontinuierliche Integration aller Bestandteile zu sehr frühen Zeitpunkten einzufordern. Ich habe Entwicklungsteams gesehen, die dank der neuesten Methoden und Tools in der Lage waren, standortübergreifend alle Bestandteile mehr oder weniger ständig zu integrieren, alle 30 Minuten. Alles, was sie brauchten, war ein geeignetes Setup der Entwicklungsumgebung, ein persistentes Chat-System und die klare Absprache über die Verfügbarkeit (synchronisierte Arbeitszeiten).

Hackathons. Wir haben auch noch eine ganz andere Lösung ausprobiert. Statt kontinuierlich mit einzelnen Personen im Scrum-Team zu arbeiten, kamen – im Stile eines Hackathons – Product Owner, ScrumMaster und Entwicklungsteam im Abstand von einigen Wochen jeweils für vier Tage an einem Ort zusammen. Nur während der Präsenzphasen wurde am Projekt gearbeitet, in den Wochen zwischen den Workshops hat jeder an anderen Projekten und Themen gearbeitet oder sich individuell mit dem Thema beschäftigt und Arbeiten erledigt, für die kein Kontakt zu den anderen Teammitgliedern nötig war. Auf diese Weise haben wir drei Sprints (= drei Workshops) mit Kundenvertretern und Usern durchgeführt, die für alle Beteiligten außergewöhnliche Ergebnisse gebracht haben.

7.5.8 Freiberufler oder Mitarbeiter anderer Unternehmen im Team

Widmen wir uns dem Thema der Freiberufler noch einmal von einer anderen Seite. Bisher habe ich den Fall des Freiberuflers als Zuarbeiter für ein Team besprochen. Was passiert aber, wenn Freiberufler, einzelne Mini-Unternehmen oder Teams aus größeren Unternehmen in ein oder mehrere Scrum-Teams integriert werden sollen?

Das am häufigsten beobachtete Problem tritt auf, wenn Spezialisten eines anderen Unternehmens in das eigene Team geholt werden. Diese Menschen sind meistens die wahren Know-how-Träger im Projekt und können zu einem echten Motor werden. Natürlich merken das die eigenen Mitarbeiter und reagieren darauf mit Ablehnung und sperren sich gegen die Neuen. Diese neuen Teammitglieder stellen den Rest des Entwicklungsteams bloß. Faszinierenderweise lassen sie aber auch das Management nicht gut dastehen.

Für alle Beteiligten wird deutlich, dass das eigene Unternehmen nicht mehr auf dem neuesten Stand ist - das tut weh! Dieses Feedback will man unbedingt vermeiden, denn es ist doch tatsächlich so: An Benchmarkings will man nur teilnehmen, wenn man dabei feststellt, dass man bereits alles richtig macht.

Ist das Unternehmen, mit dem man in solchen Fällen zusammenarbeitet, klein genug, gibt es eine sehr einfache Lösung: Man kauft es auf. Davon rate ich aber ab, denn die Geschwindigkeitsvorteile dieser Unternehmen entstehen eben dadurch, dass sie sich nicht an die organisatorischen Strukturen der Kunden halten müssen.

Die bessere Lösung ist, die eigenen Teammitglieder lernen zu lassen. Das Mini-Unternehmen wird als das angesehen und eingesetzt, was es ist: der Know-how-Träger. Aber machen wir uns nichts vor: Diese wundervolle Idee funktioniert nicht, weil es die eigene Entwicklungsmannschaft in der Regel nicht akzeptiert. Auch der ScrumMaster hat es in solchen Konstellationen oft noch nicht als seine Aufgabe verstanden, das eigene Entwicklungsteam anhand der Fähigkeiten und des Inputs der anderen zu verbessern. Zur Verteidigung der ScrumMaster sei gesagt, dass diese Aufgabe für Anfänger auch viel zu schwer ist, solange sie noch damit beschäftigt sind, den Scrum-Teams die einfachsten Regeln beizubringen und deren Anwendung zu ritualisieren.

Politik statt Produkt

Es war ein wundervolles Projekt mit einer genialen Idee, das Budget war da, das Setup logisch und das Produkt so gut wie fertig. Technologisch war das Projekt ein Klacks. Sehr schnell stellte sich heraus, dass einer der Dienstleister das gesamte Produkt aufgrund seiner Technologie, Prozesse und seines Mindsets in kurzer Zeit alleine entwickeln könnte. Doch die Entwicklungspartner des Auftraggebers saßen nun mal in Polen und laut einhelliger Meinung des Managements waren sie Spezialisten für App- und Website-Entwicklung.

Mir wurde schnell klar, dass dem nicht so war. Ich kannte die Historie des Entwicklungspartners in Polen und ich kannte auch den zweiten Entwicklungspartner - eine der radikalsten und agilsten Entwicklungsmannschaften Österreichs. Die Polen bemerkten schnell, dass sie den Österreichern nicht das Wasser reichen konnten. Da spielte die A-Klasse mit der Champions League - bei einem Auftraggeber, der Oberliga-Niveau hatte. Die Folge war, dass die polnischen Entwickler mauerten, alles wurde zu einem Problem gemacht und simpelste Ideen zum User Interface mussten ihnen per Dekret und Schriftsatz mitgeteilt werden.

In all den Stunden, die wir in den Meetings verbrachten, hätten die Entwickler des Dienstleisters das Interface bereits fertig programmieren können. Für das Entwickeln der entsprechenden Website durch das polnische Team war keine Zeit, denn das Team in Polen war nicht einmal schnell genug, um die App-Entwicklung dorthin zu bringen, wo sie hätte sein können. Ich schüttelte innerlich nur den Kopf. Wer einen Mobile-First-Ansatz wählt, responsive entwickelt und einfach ausprobiert, hat die Website zum gleichen Zeitpunkt wie den Prototyp für die Weiterentwicklung der nativen Android- oder iPhone-App. Das alles zeigte, dass meine Einschätzung der Entwicklungskapazitäten der polnischen Entwickler korrekt gewesen war. Für das Management lag die Lösung aber auf der Hand:

„Wir brauchen eine Web-Entwicklungsbude, die das Front-End zügig umsetzen kann." Für den nun dritten, aus Wien zugekauften Dienstleister war das genial. Dort saß nun wieder ein Entwickler, der die Website nach seinen eigenen Vorstellungen umsetzte. Das ist zwar Schwachsinn, aber ein gutes Geschäft.

Niemand im Management kam auf die Idee, die beste Mannschaft als Quelle der Inspiration zu nutzen, sich etwas zeigen zu lassen, schneller zu werden. Warum auch? Es ging ja nicht um das Liefern eines Produkts, sondern um die eigene Stellung in der Hierarchie und die Einhaltung der Budgetvorgaben.

Der erste österreichische Dienstleister hat nicht die Gelegenheit ergriffen, das ganze Teil in sechs Monaten einfach fertig zu bauen. Er hatte genügend andere Projekte und lag natürlich im Preiskampf mit den anderen – er war teurer. Hätte der Kunde einfach angeboten, das Doppelte des Tagessatzes zu zahlen, um ein gutes (und vor allem fertiges) Produkt zu bauen, hätte der Dienstleister sicher mitgemacht.

Fazit: Aus politischen Gründen wurde am falschen Ende gespart und weder die Gelegenheit zum Lernen noch zur Fokussierung genutzt. ■

Problem Time & Material. Es gibt aber noch ein Problem beim Einsatz von Freiberuflern. In der Regel werden diese nach Tagsätzen oder Stunden bezahlt. Der Einkauf drückt den Preis und große Unternehmen setzen mittlerweile auf Agenturen für Arbeitnehmerüberlassung. Diese Agenturen verdienen ihr Geld damit, einen Prozentsatz des Tagessatzes eines Freiberuflers aufzuschlagen. Die Konsequenz: Weder der Vermittler noch der Freiberufler haben ein Interesse daran, dass das Projekt möglichst schnell fertig wird. Verkauft wird die Arbeitszeit, die fakturierbare Stunde. Wer am längsten bleibt und pro Stunde am wenigsten leistet, ohne dass es auffällt, verdient am meisten. Dabei verlieren alle.

1. *Der Freiberufler:* Die Suche nach neuen Kunden und Projekten treibt die Transaktionskosten eines Freiberuflers gewaltig in die Höhe. Daher ist es für ihn auch besser, zehn Euro pro Stunde weniger zu verdienen, statt den eigentlich notwendigen Tagessatz zu verlangen. Die Konsequenz: Er optimiert auf den Kunden, nicht auf sein Wissen. Er geht nicht mehr zu Konferenzen, sein Wissen degeneriert und er wird im Laufe der Jahre im Vergleich zur Konkurrenz immer weniger leistungsfähig – aber die macht es genauso.

2. *Der Kunde:* Freiberufler können also nicht mehr das leisten, was sie leisten müssten und die Kunden bekommen nicht mehr die Besten. Das führt zu längeren Projektlaufzeiten und die entwickelten Lösungen sind nicht optimal, denn man kann nur entwickeln, was man konzeptionell versteht und wofür die Kenntnisse ausreichen.

   Ausnahmen von dieser Regel gibt es natürlich. Sehen Sie sich die Sprecher auf den Konferenzen an: Da gibt es Stars, die teilweise verlangen können, was sie wollen. Das sind einige wenige, die derzeit die Themen noch immer State-of-the-Art präsentieren, lehren und selbst anwenden können. Doch wie viele sind das? Mir begegnen seit Jahren auf Konferenzen (auch internationalen) immer die gleichen rund 50 Personen, die sich hervortun. Die Szene ist noch immer sehr klein.

3. *Die Scrum-Teams:* Sie werden von den vielen Freiberuflern ausgebremst. Ich habe Scrum-Master erlebt, die – angesprochen darauf, warum sie denn nicht gegen die organisatorischen Impediments vorgehen – sagen: „Dafür werde ich nicht bezahlt. Mein Job ist es,

hier beim Team zu sein." Tja, mir fällt bei solchen Sprüchen die Kinnlade runter und ich spüre, wie mein Blutdruck steigt.

Es gibt noch unzählige Probleme, die in diesem Zusammenhang auftreten. Eine kleine Auswahl:

- Freiberufler können Überstunden geltend machen, die Angestellten hingegen in vielen Fällen nicht. Da bleibt ein Freier auch gerne mal länger. Selbst bei nur 65 Euro pro Stunde und zwei Überstunden pro Tag macht das im Monat so viel aus, wie ein Angestellter netto erhält.
- Freiberufler verstehen sich nie als Teil des Teams und agieren von Anfang an mit dem Gedanken der zeitlichen Begrenzung im Hinterkopf. Bei einigen Projekten habe ich erlebt, dass Freiberufler oder kleinere Unternehmen sofort weg waren, wenn unsicher war, was nach dem angestrebten Projektablaufdatum sein wird. Ging es dann mit dem Projekt weiter (was jedem mit ein wenig Erfahrung klar sein konnte), hatten sich die Freiberufler schon längst woanders beworben.
- Freiberufler werden vom Management anders behandelt. Sie sind etwas Besseres und die eigene Mannschaft muss sich damit arrangieren. Nach der deutschen Rechtsprechung ist ein freier Mitarbeiter nicht weisungsgebunden, denn wenn er es wäre, müsste er angestellt werden. Folglich kann man einem Freiberufler auch nicht vorschreiben, wie er zu arbeiten hat.
- Freiberufler wollen remote arbeiten, weil sie keine Lust haben, ständig zu reisen und das würde der Kunde auch gar nicht zahlen wollen. Tatsächlich wollen Kunden in der Regel die Tagessätze so aushandeln, dass Reise- und Hotelkosten gar nicht aufscheinen. Sicher gibt es in jeder größeren Stadt, wie zum Beispiel in München, viele Menschen mit dem geforderten Know-how, doch mit ihnen haben größere Unternehmen bereits Verträge. Aber was ist, wenn der gefundene Freiberufler aus Dresden, Hamburg oder Freiburg kommt? Soll er auf eigene Kosten eine Wohnung mieten? Die wenigsten sind dazu bereit. Also muss das Scrum-Team damit leben, dass der Freiberufler nicht vor Ort ist. Das gleiche Problem hat man mit den vielen Unternehmen, die für osteuropäische Dienstleister Aufträge eintreiben. Auch diese Entwickler kommen nicht zu den Meetings.

Innerhalb des Scrum-Frameworks sind diese Dynamiken leider nicht aufzubrechen. Manche sind nicht einmal identifizierbar und man wundert sich lediglich darüber, dass die Scrum-Teams so gar nicht funktionieren. Diese Dynamiken werden nur dann transparent, wenn man bereits viele Scrum-Teams gesehen und selbst einmal erlebt hat, wie es sich anfühlt, wenn sich ein Scrum-Team an einem Ort gemeinsam in drei Sprints von „geht gerade so" zur genialen Performance steigert. Nur dann sieht man, was manche Teams können und andere eben nicht. Dazu muss man aber den Markt kennen, man muss auf Konferenzen gehen und herausfinden, welche Unternehmen was tun. Ich behandle das hier in epischer Breite, weil man als Manager eines verstehen muss: Die Systeme, die ein Manager aufbaut, sind entweder für die verteilte Arbeit von Scrum-Teams geeignet oder nicht. Die Scrum-Teams selbst können das nicht beeinflussen, denn den Rahmen hat das Management gesteckt.

Bedeutet das am Ende also, dass man mit kleineren Dienstleistungsunternehmen oder Freiberuflern nicht arbeiten sollte, oder dass Scrum in solchen Konstellationen eben nicht funktioniert? Nein, diese Probleme treten auch in anderen Management-Frameworks auf. In Scrum-Teams treten sie nur deutlicher zutage, weil sehr schnell klar wird, dass die Zusammenarbeit aus den genannten Gründen nicht funktioniert.

Es ist die Aufgabe des Managements, geeignete Rahmenbedingungen zu schaffen. Wer mit Freiberuflern arbeiten will oder muss, der muss auch dafür sorgen, dass gemeinsam gearbeitet werden kann. Vielleicht lassen sich die Probleme durch veränderte Verträge abfedern. Vielleicht kann man auch den Mitarbeitern die Überstunden bezahlen. Vielleicht muss man einfach darüber nachdenken, was die Freiberufler dazu motivieren könnte, sich für das Team zu engagieren. Mein Tipp: Manchmal ist schon ein großer Schritt getan, wenn sie zu Firmenfeiern eingeladen werden.

Ein paar Fragen an Sie

Die folgenden Fragen sollen Ihnen dabei helfen, das Gelesene in Ihren Arbeitsalltag zu integrieren.

- Welche Prinzipien dürfen beim Skalieren nicht verletzt werden?
- Wie heißen die Meetings, die beim Skalieren hinzukommen?
- Was ist die Funktion des Product-Owner-Teams? Wie ändert sich die Ausrichtung des Product Owners in einem skalierten Team?
- Welche Kommunikationshilfsmittel sollten beim Arbeiten mit verteilten Teams Anwendung finden?
- Arbeiten Sie in einem Projekt mit verteilten, ausgelagerten Teams?
  Welche Probleme treten dabei auf? Wie würden Sie diese Probleme lösen?
  Welche der vorgestellten Ideen helfen Ihnen dabei?
- Wie behalten Sie den Überblick über alle Aktivitäten Ihrer Abteilung?
- Welche Meetings könnten Sie abschaffen, wenn Sie konsequent nach Scrum skalieren?
- Wie könnten Sie die Kommunikation zwischen den Standorten Ihrer Teams verbessern? Welche Chat-Systeme nutzen Sie in Ihrer Organisation?

8 Leadership, Emotion, Kreativität

8.1 Leadership

„Was sich der Geist vorstellen kann, kann er auch schaffen.“

Clement Stone

Der ScrumMaster führt das Scrum-Team. Seine Aufgabe ist, die Einheit aus Product Owner und Entwicklungsteam zu Höhenflügen zu bringen, sie zu schützen und auf die Erreichung des Ziels hin auszurichten. In diesem kurzen Kapitel gehe ich ausschließlich auf die Funktion des ScrumMasters als Führungskraft ein.[1] Er ist, wie wir an anderer Stelle gesehen haben, auch Trainer, Facilitator und Change-Agent, in erster Linie sind das jedoch seine weiteren Aufgaben, die er im Rahmen der Leitung des Scrum-Teams ausführt.

> **!** Mir ist bewusst, dass die Phrase „Leitung des Scrum-Teams“ sofort bekannte Bilder hervorruft: Teamleiter, Projektleiter etc. Das ist damit nicht gemeint. Vielmehr möchte ich damit verdeutlichen, dass er eine exponierte Rolle hat. Er sorgt und kümmert sich um sein Scrum-Team, er treibt es voran und liebt es (wem das zu stark ist – er „mag“ es).

Führung im Kontext einer Organisation oder eines Teams hat die Aufgabe, eine Gruppe von Menschen auf ein Ziel hin auszurichten (Alignment) und zur Zusammenarbeit zu bewegen (motivieren). Das gilt für die Rolle des ScrumMasters, egal ob sie als Position von der Leitung des Unternehmens zugewiesen wurde oder ob die Rolle im Robin-Hood-Ansatz einfach genommen wurde. Zugespitzt ist die Aufgabe des ScrumMasters so definiert: Seine Aufgabe ist es, die Zusammenarbeit zwischen Product Owner und Entwicklungsteam so zu optimieren, dass das gemeinsame Ziel des Scrum-Teams, das Produkt so schnell wie möglich zu liefern, effektiv und schnell erreicht werden kann.

---

[1] Sicher lassen sich diese Ideen verallgemeinern und auf das gesamte Management einer Organisation ausweiten. Das haben Dieter Rösner und ich allerdings im Buch „Selbstorganisation braucht Führung“ [Gloger, Rösner 2014] umfassend beschrieben.

Robin-Hood-Ansatz ohne Robin Hood

Robin Hood ist eine Sagengestalt. Niemand weiß, ob es ihn wirklich gegeben hat. Aber diese Gestalt steht für eine bestimmte Haltung. An dieser Stelle bezeichne ich mit „Robin-Hood-Ansatz" die Haltung, sich zur Führung einer Gruppe von Menschen zu entschließen, weil man etwas für sie tun will und gleichzeitig mit dieser Gruppe etwas erreichen will.

In früheren Auflagen dieses Buchs habe ich den ScrumMaster mit Robin Hood verglichen. Davon bin ich abgekommen, weil viele Leser diese Metapher übertrieben fanden. Doch von einem Robin-Hood-Ansatz der Führung zu sprechen, ist in meinen Augen legitim. Robin Hood führte ein Team an, nicht, weil er von irgendeiner Obrigkeit dazu legitimiert worden war. Er führte sein Team an, weil er es wollte und sich ihm Menschen *freiwillig* angeschlossen hatten. Genauso ist es mit der Möglichkeit, zum ScrumMaster zu werden: einfach tun. Sich dazu entschließen und dann sehen, was passiert. Nicht legitimiert durch das Management, sondern durch den eigenen Willen.

Schluss mit den Gerüchten

Zuvor möchte ich aber noch einen kurzen Umweg durch die Gerüchteküche machen. Es gibt viele Annahmen darüber, wie ein ScrumMaster agieren soll – vor allem mit drei davon bin ich überhaupt nicht einverstanden.

- *„Der ScrumMaster darf keine Ansagen machen, das ist nicht agil!"* – Ich weiß nicht, an welcher Stelle des Agile Manifesto steht, dass in einem Scrum-Projekt niemand sagen darf, was getan werden muss oder welche Regeln eingehalten werden sollen. Richtig, es steht nirgends. Der ScrumMaster ist in Scrum eine Führungskraft. Ja, er soll das Scrum-Team vor Willkür und unsinnigen Befehlen schützen, vor dem Push des Managements und davor, sich selbst zu wenig vorzunehmen. Er darf, ja er muss sogar dazu die Maßnahmen ergreifen, mit denen er diese Ziele erreichen kann. Benimmt sich ein Teammitglied daneben und hat es unsachlich unter die Gürtellinie geschlagen, ist der ScrumMaster kein Mediator wie in einer Eheberatung. Nein, er geht dazwischen, löst den Konflikt und stellt wieder den gebotenen Respekt her. Anschließend findet er mit allen Beteiligten heraus, was eigentlich los war.
- *„Das Team entscheidet alles."* – Noch so ein idiotischer Satz, der viele Teams ins Chaos gestürzt hat. Warum sollte das so sein? Jeder entscheidet das, wozu er die Kompetenz und wofür er die Verantwortung hat. Nein, in Scrum-Teams muss es keine Konsensentscheidungen geben. Aber es gilt, Entscheidungsregeln zu definieren. Je schneller es gelingt, das so zu gestalten, dass alle im Scrum-Team möglichst autark entscheiden können und sich das auch trauen, desto besser.
- *„Das Management muss draußen bleiben!"* – Das ist so nicht wahr. Vielmehr braucht der ScrumMaster das Management als Ansprechpartner und Partner, wenn er eskalieren muss. Wenn es in manchen Unternehmen kein Management mehr gibt, ist das in deren Kontext sicher gut. Bis alle Organisationen diesen Gegenentwurf aufgebaut haben, wird aber noch einige Zeit vergehen.

Der Einflussbereich des ScrumMasters

Wenn wir von einem skalierten Szenario absehen, ist ein ScrumMaster für ein Scrum-Team aus fünf bis neun Entwicklern und einem Product Owner verantwortlich. Er selbst mitgezählt, führt der ScrumMaster eine Einheit von elf Menschen ans Ziel. Sein Einflussbereich reicht aber über dieses Scrum-Team hinaus. Wie weit? Das ist vielleicht die interessanteste und wichtigste Frage: Wie weit sollte sein Einfluss reichen? Bis zur Fachabteilung, bis zur Geschäftsleitung, bis zum Vorstand?

Die Antwort ist leicht: Theoretisch reicht der Einflussbereich des ScrumMasters so weit, wie es sein muss, um das Projekt erfolgreich zu machen. Praktisch reicht der Einflussbereich so weit, wie es sich der ScrumMaster zutraut und es ihm die Organisation zuschreibt (d. h. die Menschen in dieser Organisation). Im ungünstigsten Fall kann der Einflussbereich also auch nur bis zur Nasenspitze reichen.

Führung als Sprache

Es ist einfacher, die Führungsaufgaben des ScrumMasters zu beschreiben und zu definieren, als sie zu leben. Wie schwer, belastend und frustrierend Führung ist und wie heftig dieses Thema in den Unternehmen brennt, sieht man an den Bücherbergen der Managementliteratur. Trotz der vielen Bücher lässt sich aber keine große Verbesserung erkennen. Es ist wie mit den Kochbüchern, die sich in Wohnungen am laufenden Regalmeter stapeln. Sie werden kiloweise gekauft, sie sind aufwendig gestaltet und enthalten hervorragende Anregungen, und trotzdem essen die Menschen weiter das ewig Gleiche. Bei Büchern über Führung verhält es sich ähnlich: Sie sind nett anzuschauen und zu lesen, aber die Inhalte sind oft nicht anwendbar oder es wird einfach nicht ausprobiert. Der Grund dafür ist einfach: Führung wird als Werkzeug, als Methode und als erlernbare Fähigkeit deklariert. Man will zwar Rezepte, aber wenn etwas darin so gar nicht schmeckt, wird nicht nach Rezept gekocht.

Anders ist es für diejenigen, die Führung als Sprache verstehen. Führung ist kein „Skill", sondern eine Denkhaltung. Englisch kann man auch nicht, wenn man die Grammatik und die Vokabeln brav auswendig gelernt hat. Erst wenn man in einer Sprache denken und sie im Kopf zu Bildern wandeln kann, beherrscht man sie. Ob die Aussprache auch einwandfrei ist, ist zweitrangig. Mit der Führung verhält es sich ähnlich: Führung als Sprache kommuniziert die Intention des Führenden so, dass andere die Handlungen so ausführen, wie er es will.

Auf den ersten Blick klingt das im Zusammenhang mit Selbstorganisation paradox: Man will als Führungskraft, dass sich die anderen selbst organisieren und keine klassische Führung im Sinne von Command and Control mehr brauchen. Gleichzeitig sollen sich die Menschen so verhalten, wie man es selbst will? Ja, die Intention, das Team zur Selbstorganisation zu bringen, bedeutet nicht, dass man mit seinem Team nicht etwas Bestimmtes erreichen will. Selbstorganisation ist nicht beliebig, sie strebt auf einen Zweck zu. Dieser Zweck mag manchmal nicht sofort offensichtlich sein, aber es geht immer darum, dass Systeme ihre Ziele erreichen.

Vorstellungskraft. Sprachen zu erlernen, ist mühsam. Richtig gutes Deutsch zu erlernen, dauert Jahre. Ein Student der Germanistik oder der Literaturwissenschaften hat einen deutlich fundierteren Sprachschatz als ein Abiturient. Beide können Deutsch sprechen, aber der Student denkt völlig anders über Sprache und ihre Ausdrucksformen nach. Genauso verhält es sich mit der Führung: Wer aus seiner eigenen Erfahrung nur einen bestimmten Führungswortschatz kennt – Ansage, Druck, Grenzen, Sanktionen, Überwachung, Drohgebärden – und der Meinung ist, dass andere Menschen zur Arbeit getrieben werden müssen, wird selbst nur einen beschränkten Führungswortschatz ausbilden. Noch ein letzter Satz und dann entlasse ich Sie aus dem Bild von Führung als Sprache: Was man sich nicht vorstellen kann, das kann man auch nicht sagen oder in Bildern ausdrücken. Kann sich eine Führungskraft ein bestimmtes Verhalten der Kollegen nicht vorstellen, kann sie es auch nicht evozieren. Man kann nicht anders handeln, wenn man sich nicht vorstellen kann, anders zu handeln. Wenn es doch gelingt, ist der Rest reine Übung.

Auch das Erlernen von Führung ist mühsam. Wie alles, was man erlernen muss, beginnt es beim eigenen Ich – nicht bei den anderen. Die Axiome und Prinzipien, die zum Erfolg verhelfen können, sind einfach. Die Sprache, die eigentliche Anwendung, ist noch einfacher, doch die eigene Sozialisation verstellt der geneigten Führungskraft die Sicht und lässt das Einfache oft nur über Umwege erreichbar erscheinen. Auf den nächsten Seiten werde ich Ihnen diese Axiome vorstellen und Sie bitten, bei kleinen Workouts mitzumachen, denn eine Sprache lernt man nur durch das Sprechen. Die vorgestellten Übungen sind für sich genommen einfach. Sie können sie wiederholen, die Übungssätze verlängern oder zu Supersätzen verbinden. Es gibt kein High-Intensity-Training für das Erlernen von Führung, nur Wiederholungen helfen. Aber Vorsicht: Konzentrieren Sie sich beim Üben. Monotones Wiederholen ist nicht zielführend.

Die Führungsaxiome für den ScrumMaster

Für mich persönlich war die wichtigste Entdeckung in meinem Leben als Führungskraft, konsequent auf Freiwilligkeit zu setzen. Der Hintergrund ist einfach: Menschen machen sowieso immer nur das, was sie tun wollen. Punkt. Selbst wenn es so aussieht, als würden sie zu etwas gezwungen werden, entscheiden sie selbst, sich zwingen zu lassen. Darüber ließe sich nun lange philosophieren, aber ich will auf die praktischen Implikationen eingehen.

Wer vom Grundsatz der Freiwilligkeit ausgeht, muss sich überlegen, wie er die Menschen zum Mitmachen einladen kann. Wenn die anderen ohnehin mitspielen wollen, ist das ganz einfach. Manchmal ist es aber schwierig, weil die anderen bislang noch kein Interesse gezeigt haben, mitzumachen und der Einladung zu folgen.

> *Das erste Axiom der Führung eines ScrumMasters lautet: Führung funktioniert nur aus der freiwilligen Übernahme von Verantwortung heraus.*

Das führt uns zum nächsten Grundsatz: Will eine Gruppe von Menschen zusammenarbeiten, braucht sie einen Menschen, der die Rahmenbedingungen schafft, das Gesamtgefüge schützt und bewahrt. Natürlich, während des gemeinsamen Arbeitens wechselt die Führung. Jeder, der etwas besser weiß, eine Idee hat oder mutiger ist, übernimmt Führung – innerhalb der Gruppe, im Rahmen seiner Rolle und manchmal sogar darüber hinaus.

Diese Gruppe von Menschen entsteht, weil es – in der Regel – eine Person gibt, die sie aufbaut. Bei den Gilden haben wir gesehen, dass oft eine Person die Entscheidung trifft, die Gilde zu gründen. Durch ihre Einladung legt sie die ersten Regeln fest. Wohin die Gruppe schlussendlich geht, kann von dem abweichen, was der Gründer ursprünglich für sich festgelegt hat.

> *Das zweite Axiom lautet daher: Es gibt einen Menschen, der das Team zusammenhält. Das sollte der ScrumMaster sein.*

Neben diesen beiden Axiomen gibt es nun eine Reihe von Prinzipien, die ein ScrumMaster berücksichtigen sollte, wenn er erfolgreich sein will.

1. Verhalten belohnen, Ergebnisse bemerken
2. Auf das schauen, wovon man mehr haben will
3. Entscheidungen nicht für andere treffen, aber die Entscheidung einfordern
4. Das Team schützen, hinter den Mitgliedern stehen
5. Bei sich selbst anfangen, jeden Tag ein anderer Mensch sein

Diese fünf einfachen Instrumente werden Ihnen als ScrumMaster helfen, Ihr Team zu schützen und zu führen. Ich beginne von hinten und arbeite mich nach vorne durch.

8.1.1 Arbeit an der eigenen Persönlichkeit

Workout: Den Morgen in heiterer Stimmung beginnen

Nehmen Sie am Ende jedes Tages Ihr Journal zur Hand (zum Thema Journal erzähle ich in Abschnitt 8.3 mehr). Gehen Sie die folgenden vier Punkte durch:

1. Schreiben Sie auf, wofür Sie jetzt gerade dankbar sind.
2. Halten Sie danach eine Minute lang schriftlich fest, was Ihnen gerade in den Sinn kommt – ganz egal, was es ist. Es gibt keine Zensur, einfach fließen lassen.
3. Meditieren Sie eine Minute. Am besten konzentrieren Sie sich einfach nur auf Ihren Atem. Bewerten Sie die Gedanken nicht, die auftauchen, sondern lassen Sie sie kommen und wieder gehen.
4. Was war für Sie die wichtigste Aufgabe dieses Tages? Schreiben Sie es auf.

Und nun stellen Sie sich vor den Spiegel. Betrachten Sie sich eine Minute lang und machen Sie sich ein Kompliment. Nehmen Sie eine Minute lang die Arme hoch, wie bei einem siegreichen Zieleinlauf, und genießen Sie das Gefühl.

Diese insgesamt sechs Minuten versetzen Sie in eine heitere Stimmung und stärken Ihr Immunsystem. Warum? Weil Sie selbst Ihren Status erhöhen und sich durch bewusste Dankbarkeit wieder mit etwas verbunden fühlen. ■

Eine Führungskraft wirkt immer. Sie ist, wie sie ist, und das strahlt auf ihr Team ab. Das beginnt am Morgen, wenn man in den Spiegel schaut. Genau in diesem Augenblick hat man in der Hand, mit welcher Stimmung man durch den Tag gehen wird. Es ist Ihre Entscheidung: Wollen Sie heute Ihr Team mit Spaß und Freude führen oder sind Sie griesgrämig, ängstlich, vielleicht wütend auf eine Person im Team?

Nutzen Sie diese Zeit und schauen Sie sich an. Würden Sie diesem Menschen folgen, sich für ihn anstrengen? Würden Sie ihm zuhören? Wie hätten Sie die Person im Spiegel gerne? Hören Sie in sich hinein: Wie fühlen Sie sich? Wo sitzt die Emotion und woher kommt sie? Und dann freuen Sie sich auf Ihr Team! Gehen Sie nur zur Arbeit, wenn Sie sich vorstellen können, dort einen schönen Tag zu verbringen. Wenn nicht, melden Sie sich krank, gehen Sie spazieren und finden Sie heraus, was Sie jetzt tun wollen. Sobald es Ihnen wieder besser geht, setzen Sie sich mit Ihrem Team auseinander.

Der Workout ist nur ein erster kleiner Werkzeugkasten, mit dem Sie beginnen können, an sich selbst zu arbeiten. Ihre Kollegen werden es Ihnen danken, wenn Sie sich selbst wichtig sind. Besuchen Sie Kurse, die Ihr Selbstwertgefühl stärken, und im Idealfall finden Sie auch ein Seminar, das hilft, Ihr Denken über Führung zu hinterfragen.

Die Arbeit an sich selbst bedeutet vor allem, sich selbst intensiv dabei zu beobachten, wie man agiert. Diese Fähigkeit schulen Sie am besten, indem Sie auch andere – unvoreingenommen – beobachten: Was tun die Menschen genau? Warum reagiert eine Person auf eine bestimmte Art und Weise? Und dann machen Sie bei sich selbst weiter: Was tue ich selbst genau? Was bringt mich in Stress, was macht mir Spaß?

8.1.2 Circle of Safety

Workout: Als ScrumMaster akzeptiert werden

Damit Sie als ScrumMaster akzeptiert werden, müssen Sie sich den Respekt des Teams schnell erarbeiten. Suchen Sie sich daher jeden Tag eine Schlacht und sprechen Sie darüber, wenn Sie diese gewonnen haben.

Möglichkeiten gibt es beim Wegräumen von Impediments genug. Lösen Sie jeden Tag ein Impediment für das Team oder eines der Teammitglieder, kämpfen Sie mit dem Betrieb, dem Management oder mit wem auch immer – aber zeigen Sie den Teammitgliedern, dass Sie etwas für sie getan haben. Fangen Sie mit den einfachen Dingen an und steigern Sie sich dann jeden Tag. ■

In „Leaders Eat Last" sagt Simon Sinek, dass es für eine Führungskraft essenziell ist, um ihr Team einen sogenannten „Circle of Safety" aufzubauen [Sinek 2014]. Auch Ken Schwaber war das instinktiv bewusst: Die Rolle des ScrumMasters ist eine Rolle des Schutzes für das Entwicklungsteam. Er war auf dem richtigen Weg, aber wir müssen seinen Weg ein Stück weitergehen. ScrumMaster schützen das gesamte Scrum-Team und, wenn sie sich das trauen, auch noch darüber hinaus. Er kassiert die Schläge für sein Scrum-Team, er steckt ein und lässt diese Belastung nicht an sein Scrum-Team heran. Der ScrumMaster ist für alle da und kümmert sich zur Not rund um die Uhr. Das Wichtige daran: Die Teammitglieder sollen sich sicher fühlen und sich keine Sorgen über das Morgen machen müssen.

Menschen wissen, dass Dinge passieren können, die auch eine Führungskraft umwerfen. Aber sie müssen sich sicher sein, dass jemand für sie da ist und sich um ihre Belange kümmert. Meine Praxis als Berater und meine Erfahrung als Unternehmensgründer zeigen das immer wieder: *Nichts wirkt so nachhaltig wie das Kämpfen für ein Team.* Allerdings muss das Team es auch mitbekommen.

Denn: Systeme müssen Ausgleiche schaffen. Die sich aufopfernde Führungskraft, der ScrumMaster, der alles getan hat, aber dann keine Belohnung erhält, wird den Job nicht lange machen. Warum sollte er auch? Die Belohnung sollte aber nicht vom Management kommen, sie kommt von den Menschen, die der ScrumMaster führt. Das Entgegenbringen von Respekt, anerkennende Worte der Teammitglieder – das ist die Belohnung. Manchmal gelingt das nicht. Vor allem bei Transitionen tun sich einige ScrumMaster schwer: Sie werden nicht anerkannt, das Team rebelliert gegen sie. In diesen Fällen muss das Management herausfinden, welche Faktoren verhindern, dass der ScrumMaster respektiert und anerkannt wird.

Enttäuschung und Misstrauen

Im Falle eines Unternehmens fiel uns zwei Jahre lang nicht auf, dass die Führungskräfte nicht respektiert wurden. In letzter Konsequenz traf das auch den ScrumMaster, der durch das Management eingesetzt worden war. Es hätte offensichtlich sein können, aber aufgefallen ist es erst durch eine eingehende Analyse und die Veränderung des Blickwinkels.

Die Mitarbeiter entzogen sich jeglicher Führung, weil sie nicht nur inkonsequent, sondern auch unberechenbar war. Was heute galt, konnte morgen schon wieder vollkommen anders sein. Die Kultur dieses Unternehmens war so fest in den Menschen eingegraben, dass das Management trotz des Scrum-Frameworks und vieler Gespräche immer wieder an allen Absprachen und am Team vorbei unverständliche Entscheidungen traf. Dabei ließ das Management nie einen Zweifel daran aufkommen, dass auch der ScrumMaster letztlich keine Rechte hatte. So war für ihn und das Team klar, dass man sich auf nichts verlassen konnte, was irgendeine Führungskraft sagte.

Das verunsicherte das Entwicklungsteam so sehr, dass es sich eine Glocke baute. Egal, was es tat, es kam ja doch anders – das Team wurde führungsresistent. Äußerlich wurde getan, was verlangt wurde. Die Zettel wurden brav geklebt, weil man eben Zettel kleben musste, aber das bedeutete noch lange nicht, dass man auch mitdachte. Immer wenn es einen kleinen Erfolg gab und der ScrumMaster sah, dass eine Person Gefallen an Scrum fand, erinnerte ein Teammitglied sofort daran, dass man sich nicht mit dem Manager einlassen solle. Dieses pathologische Phänomen wurde erstmals von Frank Farelly, dem Vater der Provokativen Therapie, beschrieben. Aus seiner Sicht kann die Pathologie einer solchen Gruppe nur mit äußerster Disziplin und mit Hilfe für denjenigen geheilt werden, der sich „korrekt“ verhält [Farelly, Ludwig 1966].

Das Schaffen des „Circle of Safety“ beginnt mit einem sehr einfachen Schritt: da sein und zuhören. Lernen Sie die Menschen kennen, unterhalten Sie sich einzeln mit ihnen, hören Sie ihnen zu und geben Sie ihnen das Gefühl, für sie da zu sein. Das kann Wochen dauern, in denen man immer und immer wieder Gespräche führt. Gehen Sie gemeinsam essen, verbringen Sie die Mittagspause miteinander – verbringen Sie einfach gemeinsam Zeit.

Wenn es die Bereitschaft dazu gibt, kann auch ein Workshop dabei helfen, den neuen ScrumMaster einzuführen. In diesem Rahmen kann besprochen werden, welche Erwartungen sowohl der ScrumMaster als auch die Teammitglieder haben. Solche Workshops legen ein Fundament für alle weiteren Fragen der Führung. Rollen werden besprochen, die ersten Ideen zu Scrum erklärt, oder es wird vereinbart, wie man in den nächsten Wochen gemeinsam vorgehen kann.[2] Erwarten Sie aber bitte nicht zu viel! Es dauert in der Regel bis zu zwei Jahre, bis man in einem bestehenden Team wirklich in eine Führungsaufgabe hineingewachsen ist und sie wirklich übernommen hat. Das lässt sich mit geeigneten Maßnahmen beschleunigen, aber manches braucht einfach seine Zeit.

---

[2] Beschreibungen dazu, wie solche Workshops durchgeführt werden, finden Sie im Internet unter dem Schlagwort „New Leader Assimilation Process“.

8.1.3 Entscheidungen einfordern

Workout: (Nicht-)Treffen von Entscheidungen

In meinem eigenen Unternehmen wurden lange Zeit alle Entscheidungen von mir getroffen. Es war leichter gesagt als getan, dass das Team, also die Kollegen, die Entscheidungen selbst treffen sollte. Mein Weg aus dieser Situation basierte auf der Erkenntnis: Ich muss einen Rahmen schaffen, in dem sich meine Kollegen das Treffen von Entscheidungen auch zutrauen.

1. Überlegen Sie immer, ob wirklich Sie eine Entscheidung treffen müssen. Muss Ihre Unterschrift auf einem Dokument stehen? Achtung: Der Gesetzgeber mag dieser Meinung sein, aber das muss sich ja nicht auf die Realität in Ihrem Unternehmen oder Team auswirken. Das eine ist die Unterschrift, das andere die Entscheidung.
2. Dann sprechen Sie offen an, dass Sie eine Entscheidung nicht treffen wollen, sondern die Entscheidungskompetenz an das Entwicklungsteam oder den Product Owner abgeben wollen. Oder dass Sie als ScrumMaster der Meinung sind, dass eine bestimmte Entscheidung bei diesen Rollen liegt.
3. Anschließend besprechen Sie mit Ihren Kollegen, wie sie das sehen und versuchen herauszuarbeiten, was sie davon abhält, die Entscheidung zu treffen. Oft liegen dahinter falsche Annahmen oder es fehlt an Informationen.

Mein Tipp: Dieses Gespräch passt gut in eine Retrospektive.

In den Anfängen von Scrum lag der Fokus auf der Idee des Timeboxing. Der Grund: Die zeitliche Beschränkung sollte den Teams dabei helfen, bis zum Ende der Timebox zu einer Entscheidung zu gelangen. Diese Praxis funktionierte sehr gut, verschleierte aber den eigentlichen Grund: **Wer sich selbst organisieren will, muss auch Entscheidungen treffen.** Denn am Ende sind Handlungen und Ergebnisse die Folge von Entscheidungen – diese müssen gefällt und entsprechend umgesetzt werden.

Wahrscheinlich gibt es auf diesem Planeten Millionen von Meetings und Zusammenkünften, bei denen es zu keinen Entscheidungen kommt. Niemand geht gerne zu solchen ineffizienten Meetings, denn sie halten die Menschen einfach nur vom Arbeiten ab. Alle privaten, konfessionellen, öffentlichen, politischen und wirtschaftlichen Organisationsformen basieren darauf, dass Entscheidungen gefällt werden können, und gut funktionierende Organisationen zeichnen sich durch effektive Entscheidungsfindungsprozesse aus.

Entgegen der landläufigen Meinung übergibt Scrum die Entscheidungskompetenz nicht an das Entwicklungsteam (also nur an einen Teil des Scrum-Teams), sondern an die Menschen, die am dichtesten an der Information sind.

- Der *Product Owner* trifft die Entscheidung über die Reihenfolge der zu erarbeitenden Storys. Dieser Zuweisung liegt die Annahme zugrunde, dass der Product Owner diese Inhalte kompetent beurteilen und vertreten kann und mit den dafür nötigen Personen abgestimmt hat.
- Das *Entwicklungsteam* trifft die Entscheidung darüber, wie das Produkt bzw. seine Inkremente entwickelt werden, weil es die Kompetenz dafür besitzen sollte.

Aber der Teufel sitzt im Detail: Wer entscheidet im Entwicklungsteam denn nun tatsächlich? Wenn alle gemeinsam entscheiden, braucht man ständig Abstimmungsmeetings. Oder entscheidet der Einzelne, der sich durchsetzt? Scrum hilft uns in dieser Frage nicht weiter, denn das Management-Framework sagt nichts darüber, *wie* Entscheidungen getroffen werden sollen. Es gibt uns nur Anhaltspunkte dazu, welche Entscheidungen zu welchen Zeitpunkten getroffen werden müssen (das ist der tiefere Sinn der Meetings). Eine kluge Idee von Ken Schwaber und Jeff Sutherland und für sich genommen eine sinnvolle Strategie. Aber es gäbe die Rolle des ScrumMasters nicht, wenn es im Team nicht doch zu Konflikten, Streitigkeiten und unterschiedlichen Ansichten kommen würde. Wie geht man damit um? Darf der ScrumMaster vielleicht auch entscheiden – und wenn ja, was darf er entscheiden? Ja, er darf entscheiden! Er sollte sich aber über folgende Tatsache im Klaren sein:

Komplexität kann nur mit Komplexität beantwortet werden!

Es ist ein Irrtum zu glauben, dass man die Probleme in einem komplexen Umfeld durch ein Setup oder einfach durch das Treffen von Entscheidungen lösen kann. Komplexität lässt sich nicht so schnell vereinfachen, darin sind sich alle Komplexitätsforscher einig.

Die Lösung selbst kann einfach sein, wenn alle Beteiligten involviert waren und sich miteinander austauschen konnten. Genau das entscheidet der ScrumMaster: Wie geht er bei Entscheidungen vor? Will er das Entwicklungsteam dazu bringen, die Entscheidungen zu treffen? Oder provoziert er das Entwicklungsteam und den Product Owner dadurch, dass er selbst einmal eine Entscheidung fällt? Die methodisch sauberste Variante ist die folgende: Er sollte sich einfach die nötige Zeit nehmen, um alle Beteiligten strukturiert miteinander arbeiten zu lassen, bis sich die Lösung von selbst aufdrängt – dabei helfen Moderationsmethoden wie Dynamic Facilitation oder Open Space [vgl. Gloger, Rösner 2014]. *Machen Sie sich also als ScrumMaster klar: Es ist Ihre Aufgabe, dafür zu sorgen, dass Ihr Scrum-Team so schnell wie möglich Entscheidungen treffen kann.*

8.1.4 Fokus auf das Funktionierende

Workout: Wovon wollen Sie mehr?

Stellen Sie sich bitte die Frage: Wovon will ich von meinem Team mehr? Vielleicht wollen Sie, dass in Ihrem Team mehr gelacht, besser zusammengearbeitet, mehr geliefert wird, vielleicht soll es sich beim Management besser positionieren. Finden Sie nun die eine Sache, die den Weg zum Ziel einfacher machen würde. Ein Beispiel: In jedem Team, mit dem ich arbeite, versuche ich zuallererst, mit Blick auf das Ende des Sprints die Lieferfähigkeit herzustellen. Dazu fokussiere ich das Team auf die eine Sache, von der ich weiß, dass sie auf lange Sicht alles andere beeinflusst – die Fähigkeit, etwas fertig zu liefern. Alles andere ordne ich dieser Idee unter.

Probieren Sie das einmal aus. Fokussieren Sie sich auf eine einzige Sache und Sie werden sehen, dass sich alles andere diesem Fokus unterordnen wird. ■

Nun sind Sie ganz persönlich mit Ihren Grundwerten gefragt: Wie sieht Ihre eigene Haltung aus? Sie sind die Führungskraft, Sie geben Ihrem Scrum-Team Sicherheit. Sie stellen einerseits die Grenzen auf und motivieren andererseits zur Zusammenarbeit, um Ihr Team voranzubringen.

Auf der Suche nach der richtigen Art zu führen bin ich lange Zeit umhergeirrt. Malik, Drucker, Peters, Lencioni und die vielen anderen – ich habe ihre Bücher gelesen, aber was sie mir anzubieten hatten, war mir zu kompliziert. Ich suchte nach einem *einfachen* und *klaren* Weg, den ich ohne Mühe gehen konnte. Wie sah dieser Weg aus?

Ich verrate Ihnen nun den meiner Meinung nach einfachsten Trick der Führung. Einen, der immer, wirklich absolut immer funktioniert – leider ist er etwas schwer durchzuführen, weil er unsere Sozialisation in Frage stellt und man ständig aufpassen muss, nicht in alte Verhaltensmuster zurückzufallen:

> *Fokussieren Sie Ihre Aufmerksamkeit auf das, wovon Sie mehr haben wollen, und ignorieren Sie konsequent das Verhalten, das Sie nicht haben wollen.*

Wenn Sie mehr Geld haben wollen, dann fokussieren Sie sich darauf. Wenn Sie mehr Teamgeist haben wollen, dann fokussieren Sie sich darauf. Wie das geht? Finden Sie heraus, ob und wann Ihnen wegen eines klaren Fokus schon einmal etwas gelungen ist, und dann wiederholen Sie es einfach. Immer und immer wieder. Natürlich kann man auch dieses Prinzip verkomplizieren, es gibt ganze Anleitungsbücher dazu, aber schlussendlich ist es so einfach. Sobald Sie selbst erlebt haben, dass es sinnvoller und effektiver ist, sich auf das Funktionierende zu fokussieren und es zu wiederholen, können Sie langsam damit beginnen, auch mit Ihrem Team in dieser Haltung zu arbeiten. Achten Sie auf das, was funktioniert, und ignorieren Sie alles, was Ihnen am Verhalten der anderen missfällt. Wenn Sie das einige Zeit geübt und auf Ihrer inneren Liste notiert haben, was Sie dabei erlebt haben, geht es mit dem nächsten Schritt weiter: Führung zur Selbstorganisation.

Schreib einfach

Als ich zwölf Jahre alt war, kam in mir der starke Wunsch auf, zu schreiben. Ich wollte Geschichten schreiben. Befeuert wurde das durch die Brieffreundschaft mit dem Herausgeber eines Science-Fiction-Magazins. Ich fragte ihn: „Wie macht man das – Science Fiction schreiben?" Er antwortete: „Schreib einfach eine Geschichte." Na toll! Isaac Asimov soll genau das Gleiche gesagt haben: „Schreiben Sie jeden Tag eine Seite – am Ende des Jahres ist das Buch geschrieben." Nach 23 Jahren standen etwa 50 vollgeschriebene Notizbücher in meinem Schrank, dazu kamen etliche Hausarbeiten, eine angefangene Dissertation, 1.000 Seiten mit verschiedenen Versionen meines ersten Buchs – und dann endlich erschien die erste Auflage von „Scrum". Nach einigen Artikeln, einigen hundert Blogbeiträgen und der Ansage eines Schreibtrainers, ich solle einfach einen Mann und eine Frau sich zufällig treffen lassen, hatte ich meine erste Geschichte in Form eines Drehbuchs innerhalb von 21 Tagen geschrieben.

Aber erst mein sechstes Buch, „Selbstorganisation braucht Führung", ist in meinen Augen ein Produkt, auf das ich stolz bin und das ich als *mein* Buch gelten lasse. Worauf ich mich fokussiere, davon bekomme ich mehr. Genau so war es mit dem Schreiben. Es war ganz einfach: Ich habe den Laptop in allen erdenklichen Situationen auf die Knie gelegt und geschrieben. Wahrscheinlich habe ich jedes Schreibprogramm der Welt ausprobiert und nun bin ich beim Puristischsten gelandet, das es derzeit gibt: writer.bighugelabs.com. Es geht nur darum, die nackten Worte irgendwohin zu schreiben. ■

8.1.5 Positives bemerken

Workout: Erfolge notieren

Nehmen Sie Ihr Journal zur Hand und schreiben Sie in den nächsten zehn Minuten erfolgreiches Verhalten auf. Wann haben Sie sich erfolgreich verhalten? Was ist Ihnen gelungen – zum Beispiel einen Kollegen zu loben, eine E-Mail sofort zu beantworten, etwas zu tun, worauf Sie eigentlich keine Lust hatten.

Wiederholen Sie diese Übung oft, am Beginn zumindest wöchentlich, dann drei Mal und schließlich fünf Mal pro Woche. Wenn Sie dann irgendwann beginnen, sich jeden Tag zwischendurch daran zu erinnern, was Ihnen heute gelungen ist, dann brauchen Sie es nicht mehr als Übung aufzuschreiben – es ist zu einem Teil Ihrer Haltung geworden. ■

Der letzte und wesentlichste Tipp: Loben Sie sich selbst! Sagen Sie doch ruhig: „Das habe ich gut gemacht!" Dieses kleine Lob auszusprechen, ist eigentlich ganz trivial, trotzdem fällt es vielen Menschen unendlich schwer und sie kommen sich dabei lächerlich vor. Ich kann Ihnen an dieser Stelle nur versichern, dass es Wunder wirkt.

Fangen Sie am besten mit den einfachsten Dingen an, zum Beispiel bei einer Grillparty. Sie haben Spaß und die Steaks sind was geworden. Sagen Sie zu sich selbst: „Das habe ich gut gemacht!" Sie haben Ihrer Partnerin oder Ihrem Partner ein kleines Geschenk mitgebracht, das Freude auslöst. Jetzt sagen Sie zu sich selbst: „Das habe ich gut gemacht!"

Wenn es Ihnen dann irgendwann leichter fällt und Sie akzeptiert haben, dass Ihnen diese Form der Wertschätzung gut tut, erweitern Sie es auf Ihr Team. Beobachten Sie, schauen Sie hin. Fällt Ihnen auf, dass ein Teammitglied etwas Positives macht, dann sagen Sie *sofort* was? Genau: „Das hast du gut gemacht!"

Sie können damit nichts falsch oder kaputt machen. Der einzige Mensch, der sich am Anfang merkwürdig fühlen wird, werden vermutlich Sie selbst sein. Ihr Team wird gar nicht bemerken, dass Sie nun mindestens fünf Mal am Tag sagen: „Das hast du gut gemacht!" Das kommt unbewusst bei Ihren Kollegen an. Doch schneller, als Sie es sich möglicherweise vorstellen können, werden Ihre Kollegen damit beginnen, sich anders auszurichten.

8.2 Emotionen

Workout: Gefühlstagebuch

Emotionen macht man sich am einfachsten bewusst, indem man in sich hineinhört und sich fragt: „Wie fühle ich mich gerade?“ Die Frage selbst ist sehr einfach, aber hören Sie sich bei der Antwort genau zu. Hören Sie eine Emotion oder einen Zustand? „Ich fühle mich gestresst“, „Ich bin nachdenklich“ - das sind keine Emotionen. Gefühle haben Namen: Liebe, Angst, Schuld, Heiterkeit, Hass, Verzweiflung, Schmerz, Ärger, Wut, Hoffnung ... man ist verliebt, ängstlich, heiter, schuldig, verletzlich, verletzt etc.

„Erlaubt“ sind also nur echte Emotionen. Schreiben Sie die Ergebnisse in Ihr Journal, daraus können Sie ein Gefühlstagebuch machen. Schauen Sie mal auf http://bit.ly/1jHGE0K - dort finden Sie eine Liste der Gefühle.

Daniel Goleman, Annie McKee und Richard Boyatzis sind der Meinung: Führungspersönlichkeiten erfüllen ihre Aufgabe dann am besten, wenn sie emotional mit den Menschen verbunden sind [Goleman et al. 2003, Goleman 2005]. Eine Gruppe zu führen, funktioniert nach ihren Aussagen nur dann, wenn es gelingt, deren Emotionen in die richtige Richtung zu lenken. Mit anderen Worten: Die Führungskraft führt nicht über die Inhalte, sondern sie führt über die Emotionen der Gruppe. Basierend auf dieser Kernidee haben Goleman & Co einen Weg beschrieben, wie man die emotional intelligente Organisation erschaffen kann: Zunächst muss die Führungspersönlichkeit die Rahmenbedingungen darlegen und ihre Vision formulieren. Als Nächstes muss sie die Realität erkennen und transparent machen. Wie sieht die emotionale Lage der Organisation tatsächlich aus? Im Anschluss daran visualisiert die Führungspersönlichkeit das Idealbild und stimmt die Hoffnungen, Überzeugungen und Werte der Menschen mit diesem Bild ab. Schließlich lässt sie ihre Vision Wirklichkeit werden. Sie arbeitet mit den Menschen und führt sie emotional.

Diese Sichtweise basiert auf der menschlichen Fähigkeit, zu erkennen, was ein anderer gerade fühlt. Verantwortlich dafür sind die sogenannten Spiegelneuronen, doch das nur am Rande. Entscheidend ist, dass Führungskräfte nicht nur auf ihre eigenen Emotionen schauen und das eigene Ich beeinflussen müssen, sondern dass es bei der Führung natürlich um das DU und IHR geht. Der ScrumMaster ist in seiner Rolle automatisch nicht Teil der Gruppe und doch gehört er zum WIR. Daher muss er sein, was er von seinem Team will. Er verkörpert die Emotionen der Gruppe und wenn es ihm nicht gut geht, wird das zwangsläufig Auswirkungen auf die Gruppe haben. Aber das klingt komplizierter, als es ist. Ich versuche, es wieder einfach zu machen. Worum geht es bei Gruppen? Um den Schutz vor äußeren Gefahren. Job des ScrumMasters ist es, das „Wir“ der Gruppe gegen das Außen zu schützen und innerhalb der Gruppe Verbundenheit herzustellen.

Sehen wir uns das auf der Ebene der Emotionen an: Ziel des ScrumMasters ist es, das Scrum-Team erfolgreich zu machen. Er befähigt das Team, gemeinsam die gesetzten Ziele zu erreichen. Das erzeugt eine der wichtigsten Emotionen: das Gefühl des Sieges. Wie fühlt sich das an? Als könnte man die Welt aus den Angeln heben. Genau darum geht es am Ende eines

Sprints doch: Man will beweisen, dass man es geschafft hat. Man will stolz auf sich selbst und die Gruppe sein. Gleichzeitig will man dieses Gefühl nicht alleine haben und es teilen, mit der Gruppe, mit den Menschen, mit denen man diese Ziele erreicht hat. Das Gefühl der Verbundenheit ist eine der stärksten menschlichen Triebfedern. Wir wollen dazugehören und unsere Erfolge teilen. Wir wollen aber auch für unsere Leistungen innerhalb der Gruppe anerkannt werden.

Wie soll man das alles als ScrumMaster leisten? Wieder ist es leichter getan als vielleicht gedacht. Ausgangspunkt ist die eigene innere Ruhe. Der erste Schritt ist gemacht, wenn man die eigenen Emotionen beobachtet und bemerkt, wenn man gerade unsicher, überfordert, lustig, beschwingt oder gut drauf ist. Mit etwas Übung lässt sich das erlernen. Wenn Sie darin sicherer geworden sind, können Sie damit beginnen zu erspüren, wie sich die Gruppe fühlt, in der Sie sich gerade befinden. Dazu brauchen Sie nur darauf zu achten, was sich gerade in Ihnen abspielt. Vielleicht haben Sie ein flaues Gefühl im Bauch oder Sie sind aufgeregt und Ihre Hände beginnen zu schwitzen. Fühlen Sie nach: Welche Emotion drückt sich gerade aus? Nun wissen Sie, was die anderen fühlen – wir haben dafür Rezeptoren. Um das zu erlernen und darin besser zu werden, brauchen Sie keine wissenschaftlichen Abhandlungen zu lesen oder kostspielige Seminare zu besuchen. Es braucht nur ein wenig Achtsamkeit.

Für den ScrumMaster, der mit Emotionen umgehen kann, habe ich einen wichtigen Rat meines Coaches, der mir sehr geholfen hat: Lassen Sie die Emotionen der Gruppe nicht zu Ihren eigenen werden. Was Sie da spüren, sind die Emotionen der anderen, lassen Sie sich nicht anstecken. Denken Sie daran: Sie sind die Führungskraft. Sprechen Sie die Emotionen der Gruppe an, wenn Sie denken, dass es zur Klärung der Situation beitragen kann. Arbeiten Sie also mit den Emotionen der Gruppe. Professionell damit umzugehen, hebt den ScrumMaster aus der Gruppe heraus und lässt ihn zu einem Nicht-Teil der Gruppe werden. Die Emotionen werden auf diese Weise nutzbar gemacht und können dem Team helfen, Lösungen zu finden.

8.3 Kreativität

Mein Job wird jeden Tag herausfordernder. Meine Kolleginnen und Kollegen sind in allen Fragen von Scrum topfit. Ich bin nicht mehr der einzige Spezialist und doch hören sie nicht auf, mich um Rat zu fragen – obwohl ich oft nicht einmal weiß, welches Thema wirklich dahintersteckt. Am Anfang habe ich mich gefragt, ob das nur Unsicherheit ist oder ob sie wirklich einen Nutzen aus den Gesprächen mit mir ziehen. Dann ist mir eine Sache aufgefallen, die ich zwar bei ScrumMastern immer wieder beobachtet, an mir selbst aber ignoriert hatte: Als Führungskraft muss man immer wieder aus der eigenen Denkbox steigen, über den Tellerrand schauen und dem Team helfen, den nächsten Schritt zu gehen.

Genau darum geht es beim ScrumMaster-Dasein: Man muss dem Product Owner und dem Entwicklungsteam dabei helfen, neue, noch nie dagewesene Lösungen zu entwickeln. Die Kreativität liegt darin, eine Lösung zu finden, die so noch niemand gedacht hat. Das geht aber nicht ohne Kenntnis der Sachlage. Daher kann ich in meinem Fall immer nur die Hilfe anbieten und das Denken des anderen aus der von ihm selbst erschaffenen Box herausführen.

Wie man das macht? Der Weg dazu nennt sich Choice Creation oder We-Flection, beides Wortschöpfungen von Jim Rough, dem Schöpfer der Dynamic Facilitation. Methodisch beginnt die Führungskraft mit einfachem Zuhören und dem Sichtbarmachen dessen, was der andere sagt. In meinem eigenen Unternehmen nutzen wir dazu häufig unsere Technik Visual Scrum, die das Gesagte noch einmal deutlicher werden lässt. Auf diese Weise entsteht eine We-Flection, eine Rückspiegelung dessen, was gesagt wurde. Nun hat man als Gesprächspartner viele Möglichkeiten, dem anderen zu helfen, neue Blickwinkel auf die eigene Situation zu erleben und so aus der Box zu steigen. Was man als Helfender dabei vermeiden sollte, ist, die eigene Interpretation der Lage dem anderen aufzuzwängen. Die Lösung sollte immer die Idee des anderen sein. Ist es ja auch, er sieht sie nur noch nicht deutlich genug.

Aber damit ist es nicht getan. Manchmal benötigen Scrum-Teams auch einfach einen neuen Impuls. Diesen kreativen Schaffensprozess mit allen Mitteln zu fördern, ist Aufgabe des ScrumMasters. Dazu muss er selbst die wichtigsten Kreativitätstechniken kennen und in der Lage sein, sie seinem Team zu vermitteln oder ad hoc in einem Meeting einzusetzen, um die Teammitglieder voranzubringen. Das reicht vom einfachen Brainstorming über die sechs Hüte von De Bono, Visual Scrum, Freewriting, das Ishikawa-Diagramm und den morphologischen Kasten bis hin zu den Verfahren zum Finden von User Storys – Story Mapping, Impact Mapping, Personas oder andere Techniken zur Ideengenerierung.

Widerstand. Diese Techniken einzubringen, erfordert oft Mut. Mit diesen Interventionen werden die traditionellen und lang eingeübten Rituale, wie Meetings, Workshops oder einfache Gespräche zu verlaufen haben, einfach durchbrochen. Es rührt auch an den Mustern im Team. Oft regt sich heftiger Widerstand, weil die Teammitglieder wissen, wie sie in den eingefahrenen Kommunikationsmustern miteinander umgehen und die Machtverhältnisse sind klar. Wer diese Methoden anwendet, zerstört diese Muster und macht alle Teammitglieder für einen gewissen Zeitraum gleich. In diesem Moment ist nur wichtig, wer sich einbringt und etwas für den Denkprozess der Gruppe tut. Dabei brechen eingefahrene Beziehungen auf und das macht vielen zunächst Angst – vor allem dem ScrumMaster selbst, der plötzlich eine Gruppe meist starker Einzelpersonen bändigen muss.

Übrigens geht das mir und meinen Kollegen in unseren Funktionen als Consultants nicht anders. Nichts ist anstrengender, als eine Gruppe von ScrumMastern zu moderieren. Sie wissen alles besser und kennen jede Intervention, die da kommen könnte. Für den Moderator macht es das nicht einfach. Hier lauert eine Falle, in die viele ScrumMaster am Anfang tappen: Sie wählen die immer gleiche Methode, den immer gleichen Ansatz. Es erfordert ein wenig Fingerspitzengefühl, mit der Gruppe einerseits neue Ideen auszuprobieren und andererseits Rituale entstehen zu lassen. In jedem Meeting mit einer neuen Idee zu kommen, ist sicher genauso verkehrt, wie nur alle sechs Monate eine kleine Änderung einzuflechten.

Den Blickwinkel wechseln

Mir hat es immer geholfen, wenn ich Methoden oder neue Techniken selbst einmal an völlig anderer Stelle gesehen oder erlebt habe. Das Besuchen ungewöhnlicher Konferenzen, die abseits der eigenen Thematik stehen, hilft, einen Blick dafür zu bekommen, was es sonst noch so gibt. Ich höre mir gerne ungewöhnliche Radiosender an (z. B. Monocle24), ich lese Zeitschriften, die aus ganz anderen Bereichen stammen (Mode, Wirtschaft, Psychologie, Geisteswissenschaften), um meinen Blick für andere Wege zu öffnen, mit Menschen außergewöhnliche Dinge zu tun.

Eine weitere Quelle der Inspiration sind Reisen. Ja, das ist ein alter Hut, reisen bildet – aber nur, wenn man auch dorthin fährt, wo etwas anders ist. Wer seinen Urlaub jedes Jahr am gleichen Ort verbringt, wird dort nicht auf neue Ideen bekommen. Ein Klassiker sind auch Hobbys. Für mich ist es die Beschäftigung mit Pferden, die mir sehr geholfen hat, Führung zu verstehen. Ich habe dabei viel über mich selbst gelernt, zum Beispiel welchen Einfluss meine Körperhaltung hat. Machen Sie einfach etwas, mit dem Sie aus den gewohnten Bahnen ausbrechen können. Das ist am Anfang mühsam und fühlt sich nicht produktiv oder sinnvoll an. Das macht aber nichts. Zeichnen lernen, fotografieren, basteln, Modellbau, ganz egal. Ich erlebe gerade, dass das Grillen viel mehr Dimensionen hat, als ich dachte. Kuchen, Brote, viergängige Menüs – alles kann man damit zaubern!

Supervision – gönnen Sie sich einen Coach

Die letzten Seiten dieses Kapitels möchte ich mit dem bewussten Blick auf das eigene Ich beschließen. Menschen, die mit Menschen arbeiten, sollten sich einen Coach mit einer profunden psychologischen Ausbildung leisten. Finden Sie mit Ihrem Coach heraus, welchen Mustern Sie folgen, was Sie im Leben stört und wo Ihre blinden Flecken und Ängste liegen. Einmal im Quartal oder jeden zweiten Monat – es darf ruhig unregelmäßig sein. Aber immer werden Sie auf Dinge stoßen, die Sie daran hindern zu erreichen, was Sie sich vorgenommen haben.

Einen erstklassigen Coach erkennen Sie daran, dass er Sie fordert und dass Sie mit ihm in jeder Stunde einen Aspekt Ihres Wesens aufdecken, der Ihnen weiterhilft. Er sollte ein Jahrzehnt älter sein als Sie und Lebenserfahrung mitbringen. Ein sehr guter Coach ist sich auch darüber bewusst, was er wert ist, und daher sind seine Stunden teurer. Aber hüten Sie sich vor den Marketingstrategen! Wer gute Bücher schreibt und alle Werbekanäle hervorragend bespielt, muss nicht zwangsläufig ein guter Coach oder Therapeut sein. Fragen Sie eine Person, die Sie bewundern, mit welchem Coach sie arbeitet. Fragen Sie Menschen, die erfolgreich in dem sind, was Sie auch erreichen wollen.

Ist es denn sinnvoll, zu einem Coach zu gehen, der selbst keine Ahnung von Agilität und Scrum hat? Die Reflexion der eigenen Führungspraxis als ScrumMaster kann nur gelingen, wenn Sie sich darüber im Klaren sind, dass wir alle in nichtagilen Institutionen aufgewachsen sind, die auch noch viele Jahrzehnte unagil bleiben werden. Und nun wollen ScrumMaster den Teams und Organisationen eine neue Form des Arbeitens beibringen – daher muss die eigene Praxis ständig reflektiert werden. Irgendwann wird es allen in Fleisch und Blut übergegangen sein, aber das dauert wahrscheinlich noch 15 Jahre. Woher ich das weiß? Weil ich mich selbst schon seit mehr als einem Jahrzehnt mit Agilität befasse und ständig kommt eine neue Erkenntnis, eine neue Reflexion hinzu. Mein Team lernt schon schneller, wie das neue Miteinander funktioniert, trotzdem bleibt es immer wieder in den eigenen Mustern und übernommenen Weltanschauungen hängen. Das ist normal! Überfordern Sie sich daher nicht selbst. Agiles Arbeiten erfordert neue Muster, neue Rituale und neue Einstellungen – und das müssen wir uns gegenseitig erst beibringen.

Selbstcoaching – ein Journal führen

Schreiben Sie ein Journal. Ich persönlich bevorzuge das klassische Notizbuch, aber wählen Sie einfach Ihr Lieblingsmedium. Wenn Sie jeden Tag zehn Minuten in das Schreiben investieren, wird sich Ihr Journal als Quelle der Inspiration und wertvolles Reflexionsmedium erweisen.

In meinem Unternehmen haben wir ein Motto: „Denken mit dem Stift!“ Wir schreiben, wir zeichnen, wir doodeln und scribbeln, wir skizzieren in Meetings und Gesprächen so viel wie möglich. Wir tun das nicht, um umfangreiche Dokumentationen zu erstellen, sondern um durch das Mitschreiben und Mitzeichnen das eigene Denken anzuregen. Das Einmalige an einem Notizbuch ist, dass Sie in jeder erdenklichen Variante damit umgehen können. Sie können mit dem Kugelschreiber hineinschreiben, sich Wasserfarben besorgen, Sie können Buntstifte nehmen, einen teuren Füllhalter benutzen – Ihrer Fantasie sind keine Grenzen gesetzt. Halten Sie fest, was sich festzuhalten lohnt, und wenn es nur drei Stichworte sind, die eine Szene einfangen sollen.

Nach einiger Zeit der Einübung beginnen Sie, das Journal als Instrument des Selbstcoachings zu nutzen. Einige Übungen habe ich Ihnen schon in Abschnitt 8.1 vorgestellt, hier sind noch einige hilfreiche Praktiken:

- Nehmen Sie sich jeden Tag fünf bis zehn Minuten Zeit und praktizieren Sie ein wenig Freewriting. Dabei schreiben Sie einfach auf, was Ihnen gerade einfällt, ganz egal, was es ist. Zensieren Sie sich dabei nicht, weder Ihre Gedanken noch Ihren Schreibstil – der Text ist sowieso nur für Sie bestimmt.
- Schreiben Sie drei Dinge auf, die Ihnen in den letzten 24 Stunden gelungen sind. Was hat Ihnen Spaß gemacht? Mit wem waren Sie an diesem Tag zusammen und haben es genossen?
- Schreiben Sie auf, wem oder wofür Sie dankbar sind. Finden Sie drei bis fünf Dinge, die Ihnen spontan einfallen.
- Malen Sie mal ein Bild: Wie sehen Sie das Team gerade? Wo ist jeder positioniert? Nehmen Sie dazu einfache Quadrate oder Kreise, jede Figur steht für eine Person. Dann schauen Sie sich das Bild an: Wer ist größer, welche Figuren stehen näher zusammen? Bei welcher Figur haben Sie die Linien stärker, bei welcher Figur schwächer gezeichnet? Was fällt Ihnen bei der Betrachtung des Bilds auf?
- Das Bullet Journal (bulletjournal.com) ist eine einfache Technik, um seine Aktivitäten in den Griff zu bekommen, und lässt sich leicht in das eigene Journal integrieren. So haben Sie alles in einem Buch und können sich mit einem einzigen Notizbuch organisieren. Funktioniert für mich ganz gut.
- Sketchnotes: Wenn Sie jemandem zuhören oder auf einer Konferenz sind, empfehle ich Ihnen, Sketchnoting auszuprobieren. Angeblich erleichtert es das Lernen, wenn man während des Zuhörens kritzelt. Genau das, was in der Schule immer verboten war, hätte uns alle zu Lernmonstern gemacht. Die Website schrockguide.net/sketchnoting listet dazu viele Beispiele auf. Wenn Sie sich damit beschäftigen, wird Ihnen das Denken in Bildern ganz einfach von der Hand gehen und Sie werden auch mit Ihrem Team in Bildern sprechen können. In meinen Augen ist das wichtig, um die eigenen Absichten gut und schnell zu formulieren.

Eines der schönsten und umfangreichsten Bücher über das Journalschreiben ist „How to Make a Journal of Your Life“ von Dan Price [Price 1999]. Es ist wundervoll geschrieben und illustriert. Diesem Buch habe ich zu verdanken, dass ich das Thema nicht bierernst, sondern lustvoll angegangen bin. Das Selbstcoaching mit Hilfe eines Journals ist einfach. Es kostet Sie etwas Zeit, aber das ist wie bei einem täglichen Training, dem Sie Priorität einräumen sollten.

Fit bleiben

Was mich zum nächsten Thema führt: *Geben Sie der Zeit für sich selbst Priorität vor allem anderen.* Wer sich die Zeiteinteilung von berühmten Schriftstellern, Philosophen, Wissenschaftlern und erfolgreichen Consultants ansieht, bemerkt sehr schnell, dass sich diese Personen Zeit für das nehmen, was ihnen am wichtigsten ist – sie selbst. In der Regel stehen sie sehr früh auf. Ein Professor an der Harvard Business School erzählte uns, dass er jeden Morgen um drei Uhr aufsteht und es toll ist, wenn er seine Telefonate mit einem der Consultants, über die er eine Case Study schreibt, morgens um vier Uhr führen kann, ohne diesen Menschen zu wecken! Andere wiederum verschieben ihren Tagesablauf nach hinten, arbeiten bis spät in die Nacht und stehen dann erst zu Mittag auf. Ganz egal: Sie sind egoistisch, was ihre Zeiteinteilung angeht. Wie korrespondiert der egoistische Umgang mit der eigenen Zeit mit der Führung eines Teams?

Das ist der letzte und entscheidende Tipp aus meiner Führungspraxis: Verbringen Sie die notwendige Zeit für Ihre tägliche Fitness, das Schreiben, das Nachdenken über das Team *ohne schlechtes Gewissen.* Sie müssen nicht acht Stunden am Tag um Ihr Team herumrennen und hektisch tun, damit allen auffällt, dass Sie etwas leisten. Der Chef eines Rudels – ob es Löwen, Pferde oder Affen sind – steht oder liegt meistens ruhig da und beobachtet seine Familie. Er ist eben *nicht* ständig beschäftigt. Gute Teamführer arbeiten mit, wenn es sein muss, aber sie sind nicht ständig beschäftigt. Auch ScrumMaster müssen gar nicht ständig beschäftigt sein. Sie müssen vielmehr im Zustand der Gelassenheit oder besser noch Heiterkeit sein.

Ich habe die Erfahrung gemacht, dass das nur geht, wenn man sich Zeit für die Dinge nimmt, die einem wichtig sind. Wie lässt sich das mit der normalen Arbeitswelt vereinbaren, wenn die automatische Zeiterfassung sagt, dass Sie Ihre Zeit gefälligst am Schreibtisch zu verbringen haben? Naja, Journale schreiben, am Werksgelände spazieren gehen, sich ein TEDx-Video ansehen – das geht auch am Arbeitsplatz. Die Firewall lässt es nicht zu? Na, dann gönnen Sie sich einen Mobilfunkvertrag mit hohem Datenvolumen. Sie kommen damit nicht ins Netz, weil der Empfang gestört wird? Gut, dann lässt sich vielleicht nicht alles umsetzen, aber ich denke, Sie haben das Prinzip verstanden. Wissensarbeiter, und da gehören Sie dazu, können gar nicht acht Stunden am Tag ununterbrochen kreativ sein. Sie müssen auch ihr Unterbewusstsein arbeiten lassen. Daher braucht es das Kritzeln, Freewriting, die Arbeit im Rosengarten, die ausgedehnten Spaziergänge oder den morgendlichen Lauf. Sie werden sehen: Das verändert nach einigen Tagen ganz viel. Nicht umsonst heißt es, dass in einem gesunden Körper ein gesunder Geist wohnt. Die hippen Unternehmen im Silicon Valley bieten ihren Mitarbeitern die verblüffenden Annehmlichkeiten von hervorragendem Kantinenessen bis zum hausinternen Fitnesscenter nicht aus reiner Menschenfreundlichkeit, sondern weil es auch die Produktivität hebt.

Ich erlebe leider auch, wie Führungskräfte an sich selbst Raubbau betreiben, und ich erlebe es leider in meinem eigenen Unternehmen. Wir haben eine wunderbare Führungskraft im Team, sie ist toll. Doch wir alle müssen damit leben, dass sie sich ständig an ihre körperliche Belastungsgrenze bringt. Sie stresst dann in Meetings, bringt schlechte Stimmung ins Team und vieles mehr. Zwei Jahre lang habe ich mit ihr an ihrer Haltung zu sich selbst gearbeitet. Die Fortschritte sind gering, aber spürbar. Sie ist bei unseren wichtigen Klausuren nicht mehr todmüde und fertig und das ist auch für das Team besser.

Apropos Fitness und Schlaf. In den Feedbackgesprächen mit meinen Kollegen spreche ich diese Themen an. Wenn ich bemerke, dass sie nicht genug schlafen, dann sage ich ihnen das und vereinbare mit ihnen als persönliches Entwicklungsziel, mehr zu schlafen. Wirklich! Die Auswirkungen sind dramatisch: Die Performance dieser Kollegen bessert sich, obwohl sie weniger tun. Schlafentzug führt zu schlechten Entscheidungen, nur bemerkt es der dem Schlaf Entzogene nicht. Es ist so, als hätte man schon eine Maß getrunken und denkt, man sei noch nüchtern. Die nächste Verkehrskontrolle kostet dann den Führerschein – leider gibt es sowas nicht für Schlafmangel.

Beim Thema Fitness bin ich mit meinem Team einen anderen Weg gegangen: Wir laufen gemeinsam die Marathon-Staffeln in Wien und München. Mit dem Joggen haben wir vor vier Jahren begonnen. Immer mal haben wir darüber gesprochen, gemeinsam laufen zu gehen – dann haben wir die erste Marathon-Staffel aufgestellt. Im nun dritten Jahr stellen wir bereits vier Staffeln und unsere Zeiten haben sich dramatisch verbessert. Klar, das ist sozialer Druck. Na und, wenn wir auf diese Weise den Consulting-Fettring vermeiden, den man an den meisten 40-jährigen Beratern sehen kann, haben wir unser Ziel erreicht. Auch in einem sehr anstrengenden Job kann man sich gemeinsam gesund arbeiten.

9 Scrum – Management mit Werten

Von Anton Jessner

Ein Prozess mit bestimmten Meetings und Rollen – die Idee von Scrum wird oft nur so gelebt. Agilität ist aber mehr: Ihr liegen bestimmte Einstellungen zugrunde, ein Menschenbild, hinter dem Werte stehen. Was sind Werte und was ist im Scrum-Kontext ein Wert? Welche Werte sind wichtig, damit Scrum tatsächlich funktioniert?

Im allgemeinen Sprachgebrauch werden Wertvorstellungen oder Werte „als erstrebenswert oder moralisch gut betrachtete Eigenschaften bzw. Qualitäten" verstanden.[1] Ein Wert ist demnach mehr als etwa eine positive oder negative Einstellung zu Meetings. Werte sind objektiver als Einstellungen, die sich immer auf etwas Bestimmtes beziehen. Werte führen zu einer grundsätzlichen Haltung – zur sogenannten Werthaltung. „Ich versuche, immer pünktlich zu sein" ist eine Werthaltung, die auf dem Wert „Ich lasse andere nicht warten" und damit letztlich auf dem Wert Respekt basiert. Werte beeinflussen unsere Einstellungen und unsere Einstellungen beeinflussen wiederum unser Verhalten.

Das Agile Manifesto – ein Wertekatalog

Der Begriff des Werts als Haltung ist ein zentrales Element des Agile Manifesto: *„Wir erschließen bessere Wege, Software zu entwickeln, indem wir es selbst tun und anderen dabei helfen. Durch diese Tätigkeit haben wir diese Werte zu schätzen gelernt."*[2] Gemeint sind vier Grundsätze, für die es sich zu kämpfen lohnt, damit Teams erfolgreicher, schneller und produktiver werden, damit Teammitglieder eine größere Handlungsvielfalt und dadurch mehr Arbeits- und Lebensfreude bekommen:

Individuen und Interaktionen mehr als Prozesse und Werkzeuge

Funktionierende Software mehr als umfassende Dokumentation

Zusammenarbeit mit dem Kunden mehr als Vertragsverhandlung

Reagieren auf Veränderung mehr als das Befolgen eines Plans

Zusätzlich finden sich im Agile Manifesto zwölf Prinzipien, die ebenfalls als Werte aufgefasst werden können, etwa dieses: „Liefere funktionierende Software regelmäßig innerhalb weniger Wochen oder Monate und bevorzuge dabei die kürzere Zeitspanne." Es wird also als wertvoll erachtet, möglichst schnell Feedback aus einem funktionierenden System zu bekommen. So kann das Team von Anfang an eine vertrauensvolle Beziehung zum Kunden aufbauen und den Kurs korrigieren, wenn es in die falsche Richtung läuft. In der klassischen Welt endet

1 Vgl. https://de.wikipedia.org/wiki/Wertvorstellung (6.1.2016)

2 http://agilemanifesto.org/iso/de/ (6.1.2016)

ein Projekt dort, wo ein Produkt zu leben beginnt: am Ende der Entwicklungszeit. Die agile Sicht stellt die Produktidee von Anfang an in den Mittelpunkt.

Gibt es nach dem Agile Manifesto grundlegende Werte bzw. Werthaltungen, die hilfreich für die Einführung von Scrum und für die Durchführung von Projekten ist? Wie steht es mit Pünktlichkeit, Ehrlichkeit, Verlässlichkeit, Mut, Gleichheit, Toleranz, Offenheit, Kritikfähigkeit, Vertrauen, Engagement, Kommunikation, Leistung? Sind das Werte? Gibt es dazu abgeleitete Basiswerte?

Eine kompakte Aufzählung ist Ken Schwaber, Jeff Sutherland und Mike Beedle gelungen, die für Scrum fünf zentrale Werte nennen [Schwaber et al. 2001]:

- Fokus
- Commitment
- Offenheit
- Respekt
- Mut

Ich habe für mich persönlich festgestellt, dass sich aus diesen fünf Werten alles andere ableiten lässt. Diese Werte visualisiere ich auf Plakaten – eines hängt im Teamraum und eines im Meetingraum (Bild 9.1). In den unterschiedlichsten Situationen greife ich immer wieder darauf zurück. Wenn ich zum Beispiel nicht mehr weiterweiß, hole ich mir dort den Fokus, an welchem Wert es gerade mangelt. Das Interessante ist: Diese fünf Werte hängen zusammen und tragen dazu bei, die Performance wesentlich zu erhöhen. Durch das Berücksichtigen von Werten ergibt sich eine Werkzeugkiste, mit der sich Handlungsspielräume reflektieren und erweitern lassen.

Bild 9.1 Erinnerung an die fünf Werte von Scrum

9.1 Fokus auf das, was wichtig ist

Die Konzentration auf fünf Werte zeigt bereits, welcher Wert – zumindest aus meiner persönlichen Sicht – die meiste Orientierung gibt und der stärkste Hebel der Performancesteigerung ist: Fokus. Die Entsprechung in Scrum ist aus dem Inhalt der Scrum Meetings der strategischen und taktischen Ebene ableitbar.

So kann ein Daily Scrum zeitlich und inhaltlich wesentlich effizienter ablaufen, wenn man dazu gut vorbereitet und nicht gehetzt erscheint. Im Daily wird der Tagesablauf geplant: Alle Teammitglieder wissen danach, was zu tun ist und wer mit wem zusammenarbeitet. Indem die Tasks im Team besprochen werden, wird Synergie und Gemeinschaft geschaffen. Fokus durch das Daily Scrum bedeutet aber auch, dass die Teammitglieder nach der Besprechung nicht an anderen Dingen arbeiten, sondern am klar definierten Ziel – und dadurch mit weniger Unterbrechungen. Der Wert „Fokus" führt auch ad absurdum, was von Scrum oft behauptet wird: Es ist keine Anarchie, es ist keine Beliebigkeit. Es ist genau das Gegenteil: Abstimmung, Konzentration, Gemeinsamkeit. Man plant den Tag und erkennt dadurch sofort, wo es Probleme gibt und Hilfe gebraucht wird. Das ist ein wichtiges Feedbackinstrument.

Feedback und Fokus stehen in einem engen Zusammenhang. Je gezielter Thema und Inhalt eines Meetings sind, desto leichter kann man erkennen, woran es liegt, wenn gerade nichts mehr geht. Da hilft oft der Gedanke: „Worum geht es jetzt eigentlich und welcher Wert ist verletzt?" Fokus generiert also Feedback. Zukunftsthemen, Vergangenheitsbewältigungen oder das Design der Datenbankanbindung müssen auch diskutiert werden – aber nicht im Daily, sondern in anderen Formaten.

Wie kann ein ScrumMaster den Fokus finden und feststellen, ob sein Team noch auf Kurs ist? Die Antwort lautet: durch klare Regeln. Damit sind wir auch schon bei der nächsten Facette des Fokus – der Disziplin.

Disziplin – Ergebnis von Regeln

Diszipliniert zu sein bedeutet, sich gewissen Regeln zu unterwerfen. Dazu gehört zum Beispiel, das Meeting nicht zu stören, es nicht zur Bühne der eigenen Selbstdarstellung zu machen. Selbst wenn ich in ein Meeting gehe, dessen Regeln ich in- und auswendig kenne, hilft es mir, die Regeln vorher noch einmal durchzulesen. Das bringt mich auf die richtige Spur. Es gilt schlicht und einfach zu erkennen, wozu man in diesem Moment gerade hier ist, was gerade jetzt hilfreich und wichtig ist, für mich selbst und für die anderen. In schwierigen oder konfliktbehafteten Situationen ist oft schwer zu erkennen, dass der Fokus fehlt. Den Fokus zu halten, bedingt also, kurz aus dem System auszusteigen, um auf eine Metaebene zu wechseln: Ich betrachte mich bei dem, was ich gerade mache, und reflektiere über das aktuelle Geschehen. Dazu braucht es Instrumentarien und Orte, um sich mitzuteilen. Diese Regeln und Abmachungen werden am besten mit dem Team gemeinsam gefunden und praktiziert. Zum Beispiel hat jeder das Recht zu sagen: „Lass uns das bitte nach dem Daily besprechen und nicht jetzt." Diese Meetingregeln können im Daily ausgehandelt werden oder auch das Thema einer Retrospektive sein – mit dem Fokus auf dem Fokus. Dieses Aushandeln braucht einerseits den Mut, die Fakten anzusprechen und gemeinsam Regeln zu definieren, und andererseits die Bereitschaft, offen und respektvoll miteinander umzugehen. So ist der Fokus ein Wert, der die anderen vier Werte im Auge behält und subsumiert.

Die Neurobiologie sagt uns, dass erstens Wiederholungen – also die Anwendung der Regeln – und zweitens die persönliche Bedeutsamkeit entscheidend für nachhaltige Veränderungen sind. Wir werden das, worauf wir uns mit Begeisterung fokussieren. In Scrum ist es eben sinnvoll, im Sprint Phasen der Kontinuität zu haben und dann wieder Phasen, in denen reflektiert und Neues definiert wird. So haben die Abschnitte der taktischen Ebene im Sprint einen jeweils anderen Fokus. Durch die strikte Sprinttaktung und zeitliche Begrenzung wird die Aufmerksamkeit auf bedeutsame und dringende Dinge gelenkt. Die Timebox schafft Fokus, Fokus schafft Bedeutsamkeit. Bedeutsamkeit ist die Voraussetzung für Begeisterung und mit Begeisterung schaffen wir mehr und nachhaltiger. Dazu mehr beim Thema Respekt.

Abschließend noch der wichtigste Aspekt des Fokus: An erster Stelle steht das Produkt – das, was der Kunde will. In Scrum werden keine Projekte verwaltet, sondern Produkte gestaltet, die einen effektiven Kundennutzen haben. Das ist ab dem ersten Sprint so: Der Kunde bekommt sofort ein lauffähiges System. Das verpflichtet alle Beteiligten zur Zusammenarbeit, schafft Vertrauen und minimiert Risiken. Der Fokus auf das Produkt schafft eine Bindung zwischen allen am Entstehen beteiligten Personen. Bindung schafft Vertrauen, Vertrauen schafft Commitment, Commitment braucht Respekt und Offenheit.

Der Produktgedanke sollte in jedem Scrum Meeting beachtet werden.

- In den Sprint Plannings: Was soll das Produkt können und wie lässt sich das umsetzen?
- Im Daily: Wie können wir heute die User Story fertigstellen?
- Im Grooming: Wie groß sind die Funktionalitäten und wie viele gibt es davon?
- In der Retrospektive: Wie können wir unseren Prozess verbessern, damit wir das Produkt besser umsetzen können?

Im Review steht das Produkt im Mittelpunkt. Das Ergebnis des Sprints wird mit allen Beteiligten begutachtet und gegebenenfalls werden neue Ideen entwickelt. Das Produkt des Kunden steht im Fokus von Scrum – es ist der Brennpunkt, es ist das Wichtigste.

9.2 Commitment – einander vertrauen

Ein Commitment ist eine Zusage, eine Verpflichtung und sie kommt in Scrum öfter vor. Die bekannteste Form ist die Einigung auf die Arbeitsmenge im Sprint Planning Meeting 1. Das Entwicklungsteam und der Product Owner committen sich auf ein gewünschtes Ergebnis in Form eines Sets von User Storys. Bei diesem Commitment geht es nicht um einzelne Tätigkeiten, sondern immer um Produktinkremente, die einen effektiven Kundennutzen haben. Durch dieses Versprechen binden sich das Entwicklungsteam und der Product Owner. Das Entwicklungsteam tut alles, um das Pensum zu erreichen, der Product Owner unterstützt es dabei – nicht mehr und nicht weniger. Das Vertrauen ist dabei die entscheidende wirtschaftliche Komponente: Je höher das Vertrauen, desto schneller passiert die Umsetzung und umso geringer sind die damit verbundenen Kosten. Indem der Product Owner die Kontrolle loslässt, entsteht beim Entwicklungsteam die notwendige Autonomie, eine der vier zentralen Voraussetzungen für Selbstorganisation (Autonomie, Komplexität, Redundanz, Selbstreferenzialität).

Ob das Sprintziel erreicht wird, kann vom Entwicklungsteam durch das Tracking der fertigen User Storys in einem Burn-Down-Chart kontrolliert werden. Voraussetzung dafür ist: Offenheit. Der ScrumMaster hat dabei die Aufgabe, die Voraussetzungen für die notwendige Transparenz zu schaffen und auch die Rolle des Trainers auszuüben, damit zum Beispiel die Daily Scrums im Sinne des selbstorganisierten Teammanagements ablaufen. Er vermittelt die Einstellung zur Verantwortung, ein Balanceakt gemeinsamer Herausformungen.

Gemeinsamkeit wird in Scrum durch Teilen der Verantwortung erreicht, durch das Zusammenspiel individueller Fokussierungen. Verantwortung wiederum bedeutet, was für wen im Fokus steht und wer letztlich wofür gerade stehen muss. Der Product Owner steht in der Verantwortung für das Product Backlog, für die Vision und dafür, was in welcher Reihenfolge umgesetzt werden soll. Das Entwicklungsteam trägt die Verantwortung für die Qualität des Produkts. Der ScrumMaster hat die Verantwortung für die Produktivität. Auf dieser Basis kann er auch argumentieren, warum in einem Prozess Änderungen vorgenommen werden müssen - denn letztendlich ist er dafür zuständig. Das macht es auf der anderen Seite dem Entwicklungsteam leichter, Neues auszuprobieren, weil es nicht für das zur Rechenschaft gezogen wird, was der ScrumMaster initiiert hat. Die Aufteilung der Verantwortung nimmt dem Entwicklungsteam den Druck und die Angst. Es gibt keine Gesamtverantwortlichkeit mehr, kein „Alle sind für alles zuständig". Natürlich braucht das Teilen der Verantwortung Zeit und Vertrauen.

Verantwortung zu teilen und zu übernehmen, wird Commitment genannt und ist in Scrum der Schlüssel zum Erfolg. Scrum generiert allerdings auch mehr Verantwortungen, als es in herkömmlichen hierarchischen Projektorganisationen der Fall ist. Das kann zum Beispiel für Product Owner, die vorher Projektleiter waren, am Anfang einen scheinbaren Kontrollverlust bedeuten, der möglicherweise auch Angst macht. Eine der zentralen Aufgaben des ScrumMasters ist es deshalb, immer wieder aufs Neue Klarheit in den Rollen zu schaffen und den Gewinn hervorzustreichen, der mit dem gemeinsamen Tragen von Verantwortung einhergeht: Zum Beispiel wird durch das Teilen der Verantwortung der Druck aus dem Projekt genommen. Jeder kann dadurch den anderen stützen. Der Neurobiologe Gerald Hüther beschreibt, dass die Chance auf ein realisierbares Commitment dann entsteht, wenn sich jemand freiwillig in die Verantwortung begibt: „Die Beseitigung oder Überwindung von Zwängen, Abhängigkeiten und Vorschriften wäre die Voraussetzung dafür, dass Menschen die Fähigkeit erlangen, sich anstatt gegen etwas für etwas entscheiden zu können. Es geht also nicht darum, von etwas, sondern für etwas frei zu werden, d. h. aus dieser Freiheit heraus Verantwortung zu übernehmen." [Hüther 2013]

9.3 Offenheit - aufeinander zugehen

Offenheit ist eine Form des Umgangs miteinander, mit dem Ergebnis, dass Information fließt. Das trifft zum Beispiel bei konstruktivem Feedback zu. Doch Feedback geben sollte geübt sein und braucht die Wertschätzung desjenigen, der das Feedback gibt. Feedback ist kein Urteil, sondern eine Beobachtung, die anderen zur Verfügung gestellt wird.

Ein Beispiel: Auf meine Frage, ob ich mich als ScrumMaster bei der Retrospektive auf die Moderation beschränken oder mich auch inhaltlich einbringen solle, bekam ich von einem Teammitglied die Antwort (also das Feedback), dass ich bei der letzten Retrospektive mehr Punkte als die anderen am Flipchart notiert hatte und dadurch das Bild der Retrospektive verzerrt und massiv beeinflusst hätte. Die Frage habe ich gestellt, weil ich den Eindruck hatte, mich in den Retrospektiven zu sehr einzumischen. Die Antwort war sehr hilfreich, weil ich mit dem gesamten Team festlegen konnte, wie meine Rolle sein soll. Von den Teammitgliedern wurde auch festgehalten, dass sie meine Meinung unbedingt hören wollten. Als Lösung legten wir fest, dass niemand mehr als drei Punkte am Flipchart einbringen darf. Es wurde offen darüber gesprochen, wer wie viel Einfluss und Macht hat und wie wir damit umgehen. Die neutrale Beobachtung eines Teammitglieds war also enorm wichtig, weil daraus eine Teamregel für die Beteiligung an Diskussionen aufgestellt werden konnte.

Offenheit ist ein sichtbares Zeichen der Transparenz, der Wille zum „Ja, da gibt es etwas, das ich anderen mitteilen will, mitteilen soll oder mitteilen muss". Der Wert des Mitteilens muss in vielen Teams, Projekten und Organisationen manchmal erst als solcher erkannt und eingebracht werden, denn oft wird Offenheit mit negativer Kritik verwechselt. Offenheit braucht auch eine gewisse persönliche Haltung, Entfaltung und den Mut zur Veränderung. Meistens muss Offenheit erst erlaubt werden: durch die eigene Person und durch das Team. Sie ist aber ein Schlüssel zu einer Kultur, in der alle Ideen wertvoll und erlaubt sind – der Schlüssel zur Innovation. Nach dem Motto: „Lass uns das mal ausprobieren, einen Sprint lang oder zwei. Wenn es nicht funktioniert, haben wir wieder etwas gelernt."

Wo gibt es in Scrum solche Offenheitsräume? Überall dort, wo kommuniziert wird. Im Daily Scrum werden offen Hindernisse und Blockaden angesprochen, um gemeinsam zeitnahe Lösungen zu finden. In den Groomings werden Anforderungen nochmals diskutiert, um zu noch einfacheren Lösungen zu kommen. Im Sprint Planning Meeting 2 wird die technische Lösung nicht von einer Person bestimmt, sondern offen technisches Know-how geteilt. Dabei arbeiten alle beim Schreiben der Tasks mit, sind beteiligt und tragen auch hier das Commitment – durch Austausch. In der Retrospektive werden offen Themen, Konflikte und Herausforderungen besprochen, um schneller zu werden und den Prozess zu verbessern. Performance soll dabei nichts Anrüchiges sein und auch nicht mit einem Kuschelkurs verwechselt werden. Gefragt sind Professionalität und Leistung. Lautet das Ergebnis einer Retrospektive „Möglichst schnell gemeinsam Storys abarbeiten, für mehr Wissenstransfer, Motivation und leichteres Tracking", dann bedeutet das gleichzeitig: im nächsten Sprint mehr umsetzen, die Qualität verbessern, das Risiko minimieren, aber auch den Handlungsspielraum vergrößern, rechtzeitig fertig werden und dadurch mehr Lebensfreude bekommen. Für das Entwicklungsteam heißt das: In den letzten zwei Tagen des Sprints soll genauso fokussiert und qualitätsbewusst gearbeitet werden können wie in den ersten zwei Tagen – ohne Überstunden und ohne Abstriche bei der Qualität.

Offenheit entsteht durch Vertrauen. Vertrauen entsteht durch Zusammenarbeit. Vertrauen entsteht aber auch durch ein Weniger an Kontrolle. Der ScrumMaster (und auch der Product Owner) spielt dabei eine entscheidende Rolle: Der ScrumMaster schenkt Vertrauen und stärkt Vertrauen, er fördert die Individualität im crossfunktionalen Team und schafft Redundanzen für Selbstorganisation. Denn das einzige Gegenmittel gegen Verunsicherung und Angst – zum Beispiel in Veränderungssituationen – ist Vertrauen, wie die Hirnforschung inzwischen nachweisen konnte. Für die Performance und für die Produktgestaltung ist wichtig zu erkennen, dass Offenheit auch auf Organisationsebene nötig ist. Das Bekenntnis zur Vision ist die langfristige strategische Ausrichtung. Damit ist die Organisation offen in sich selbst und dann auch offen für die Welt. Sie hat etwas zu sagen, nämlich wie ihre Produkte die Welt mitgestalten und verändern werden. Für die Organisation schafft das Sinn, die Mitarbeiter wissen, wofür sie arbeiten und der Kunde weiß dadurch, warum er das Produkt in Auftrag geben soll. Die Vision bzw. die Mission finden sich in Scrum in einer klaren Aussage und letztlich in den Epics und User Storys wieder. Offenheit schafft somit Bedeutung, dieser Fokus bringt wiederum Klarheit und Motivation und definiert Kundenbeziehungen neu - durch das, was uns wichtig ist.

9.4 Respekt - Unterschiede würdigen

Scrum ist ein auf Respekt ausgelegter und auf Respekt basierender Framework. Respekt bedeutet Wertschätzung und Partizipation der beteiligten Personen und Organisationen. Heinz von Foerster beschreibt in seinem Buch „KybernEthik“ das Wirken der Partizipation, indem er die Metaphysik auftreten lässt, die ihre kleine Schwester - die Ethik - danach fragt, wie man handeln soll. Die Ethik antwortet: „Sag ihnen, sie sollten immer so handeln, die Anzahl der Möglichkeiten zu vermehren; ja, die Anzahl der Möglichkeiten zu vermehren!“ [von Foerster 1993]

Die Anzahl der Möglichkeiten zu vermehren, wird in Scrum unter anderem durch selbstorganisierte Teams erreicht - und dazu ist der Respekt im Umgang miteinander notwendig. Respekt gibt den Menschen die Freiheit, sich für Beteiligung und Begeisterung entscheiden zu können. Mit anderen Worten: Respekt gibt ihnen die Möglichkeit, dass Verbundenheit ohne Abhängigkeit sein kann. Das Entwicklungsteam entscheidet unabhängig von seiner Umgebung, wie es arbeitet - sprich autonom. Autonomie subsumiert Selbstbestimmung, Selbstständigkeit, Unabhängigkeit, Selbstverwaltung und Entscheidungsfreiheit. So kann das Entwicklungsteam zum Beispiel selbst über die Entwicklungsumgebung entscheiden. Ausschlaggebend ist, dass Qualität geliefert wird - das „Wie“ bestimmt das Entwicklungsteam. Aber: Das Entwicklungsteam kann natürlich nicht produzieren, was es will. Dafür ist der Product Owner verantwortlich.

„Es gibt keine Freiheit ohne Verbundenheit. Aber Verbundenheit ist nicht Abhängigkeit“, sagt Gerald Hüther [Hüther 2013]. Freiheit entsteht erst, indem durch die Verbundenheit die Wahlfreiheit gegeben wird. Wird den Teammitgliedern zum Beispiel freigestellt, an der Retrospektive teilzunehmen, so liegt es am ScrumMaster, für einen interessanten Rahmen und ein Setting zu sorgen, in dem die Anliegen der Teammitglieder erstens ernst genommen und zweitens entsprechend gelöst werden. Es muss für die Teammitglieder also sinnvoll sein, an der Retrospektive teilzunehmen. Jedes Teammitglied entscheidet autonom, ob es teilnehmen will oder nicht. Wer nicht teilnimmt, hat auch keine unmittelbaren Sanktionen zu fürchten. Nicht teilzunehmen, bedeutet aber auch, nicht mitzubestimmen. Wie mit dieser Situation umgegangen wird, ist eine Aufgabe für das Entwicklungsteam, das dabei vom ScrumMaster begleitet wird.

Unter der lateralen Führung des ScrumMasters und des Product Owners wird Autonomie aufgebaut, indem Hierarchie abgebaut und Gemeinsamkeit hergestellt wird. Gemeinsamkeit wird durch das bereits angesprochene Teilen von Verantwortung erreicht, dafür ist ein respektvoller, wertschätzender und aufmerksamer Umgang miteinander hilfreich und Voraussetzung. Genau gesagt können wir Menschen gar nicht anders: „Das menschliche Gehirn wird durch Beziehungserfahrungen mit anderen Menschen geformt und strukturiert. Es ist ein soziales Produkt und als solches für die Gestaltung von sozialen Beziehungen optimiert. Es ist ein Sozialorgan. Erst in seiner derartigen entwicklungsbezogenen Perspektive bekommt man in den Blick, dass menschliche Gehirne Organe sind, die ausschließlich in einem Netzwerk von anderen Gehirnen überlebens- und entwicklungsfähig sind. Gehirne kommen deshalb streng genommen im Singular gar nicht vor." [Hüther 2013]

Respekt ist dabei die Grundvoraussetzung für Kommunikation und Austausch auf Augenhöhe. Das heißt: Ich gehe auf den anderen zu und gestehe mir ein, dass ich nicht alles weiß und lerne vom anderen, der andere freut sich. Es muss nicht jeder alles können, es ist sogar gut und notwendig, dass nicht jeder alles kann. Erst so entsteht Neues, erst so geschieht Wissenstransfer und die Kreativität kann fließen. Synergie und Performancesteigerungen sind erst möglich, wenn eben nicht alle Experten auf demselben Gebiet sind. Das ist der Kern der Crossfunktionalität.

Der ScrumMaster hat die Aufgabe, eine wertschätzende, fehlertolerante Unternehmenskultur zu schaffen. Scheitern und Nichtwissen müssen belohnt werden, am besten durch Transparenz und viele Feedbackschleifen. Im Daily Scrum sollten beispielsweise die Fragen im Zentrum stehen: Wer braucht was, um welche Probleme zu lösen? Wer arbeitet mit wem zusammen, um gemeinsam User Storys abzuschließen? In der Retrospektive erkennt das Team die Probleme selbst und versucht, die entsprechenden Maßnahmen im nächsten Sprint umzusetzen. Selbsterkenntnis, Selbsthilfe und das gemeinsame Wachsen durch Feedback – die Systemtheorie nennt das Selbstreferenzialität. Es ist neben Autonomie, Komplexität und Redundanz die vierte Zutat für die Selbstorganisation in Teams. Während des Sprints soll es wenige bis keine Änderungen geben, der Sprint ist stabil. In der Retrospektive werden neue Lernfelder aufgemacht. Experimente werden definiert, um dann wieder in der stabilen Zeit des Sprints ausprobiert zu werden. Lernen wird strukturiert als wünschenswert zugelassen. So haben die Menschen Möglichkeiten zur Veränderung, aber auch Phasen der Stabilität und Sicherheit. Ist eine Maßnahme einmal nicht so erfolgreich, dann hat man daraus gelernt. Scheitern wird als Chance begriffen, mehr noch: Scheitern ist bis zu einem gewissen Grad notwendig. Das braucht Respekt vor den Ideen sowie vor dem und/oder den Gescheiterten.

Ein Beispiel: Bei einer SAP-Entwicklung mit Scrum konnte im sechsten Sprint keine User Story fertiggestellt werden – also null Lieferung. Das stiftete im Unternehmen etwas Unruhe. Eine lösungsorientierte Retrospektive förderte den Grund zutage: Die notwendigen Abstimmungen mit einem anderen Team waren nicht rechtzeitig erfolgt. Als Ziel wurde in der Retrospektive daher definiert, dass für die Kommunikation mit dem anderen Team einen Sprint im Voraus die Konzeptstorys definiert werden sollten. Ab diesem Zeitpunkt konnte das Team wieder liefern und in den letzten Sprints stieg die Produktivität des Teams um 50 Prozent. Wäre das Team nicht so massiv gescheitert, wäre die Performancesteigerung vielleicht nie eingetreten. Die Erfahrungen des Teams wurden innerhalb des Unternehmens den Kollegen zur Verfügung gestellt. Wenn sich ein Team aus sich heraus verbessert, bedeutet das auch: Das System wirkt auf sich selbst selbstreferenziell zurück und wird somit besser im Prozess. Per definitionem hat das Team dafür von Haus aus alles, was es braucht: das entsprechende Rahmenwerk.

Eine sehr einfache Methode des respektvollen Feedbacks ist die von mir entwickelte skalenbasierte Retrospektive. In der ersten, zwei Minuten dauernden Runde beantwortet jedes Teammitglied vier Fragen möglichst ohne zu sprechen und intuitiv durch das Kleben eines Punkts auf einer Skala von 1 bis 10. Die Fragen lauten zum Beispiel:

- Wie geht es mir im Team?
- Wie geht es mir im Projekt?
- Wie ist die Produktivität?
- Wie geht es mit dem Produkt voran?

Danach werden die Fragebögen nebeneinandergelegt und Abweichungen besprochen. Auch Vermutungen werden besprochen, wenn an den Antworten auf eine Frage etwas besonders auffällt. Positive Nennungen werden artikuliert und visualisiert, aus abweichenden Nennungen können Maßnahmen abgeleitet werden. Durch einen respektvollen Ablauf können die vier schon beschriebenen, für die Selbstorganisation nötigen Zutaten positiv konnotiert und verbessert werden. Redundanz wird zum Beispiel optisch offensichtlich. Das Besprechen der Nennungen benötigt Respekt auf der persönlichen Ebene, aber auch dem Team, der Organisation und vor allem dem Produkt und dem Kunden gegenüber.

Für die Betrachtung von und den respektvollen Umgang mit Individuen, Gruppen und Organisationen ist das Modell des gruppendynamischen Raumes sehr hilfreich [Antons et al. 2004]. Dieser Raum umfasst die Dimensionen Zugehörigkeit (wer ist drinnen, wer ist draußen), Macht (oben und unten) und Intimität (Nähe und Distanz). Anders ausgedrückt kann man diesen Raum als Orientierung nutzen: Wer gehört in welcher Form dazu? Wer ist im Zentrum, wer ist am Rand? Wie ist das Verhältnis zwischen Leitung und Führung und wie kommen Entscheidungen zustande? Wie finden Auseinandersetzungen statt?

Auf der Zugehörigkeitsachse können Teammitglieder auch das Verhältnis zu Kunden betrachten, die wichtiges Feedback liefern. Auf der Machtachse interessiert zum Beispiel, wie Entscheidungen über die Softwarearchitektur zustande kommen. Auf der Achse der Intimität könnte sich die Frage nach dem Wir-Gefühl stellen oder nach der Intensität der Zusammenarbeit: Sind Einzelbüros besser oder doch ein Teamraum, in dem intensiver Austausch und häufiges Pair Programming möglich sind? Mit Hilfe des gruppendynamischen Modells lässt sich auch analysieren, ob ein Bereich tabuisiert wird.

In Scrum erfüllt sich Foersters „handle so, dass sich die Anzahl der Möglichkeiten vermehrt". Das zeigt sich daran, dass sich im agilen Rahmen der Umgang mit dem Kunden ändert. Immer mehr Projekte sind erfolgreich, weil sich eine Kultur des Respekts etabliert hat, in der Vertrauen, Recht und Gerechtigkeit beachtet werden. Im Agilen Manifest heißt es: „Zusammenarbeit mit dem Kunden zählt mehr als Vertragsverhandlung." In einer aktualisierten Form könnte es „Verbundenheit ohne Abhängigkeit" heißen. Sich nicht gegenseitig über den Tisch zu ziehen, wird mit neuen Vertragsformen wie dem Agilen Festpreis erreicht [siehe Opelt et al. 2012]. Was letztlich zählt, ist ein funktionierendes Produkt, das verwendet wird und begeistert. 80 Prozent des Umfangs in veränderter Form, aber in time geliefert, sind um ein Vielfaches nützlicher als ein Projekt, das in der dreifachen Zeit mit unzähligen Konflikten beendet wird. Mein Motto lautet: „Done is better than perfect." Partnerschaftliches, respektvolles Miteinander steht für größeren Projekterfolg.

9.5 Mut – neue Wege einschlagen

„Wirklich kreativ werden Menschen erst dann, wenn es ihnen gelingt, ihre in ihren eigenen jeweiligen Lebenswelten individuell erworbenen Fähigkeiten, Kenntnisse, Begabungen und Vorstellungen mit denen anderer Menschen zu verschmelzen. (...) Deshalb ist die entscheidende Voraussetzung für die Entfaltung unseres kreativen Potenzials die Überwindung der individuellen Angst durch die Stärkung von wechselseitigem Vertrauen.“ [Hüther 2013]

Mut ist das Streben nach dieser Einigkeit, nach dem gemeinsamen Wachstum mit anderen. Mut und Angst sind aber keine Widersprüche. Vielleicht hat man Angst, etwas zu tun, aber der Mut ist stärker. Er wird zum Wagemut, zum Tatendrang, zum Antrieb, zur Handlung. Zwei Beispiele aus Retrospektiven sollen zeigen, wie der Mut des ScrumMasters, aber auch der teilnehmenden Personen die Verbundenheit, das gemeinsame Wachstum und die Weiterentwicklung fördern.

Beispiel 1: Ein neuer Mitarbeiter nahm eher unwillig und oft mit abwertenden Bemerkungen an den Scrum-Meetings teil. Lieber zog er sich an seinen Arbeitsplatz zurück, statt mit dem Kollegen Pair Programming zu versuchen. Eine einfache Übung brachte ein Umdenken, sie braucht bei der ersten Anwendung aber etwas Mut, denn natürlich kann es sein, dass die Teilnehmer nicht mitmachen. Bei dieser Übung geht es um gegenseitiges positives Feedback: Jede Teilnehmerin und jeder Teilnehmer bekommt ein A4-Blatt, mit dem Namen personalisiert, auf dem eine der drei folgenden Fragen zu beantworten ist:

- Mir gefällt an XY ...
- Mir ist an XY positiv aufgefallen ...
- Ich schätze an XY ...

Im ersten Schritt werden die Blätter im Uhrzeigersinn um eine Person weitergegeben. Jeder hat nun eine Minute Zeit, um ein Statement auf das Blatt zu schreiben. Nach der Minute ertönt ein Gong und das Blatt wird wieder weitergegeben. Die Übung wird so lange fortgesetzt, bis jeder wieder sein eigenes Blatt hat. Im besten Fall hat jeder von jedem eine Rückmeldung bekommen. Auch Menschen, die nicht so stark ins Team integriert sind, bekommen auf diese Weise positive Rückmeldungen – und diese zehn Minuten sind oft effektiver als ein zweitägiges Teambuilding-Raftingseminar mit Alkoholbegleitung.

Jedem und jeder etwas Positives zu sagen, braucht Mut. Man wächst dadurch zusammen, weil man sich auf etwas Neues eingelassen hat. Diese Übung lässt sich wiederholen – im Familien- und Freundeskreis. Ich persönlich hebe nach wie vor von einigen Teams die Blätter auf. Man sieht und erweitert sich selbst, weil man auf Dinge aufmerksam wird, die anderen auffallen. Übrigens, genau das Teammitglied, wegen dem ich diese Übung gemacht hatte, sagte mir danach freudestrahlend: „Unglaublich, wow, mein Zettel ist voll, und es stehen lauter positive Dinge drauf!“ Das Team war gemeinsam gewachsen und der darauffolgende Sprint verlief wesentlich entspannter. Der vermeintliche Außenseiter wurde durch das wertschätzende Feedback integriert, war nun in seiner Kommunikation weniger aggressiv und alle waren wesentlich kooperativer. Die Angst des Teams gegenüber dem Neuen war abgelegt.

Beispiel 2: Bei Konflikten im Team ist es besonders hilfreich, den Mut aller Beteiligten zu fördern, die Hintergründe ihrer Handlungen offenzulegen und so das Team und die Organisation weiterzuentwickeln. Der Mitarbeiter eines Teams, mit dem ich gearbeitet habe, erschien nie zu den Daily Scrums. Er setzte sich nicht zu den anderen in den Teamraum und ohne zu fragen, schrieb er den Source-Code der anderen abends oder am Wochenende um. Das Management duldete das und destabilisierte dadurch das Team, teilweise waren die Mitglieder schwer verärgert und es entstand Lagerdenken. Ich entschloss mich dazu, den Product Owner und gleichzeitig Linienvorgesetzten des Mitarbeiters zur nächsten Retrospektive einzuladen und dabei die Methode „Klärung der Erwartungslandschaft" einzusetzen. Bei dieser Methode wird erhoben, welche Erwartungen die einzelnen Teammitglieder in den Kategorien Leistung, Beziehung und Ordnung in einer idealen Welt haben und wie es darum in der aktuellen Realität des Teams bestellt ist. In der Theorie ist ein Team im Fluss, wenn alle drei Kategorien ausgeglichen vertreten sind und wenn es einen Austausch und Wechsel geben kann.

In der konkreten Situation hat sich herausgestellt, dass gar nicht unterschiedliche Erwartungen an Leistung und Ordnung das Problem waren. Vielmehr zeigte sich im Beziehungskontext eine interessante Tatsache: Der betreffende Mitarbeiter pflegte seit Jahren ein freundschaftliches Verhältnis zum Management (konkret zum Product Owner). Er war der Mitarbeiter, der am längsten im Unternehmen war und er war auch derjenige, der die Software am Ende warten sollte. Aus diesen Faktoren wurden für den Mitarbeiter und für das Team Freiräume geschaffen, um die Situation zu entspannen - der Mitarbeiter wurde auf einen längeren Urlaub entsendet. Es war wichtig, dass vor allem der Product Owner das freundschaftliche Verhältnis offenlegte und damit den anderen Teammitgliedern zeigte, dass sich der Mut, persönliche Erwartungen zu klären, auch bezahlt macht. Um über Werte sprechen zu können, ist es wichtig, zuerst die Erwartungen zu klären und in Einklang zu bringen.

Also: Haben Sie den Mut, die Dinge beim Namen zu nennen! Der ScrumMaster, aber genauso alle anderen in einer Organisation sollen eine Umgebung schaffen, in der Mut belohnt wird - vor allem in Situationen, in denen etwas schief gehen kann. Es soll eine Umgebung sein, in der sich das Fehlermachen bezahlt macht, weil man nur dadurch über sich hinauswachsen kann. Für die Teammitglieder heißt das: Habe den Mut, dich auf Scrum einzulassen. Für das Management: Habe den Mut, den Teammitgliedern zu vertrauen.

9.6 Das Produkt ist mehr als Strategie und Taktik

Scrum bewegt sich auf der strategischen und der taktischen Ebene. Die strategische Ebene umfasst den Weg von der Vision zum Releaseplan, auf der taktischen Ebene findet die tägliche Arbeit statt - mit dem Daily Scrum, den Sprint Plannings und der Retrospektive. Die Wertehaltung mit den fünf besprochenen Werten könnte eine weitere Ebene sein, um die komplexen Zusammenhänge der Welt und der Organisation zu bewältigen. Werte wirken sich auf die Produktivität und das Produkt aus. Werden die Werte berücksichtigt, steigt die Geschwindigkeit der Produktentwicklung und die Kosten für das Produkt sinken. Auf einen einfachen Nenner gebracht, heißt das: Strategie x Taktik x Werte = Produkt.

Im Rahmen einer sehr komplexen Produktentwicklung mit vier skalierten Teams schafften die Teams 75 Prozent der committeten Storys. Wegen neuer Produktanforderungen startete im selben Sprint auch die komplette Neuausrichtung des Releaseplans. Auf Basis der neuen Anforderungen war auch das Erfassen der Epics und Storys durch die Product Owner und den Company Product Owner (CPO) geplant. Die Product Owner kamen gut voran. Der CPO betonte beim Sprint Review, dass die Product Owner 90 Prozent ihrer Anforderungen geschafft hatten, die Entwicklungsteams lediglich 75 Prozent, und er erwarte sich deshalb von den Teams bessere Schätzungen und größeren Einsatz. Zwei Wochen nach dem Review hatte ich ein Gespräch mit einem Teammitglied, in dem ich gefragt wurde, wozu das Commitment eigentlich gut sei. Denn wenn sich das Team zu wenig committe und sein Ziel erreicht, werde es gelobt. Wenn sich das Team mehr vornehme und weniger erreicht, werde es bestraft. Und das Teammitglied setzte nach: „Wir könnten doch das Commitment abschaffen und einfach das Backlog der Reihe nach abarbeiten." Da wurde mir klar, was mir intuitiv bereits beim Review Unbehagen bereitet hatte: Der Respekt dem Team gegenüber war verletzt worden. Commitment ist ein gegenseitiges Vertrauen. Außerdem wurde der Fokus auf das gemeinsame Schaffen, auf das Produkt in Mitleidenschaft gezogen. Eine längere Diskussion mit dem Teammitglied, eine neuerliche Erklärung des Commitments beim nächsten Sprint Planning und ein Gespräch mit dem CPO brachten nach drei Sprints wieder ein für alle passendes Commitment zustande. Geholfen hat dabei die Offenheit des Teammitglieds gegenüber dem ScrumMaster und das Gespräch mit dem CPO. Es geht nicht darum, Schuldige zu finden, sondern in die gemeinsame Verantwortung zu gehen. Die Fokussierung auf die fünf Werte hilft, diese Verantwortung zu erkennen und geeignete Lösungen zu finden. Das Fördern der Werte bringt eine Produktivitätssteigerung. Das Verletzen der Werte führt zum Gegenteil: zu Dienst nach Vorschrift und zu weniger Selbstorganisation. Im konkreten Fall brachte die Berücksichtigung des Werts Respekt in Kombination mit dem Commitment den Erfolg. Was spricht dagegen, parallel zu den strategischen und taktischen Planungen auch gleich den Umgang mit den Werten zu berücksichtigen?

9.7 Scrum – eine wertvolle Erfolgsgeschichte

Komplexität begegnet man mit selbstorganisierten Teams und flachen Hierarchien wesentlich effizienter und effektiver – das hat sich mittlerweile herumgesprochen. Offenheit, Mut und Respekt fördern diese selbstorganisierten Teams, weil sie durch das kontinuierliche Feedback ständig lernen. Systemtheoretisch betrachtet bekommen sie dadurch die Möglichkeit der Selbstreferenzialität. Als kürzester Zeitraum, in dem das gesamte Team systematisch Feedback bekommt, wird ein Tag angenommen. Der Tag ist eine stabile Zeiteinheit, an dessen Beginn ein Meeting – das Daily Scrum – steht, in dem offen über den Stand des Fortschritts berichtet wird. Man spricht darüber, was im Laufe des Tages erreicht werden soll, wo es Probleme gibt und welche vorhersehbar sind. Dieses Meeting ist wichtig, damit das Team erkennt, ob es den eingeschlagenen Weg wie geplant weitergehen soll. Das Burn-Down-Chart zeigt die harten Fakten des Fortschritts, ob man aber auch wirklich auf dem richtigen Weg ist, erfährt man nur durch den Kunden – durch seine offene Antwort auf die Frage: „Passt das, was ich herstelle, noch mit dem zusammen, was du brauchst?"

Die Antwort auf die Frage, wann Feedback eingeholt werden soll, lautet immer: so schnell wie möglich. Jeden Tag mit dem Kunden zu sprechen, wäre aber doch zu aufwendig. Also wird die Einheit „ein Tag" auf eine überschaubare Zeitspanne ausgedehnt, meist sind es ein bis vier Wochen. Das ist die Zeit, in der es noch möglich ist, nicht alles bis ins kleinste Detail notiert haben zu müssen und trotzdem einen Überblick über das zu Sprintbeginn Vereinbarte zu behalten.

Angenommen, alle zwei Wochen wird dem Kunden offen gezeigt, was erreicht wurde, und es wird respektvoll bewertet, ob es das ist, was erreicht werden sollte. Die Änderungen aus diesem Sprint Review fließen in die nächsten zwei Wochen ein – in den nächsten Sprint. Wie funktioniert der Kontrakt, der bestimmt, was umgesetzt werden soll? Wer steht in der Pflicht? Wer bestimmt, was in den Sprints umgesetzt werden soll? Dazu braucht es eine Person, die das Vertrauen und den Respekt genießt, mit dem Kunden in die Zukunft blicken zu können. Es ginge auch mit dem ganzen Team, aber es ist einfacher, mit einer Person zu verhandeln. Damit der Product Owner auch wirklich etwas zu sagen hat, ist er mit einem lateralen Führungsanspruch ausgestattet. Genau genommen ist dieser Führungsanspruch die Verantwortung für das Produkt. Nicht durch Autorität und Hierarchie entscheidet der Product Owner, was für den Kunden notwendig ist – er agiert auf Augenhöhe. Weil das Team aber autonom sein soll, ist ein Format nötig, um mit dem Team übereinzukommen, was im kommenden Sprint als Nächstes umgesetzt werden kann.

Das Ergebnis dieses Aushandelns ist das Commitment des Entwicklungsteams für den Sprint. Offenheit und Respekt sind hier wiederum unabdingbar: die Offenheit, sich nicht zu viel oder zu wenig zuzumuten, und der Respekt, diese Entscheidung zu akzeptieren. Also haben wir bis jetzt: Ein Team, das alle zwei Wochen etwas voll Funktionsfähiges in ausreichender Qualität liefert, einen Kunden, der alle zwei Wochen gegensteuern kann, und eine Person, die mit dem Kunden Anforderungen sammelt und priorisiert.

Das alles braucht Mut und Vertrauen. Im Fokus steht immer der Kunde, oder genauer gesagt: dessen Produkt. Der Kunde vertraut auch dem Team, dass er am Ende das bekommt, was er will. Damit er vertrauen kann, braucht er eine Planung, die einerseits möglichst genau, aber andererseits auch möglichst flexibel sein soll, da die Anwendung der fertigen Produktteile wieder völlig neue Aspekte aufzeigt. Damit haben wir alles, was notwendig ist: In jedem Sprint wird etwas geliefert, das der Kunde begutachtet, und der Product Owner priorisiert die nächsten Funktionalitäten. Qualität und Verantwortung für die Funktionalität sind damit geteilt.

Das hört sich alles sehr einfach an: Ein Kunde will etwas und ein Team liefert im zugesagten Zeitraum. Aber wer gewährleistet, dass es auch funktioniert? Wer hat den Metablick und die Verantwortung für den Prozess? Was ist, wenn sich Team und Product Owner nicht einigen können? Was ist, wenn es im Team Konflikte gibt? Viele Probleme, die auf der Verletzung von Respekt und Commitment beruhen, sind vorgezeichnet. Deshalb gibt es in Scrum eine mutige Person, eine weitere laterale Führungskraft, die für den Prozess verantwortlich ist und diesen gestaltet.

Das Entscheidende ist, dass dieser Person – dem ScrumMaster – die Verantwortung für die Produktivität gegeben wird – das ist der „Trick" von Scrum. Diese Person muss gewährleisten, dass möglichst schnell und wenn möglich mit Performancesteigerungen von Sprint zu Sprint geliefert wird. Der ScrumMaster initiiert die Selbstorganisation, unter anderem durch die Retrospektive. Hier werden mit dem Entwicklungsteam gemeinsam Maßnahmen für die Verbesserung des Prozesses beschlossen, es wird also ein gemeinsames Commitment ausgehandelt. In der Retrospektive sind alle fünf Werte gefragt und gefordert. Mut und Offenheit, im nächsten Sprint Neues auszuprobieren; Respekt für die Teammitglieder, auch wenn beim Ausprobieren einmal Fehler passieren. Mit dem Trick, den ScrumMaster in die Verantwortung zu nehmen, wird das Team enorm entlastet und kann sich auf qualitätsvolles, kontinuierliches Liefern fokussieren.

Apropos Fokus: Scrum ist auch die Kunst des Reduzierens, zum Beispiel des Reduzierens der Zeit, die in unproduktiven Meetings verbracht wird. Meetings werden auf ihren definierten Zweck reduziert. Das klingt im ersten Moment paradox, weil es in Scrum viele Meetings gibt. In Wasserfallprojekten wird vor Projektbeginn ein erheblicher Teil der Zeit mit Analysen und dem Produzieren von Dokumenten verbracht. Dann wird viel geplant und in vielen Meetings gegengesteuert, dabei wird die Verantwortung durch ein Oben und Unten hierarchisch festgelegt. Geplant wird nicht von denselben Menschen, die den Plan dann auch umsetzen, und direktes Feedback – wenn es überhaupt eines gibt – gelangt weder in die Planung noch zu den an der Umsetzung beteiligten Personen.

Fokus bedeutet in Scrum: gemeinsames Gestalten. Drei Meetings sollen dem Team die Autonomie geben, Hierarchien abzuflachen und die Planung und die Verantwortlichkeiten aufzuteilen. Im Sprint Planning Meeting 1 stellt der Product Owner vor, was er im nächsten Sprint in welcher Reihenfolge gerne hätte. Am Ende steht das Commitment von Product Owner und Entwicklungsteam. Der Beschluss ist bindend und er schafft Stabilität auf Zeit. Im Sprint Planning Meeting 2 plant das Team die Funktionalität. Es wird festgelegt, wie das Vorhaben in den kommenden zwei Wochen umgesetzt werden soll. Dazu werden die Tasks von allen Mitgliedern des Entwicklungsteams gemeinsam festgelegt, so wie auch das Commitment von allen gemeinsam abgegeben wurde. Damit wird das Selbstorganisationskriterium der Redundanz erfüllt: Nicht alle sind Experten für alles. Die Teammitglieder haben unterschiedliches Know-how und unterschiedliche Zuständigkeiten, und das ist gut so. Das erfordert allerdings einen respektvollen Umgang miteinander, nur so werden Lernen, Kreativität und Innovation möglich. „Aus neurobiologischer Sicht hat der Mensch sein komplexes und zeitlebens lernfähiges Gehirn nicht entwickelt, um sich zum optimal angepassten Sklaven der von ihm geschaffenen Verhältnisse zu machen, sondern um Lebensbedingungen so zu gestalten, dass er seine in ihm angelegten Potenziale entfalten kann." [Hüther 2013]

Gestalter, oberster Wächter der Lebensbedingungen und zuständig für die Einhaltung der Werte ist der ScrumMaster. Er muss erkennen, wenn einer der Werte verletzt wird, und notfalls korrigierend eingreifen. Durch die Trennung der Rollen und der Verantwortungen soll durch den ScrumMaster eine vertrauensvolle Atmosphäre geschaffen werden.

Es braucht nicht mehr Meetings, als es der Rahmen von Scrum vorsieht. Wichtig ist, dass jedes Meeting und jede Rolle einen eigenen Fokus haben. Beliebigkeit hat so keine Chance und man kann sich auf das jeweils Wesentliche konzentrieren. All das braucht Mut, Offenheit, Respekt, Commitment und Fokus. Alles für die Produktentwicklung Notwendige ist damit erfüllt. Scrum funktioniert als Management-Framework, weil es relativ leicht ist, die Werte lebbar und erlebbar zu machen.

Anton Jessner ist Informatiker sowie graduierter Gruppendynamiker mit dem Schwerpunkt Organisationsentwicklung. Er arbeitet seit vielen Jahren mit agilen Management-Frameworks und hat umfangreiche Erfahrung als Entwickler, ScrumMaster, Product Owner und Scrum Coach.

10 Fallstudien

10.1 Holtzbrinck Legal/General Counsel: die agilen Anwälte

„Wenn das selbst eine Rechtsabteilung kann, können es andere wohl auch", sagt Dr.-Ing. Sascha Theißen, Senior Vice President Legal/General Counsel der Holtzbrinck Publishing Group, mit einer guten Portion Selbstironie. Ich habe ihn im Rahmen der „Manage Agile 2014" kennengelernt und dort erzählte er mir, er habe Kanban und erste Ideen von Scrum in der Rechtsabteilung des Medienkonzerns „pragmatisch" eingeführt. Pragmatismus in einer Rechtsabteilung – und dann auch noch agiler Pragmatismus? Gut, damit hatte er mich am Haken. Ich musste wissen, wie er umgesetzt hatte, was ich seit Jahren betone: Es ist bei Kanban und Scrum völlig egal, ob es um Softwareentwicklung, das Selbstmanagement eines Führungsteams oder – wie in Theißens Fall – um die Zusammenarbeit zwischen Rechtsanwälten, ihren Assistenten und der Belegschaft eines der größten Unternehmen Deutschlands geht. Wie wurde aus seinen Mitarbeiterinnen und Mitarbeitern ein gefragtes, serviceorientiertes Team?

Über Holtzbrinck

Die Holtzbrinck Publishing Group ist ein Familienunternehmen in zweiter Generation, gegründet von Georg von Holtzbrinck, und heute ein globales Medienunternehmen. Zur Holtzbrinck Publishing Group gehören Macmillan Science and Education, Macmillan Publishers (Belletristik und Sachbücher) und Holtzbrinck Digital, Information & Services (u. a. DIE ZEIT, AVE und Prognos).

Zur Holtzbrinck-Gruppe gehören mehr als 400 Unternehmen weltweit, die ständig juristische Beratung brauchen. Softwareentwicklungsverträge, Kaufverträge, Due Diligence, Datenschutz, Kartellrecht, Urheberrecht und vieles mehr – das Spektrum ist riesig. Dieser Flut von Anforderungen stand ein neunköpfiges Nicht-Team gegenüber: Jeder Anwalt arbeitete juristisch exzellent, aber in gut gehegten Silos – und allmählich begann der Ruf der Abteilung zu leiden. Die Konzern-Kollegen warteten lange auf Antworten, die dennoch nicht ihre Probleme lösten. So fragten sie irgendwann gar nicht mehr um Rat und lösten ihre rechtlichen Fragen manchmal in Eigenregie. Als Sascha Theißen 2013 die Leitung übernahm, war ihm klar, dass sich etwas ändern musste. Schließlich verstand er sich als Anwalt für IP- und IT-Recht als Helfer des Business, der sich für strategische und operative Fragestellungen genauso interessiert wie für die technische Umsetzung. Seine Vision war es, eine businessnahe Rechtsabteilung zu führen, in der Menschen einander vertrauen, die Aufgaben des anderen kennen, anpacken und sich gegenseitig helfen können, um das Business aktiv zu begleiten und voranzubringen.

Also wollte Sascha Theißen etwas Neues probieren. Bei der Betreuung der Digitalaktivitäten von Holtzbrinck (u. a. StudiVZ, gutefrage.net und andere Tochtergesellschaften) war er mit agilen Methoden in Berührung gekommen und er ahnte, dass die Prinzipien auch aus den juristischen Einzelkämpfern ein Team entstehen lassen könnten. Er vertiefte sich in die – meist IT-lastigen – Grundlagen agilen Arbeitens und überlegte, wie er die Prinzipien und Regeln so an die Arbeit in seinem Team anpassen konnte, dass auch Juristen die Vorteile sehen und nutzen können. Striktes Timeboxing à la Scrum kam wegen der täglich wechselnden Anforderungen in der Konzernrechtsabteilung nicht in Frage. Also fiel seine Wahl auf eine angepasste Variante von IT-Kanban.

Die beste Basis: Unterstützung auf mehreren Ebenen

Was der Jurist als Erstes tat, nachdem die Idee gereift war: Er suchte und fand Unterstützung auf drei Ebenen. Zunächst holte er sich das Go der HR-Abteilung, die außerdem zusicherte, seine Bemühungen mit verschiedenen Maßnahmen – zum Beispiel mit Vorträgen von Jurgen Appelo – zu unterstützen. Außerdem behielt er sich vor, für bestimmte Mitarbeiter neue Aufgabengebiete im Konzern zu suchen und zu einem späteren Zeitpunkt neue Mitarbeiter ins Team zu holen. Dann führte er mit allen Mitarbeitern Vieraugengespräche über das, was er plante. Und schließlich kam Kanban ins Spiel: Mit Robert Misch von gutefrage.net hatte Sascha Theißen einen begeisterten Agile Coach direkt in der Holtzbrinck-Gruppe.

10.1.1 Mit Kanban beim Status quo starten

„Wir ändern vorerst nichts", lautete Roberts eindeutige Antwort angesichts der Voraussetzungen. Mit einer Ausnahme: Sascha Theißens Mitarbeiter sollten sehen, wo die Abteilung gerade stand. Die aktuellen Abläufe, die Arbeitsbelastung und -verteilung sollten sichtbar gemacht werden und dafür favorisierte Robert Misch den Start nach den Prinzipien von Kanban.

Die Prinzipien von Kanban

1. Starte mit dem, was du jetzt machst.
2. Verfolge inkrementelle, evolutionäre Veränderung.
3. Respektiere die initialen Prozesse, Rollen, Verantwortlichkeiten und Jobtitel.
4. Fördere Leadership auf allen Ebenen der Organisation.

Die Kernpraktiken von Kanban

1. Visualisiere den Fluss der Arbeit.
2. Begrenze die Menge begonnener Arbeit.
3. Miss und steuere den Arbeitsfluss.
4. Mache Prozessregeln explizit.
5. Implementiere Feedbackmechanismen.
6. Verwende Modelle, um Chancen für Verbesserungen zu erkennen.

Im eintägigen Workshop sprach Robert gar nicht so sehr über Agilität und ihre Wurzeln in der Softwareentwicklung, sondern er befasste sich mehr mit den Prinzipien und Zielen agilen Arbeitens. Er startete mit dem Agilen Manifest und ließ es von den Rechtsanwälten neu formulieren: So wurde zum Beispiel die Working Software zur Working Solution. Der für Juristen eher schwer verdauliche Punkt „Customer collaboration over contract negotiation" wurde so übersetzt: Verträge werden nicht nebensächlich, aber es sollten in Zukunft nicht juristisch perfekte Verträge aufgesetzt werden, die niemand unterschreibt. „Ziel sollte der bestmögliche Vertrag sein, der für beide Seiten akzeptabel und praktikabel ist und unnötigen Verhandlungsaufwand vermeidet", bringt es Theißen auf den Punkt. Anschließend übertrug er die Ziele agilen Arbeitens - direkte Kommunikation, Begrüßen von sich ändernden Anforderungen, nachhaltige Geschwindigkeit, enge Zusammenarbeit mit den Kunden, Vertrauen, inspect and adapt, selbstorganisierte Teams - auf die Rechtsabteilung und zeigte auf, welche Veränderungen, aber auch welche Vorteile es mit sich bringt. So konnten sich die Juristen leichter mit den neuen Ideen anfreunden. Trotzdem lautete die Botschaft ans Team weiterhin: Wir ändern nichts, außer dass wir jetzt unsere Aufgaben an ein Board hängen und täglich kurz darüber sprechen. Gemeinsam entwickelte das Team sein erstes Kanban-Board, fürs Erste mit den Spalten To do - Work in Progress - Waiting - Done.

In den Zeilen des Boards - den sogenannten Swimlanes - wurden die einzelnen Rechtsgebiete eingetragen. Alle Kolleginnen und Kollegen klebten ihre aktuellen Aufgaben als Tickets - personalisiert durch verschiedene Farben und Buttons - ans Board und sahen diese ab sofort von links nach rechts über das Board laufen, oder auch nicht. In den folgenden Monaten experimentierte das Team damit, welche Granularität der Aufgaben sinnvoll war. Sie begannen, die großen Aufgaben aufzubrechen, bis nicht mehr wenige große Aufgaben statisch am Board klebten, sondern Hunderte kleine Aufgaben rasch durch die Spalten wanderten. Eines erkannten die Juristen durch die Visualisierung mehr als deutlich: Vieles hing in der Spalte „Waiting" - es ging bei vielen Projekten also nichts weiter. Ein Hinweis darauf, dass starke externe Abhängigkeiten vorhanden waren, aber Robert Misch ließ es vorerst dabei bewenden. Sich dessen überhaupt bewusst zu werden, war ein guter Anfang.

10.1.2 Daily Scrum und Retrospektive

Von nun an traf sich das Team jeden Morgen mit Sascha Theißen vor dem Board. Seine klare Vorgabe lautete, dass diese Dailys nicht länger als 15 Minuten dauern durften. Die ersten Dailys dauerten fast eine Stunde, dann 20 Minuten und schließlich lagen sie im Zielrahmen von 15 Minuten. Meine Kolleginnen und ich konnten bei einem solchen Daily zusehen und es war toll: Jedes Teammitglied erzählte, woran es arbeitete oder nicht weiterarbeiten konnte. Eine Kollegin aus Berlin wurde via Kamera eingebunden. Da der Monitor auf einem kleinen Stehtisch positioniert wurde, hatten die anderen Teammitglieder beinahe das Gefühl, sie sei physisch anwesend. Als wir dabei waren, erklärte jedes Teammitglied, was es am Vortag erreicht hatte, Fragen wurden untereinander geklärt und nach sieben Minuten war das Daily auch schon wieder vorbei.

Die Retrospektive: Quelle der Erkenntnisse

Nach zwei Wochen fand die erste Retrospektive mit Robert Misch statt und es geschah, worauf Sascha Theißen gehofft hatte:

- **Erstens** verstanden die Teammitglieder, dass jeder für sich allein kämpfte. Die personenbezogenen Tickets hatten dazu geführt, dass sich immer nur der jeweilige Mitarbeiter verantwortlich fühlte, und wenn dessen Auslastung hoch war, ging am Board eben nichts weiter. Musste es dann doch einmal schneller gehen, wurde durchaus gefragt, ob jemand anderer die Aufgabe übernehmen könne, aber es fehlte ganz einfach das Wissen. Theißens Leute begannen miteinander zu reden und beschlossen: Das müssen wir ändern!
- **Zweitens** erkannte Theißens Team, dass das Daily Scrum den dreistündigen Jour Fixe ablösen konnte, der bisher jeden Donnerstag stattgefunden hatte. Was sie wissen mussten, konnten sich die Teammitglieder auch in den 15 Minuten mitteilen. Bei einer Netto-Arbeitszeit von zwei Stunden pro Teammitglied ergab das einen Zeitgewinn von 16 Stunden pro Woche und trotzdem waren alle besser und aktueller informiert als vorher.

Der wöchentliche Jour Fixe kehrte nach einer der nächsten Retrospektiven wieder zurück, allerdings in abgewandelter Form: Nun treffen sich die Teammitglieder für 45 Minuten zu einem definierten Thema, bei dem es nicht um Information, sondern um Wissensaustausch geht – etwa zu einem juristischen Aspekt, der allen Anwälten hilft, einen Vorgang richtig abzuschließen.

Deutlich wurde mit der Zeit auch: Die Rechtsabteilung muss mit dem Strom der Aufgaben leben, der jeden Tag in der Input Queue landet. Zweiwöchige Iterationen wie in der Produktentwicklung sind nicht möglich. Durch die externen Abhängigkeiten ist oft nicht absehbar, wann etwas abgeschlossen werden kann. Aber: Das Kanban-Board und das tägliche Update hatten die Prozesse transparenter gemacht und wiederkehrende Aufgaben wurden deutlich. Das zeigte, welche Kompetenzen die Teammitglieder haben sollten, um diese Aufgaben bearbeiten und im Bedarfsball einander helfen zu können.

Durch diese Sichtbarkeit richtet sich das Team auf ein gemeinsames Ziel aus und auch bei hoher Abhängigkeit vom Außen gibt es so immer wieder graduelle Verbesserungen im Arbeitsprozess. Die farblich personalisierten Tickets wichen weitgehend einer einheitlichen Farbe, sodass nun deutlich wird, dass keine bestimmte Person die Aufgabe erledigen muss. Lediglich die Kollegin aus Berlin nutzte weiterhin eine eigene Farbe, damit ihre Tickets beim Daily leichter erkennbar waren, aber auch das wurde überflüssig, als sie intensiver mit zwei neuen Mitarbeitern in Stuttgart zu arbeiten begann. Heute bringen alle Kolleginnen und Kollegen die Aufträge ans Board, das Team priorisiert diese kurz und belassen sie als neutrale, nicht personalisierte Tickets im Backlog, bis sie jemand in die Bearbeitung zieht – oder „pullt" – und mit seinem Button versieht.

10.1.3 Die Rechtsabteilung wird zur Serviceeinheit

Mit jedem Schritt, den die Teammitglieder von Sascha Theißen gingen, wurde ihnen bewusster: Wir müssen wissen, was in den Unternehmensbereichen der Holding passiert. Miteinander reden hatte teamintern geholfen – also taten sie das nun auch mit den Abteilungen. Zunächst spontan und schließlich regelmäßig – einmal pro Monat organisierte das Team jeweils um die Mittagszeit informelle Meetings mit Kollegen aus den drei großen Abteilungen der Holding. Dazu spendierte das Unternehmen das Mittagessen, der Abteilungsleiter erklärte dem Rechtsteam, woran gerade gearbeitet wurde und welche Projekte mit welchem Zweck und Ziel geplant wurden. Allmählich begann Team Theißen, die Anliegen hinter den Anfragen seiner „Kunden" viel besser zu verstehen, und mittlerweile wird die Zusammenarbeit proaktiv gestaltet. So bietet das Team Workshops zu häufigen Fragen an, etwa zum Thema Bildrechte oder zu geänderten rechtlichen Anforderungen an Webshops und wie man diese geschäftsfördernd und pragmatisch umsetzen kann. Mit großer Wirkung: Der Ruf der Rechtsabteilung beginnt sich zu verändern. Das Team wird wieder als kompetenter Partner wahrgenommen und die Kollegen suchen aktiv Rat, etwa zum unbeliebten Thema Kartellrecht. Sie baten selbst um eine Schulung, um sich auf Messen und bei Branchentreffen kartellrechtskonform zu verhalten und waren begeistert davon, wie praxisnah und lösungsorientiert der Rat der Rechtsabteilung ausfiel.

10.1.4 Wissenstransfer

Vor dem agilen Turnaround war die Rechtsabteilung durch die hohe Spezialisierung der einzelnen Mitarbeiter ein einziger großer Engpass. Ein Weg, den Stau am Board aufzulösen, ist der Wissensaustausch. Aus Sicht von Sascha Theißen sollte jeder Anwalt bestimmte häufig wiederkehrende Vorgänge durchgängig bearbeiten können – etwa das Aufsetzen von Gesellschafterbeschlüssen oder Non Disclosure Agreements. Im Laufe der Agilisierung waren zwei junge Mitarbeiter zum Team gestoßen und sie erweitern ihr Spektrum kontinuierlich durch „Pair Contract Writing". Theißen hat diese Methode zunächst bewusst nur für jüngere Mitarbeiter vorgesehen, da es sich für die Älteren nach Kontrolle angefühlt hätte. Inzwischen ist dieses Werkzeug aber fixer Bestandteil der Zusammenarbeit im Team.

Die systematische Analyse des Kanban-Boards zeigte noch ein interessantes Faktum: Die Anwälte verwendeten einen erheblichen Teil ihrer Arbeitszeit auf Aufgaben, für die keine juristische Ausbildung nötig ist, zum Beispiel das Kostencontrolling und Übersetzungen – dafür wurde eine Betriebswirtin engagiert. Standardaufgaben durchliefen dank der entstandenen Crossfunktionalität im Team nun schneller den Arbeitsprozess. Die Kollegin in Berlin bekam die Entlastung deutlich zu spüren: Zum ersten Mal seit Langem konnte sie ihren Urlaub ungestört von eiligen E-Mail-Anfragen verbringen und dennoch blieb nichts Wichtiges liegen. Die Tickets wanderten einfach weiter über das Board.

Selbstorganisation: Es läuft auch ohne Chef

Alle diese Veränderungen vollzogen sich innerhalb von 14 Monaten, angesichts der seit Jahren eingebrannten Silostrukturen eine bemerkenswert kurze Zeitspanne. Eine Kollegin, die sich in der agil werdenden Rechtsabteilung nicht mehr wohl fühlte, bekam neue Aufgaben in einem anderen Bereich und kann sich dort besser entfalten. Um den Teamgeist und die neue Kultur zu unterstreichen, beauftragte Sascha Theißen sein Team, gemeinsam mit Kindern neue Hütten für einen Spielplatz zu bauen und die Aktion eigenverantwortlich zu planen und zu organisieren. Nicht nur diese, sondern auch viele andere Aufgaben der Selbstorganisation funktionierten mittlerweile so gut, dass sich Sascha Theißen erlauben konnte, sich fünf Wochen auf ein Auslandsmodul seines berufsbegleitenden MBA-Programms zu konzentrieren.

„Wenn das selbst eine Rechtsabteilung kann, können es andere wohl auch“ – Sascha Theißen hat damit recht behalten. Während seine eigene Abteilung die Freude an der Veränderung entdeckt hat und immer neue Möglichkeiten zur Verbesserung findet (z. B. ein JIRA-Ticketing-System, um neue Aufgaben standortübergreifend einfacher erfassen und die erforderlichen Informationen leichter verteilen zu können), springen seine agilen Ideen auf andere Bereiche über. Auch die HR-Abteilung macht erste Versuche mit Kanban. Denn es stimmt: Das neue Arbeiten mit Scrum, Kanban & Co ist nicht nur etwas für die Softwareentwicklung.

Tipps für Ihren eigenen Weg

Als ich mir die Geschichte der Holtzbrinck-Rechtsabteilung durch den Kopf gehen ließ, fiel mir auf: Sascha Theißens Vorgehensweise hat frappierende Ähnlichkeit mit einer Fallstudie, die ich einmal gelesen habe. Sie heißt „Lehman Brothers (A): Rise of the Equity Research Department“ und beschreibt die Neuausrichtung eben dieses Departments durch Jack Rivkin in den Jahren 1990-1992 [Nanda et al. 2006]. Im Wesentlichen ging er wie Sascha Theißen vor und es sind Schritte, die ich auch Ihnen ans Herz legen möchte.

1. **Vision.** Sascha Theißens Vision war es, seine Rechtsabteilung als Serviceeinheit neu zu etablieren. Welche Vision haben Sie? Was genau wollen Sie erreichen?
2. **Erlaubnis.** Holen Sie sich vom Topmanagement die Erlaubnis für einen neuen Weg und holen Sie das Commitment ein, dass nötige Ressourcen bereitgestellt werden. So minimieren Sie das Risiko von Querschüssen gleich von Anfang an.
3. **Unterstützung.** Suchen Sie Verbündete für Ihr Vorhaben. Sascha Theißen fand sie auf drei Ebenen: bei seinen Mitarbeitern, in der HR-Abteilung und bei Robert Misch.
4. **Sichtbarkeit.** Man kann nur verändern, was man sieht. Ob mit Kanban, Scrum oder einer anderen Methode: Sorgen Sie dafür, dass die Wissensarbeit mit all ihren Stärken und Schwächen im Prozess sichtbar wird. Das gibt den Betroffenen selbst die Macht, etwas zu verändern.
5. **Regeln.** Ein System, das sich verändern soll, kann nicht nach alten Regeln funktionieren. Sascha Theißen brachte wenige neue Regeln ins Spiel, aber diese waren klar und unumstößlich. Und sie waren jene Hebel, mit denen er die Veränderungsbereitschaft seines Teams in Schwung brachte.
6. **Neue Kollegen.** Es klingt hart, aber: Wer die Veränderung nicht mittragen will, muss gehen. Zögern Sie nicht, sich von Mitarbeitern zu trennen, die Veränderungen boykottieren. Holen Sie stattdessen neue Kollegen ins Team, die gute Voraussetzungen und die Bereitschaft für die neue Kultur mitbringen.
7. **Wissenstransfer und Ausbildung.** Die Rechtsabteilung von Holtzbrinck zeigt vor, dass Pair-Techniken den Wissenstransfer hervorragend fördern – nicht nur in der Softwareentwicklung. Sorgen Sie dafür, dass sich Kollegen gegenseitig ausbilden und damit auch die Kultur an die nächste Generation weitergeben.
8. **Investieren.** Eine neue Kultur entsteht nicht am Reißbrett, sondern durch das Miteinander. Unternehmen Sie mit Ihrem Team immer wieder etwas abseits des Büros, das den Teamgeist fördert. Es muss kein teures Teambuildingseminar sein – eine gemeinsame Wanderung ist genauso wirksam. Investieren Sie vor allem eines: Zeit und Herzblut.

10.2 EWE: Energiekonzern mit agilem Antrieb

Über EWE

Mit mehr als 9.000 Mitarbeiterinnen und Mitarbeitern und über neun Milliarden Euro Umsatz gehört EWE zu den größten kommunalen Unternehmen Deutschlands. Der Konzern ist in Nordwestdeutschland, Brandenburg und auf Rügen sowie in Teilen Polens und der Türkei aktiv und bietet seinen Kunden Leistungen rund um Strom, Gas und Telekommunikation. Die Unternehmensgruppe verfügt über eigene Erzeugungskapazitäten aus erneuerbaren und konventionellen Energien und betreibt moderne, sichere Energie- und Telekommunikationsnetze. Die Tochtergesellschaft BTC zählt zu den wichtigsten IT-Dienstleistern in Deutschland. ■

Deutlich schneller und effizienter: So sollen künftig Updates beim Kundenmanagement- und Abrechnungssystem der EWE umgesetzt werden. Die Anforderungen an ein solches System sind nicht zuletzt wegen der gesetzlichen Anforderungen, unter anderem aus der Energiewende, rasant gestiegen. Ein Grund dafür ist die Liberalisierung des Strommarkts und der Start der Bundesnetzagentur im Jahr 2005. So ist es ein wesentliches Ziel der Regulierungsbehörde, Prozesse der einzelnen Anbieter vergleichbar zu machen und den offenen Markt zu unterstützen. Doch das hat weitreichende Konsequenzen für die Unternehmen: Die Liberalisierung des Markts führte etwa bei der EWE AG, einem der führenden Anbieter im Bereich Strom, Erdgas, Telekommunikation, Informationstechnologie und Umwelt, zu einem deutlich gestiegenen Anforderungsvolumen an Vertrags- und Kundenbeziehungen. Um dieser Vielzahl an Anforderungen gerecht zu werden, sollten Veränderungen bei easy+, dem Kundenmanagement- und Abrechnungssystem der EWE, zügiger und kostensparender als bisher umgesetzt werden. Bei easy+ handelt es sich um eine Eigenentwicklung auf Basis der SAP-Programmiersprache ABAP. Seit 1995 ist die Anwendung produktiv im Einsatz und rund 120 Mitarbeiter arbeiten an der Weiterentwicklung des Systems.

Ziele

Die Herausforderung: Das Produkt easy+ muss den Anforderungen der unterschiedlichen Fachabteilungen wie Buchhaltung und Vertrieb gleichermaßen entsprechen. So einleuchtend das auf den ersten Blick erscheint, so komplex ist es in der Umsetzung. Denn: Jede gewünschte Änderung einer Fachabteilung kann grundlegende Auswirkungen auf das gesamte Produkt haben. Das Schwierige dabei ist zum einen, die Anforderungen der einzelnen Bereiche zu priorisieren. Zum anderen muss ein transparenter Überblick über die Fertigstellungsgrade der einzelnen Anforderungen gewährleistet werden. Nach traditionellen Vorgehensmodellen sind am Ende eines Release zudem mehrere aufwendige Testwochen nötig, um Fehler zu identifizieren und Änderungen zu implementieren. Der hohe Abstimmungs-, Planungs- und Koordinationsaufwand hatte beim EWE-Abrechnungssystem dazu geführt, dass neue Anforderungen nur alle sechs Monate neu aufgenommen und ausgeliefert werden konnten. Die Zeitspanne soll deutlich verkürzt werden, die aufwendig vom Fachbereich durchgeführten Tests sollen reduziert und natürlich die Performance und Stabilität des Produkts sichergestellt werden.

Strategie

Im Oktober 2012 holte EWE borisgloger consulting an Bord – die Berater setzten auf agiles Projektmanagement. Anstatt eines einmaligen gesamten Rollout empfahlen sie, stufenweise Teile der Organisation mit Scrum vertraut zu machen und umzustellen. Dieser iterative Ansatz ermöglichte es, die Erkenntnisse aus der vorherigen Phase für die nächste Phase der Anpassung von easy+ zu nutzen, um zum Beispiel die Rollenbesetzung, Teamzusammenstellung oder den Anforderungsprozess zu optimieren. Maßgeblicher Erfolgsfaktor hierbei: Bei der Implementierung waren bereichsübergreifend alle Ebenen – vom Entwickler bis zum Management – von Anfang an eingebunden, um gemeinsam die Methode anzuwenden und vertrauensvoll zusammenzuarbeiten.

Maßnahmen

Los ging's im Oktober 2012 zunächst mit zwei Pilot-Teams und einem Transition-Team aus der easy+-Mannschaft. Das Transition-Team rekrutierte sich unter anderem aus Vertretern aller involvierten Organisationen (Fachbereich, IT-Koordination, IT-Zulieferer) und betroffenen Rollen (Management, ScrumMaster, Product Owner). Sukzessive stellte borisgloger consulting die gesamte an easy+ beteiligte Organisation auf Scrum um: So wurden im Januar 2013 ein weiteres übergreifend arbeitendes crossfunktionales Team und insgesamt drei Scrum-Teams etabliert. Schon im April wurde die Zahl auf sieben Scrum-Teams aufgestockt. Zusätzlich waren ein Quality-Management-Team und ein Architektur-Team im Einsatz. Ein halbes Jahr später, im Oktober 2013, agierten bereits neun Scrum-Teams, drei Domain ScrumMaster und ein Company ScrumMaster, das zu Beginn geschaffene Transition-Team wurde aufgelöst. Aktuell arbeiten etwa 100 EWE-Mitarbeiter in neun Scrum-Teams an der ständigen Weiterentwicklung von easy+. Im Rahmen der Scrum-Implementierung wurde ein besonderes Augenmerk auf die Qualitätssicherung und den Wissensaufbau gerichtet. Vor diesem Hintergrund lag ein wesentlicher Fokus auf dem Coaching der gesamten Mannschaft in Sachen Anwendung von agilen Entwicklungsmethoden. Hierfür wurden Werkzeuge für die Testdurchführung (u. a. SAP Sol Man, SAP BI Reporting) und für die Testautomatisierung (SAP Ecatt) eingeführt und intensiv begleitet. Vier Communitys of Practice (CoP) wurden ins Leben gerufen: CoP ASE (Agile Software Engineering), CoP Testautomatisierung, CoP SolMan und CoP Test.

Ergebnisse

Das wichtigste quantitative Ergebnis: Dank Scrum konnte die Entwicklungszeit für ein easy+-Update glatt halbiert werden – von sechs auf drei Monate. Zudem wurden Testaufwand und Fehlerquote deutlich reduziert. Vor der Einführung des agilen Management-Frameworks wurde etwa ein Drittel des Gesamtbudgets für die Fehlerhebung nach der Testabnahme im Fachbereich aufgewendet, nun sank dieser Anteil auf rund 20 Prozent. Wesentlicher Grund dafür: Mit Scrum wurde bei EWE ein kontinuierlicher und deutlich schlankerer Anforderungsprozess etabliert, die Ansprüche aus den einzelnen Fachabteilungen werden dabei laufend priorisiert und schneller implementiert, die Qualität wird damit verbessert. „Mit Scrum ist es uns gelungen, 40 Manntage innerhalb des Projektzeitraums einzusparen. Die Anzahl der Scrum-Teams hat sich seit Projektstart von zwei auf dreizehn erhöht. Auch für die Zukunft planen wir deshalb, Projekte nach dieser agilen Vorgehensweise anzugehen", sagt Markus Theilen, IT-Koordinator der EWE AG, Domain Product Architect.

Literaturverzeichnis

[Abzug, Larrabee 2002] Abzug, Malcolm J.; Larrabee, E. Eugene: *Airplane Stability and Control. A History of the Technologies That Made Aviation Possible.* Cambridge University Press, 2nd edition, 2002.

[Amabile 2011] Amabile, Teresa M.; Kramer, Steven J.: *The Power of Small Wins.* Harvard Business Review, May 2011. http://bit.ly/1gAekWl (6.1.2016)

[Amabile et al. 2002] Amabile, Teresa M.; Hadley, Constance N.; Kramer, Steven J.: *Creativity under the gun.* Harvard Business On Point, 2002. http://bit.ly/1YSFBIF (29.12.2015)

[Antons et al. 2004] Antons, Klaus; Amann, Andreas; Clausen, Gisela; König, Oliver; Schattenhofer, Karl: *Gruppenprozesse verstehen. Gruppendynamische Forschung und Praxis.* VS Verlag für Sozialwissenschaften, 2004.

[Arendt 2011] Arendt, Hannah: *Eichmann in Jerusalem. Ein Bericht von der Banalität des Bösen.* Piper, 2011.

[Argyris 1998] Argyris, Chris: *Teaching Smart People How to Learn.* In: Harvard Business Review on Knowledge Management. HBS Press Book, 1998.

[Austin, Devin 2003] Austin, Robert; Devin, Lee: *Artful Making. What Managers Need to Know About How Artists Work.* Pearson Education, 2003.

[Bach 1996] Bach, James: *The Challenges of Good Enough Software.* Software Test Labs, 1996.

[Beck 2002] Beck, Kent: *Test Driven Development.* Addison-Wesley Professional, 2002.

[Blanchard, Miller 2004] Blanchard, Ken; Miller, Mark: *The Secret. What Great Leaders Know and Do.* Berrett-Koehler Publishers, 2004.

[Brooks 1995] Brooks, Frederick P.: *The Mythical Man-Month.* Addison-Wesley, 1995.

[Cagan 2008] Cagan, Marty: *Inspired. How to Create Products that Customers Love.* SVPG Press, 2008.

[Campbell 1993] Campbell, Joseph: *The Hero with a Thousand Faces.* Fontana Press, 1993.

[Clausewitz 2005] von Clausewitz, Carl: *Vom Kriege.* Insel, 2005.

[Cohn 2004] Cohn, Mike: *User Stories Applied. For Agile Software Development.* Addison-Wesley Professional, 2004.

[Cohn 2005] Cohn, Mike: *Agile Estimating and Planning.* Prentice Hall PTR, 2005.

[Coplien 1994] Coplien, James O.: *Borland Software Craftsmanship: A New Look at Process, Quality and Productivity.* Proceedings of the 5th Annual Borland International Conference. Orlando, Florida, 5 June 1994.

[Csikszentmihályi 2005] Csikszentmihályi, Mihaly: *Flow. Das Geheimnis des Glücks.* Klett-Cotta, 2005.

[DeGrace, Hulet Stahl 1990] DeGrace, Peter; Hulet Stahl, Leslie: *Wicked Problems, Righteous Solutions. A Catalog of Modern Software Engineering Paradigms.* Prentice Hall, 1990.

[DeLong et al. 2007] DeLong, Thomas J.; Gabarro, John J.; Lees, Robert J.: *When Professionals Have to Lead. A New Model for High Performance.* Harvard Business School Press, 2007.

[DeMarco 2001] DeMarco, Tom: *Spielräume. Projektmanagement jenseits von Burn-out, Stress und Effizienzwahn.* Hanser, 2001.

[Denning 2010] Denning, Stephen: *The Leader's Guide to Radical Management. Re-inventing the Workplace for the 21st Century.* Jossey-Bass, 2010.

[Denning 2011] Denning, Stephen: *Why Amazon Can't Make A Kindle in the USA.* http://onforb.es/1kUt49c (5.1.2016)

[Denning 2015] Denning, Stephen: *Why Do Managers Hate Agile?* http://onforb.es/1EMlMuf (4.1.2016)

[Drucker 1985] Drucker, Peter F.: Management. *Tasks, Responsibilities, Practices.* Harper Business, 1985.

[Drucker 1988] Drucker, Peter F.: *The Coming of the New Organization.* In: Harvard Business Review, January-February 1988. http://bit.ly/1xpZhFg (7.1.2016)

[Farelly, Ludwig 1966] Farelly, Frank; Ludwig, Arnold M.: *The code of chronicity.* In: Archives of General Psychiatry, 15: 562-568.

[Flyvbjerg, Budzier 2011] Flyvbjerg, Bent; Budzier, Alexander: *Why Your IT-Projects May be Riskier Than You Think.* In: Harvard Business Review, 89 (9), September 2011, S. 23-25.

[Foerster 1993] von Foerster, Heinz: *KybernEthik.* Merver Verlag Berlin, 1993.

[Gloger, Margetich 2014] Gloger, Boris; Margetich, Jürgen: *Das Scrum-Prinzip. Agile Organisationen aufbauen und gestalten.* Schäffer-Poeschel, 2014.

[Gloger, Rösner 2014] Gloger, Boris; Rösner, Dieter: *Selbstorganisation braucht Führung. Die einfachen Geheimnisse agilen Managements.* Hanser, 2014.

[Goldratt 1997] Goldratt, Eliyahu M.: *Critical Chain.* Gower Publishing, 1997.

[Goldratt, Cox 2004] Goldratt, Eliyahu M.; Cox, Jeff: *The Goal.* North River Press, 2004.

[Goleman et al. 2003] Goleman, Daniel; Boyatzis, Richard E.; McKee, Annie: *The New Leaders. Transforming the Art of Leadership.* Time Warner Paperbacks, 2003.

[Goleman 2005] Goleman, Daniel: *Emotional Intelligence.* Bantam Books, 10th Ed., 2005.

[Greenleaf 2003] Greenleaf, Robert K.: *The Servant-Leader Within. A Transformative Path.* Paulist Press, 2003.

[Hamel 2007] Hamel, Gary: *The Future of Management.* McGraw-Hill, 2007.

[Hamel 2011] Hamel, Gary: *First, Let's Fire all the Managers.* In: Harvard Business Review, December 2011, 89 (12), S. 48-60.

[Hartmann, Dymond 2006] Hartmann, Deborah; Dymond, Robin: *Appropriate Agile Measurement. Using Metrics and Diagnostics to Deliver Business Value.* AGILE '06 proceedings of the conference on AGILE 2006. S. 126-134. http://bit.ly/1NR0a5i (30.12.2015)

[Hüther 2013] Hüther, Gerald: *Was wir sind und was wir sein könnten. Ein neurobiologischer Mutmacher.* 6. Aufl., Fischer Taschenbuch, 2013.

[Kent 2007] Kent, Michael: *Oxford Dictionary of Sports Science and Medicine.* 3rd Edition, Oxford University Press, 2007.

[Kerth 2001] Kerth, Norman L.: *Project Retrospectives. A Handbook for Team Reviews.* Dorset House Publishing Company, Inc., 2001.

[Kotter 1996] Kotter, John P.: *Leading Change.* Harvard Business Review Press, 1996.

[Kuhn 1996] Kuhn, Thomas S.: *The Structure of Scientific Revolutions.* 3. Aufl., University of Chicago Press, 1996.

[Leffingwell 2007] Leffingwell, Dean: *Scaling Software Agility.* Addison-Wesley, 2007.

[Lencioni 2004] Lencioni, Patrick: *Death by Meeting. A Leadership Fable about Solving the Most Painful Problem in Business.* Jossey-Bass, 2004.

[Liker 2003] Liker, Jeffrey: *The Toyota Way.* McGraw-Hill, 2003.

[Lorsch 2002] Lorsch, Jay W.; Tierney, Thomas J.: *Aligning the Stars. How to Succeed When Professionals Drive Results.* Harvard Business School Press, 2002.

[Luhmann 2006] Luhmann, Niklas: *Soziale Systeme. Grundriss einer allgemeinen Theorie.* Suhrkamp, 2006.

[Malik 2007] Malik, Fredmund: *Management. Das A und O des Handwerks.* Campus, 2007.

[Maturana, Varela 1991] Maturana, Humberto R.; Varela, Francisco J.: *Autopoiesis and Cognition. The Realization of the Living.* Boston Studies in the Philosophy of Science. Springer, 1991.

[Mauro 2015] Mauro, Tony: *Adopting Microservices at Netflix. Lessons for Architectural Design.* Blogbeitrag vom 19.2.2015. http://bit.ly/1MjF54K (5.1.2016)

[McClelland 1967] McClelland, David C.: *The Achieving Society*. Free Press, 1967.

[Nanda et al. 2006] Nanda, Ashish; Groysberg, Boris; Prusiner, Lauren: Lehman Brothers (A): *Rise of the Equity Research Department*. Harvard Business School Case 906-034, January 2006 (revised June 2008).

[Nonaka 1998] Nonaka, Ikujiro: *The Knowledge-Creating Company*. In: Harvard Business Review on Knowledge Management, S. 21–45, 1998.

[Nonaka, Takeuchi 1986] Nonaka, Ikujiro; Takeuchi, Hirotaka: *The New New Product Development Game*. In: Harvard Business Review, 64/1, Jan-Feb 1986, S. 137-146.

[Nonaka, Takeuchi 2011] Nonaka, Ikujiro; Takeuchi, Hirotaka: *Der weise Manager*. In: Harvard Business Manager, Juli 2011, S. 58-70.

[Opelt et al. 2012] Opelt, Andreas; Gloger, Boris; Pfarl, Wolfgang; Mittermayr, Ralf: *Der agile Festpreis. Leitfaden für wirklich erfolgreiche IT-Projekt-Verträge*. Hanser, 2012.

[Peters 1994] Peters, Tom: *The Tom Peters Seminar. Crazy Times Call for Crazy Organizations*. Vintage Books, 1994.

[Peters 1987] Peters, Tom: *Thriving on Chaos. Handbook for a Management Revolution*. Pan Books, 1987.

[Peters 2005] Peters, Tom: *Tom Peters Essentials – Talent*. Dorling Kindersley, 2005.

[Pink 2009] Pink, Daniel H.: Drive. *The Suprising Truth About What Motivates Us*. Riverhead, 2009.

[Price 1999] Price, Dan: *How to Make a Journal of Your Life*. Ten Speed Press, 1999.

[Reinertsen 2009] Reinertsen, Don: *The Principles of Product Development Flow. Second Generation Lean Product Development*. Celeritas Publishing, 2009.

[Richardson 2014] Richardson, Chris: *Microservices. Decomposing Applications for Deployability and Scalability*, May 25, 2014. http://www.infoq.com/articles/microservices-intro (5.1.2016)

[Rock 2009] Rock, David: *Your Brain at Work. Strategies for Overcoming Distraction, Regaining Focus, and Working Smarter All Day Long*. Harper Business, 2009.

[Royce 1970] Royce, Winston W.: *Managing the Development of Large Software Systems. Concepts and Techniques*. In: Proceedings, IEEE WESCON, August 1970, S. 1-9.

[Schmidt 2008] Schmidt, Robert: *Praktiken des Programmierens*. In: Zeitschrift für Soziologie, Jg. 37, Heft 4, August 2008, S. 282-300.

[Schwaber 1996] Schwaber, Ken: *Controlled Chaos – Living on the Edge*. Workshop auf der OOPSLA '96. http://jeffsutherland.org/oopsla96/schwaber.html (6.1.2016)

[Schwaber et al. 2001] Schwaber, Ken; Sutherland, Jeff; Beedle, Mike: *Agile Software Development with Scrum*. Alan R. Apt, 2001.

[Schwaber 2003] Schwaber, Ken: *Agile Project Management with Scrum*. Microsoft Press, 2003.

[Schwaber 2007] Schwaber, Ken: *The Enterprise and Scrum*. Microsoft Press, 2007.

[Schwaber, Sutherland 2011] Schwaber, Ken; Sutherland, Jeff: *The Scrum Guide™. The Definitive Guide to Scrum: The Rules of the Game*. October 2011. http://bit.ly/1z3aLFn (30.12.2015)

[Schwaber, Sutherland 2012] Schwaber, Ken; Sutherland, Jeff: *Software in 30 days. How Agile Managers Beat the Odds, Delight Their Customers, And Leave Competitors in the Dust*. John Wiley & Sons, 2012.

[Sehlhorst 2006] Sehlhorst, Scott: *Prioritizing Software Requirements with KANO Analysis*. The Pragmatic Marketer, Vol. 4 Issue 3, S. 24–27, 2006.

[Semler 1995] Semler, Ricardo: *Maverick. The Success Story Behind the World's Most Unusual Workplace*. Grand Central Publishing, 1995.

[Semler 2004] Semler, Ricardo: *The Seven Day Weekend. Changing the Way Work Works*. Portfolio Hardcover, 2004.

[Senge 1998] Senge, Peter: *Die fünfte Disziplin*. Klett-Cotta, 1998.

[Sheridan 2012] Sheridan, Richard: Joy, Inc. *How We Built a Workplace People Love*. Penguin Books, 2012.

[Sinek 2011] Sinek, Simon: *Start with Why. How Great Leaders Inspire Everyone to Take Action*. Penguin Group, 2011.

[Sinek 2014] Sinek, Simon: *Leaders Eat Last. Why Some Teams Pull Together and Others Don't.* Penguin Books, 2014.

[Spinola 2013] Spinola, Julia: *Der Fluss des Ganzen.* Zeit online am 25.6.2013. http://bit.ly/1WCcDgZ (5.1.2016)

[Stacey 2001] Stacey, Ralph: *Complexity and Emergence in Organizations.* Routledge, 2001.

[Stephenson 1992] Stephenson, Neal: *Snow Crash.* Bantam Books, 1992.

[Sutherland 2005] Sutherland, Jeff: *Future of Scrum 2005 - Parallel Pipelining of Sprints in Complex Projects.* Agile Development Conference 2005. http://bit.ly/1IrQsBX (2.1.2016)

[Tomayko 2012] Tomayko, Ryan: *Show How, Don't Tell What - A Management Style.* Blogbeitrag vom 2. April 2012. http://tomayko.com/writings/management-style (2.1.2016)

[Tuckman 1965] Tuckman, Bruce: *Developmental Sequence in Small Groups.* In: Psychological Bulletin 63 (6) 1965, S. 348-99.

[Volk 2015] Volk, Hartmut: *Gruppendynamik. Selbst ist das Team.* In: Der Standard, Onlineausgabe vom 30. Mai 2015. http://bit.ly/1KQhGbu (5.1.2016)

[Whitworth, Biddle 2007] Whitworth, Elizabeth; Biddle, Robert: Motivation and *Cohesion in Agile Teams.* In: Agile Processes in Software Engineering and Extreme Programming. Lecture Notes in Computer Science, S. 62-69. Springer, 2007.

[Wiegers 1999] Wiegers, Karl E.: *First Things First. Prioritizing Requirements.* Software Development Vol. 7 Issue 9, September 1999, S. 48-53.

[Wittgenstein 2001] Wittgenstein, Ludwig: *Philosophische Untersuchungen.* Wissenschaftliche Buchgesellschaft, 2001.

[Wolff 2015] Wolff, Eberhard: *Microservices - All is Small, All is Well?* Vortrag im Rahmen der SEACON 2015. Slidedeck unter http://bit.ly/1ZO2iAj (5.1.2016)

[Womack et al. 1991] Womack, James P.; Jones, Daniel T.; Roos, Daniel: *The Machine That Changed the World. How Japan's Secret Weapon in the Global Auto Wars Will Revolutionize Western Industry.* Harper Perennial, 1991.

[Zeitler 2011] Zeitler, Nicolas: *Doppelte Produktivität. Die Scrum-Erfahrungen bei Immobilien Scout.* In: CIO, Online-Ausgabe vom 22. März 2011. http://www.cio.de/scrum/2265436 (6.1.2016)

Stichwortverzeichnis